2012

中国广播收听

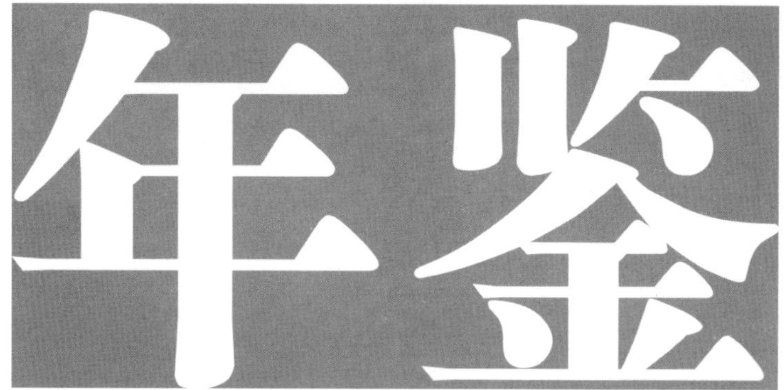

CHINA RADIO RATING YEARBOOK

陈若愚 主编

中国传媒大学出版社

《中国广播收听年鉴（2012）》
编写委员会

主　编　陈若愚

副主编　郑维东　肖海峰

编写人员（排名不分先后）

梁　帆　解永利　王　平　吴　凡　顾颖华　戴静怡
王建平　周欣欣　杨金姝　吴　东　封　翔　张　嫣
于　鹏　娜布琪　刘牧媛　何庆金　李忠毅　王　浩
朱　蕙　陈　明　韦　唯　曹金毅　包凌君　胡旻琦
谭敏健　莫笑凡　张　焱　丁俊杰　宋红梅　龙长缨
肖　珊　Matthew Brosenne

出版说明

为更好地服务于业界，尽可能地满足各方面对收听率数据的需要，作为我国视听率调查行业的领跑者，CSM媒介研究自2005年起，每年编写出版一部《中国广播收听年鉴》。《中国广播收听年鉴（2012）》是CSM媒介研究编写出版的第八部广播收听年鉴。

《中国广播收听年鉴（2012）》主要包括以下四部分内容：第一部分：综述。主要从收听环境、听众特征、听众收听行为、频率竞争格局、节目竞争格局以及广播广告投放与竞争格局等方面对2011年中国广播收听市场进行了全景式描述与分析。第二部分：专题研究。本部分除了对2011年新闻综合、交通、音乐、文艺、都市生活几个主要频率的收听状况进行分析之外，还包括广播体育节目收听特点分析、辽宁与江苏广播收听市场比较分析、女性听众广播收听特征浅析、高学历听众广播收听特征及其媒体价值、收听峰值背后的成因探讨、城市受众广播媒体消费行为研究、新媒介生态环境下的广播广告、新时期广播听众变化特征与发展对策探讨，以及新媒体环境下的广播媒体发展路径选择等内容。第三部分：收听数据。这部分是CSM媒介研究2011年进行收听率调查各城市网及各省网的收听统计数据，主要内容涉及人均收听时间、全天收听走势、听众构成和频率竞争状况等。第四部分：附录。主要包括CSM媒介研究各城市收听率调查网和各省网的基本情况。

《中国广播收听年鉴（2012）》的出版具有非常重要的现实意义，它为广大媒介从业人员既可提供有关2011年中国广播收听市场的全面分析，又可提供2011年全国33个重点城市及2个省翔实的收听数据，是媒介从业人员必备的一本工具书。

编者

2012年10月

目录
CONTENTS

第一部分 综 述

第二部分 专 题

第三部分　数　据

第四部分　附　录

第一部分

Part One

综 述 Overview

综　述

2011年是我国“十二五”规划的开局之年，也是我国广播事业在新的环境下继续探索、大胆革新、迈开新步伐的一年。面对复杂多变的国际政治经济环境和艰巨繁重的国内改革发展任务，我国广播事业取得了新的重大成就，实现了“十二五”时期的良好开局。在各种媒体的高速发展之中，广播以其独特的优势，仍是不可替代的重要媒体。

2011年，我国广播事业按照“高举旗帜、围绕大局、服务人民、改革创新”的总要求，牢牢把握正确的舆论导向，大力推进宣传创新，积极拓展宣传新阵地，紧紧围绕贯彻落实“十二五”文化改革发展规划纲要，广播事业体制改革进一步深化，产业化和市场化得到全面发展，电台机制改革和广播产业体制改革继续深化。我国广播安全播出保障能力显著提高，内容生产繁荣，农村公共服务体系建设扎实推进，成就显著；国家应急广播体系建设已列入我国“十二五”规划纲要，使得广播在应对突发公共事件中发挥更大作用；我国广播事业紧跟科技发展趋势，更加注重科技进步，加大创新力度，促进媒介与科技结合以及数字化新体系的建立，推动传统媒体与新媒体融合发展；我国广播事业紧紧围绕推进数字化、网络化建设，一些重要电台纷纷改版或创立网络电台，加快发展战略转型，进一步提升了广播影视服务功能和水平；我国广播事业坚持自主创新推动技术发展，立足新技术加强新业务开发，积极推进三网融合，广播事业发展呈现出一片新气象；我国广播事业更加注重统筹国内、国际发展，加强广播电视节目海外落地，调整布局、突出重点，“走出去”工作全面加强，国际传播能力建设取得新突破。

本部分将从收听环境、听众特征、听众收听行为、频率竞争格局、节目竞争格局、广播广告投放及竞争状况等方面来对2011年我国广播收听市场进行全景式分析。

一、收听环境

1．全国共有197座广播电台

根据《中国广播电视年鉴（2012）》的最新统计，截止到2011年底，全国共有广播电台197座。国家级广播电台有中央人民广播电台和中国国际广播电台，每个省、自治区或直辖市，每个地级或以上城市基本都至少有一座广播电台。全国现有中、短波广播发射台827座，调频发射台11403座。全国广播在国内的人口综合覆盖率达到97.06%。

2011年全年公共广播节目播出时间为1305.75万小时，其中，播出新闻资讯类节目265.08万小时，专题服务类节目302.68万小时，综艺益智类节目357.53万小时，广播剧类节目64.82万小时，广告类节目122.46万小时，其他类节目193.18万小时。2011年全年全国广电系统制作广播节目693.70万小时，其中，新闻资讯类节目129.50万小时，专题服务类节目201.64万小时，综艺类节目190.59万小时，广播剧类节目11.95万小时，广告类节目76.65万小时，其他类节目83.37万小时。

根据CSM媒介研究掌握的2011年全国33个重点城市可接收的广播频率数量分布资料，在不包括境外频率的417个广播频率中，音乐类（69个）、交通类（60个）和新闻类（60个）频率的数量最多（表1.1.1）。“跨领域”频率的现象比较普遍，在名称定位于“新闻”的60个频率中，有17个频率同时在名称中涉及了其他专业领域；定位于“交通”的60个频率中，有16个频率同时在名称中涉及了其他专业领域；名称定位于“音乐”、“生活”、“综合”的频率中，涉及了其他专业领域的都超过10个。在各类频率中，以“音乐、交通”进行双重定位的频率数量最多，达到了5个，“生活、交通”双重定位的频率也达到4个，情形与2010年一样。同2010年相比，音乐类、经济类、新闻类和交通类频率增加较多，在33个重点城市中，音乐类和经济类频率均增加了3个，新闻类和交通类频率各增加了2个。外语类和娱乐类频率数则略有下降，在33个重点城市中，外语类和娱乐类频率比2010年均减少了1个。另外，城市里专门给有车族人群开办的频率发展态势良好，在33个调查城市中有13个针对有车族广播的休闲娱乐频率，与2010年相比没变化，目标受众的细化仍然是广播频率发展的重要特征之一。

表1.1.1 2011年33个重点城市各类频率的数量分布

序号	频率类别	数量（个）	涉及其他类别（个）
1	综合	46	12
2	音乐	69	14
3	新闻	60	17
4	交通	60	16
5	经济	45	4
6	文艺	40	5
7	娱乐	24	5
8	城市	23	8
9	生活	29	12
10	资讯	11	4
11	体育	8	2
12	外语	5	0
13	健康	3	1
14	教育	10	3
15	旅游	12	3
16	农村	13	1
17	其他	11	
不重复合计		417	57

资料来源：CSM媒介研究

2. 全国拥有正在使用收听设备的家庭比例达到30.8%

根据CSM媒介研究全国网2011年基础调查数据，在全国范围内，有30.8%的家庭拥有正在使用的收听设备，比上年增加2.1个百分点；收听设备的百户拥有量达到39台，比2010年平均增加1台。在全国城域拥有正在使用收听设备的家庭比例为42.1%，比上年增长1.5个百分点，在乡域这个比例是23.3%，比上年增加1.4个百分点。在拥有收听设备的家庭中，绝大多数家庭只拥有1台收听设备，拥有2台及以上收听设备的家庭比重还是比较小，全国平均只有5.8%，与上年（6.1%）相比略有下降（表1.1.2）。

表1.1.2 2009—2011年全国正在使用收听设备的拥有状况

年份	地区	1台（%）	2台（%）	3台及以上（%）	无收听设备（%）	百户拥有量（台）
2009	全国	22.5	3.7	1.4	72.4	35
	城域	31.7	6.2	2.7	59.4	54
	乡域	17.6	2.3	0.6	79.5	24
2010	全国	22.6	4.2	1.9	71.3	38
	城域	30.2	7.3	3.1	59.4	56
	乡域	18.3	2.4	1.2	78.1	27
2011	全国	25.0	4.2	1.6	69.2	39
	城域	32.7	6.6	2.8	57.9	56
	乡域	19.8	2.6	0.9	76.7	28

资料来源：CSM媒介研究

根据CSM媒介研究全国网2011年基础调查数据，在全国七大行政区中，华北、华东、东北和西北的收听设备拥有率较高，均达到30%以上，其中华北地区收听设备拥有率最高，达到44.4%，平均每百户收听设备拥有量也是最高，达到60台。而华中和西南地区的收听设备拥有率较低，其中华中地区为23.8%，西南地区仍然是七大行政区中收听设备拥有率最低的地区，拥有率仅为19.1%，每百户均拥有收听设备仅为22台（表1.1.3）。

表1.1.3 2011年全国各大行政区正在使用收听设备的拥有状况

行政区	1台（%）	2台（%）	3台及以上（%）	无收听设备（%）	百户拥有量（台）
东北	25.2	4.3	2.1	68.4	41
华北	34.2	6.8	3.4	55.6	60
华东	27.4	4.8	1.6	66.1	43
华南	22.3	4.0	1.4	72.2	35
华中	19.8	2.9	1.1	76.2	29
西北	28.8	5.4	1.5	64.4	45
西南	17.0	1.5	0.6	80.9	22

资料来源：CSM媒介研究

二、听众特征

1. 全国10岁及以上听众规模达438 941 000人

根据《中国广播电视年鉴(2012)》的数据,截止到2011年底,全国广播人口覆盖率达到97.06%。但是,在广播实际收听方面,由于部分家庭不购置收听设备,或者一些家庭的收听设备已经闲置,所以实际的广播听众规模要明显小于广播覆盖的人口规模。我们所说的广播听众是指拥有正在使用的广播收听设备或家庭成员中有人在近三个月内收听过广播的家庭中10岁及以上人口。

根据CSM媒介研究2011年全国网基础调查数据,2011年全国广播听众规模为438 941 000人,占全国10岁及以上人口总数的37.6%;其中城域的广播听众规模为221 251 000人,占全国城市10岁及以上人口的49.3%;乡域的广播听众规模为217 690 000人,占全国农村10岁及以上人口的30.2%。与2010年相比,全国、城域和乡域广播听众规模占人口总数的比例都有不同程度上升。2010年,全国广播听众规模占全国10岁及以上人口总数的34.5%,这一比例在城域为47.1%,在乡域为27.7%。

2. 广播听众中男性、女性比例基本持平

根据CSM媒介研究2011年全国网基础调查数据,全国广播听众的男女比例基本持平,男性占50.9%,女性占49.1%,这个构成与全国10岁及以上人口的性别构成基本一致;在城域中,男性占50.5%,女性占49.5%,男女听众比例基本持平,并且与10岁及以上人口性别构成也基本一致;在乡域听众构成中,男性占51.3%,女性占48.7%,与10岁及以上人口性别构成也基本一致(图1.2.1、图1.2.2)。

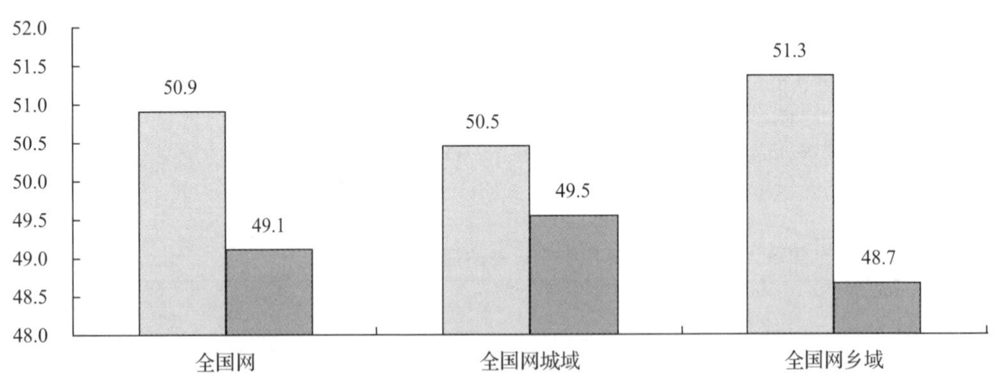

数据来源:CSM媒介研究

图1.2.1 2011年全国广播听众性别构成(%)

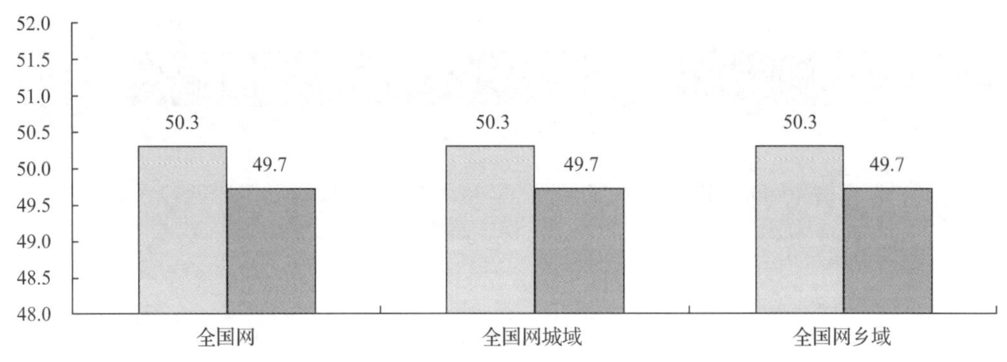

数据来源：CSM 媒介研究

图 1.2.2　2011 年全国 10 岁及以上人口性别构成（%）

3. 35—44 岁听众比例最高

根据 2011 年 CSM 媒介研究全国网基础调查数据，35—44 岁年龄段的听众是广播听众中所占比例最大的群体，在全国网、城域和乡域中都超过 20%，并且与各自的人口构成基本一致。从各年龄段城乡广播听众的比例来看，城域广播听众中 25—34 岁、35—44 岁和 45—54 岁三个群体的比例分别为 21.1%、21.5% 和 15.6%，高于乡域的 18.8%、20.2% 和 14.7%，这在一定程度上表明，目前广播在城域较为吸引中青年群体收听（图 1.2.3、图 1.2.4）。

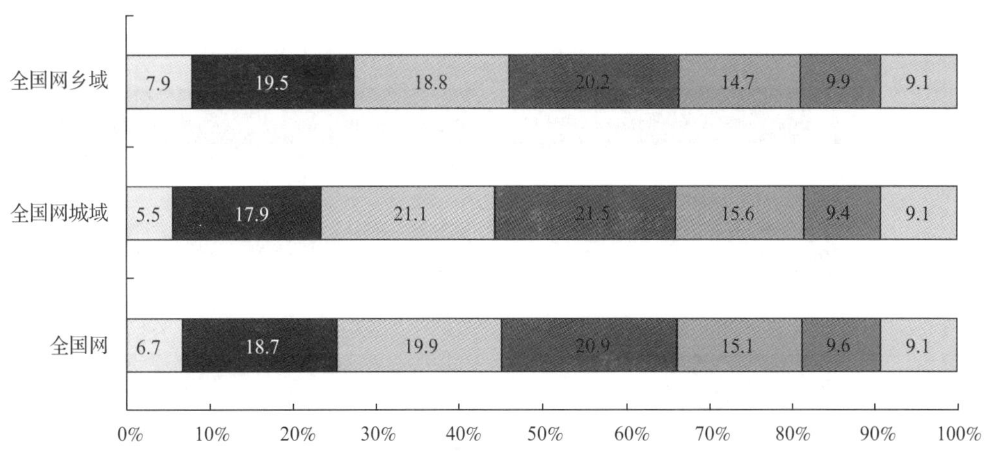

数据来源：CSM 媒介研究

图 1.2.3　2011 年全国广播听众年龄构成（%）

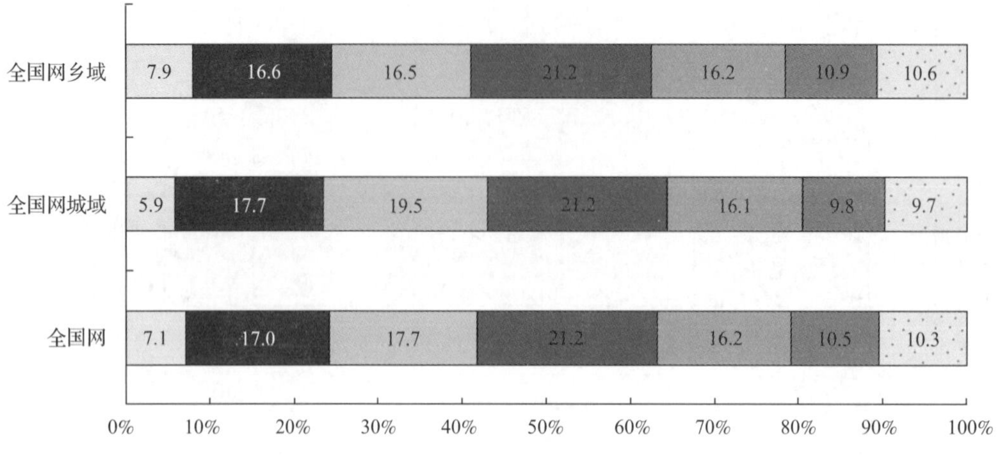

数据来源：CSM 媒介研究

图 1.2.4 2011 年全国 10 岁及以上人口年龄构成（%）

4. 城乡听众受教育程度具有较大差异

从 2011 年 CSM 媒介研究全国网基础调查数据来看，广播听众的受教育程度构成城乡差异比较明显，这与全国城乡人口受教育程度差异较大相一致（图 1.2.5、图 1.2.6)。在城域听众中，具有高中、大学及以上文化程度的听众比例分别为 27.7% 和 24.0%，远高于乡域听众中 17.1% 和 5.9% 的比例。而未受过教育、小学文化程度听众的比例在城域分别为 3.3% 和 14.1%，远低于乡域的 7.8% 和 25.5%。

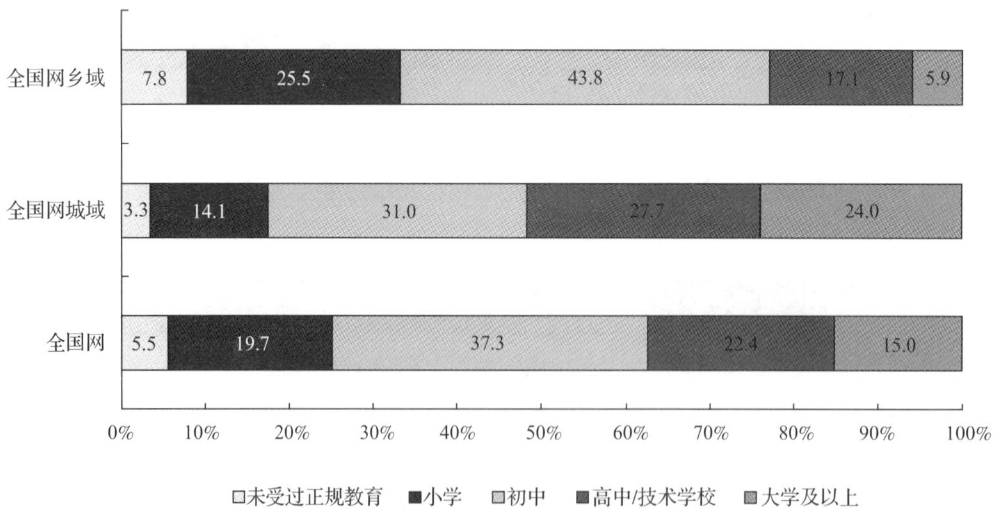

数据来源：CSM 媒介研究

图 1.2.5 2011 年全国广播听众受教育程度构成（%）

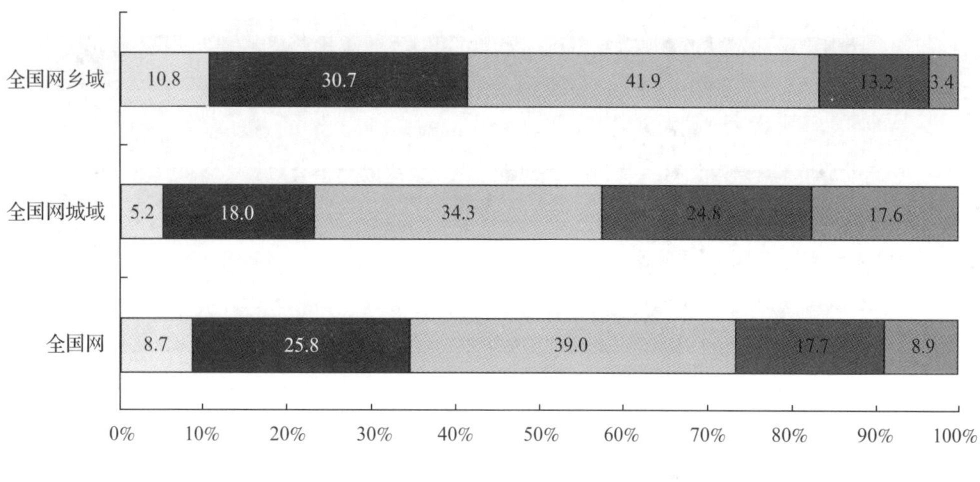

数据来源：CSM 媒介研究

图 1.2.6 2011 年全国 10 岁及以上人口受教育程度构成（%）

5. 城乡听众职业构成差异较大

从 2011 年 CSM 媒介研究全国网基础调查数据来看，城乡听众职业构成的差异较大，这主要是由城乡居民职业构成的差异所决定的。在城域听众中，学生/无业人员的比例最大，达到 34.6%；在乡域听众中，以农、林、牧、渔为主的其他职业类别听众所占比例最大，达 34.1%（图 1.2.7、图 1.2.8）。

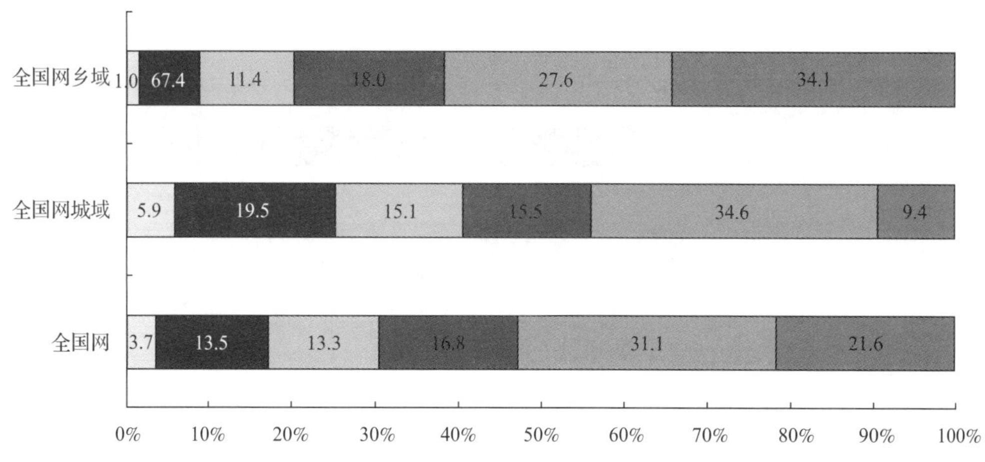

数据来源：CSM 媒介研究

图 1.2.7 2011 年全国广播听众的职业构成（%）

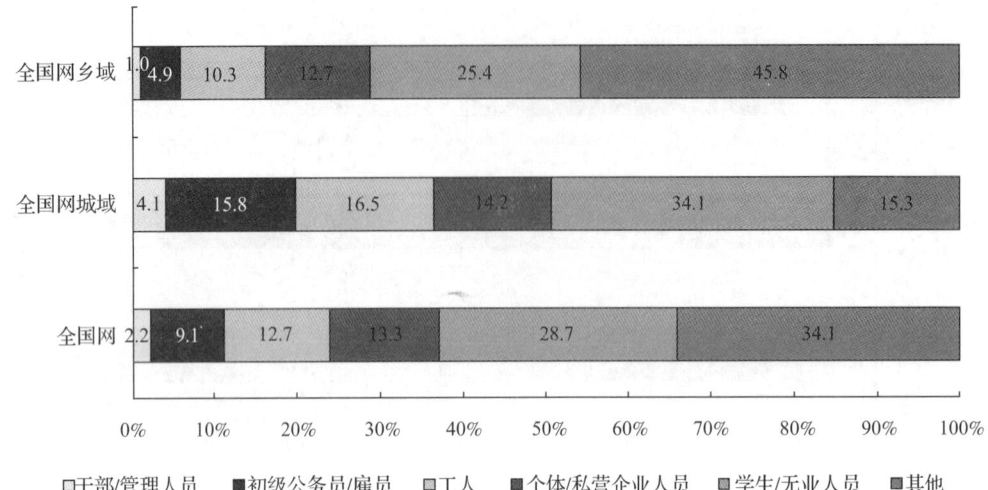

数据来源：CSM 媒介研究

图 1.2.8　2011 年全国 10 岁及以上人口的职业构成（%）

6. 个人月收入 2001 元及以上的听众比例较 2010 年有较大幅度提高

从 2011 年 CSM 媒介研究全国网基础调查数据来看，广播听众的收入构成城乡差异比较明显，这与我国目前城乡经济发展不平衡具有直接关系（图 1.2.9、图 1.2.10）。从全国广播听众的收入构成来看，个人月收入在 2001 元及以上的中高收入听众比例（30.0%）高于这一收入群体的人口构成比例（20.8%）；从城域的情况来看，个人月收入在 2001 元及以上的中高收入听众比例（38.6%）高于这一收入群体的人口构成比例（31.4%）；从乡域的情况来看，个人月收入在 2001 元及以上的中高收入听众比例（21.1%）也高于这一收入群体的人口构成比例（14.4%）。

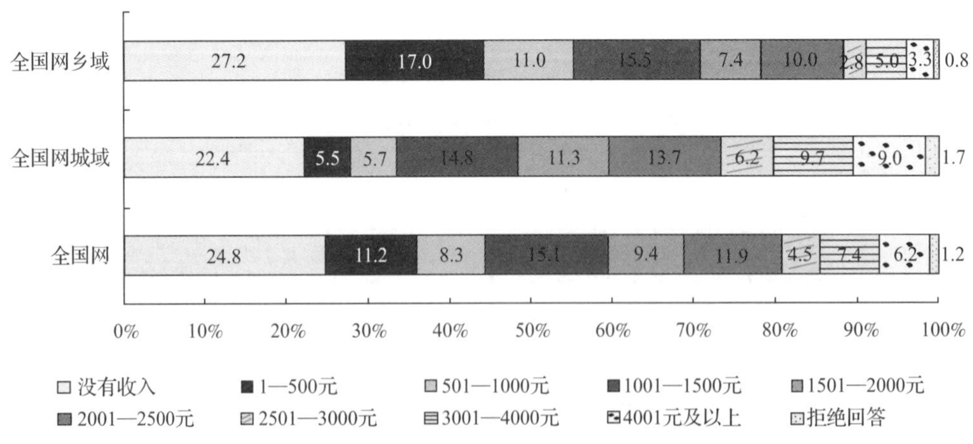

数据来源：CSM 媒介研究

图 1.2.9　2011 年全国广播听众个人收入构成（%）

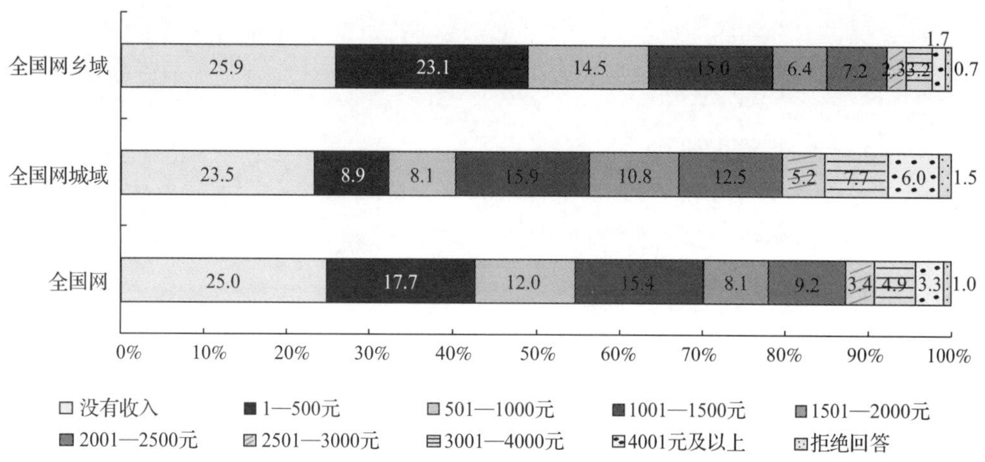

数据来源：CSM 媒介研究

图 1.2.10 2011 年全国 10 岁及以上人口个人收入构成（%）

对比 2010 年 CSM 媒介研究基础调查数据，从城域的情况来看，个人月收入在 2001 元及以上的中高收入听众群体比例由 2010 年的 29.6% 上升为 2011 年的 38.6%；从乡域的情况看，个人月收入在 2001 元及以上的中高收入听众比例由 2010 年的 13.4% 提高到了 2011 年的 21.1%。

三、听众收听行为

（一）收听地点[①]

1. 近五成听众最经常收听广播的地点是家中，广播移动收听特点渐显

整体而言，2011 年听众对收听地点的选择大体沿袭了往年的习惯，近五成听众最经常收听广播的地点为在家（图 1.3.1）。私家汽车越来越多地成为听众最经常收听广播的场所，把私家汽车作为最经常收听广播地点的选择比例达到了 26.6%，较 2010 年的 20% 有明显提升；最经常在公共汽车/轨道交通工具收听广播的比例也达到了 9.7%，然后依次为出租车、工作/学习场所、班车、其他和骑自行车/步行。一个明显的趋势是，广播移动收听的特点在逐步显露。

① 对听众收听地点及听众最喜欢收听节目的分析主要基于 2011 年 CSM 媒介研究进行收听率调查的 33 个城市的基础研究数据，这 33 个城市分别为：北京、长春、长沙、常州、成都、重庆、大连、佛山、福州、广州、杭州、哈尔滨、合肥、济南、南京、南宁、宁波、青岛、清远、上海、绍兴、沈阳、深圳、石家庄、苏州、太原、天津、乌鲁木齐、武汉、无锡、西安、厦门和郑州。

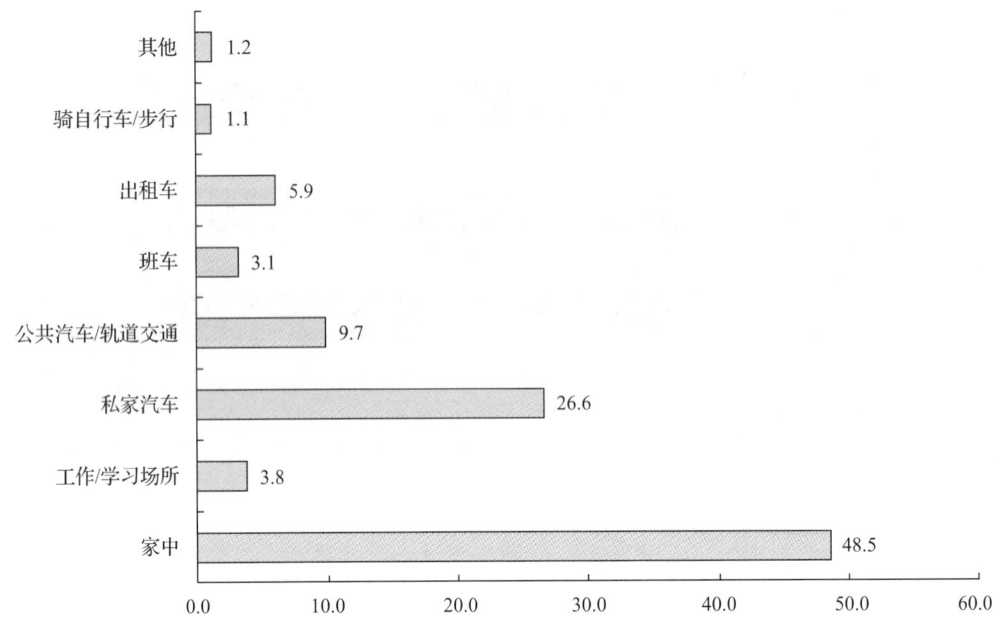

数据来源：CSM 媒介研究

图 1.3.1　2011 年 33 城市 15 岁及以上听众最经常收听广播地点的选择比例（%）

2. 各城市听众收听地点的选择呈现较大差异

虽然从整体来看，各城市听众最经常选择在家中收听广播的比例相对其他地点较高，但具体到各城市之间，其选择各收听地点所占的比例存在较大差异。上海和天津有超过 70% 的听众最经常在家听广播；大连、济南、南京、绍兴、武汉和西安最经常选择在家里收听广播的听众比例也在 60% 及以上；重庆、广州、合肥、沈阳、石家庄和乌鲁木齐，50% 以上听众最经常在家听广播；相对而言，北京、长春、长沙、常州、成都、佛山、福州、杭州、南宁、宁波、青岛、清远、深圳、苏州、太原、无锡、厦门和郑州，最经常在家里收听广播的听众比例不高，均低于 50%，尤以长沙为甚，听众最经常在家听广播的选择比例仅为 23.6%（表 1.3.1）。

表 1.3.1　2011 年 33 城市 15 岁及以上听众最经常收听广播地点的选择比例（%）

城市	家中	工作/学习场所	私家汽车	公共汽车/轨道交通	班车	出租车	骑自行车/步行	其他
北京	38.0	1.6	48.3	7.0	1.3	2.3	0.8	0.6
长春	31.9	4.1	14.5	27.1	4.3	16.2	0.8	1.0
长沙	23.6	1.7	20.1	24.3	2.2	26.3	0.3	1.6
常州	47.7	3.2	38.3	3.9	1.6	3.2	1.2	0.9
成都	34.5	3.0	41.5	4.0	1.0	7.2	3.3	5.4
重庆	58.0	8.8	13.5	8.4	1.6	3.1	2.1	4.6

续表

城市	家中	工作/学习场所	私家汽车	公共汽车/轨道交通	班车	出租车	骑自行车/步行	其他
大连	63.1	2.8	19.3	4.2	4.9	5.3	0.0	0.4
佛山	47.7	8.0	36.2	2.2	4.2	0.0	0.6	1.1
福州	30.4	3.0	17.0	43.8	2.7	1.7	1.1	0.4
广州	51.8	4.8	19.7	9.1	2.5	8.3	2.2	1.6
杭州	39.9	1.6	41.1	5.1	2.1	5.1	0.4	4.6
哈尔滨	48.7	5.1	9.9	28.9	3.9	2.8	0.3	0.5
合肥	59.9	3.0	16.6	2.7	2.3	11.3	2.8	1.2
济南	64.0	4.2	18.9	7.4	2.9	1.6	0.6	0.5
南京	60.3	6.5	24.2	1.8	3.1	1.1	2.8	0.2
南宁	38.9	4.9	30.7	2.0	5.5	12.8	3.6	1.6
宁波	36.7	2.0	40.8	0.8	2.8	16.1	0.0	0.7
青岛	44.2	5.1	32.7	4.6	3.5	8.3	0.6	1.0
清远	35.5	4.8	44.5	4.1	3.9	7.2	0.0	0.0
上海	73.3	4.1	10.0	7.5	3.4	0.5	0.9	0.2
绍兴	64.0	3.6	27.4	1.2	3.1	0.6	0.0	0.0
沈阳	54.0	5.7	12.5	5.2	5.0	16.8	0.6	0.2
深圳	27.0	1.3	43.2	23.8	1.3	1.8	0.6	1.0
石家庄	51.2	5.9	22.9	2.9	4.3	7.5	2.2	0.2
苏州	45.0	1.2	45.6	3.2	1.8	1.8	0.9	0.6
太原	38.2	2.4	39.4	1.4	4.1	11.0	0.8	2.9
天津	71.4	4.7	16.2	2.5	3.4	1.2	0.4	0.3
乌鲁木齐	52.8	3.8	23.7	5.1	4.3	9.0	0.2	1.1
武汉	62.5	2.5	16.6	7.6	3.4	5.1	1.7	0.8
无锡	43.7	2.9	30.7	4.0	7.2	10.8	0.0	0.6
西安	60.0	3.9	22.6	3.3	3.8	4.5	0.9	0.9
厦门	25.4	4.3	36.5	15.9	7.3	7.5	0.7	2.4
郑州	39.5	5.8	24.8	10.2	2.8	9.5	4.2	3.1

数据来源：CSM 媒介研究

2011 年，听众最经常选择在公共汽车/轨道交通上收听广播比例最高的是福州，为 43.8%，哈尔滨、长春、长沙、深圳、厦门和郑州6个城市听众最经常选择在公共汽车/轨道交通上收听广播的比例在 10%—30% 之间，处于中间水平；广州、重庆、武汉、上海、济南、北京、沈阳、杭州和乌鲁木齐 9 个城市听众最经常选择在公共汽车/轨道交通上听广播的比例在 5%—10% 之间；青岛、大连、清远、成都、无锡、常州、西安、苏州、石家庄、合肥、天津、佛山、南宁、南京、太原、绍兴和宁波17个城市听众最经常选择在公共汽车/轨道交通上收听广播比例较低，不足5%，其中尤以宁波为最，该比例仅为0.8%。

随着我国百姓生活水平的提高，私家车数量激增，广播成为司机们打发时间、精神消遣、获取信息的重要途径，在私家车上听广播的听众比例逐渐增多。2011年最经常选择在私家车上收听广播比例最高的是北京（48.3%），其次是苏州（45.6%）和清远(44.5%)，排第四位的是深圳（43.2%），排名第五至第七位的分别是成都（41.5%）、杭州（41.1）和宁波（40.8%）；太原、常州、厦门、佛山、青岛、南宁和无锡7个城市最经常选择在私家车上收听广播的比例在30%—40%之间；绍兴、郑州、南京、乌鲁木齐、石家庄、西安和长沙7个城市最经常在私家车上收听广播的比例在20%—30%之间；广州、大连、济南、福州、合肥、武汉、天津、长春、重庆、沈阳和上海11个城市最经常选择在私家车上收听广播的比例在10%—20%之间，其余地区该比例较低，哈尔滨最低（9.9%）。

出租车已经成为一个城市的标志物之一，也是广播媒体重点开拓的市场。由于各地出租车起步价、人们乘坐习惯等存在差异，选择在出租车收听广播的听众比例差异也较大。2011年，长沙最经常选择在出租车上收听广播的听众比例达26.3%，在33城市中最高，然后依次为沈阳、长春、宁波、南宁、合肥和无锡，该比例在10%—17%之间；郑州、乌鲁木齐和青岛等25个城市的听众最经常选择在出租车上收听广播的比例均不高，低于10%，其中佛山最低，为0，没有听众把出租车作为最经常选择收听广播的场所。

其余收听地点的听众规模相对以上地点较低，但也存在个别城市比例较高的，例如，厦门有7.3%的听众把班车作为最经常选择收听广播的场所。

3. 各目标听众群体收听地点的选择与其角色定位相关

分目标听众来看，其收听地点的选择受其性别、年龄、教育水平及职业的影响（表1.3.2)。与女性听众相比，男性听众相对更多地选择在私家车、班车收听广播，这与他们更为频繁地使用这些交通工具有关；而女性听众最经常选择收听广播的场所则是相对更多地在家中、公共汽车/轨道交通等地方。

各个年龄群体对收听地点的选择也凸现出年龄的影响。25岁及以上听众，年龄越大，选择最经常在家中听广播的比例越高，选择最经常在私家汽车和公共汽车/轨道交通上收听广播的比例越低。这是因为随着年龄的增长、身体状况的下降，尤其是对于老年人而言，乘坐公共汽车的困难和不便也日益增多。同样的规律也出现在出租车上。25—34岁和35—44岁这两部分听众是社会的中流砥柱，也是选择最经常在私家汽车上收听广播比例最高的两个群体（分别为37.4%和39.4%)。15—24岁的青少年群体受经济状况和生活习惯影响，最经常选择在公共汽车/轨道交通和骑自行车/步行时收听广播的比例是各年龄组中最高的，选择比例分别达到15.6%和1.6%。

表 1.3.2　2011 年 33 城市不同目标听众最经常收听广播地点的选择比例（%）

目标听众	家中	工作/学习场所	私家汽车	公共汽车/轨道交通	班车	出租车	骑自行车/步行	其他
男	44.4	4.4	29.3	8.6	4.7	5.9	1.2	1.5
女	53.1	3.0	23.5	11.1	1.4	6.0	1.0	1.0
15—24 岁	46.1	5.0	20.9	15.6	2.0	7.6	1.6	1.2
25—34 岁	32.6	3.0	37.4	11.9	4.4	8.2	1.6	0.8
35—44 岁	34.6	4.7	39.4	9.2	4.3	6.2	0.7	1.0
45—54 岁	54.2	4.7	24.0	6.7	4.2	4.6	0.7	1.0
55 岁及以上	82.7	1.5	5.9	4.0	0.6	2.2	0.7	2.4
未受过正规教育	81.4	0.8	6.5	2.8	0.0	3.6	1.8	3.2
小学	68.3	3.6	12.9	6.4	0.8	3.6	1.0	3.4
初中	58.3	5.3	17.7	8.0	2.6	5.5	0.9	1.7
高中 / 技术学校	51.1	4.3	24.1	9.5	3.7	5.2	1.1	1.0
大学及以上	36.5	2.5	36.5	11.7	3.5	7.2	1.2	0.9
干部/管理人员	25.5	2.3	52.3	8.7	4.1	6.1	0.4	0.6
初级公务员/雇员	38.0	3.8	30.3	12.7	5.2	7.4	1.8	0.7
个体/私营企业人员	31.1	3.6	47.6	6.8	1.3	7.0	0.9	1.7
工人	46.0	9.2	16.3	12.3	7.1	6.8	1.3	0.8
学生	54.6	5.8	16.7	15.4	0.1	5.3	1.4	0.7
无业（包括退休）	76.1	0.2	11.4	5.8	0.1	3.7	0.5	2.1
其他	73.0	4.3	14.0	2.5	0.2	1.8	0.8	3.3

数据来源：CSM 媒介研究

受教育程度对个人的工作和生活状况具有重要影响，也影响到其收听地点的选择。2011 年，一个显著特点是：低受教育程度者，包括未受过正规教育和小学学历听众选择最经常在家中听广播的比例非常高；在私家车、公共汽车/轨道交通和出租车上等各类交通工具上最经常收听广播的比例呈现学历越高、比例越高的态势，其中大学及以上学历听众群体最经常选择在私家汽车、公共汽车/轨道交通和出租车上收听广播的比例分别达到了 36.5%、11.7% 和 7.2%，尤以在私家车上的比例为最高，这与该类人群属于社会中坚力量，拥有私家车比例较高有关。

听众对收听地点的选择与其职业也有较强的关联性。低职业层级和赋闲在家的无业听众最经常选择在家中收听广播的比例较高，社会地位较高或者收入水平较高的从业者，最经常选择在私家车上收听广播的比例相对更高。学生及无业人员选择在家收听广播的比例较大，分别为 54.6% 和 76.1%，干部/管理人员、初级公务员/雇员、个体/私营企业人员选择最经常在私家车上听广播的比例分别达到了 52.3%、30.3% 和 47.6%，远高于其他职业类别。

各目标听众对广播收听地点的选择特点在一定程度上可以为广播媒体进行对象化编排和节目定位提供依据。

(二) 人均收听时间

1. 不同城市听众人均收听时间差异显著

在全国33个城市①中，2011年人均每日收听广播的时间为84.6分钟，较2010年的83.9分钟略有上升。2011年各城市之间的人均日收听分钟数差距较大，哈尔滨最高达154.5分钟，其次是天津为131.9分钟，苏州、沈阳、西安、济南、杭州和常州6个城市也超过了100分钟。厦门、清远和长沙较低，平均每人每天的收听量不足50分钟，特别是长沙，人均每日收听时间仅为42.9分钟，仅为最高值的27.8%（表1.3.3）。

表1.3.3 2011年各城市听众人均每日收听广播时间（分钟，四波调查数据）

城市	人均收听时间	城市	人均收听时间
哈尔滨	154.5	上海	75.9
天津	131.9	郑州	74.9
苏州	121.4	长春	72.9
沈阳	112.7	无锡	72.3
西安	112.5	石家庄	69.7
济南	104.3	福州	66.0
杭州	101.6	宁波	66.0
常州	101.5	重庆	64.4
大连	98.4	成都	60.4
乌鲁木齐	97.7	深圳	57.4
绍兴	95.7	广州	55.6
太原	88.6	南宁	54.3
青岛	88.6	武汉	51.2
北京	87.6	厦门	48.8
佛山	86.1	清远	44.1
合肥	82.5	长沙	42.9
南京	80.3		
33城市平均		84.6	

数据来源：CSM媒介研究

① 本年鉴在有关收听状况的分析中，主要采用2011年CSM媒介研究进行收听率调查的33个城市（包括四波调查城市和连续调查城市）的收听调查数据，这33个城市分别为：北京、长春、长沙、常州、成都、重庆、大连、佛山、福州、广州、杭州、哈尔滨、合肥、济南、南京、南宁、宁波、青岛、清远、上海、绍兴、沈阳、深圳、石家庄、苏州、太原、天津、乌鲁木齐、武汉、无锡、西安、厦门和郑州。

2. 春季人均收听时间高于其他季节

CSM 媒介研究实行的四波次收听率调查分别分布在2至3月、5至6月、8至9月和11月，基本能够代表春、夏、秋、冬四季。对2011年33城市在各个调查波次的收听情况（其中，连续调查城市取各个调查波次时期的数据）进行分析发现，2011年全国33城市整体春季的人均收听量要高于其他季节，人均每天收听时间较其他季节多出2—3分钟（表1.3.4）。

具体到每个城市，季节差异不尽相同。哈尔滨一年四季（四波）的人均收听时长在33个调查城市中均排名首位，尤以春季最高。哈尔滨位于我国的最北方，是我国纬度最高、气温最低的大都市，哈尔滨的春季（第1波调查）仍然是非常寒冷的时期，听众在家的时间较长，因此人均收听量在各季度中最高。人均收听量次高的城市是天津，该城市收听很有特色：由于地处华北，二三月份仍然春寒料峭，夏季气温较高，天气比较炎热，听众多居于室内，收听广播的机率增大，因此，人均收听量高于其他季节。可见，气候条件和生活习惯在一定程度上影响了听众的季节性收听行为（表1.3.4）。

表1.3.4　2011年各城市听众在四波调查期间人均每日收听广播时间（分钟）

城市	第1波（2011.2.27—3.19）	第2波（2011.5.29—6.18）	第3波（2011.8.28—9.17）	第4波（2011.11.6—11.26）
北京	84.8	84.1	92.3	89.2
长春	69.9	69.9	75.8	76.2
长沙	46.2	41.0	41.8	42.6
常州	104.5	103.0	100.0	98.6
成都	59.6	60.4	61.1	60.5
重庆	65.6	64.5	62.7	64.9
大连	99.1	95.9	99.1	99.7
佛山	87.3	86.2	84.3	86.7
福州	63.4	62.9	68.4	69.5
广州	55.1	55.2	55.8	56.6
杭州	95.8	100.7	100.6	109.3
哈尔滨	169.5	162.4	138.7	147.2
合肥	82.4	82.2	82.8	82.4
济南	100.9	99.4	107.6	109.4
南京	78.1	79.2	84.3	79.8
南宁	56.3	58.2	48.9	53.8
宁波	67.5	66.2	65.2	65.0
青岛	89.7	88.2	85.3	91.0
清远	45.4	40.5	44.2	46.1
上海	80.4	74.7	77.1	71.6
绍兴	99.0	97.4	94.6	91.8
沈阳	113.2	115.3	110.6	111.6
深圳	59.8	57.3	55.0	57.5

续表

城市	第1波 （2011.2.27—3.19）	第2波 （2011.5.29—6.18）	第3波 （2011.8.28—9.17）	第4波 （2011.11.6—11.26）
石家庄	69.4	66.7	69.7	72.8
苏州	128.7	119.9	118.0	118.9
太原	112.2	78.6	82.4	81.2
天津	140.0	132.4	126.5	128.6
乌鲁木齐	98.5	101.7	97.0	93.5
武汉	56.4	52.1	45.7	50.5
无锡	81.5	71.0	68.0	68.7
西安	114.7	107.1	109.8	118.3
厦门	47.5	49.9	48.4	49.6
郑州	80.2	79.0	72.8	67.5
33城市	86.7	83.8	83.7	84.2

数据来源：CSM媒介研究

3. 男性、初高中学历、老年、中低收入听众群体人均收听时间较长

2011年各目标听众群体的人均收听量特征与2010年类似。男性听众人均每日收听时间达到87.4分钟，比女性听众长5.6分钟。各年龄段听众，呈现出年龄越大、收听量越大的特点，10—14岁的少年儿童听众人均每日收听时间仅为32.5分钟，仅为55岁及以上群体人均收听时间的1/4左右，广播媒体受众老龄化的倾向仍然突出。

从受教育程度来看，初、高中听众广播收听时间较长，达到人均每天1.5小时左右。在各类职业群体中，无业者人均收听广播时间最长，为114.1分钟，其次是其他职业人员、个体/私营企业人员和工人，平均每人每天收听时间均将近1.5小时。

从不同收入水平来看，个人月收入在1001—1500元的听众人均日收听时间最长，超过100分钟，其次是1—1000元和1501—2000元之间听众的日均收听量也超过了90分钟，2001—4000元听众的人均日收听量超过了80分钟，而4001元及以上的高收入者人均日收听量低于80分钟（表1.3.5）。

表1.3.5　2011年33城市不同目标听众人均每日收听广播时间（分钟）

目标听众	人均收听时间	目标听众	人均收听时间
男	87.4	干部/管理人员	77.8
女	81.8	初级公务员/雇员	75.4
10—14岁	32.5	个体/私营企业人员	87.9
15—24岁	53.7	工人	86.4
25—34岁	72.1	学生	41.4
35—44岁	84.2	无业	114.1
45—54岁	100.7	其他	89.9
55—64岁	122.6	没有收入	53.9
65岁及以上	132.5	1—500元	92.1

续表

目标听众	人均收听时间	目标听众	人均收听时间
未受过正规教育	83.0	501—1000 元	93.2
小学	79.3	1001—1500 元	104.7
初中	90.7	1501—2000 元	96.3
高中/中专/职高/技校	87.6	2001—2500 元	89.6
大学及以上	76.0	2501—3000 元	82.3
		3001—4000 元	87.0
		4001 元及以上	79.9
		拒绝回答	62.6

数据来源：CSM 媒介研究

（三）全天收听走势

1. 早间创造全天收听最高峰，高峰时段收听率工作日明显高于周末

与电视观众收视率全天走势不同，广播的收听最高峰出现在早间。2011 年全国 33 个城市，工作日6:45—7:45时段正值上班高峰，开机率高，收听率超过 15%，其中在7:15 —7:30时段收听率最高达 17.31%。早间8:30之后，收听率开始逐步走低，在13:30—14:00收听率跌至不足 4%。傍晚17:30—18:30下班时段，收听率回升至 9% 以上，随后到20:00左右又有明显的下跌。20:00—21:00时段虽有所起色，但同早间、傍晚相比，收听率大幅降低（图 1.3.2）。

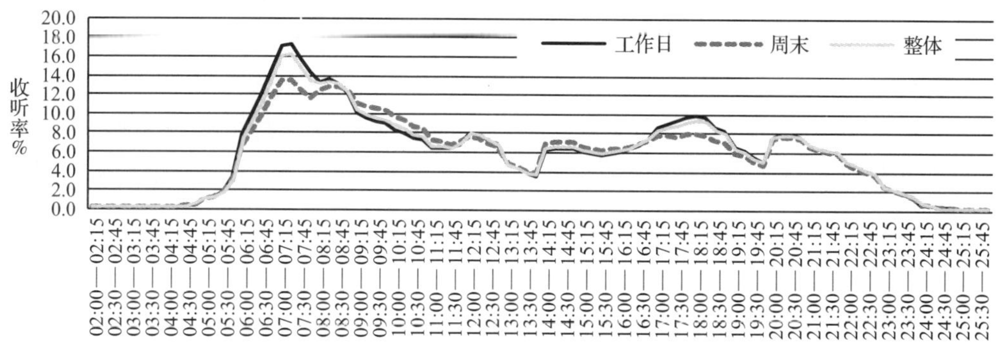

数据来源：CSM 媒介研究

图 1.3.2　2011 年 33 城市全天收听率走势

工作日和周末的收听率在高峰时段有较为显著的差别。工作日在早间6:00—8:30和下午17:00—19:00的收听高峰期，收听率明显高于周末同时段，其中在7:00左右，两者之间的收听率差距达到近 4 个百分点。而周末在上午9:00—11:00时段的收听率高于工作日。收听数据从一定程度上反映了听众的生活、工作作息规律：工作日早上通常会在洗漱、吃饭和上班途中收听广播，白天工作，而周末的上午则拥有更多的闲暇时间听广播。

2. 四季收听整体走势基本一致，不同季节收听水平略有差异

2011 年，全国 33 个城市听众在四波次调查中的全天收听率走势大体趋同，均显示出早间的收听最高峰和午间以及傍晚的两个收听次高峰。相对而言，春季第 1 波在 9:00—15:00时段的收听率较高，高于其他 3 波调查同时段的收听率（图 1.3.3）。

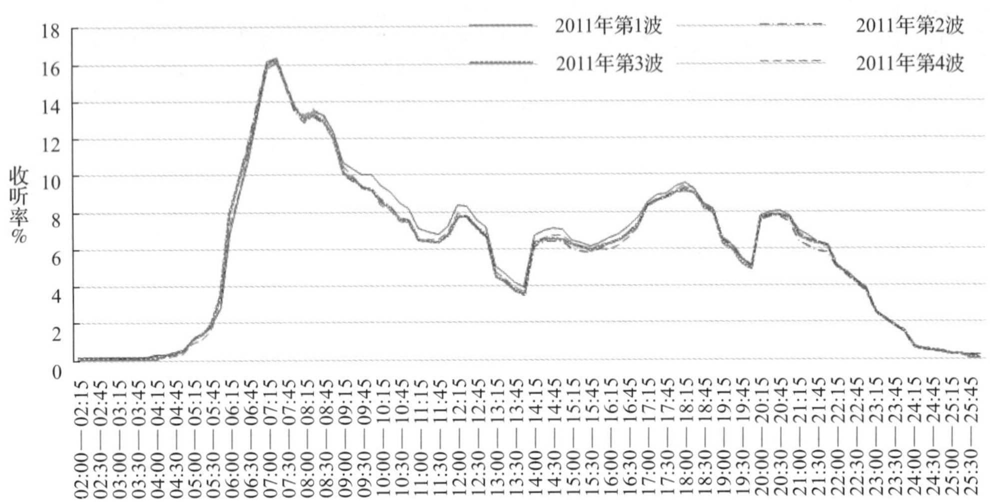

数据来源：CSM 媒介研究

图 1.3.3　2011 年 33 城市四波次调查全天收听率走势

3. 北京、上海收听走势基本一致，广州收听高峰特色十足

北京听众的全天收听走势与全国 33 个城市的平均收听率走势基本一致。北京听众工作日早间7:00—7:30左右的收听率超过了 20%，远远高于周末水平。北京听众在12:00和18:00左右形成另外两个收听高峰，另外随着听众夜生活时间的延伸，在20:00之后还形成了一个小而跨度较大的扁平状收听率高峰（图 1.3.4）。

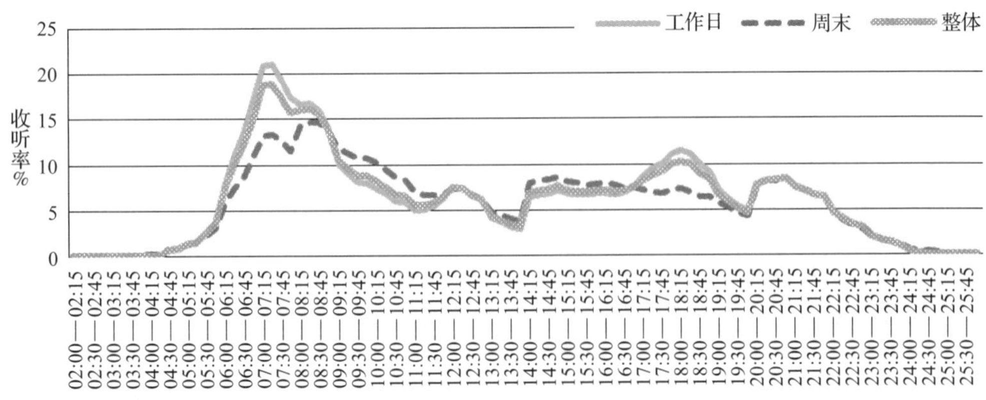

数据来源：CSM 媒介研究

图 1.3.4　2011 年北京全天收听率走势

上海听众的全天收听走势与全国33城市情况大体相同，在早间7:00出现了一个收听率超过22%的全天峰值。但不同的是，在早间收听高峰之后，上海听众在8:00—12:00时段的收听基本上处于平缓下滑阶段，午间12:00没有出现明显的收听高峰。而此后在晚间18:00，虽然也出现了一个全天第二高峰，但和早间相比就显得相形见绌、平淡无奇。工作日6:00—9:00时段相较于周末同时段的收听优势明显，周末则在9:00—12:00时段收听率高于工作日（图1.3.5）。

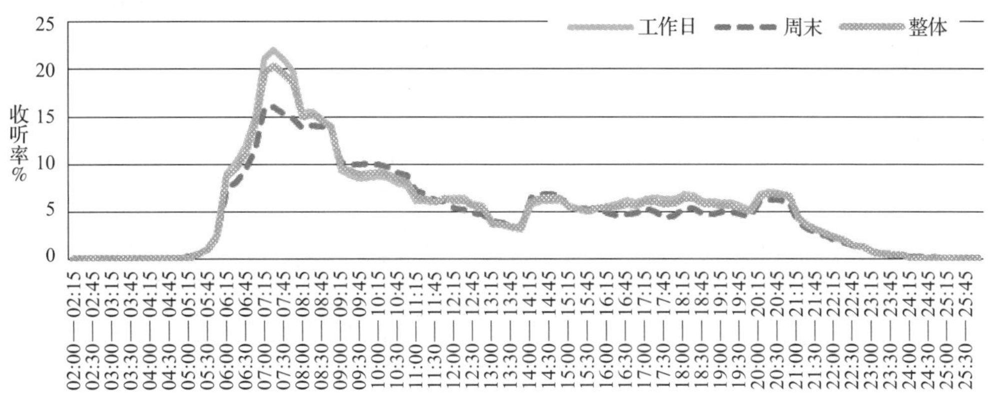

数据来源：CSM媒介研究

图1.3.5　2011年上海全天收听率走势

与北京、上海乃至全国33个城市收听率走势相比，广州听众的收听走势特色十足，差异巨大。最大的差别是广州听众的全天收听最高峰不是出现在早间，而是出现在中午12:00—13:00时段，孤峰突起，跨度为1个小时；此外在傍晚18:00—19:00时段也有一个较为显著而跨度较窄的次高峰。其他大部分时段收听率呈现扁平状分布，收听率都维持在4%—8%的水平。和其他城市一样，在早间7:00—9:30时段和傍晚17:00—18:45时段，广州工作日有略高于周末的收听表现（图1.3.6）。

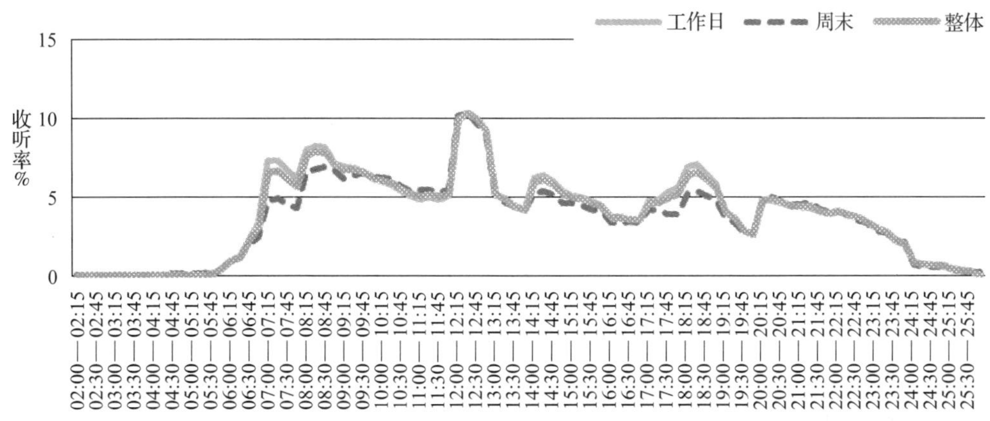

数据来源：CSM媒介研究

图1.3.6　2011年广州全天收听率走势

4. 各类目标听众在不同时段的收听特点不同

2011 年，全国 33 城市收听数据显示，男性听众在全天大多数时段的收听率都要高于女性群体，尤其是在早间7:00左右和傍晚18:00左右较为明显（图 1.3.7）。这是因为男性群体是移动收听的主力听众群体，在早晚上下班的高峰时段，具有收听优势。

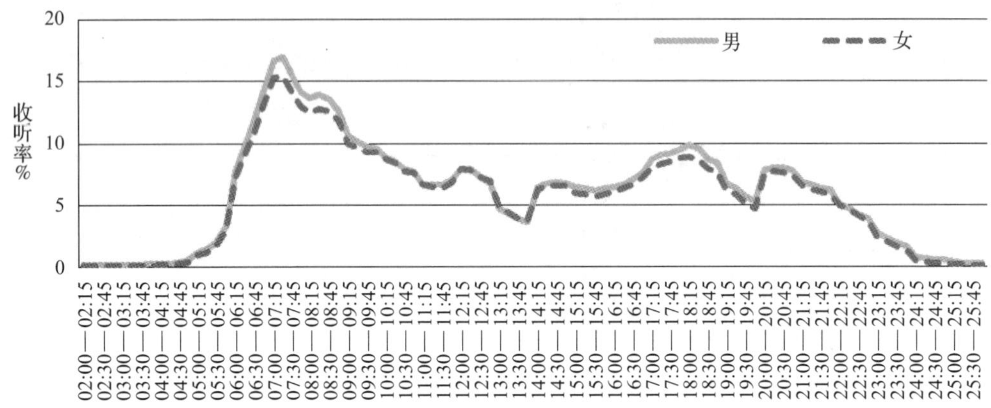

数据来源：CSM 媒介研究

图 1.3.7　2011 年 33 城市不同性别听众全天收听率走势

中老年听众群体构成了 2011 年我国广播媒体市场上的主力受众。数据显示，45 岁及以上的中老年听众在早间6:00—8:00的收听高峰明显高于更年轻的听众，尤其是 65 岁及以上的听众在5:00—7:00时段的两个小时内的收听率位于各年龄层之冠。在日间大多数时段，中老年群体的收听率也都明显高于年轻群体。到晚间20:00—21:00时段，35—44 岁的中青年群体的收听水平略高于其他年龄段听众（图 1.3.8）。

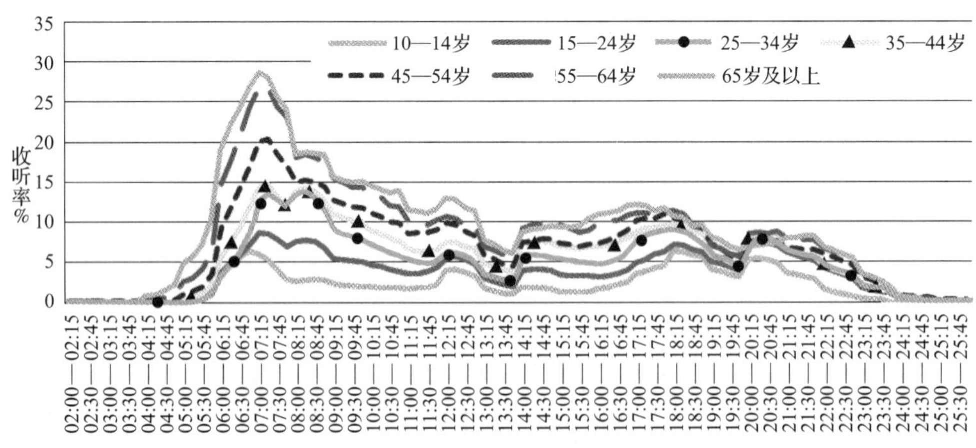

数据来源：CSM 媒介研究

图 1.3.8　2011 年 33 城市不同年龄听众全天收听率走势

从受教育程度来看，大学及以上高学历群体，在早间7:00—8:45和下午17:15—18:45时段，拥有高于其他听众群体的收听率，这在一定程度上和高学历者在上下班高峰有更多机会乘坐私家车和出租车有关，因此在这些时段针对高端群体进行内容编排和广告投放比较适宜。相比较而言，低教育程度群体在下午14:00—17:15的收听水平较高，广播电台可以在这一时段适当安排与之对应的节目内容（图1.3.9）。

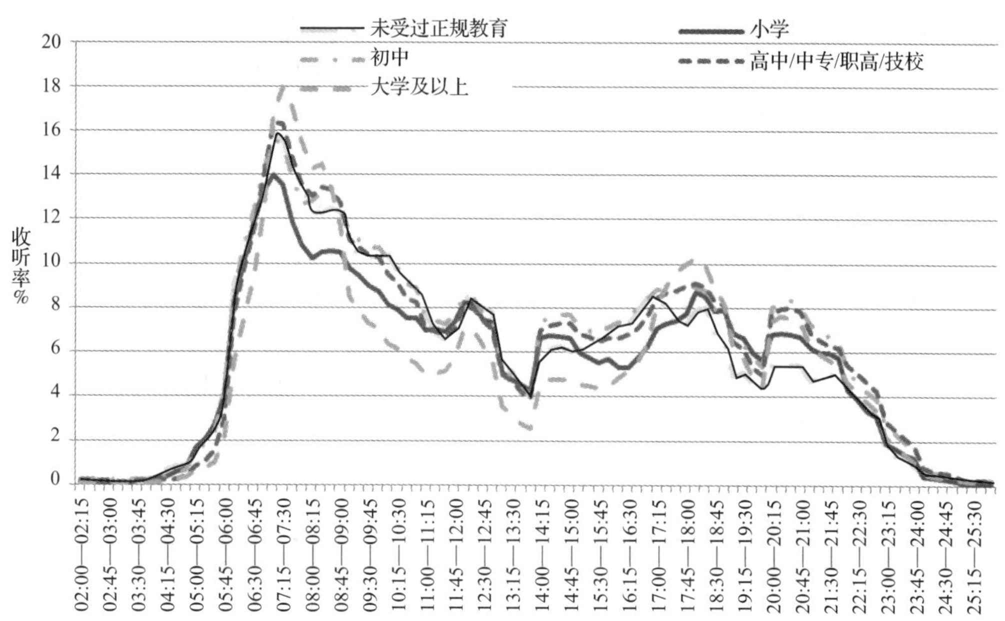

数据来源：CSM媒介研究

图1.3.9　2011年33城市不同受教育程度听众全天收听率走势

从不同职业听众的全天收听走势来看，无业者在早间至中午之间和下午14:00—18:00时段的收听率明显高于其他群体；以农、林、牧、副、渔为主的其他职业者在晚间20:00—21:45时段收听率高于其他群体。此外，干部/管理人员、初级公务员/雇员在早间上班高峰时段也有明显高峰，个体/私营企业人员以及工人群体在上下午时段有较好表现，而学生全天收听率整体偏低（图1.3.10）。

从个人月收入水平来看，中等收入群体在早晨交通高峰期、中午12:00左右具有收听优势，而4001元及以上的高收入人群则在早间8:00—9:00和傍晚18:00—19:00时段收听率较高。与之相比较，低收入群体在20:00—20:45时段的收听率较其他收入群体为高（图1.3.11）。广播媒体可针对各类听众在不同时段的收听水平特点，进行内容编排和广告投放。

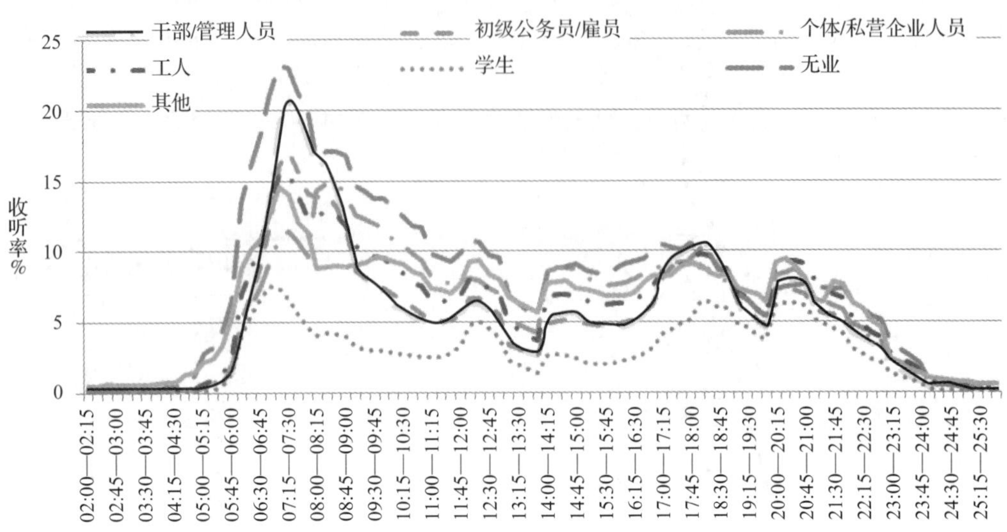

数据来源：CSM 媒介研究

图 1.3.10　2011 年 33 城市不同职业听众全天收听率走势

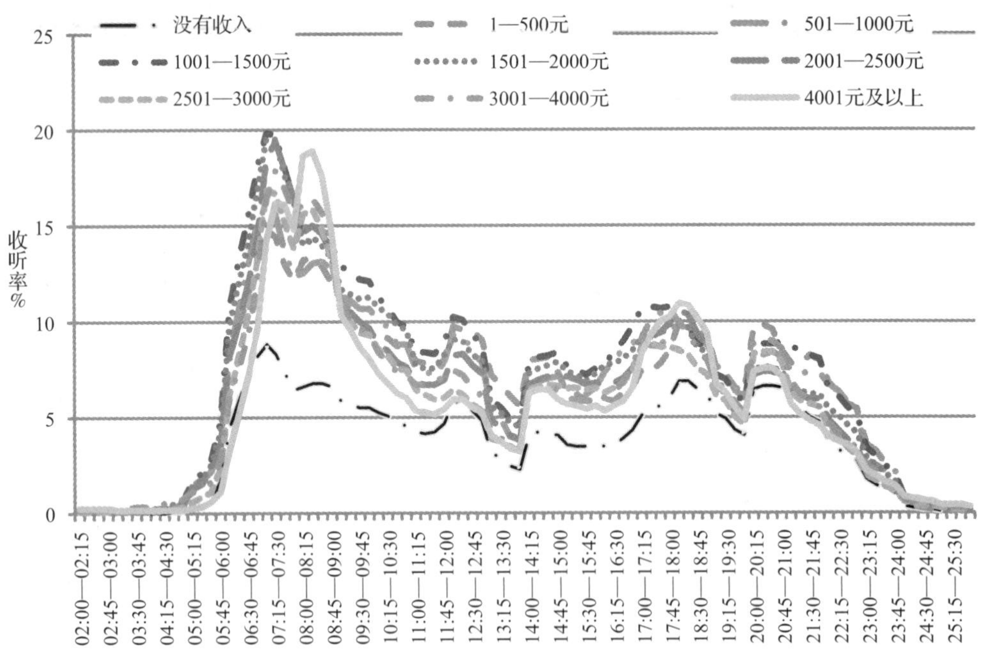

数据来源：CSM 媒介研究

图 1.3.11　2011 年 33 城市不同收入水平听众全天收听率走势

（四）听众最喜欢收听的节目类型

1. 新闻/时事、音乐和生活服务类节目广受欢迎

CSM媒介研究将广播节目共分为10个大类，涵盖了当今广播媒体的所有节目类型。根据CSM媒介研究2011年33个收听率调查城市的基础研究数据，2011年，全国33城市15岁及以上听众最喜欢收听广播节目类型比较集中，提供新闻资讯的新闻/时事类节目以62.9%的选择比例高居榜首，列为听众最喜爱的节目类型；能够充分发挥广播“优美动听”功能的音乐类节目以48.3%的选择比例位列第二，竞争优势不容忽视；和百姓生活息息相关，能够传播科普知识的生活服务类节目也获得了40.6%的铁杆听众，具有一定的市场空间；排名第四位的是文艺类节目，有25.2%的听众把该类节目列为最喜欢收听的节目；然后依次为财经类节目（8.5%）、法制类节目（8.4%）和体育类节目（7.8%），三者差距不是很明显；社教类（1.7%）、其他（1.3%）和外语类（1.0%）分列最后三位（表1.3.6）。

表1.3.6　2011年33城市15岁及以上听众最喜欢收听广播节目类型的选择比例（%）

排名	节目类型	比例（%）
1	新闻/时事	62.9
2	音乐类	48.3
3	生活服务类	40.6
4	文艺类	25.2
5	财经类	8.5
6	法制类	8.4
7	体育类	7.8
8	社教类	1.7
9	其他	1.3
10	外语类	1.0

数据来源：CSM媒介研究

2. 绝大多数城市收听市场新闻/时事类节目最受欢迎，其次是音乐和生活服务类节目

CSM媒介研究数据显示，2011年全国33个重点城市，在15岁及以上的听众中，新闻/时事类节目普遍最受欢迎，其次是音乐和生活服务类节目。以传播信息、资讯为主，内容丰富的新闻/时事类节目最受听众欢迎，占据了26个城市的榜首，显示出该类节目在满足听众广泛需求方面的强大优势（表1.3.7）。在广州、合肥和南宁3个城市，音乐类节目独占首位。

除了新闻/时事类节目几乎在各地通吃之外，最受听众欢迎排名前几名的节目类型也比较集中，显示出各地听众在收听偏好方面存在共性。比如，在排名第二梯队中，以音乐类节目为主，共有18个城市的听众喜欢该类节目，新闻/时事类节目和生活服务类节目不分伯仲，分别有6和7个城市这两类节目排第二位，清远和绍兴两个城市则是文

艺类节目更受听众的喜爱。在排名第三梯队中，生活服务类节目占据主体，共有长春、长沙和常州等19个城市的听众较为青睐该类节目，北京、大连、杭州和青岛等9个城市的音乐类节目获得听众的好感，文艺类节目则受到哈尔滨、合肥、石家庄和天津四地听众的喜爱（表1.3.7）。

由此可见，各地听众基于自身的生活习惯和当地的媒体发展状况，在类型节目选择上表现出了差异性，重视本地听众收听内容偏好的差异是频率竞争的重要资本之一。

表1.3.7 2011年33城市中15岁及以上听众最喜欢收听的广播节目类型排名前六位

城市	1	2	3	4	5	6
北京	生活服务类	新闻/时事类	音乐类	文艺类	法制类	体育类
长春	新闻/时事类	音乐类	生活服务类	文艺类	法制类	财经类
长沙	新闻/时事类	音乐类	生活服务类	文艺类	体育类	法制类
常州	新闻/时事类	音乐类	生活服务类	文艺类	体育类	财经类
成都	新闻/时事类	音乐类	生活服务类	文艺类	法制类	财经类
重庆	新闻/时事类	音乐类	生活服务类	文艺类	财经类	体育类
大连	新闻/时事类	生活服务类	音乐类	体育类	文艺类	法制类
佛山	新闻/时事类	音乐类	生活服务类	文艺类	体育类	财经类
福州	新闻/时事类	音乐类	生活服务类	文艺类	财经类	体育类
广州	音乐类	新闻/时事类	生活服务类	文艺类	体育类	财经类
杭州	新闻/时事类	生活服务类	音乐类	文艺类	财经类	法制类
哈尔滨	生活服务类	新闻/时事类	文艺类	音乐类	法制类	体育类
合肥	音乐类	新闻/时事类	文艺类	生活服务类	财经类	法制类
济南	新闻/时事类	音乐类	生活服务类	文艺类	体育类	法制类
南京	新闻/时事类	音乐类	生活服务类	文艺类	其他类	体育类
南宁	音乐类	新闻/时事类	生活服务类	文艺类	法制类	体育类
宁波	新闻/时事类	音乐类	生活服务类	文艺类	财经类	体育类
青岛	新闻/时事类	生活服务类	音乐类	文艺类	法制类	体育类
清远	新闻/时事类	文艺类	音乐类	财经类	生活服务类	法制类
上海	新闻/时事类	音乐类	生活服务类	文艺类	财经类	法制类
绍兴	新闻/时事类	文艺类	音乐类	生活服务类	财经类	法制类
沈阳	文艺类	生活服务类	新闻/时事类	音乐类	法制类	体育类
深圳	新闻/时事类	音乐类	生活服务类	法制类	文艺类	财经类
石家庄	新闻/时事类	音乐类	文艺类	生活服务类	法制类	财经类
苏州	新闻/时事类	音乐类	生活服务类	文艺类	体育类	法制类
太原	新闻/时事类	生活服务类	音乐类	文艺类	财经类	法制类
天津	新闻/时事类	生活服务类	文艺类	音乐类	法制类	财经类
乌鲁木齐	生活服务类	新闻/时事类	音乐类	文艺类	法制类	体育类
武汉	新闻/时事类	音乐类	生活服务类	文艺类	财经类	体育类
无锡	新闻/时事类	生活服务类	音乐类	文艺类	财经类	体育类
西安	新闻/时事类	音乐类	生活服务类	文艺类	财经类	体育类
厦门	新闻/时事类	音乐类	生活服务类	财经类	文艺类	体育类
郑州	新闻/时事类	音乐类	生活服务类	文艺类	体育类	财经类

数据来源：CSM媒介研究

3. 新闻/时事类节目广受各类听众喜爱，其他节目类型契合听众身份特征

2011年，各类目标听众在广播节目内容的选择上仍然将新闻/时事类、音乐类和生活服务类节目作为最爱。具体到每类节目受听众喜爱程度的排名，大体上符合各类听众各自的身份特征，这为广播媒体将细分听众群体与其内容偏好相结合提供了思路。

不考虑排名先后之分，33城市的男女听众对新闻/时事类、音乐类和生活服务类这三个类型节目都表现出了共同的喜爱。此外，在男女听众最喜欢的前6位节目类型中，女性听众选择了法制类节目，而男性听众对此不“感冒”；女性没有选择体育类节目，而男性听众对此则情有独钟（表1.3.8）。

不同年龄的听众对节目内容的选择显示出其心理阅历、生活经历、身体状况的影响。听众越是年轻，越是对音乐类节目更感兴趣，而年纪越大，则越对新闻/时事类、生活服务类节目感兴趣。15—24岁的青少年群体的收听偏好与其他听众群体不同，其最喜欢的三类节目分别是音乐类、新闻/时事类和生活服务类，偏向于娱乐类的节目；25—34岁和35—44岁的听众则对新闻/时事类、音乐类和生活服务类节目的关注程度最高；45岁及以上听众群则更偏向于对新闻/时事类节目的收听，其次是生活服务类节目。

表1.3.8　2011年33城市不同听众群体最喜欢收听的广播节目类型排名前六位

目标听众	1	2	3	4	5	6
男	新闻/时事类	音乐类	生活服务类	文艺类	体育类	财经类
女	新闻/时事类	音乐类	生活服务类	文艺类	法制类	财经类
15—24岁	音乐类	新闻/时事类	生活服务类	文艺类	体育类	法制类
25—34岁	新闻/时事类	音乐类	生活服务类	文艺类	财经类	法制类
35—44岁	新闻/时事类	音乐类	生活服务类	文艺类	财经类	体育类
45—54岁	新闻/时事类	生活服务类	音乐类	文艺类	财经类	法制类
55岁及以上	新闻/时事类	生活服务类	文艺类	音乐类	法制类	财经类
未受过正规教育	新闻/时事类	生活服务类	文艺类	音乐类	法制类	其他类
小学	新闻/时事类	生活服务类	音乐类	文艺类	法制类	体育类
初中	新闻/时事类	音乐类	生活服务类	文艺类	法制类	体育类
高中/技术学校	新闻/时事类	音乐类	生活服务类	文艺类	法制类	财经类
大学及以上	新闻/时事类	音乐类	生活服务类	文艺类	财经类	体育类
干部/管理人员	新闻/时事类	音乐类	生活服务类	文艺类	财经类	体育类
初级公务员/雇员	新闻/时事类	音乐类	生活服务类	文艺类	财经类	体育类
个体/私营企业人员	新闻/时事类	音乐类	生活服务类	文艺类	财经类	法制类
工人	新闻/时事类	音乐类	生活服务类	文艺类	体育类	法制类
学生	音乐类	新闻/时事类	文艺类	生活服务类	体育类	外语类
无业（包括退休）	新闻/时事类	生活服务类	音乐类	文艺类	法制类	财经类
其他	新闻/时事类	生活服务类	文艺类	音乐类	法制类	体育类

数据来源：CSM媒介研究

从受教育水平来看，听众学历越低越对新闻/时事和生活服务类节目感兴趣，而学历越高越对新闻/时事、音乐节目感兴趣。未受过正规教育和小学教育程度的听众最爱听新闻/时事类节目，其次是生活服务、文艺类和音乐类节目，两者的区别在于前者更喜欢文艺类节目，而后者更喜欢音乐类节目；初中学历及以上的听众则将新闻/时事类节目列为第一名，然后依次为音乐类、生活服务类和文艺类节目，其中初高中学历听众对法制类节目喜好度较高，而大学及以上学历听众对财经类节目则较为关注。

不同职业听众最喜欢收听的节目类型选择与不同教育水平听众有一定的相似之处，职业层级较高的听众更多地喜好新闻和音乐类节目；相比较而言，职业层级较低的群体则表现出对生活服务类节目更强的关注。从排在第一梯队的节目类型来看，除学生把音乐类节目排在第一位以外，其他职业类别的听众均把新闻/时事类节目排在第一位；从第二梯队来看，无业人员和其他类的人群更关注生活服务类的节目；学生和其他听众群对文艺类节目的喜好度较高，均把该类节目作为第三类最喜欢收听的节目。一个明显的特点是学生对外语类节目的喜好度较其他职业类别的人群均高，这也充分体现出不同职业听众群与广播节目类型间的契合度。

四、频率竞争格局

（一）全国33个重点城市市场整体的频率竞争格局

1. 各级频率市场份额基本保持稳定，省级频率占据一半以上市场空间

2011年是新媒体加速攻城略地，而传统媒体步步防守的一年。在众多媒体形式对受众有限注意力资源的争夺中，电视媒体损失了一部分受众消费量；而在城市化进程加快、机动车保有量不断增加的情况下，借助车载收听市场的小有收获，广播媒体的整体消费量稳中略升，呈现出较好的发展势头。从2011年全国33个城市广播收听市场各级频率的整体竞争格局来看，各级频率市场份额基本保持稳定，其中省级频率占据最大的一块市场。具体来看，中央级频率共获得10.6%的市场份额，较2010年略有萎缩；省级频率则进一步扩大竞争优势，市场份额由2010年的54.3%增至2011年的54.9%；市级频率所占的份额仍保持在三分之一左右，在广播收听市场中的地位基本稳定（图1.4.1）。

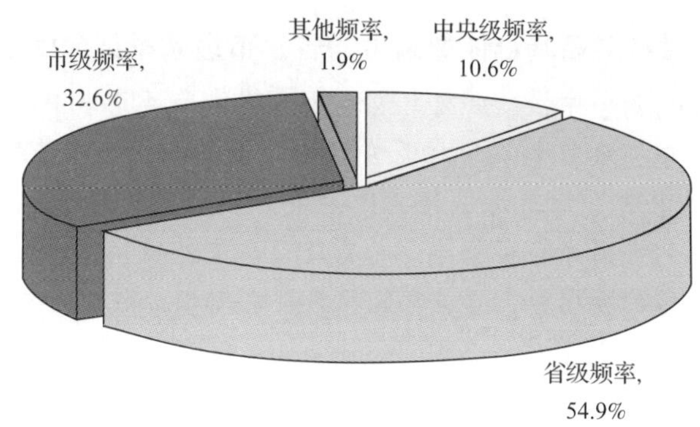

数据来源：CSM 媒介研究

图 1.4.1　2011 年 33 个城市市场各类频率的市场份额（四波调查数据）

2. 省级频率日间时段竞争力更强，中央级和市级频率相对优势在早晚时段

从各级频率在全天不同时段的竞争力变化来看，在全天时段都拥有绝对竞争优势的省级频率，在8:00—18:00的日间时段竞争优势更加明显，其中16:00—17:30时段的市场份额一度超过60%，囊括天气状况、路况信息、汽车服务等的生活服务类节目，以及洞悉股市瞬息变化的财经类节目成为这一时段省级频率收听率的重要支撑。相对于省级频率的优势时段而言，市级频率和中央级频率在早、晚时段的竞争力有所提升。其中市级频率在深夜至清晨时段和晚间17:00—24:00时段的竞争力较强，晚间时段市级频率竞争优势提升的法宝多为汽车服务节目、新闻节目以及文艺节目。中央级频率在早间6:00—8:00以及晚间18:30—22:00的竞争优势相对更为突出，这些时段中央级频率依托传统新闻以及生活服务节目获得了听众关注（图 1.4.2）。

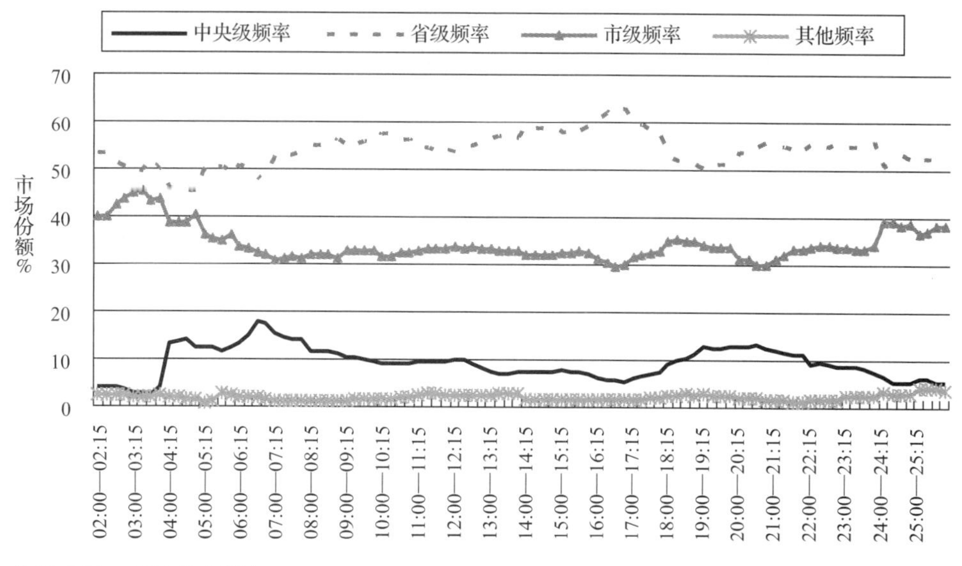

数据来源：CSM 媒介研究

图 1.4.2　2011 年 33 个城市市场各类频率全天不同时段的市场份额（四波调查数据）

3. 中央级频率保持对高端群体影响力，省、市级频率细分受众进行差异化竞争

在细分收听群体的竞争中，各级频率依然保持整体市场竞争中的特点，省级频率领先，市级频率次之，中央级频率保持10%左右的市场份额。但与各级频率本身在10岁及以上整体收听群体中的平均市场份额相比，不同频率依托自身的专属平台和特色节目，对不同收听群体的吸附力存在差异：中央级频率依然保持了其对男性、高学历、干部、高收入等高端群体的吸引力，省、市级频率则在对细分收听群体的竞争中呈现出差异化的优势分布（表1.4.1）。

在以性别为细分标准的收听市场上，中央级频率和市级频率在男性听众中的市场份额略高于在所有听众中的平均水平，而省级频率则依然保持了对女性听众的吸引力。

在以年龄为细分标准的收听市场上，中央级频率对65岁及以上老年听众的吸引力明显更强，收听份额达到12.7%，较10岁及以上所有听众10.6%的平均水平有较大幅度的提升；省级频率则对45—64岁的听众吸引力较强，收听份额达到56%以上，高于其在10岁及以上所有听众中54.9%的平均份额；市级频率与省级频率形成差异化竞争，对25—44岁的中青年听众吸引力最强，收听份额达到35%以上，较10岁及以上所有听众32.6%的平均水平高出3个百分点左右。

在以学历为细分标准的收听市场上，大学及以上的高学历听众中中央级频率的收听份额达到14.6%，明显高于其在10岁及以上所有听众中10.6%的平均水平；高中/中专/职高/技校学历的听众中省级频率的收听份额超过56%，高于10岁及以上所有听众的平均水平；市级频率则在初中及小学的中低学历听众中的收听份额明显更高，在34%以上，与中央级频率和省级频率的竞争点各有侧重。

在以职业为细分标准的收听市场上，干部/管理人员听众中中央级频率的收听份额较10岁及以上所有听众的平均水平明显更高；而学生和包括退休人员在内的无业群体中省级频率表现出更高的收听份额，达到56%以上；市级频率在个体/私营企业人员、工人和其他职业听众中吸引力更强，三类听众的收听份额均超过35%，明显高于市级频率所有听众32.6%的平均水平。

在以收入为细分标准的收听市场上，个人月收入在4001元及以上的高收入听众中中央级频率的收听份额高于10岁及以上所有听众平均水平，达到14.2%；而个人月收入为1501—2500元听众中省级频率的收听份额较高，在57%以上；市级频率更吸引个人月收入1500元及以下的低收入听众和部分4001元及以上的高收入听众，与省级频率所吸引的重度听众各有侧重。

表 1.4.1　2011 年 33 城市市场各级频率在不同目标听众中的市场份额（四波调查数据）

目标听众	中央级频率	省级频率	市级频率	其他频率
10 岁及以上所有人	10.6	54.9	32.6	1.9
男	10.9	54.2	33.2	1.7
女	10.3	55.7	32.0	2.1
10—14 岁	12.7	52.2	32.6	2.6
15—24 岁	11.2	55.2	31.3	2.4
25—34 岁	10.4	51.4	36.4	1.9
35—44 岁	9.4	53.3	35.3	2.0
45—54 岁	9.8	57.9	30.6	1.7
55—64 岁	10.8	56.4	31.2	1.6
65 岁及以上	12.7	56.2	29.5	1.6
未受过正规教育	10.8	52.0	30.5	6.7
小学	9.6	52.5	34.0	3.9
初中	9.0	54.4	34.7	1.8
高中/中专/职高/技校	9.6	56.5	32.4	1.6
大学及以上	14.6	54.2	29.8	1.4
干部/管理人员	14.2	56.3	28.1	1.4
初级公务员/雇员	11.3	53.7	33.1	2.0
个体/私营企业人员	8.7	51.3	37.8	2.2
工人	8.8	54.5	35.0	1.8
学生	12.9	56.7	28.5	2.0
无业（包括退休人员）	11.3	57.2	30.0	1.5
其他职业	6.2	47.2	39.6	6.9
无收入	10.7	55.1	31.6	2.7
1—500 元	11.9	48.0	35.5	4.6
501—1000 元	10.9	52.7	35.1	1.2
1001—1500 元	9.5	54.4	34.5	1.7
1501—2000 元	10.0	57.4	31.1	1.5
2001—2500 元	11.3	57.7	29.3	1.6
2501—3000 元	9.4	54.9	33.8	2.0
3001—4000 元	11.4	55.7	31.4	1.5
4001 元及以上	14.2	47.5	35.7	2.6

数据来源：CSM 媒介研究

(二) 北京广播收听市场的频率竞争格局

1. 北京人民广播电台收听份额明显增长，中央人民广播电台份额大幅滑落

2011 年，北京广播收听市场的竞争可谓波澜起伏，一改前两年的稳定态势。北京人民广播电台凭借对本土市场听众需求的准确把握，市场份额获得明显增长，由2010 年的66.4% 增至 2011 年的 69.2%，市场霸主的地位得到强化，其中北京人民广播电台交通广播竞争力的迅速扩张功不可没。中央人民广播电台则遭遇收听竞争力的滑铁卢，市场份额由2010 年的27.7% 下滑至2011 年的23.0%，下降幅度超过15%。中国国际广播电台则表现出增长势头，市场份额也获得一定程度的提升，2011 年 6.0% 的市场份额较2010 年增长了 1.6 个百分点（图 1.4.3）。

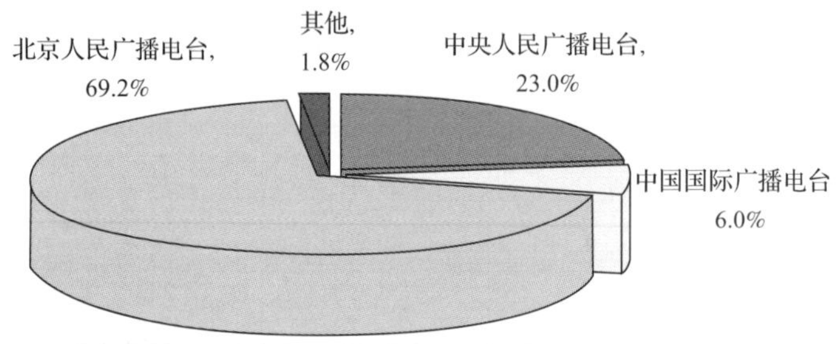

数据来源：CSM 媒介研究

图 1.4.3　2011 年北京市场各类频率的市场份额（%）

2. 北京台与中央人民广播电台竞争力此消彼长，竞争优势时段各有侧重

在北京广播收听市场全天不同时段的竞争中，虽然北京人民广播电台在所有时段都保持领先优势，但其优势时段与中央人民广播电台各有侧重，在市场份额曲线上表现出明显的此消彼长态势（图 1.4.4）。具体来看，除凌晨时段外，北京人民广播电台竞争力更强的时段是14:30—17:30的下午时段以及23:00—25:00的深夜时段，下午时段北京人民广播电台交通广播的几档天气、路况类生活服务节目为这一时段北京台整体的竞争力提升做出了贡献，北京台交通、文艺、音乐广播的生活服务、文艺、音乐、社教节目成为深夜时段北京台收听份额提升的法宝。中央人民广播电台则凭借清晨4:00—5:00、早晨6:00—7:00以及后晚间和深夜时段的健康类生活服务节目以及综合新闻节目提升了竞争力。中国教育台频率在凌晨时段及清晨4:30—5:30时段的竞争力相对全天平均水平表现突出。

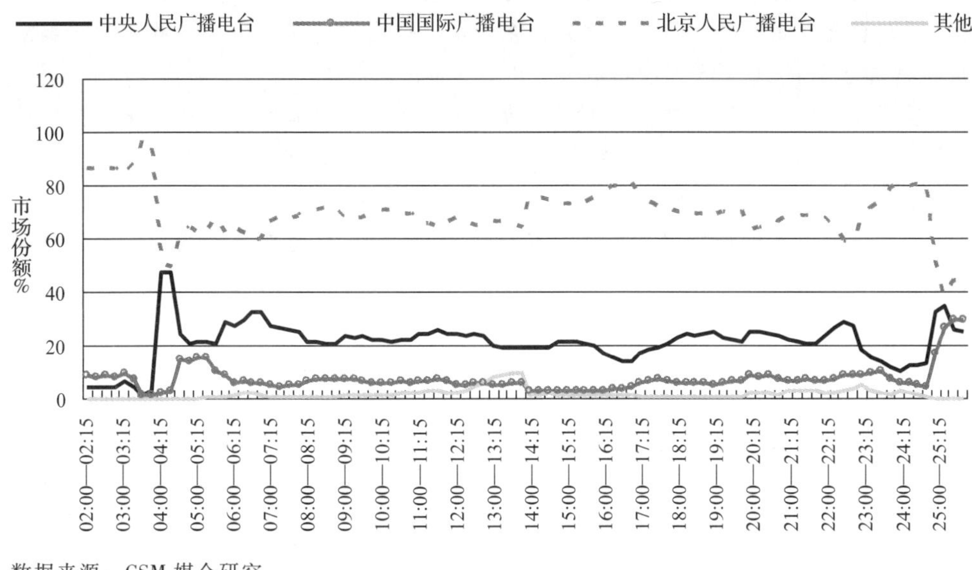

数据来源：CSM 媒介研究

图 1.4.4　2011 年北京市场各类频率全天不同时段的市场份额（%）

3. 北京人民广播电台在细分收听市场优势依旧，中国国际广播电台更吸引年轻高学历群体

在北京广播收听市场的细分听众竞争中，在整体市场占据绝对优势的北京人民广播电台仍然在绝大多数细分听众中保持了这种优势，并且在男性、年轻、中等学历、中等收入听众中的竞争力更强；中央人民广播电台则在女性、低学历、低收入和高收入群体中优势更大；中国国际广播电台在男性、年轻、高学历、中高收入群体中的相对竞争力更强（表 1.4.2）。

在以性别为细分标准的收听市场上，中央人民广播电台在女性听众中的收听份额明显高于男性听众，而北京人民广播电台和中国国际广播电台则是在男性听众中的收听份额高于女性听众。

在以年龄为细分标准的收听市场上，中央人民广播电台更受 10—14 岁、35—44 岁、65 岁及以上年龄段听众的喜爱，收听份额均超过 26%，高于 10 岁及以上所有听众 23% 的平均水平。北京人民广播电台则是在 25—34 岁年龄段的青年听众中收听份额较高，达到 74% 以上，较其在 10 岁及以上所有听众中 69.2% 的份额明显提升。中国国际广播电台受到年轻听众的追捧，在 10—24 岁听众中的收听份额超过 11%，在 25—34 岁听众中的收听份额也接近 10%，较 10 岁及以上听众的平均收听份额 6% 增长明显。三个电台对不同年龄段听众的吸引力各有侧重，中国国际广播电台的重度听众年龄更为年轻，北京人民广播电台的优势在于青年群体，相对而言中央人民广播电台在老年听众中的竞争力更强。

在以学历为细分标准的收听市场上，中央人民广播电台对低学历听众吸引力较强，在小学学历听众中的收听份额达到 28.6%，高于其在 10 岁及以上所有听众 23% 的平均水平。北京人民广播电台对高中学历水平的听众吸引力较强，收听份额达到72%。中国国际广播电台显然更受高学历听众喜爱，在大学及以上学历水平听众中的收听份额达到8.7%，远高于其在10岁及以上所有听众中6%的收听份额。

在以职业为细分标准的收听市场上，干部/管理人员和学生听众对中央人民广播电台表现出更高的收听喜好，份额超过24%，高于10岁及以上所有听众的平均水平。个体/私营企业人员和其他职业听众中北京人民广播电台的收听份额明显更高，达到70%以上。中国国际广播电台对学生、初级公务员/雇员吸引力更强，其中学生对中国国际广播电台的收听份额更是达到12%以上，远高于其在所有职业类别听众中6%的平均市场份额。

在以收入为细分标准的收听市场上，个人月收入500元以下及4001元及以上的听众中中央人民广播电台的收听份额较高，均达到26%以上，高于其在10岁及以上所有听众中23%的平均水平；个人月收入在501—1000元之间及2501—3000元的听众中北京人民广播电台的收听份额达到72%以上，高于所有听众平均水平；中国国际广播电台则对个人月收入在1—500元的低收入听众以及个人月收入在3001元及以上的中高收入群体吸引力更强。

表1.4.2　2011年北京市场各类频率在不同目标听众中的市场份额（%）

目标听众	中央人民广播电台	中国国际广播电台	北京人民广播电台	其他
10岁及以上所有人	23.0	6.0	69.2	1.8
男	21.6	6.7	70.0	1.7
女	24.7	5.2	68.2	1.9
10—14岁	27.6	11.3	61.0	0.1
15—24岁	23.3	11.1	63.3	2.3
25—34岁	15.3	9.9	74.7	0.1
35—44岁	26.0	2.6	69.3	2.1
45—54岁	21.9	5.3	70.3	2.5
55—64岁	24.4	2.6	70.5	2.5
65岁及以上	26.8	5.3	66.9	1.0
小学	28.6	5.2	66.1	0.1
初中	23.0	3.3	69.3	4.4
高中/中专/职高/技校	21.4	4.9	72.0	1.7
大学及以上	23.9	8.7	67.0	0.4
干部/管理人员	24.8	3.8	71.3	0.1
初级公务员/雇员	21.3	11.0	67.3	0.4
个体/私营企业人员	21.3	5.4	71.9	1.4
工人	21.9	3.4	70.5	4.2
学生	26.3	12.3	60.8	0.6
无业（包括退休人员）	23.9	3.6	70.1	2.4
其他职业	10.0	2.3	87.4	0.3
无收入	26.3	6.6	64.6	2.5
1—500元	44.5	13.2	35.1	7.2

续表

目标听众	中央人民广播电台	中国国际广播电台	北京人民广播电台	其他
501—1000 元	23.0	3.1	72.2	1.7
1001—1500 元	19.4	4.6	71.1	4.9
1501—2000 元	24.0	4.4	69.6	2.0
2001—2500 元	22.7	4.3	71.7	1.3
2501—3000 元	17.0	3.5	78.5	1.0
3001—4000 元	20.2	9.3	70.5	0.0
4001 元及以上	26.3	9.9	63.7	0.1

数据来源：CSM 媒介研究

4. 北京人民广播电台频率占据前三甲，交通广播竞争力大幅提升

2011 年，在北京广播收听市场单个频率的竞争中，北京人民广播电台的交通、文艺、新闻广播位列市场份额排名的前三甲，音乐广播也入围前五位（表 1.4.3）。中央人民广播电台第一套节目中国之声排名第四位，较上年竞争力略有下滑。

在北京人民广播电台的各频率中，交通广播以绝对的优势独占鳌头，27.1% 的份额较 2010 年增幅超过 20%；北京人民广播电台文艺广播（FM87.6/CFM93.8）以 16.9% 的份额排名第二位，但份额较上年略有下降；北京广播电台新闻广播（FM100.6/AM828/CFM90.4）由 2010 年的第四位前进至第三位，份额也较 2010 年增长了 1 个百分点；北京人民广播电台音乐广播（FM97.4/CFM94.6）仍保持在第五位，但市场份额较上年也有所下降。中央人民广播电台第一套节目中国之声以 7.8% 的份额排名第四位，排名和市场份额较上年均有所下滑。

表 1.4.3　2011 年北京市场收听份额排名前五位的频率

排名	频率	市场份额%	收听率%
1	北京人民广播电台交通广播（FM103.9/CFM95.6）	27.1	1.6
2	北京人民广播电台文艺广播（FM87.6/CFM93.8）	16.9	1.0
3	北京广播电台新闻广播（FM100.6/AM828/CFM90.4）	9.0	0.5
4	中央人民广播电台第一套节目中国之声	7.8	0.5
5	北京人民广播电台音乐广播（FM97.4/CFM94.6）	6.9	0.4

数据来源：CSM 媒介研究

（三）上海广播收听市场的频率竞争格局

1. SMG 频率以绝对优势领跑上海广播收听市场，中央级频率竞争力有所提升

2011 年，在上海广播收听市场的频率竞争格局中，SMG 频率仍然以绝对优势领跑收听市场，92.1% 的市场份额几乎形成垄断之势，但较 2010 年的 94.2% 略有下降；上海人民广播电台 AM990/FM93.4、上海流行音乐广播动感 101 FM101.7、第一财经广播 FM97.7 三大频率贡献了其中约一半的市场份额。在上海本地频率保持强势地位的情况

下，中央级频率所占的市场空间相当小，其中中央人民广播电台占据4.7%的市场份额，较2010年的4.4%略有提升；中国国际广播电台占据0.9%的市场份额，较2010年的0.5%提升明显，总的来看，中央级频率在上海广播收听市场的竞争力有所上升（图1.4.5）。

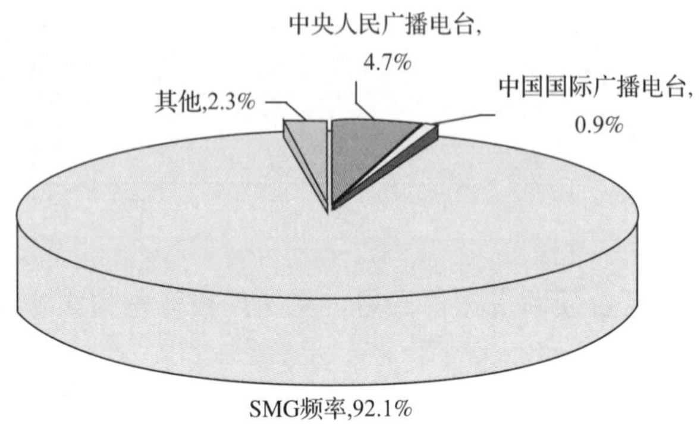

数据来源：CSM媒介研究

图1.4.5　2011年上海市场各类频率的市场份额（%）

2. SMG频率竞争优势遍布全天时段，中央人民广播电台在清晨和晚间竞争力上升

在全天的所有时段，SMG频率在上海广播收听市场都以绝对的优势领先，早间时段上海人民广播电台AM990/FM93.4以及东广新闻台AM1296/FM90.9播出的几档综合新闻节目和晚间时段上海流行音乐广播动感101 FM101.7播出的音乐类节目为SMG频率整体在上海的领先奠定了基础。在上海本土频率的强势竞争之下，中央人民广播电台在清晨4:00—6:00时段以及晚间18:00—23:00时段获得了超越全天平均份额水平的竞争力，其中清晨时段中央人民广播电台第一套节目中国之声的几档健康类生活服务节目、社教类节目，中央人民广播电台第二套节目经济之声的几档地方戏曲节目成为支撑中央台清晨时段竞争力提升的重要节目资源，中国之声播出的几档社教类节目，经济之声播出的几档财经类节目，音乐之声播出的几档社教、汽车类生活服务节目为中央台晚间时段竞争力提升做出了贡献（图1.4.6）。

3. 上海本土频率与中央级频率在细分听众中差异化竞争，重度听众各有所长

2011年，在上海广播收听市场细分听众的竞争中，占据市场霸主地位的本土频率将优势渗透到目标听众的方方面面；中央级频率虽然在整体市场竞争中占据下风，但凭借其传统优势节目在细分收听群体中也培养了一批拥趸，与上海本土频率在细分听众中形成差异化的竞争（表1.4.4）。

在以性别为细分标准的收听市场上，中央人民广播电台在男性听众中的收听份额略高于女性听众；中国国际广播电台和SMG频率则在女性听众中的收听份额略高于男性听众。总体来看，各级频率在男性、女性听众收听份额的差异都不大。

在以年龄为细分标准的收听市场上，SMG频率在25岁及以下听众中的收听份额明

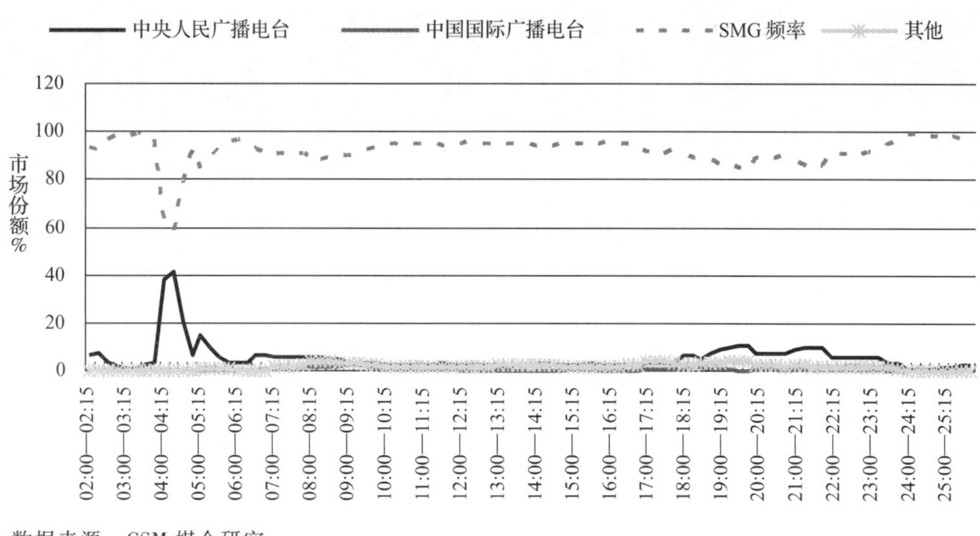

数据来源：CSM 媒介研究

图 1.4.6　2011 年上海市场各类频率全天不同时段的市场份额（%）

显更高，达到93%以上，其在10—14岁青少年群体中的份额甚至超过97%，显示出SMG频率在年轻听众中的影响力。中央人民广播电台在45岁及以上的中老年听众中的收听份额较10岁及以上所有听众平均水平更高，达到5%以上，其中55—64岁听众的收听份额达到6.0%。中国国际广播电台在25—34岁中青年听众中的收听份额表现突出，是其在10岁及以上所有听众中收听份额的3倍多。

在以学历为细分标准的收听市场上，未受过正规教育的听众中SMG频率的收听份额明显高于10岁及以上所有听众的平均水平，达到97.0%。中央人民广播电台则对小学学历的听众吸引力相对更强，该类群体对中央人民广播电台的收听份额达到7.8%，较10岁及以上所有听众平均水平高出3个百分点以上。中国国际广播电台更受高学历听众的喜爱，大学及以上学历听众中其收听份额较10岁及以上所有听众高出1.4个百分点。

在以职业为细分标准的收听市场上，个体/私营企业人员中SMG频率的收听份额明显较高，达到94.0%。中央人民广播电台受到工人及无业听众的喜爱，他们对中央人民广播电台的收听份额达到5%以上。中国国际广播电台对干部/管理人员、初级公务员/雇员和工人吸引力相对更强，工人听众中其收听份额达1.8%，是10岁及以上所有听众平均水平的2倍。

在以收入为细分标准的收听市场上，无收入听众以及个人月收入在1001—2500元之间的听众中SMG频率的收听份额较10岁及以上所有听众平均水平有所提高；而个人月收入为2501—3000元以及4001元及以上的听众中则是中央人民广播电台的收听份额增加明显，达到6%以上；中国国际广播电台对中高收入群体的吸引力相对更强，个人月收入在2501元及以上的听众中中国国际广播电台的收听份额在1.3%以上，高于其在10岁及以上所有听众中0.9%的水平。

表 1.4.4　2011 年上海市场各类频率在不同目标听众中的市场份额（%）

目标听众	中央人民广播电台	中国国际广播电台	SMG 频率	其他
10 岁及以上所有人	4.7	0.9	92.1	2.3
男	5.1	0.5	92.0	2.4
女	4.3	1.2	92.2	2.3
10—14 岁	1.6	0.0	97.1	1.3
15—24 岁	4.3	1.2	93.2	1.3
25—34 岁	3.4	3.3	88.8	4.5
35—44 岁	3.7	0.6	90.6	5.1
45—54 岁	5.6	0.4	92.7	1.3
55—64 岁	6.0	0.4	92.1	1.5
65 岁及以上	5.2	0.1	94.0	0.7
未受过正规教育	2.7	0.0	97.0	0.3
小学	7.8	0.0	91.6	0.6
初中	4.5	0.2	93.4	1.9
高中/中专/职高/技校	4.3	0.4	93.0	2.3
大学及以上	5.1	2.5	89.4	3.0
干部/管理人员	3.5	1.4	89.1	6.0
初级公务员/雇员	4.7	1.2	91.7	2.4
个体/私营企业人员	4.7	0.1	94.0	1.2
工人	5.3	1.8	89.2	3.7
学生	0.6	0.8	97.7	0.9
无业（包括退休人员）	5.5	0.3	93.0	1.2
其他职业	*	*	*	*
无收入	2.3	0.9	95.8	1.0
1—500 元	0.1	0.0	85.3	14.6
501—1000 元	4.9	0.0	92.2	2.9
1001—1500 元	3.6	0.4	93.6	2.4
1501—2000 元	5.6	0.1	93.3	1.0
2001—2500 元	3.4	0.9	93.4	2.3
2501—3000 元	6.1	1.9	88.0	4.0
3001—4000 元	4.4	1.9	89.4	4.3
4001 元及以上	6.0	1.3	90.5	2.2

注：“*”表示该国标听众样本量不足，无法进行统计推断。

数据来源：CSM 媒介研究

4. SMG 频率垄断市场份额排名前五位，东广新闻台竞争力明显增强

2011 年，上海广播收听市场单个频率的竞争中，SMG 频率仍然垄断前五位，5 个频率市场份额合计达 63.8%。其中上海人民广播电台 AM990/FM93.4 以 21.4% 的份额排名首位，但这一份额较 2010 年的 23.8% 略有下降。除此以外，其余 4 个频率 2011 年的收听份额较 2010 年均有增加，上海流行音乐广播动感 101 FM101.7 和第一财经广播 FM97.7 分别以 14.9% 和 9.7% 的份额分列第二、三位，东广新闻台 AM1296/FM90.9 在 2011 年以 1.6 个百分点的份额增幅与上海东方都市广播 AM792/FM89.9 并列排名第四位（表 1.4.5）。

表 1.4.5 2011 年上海市场收听份额排名前五位的频率

排名	频率	市场份额%	收听率%
1	上海人民广播电台 AM990/FM93.4	21.4	1.1
2	上海流行音乐广播 动感101 FM101.7	14.9	0.8
3	第一财经广播 FM97.7	9.7	0.5
4	东广新闻台 AM1296/FM90.9	8.9	0.5
4	上海东方都市广播 AM792/FM89.9	8.9	0.5

数据来源：CSM 媒介研究

（四）广州广播收听市场的频率竞争格局

1. 广东电台市场份额稳居收听市场首位，广州人民广播电台竞争力持续提升

2011 年，广州广播收听市场的频率竞争格局中，本土广播台广东电台及广州人民广播电台仍然占据竞争的优势地位。其中广东电台占据的份额超过六成，达到 63.3%，但这一数值较 2010 年的 64.4% 略有下降，且下降速度放缓；广州人民广播电台则以 26.1% 的份额在收听市场占据一隅，较 2010 年的 23.9% 进一步提升，优势逐渐扩大。佛山人民广播电台 2011 年占据 4.4% 的份额，与 2010 年相比基本保持稳定。中央级频率在有限的市场空间中所能占据的份额较小，中央人民广播电台占据 3.2% 的份额，且较 2010 年有所下降；与在其他收听市场的表现相似，中国国际广播电台 2011 年在广州的市场份额获得提升，由 2010 年的 0.2% 上升至 0.4%，但对整个市场的影响相对有限（图 1.4.7）。

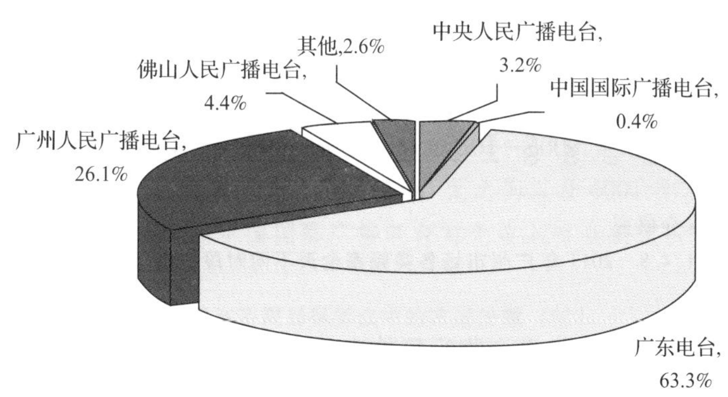

数据来源：CSM 媒介研究

图 1.4.7 2011 年广州市场各类频率的市场份额（%）

2. 广东电台全天时段领先收听市场竞争，广州台在晨间及后晚间时段竞争力明显提升

在全天各时段的收听竞争中，整体市场领先的广东电台将优势蔓延至各个时段，其中清晨3:30—5:30、日间7:00—16:00、晚间19:00—22:00的竞争力更强（图 1.4.8）。清

续表

目标听众	中央人民广播电台	中国国际广播电台	广东电台	广州人民广播电台	佛山人民广播电台	其他
45—54岁	2.5	0.1	64.6	28.6	2.7	1.5
55—64岁	2.7	0.1	63.6	26.2	5.7	1.7
65岁及以上	1.1	0.0	71.7	18.6	2.5	6.1
未受过正规教育	0.0	0.0	68.7	10.1	1.1	20.1
小学	0.8	0.0	67.7	21.7	6.1	3.7
初中	1.9	0.1	64.8	26.0	5.0	2.2
高中/中专/职高/技校	3.3	0.5	62.2	28.3	4.2	1.5
大学及以上	7.3	0.8	60.8	25.4	3.0	2.7
干部/管理人员	6.2	0.6	65.4	17.3	2.6	7.9
初级公务员/雇员	8.7	0.9	60.0	24.7	4.9	0.8
个体/私营企业人员	2.9	0.4	69.2	24.6	2.1	0.8
工人	2.3	0.1	60.9	28.2	5.6	2.9
学生	5.1	1.3	59.6	29.2	3.0	1.8
无业（包括退休人员）	2.2	0.2	66.6	24.2	4.1	2.7
其他职业	0.0	0.0	57.1	32.1	3.0	7.8
无收入	3.6	0.8	62.2	28.0	3.3	2.1
1—500元	0.3	0.0	60.0	22.5	2.5	14.7
501—1000元	2.0	0.0	56.2	33.5	7.0	1.3
1001—1500元	1.1	0.0	64.9	26.0	6.1	1.9
1501—2000元	3.5	0.1	66.4	22.0	7.2	0.8
2001—2500元	4.3	0.5	65.7	21.7	4.2	3.6
2501—3000元	3.5	0.6	63.5	26.5	2.9	3.0
3001—4000元	3.4	0.3	62.8	28.5	1.3	3.7
4001元及以上	4.2	0.1	60.7	31.9	1.4	1.7

数据来源：CSM媒介研究

4. 广东电台音乐之声稳坐头把交椅，广州新闻电台入围前五位

继2010年跃升至单个频率市场份额排名首位之后，广东电台音乐之声在2011年以16.1%的份额继续保持第一的位置，且份额比2010年增长了0.8个百分点。昔日霸主广东电台珠江经济广播电台FM97.4/AM1062在2011年排名提升一位，以13.1%的份额排名第二。广东电台羊城交通广播台FM105.2在2011年则面临竞争力下滑，以12.8%的份额排名第三，份额减少1.4个百分点。广东交通电台FM106.1竞争力也获得提升，不仅份额增加了2.5个百分点，排名也提前一位至第四位。广州新闻电台FM96.2在2011年新入围份额排名前五位，2011年排名第四位的广州电台金曲1027汽车音乐广播FM102.7排名至五位以外（表1.4.7）。

表 1.4.7　2011 年广州市场收听份额排名前五位的频率

排名	频率	市场份额（%）	收听率（%）
1	广东电台音乐之声 FM99.3	16.1	0.6
2	广东电台珠江经济广播电台 FM97.4/AM1062	13.1	0.5
3	广东电台羊城交通广播台 FM105.2	12.8	0.5
4	广州交通电台 FM106.1	10.1	0.4
5	广州新闻电台 FM96.2	8.7	0.3

数据来源：CSM 媒介研究

2011 年，广播收听频率的竞争在波澜不惊的外表之下，潜藏着种种异动。在广播整体对受众注意力资源的争夺略有收获的形势下，全国市场以及各主要城市广播收听市场的竞争中，各方力量角逐不断，有些市场强势频率垄断地位进一步增强，也有些市场边缘力量慢慢复苏，谋求发展。而归根结底，无论强弱，只有真正把握市场竞争规律，了解核心受众的实在需求，以符合市场潮流、适应听众品味、打动大众内心的内容进行潜心经营的媒体，才能真正在竞争中不迷失自我，在市场大潮中破浪前进。

五、节目竞争格局①

（一）北京广播收听市场的节目竞争格局

1. 北京市场各类型节目收听份额排名变化不大，个别类型节目收听份额波动明显

2011 年北京广播节目市场各类节目收听份额排名与 2010 年接近，文艺节目和新闻/时事类节目的收听份额有较大波动。生活服务类节目延续上一年发展势头，是 2011 年北京广播收听市场收听份额最大的节目类型，且收听份额再次攀高，比 2010 年提高了 1.8 个百分点，达到 22.5%。新闻/时事类节目稳居 2011 年北京节目收听市场的亚军，但收听份额较 2010 年下降了 2 个百分点，降幅较明显。2011 年音乐节目收听份额超越文艺节目，居市场第三，文艺节目退居市场第四；相比 2010 年的收听份额，音乐节目上升了 0.4 个百分点，文艺节目降幅最大，达 4 个百分点。2011 年社教类节目的收听份额达 7.4%，比上一年上升了 1 个百分点；财经和体育类节目的收听份额在 1%—4% 之间，前者较上一年增长了 1.3 个百分点，后者较上一年下降了 0.2 个百分点；法制和外语类节目的收听份额仍未超过 1%，收听份额较 2010 年变化不大（图 1.5.1）。

① 本部分对节目市场的分析，主要针对央视市场研究（CTR）所提供的具有节目监播数据的频率进行。

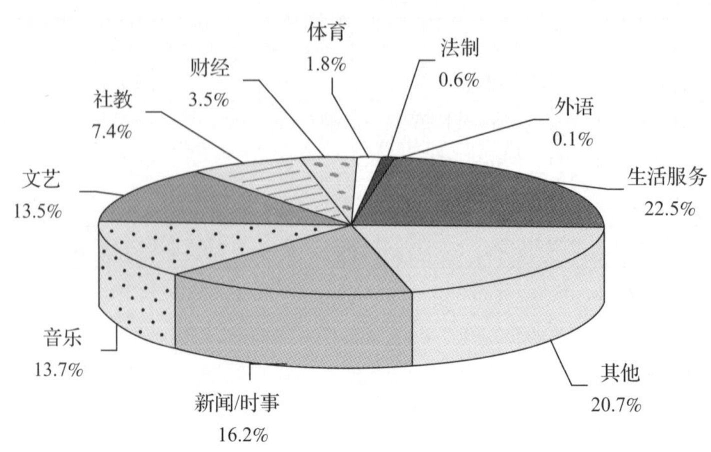

数据来源：CSM 媒介研究

图 1.5.1　2011 年北京市场各类节目的收听份额（%）

2. 北京多数类型节目市场竞争格局稳定，本地电台保持领先地位

2011 年北京人民广播电台在本地多数节目市场保持领跑位置，并在多数节目市场的收听份额较 2010 年有所上升。在体育、法制和生活服务节目市场，北京人民广播电台仍占据绝对领先优势，其在体育节目市场的收听份额超过 99%，在法制和生活服务节目市场的收听份额超过 90%（图 1.5.2）。2011 年北京人民广播电台在社教和文艺节目市场也极具竞争力，分别获得听众 83.9% 和 78.9% 的收听时间；在新闻/时事和音乐节目收听方面，北京人民广播电台分别获得了 60.6% 和 50.3% 的收听份额。相比 2010 年，2011 年北京人民广播电台在本地的新闻/时事、社教、体育、文艺、生活服务和音乐节目市场的收听份额上升，其中在新闻/时事、社教和体育节目市场的增幅相对较大，分别达 9.5 个、6.6 个和 6.5 个百分点；但在本地的外语、法制和财经节目市场的收听份额则有不同程度下降，其中在法制和财经两个节目市场的降幅明显，分别达 5.2 个和 5.5 个百分点。

与 2010 年相比，2011 年中央人民广播电台在北京大多数类型节目市场的收听份额出现缩减，仅在法制和财经节目市场的收听份额上升。2011 年中央人民广播电台在外语节目市场收听份额的降幅最大，超过 20 个百分点；在新闻/时事、社教和体育节目市场收听份额的降幅在 5—10 个百分点，在文艺、生活服务和音乐节目市场的降幅相对较小，未超过 4 个百分点。2011 年中央人民广播电台在北京财经节目市场拥有压倒性优势，收听份额超过 95%，同比 2010 年增幅超过 5 个百分点；在北京法制节目市场的收听份额的涨幅也超过了 5 个百分点，达到 7%。

2011 年，中国国际广播电台在北京各类型节目收听市场上的竞争地位几乎没有变化，除在北京外语节目市场的收听份额大幅增长外，在其他各类型节目市场的收听份额变化不大。2011 年中国国际广播电台在外语节目市场继续处于领先地位，收听份额超过 99%；音乐节目是支撑中国国际广播电台在北京市场收听的又一节目类型，收听份额达到 19.4%，但市场竞争地位仍弱于北京人民广播电台和中央人民广播电台；中国国际广播电台在北京其余类型节目市场的收听份额均不超过 3%。相比 2010 年，中国国际广播电台在外语类节目市场上的收听份额增幅接近 30 个百分点，在其余类型节目市场的收听份额变化都不大，变化均未超过 1 个百分点。

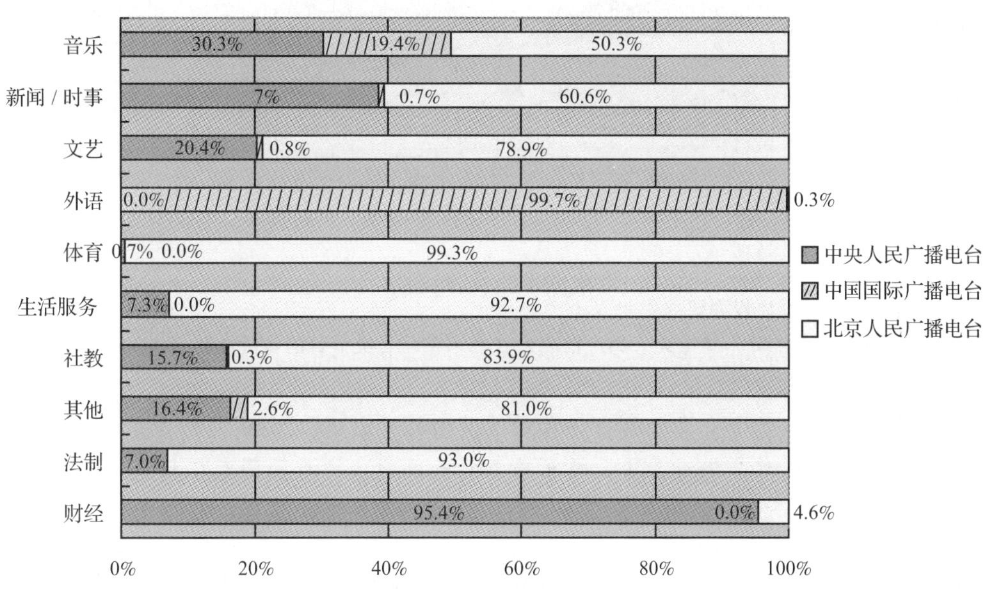

数据来源：CSM 媒介研究

图 1.5.2　2011 年各级广播频率在北京市各类节目市场上的收听份额（%）

3. 各级电台节目收听格局各具特色，北京台收听格局最稳定

2011 年中央人民广播电台在北京收听市场的第一支柱仍是新闻/时事类节目，音乐类节目位居第二，二者共为中央人民广播电台贡献了超过 45% 的收听时间；财经和文艺类节目的收听比重都超过了 10%，收听比重之和接近 30%；生活服务和社教类节目的收听比重在 5%—10% 之间；法制和体育类节目对中央人民广播电台的收听时间贡献相对较小，比重均未超过 0.5%（图 1.5.3）。相比 2010 年，2011 年中央人民广播电台新闻/时事、音乐、财经和文艺四大类节目的收听比重波动相对明显，其余节目收听比重则变化不大。法制、音乐和财经类节目的收听比重有所上升，上升幅度分别为 0.2 个、2.5 个和 7.2 个百分点；新闻/时事、文艺、体育、生活服务和社教类节目的收听比重有不同程度的下降，其中新闻/时事和文艺的降幅分别达 5.2 个和 2.7 个百分点，其余节目的降幅均低于 1 个百分点。

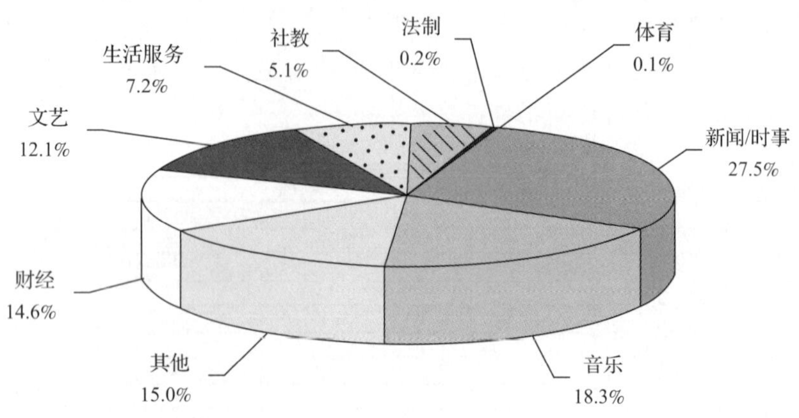

数据来源：CSM 媒介研究

图 1.5.3　2011 年中央人民广播电台在北京市场各类节目的收听比重（%）

根据中国国际广播电台在北京市场各类节目的收听比重，2011 年中国国际广播电台倚重音乐节目的收听格局仍未改变，音乐节目收听时间约占中国国际广播电台总收听时间的四分之三（图 1.5.4）。但相比 2010 年，音乐节目对中国国际广播电台收听时间的贡献减少了 2 个百分点，收听比重已连续两年下降。外语、新闻/时事和文艺类节目分别为中国国际广播电台在北京的收听贡献了 3.6%、3.2% 和 2.9% 的收听时间，其中外语节目比 2010 年下降了 0.8 个百分点，新闻/时事和文艺类节目则分别上升了 0.1 和 0.9 个百分点。社教、生活服务和财经节目对中国国际广播电台在北京的收听贡献相对较小，变化不大。

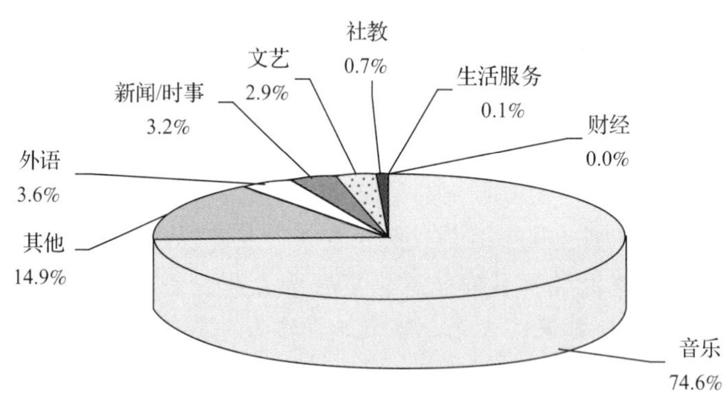

数据来源：CSM 媒介研究

图 1.5.4　2011 年中国国际广播电台在北京市场各类节目的收听比重（%）

2011 年北京人民广播电台在本地节目收听市场发展稳定、成熟，节目收听格局基本没变化，除文艺节目外大多数节目的收听比重变化不大。2011 年北京人民广播电台生活服务类节目仍然是北京听众收听最多的节目类型，为该台贡献了 28.3% 的收听份额；北京人民广播电台节目收听第二阵营仍由文艺节目和新闻/时事类节目组成，二者收听份额均在13%—15%之间，前者较2010年下降了3.4个百分点，后者收听比重没有变化；音乐和社教类节目收听份额在5%—10%之间，是北京人民广播电台节目收听的第三阵营，其中社教节目收听比重较上一年上升了1.3个百分点，音乐节目没有变化；其余各类型节目收听贡献较小，均在3%以下，外语节目收听贡献仍较微弱，收听比重接近于0（图1.5.5）。

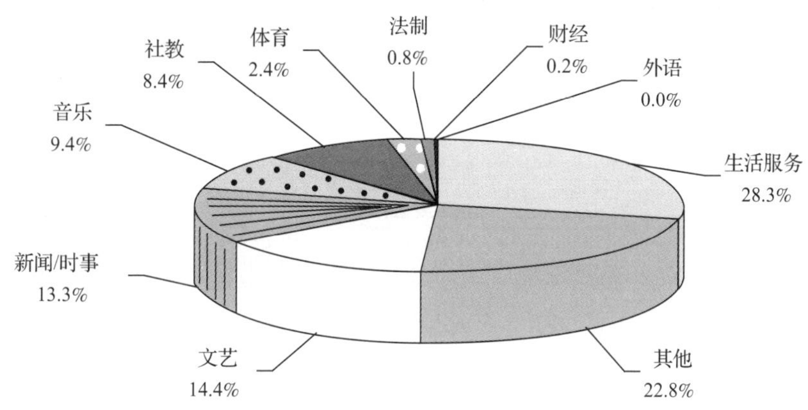

数据来源：CSM媒介研究

图1.5.5　2011年北京人民广播电台在北京市场各类节目的收听比重（%）

4. 各听众群体节目类型偏好不同，细分节目定位日益清晰

2011年北京市场不同性别听众收听各类节目的集中度显示，北京市场男性听众和女性听众在收听财经类广播节目的活跃度接近，在收听其余节目类型上的偏好则有所差异。除财经和音乐类节目外，男性听众对各类型节目的收听集中度都高于100%，而女性听众仅对音乐节目的收听集中度高于100%。相比之下，男性听众收听体育节目的集中度最高，喜好程度最明显，其次是外语节目（表1.5.1）。

2011年北京市场10—14岁群体对各类节目的收听集中度均未超过100%，对各类广播节目的收听兴趣依旧不大。15—24岁的青少年群体仅对音乐和外语节目表现出较高兴趣，收听集中度高于100%。25—34岁的中青年群体对生活服务、外语和音乐类节目的偏好也较强，其中外语和音乐类节目收听集中度在各年龄段人群中最高，收听倾向最明显。35—44岁群体对法制、社教、生活服务和文艺类节目的收听兴趣都较浓厚，收听兴趣相对广泛。45—54岁听众群体除了对外语、文艺和音乐节目的兴趣偏弱之外，对其余各类型节目都有较强的收听偏好。55岁及以上群体对广播节目的收听兴趣最广泛，除外语和音乐节目外，55岁及以上的听众对其余各类广播节目的收听集中度均超过100%；其中55—64岁的听众收听法制、社教、生活服务和文艺类节目的兴趣在各年龄段听众中最高；65岁及以上听众收听财经、体育和新闻/时事的集中度明显高于其他各年龄段听众（表1.5.1）。

表 1.5.1　2011 年北京市场不同性别和年龄听众收听各类节目的集中度（%）

节目类别	性别		年龄						
	男	女	10—14 岁	15—24 岁	25—34 岁	35—44 岁	45—54 岁	55—64 岁	65 岁及以上
财经	100.0	100.0	6.6	35.6	23.9	154.1	132.1	153.2	188.2
法制	107.1	92.8	71.6	49.0	49.4	120.7	138.7	181.0	128.3
社教	112.3	87.5	86.3	58.9	70.1	123.4	104.3	170.9	126.2
生活服务	112.0	87.8	44.3	58.6	101.2	113.4	116.5	128.1	116.7
体育	144.7	54.4	37.1	70.5	57.0	83.6	142.6	122.4	194.6
外语	140.5	58.6	5.5	114.0	277.0	66.1	36.4	13.0	21.2
文艺	105.7	94.1	48.8	50.5	68.3	117.0	98.8	179.1	170.4
新闻/时事	107.2	92.7	46.1	51.0	57.0	85.3	125.7	188.2	199.9
音乐	98.7	101.3	70.9	133.9	138.3	89.7	89.0	67.9	42.2
其他	111.6	88.1	47.9	69.9	101.8	114.9	112.3	130.0	97.1

数据来源：CSM 媒介研究

2011 年北京市场小学文化程度听众对生活服务、体育、文艺和新闻/时事节目的收听倾向明显，尤其对体育和新闻/时事类节目的收听倾向最明显，收听集中度在各教育程度听众中最高。初中文化程度听众节目收听偏好相对广泛，收听财经、法制、社教、文艺和新闻/时事节目的集中度都高于 100%。高中文化程度的听众收听爱好最广泛，对除外语、新闻/时事和音乐以外的所有类型节目都有较高收听倾向。大学及以上教育程度的群体仅在外语和音乐类节目收听方面表现出了浓厚的兴趣，而且大学及以上教育程度群体是各教育程度听众中，唯一对外语和音乐节目收听集中度超过 100% 的群体（表 1.5.2）。

表 1.5.2　2011 年北京市场不同受教育程度听众收听各类节目的集中度（%）

节目类别	受教育程度				
	未受过正规教育	小学	初中	高中	大学及以上
财经	*	54.9	114.1	106.7	96.5
法制	*	87.6	129.9	120.8	75.3
社教	*	98.6	136.9	107.3	78.4
生活服务	*	105.6	97.3	106.9	96.7
体育	*	117.1	82.0	110.0	99.4
外语	*	5.7	32.1	33.7	197.7
文艺	*	121.2	141.8	106.9	71.4
新闻/时事	*	144.8	100.5	97.0	96.3
音乐	*	53.2	85.6	96.4	117.5
其他	*	84.4	105.2	104.5	97.3

注：“*”表示该目标听众样本量不足，无法进行统计推断。

数据来源：CSM 媒介研究

2011年北京市场没有收入的听众仍只对音乐节目有明显收听兴趣。个人月收入在1—500元的群体对财经、法制、外语和音乐类节目有较强的收听倾向，收听集中度高于100%。个人月收入为501—1000元的听众收听财经、法制、生活服务、文艺和新闻/时事类文艺节目的集中度高于100%。个人月收入在1001—1500元的群体对法制、社教、生活服务、文艺和新闻/时事节目有一定兴趣。个人月收入在1501—2000元的人群收听法制、社教、文艺和新闻/时事类节目的倾向较其他节目突出。个人月收入在2001—2500元的群体收听广播节目的兴趣最广泛，除外语节目外各类型广播节目的集中度都超过100%。个人月收入在2501—3000元的群体收听财经、法制、生活服务和体育节目的倾向明显。个人月收入在3001—4000元听众的收听兴趣广泛，对法制、社教、生活服务、文艺、新闻/时事和音乐类节目都表现出一定的收听兴趣。个人月收入在4001元及以上的高收入群体的收听兴趣相对单一，只对财经、体育、外语和音乐类节目感兴趣（表1.5.3）。

表1.5.3 2011年北京市场不同收入听众收听各类节目的集中度（%）

节目类别	个人月收入								
	没有收入	1—500元	501—1000元	1001—1500元	1501—2000元	2001—2500元	2501—3000元	3001—4000元	4001元及以上
财经	38.4	554.6	181.1	79.6	87.4	122.3	105.7	93.2	120.0
法制	59.9	35.7	165.1	143.9	120.5	133.3	109.2	104.0	50.5
社教	73.3	130.6	98.9	109.2	133.9	128.5	94.4	102.6	63.5
生活服务	57.3	48.5	106.3	121.6	97.9	140.4	112.5	120.6	87.2
体育	87.8	11.8	25.5	53.1	73.8	162.6	141.2	57.9	140.8
外语	23.3	576.4	22.9	50.1	67.2	33.6	74.4	26.9	393.2
文艺	67.2	52.4	108.1	115.9	147.9	147.7	83.8	101.5	49.4
新闻/时事	46.5	82.4	117.4	118.1	143.5	128.7	91.9	104.4	81.6
音乐	106.7	114.6	54.7	74.0	91.0	113.9	83.5	128.4	103.7
其他	64.6	76.7	97.2	115.7	105.4	128.1	102.1	123.6	87.8

数据来源：CSM媒介研究

从不同职业听众的收听集中度来看，北京市场的干部/管理人员群体对财经、生活服务、体育、新闻/时事和音乐节目有相对浓厚的收听兴趣；初级公务员/雇员群体只对外语和音乐类节目有相对强的收听倾向；工人群体对除财经、体育和外语类以外的各类型节目都比较感兴趣；个体/私营企业人员对财经、社教、生活服务和体育类节目有相对强的收听倾向；学生群体则只对外语和音乐节目有较大的收听偏好；无业群体的收听兴趣最为广泛，对除外语和音乐节目外的各类节目都表现出明显的收听喜好（表1.5.4）。

表 1.5.4 2011 年北京市场不同职业听众收听各类节目的集中度（%）

节目类别	职业					
	干部/管理人员	初级公务员/雇员	工人	个体/私营企业人员	学生	无业（包括退休人员）
财经	110.1	62.2	76.6	182.8	25.8	155.2
法制	86.6	82.1	102.3	97.7	57.5	145.1
社教	83.6	67.6	125.9	111.1	69.6	137.7
生活服务	106.6	92.7	119.2	111.9	49.0	117.1
体育	105.4	64.1	97.1	101.1	56.2	159.6
外语	51.8	256.1	19.7	26.5	133.0	24.3
文艺	84.6	63.6	141.1	97.9	46.4	152.4
新闻/时事	105.0	72.6	102.4	71.0	48.0	161.5
音乐	100.0	109.2	119.8	92.8	124.2	72.3
其他	111.7	91.3	126.7	110.3	60.5	109.4

数据来源：CSM 媒介研究

5. 收听份额排名前十变化不大，《一路畅通》领先优势扩大

2011 年北京市场收听份额排名前十位节目主要由新闻/时事、生活服务和文艺类节目构成（表 1.5.5）。对比 2010 年北京市场收听份额排名前十的节目，2011 年除《876 资讯》和《路况信息》为新上榜节目外，其余节目均为 2010 年收听前十位节目。2011 年，北京人民广播电台交通广播的《一路畅通》仍是北京广播节目收听之冠，全年收听份额达 7.65%，收听份额较上一年又有所提升。由多个频率联袂播出的《新闻和报纸摘要》收听份额排名仍位居第二，由中央人民广播电台第一套中国之声播出的《新闻纵横》和《央广新闻》位列第三和第四，但三个节目的收听份额较 2010 年都略有下降。北京人民广播电台文艺广播的节目表现优异，《空中笑林》、《开心茶馆》、《876 资讯》和《说学逗唱》四档节目也都榜上有名，收听份额分居第五、第七、第八和第十。多频率播出的《交通天气预报》和《路况信息》分列第六、第八。

表 1.5.5 2011 年北京市场收听份额排名前十位节目

排名	节目名称	频率	收听份额（%）
1	一路畅通	北京人民广播电台交通广播（FM103.9/CFM95.6）	7.65
2	新闻和报纸摘要	多频率	2.90
3	新闻纵横	中央人民广播电台第一套节目中国之声	1.92
4	央广新闻	中央人民广播电台第一套节目中国之声	1.86
5	空中笑林	北京人民广播电台文艺广播（FM87.6/CFM93.8）	1.36
6	交通天气预报	多频率	1.29
7	开心茶馆	北京人民广播电台文艺广播（FM87.6/CFM93.8）	1.25
8	876 资讯	北京人民广播电台文艺广播（FM87.6/CFM93.8）	1.21
8	路况信息	多频率	1.21
10	说学逗唱	北京人民广播电台文艺广播（FM87.6/CFM93.8）	1.07

数据来源：CSM 媒介研究

（二）上海广播收听市场的节目竞争格局

1. 上海节目收听竞争格局总体稳定，文艺、音乐和法制节目收听份额有所增加

2011年上海广播收听市场各类型节目收听份额排序与2010年基本一致，各类节目的收听份额变动幅度不大。新闻/时事节目仍是上海收听市场份额最大的广播节目，收听份额超过30%（图1.5.6）。音乐节目居上海广播节目收听市场第二位，收听份额达到19.0%。2011年文艺和生活服务类节目在上海市场都获得了超过10%的收听份额，相比上年排名，文艺类节目前进了一位，而生活服务类节目后退了一位。财经、社教和体育节目共在上海市场获得超过12.2%的收听份额。法制和外语节目在上海市场的收听份额依旧微弱，收听份额不超过1.5%。相比2010年，2011年上海广播收听市场类型节目收听份额变化不大，幅度均未超过1个百分点。其中文艺节目增幅最大，达1个百分点；音乐和法制节目也有0.3—0.5个百分点的增幅；社教节目降幅最大，达0.8个百分点；外语、生活服务、体育、新闻/时事和财经类节目降幅都未超过0.5个百分点。

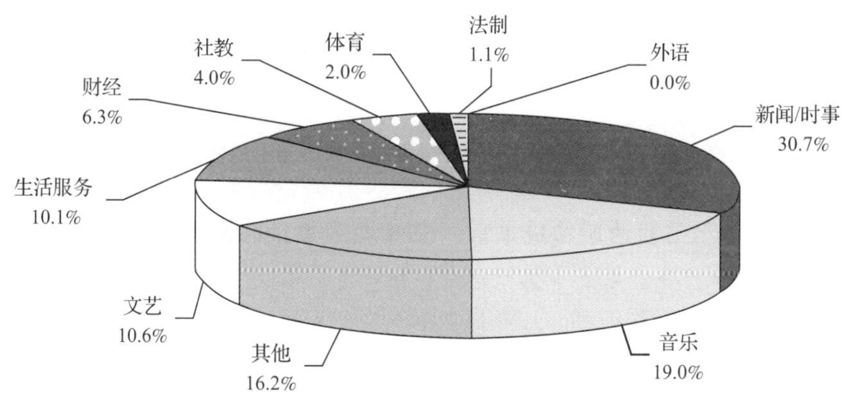

数据来源：CSM媒介研究

图1.5.6　2011年上海市场各类节目的收听份额（%）

2. 上海本地频率在各类节目市场继续强势领先，外语类节目市场竞争格局变化较大

2011年上海各类广播节目收听市场仍由本地频率占据压倒性优势，中央人民广播电台除在财经类节目市场的收听份额超过10%以外，在其余类型节目市场的收听份额均未超过8%（图1.5.7）。2011年，SMG频率在外语和法制类节目市场的收听份额均达到100%，在文艺和体育类节目市场的收听份额超过99%，在生活服务市场的收听份额超过98%，在音乐、新闻/时事、社教和其他类节目市场的收听份额超过90%，在财经市场收听份额达89%。相比2010年，2011年中央人民广播电台在上海的财经、新闻/时事、社教、音乐和其他类节目市场收听份额有所长进，但增幅有限，未超过3.5个百分点；2011年SMG频率在外语、生活服务、体育、法制、文艺节目市场获得不同幅度增

长，在外语类节目市场的收听份额增幅最大，达42.5个百分点，在生活服务、体育、法制和文艺节目市场增幅均未超过5个百分点。

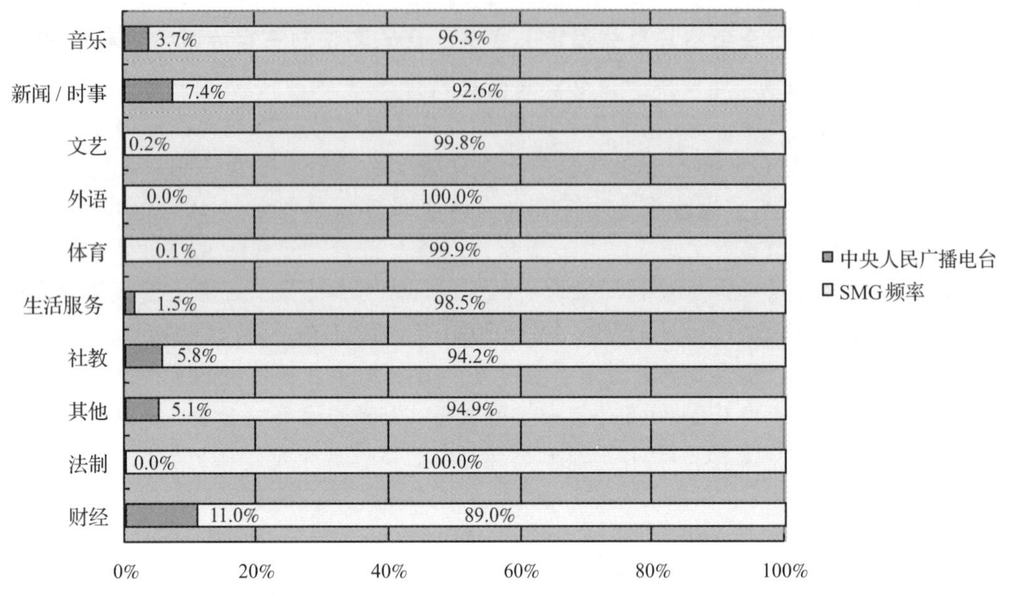

数据来源：CSM媒介研究

图1.5.7　2011年各级广播频率在上海各类节目市场上的收听份额（%）

3. 两级频率类型节目收听构成丰富，SMG频率本地收听格局稳定

2011年中央人民广播电台在上海广播市场的收听时间仍主要来源于新闻/时事节目，其收听比重为46.6%。音乐和财经类节目是中央人民广播电台在上海的第二大收听贡献集团，两类节目收听比重都超过了10%，共为中央人民广播电台贡献了28.3%的收听时间。社教和生活服务类节目为中央人民广播电台分别贡献了4.7%和3.2%的收听比重，文艺、体育和法制类节目的贡献相对较小，收听比重均未超过1%（图1.5.8）。同比2010年，中央人民广播电台的新闻/时事、财经、音乐和其他类节目在上海的收听比重有所增加，新闻/时事类节目的增幅最大，达6.7个百分点，财经、音乐、其他类节目增幅分别为2.6、1.5和1.1个百分点；生活服务类节目收听比重减少明显，幅度达到10个百分点，文艺、体育、社教和外语节目的收听比重下降较少，幅度都未超过1个百分点。

2011年SMG频率在上海市场的节目收听格局延续上一年类型丰富、相对均衡的特点，频率节目收听格局保持稳定（图1.5.9）。2011年新闻/时事节目仍是SMG频率收听比重的第一大节目类型，收听比重达29.9%，较上年减少了0.8个百分点。音乐节目的收听比重变化不大，19.3%的收听比重比上年增长了0.4个百分点。文艺和生活服务类节目仍是SMG频率本地收听的第三阵营，收听比重均超过了10%，前者较上一年增幅达1.1个百分点，增幅在各类节目中最大，后者较上一年增幅达0.4个百分点。财经、社教和体育节目的收听比重在2%—6%之间，三者收听比重较2010年都有所下降，分

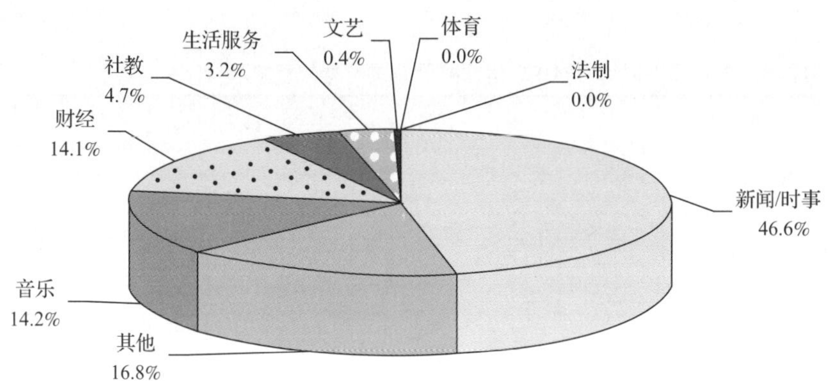

数据来源：CSM 媒介研究

图 1.5.8　2011 年中央人民广播电台在上海市场各类节目的收听比重（%）

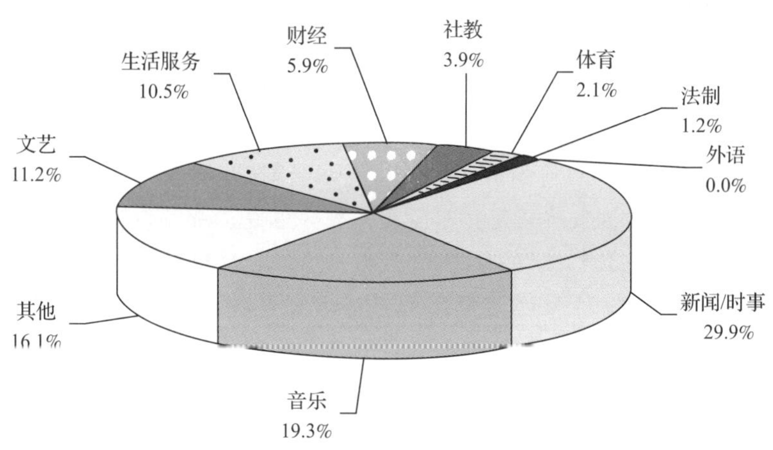

数据来源：CSM 媒介研究

图 1.5.9　2011 年 SMG 频率在上海市场各类节目的收听比重（%）

别下降 0.6、0.9 和 0.3 个百分点。法制和外语节目对 SMG 频率的贡献仍然有限，前者的收听比重比 2010 年增加了 0.4 个百分点，后者的收听比重下降了 0.1 个百分点。

4. 听众收听各有所好，节目细分市场轮廓清晰

2011 年上海市场不同性别的听众收听偏好差异较大。相比女性听众，男性听众对财经、生活服务、体育和新闻/时事类节目更感兴趣，而女性听众则对法制、社教、外语、文艺和音乐节目表现出明显强于男性听众的收听偏好（表 1.5.6）。

2011 年上海市场 10—14 岁听众对广播节目的收听兴趣依旧低迷，各类型广播节目收听集中度均低于 100%，其中对外语节目的收听集中度最低；15—34 岁听众对体育和音乐节目有明显的收听偏好；35—44 岁的听众对法制、社教、体育和音乐节目表现出明显的兴趣；45—54 岁的上海听众在财经、生活服务和新闻/时事节目上具有较强的收听倾向；55 岁及以上的上海听众收听兴趣最为广泛，他们对除体育和音乐外的各类广播节

目都有明显的收听倾向，收听集中度均高于100%（表1.5.6）。

表1.5.6　2011年上海市场不同性别和年龄听众收听各类节目的集中度（%）

节目类别	性别		年龄						
	男	女	10—14岁	15—24岁	25—34岁	35—44岁	45—54岁	55—64岁	65岁及以上
财经	112.8	87.3	22.8	37.7	38.3	72.3	144.3	219.8	176.3
法制	92.2	107.7	82.9	11.3	56.6	125.2	73.2	154.4	276.1
社教	99.2	100.8	42.0	39.2	56.5	102.5	87.7	142.1	264.4
生活服务	106.7	93.4	33.9	38.1	47.9	91.7	125.6	153.0	220.9
体育	154.3	46.2	66.4	119.1	100.1	109.2	92.2	99.6	81.3
外语	89.2	110.6	0.0	36.5	71.2	29.3	66.1	288.5	276.5
文艺	96.8	103.2	27.0	66.4	56.7	60.3	87.3	115.7	313.4
新闻/时事	102.7	97.3	29.4	45.3	56.0	90.6	117.1	172.0	198.3
音乐	84.8	115.1	75.1	141.5	127.0	116.6	85.6	46.7	47.5
其他	102.2	97.9	43.3	76.9	82.2	97.0	107.1	122.7	154.0

数据来源：CSM媒介研究

2011年上海未受过正规教育的听众仅对文艺和新闻/时事类节目表现出突出的收听倾向；小学教育程度的听众收听兴趣相对广泛，对除财经、法制和音乐外的类型节目表现出浓厚的兴趣；初中教育程度的听众收听兴趣最广泛，对除体育和音乐外的各类节目都表现出明显的收听偏好；高中教育程度的听众则对财经、外语、新闻/时事和音乐类节目均感兴趣；大学及以上学历群体偏好收听的节目类型相对较少，仅对体育和音乐类节目的收听集中度超过100%（表1.5.7）。

表1.5.7　2011年上海市场不同教育程度听众收听各类节目的集中度（%）

节目类别	教育程度				
	未受过正规教育	小学	初中	高中	大学及以上
财经	4.1	33.6	133.4	114.7	68.9
法制	14.4	30.4	176.6	87.7	67.4
社教	42.1	110.7	148.8	97.5	64.0
生活服务	76.5	142.1	147.0	98.1	58.8
体育	6.8	111.2	98.3	93.9	110.8
外语	0.0	137.2	163.3	103.7	41.9
文艺	139.6	301.2	133.1	83.2	62.3
新闻/时事	113.5	105.2	125.9	106.2	69.3
音乐	10.7	40.6	60.1	105.3	138.8
其他	70.0	99.3	105.8	101.4	94.9

数据来源：CSM媒介研究

2011年上海没有收入的听众仅对音乐类节目较感兴趣，对大多数类型节目均没有明显的收听倾向；个人月收入在1—500元的听众对社教、外语、新闻/时事和音乐节目表现出明显的收听偏好；个人月收入在501—1000元的听众对生活服务、外语、文艺和新闻/时事类节目表现出明显的收听兴趣；个人月收入在1001—1500元的上海听众对除社教、音乐和其他类的大多数节目都表现出明显的收听倾向；个人月收入1501—2000元的听众对除体育和音乐外的各类型节目都较感兴趣；个人月收入2001—2500元的听众对法制、体育、外语、新闻/时事、音乐和其他类节目有明显的收听偏好；个人月收入2501—4000元的听众只对少数几类节目有明显的收听兴趣，其中个人月收入在2501—3000元的听众收听音乐类节目的集中度超过100%，个人月收入在3001—4000元的听众收听体育和音乐类节目的集中度超过100%；个人月收入在4001元以上的听众在财经、体育和音乐类节目上有相对较高的集中度（表1.5.8）。

表1.5.8　2011年上海市场不同收入听众收听各类节目的集中度（%）

节目类别	个人月收入								
	没有收入	1—500元	501—1000元	1001—1500元	1501—2000元	2001—2500元	2501—3000元	3001—4000元	4001元及以上
财经	18.9	87.4	53.6	107.4	197.8	72.4	69.0	71.0	117.0
法制	46.7	38.2	27.4	128.9	199.5	122.5	49.6	53.7	39.7
社教	37.7	111.2	84.0	94.4	192.1	95.0	80.1	68.0	66.9
生活服务	35.6	93.1	173.6	165.1	164.3	93.1	60.9	62.1	98.3
体育	95.4	19.3	74.4	160.8	70.4	103.7	96.9	104.4	113.7
外语	47.0	355.8	138.1	168.9	177.8	132.2	78.4	14.2	10.5
文艺	63.1	49.1	204.1	149.8	165.5	91.3	82.2	44.9	58.0
新闻/时事	41.1	123.2	106.0	110.4	153.6	114.1	83.3	81.6	82.2
音乐	112.4	15.5	71.4	71.8	57.2	105.4	142.3	105.3	143.7
其他	61.0	62.2	108.2	99.9	127.6	104.8	92.9	88.1	117.6

数据来源：CSM媒介研究

2011年上海的干部/管理人员和初级公务员/雇员对大多数节目均没有明显的收听偏好，只对音乐类节目的收听集中度超过100%；工人群体偏爱收听社教、体育和音乐类广播节目；个体/私营企业人员广播节目收听兴趣相对广泛，对除外语、文艺、音乐和其他类以外的各类广播节目都较感兴趣；学生群体对广播节目收听兴趣较低，仅对音乐节目表现出明显的收听倾向；无业群体收听兴趣较广泛，对除体育和音乐外的各类节目都有明显的收听倾向（表1.5.9）。

表 1.5.9 2011 年上海市场不同职业听众收听各类节目的集中度(%)

节目类别	职业					
	干部/管理人员	初级公务员/雇员	工人	个体/私营企业人员	学生	无业(包括退休人员)
财经	64.2	84.3	80.8	125.0	19.3	167.0
法制	31.1	74.1	60.6	196.3	33.1	178.9
社教	60.0	71.3	105.3	106.4	31.6	166.8
生活服务	58.5	83.4	87.6	123.3	29.3	162.8
体育	92.0	85.4	159.2	133.5	78.8	85.7
外语	4.5	93.3	31.3	10.2	42.3	218.2
文艺	58.0	58.8	92.0	45.0	70.4	184.1
新闻/时事	81.6	82.2	88.3	105.2	31.9	159.8
音乐	146.5	124.0	106.4	75.2	117.6	55.6
其他	95.7	99.0	98.3	93.2	57.6	123.3

数据来源:CSM 媒介研究

5. 本地节目收听排行竞争力强劲,新闻/时事类节目仍最受上海听众喜爱

2011 年上海市场上收听份额排名前十位节目均出自本地频率。从节目类型看,新闻/时事类节目占据 7 席,收听竞争力突出;文艺、生活服务和音乐节目也跻身收听份额排行前十。由多频率播出的《东广早新闻》以 6.33% 的收听份额排名榜首,但收听份额较上一年略有下降。上海人民广播电台的《990 早新闻》、东广新闻台 AM1296/FM90.9 的《20 分钟滚动新闻》和第一财经广播 FM97.7 的《第一交易厅》分别排名第二、第三、第四,收听份额依次为 2.02%、2.00% 和 1.99%。上海人民广播电台 AM990/FM93.4 的《990 清晨新闻》和转播中央人民广播电台《新闻和报纸摘要》节目,上海流行音乐广播动感 101 FM101.7 的《来伊份音乐早餐》、《音乐万花筒》和《101 娱乐在线》,第一财经广播 FM97.7 的《经济生活 60 分》也都榜上有名(表 1.5.10)。

表 1.5.10 2011 年上海市场收听份额排名前十位节目

排名	节目名称	频率	收听份额(%)
1	东广早新闻	多频率	6.33
2	990 早新闻	上海人民广播电台 AM990/FM93.4	2.02
3	20 分钟滚动新闻	东广新闻台 AM1296/FM90.9	2.00
4	第一交易厅	第一财经广播 FM97.7	1.99
5	转播中央人民广播电台新闻和报纸摘要节目	上海人民广播电台 AM990/FM93.4	1.66
6	来伊份音乐早餐	上海流行音乐广播 动感 101 FM101.7	1.52
7	音乐万花筒	上海流行音乐广播 动感 101 FM101.7	1.49
8	990 清晨新闻	上海人民广播电台 AM990/FM93.4	1.29
9	经济生活 60 分	第一财经广播 FM97.7	1.16
10	101 娱乐在线	上海流行音乐广播 动感 101 FM101.7	0.97

数据来源:CSM 媒介研究

（三）广州广播收听市场的节目竞争格局

1. 音乐节目继续领跑广州收听市场，节目竞争格局变化不大

2011 年广州节目收听市场竞争格局基本稳定，各类型节目收听份额变化不大。音乐节目仍稳居广州节目收听市场首位，并进一步拉大领先优势，收听份额较上一年上升了 0.5 个百分点，达到 21.3%（图 1.5.10）。生活服务类节目以 19.8% 的收听份额位居市场第二，收听份额较 2010 年下降了 0.6 个百分点。文艺和新闻/时事节目的收听份额都超过了 10%，较上年分别上升了 0.4 和 1.4 个百分点，并且新闻/时事类节目增幅在各类节目中最大。财经类和社教类节目收听份额在 2%—10% 之间，前者下降了 0.6 个百分点，后者上升了 0.5 个百分点。体育和法制节目的收听份额都低于 2%，外语类节目收听时间较少，收听份额接近于 0；与 2010 年相比，2011 年法制和外语类节目的收听份额变化幅度都较小，均未超过 0.1 个百分点，但体育节目下降了 1.8 个百分点，在各类节目中幅度最大。

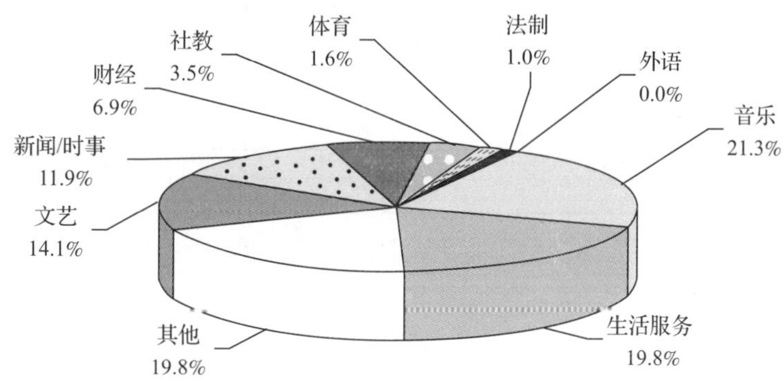

数据来源：CSM 媒介研究

图 1.5.10　2011 年广州市场各类节目的收听份额（%）

2. 各类型节目市场的频率竞争格局变化不大，地方频率表现强势

2011 年，在广州各类型广播节目收听市场上，广东人民广播电台仍占据强势领先地位，在几乎所有节目类型市场均获得最高收听份额；广州人民广播电台也拥有一定竞争优势，在各类型节目市场占据相当的收听份额；中国国际广播电台在外语类节目市场的竞争力最强；中央人民广播电台在广州各类型节目市场的竞争力整体偏弱（图 1.5.11）。

除在外语类节目市场收听份额低于中国国际广播电台外，广东人民广播电台在广州其他各类节目收听市场的收听份额均居首位。其中，广东人民广播电台在广州法制和财经节目收听市场上分别获得 95.8% 和 92.3% 的市场份额；在体育类节目市场的收听份额超过了 80%；在音乐、文艺和社教节目市场的收听份额都超过了 70%；在生活服务和其他节目市场分别占据 68.4% 和 65.4% 的收听份额；在新闻/时事和外语节目方面的收听份额均在 40% 以上。

凭借地缘优势，广州人民广播电台在广州各类型节目收听市场也占据相当份额。其中，广州人民广播电台在新闻/时事、生活服务和其他节目市场的收听份额都超过了30%，收听份额高于中央级频率，仅次于广东人民广播电台；在音乐和文艺节目市场的收听份额均超过20%；在社教节目市场的收听份额超过15%。

2011年中央人民广播电台在广州各类节目收听市场的竞争实力仍未获得突破。其中，中央人民广播电台在新闻/时事类节目市场占据11.3%的收听份额，位居市场第三位；在社教、音乐、财经和其他节目市场的收听份额均在2%—6%之间。

中国国际广播电台在外语节目市场最具竞争力，收听份额达到57.5%，居市场首位。除外语节目外，中国国际广播电台在其余各类节目市场上获得的收听份额均未超过1%。

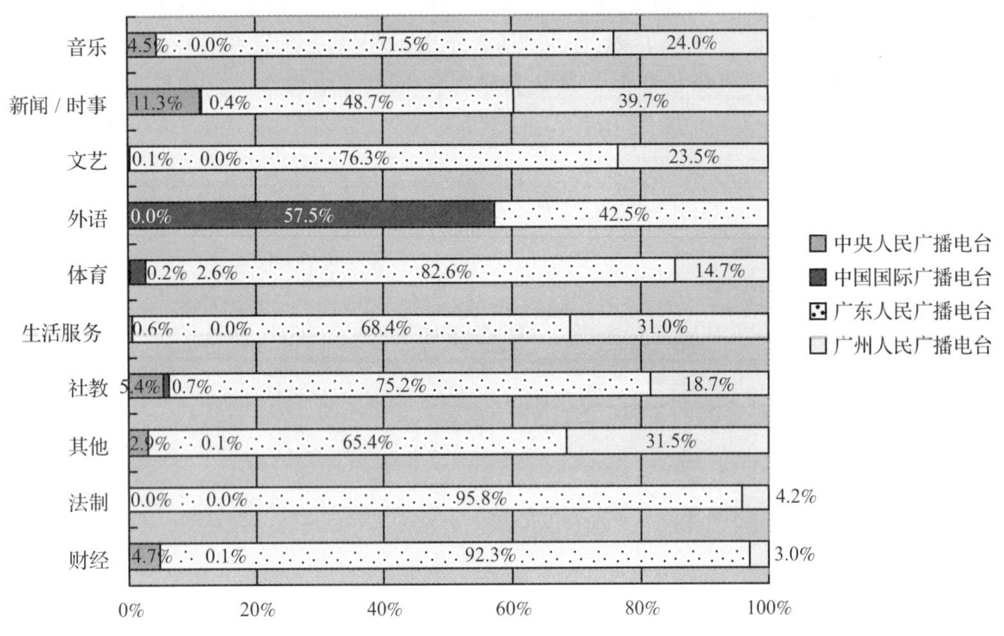

数据来源：CSM媒介研究

图1.5.11 2011年各级广播频率在广州各类节目市场上的收听份额（%）

3. 广州市场各级频率节目收听格局变化不大，本地频率节目收听格局相对均衡

2011年中央人民广播电台在广州市场的收听时间仍主要来自新闻/时事和音乐类节目，二者共为中央人民广播电台贡献了65%的收听时间，但两类节目的收听比重较2010年都有所下降，其中新闻/时事节目下降了3.3个百分点，音乐节目下降了1.3个百分点。2011年财经节目对中央人民广播电台广州收听的贡献增长最大，较2010年增长了5.9个百分点，收听比重达到9.2%。中央人民广播电台的社教和生活服务类节目的收听比重在3%—6%之间，文艺、体育和法制节目的收听比重均低于2%，收听时间相对较少（图1.5.12）。

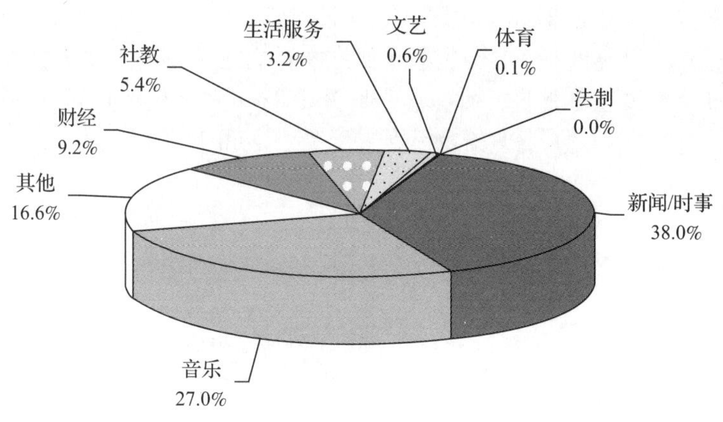

数据来源：CSM 媒介研究

图 1.5.12　2011 年中央人民广播电台在广州市场各类节目的收听比重（%）

2011 年新闻/时事节目依旧是中国国际广播电台在广州收听市场贡献最大的节目类型，台内收听比重达 30.0%，但较 2010 年下降较多，降幅为 11.6 个百分点。2011 年体育节目为中国国际广播电台贡献了 29.7% 的收听时间，收听贡献较上一年上升了 17.1 个百分点，在各类节目中增幅最多。社教类节目的收听贡献较 2010 年上升了 4.6 个百分点，达到 18.0%，是 2011 年收听贡献第三大类节目。中国国际广播电台的文艺、财经和生活服务类节目在广州的收听比重均在 2%—4% 之间，外语和音乐节目的收听时间较少，收听比重未超过 2%（图 1.5.13）。

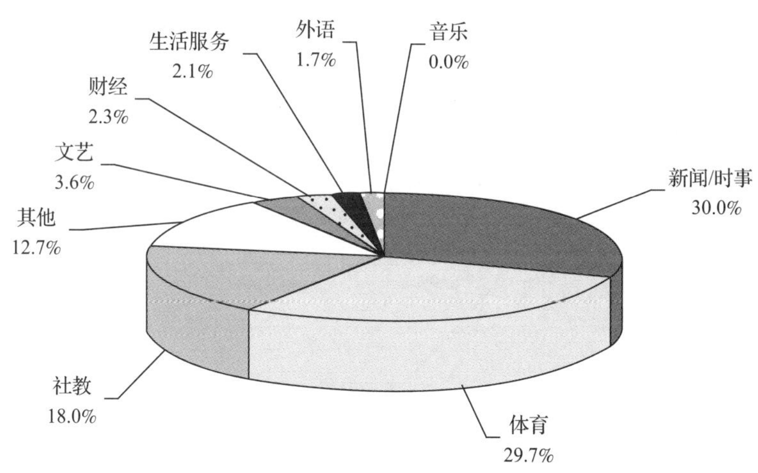

数据来源：CSM 媒介研究

图 1.5.13　2011 年中国国际广播电台在广州市场各类节目的收听比重（%）

延续 2010 年的特点，2011 年广东人民广播电台在广州市场的节目收听格局以稳定、均衡为主。音乐、生活服务和文艺节目仍是广东人民广播电台在广州收听市场的前三强，分别为广东省台贡献了21.8%、19.5%和15.4%的收听时间，收听贡献较上年变动未超过3个百分点。财经和新闻/时事类节目的收听比重分别为9.2%和8.3%；社教、体育和法制类节目对该台广州收听的贡献分别为3.8%、2.0%和1.4%；外语类节目的收听时间较少，对广东人民广播电台的贡献相对微小（图1.5.14）。

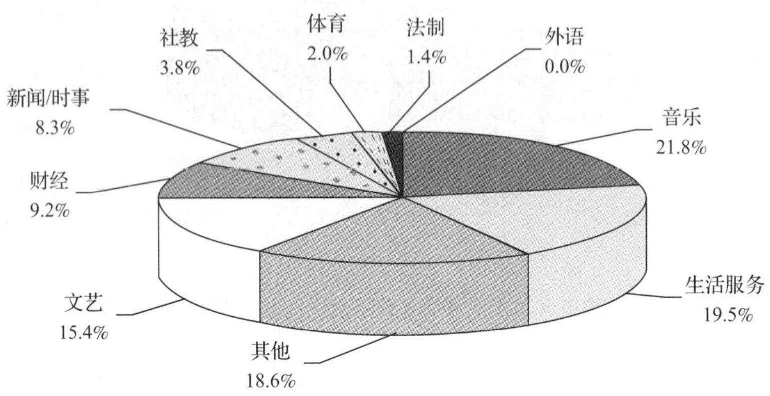

数据来源：CSM媒介研究

图1.5.14 2011年广东人民广播电台在广州市场各类节目的收听比重（%）

与2010年相比，2011年广州人民广播电台在本地的节目收听格局有一定变化，各类型节目收听比重有小幅变动。生活服务和音乐类节目仍然是广州人民广播电台在本地收听的两大支柱，收听比重分别达到23.0%和19.2%，前者的收听贡献较上一年上升了3个百分点，后者则下降了4.7个百分点。新闻/时事是广州人民广播电台在本地收听第三大类节目，收听份额为17.7%，较上年增长了5.1个百分点，增幅在台内各类节目中最大。文艺类节目为广州人民广播电台贡献了12.4%的收听时间，收听贡献比2010年下降了1.7个百分点；社教、体育、财经和法制类节目的收听比重均低于3%，对广州人民广播电台贡献相对较少（图1.5.15）。

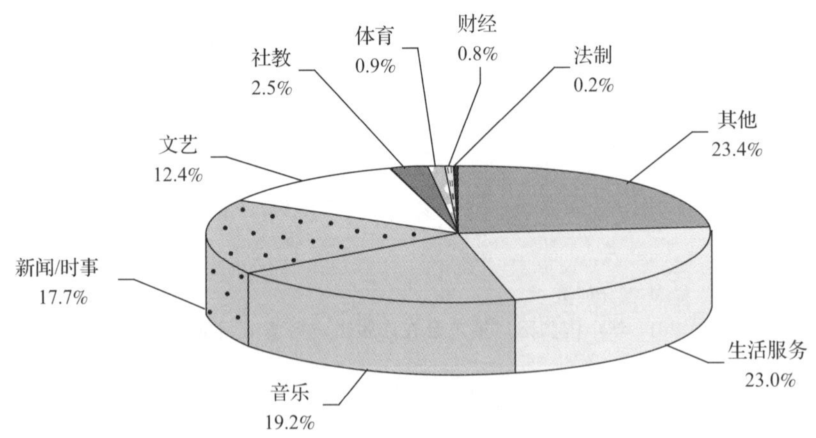

数据来源：CSM媒介研究

图1.5.15 2011年广州人民广播电台在广州市场各类节目的收听比重（%）

4. 中老年、中高教育程度和中高收入听众收听兴趣相对广泛

2011 年广州收听市场，男性听众对财经、社教、体育和外语节目的收听倾向强于女性听众；而女性听众对法制、文艺、新闻/时事和音乐类节目的收听倾向较男性更强，男女听众对生活服务类节目的收听倾向一致（表 1.5.11）。

2011 年广州 10—14 岁听众对各类型节目的兴趣均不高；15—24 岁的广州听众偏爱收听外语和文艺节目；25—34 岁听众只对音乐节目表现出明显的收听兴趣；35—44 岁广州听众的收听兴趣较为广泛，对除社教、体育、文艺和新闻/时事以外的所有类型节目都具有较为明显的收听倾向；45—54 岁听众则对外语之外的所有类型节目均比较感兴趣；55—64 岁听众是广州听众中收听最活跃的群体，该听众群对所有类型节目的收听集中度均超过了 100%；65 岁及以上群体在除社教、体育、外语和音乐外的所有节目类型上都表现出了浓厚的兴趣（表 1.5.11）。

表 1.5.11　2011 年广州市场不同性别和年龄听众收听各类节目的集中度（%）

节目类别	性别		年龄						
	男	女	10—14 岁	15—24 岁	25—34 岁	35—44 岁	45—54 岁	55—64 岁	65 岁及以上
财经	102.2	97.6	9.0	17.7	49.4	110.6	159.6	365.4	125.2
法制	81.8	118.9	60.4	49.2	91.6	100.3	115.6	114.5	229.2
社教	109.0	90.7	76.0	72.5	98.9	98.1	135.3	135.5	93.5
生活服务	100.0	100.0	31.5	61.6	96.1	112.9	136.6	126.0	128.9
体育	101.0	98.9	23.7	71.8	86.1	97.9	136.1	243.0	71.0
外语	133.9	64.4	0.0	250.4	23.9	105.2	30.7	159.0	88.4
文艺	99.4	100.6	44.2	101.7	79.1	88.1	130.0	136.4	134.0
新闻/时事	93.8	106.4	16.0	62.2	86.0	84.1	140.4	184.4	175.6
音乐	93.3	107.0	42.2	90.2	114.9	104.1	113.0	105.5	84.4
其他	105.8	93.9	34.4	67.3	102.1	111.5	137.6	121.7	102.2

数据来源：CSM 媒介研究

2011 年不同受教育程度的广州听众偏好收听不同类型的广播节目。未受过正规教育的广州听众对生活服务、文艺和音乐类节目具有明显的收听偏好；小学教育程度的广州听众仅对法制类节目较感兴趣；初中文化程度群体对除财经、法制、文艺和新闻/时事类外的各类节目都显示出更高的收听集中度；高中学历听众的广州听众收听兴趣最为广泛，对除体育和外语外的所有类型节目都表现出明显的收听倾向；大学及以上的广州收听人群在体育、外语、新闻/时事和音乐节目的收听方面具有较高的集中度（表 1.5.12）。

表 1.5.12　2011 年广州市场不同教育程度听众收听各类节目的集中度（%）

节目类别	教育程度				
	未受过正规教育	小学	初中	高中	大学及以上
财经	0.7	88.2	95.9	113.8	92.8
法制	5.8	175.6	86.8	103.1	69.1
社教	54.4	75.3	106.3	107.5	95.0
生活服务	117.2	80.0	105.3	107.9	84.8
体育	42.8	80.0	119.5	94.2	101.9
外语	21.0	5.0	101.4	89.3	190.6
文艺	130.1	93.6	97.2	107.4	88.2
新闻/时事	34.1	93.0	92.9	105.9	111.1
音乐	112.3	64.8	100.1	100.8	122.1
其他	70.6	71.7	100.1	108.6	103.3

数据来源：CSM 媒介研究

2011 年广州没有收入的听众对各类节目均未表现出明显的收听偏好；个人月收入在 1—500 元的广州听众对生活服务、外语、文艺和音乐类节目的集中度超过 100%；个人月收入在 501—1000 元的广州听众对除外语和文艺类之外的所有类型节目均感兴趣；个人月收入在 1001—1500 元的收听人群对法制、社教、外语、文艺和新闻/时事类节目有明显的收听偏好；个人月收入在 1501—2000 元的群体对财经、法制和新闻/时事类节目较为感兴趣；个人月收入在 2001—2500 元的群体收听各类广播节目的行为最为活跃，该群体收听各类广播节目的集中度均高于 100%；个人月收入在 2501—3000 元的广州听众收听行为也比较活跃，对除文艺外的所有类型节目都很感兴趣；个人月收入在 3001—4000 元的群体对除法制、体育和外语外的各类节目均表现出明显的收听倾向；个人月收入在 4001 元及以上的广州听众收听除外语和新闻/时事外的各类节目的集中度都高于 100%，收听行为较为活跃（表 1.5.13）。

表 1.5.13　2011 年广州市场不同收入听众收听各类节目的集中度（%）

节目类别	个人月收入								
	没有收入	1—500 元	501—1000 元	1001—1500 元	1501—2000 元	2001—2500 元	2501—3000 元	3001—4000 元	4001 元及以上
财经	39.0	9.8	109.8	85.4	133.8	137.2	157.7	102.1	136.2
法制	76.8	78.3	108.8	103.3	105.7	139.0	100.1	80.1	109.2
社教	82.7	72.6	119.2	104.3	95.7	101.1	108.0	102.7	169.7
生活服务	69.6	113.9	143.9	85.8	93.0	122.0	115.0	115.0	155.4
体育	47.5	75.8	144.8	94.7	86.6	148.6	188.1	75.1	118.5
外语	37.3	306.8	9.4	117.6	10.5	288.9	153.2	96.1	9.9
文艺	80.0	218.6	96.3	114.1	94.8	114.4	87.9	117.6	111.2
新闻/时事	65.5	82.2	102.1	102.7	107.0	145.9	119.5	101.2	94.6
音乐	79.9	144.0	102.6	98.3	94.7	111.8	108.4	121.7	123.3
其他	68.2	116.8	106.9	92.5	94.4	111.1	122.1	128.3	175.1

数据来源：CSM 媒介研究

根据2011年广州市场不同职业听众收听各类节目的集中度，广州干部/管理人员对财经、外语和音乐类节目较感兴趣，收听集中度超过100%；初级公务员/雇员则对社教、体育、外语、新闻/时事和音乐类节目表现出明显的收听偏好，尤其是对外语类节目偏好最强，收听集中度在各类人群中最高；工人群体对除财经、法制和新闻/时事外的各节目类型的集中度均较高；个体/私营企业人员对法制、生活服务和音乐类节目表现出明显的收听偏好；学生群体对各类节目都不感兴趣；无业（包括退休人员）对除外语和音乐之外的各种类型节目都有较高的收听集中度（表1.5.14）。

表1.5.14　2011年广州市场不同职业听众收听各类节目的集中度（%）

节目类别	职业					
	干部/管理人员	初级公务员/雇员	工人	个体/私营企业人员	学生	无业（包括退休人员）
财经	148.5	84.5	76.2	95.4	14.9	197.3
法制	68.2	50.8	90.3	115.8	43.1	165.9
社教	70.4	102.2	107.0	90.3	70.1	117.3
生活服务	85.4	71.6	115.7	113.2	41.2	125.7
体育	42.6	130.3	120.6	75.6	37.5	124.3
外语	125.6	353.6	113.1	31.3	52.4	47.9
文艺	65.4	78.6	112.4	87.5	75.6	109.1
新闻/时事	85.0	117.1	88.8	88.0	38.1	159.4
音乐	101.6	101.6	120.0	100.3	64.6	93.7
其他	96.9	92.3	118.5	111.3	48.0	106.9

数据来源：CSM媒介研究

5.《歌曲欣赏》仍位居收听排名首位，音乐、新闻/时事、生活服务和文艺节目表现突出

2011年广州市场收听份额排名前十位节目由音乐、新闻/时事、生活服务、财经和文艺类节目构成。由多频率播出的《歌曲欣赏》依旧占据广州节目收听市场首位，收听份额超过2.21%，但比2010年收听份额有所下降；广东电台股市广播（投资FM）AM927/FM95.3的《股市第一线》排名第二，收听份额达到1.88%；广州新闻电台FM96.2的《广州早晨》凭借1.74%的收听份额排名第三；多频率播出的《交通消息》排名第四，收听份额超过1.6%。广东电台南方生活广播播出的《粤韵晨曲》和《新新生活》、多频率共同播出的《小说联播》、广东电台珠江经济广播电台FM97.4/AM1062的《珠江第一线》和《今日关注》，以及广东电台音乐之声FM99.3播出的《日落大道》均凭借超过1%的收听份额跻身前十（表1.5.15）。

表 1.5.15　2011 年广州市场收听份额排名前十位节目

排名	节目名称	频　　率	收听份额（%）
1	歌曲欣赏	多频率	2.21
2	股市第一线	广东电台股市广播（投资 FM）AM927/FM95.3	1.88
3	广州早晨	广州新闻电台 FM96.2	1.74
4	交通消息	多频率	1.64
5	粤韵晨曲	广东电台南方生活广播 FM93.6/AM999	1.35
6	小说连播	多频率	1.24
7	珠江第一线	广东电台珠江经济广播电台 FM97.4/AM1062	1.14
8	新新生活	广东电台南方生活广播 FM93.6/AM999	1.11
9	日落大道	广东电台音乐之声 FM99.3	1.06
10	今日关注	广东电台珠江经济广播电台 FM97.4/AM1062	1.01

数据来源：CSM 媒介研究

六、广播广告投放与竞争格局

1. 2011 年中国广告经营额同比增长 33.5%，创下自 1997 年以来的最高增长率

2011 年，中国广告业经营额增速远高于国内生产总值（GDP）9.2% 的增速。根据国家工商行政管理总局统计中心公布的数据，2011 年中国广告经营额达到 3125.6 亿元（人民币，下同），比 2010 年的 2340.5 亿元增长 33.5%，创下自 1997 年以来 15 年间的最高增长率。

2011 年，电视、广播、报纸和杂志四大传统媒体广告经营额均有大幅度攀升，整体同比增长 29.0%。在四大传统媒体中，广告经营额同比增幅最大的是杂志，最小的是广播。杂志广告经营额在经历了 2009 年的负增长后，2011 年增长率达到 61.6%，是 2010 年增幅的 10 倍。电视广告经营额的增长率排第二位，2011 年同比增长 32.1%，增长平稳而强劲。报纸广告经营额的增长率排第三位，达到 23.1%，是 2010 年 3.0% 增幅的 7.7 倍。广播广告经营额的增长率虽然排在最后，但也具有两位数的增长，达到 17.9%，是 2010 年 7.4% 增幅的 2.4 倍（表 1.6.1）。

2011 年，中国广告业最值得一提的是互联网广告经营额达到近 300 亿。根据中国广告协会互动网络委员会数据，2011 年中国互联网广告经营额达到 296.7 亿，比 2010 年增长了 62.3%，广告增长速度在所有媒体中位列首位。

表 1.6.1　2009—2011 年四大传统媒体广告经营额（万元）及增长率（%）

媒体	2009 年	2010 年	2010 比 2009 增长率（%）	2011 年	2011 比 2010 增长率（%）
电视	5361903	6798263	26.8	8979233	32.1
广播	718703	771668	7.4	909525	17.9
报纸	3704633	3815059	3.0	4694530	23.1
杂志	303792	322270	6.1	520883	61.6

数据来源：《现代广告》，2012 年第 5 期

2. 广播广告经营额增长率创近年新高，但增幅远不及所有媒体平均水平

2007—2010年，全国广播广告经营额稳步增长，年增长率保持在5%—10%之间，占全国广告经营额比例保持在3%—4%之间。2011年，全国广播广告经营额有了更大幅度的增长，增长率为17.9%，但远低于2011年中国广告经营额33.5%的增长率，同时也低于四大传统媒体整体29.0%的增幅，广播在全国广告经营额中所占比例从2010年的3.3%下降为2011年的2.9%（图1.6.1、表1.6.2）。

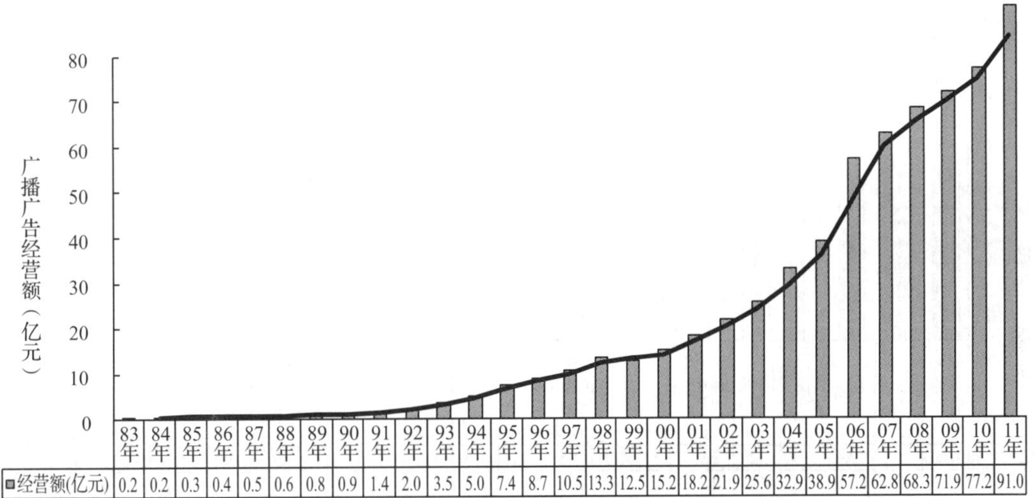

数据来源：根据综合资料整理

图1.6.1　1983—2011年全国广播广告经营额

表1.6.2　2000年以来广播广告经营额、增长率及广播广告占广告总额的比例

年份	广告经营额（亿元）	增长率（%）	广播广告额占广告总额比例（%）
2000年	15.2	21.6	2.1
2001年	18.2	19.7	2.3
2002年	21.9	20.3	2.4
2003年	25.6	16.9	2.4
2004年	32.9	28.5	2.6
2005年	38.9	18.2	2.7
2006年	57.2	47.2	3.6
2007年	62.8	9.8	3.6
2008年	68.3	8.8	3.6
2009年	71.9	5.2	3.5
2010年	77.2	7.4	3.3
2011年	91.0	17.9	2.9

数据来源：根据综合资料整理

3. 京、沪、穗三地广播广告投放额同比增长超两成，商业及服务性行业、金融和交通三大行业占到广告投放总额的一半

2011 年，京、沪、穗三地广播广告投放额合计为 69.9 亿元，比 2010 年增长 12.9 亿元，同比增长 22.7%。三地广播广告投放额最高的前三大行业是商业及服务性行业、金融业和交通业，三个行业合计占到广播广告投放总额的 49%。其中，商业及服务性行业广告投放额为 12.6 亿元，同比增长 20%；金融业广告投放额为 11.0 亿元，同比增长 55%；交通业广告投放额为 10.9 亿元，同比增长 15%（图 1.6.2）。

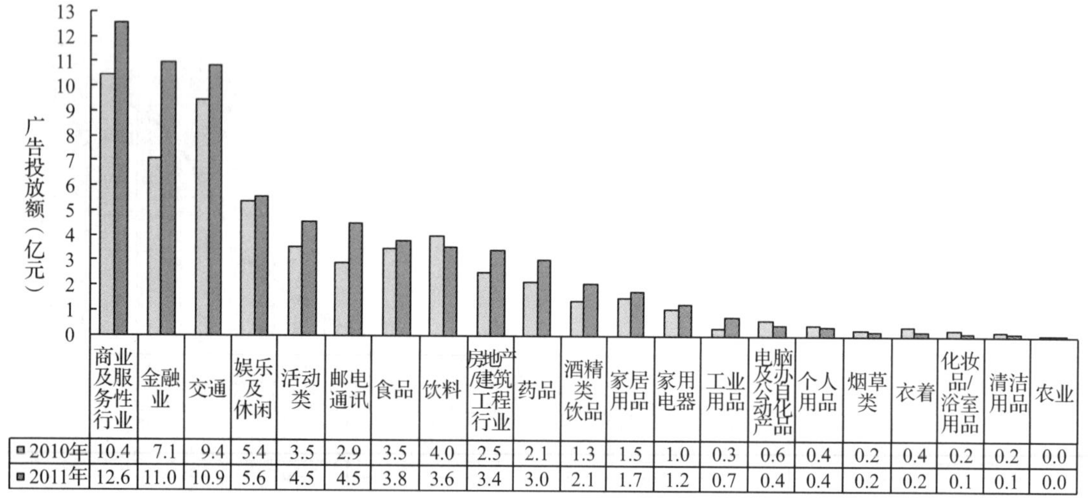

	商业及服务性行业	金融业	交通	娱乐及休闲	活动类	邮电通讯	食品	饮料	房地产/建筑工程行业	药品	酒精类饮品	家居用品	家用电器	工业用品	电脑及办公自动化产品	个人用品	烟草类	衣着	化妆品/浴室用品	清洁用品	农业
2010年	10.4	7.1	9.4	5.4	3.5	2.9	3.5	4.0	2.5	2.1	1.3	1.5	1.0	0.3	0.6	0.4	0.2	0.4	0.2	0.2	0.0
2011年	12.6	11.0	10.9	5.6	4.5	4.5	3.8	3.6	3.4	3.0	2.1	1.7	1.2	0.7	0.4	0.4	0.2	0.2	0.1	0.1	0.0

数据来源：央视市场研究媒介智讯（CTR MI）

图 1.6.2　2010、2011 年京沪穗三地各行业广播广告投放额（亿元）

2011 年北京广播广告投放额排名前三位的行业是商业及服务性行业、交通业和金融业，2010 年排在第三位的则是娱乐及休闲行业。2011 年上海排名前三位的行业是金融业、交通业和商业及服务性行业，金融业由 2010 年的第二位上升到第一位。2011 年广州排名前三位的行业是商业及服务性行业、交通业和金融业，而 2010 年排名第三位的是娱乐及休闲行业（表 1.6.3）。

表 1.6.3　2010、2011 年京沪穗三地广播广告投放额排名前十位的行业

排名	北京		上海		广州	
	2010 年	2011 年	2010 年	2011 年	2010 年	2011 年
1	商业及服务性行业	商业及服务性行业	交通	金融业	商业及服务性行业	商业及服务性行业
2	交通	交通	金融业	交通	交通	交通
3	娱乐及休闲	金融业	商业及服务性行业	商业及服务性行业	娱乐及休闲	金融业
4	金融业	娱乐及休闲	饮料	活动类	金融业	药品
5	家居用品	活动类	活动类	饮料	药品	娱乐及休闲

续表

排名	北京		上海		广州	
	2010 年	2011 年	2010 年	2011 年	2010 年	2011 年
6	邮电通讯	邮电通讯	食品	邮电通讯	房地产/建筑工程行业	房地产/建筑工程行业
7	活动类	家居用品	娱乐及休闲	食品	邮电通讯	邮电通讯
8	酒精类饮品	饮料	邮电通讯	酒精类饮品	食品	食品
9	饮料	药品	房地产/建筑工程行业	娱乐及休闲	饮料	饮料
10	食品	食品	酒精类饮品	房地产/建筑工程行业	活动类	活动类

数据来源：央视市场研究媒介智讯（CTR MI）

4. 京、沪、穗三地广播广告投放中各行业涨跌共存

2011 年，京、沪、穗三地广播广告投放额呈现正增长的行业有 14 个，负增长的 7 个。广告投放额增长超过 1 个亿的五大行业是金融业、商业及服务性行业、邮电通讯行业、交通行业和活动类，分别增长 3.9 亿元、2.2 亿元、1.6 亿元、1.5 亿元和 1.0 亿元。广告投放额呈现负增长的 7 个行业是饮料、电脑及办公自动化产品、衣着、化妆品/浴室用品、清洁用品、个人用品和烟草类（图 1.6.3）。

2011 年，广播广告投放增长率最高的两个行业是农业和工业用品。由于其基数较小，这两个行业广告投放增长率都超过了 100%。在呈现负增长的行业中，以衣着和化妆品/浴室用品降幅最大，同比下降幅度超过了 50%（图 1.6.3）。

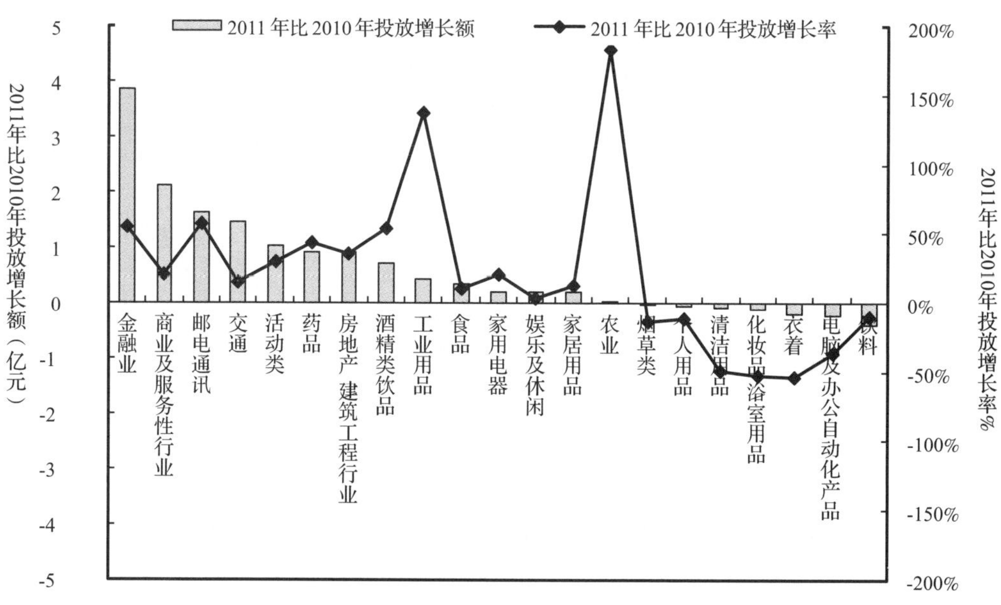

数据来源：央视市场研究媒介智讯（CTR MI）

图 1.6.3 2010、2011 年京、沪、穗三地各行业广播广告投放额变化情况

5. 京、沪、穗三地广播广告投放额最高的品牌来自于金融和邮电通讯两大行业

2011年，京、沪、穗三地广播广告投放额排名靠前的品牌各具特色，排名第一位的品牌来自于金融和邮电通讯两大行业。北京广播广告投放额排名前十位的品牌来自于金融、邮电通讯、药品等五大行业，排名前三位的是“中国人民财产保险”、“中国联通”和“中国平安保险”。上海广播广告投放额排名前十位的品牌来自于金融、饮料、食品等五大行业，排名前三位的是“中国平安保险”、“光明”和“中国太平洋保险”。广州广播广告投放额排名前十位的品牌来自于邮电通讯行业、商业及服务性和金融等六大行业，排名前三位的是“中国移动通信”、“好运来”和“吉盛伟邦”（表1.6.4）。

表1.6.4　2011年京沪穗三地广播广告投放额排名前十位的品牌

排名	北京		上海		广州	
	品牌名称	所属品类	品牌名称	所属品类	品牌名称	所属品类
1	中国人民财产保险	金融业	中国平安保险	金融业	中国移动通信	邮电通讯/活动类
2	中国联通	邮电通讯/电脑及办公自动化产品/活动类	光明	饮料/活动类/食品/邮电通讯	好运来	商业及服务性行业
3	中国平安保险	金融业	中国太平洋保险	金融业	吉盛伟邦	商业及服务性行业/家居用品
4	中国移动通信	邮电通讯	招商银行	金融业/活动类	中国电信	邮电通讯/活动类
5	中国电信	邮电通讯	高博特	药品/食品	中国人民财产保险	金融业
6	同仁堂	药品/食品	开新	商业及服务性行业	好视力	药品/个人用品/活动类
7	如意	药品	中国人民财产保险	金融业	中国平安保险	金融业
8	招商银行	金融业	洋河	酒精类饮品/活动类	CMD	食品
9	北京现代索纳塔	交通	中国移动通信	邮电通讯	中国太平洋保险	金融业
10	莱百	商业及服务性行业/个人用品	天喔	饮料/活动类/食品	北京梅赛德斯—奔驰	交通

数据来源：央视市场研究媒介智讯（CTR MI）

6. 京、沪、穗三地广播广告投放额最高的频率是交通频率或音乐频率

2011年，京、沪、穗三地广播广告投放额排名前三位的频率除了北京人民广播电台文艺广播（FM87.6）外，其他八个频率全部来自交通频率和音乐频率。北京排名前三位的频率是北京人民广播电台交通广播（FM103.9）、音乐广播（FM97.4）和文艺广播

（FM87.6）。上海排名前三位的频率与2010年有所不同，2010年排名第三位的上海人民广播电台交通广播（FM105.7）上升到第二位，排名前三位的是上海人民广播电台动感流行音乐广播（FM101.7）、交通广播（FM105.7）和魅力流行音乐广播（FM103.7）。广州排名前三位的频率是广东电台羊城交通之声（FM105.2）、广州交通电台（FM106.1）和广州汽车音乐电台（FM102.7）（表1.6.5）。

表1.6.5 2011年京、沪、穗三地广播广告投放额排名前五位的频率

排名	北京	上海	广州
1	北京人民广播电台交通广播（FM103.9）	上海人民广播电台动感流行音乐广播（FM101.7）	广东电台羊城交通广播（FM105.2）
2	北京人民广播电台音乐广播（FM97.4）	上海人民广播电台交通广播（FM105.7）	广州交通电台（FM106.1）
3	北京人民广播电台文艺广播（FM87.6）	上海人民广播电台魅力流行音乐广播（FM103.7）	广州汽车音乐电台（FM102.7）
4	北京人民广播电台新闻广播（FM100.6）	上海人民广播电台东广新闻广播（FM90.9）	广东电台南方生活广播（FM93.6）
5	北京人民广播电台体育广播（FM102.5）	上海人民广播电台新闻广播（FM93.4）	广东电台珠江经济广播电台（FM97.4）

数据来源：央视市场研究媒介智讯（CTR MI）

京、沪、穗三地广播广告投放额最高的频率中投放额排名靠前的行业不尽相同。北京人民广播电台交通广播（FM103.9）广告投放额排名前三位的行业是商业及服务性行业、交通业和金融业；上海人民广播电台动感流行音乐广播（FM101.7）广告投放额排名前三位的行业是交通业、金融业和饮料行业；广东电台羊城交通之声（FM105.2）广告投放额前三位的行业是房地产/建筑工程行业、商业及服务性行业和娱乐及休闲行业（表1.6.6）。

表1.6.6 2011年京、沪、穗三地广播广告投放额最高的频率中投放额排名前十位的行业

排名	北京	上海	广州
	北京人民广播电台交通广播（FM103.9）	上海人民广播电台动感流行音乐广播（FM101.7）	广东电台羊城交通广播（FM105.2）
1	商业及服务性行业	交通	房地产/建筑工程行业
2	交通	金融业	商业及服务性行业
3	金融业	饮料	娱乐及休闲
4	娱乐及休闲	商业及服务性行业	交通
5	家居用品	邮电通讯	金融业
6	邮电通讯	娱乐及休闲	药品
7	活动类	活动类	家用电器
8	饮料	食品	邮电通讯
9	房地产/建筑工程行业	房地产/建筑工程行业	家居用品
10	食品	酒精类饮品	食品

数据来源：央视市场研究媒介智讯（CTR MI）

京、沪、穗三地广播广告投放额最高的频率中排名靠前的品牌具有较大的差异性。北京人民广播电台交通广播（FM103.9）广告投放额排名前四的品牌是“中国人民财产保险”、“中国平安保险”、“中国联通”和“中国移动通信”，分别属于金融和邮电通讯行业；上海人民广播电台动感流行音乐广播（FM101.7）广告投放额排名前十个品牌中有五个品牌来自于金融行业，它们是“中国平安保险”、“招商银行”、“中国太平洋保险”、“中国人民财产保险”和“交通银行”；广东电台羊城交通之声（FM105.2）广告投放额排名前十个品牌中有五个品牌来自于娱乐及休闲行业，它们是“广之旅”、“胜记＆渔民新村”、“南天”、“渔民新村”和“胜记”（表1.6.7）。

表1.6.7　2011年京、沪、穗三地广播广告投放额最大的频率中投放额排名前十位的品牌

排名	北京		上海		广州	
	北京人民广播电台交通广播（FM103.9）		上海人民广播电台动感流行音乐广播（FM101.7）		广东电台羊城交通广播（FM105.2）	
	品牌名称	所属品类	品牌名称	所属品类	品牌名称	所属品类
1	中国人民财产保险	金融业	光明	饮料/活动类/食品/邮电通讯	好运来	商业及服务性行业
2	中国平安保险	金融业	中国平安保险	金融业	吉盛伟邦	商业及服务性行业
3	中国联通	邮电通讯/电脑及办公自动化产品	招商银行	金融业/活动类	中国人民财产保险	金融业
4	中国移动通信	邮电通讯	中国太平洋保险	金融业	广之旅	娱乐及休闲
5	北京现代索纳塔	交通	天喔	饮料/活动类/食品	胜记＆渔民新村	娱乐及休闲
6	三元	饮料	中国人民财产保险	金融业	南天	娱乐及休闲
7	中国电信	邮电通讯	开新	商业及服务性行业	大金	家用电器
8	招商银行	金融业	交通银行	金融业	汇添富基金	金融业
9	刘老根	娱乐及休闲	百姓	邮电通讯	渔民新村	娱乐及休闲
10	爱家	家居用品/房地产/建筑工程行业/商业及服务性行业	来伊份	食品	胜记	娱乐及休闲

数据来源：央视市场研究媒介智讯（CTR MI）

第二部分

Part Two

专 题 Analysis Report

2011 年新闻综合频率收听状况分析

毋庸置疑，频率专业化是当前我国广播发展的大趋势，而在众多类型的专业频率中，新闻综合频率（新闻频率）作为各个电台承载舆论宣传的主频率，承担了相对较多的宣传报道和公共服务任务，在电台内部占据举足轻重的地位。新闻综合频率的收听表现及竞争力的强弱在很大程度上影响着一个广播电台在整个媒介市场的地位及在受众心目中的形象，因此研究和分析新闻综合频率在收听市场的表现对广播电台的发展具有很重要的意义。

本文主要基于 CSM 媒介研究 2011 年 33 个城市的四波收听调查数据，重点分析 2011 年新闻综合频率的收听状况，以期探寻新闻综合频率的收听特征与趋势，供业内参考。

一、新闻综合频率的竞争地位

1. 新闻综合频率竞争实力强劲

从 2011 年各类型频率所占市场份额可以看出，新闻综合、交通和音乐频率继续领跑广播收听市场，而新闻综合频率更是以 27.31% 的市场份额独占鳌头，比排名第二、三位的交通频率和音乐频率分别多出了近 6 个和近 12 个百分点，其强劲的市场竞争力可见一斑（图 1）。与 2010 年相比，2011 年新闻综合频率所占市场份额略有下降，而交通频率相比上一年则有所上升，但这并未影响新闻频率的“霸主”地位，这也从一个侧面反映出新闻频率对广播电台整体竞争实力的重要作用。

2. 新闻综合频率日均听众规模在各专业频率中排名第一

对于广播频率而言，听众规模对频率收听市场竞争力的影响特别显著。2011 年新闻综合频率的日平均到达率为 22.6%，在各类型频率中排名第一，与排名第二位的交通类频率和排名第三位的音乐类频率相比优势较大，分别高出了 5.8 和 8.6 个百分点。在听众收听深度（平均忠实度）方面，各专业频率之间的差异相对较小，数值都在 5.9%—7.7% 之间，新闻综合频率 7.1% 的平均忠实度处于较高水平，与交通、音乐两类频率的差异不大（表 1）。

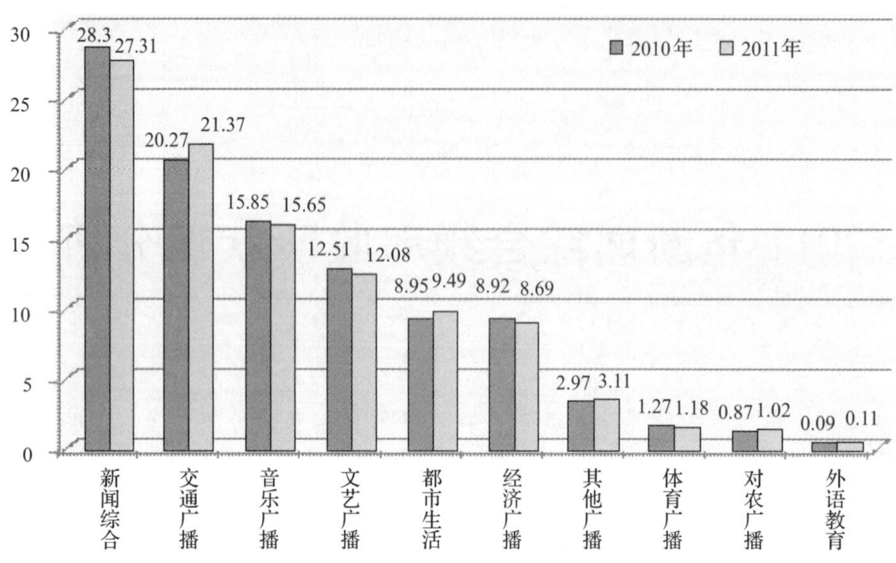

数据来源：CSM 媒介研究

图 1　2010—2011 年各类型专业频率的市场份额（%）

表 1　2011 年各专业广播频率的平均到达率与平均忠实度

频　率	平均到达率%	平均忠实度
新闻综合类	22.6	7.1
交通广播类	16.8	7.5
音乐广播类	14.0	6.6
文艺广播类	9.2	7.7
都市生活类	7.8	7.1
经济广播类	7.4	6.9
体育广播类	1.2	6.0
对农广播类	0.8	7.2
外语教育类	0.1	5.9
其他广播类	2.7	6.8

数据来源：CSM 媒介研究

二、新闻综合频率整体收听情况

1. 新闻综合频率在早、中、晚三个时段领跑收听市场

从2011年不同类型广播频率的全天收听走势比较来看，新闻综合频率在早、中、晚三个时段一枝独秀，引领整个收听市场（图2）。在早间07:00左右，新闻综合频率达到全天收听最高峰，收听率超过7%；午间11:00—13:00和晚间18:00—24:00收听表现也优于其他各类型频率，居各类频率收听榜首。对比近三年新闻综合频率的收听走势，整体形态没有明显变化，但在早、中、晚高峰时段的收听率有所下滑，尤以早高峰时段最为明显（图3）。

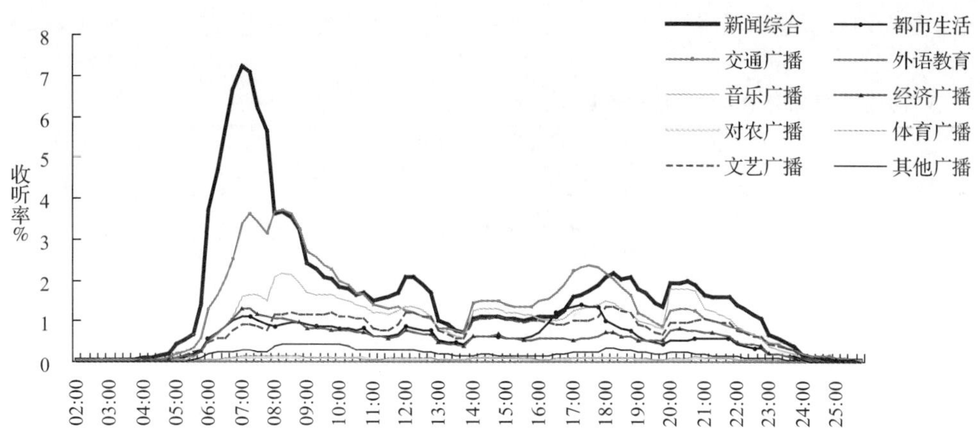

数据来源：CSM 媒介研究

图 2　2011 年各专业频率全天收听走势比较

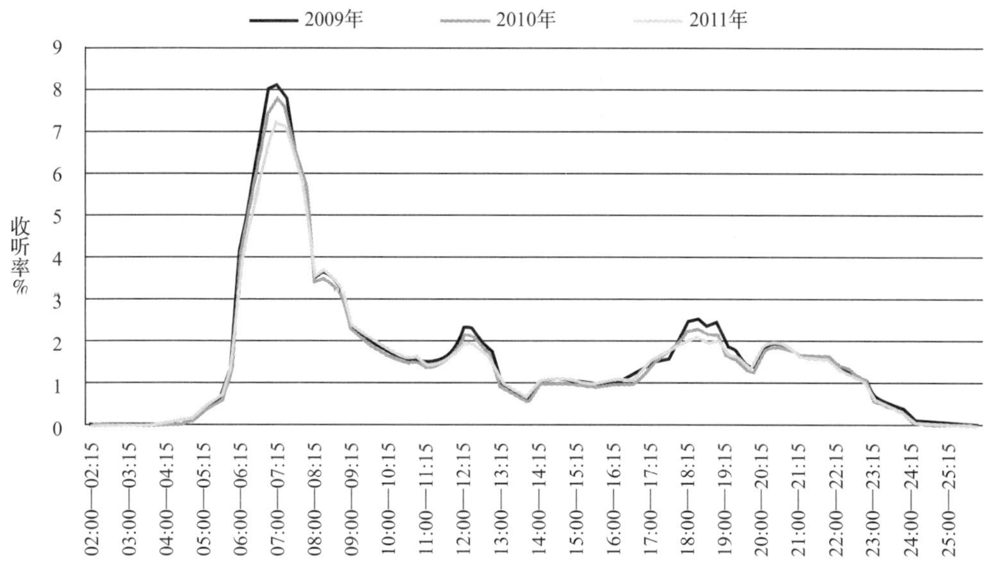

数据来源：CSM 媒介研究

图 3　2009—2011 年新闻综合频率全天收听走势比较①

2. 新闻综合频率收听时长仍居各频率之首

2011 年 33 城市收听调查数据显示，所有频率的人均日收听量为 85 分钟，其中 23 分钟用于收听新闻综合类广播频率，占人均日收听广播时间总量的 27%。相比于 2009 年和 2010 年的调查数据，新闻综合频率的人均日收听量出现轻微下降，由 2009 年的 26 分钟，下降为 2010 年的 24 分钟和 2011 年的 23 分钟，听众分配于收听新闻综合频率的

① 考虑数据的可比性，此处采用 2009—2011 年四波调查能打通的 32 城市调查数据。

时间比例，也从2009年的30%，轻微降低到2010年的29%，再降低到2011年的27%。但无论是人均收听量，还是收听比重，新闻综合频率仍是数值最高的广播频率（表2）。

表2　不同类别广播频率的人均收听时长及其占比（%）

频率	2009年		2010年		2011年	
	人均收听分钟数	收听比重（%）	人均收听分钟数	收听比重（%）	人均收听分钟数	收听比重（%）
所有频率	86	100	84	100	85	100
新闻综合类	26	30	24	29	23	27
交通广播类	17	20	16	19	18	21
音乐广播类	14	16	13	15	13	15
文艺广播类	10	12	10	12	10	12
经济广播类	8	9	7	8	7	8
都市生活类	7	8	7	8	8	9
其他广播类	4	5	7	8	6	7

数据来源：CSM媒介研究

3. 新闻综合频率在家中和其他收听场所的市场份额位居第一

各类型专业频率在不同收听场所的竞争也是各有特色。交通频率在车上收听占有明显优势，市场份额约为五成；在学习/工作场所，听众较多选择收听音乐频率；新闻综合频率在家中和其他收听场所竞争实力较强，在家中所占市场份额接近三分之一，达到了32.77%，在其他场所的市场份额也达到了23.37%，均位居第一（表3）。

表3　2011年各类频率在不同收听场所的市场份额（%）

频率	在家	车上	工作/学习场所	其他场所
新闻综合	32.77	11.76	20.17	23.37
交通广播	13.39	50.85	17.77	16.77
音乐广播	13.75	18.54	23.54	20.25
文艺广播	13.76	6.04	12.11	13.82
都市生活	10.43	5.76	10.41	10.53
经济广播	10.14	3.45	9.40	8.29
其他广播	5.76	3.60	6.60	6.97

数据来源：CSM媒介研究

三、各城市新闻综合频率收听表现

1. 新闻综合频率收听时长所占比重较大

从各城市听众收听新闻综合频率的时长占收听所有频率时长的比重可以看出，绝大部分城市新闻综合频率所占的比重都较大（表4）。在33个城市中，绍兴、成都、佛山等7个城市新闻综合频率的收听时长占到所有频率收听时长的40%以上；武汉、石家庄、上海等11个城市该比重占到了30%—40%；另外有重庆、无锡、济南等11个城市该比重达到了20%—30%；天津、北京、广州、哈尔滨新闻综合频率的收听比重相对较低，在20%以下。听众收听新闻综合频率的时长所占比重较大，反映出新闻综合频率在一个广播电台的发展中具有举足轻重的作用。

表4　2011年各城市新闻综合频率收听时长及收听比重

城市	所有频率人均收听时长（分钟）	新闻综合类频率人均收听时长（分钟）	新闻综合类频率收听比重（%）
绍兴	96	44	45.83
成都	60	27	45.00
佛山	86	38	44.19
清远	44	19	43.18
常州	102	44	43.14
厦门	49	21	42.86
大连	98	40	40.82
武汉	51	20	39.22
石家庄	70	24	34.29
上海	76	26	34.21
南宁	54	18	33.33
长春	73	24	32.88
乌鲁木齐	98	32	32.65
福州	66	21	31.82
宁波	66	21	31.82
郑州	75	23	30.67
苏州	121	37	30.58
青岛	89	27	30.34
重庆	64	19	29.69
无锡	72	21	29.17
济南	104	29	27.88
南京	80	22	27.50
沈阳	113	30	26.55
深圳	57	15	26.32
合肥	82	21	25.61
杭州	102	24	23.53
长沙	43	10	23.26
太原	89	20	22.47
西安	112	24	21.43
天津	132	26	19.70
北京	88	16	18.18
广州	56	8	14.29
哈尔滨	154	21	13.64

数据来源：CSM媒介研究

2. 本地新闻综合频率竞争力强劲

2011年33城市收听调查数据显示，新闻综合类广播频率在大多数城市的市场份额排名名列前茅（表5）。其中在成都、大连、佛山、杭州、合肥、济南、南京、宁波、清远、上海、绍兴和石家庄11个城市，新闻综合频率市场份额排名第一，且绝大多数为本地新闻综合类广播频率。绍兴人民广播电台新闻综合频率的市场份额高达37.9%，清远人民广播电台FM88.7市场份额为32.62%，佛山人民广播电台FM94.6市场份额为27.87%。在市场份额排名第三及更高的新闻综合类广播频率中，有7个是中央级广播频率。可见本地新闻综合类广播频率引领了新闻综合类广播竞争市场，本地新闻综合类广播频率的贴近性特征在收听竞争中发挥着重要的作用。

表5　2011年各城市进入当地市场份额排名前十位的新闻综合频率

城市	排名	频　　率	市场份额%	收听率%
北京	3	北京广播电台新闻广播（FM100.6/AM828/CFM90.4）	8.84	0.54
	4	中央人民广播电台第一套节目中国之声	7.46	0.45
长春	2	吉林人民广播电台新闻综合广播 FM91.6/AM738	14.24	0.72
	5	中央人民广播电台第一套节目中国之声	6.10	0.31
	10	长春人民广播电台 FM88.9/AM900	3.00	0.15
长沙	4	湖南电台新闻频道潇湘之声 FM102.8 FM93.0	7.25	0.22
	5	长沙新闻广播都市105 FM105/AM1323	6.78	0.20
	8	中央人民广播电台第一套节目中国之声	4.66	0.14
常州	2	常州人民广播电台综合频率 AM846	16.32	1.15
	3	常州人民广播电台综合频率 FM103.4	13.94	0.98
	4	中央人民广播电台第一套节目中国之声	12.41	0.88
成都	1	四川人民广播电台新闻频率 FM98.1/AM1116	15.76	0.66
	2	中央人民广播电台第一套节目中国之声	15.13	0.63
	4	成都人民广播电台新闻广播 FM99.8/AM792	9.90	0.42
重庆	2	重庆人民广播电台新闻频率 FM96.8/AM1314	19.10	0.85
	6	中央人民广播电台第一套节目中国之声	5.61	0.25
	8	四川人民广播电台新闻频率 FM98.1/AM1116	3.73	0.17
大连	1	大连广播电台第一套广播新闻广播 FM103.3/AM882	26.18	1.79
	7	中央人民广播电台第一套节目中国之声	5.94	0.41
佛山	1	佛山人民广播电台 FM94.6	27.87	1.67
福州	3	中央人民广播电台第一套节目中国之声	9.48	0.43
	5	福建新闻广播 FM103.6/AM882	7.26	0.33
广州	5	广州新闻电台 FM96.2	8.88	0.34
	10	广东电台新闻台（新闻频道）FM91.4/AM648	2.81	0.11
哈尔滨	5	黑龙江新闻广播 AM621/FM94.6	7.65	0.82
	9	哈尔滨人民广播电台新闻综合广播 AM837/FM106.2	3.15	0.34
杭州	1	浙江之声 FM88/FM101.6/AM810（原浙江电台新闻台）	15.07	1.06
	8	杭州新闻广播 FM89	3.83	0.27

续表

城市	排名	频　率	市场份额%	收听率%
合肥	1	中央人民广播电台第一套节目中国之声	9.71	0.56
合肥	2	合肥新闻综合广播 AM666/FM91.5	9.31	0.53
合肥	7	安徽新闻综合广播	6.92	0.40
济南	1	济南新闻广播 FM106.6/AM1053	20.61	1.49
济南	7	山东广播新闻频道 AM918/FM95	5.59	0.40
南京	1	江苏新闻广播 FM93.7	11.93	0.67
南京	5	南京新闻台 AM1008	7.43	0.41
南京	10	江苏新闻综合广播 AM702	3.65	0.20
南宁	2	中央人民广播电台第一套节目中国之声	15.54	0.59
南宁	4	南宁人民广播电台新闻综合广播 FM101.4	10.22	0.39
南宁	7	广西电台新闻综合广播 AM792/FM91.0	6.69	0.25
宁波	1	宁波电台宁波之声（新闻广播）FM92.0 AM1323	17.54	0.80
宁波	7	中央人民广播电台第一套节目中国之声	5.15	0.24
宁波	8	浙江之声 FM88/FM101.6/AM810（原浙江电台新闻台）	3.77	0.17
青岛	2	青岛电台新闻广播 FM107.6	14.56	0.90
青岛	4	中央人民广播电台第一套节目中国之声	6.19	0.38
青岛	5	山东广播新闻频道 AM918/FM95	5.42	0.33
青岛	8	青岛电台新闻生活 AM1377/AM819/FM97.3	4.32	0.27
清远	1	清远人民广播电台 FM88.7	32.62	1.00
清远	5	中央人民广播电台第一套节目中国之声	3.50	0.11
清远	9	佛山人民广播电台 FM94.6	2.62	0.08
清远	10	广东电台新闻台（新闻频道）FM91.4/AM648	2.32	0.07
上海	1	上海人民广播电台 AM990/FM93.4	21.33	1.12
上海	4	东广新闻台 AM1296/FM90.9	9.06	0.48
上海	10	中央人民广播电台第一套节目中国之声	2.86	0.15
绍兴	1	绍兴人民广播电台新闻综合频率 AM738/FM93.6	37.90	2.52
绍兴	7	浙江之声 FM88/FM101.6/AM810（原浙江电台新闻台）	4.47	0.30
绍兴	8	中央人民广播电台第一套节目中国之声	3.15	0.21
深圳	3	深圳广播电台新闻频率 FM89.8	9.85	0.39
深圳	7	广东电台新闻台（新闻频道）FM91.4/AM648	4.11	0.16
深圳	8	中央人民广播电台第一套节目中国之声	3.90	0.16
沈阳	4	沈阳广播电视台新闻广播 FM104.5/AM792/FM107	9.29	0.73
沈阳	6	辽宁广播电视台综合广播 AM1089/FM102.9	6.63	0.52
沈阳	7	辽宁广播电视台新闻广播 FM88.8	5.65	0.44
沈阳	9	中央人民广播电台第一套节目中国之声	4.89	0.38
石家庄	1	石家庄广播电视台新闻广播 AM882/FM88.2	16.85	0.82
石家庄	3	中央人民广播电台第一套节目中国之声	13.02	0.63
苏州	2	苏州广播电视总台新闻综合频率 AM1080	14.70	1.24
苏州	6	中央人民广播电台第一套节目中国之声	7.18	0.61
苏州	8	苏州广电总台新闻频率 FM91.1	4.99	0.42

续表

城市	排名	频　　率	市场份额%	收听率%
太原	2	中央人民广播电台第一套节目中国之声	11.82	0.73
	10	山西广播电视台综合广播 AM819	3.84	0.24
天津	3	天津人民广播电台新闻广播 FM97.2/AM909	11.02	1.01
	9	中央人民广播电台第一套节目中国之声	3.96	0.36
乌鲁木齐	4	中央人民广播电台第一套节目中国之声	7.64	0.52
	6	新疆人民广播电台 961 新闻广播 FM96.1	5.17	0.35
	9	乌鲁木齐人民广播电台（维语广播）AM1071/FM104.5	3.71	0.25
	10	中央人民广播电台维吾尔语广播 FM90.6	3.61	0.24
无锡	3	无锡广播电视台新闻频率 AM1161	12.95	0.65
	6	无锡广播电视台新闻频率资讯广播 FM93.7	6.33	0.32
	8	中央人民广播电台第一套节目中国之声	5.36	0.27
武汉	1	中央人民广播电台第一套节目中国之声	20.61	0.73
	2	武汉广播电视总台新闻综合广播 AM873/FM88.4	10.97	0.39
	6	湖北之声 AM774/FM104.6	6.72	0.24
西安	1	西安人民广播电台新闻广播 AM810/FM90.4	9.81	0.77
	9	陕西广播电视台新闻广播 FM106.6/AM693	5.53	0.43
厦门	2	厦门新闻广播 AM1107/FM99.6	14.70	0.50
	5	中央人民广播电台第一套节目中国之声	7.07	0.24
	8	福建新闻广播 FM103.6/AM882	2.70	0.09
郑州	1	郑州人民广播电台新闻广播 AM549/FM98.6	15.45	0.80
	6	河南人民广播电台新闻广播 AM657/FM95.4/FM92.6	7.71	0.40
	7	中央人民广播电台第一套节目中国之声	5.58	0.29

数据来源：CSM 媒介研究

四、新闻综合频率的听众特征

1. 老年、中等学历、中等收入听众是主要收听群体

新闻综合频率在所有场所和家中的主体听众群体有很多共性，65 岁及以上、初高中学历和个人月收入在 1001—2500 元的群体构成了两个场所中共同的听众群体，同时这部分人群的收听喜好度也较高，更倾向于收听新闻综合类广播（图 4、图 5）。两场所听众构成的不同之处在于，在所有场所男性和在职人士的比例稍高，在家中则是女性和非在职人群的比例较高，且此类人群更偏向于收听新闻综合类广播，这与此类人群有较多闲暇时间待在家里有很大的关系。

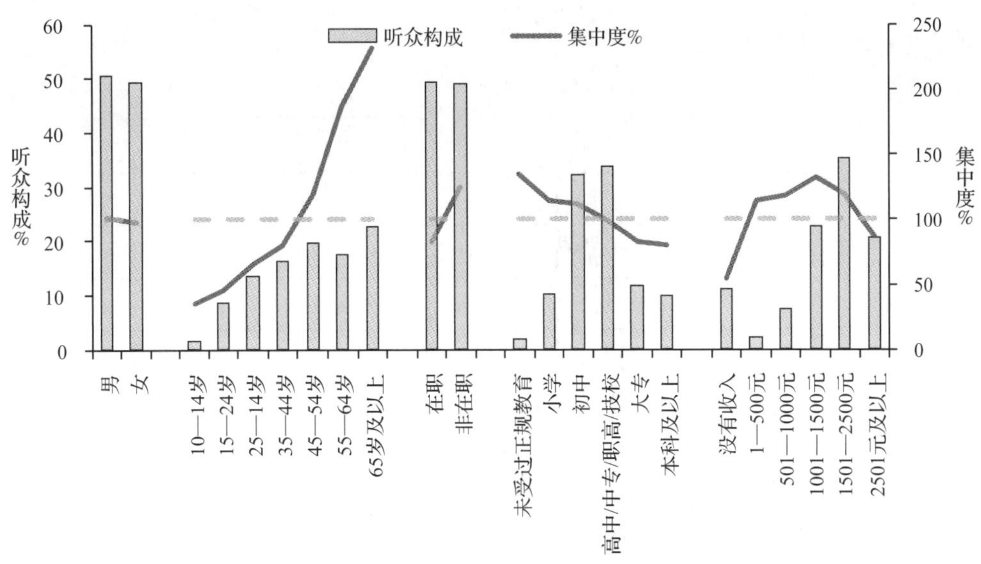

数据来源：CSM 媒介研究

图 4　2011 年新闻综合频率的听众构成和集中度（所有场所）

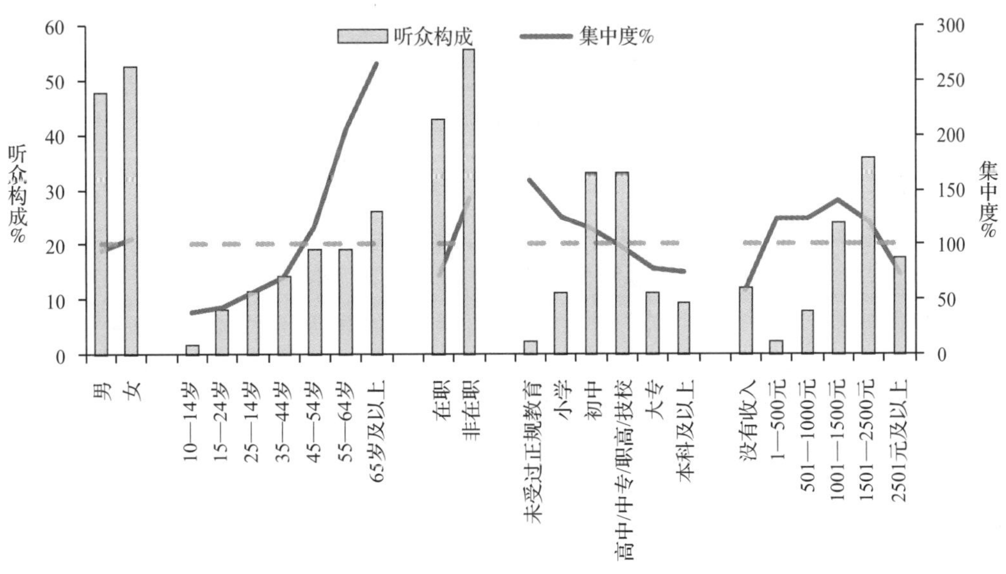

数据来源：CSM 媒介研究

图 5　2011 年新闻综合频率听众构成和集中度（在家）

2. 分场所收听表现契合听众身份特征

收听调查数据显示，新闻综合类频率的收听率基本上随听众年龄增长而提高。听众对新闻综合类频率的收听主要在家中完成，车上次之。收听场所特征表现为男性、25—

44岁、在职人群、中高学历和月收入2501元及以上听众对新闻综合类频率的车上收听率高于其他类别听众（图6）。

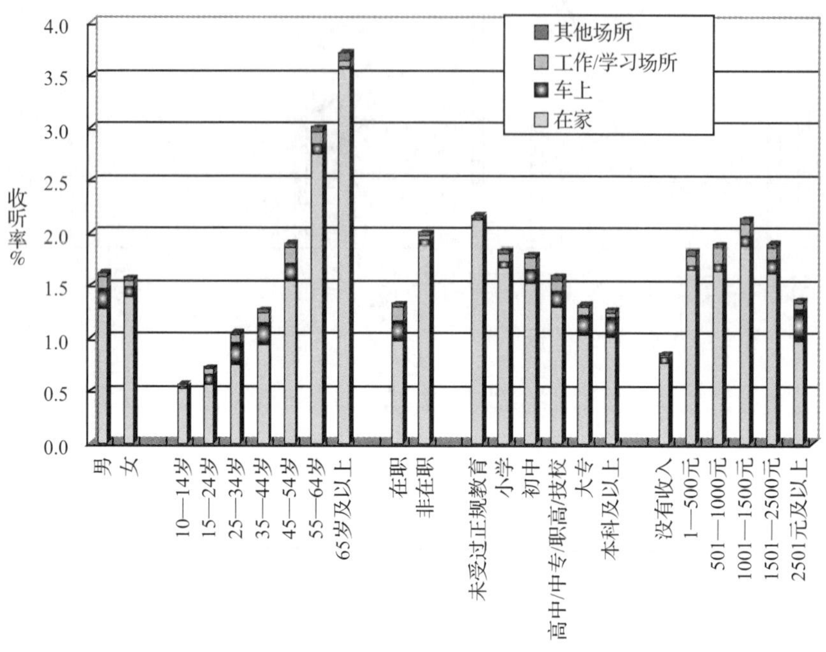

数据来源：CSM媒介研究

图6　2011年新闻综合频率各目标人群在不同场所的收听率

3. 各目标听众收听新闻综合频率的场所各有偏重

根据目标听众与收听场所的对应分析可知，偏好于在家收听新闻综合类广播的人群主要包括没有收入、非在职、老年人，这类人群有更多闲暇时间待在家里，一定程度上决定了他们更喜欢在家收听广播；倾向于在车上收听新闻综合类广播的受众主要是一些高学历、高收入的中青年男士，该类人群拥有私家车的比例较高，每天有更多机会开车或坐车，因此他们更多选择在车上收听新闻综合类频率；偏向于在工作/学习场所收听新闻综合类广播的受众主要以中等学历、中等收入的在职人士居多，这些人群白天一般都在工作岗位，他们选择在工作期间收听广播也在情理之中，同时也从一个侧面反映出广播收听的伴随性特征明显（图7）。

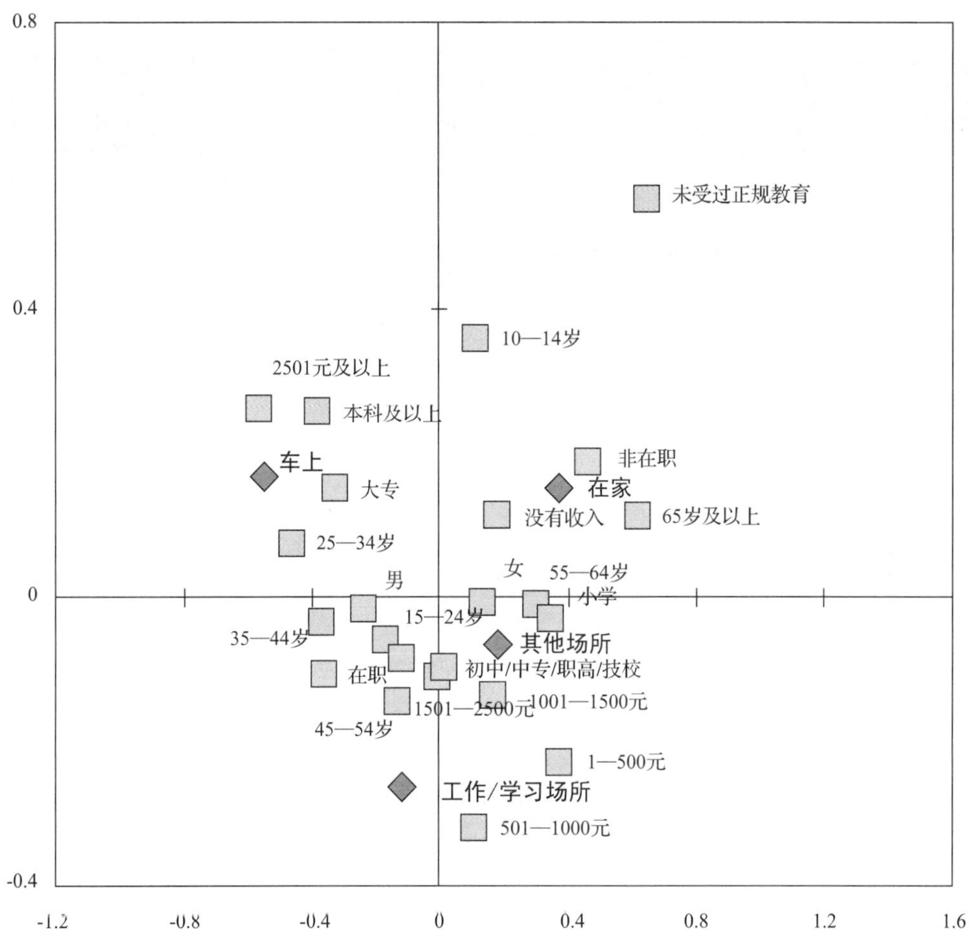

数据来源：CSM 媒介研究

图 7　2011 年新闻综合频率各目标听众群体和收听场所的对应分析

结语

从 2011 年收听情况来看，随着媒介市场竞争加剧，新闻综合类频率收听稳中略降，但在整个广播收听市场中，此类频率仍是竞争实力最强劲的专业频率。2011 年在 33 个城市中，新闻综合频率以 27.31% 的市场份额领先于其他各专业频率，有 18 个城市新闻综合频率的收听时长占所在城市整体收听时长的比重都在 30% 以上；有 11 个城市的本地新闻频率在本地市场份额排名第一，本地新闻综合类广播频率引领了新闻综合类广播竞争市场；新闻综合频率主体听众群体较为稳定，借助于车载收听市场的发展，中高收入群在听众构成中比例有所上升，且他们在车上的收听表现要优于其他人群。新闻综合类频率肩负着广播电台主要的舆论宣传任务，同时也为听众提供了丰富的新闻资讯与信息服务，具有广泛的听众基础，作为广播市场中数量较多的一类专业频率，在日益激烈的市场竞争中，应不断提升频率、节目的品质，吸引更多的听众忠实收听。

（作者：解永利）

2011年交通频率收听状况分析

随着社会经济快速发展和人民生活水平的提高，我国居民汽车消费需求旺盛，汽车保有量保持快速增长趋势。据国家统计局2011年国民经济和社会发展统计公报显示，2011年末我国私人汽车保有量达7872万辆，同比增长20.4%，其中私人轿车保有量为4322万辆，同比增长25.5%。汽车保有量的大幅增长，带来两方面的变化：一是城市道路拥挤程度的加剧，二是人均汽车拥有量的上升。这两方面的变化都使得人们在车上的时间和机会相应增多，对交通路况信息的需求提升。对于主打移动收听人群、提供实时路况信息为特色的交通频率来说，当下正是发展的大好契机。

媒体的发展，与受众的衣食住行息息相关。从广播媒体来看，车上收听市场正日益成为支撑广播媒体发展的重要市场，车上收听占有越来越大的比重。CSM媒介研究全国主要城市收听调查数据显示：人均每日收听广播总量从2007年的88.7分钟下滑为2011年的84.6分钟，但人均每日在车上的收听时间从2007年的13.8分钟增长到2011年的17.1分钟，车上收听占广播收听总量的比重从2007年的15.6%提高到了2011年的20.2%。

在上述背景下，作为以移动人群为核心目标听众的交通频率，是否确实是这一市场变化的受益者呢？其收听规模与市场影响力是否实现了扩张？本文基于CSM媒介研究2011年33城市和江苏、辽宁省网乡域的四波收听调查数据，对2011年全国交通频率的收听情况进行回顾与分析，以期对包括这些问题在内的交通频率收听特征有个清楚的把握。

一、交通频率在全国33城市的收听状况

1. 车上收听交通频率的听众规模增长迅速

2011年度与上年度相比，交通频率在所有收听场所的平均到达率从16.1%增长到了16.8%，而在车上收听的平均到达率从7.0%增长到了7.9%。从增长的幅度来看，在车上收听的听众规模增长更为迅速（图1）。

平均到达率可以反映每天收听广播的听众规模。要扩大听众规模，需要经过听众从认知到了解，从了解到收听的过程。听众规模的扩大，对于媒体实力的提升有着积极的作用。交通频率在整个市场稳步发展的同时，在车上市场的听众群体增长更为迅速，使

其有机会成为听众在车上收听总量上升的最主要推动者和受益者。

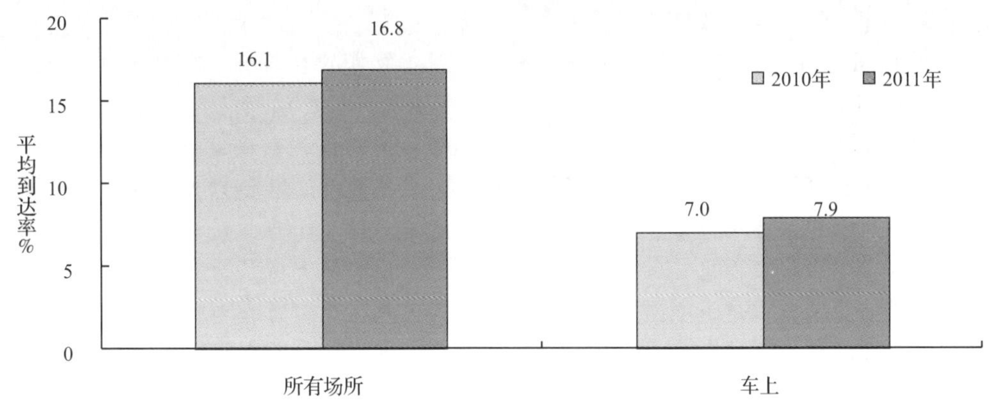

数据来源：CSM 媒介研究 2010、2011 年全国 33 城市四波调查数据

图 1 2010—2011 年全国交通频率平均到达率（所有场所/车上）

从交通频率在不同收听场所的收听时间结构来看，在车上收听和非在车上收听的比重一直在向着在车上收听逐步扩大的方向偏移。在 2011 年全国 33 城市，交通频率从车上收听市场收获了 48.0% 的比重，而非在车收听的比重被压缩到 52.0%，在车上收听比重逼近一半大关。与 2010 年相比，在车上收听比重的增长也较为迅速，其中既有在车上收听听众规模扩大的因素，也有在车上人均收听时间总量上升的影响（图 2）。

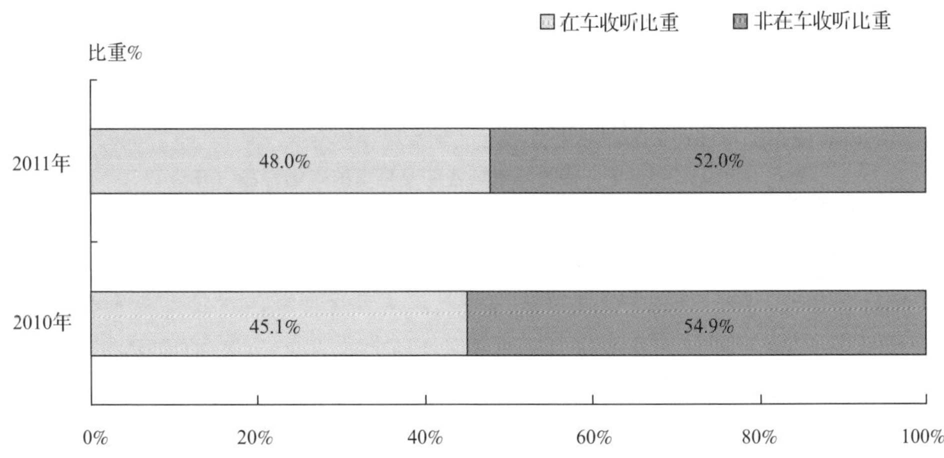

数据来源：CSM 媒介研究 2010、2011 年全国 33 城市四波调查数据

图 2 2010—2011 年全国交通频率在车上及非车场所的收听比重（%）

2. 交通频率是在车上收听市场的王者

手握方向盘穿行于城市的车水马龙中，收听广播可能是广大司机在车上最为方便、省心和安全的娱乐放松工具之一，也是在车上获取外界信息的主要渠道之一。只要轻松

按一下键，就能轻易实现。对于这部分受众群体而言，广播所具有的得天独厚的传播优势，是其他媒体较难企及的。那么各大专业广播频率在车上收听市场的表现又是如何呢？交通频率是否在车上收听市场具有竞争优势？

根据CSM媒介研究在全国33个城市的收听调查数据，在车上收听市场中，交通频率占有超过50%的市场份额，遥遥领先于其他专业频率。交通频率定位于车上收听群体，从内容上来说，包罗万象，通常既不缺乏新鲜新闻资讯，也适量播出悠扬音乐，内容较为综合化，可满足听众对新闻和音乐两大类节目的需求。除此以外，相对于新闻频率和音乐频率，交通频率又掌握了第一手路况信息这一独家优势，从而能够在车上收听市场的听众争夺中脱颖而出。针对目标人群特点，交通频率大多从为车主排忧解难的方向继续将节目做精，相继设立了自己的车主俱乐部，稳固忠实听众群的同时，增进与听众的交流互动，扩大品牌影响力，进一步巩固其在车上收听市场的地位（图3）。

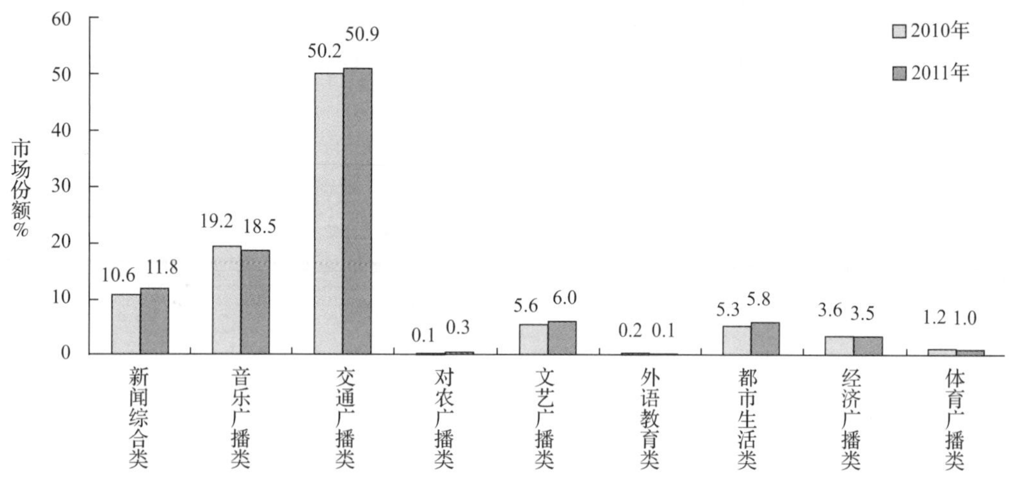

数据来源：CSM媒介研究2010、2011年全国33城市四波调查数据

图3　2010—2011年广播收听市场各专业频率的市场份额（车上）

3. 交通频率在车上收听市场全天各时段竞争优势显著

交通频率在车上收听市场全天表现较为平稳。从市场份额的时段走势来看，除了凌晨3:00—4:00以外，交通频率在车上收听市场的份额一直稳定在50%左右，且在全天各时段都居于专业频率中的首位。音乐频率的收听份额处于车上收听市场第二位，全天份额稳定在20%左右，与交通频率相比，存在一定的差距；新闻频率在车上收听市场居于第三位，在早晨竞争力强于其他时段，9:00以后收听份额下滑至10%左右；其他频率的收听份额相对较低，在车上收听的市场份额不足10%（图4）。

交通频率的强势竞争力来自于全天各个时段的支撑，从媒体实力的角度来说，交通频率全天实力分布较为均匀，优势地位相对不易被超越。从广告投放的角度来说，交通频率全天各时段都具有较高占有率，可供选择的时段较多。

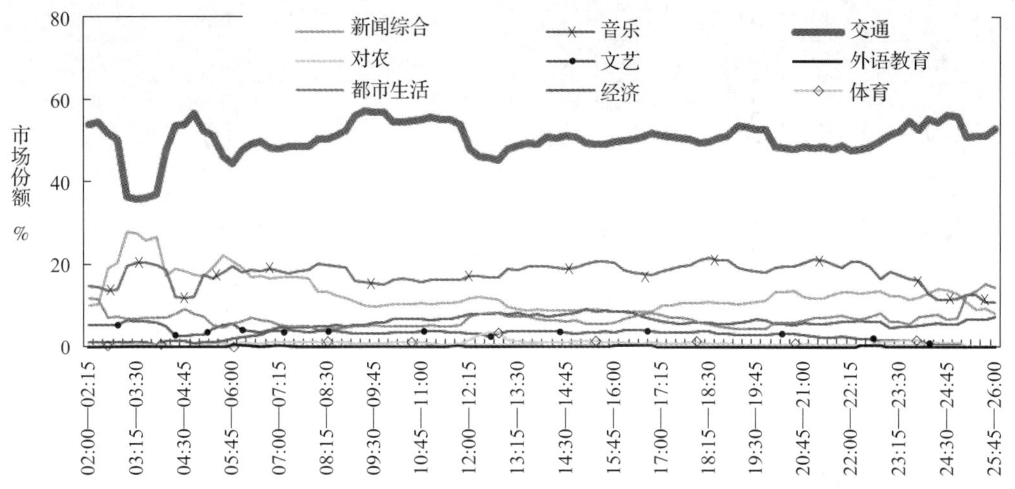

数据来源：CSM 媒介研究 2011 年全国 33 城市四波调查数据

图 4　2011 年各专业频率全天市场份额走势（车上）

4. 交通频率在各城市竞争力普遍较强

从在所有场所的市场份额来看，交通频率在全国各主要城市实力较强，但在各地之间也存在一定的地区差异。在长沙、长春、青岛、深圳、杭州等地，交通频率在当地占据 30% 以上的市场份额，而在郑州、清远、上海和厦门等地，其市场份额不足 10%。在全国 33 个城市中，交通频率市场份额超过 30% 的有 5 个城市，11 个城市交通频率市场份额在 20%—30% 之间，13 个城市交通频率总份额在 10%—20% 之间。大多数城市交通频率的市场份额在 10%—30% 之间。

而各地交通频率在车上市场的收听份额则普遍更高。在全国 33 城市中，有 18 个城市一半以上的车上收听市场都被交通频率占据，在长春、苏州、哈尔滨等城市，交通频率在车上市场的收听份额更达到七成以上。在厦门交通频率表现相对较弱，即使在车上收听市场，交通频率的份额也不足 10%（表 1）。

交通频率从出现至今发展势头迅猛，频率数量大幅跃升的阶段主要是在上世纪 90 年代末至本世纪初。而近年来，移动收听市场良好的发展势头使得针对移动收听人群的频率数量再次有上升势头，并且这些新兴的频率的呼号也从“交通广播”、“交通频率”等名称转变为“私家车频率”、“汽车电台”等，更加体现了其细化的频率定位。从目标听众指向上来说，更为明确和集中于车上收听群体，特别是车主这一高端人群。这一变化，一方面反映出频率经营理念的方向清晰、明确，另一方面也反映出在车上收听市场的竞争日益激烈，后来者必须寻找跻身这一市场的切入点，才能在与原有交通频率的竞争中生存、发展。交通频率在整体竞争力提升的同时，这一媒体军团内部的争夺不可避免地日趋激烈。

表1 2011年交通频率在各主要城市的市场份额（所有场所/车上,%）

城市	所有场所	在车上	城市	所有场所	在车上
长沙	41.58	64.51	哈尔滨	19.21	70.85
长春	40.08	81.19	南宁	17.53	35.57
青岛	36.59	76.30	重庆	17.26	49.85
深圳	35.56	58.33	宁波	16.52	38.53
杭州	34.61	50.72	合肥	16.25	43.61
太原	29.78	65.38	武汉	14.78	45.00
苏州	29.44	71.21	佛山	13.68	28.58
天津	28.38	59.12	南京	13.57	53.13
常州	28.34	60.90	西安	12.78	38.80
北京	27.80	57.44	石家庄	11.64	29.31
无锡	24.36	66.90	济南	10.93	30.36
沈阳	23.50	58.00	绍兴	10.17	44.45
广州	23.46	52.91	郑州	9.09	30.11
乌鲁木齐	22.12	54.87	清远	5.23	13.62
福州	21.72	56.40	上海	3.98	13.48
大连	20.99	48.44	厦门	1.52	3.10
成都	19.68	51.21			

数据来源：CSM媒介研究2011年全国33城市四波调查数据

从各交通频率在全国33城市所有收听场所的竞争力来看，有26个交通频率都在当地市场份额排名进入前三位。其中北京人民广播电台交通广播FM103.9、长春交通之声广播电台FM96.8、湖南人民广播电台交通频道FM91.8/FM100.3、常州人民广播电台交通文艺频率FM90、青岛交通广播FM89.7/AM900、深圳广播电台交通频率FM106.2、苏州交通广播FM104.8、太原人民广播电台交通频率FM107、天津人民广播电台交通广播FM106.8、无锡广播电视台交通频率FM106.9都在当地市场独占鳌头（表2）。

而在车上收听市场，交通频率的竞争力更为突出。在全国33城市中，有26个城市车上市场份额排名首位的都是交通频率；共有54个交通频率，排名进入当地前三位，占了前三位总席位量的一半以上。在车上收听市场份额超过50%的频率有北京人民广播电台交通广播FM103.9、长春交通之声广播电台FM96.8、青岛交通广播FM89.7/AM900、深圳广播电台交通频率FM106.2、苏州交通广播FM104.8、天津人民广播电台交通广播FM106.8、无锡广播电视台交通频率FM106.9等（表2）。

表2　2011年各城市主要交通频率在当地的市场份额排名情况（所有场所/车上）

城市	频　　率	所有场所		车上	
		排名	市场份额%	排名	市场份额%
北京	北京人民广播电台交通广播（FM103.9/CFM95.6）	1	27.8	1	57.44
长春	长春交通之声广播电台 FM96.8	1	31.19	1	63.04
	吉林人民广播电台交通广播 FM103.8	4	8.89	2	18.15
长沙	湖南人民广播电台交通频道 FM91.8/FM100.3	1	30.02	1	50.48
	长沙交通音乐广播 FM106.1	2	11.57	2	14.02
常州	常州人民广播电台交通文艺频率 FM90	1	17.87	1	49.3
	常州人民广播电台交通文艺频率 AM747	6	8.58	4	5.44
	江苏交通广播网 FM101.1	10	1.9	3	6.16
成都	四川人民广播电台交通广播 FM101.7	3	10.98	1	26.53
	成都人民广播电台交通广播 FM91.4	5	8.7	2	24.69
重庆	重庆人民广播电台交通频率 FM95.5	3	17.26	1	49.85
大连	大连人民广播电台第四套广播交通广播 FM100.8	2	19.86	1	46.84
	辽宁人民广播电台交通广播 FM97.5	12	1.13	10	1.6
佛山	佛山人民广播电台 FM92.4	3	10.93	2	22.41
	广州交通电台 FM106.1	15	1.5	7	3.5
	广东电台羊城交通广播台 FM105.2	16	1.24	9	2.66
福州	海峡之声广播电台巴士广播网 FM99.6	2	12.82	1	37.89
	福州人民广播电台交通之声 FM87.6	7	6.28	2	14.93
	福建人民广播电台交通广播 FM100.7	13	2.62	6	3.59
广州	广东电台羊城交通广播台 FM105.2	3	12.92	1	30.35
	广州交通电台 FM106.1	4	10.08	2	22.37
杭州	浙江人民广播电台交通之声 FM93	2	11.96	2	17.14
	汽车电台105.4西湖之声 FM105.4	3	11.8	5	9.54
	杭州交通经济广播 FM91.8	5	10.85	1	24.04
哈尔滨	黑龙江交通广播 FM99.8	3	11.8	1	41.46
	哈尔滨交通广播 FM92.5	6	7.41	2	29.39
合肥	安徽人民广播电台交通广播 AM1098/FM90.8	3	8.97	2	21.21
	合肥人民广播电台交通广播 AM1053/FM102.6	6	7.28	1	22.4
济南	济南交通广播 FM103.1	4	7.24	2	23.05
	山东广播交通音乐之声 FM101.1	9	3.69	3	7.32
南京	南京交通台交通 FM102.4	4	7.45	1	40.05
	江苏交通广播网 FM101.1	8	6.12	2	13.08
南宁	南宁人民广播电台交通音乐广播 FM107.4	5	9.74	3	15.2
	广西电台交通广播 FM100.3	6	7.79	2	20.37
宁波	宁波电台交通广播 FM93.9 AM603	2	14.01	1	33.87
	浙江人民广播电台交通之声 FM93	11	2.52	7	4.65
青岛	青岛交通广播 FM89.7/AM900	1	33.3	1	71.38
	青岛私家车电台 FM96.4	12	2.12	3	3.62
	山东广播交通音乐之声 FM101.1	14	1.16	9	1.3

续表

城市	频　　率	所有场所		车上	
		排名	市场份额%	排名	市场份额%
清远	佛山人民广播电台 FM92.4	7	3.11	4	7.38
	广东电台羊城交通广播台 FM105.2	13	1.1	11	2.46
	广州交通电台 FM106.1	15	0.9	8	3.77
上海	上海交通台 AM648/FM105.7	8	3.98	2	13.48
绍兴	绍兴人民广播电台交通频率 AM1251/FM94.1	6	5.89	1	25.84
	浙江人民广播电台交通之声 FM93	9	2.98	2	14.57
	FM106 汽车经典广播 FM106/FM104	14	0.84	9	2.34
沈阳	辽宁人民广播电台交通广播 FM97.5	2	13.56	1	31.93
	沈阳人民广播电台交通广播 FM98.6	3	9.94	2	26.07
深圳	深圳广播电台交通频率 FM106.2	1	22.79	1	50.52
	宝安广播频率缤纷 FM104.3	5	4.4	13	1.17
	深圳私家车广播 I Radio FM94.2	6	4.13	4	4.43
	广东电台南粤之声（汽车优悦广播）FM105.7	9	3.61	8	1.98
	广东电台羊城交通广播台 FM105.2	21	0.62	20	0.22
石家庄	石家庄人民广播电台交通广播 FM94.6	4	8.19	2	20.62
	河北人民广播电台交通频率 FM99.2	10	3.45	4	8.69
苏州	苏州交通广播 FM104.8	1	23.32	1	51.28
	江苏交通广播网 FM101.1	7	5.5	2	19.37
	吴江之声交通音乐频率 FM89.1	26	0.2	33	0.02
太原	太原人民广播电台交通频率 FM107	1	14.14	1	41.52
	山西广播电视台交通广播 FM88	3	10.62	2	16.54
	太原私家车 RadioFM104.4	8	5.01	3	7.31
天津	天津人民广播电台交通广播 FM106.8	1	28.38	1	59.12
乌鲁木齐	新疆人民广播电台 949 交通广播 FM94.9	2	15.78	1	43.46
	乌鲁木齐人民广播电台交通广播 FM97.4	5	6.35	2	11.41
武汉	楚天交通广播 FM92.7	5	7.14	1	27.85
	武汉电台交通广播 FM89.6/AM603	11	4.57	2	9.44
	湖北省广播电视总台交通广播频道 FM107.8	12	3.08	3	7.7
无锡	无锡广播电视台交通频率 FM106.9	1	19.18	1	53.78
	江苏交通广播网 FM101.1	9	4.35	2	12.34
西安	陕西人民广播电台交通广播 AM1323/FM91.6	5	7.5	1	24.31
	西安人民广播电台交通旅游广播 FM104.3	10	5.28	2	14.5
厦门	福建人民广播电台交通广播 FM100.7	12	1.52	6	3.1
郑州	河南人民广播电台交通广播 FM104.1	4	9.09	1	30.11

数据来源：CSM 媒介研究 2011 年全国 33 城市四波调查数据

对比 2010 年、2011 年全国 33 城市交通频率的竞争状况可以发现，交通频率整体竞争力有所提升。2010 年，在所有场所市场份额排名进入当地前三的频率数量是 22 个，

2011 年增长到了 26 个；在车上收听市场，市场份额排名进入前三的频率数量 2010 年是 49 个，2011 年度增长到了 54 个（表 3）。市场天平越来越向着交通频率的方向倾斜。

但从单个频率竞争力来看，在所有场所市场份额超过 20% 的频率数，和在车上收听市场份额超过 50% 的频率数，2011 年都有所下滑，部分城市交通频率垄断当地收听市场的格局已经松动，个别强势交通频率的市场份额被吞食，市场竞争的加剧使得某一频率一家独大的局面难以为继（表 3）。

表 3 2010—2011 年交通频率的市场竞争情况

收听地点	竞争指标	2010 年	2011 年
所有场所	市场份额进入前三位的频率数	22	26
	市场份额超过 20% 频率数	8	7
在车上	市场份额进入前三位的频率数	49	54
	市场份额超过 50% 频率数	8	7

数据来源：CSM 媒介研究 2010、2011 年全国 33 城市四波调查数据

5. 交通频率受到中青年、较高收入人群的青睐

根据不同听众群体每天收听交通频率的时长情况，从性别来看，男性听众每天收听交通频率 22 分钟，女性听众 14 分钟，男性收听更多；从年龄来看，35—54 周岁的听众收听交通频率的时长都在 20 分钟以上，显著高出其他年龄段的听众；从教育程度来看，高中及以上学历的听众收听交通频率的时长较长；从听众职业看，个体/私营企业人员收听时间最长；从收入水平看，个人收入在 2501 元及以上的听众更多收听了交通频率，其中个人收入 3501 元及以上的听众平均每天收听交通频率 27 分钟，是收听最多的群体（图 5）。

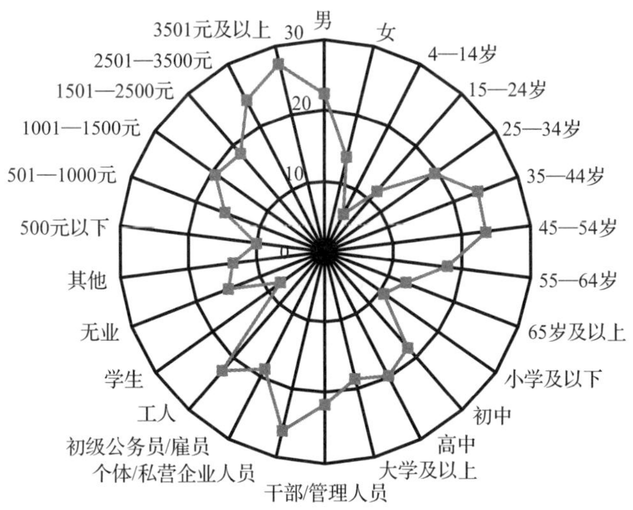

数据来源：CSM 媒介研究 2011 年全国 33 城市四波调查数据

图 5 2011 年不同听众群体收听交通频率的时长（分钟）

二、交通频率在部分省份农村的收听状况

我国幅员辽阔，除了星罗密布的城市以外，还有地域广大的农村地区。随着农民收入增加、“汽车下乡”活动（2009年3月1日至2010年12月31日）的开展以及国家在农村地区道路建设上的投入不断加大，汽车对于农村居民来说已不是可望不可及的奢侈品。目前，多数交通频率还是将城市听众作为其目标听众群体，随着农村地区汽车保有量的增加，农村听众也是广播、特别是交通频率发展不应忽视的群体。下文通过江苏、辽宁省网乡域的收听调查数据简要地分析交通频率在农村的收听情况。

1. 农村听众在车上收听比重相对较低

江苏、辽宁农村地区听众平均每天收听广播的时间总量与全国33城市平均水平相近，为80.1分钟，而在车上收听广播的时长却仅为8.0分钟，占其全天收听广播总量的10%，是全国33城市听众平均在车收听总量的一半左右。受众的媒体接触情况与其生活环境、生活水平息息相关，农村听众出行的频率、平均每日在车上的时间都相对少于城市听众，这是农村听众在车上收听时长偏低的主要原因之一。

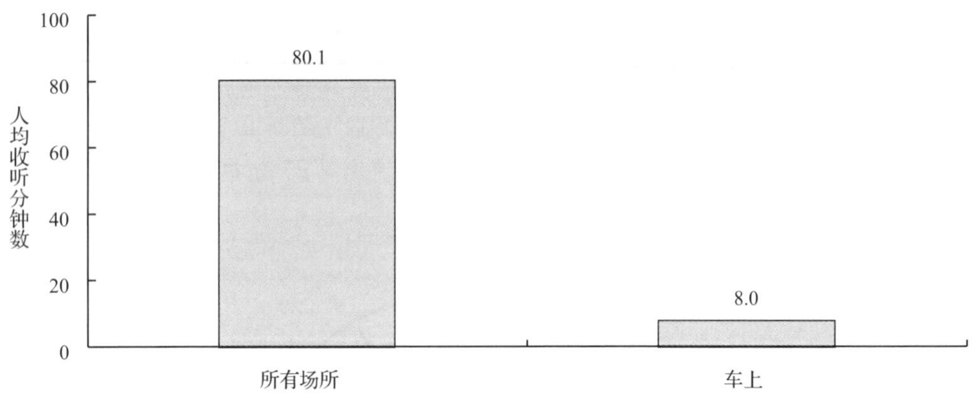

数据来源：CSM媒介研究2011年江苏和辽宁省网四波调查数据

图6　江苏和辽宁省网乡域听众收听广播的时间总量（所有场所/车上）

2. 省台交通频率在农村地区初显竞争潜力

根据CSM媒介研究在辽宁和江苏省网乡域的调查数据，交通频率在农村地区的整体竞争力相对较弱，但在车上收听市场，还是具备一定的优势与潜力。

在江苏省农村地区，听众收听最多的频率是中央台一套中国之声，其次是江苏新闻广播FM93.7，江苏交通广播网以5.87%的市场份额排在第三位。而在车上收听市场，江苏交通广播网以34.36%的市场份额夺冠，与其他频率相比具有较大的领先优势（表4）。

在辽宁省农村地区，听众收听最多的频率是辽宁综合广播AM1089/FM102.9，其次

是中央台一套中国之声，辽宁交通广播 FM97.5 的市场份额相对较低，为 1.97%，排在第六位；在车上收听市场，中央台一套中国之声以 16.40% 的市场份额居于首位，辽宁交通广播 FM97.5 紧随其后，以 11.63% 居亚军位置（表 5）。

交通频率是依托道路交通存在并发展的专业频率，具有很强的地域性。能够覆盖全省的频率有中央台部分频率和省台部分频率，中央台并没有开办面向全国的交通专业频率，因此，此处所指的交通频率主要是省台交通频率。省台交通频率的路况信息更倾向于城市道路交通播报，特别是省会城市的道路交通。即便如此，省台交通频率仍然在农村地区车上收听市场有较有优势的竞争表现。此外，新闻资讯、音乐以及其他针对有车群体的生活服务信息弥补了全省路况信息覆盖不足或涉及较少的弱项，在农村车上收听市场占得了一席之地。随着省台交通频率发展、城乡一体化进程的快速推进、农村生活水平提高和机动车保有量的上升，提供全省范围内路况信息的节目将更为及时、全面，交通频率在各省农村收听市场的发展也会有更大的空间。

表 4　2011 年江苏省农村地区主要频率竞争情况（所有场所/车上）

排名	频　率	所有		车上	
		收听率%	市场份额%	收听率%	市场份额%
1	中央人民广播电台第一套节目中国之声	0.61	9.60	0.05	8.20
2	江苏新闻广播 FM93.7	0.48	7.67	0.05	8.10
3	江苏交通广播网 FM101.1	0.37	5.87	0.22	34.36
4	江苏新闻综合广播 AM702	0.34	5.46	0.02	2.95
5	江苏故事广播 AM585	0.07	1.08	0.02	3.27
6	江苏文艺广播 AM1053	0.06	0.91	0.01	1.55
7	中央人民广播电台第三套节目音乐之声	0.06	0.90	0.02	2.87
8	中央人民广播电台第二套节目经济之声	0.01	0.21	0.00	0.24
9	中央人民广播电台中国广播网银河网络电台	0.01	0.18	0.00	0.41
10	中国国际广播电台轻松调频（CRI EASY FM）	0.01	0.14	0.00	0.13

数据来源：CSM 媒介研究 2011 年江苏省网四波调查数据

表 5　2011 年辽宁省农村地区主要频率竞争情况（所有场所/车上）

排名	频　率	所有		车上	
		收听率%	市场份额%	收听率%	市场份额%
1	辽宁广播电视台综合广播 AM1089/FM102.9	0.87	29.10	0.02	6.39
2	中央人民广播电台第一套节目中国之声	0.50	16.91	0.04	16.40
3	辽宁广播电视台文艺广播 FM95.9/AM747/AM801	0.14	4.82	0.00	1.02
4	辽宁广播电视台乡村广播 AM927/FM96.9	0.07	2.36	0.00	0.43
5	辽宁广播电视台经济广播 FM89.5/AM999	0.06	2.17	0.01	4.68
6	辽宁广播电视台交通广播 FM97.5	0.06	1.97	0.03	11.63
7	辽宁广播电视台故事广播 AM1053/FM101.8	0.02	0.63	0.00	0.06
8	辽宁广播电视台新闻广播 FM88.8	0.01	0.43	0.00	0.00
9	中央人民广播电台第三套节目音乐之声	0.00	0.05	0.00	0.00
10	中央人民广播电台第五套节目中华之声	0.00	0.03	0.00	0.00

数据来源：CSM 媒介研究 2011 年辽宁省网四波调查数据

三、结语

近年来，由于城镇化的加速发展、汽车保有量的大幅度提升、城市道路交通状况的改善滞后等原因，客观上为城市交通广播的发展提供了条件。从近几年广播收听市场情况来看，听众收听广播时间总量有所下降，而车上收听时间逐步递增。根据CSM媒介研究2011年广播收听调查数据，交通频率日均听众规模有一定增长，特别是车上听众规模增长较快。交通频率彰显了广播移动收听的特质，吸引了较多中高受教育程度、中高收入群体收听，35—54岁、个人收入在3501元及以上听众群体的收听时间较长。在全国33个城市中，交通频率在车上收听市场占有超过50%的份额，优势地位明显。从各城市情况看，交通频率在当地市场份额超过30%的有5个城市，大多数城市交通频率的市场份额在10%—30%之间。在全国33城市中，有26个城市车上收听市场份额排名首位的都是交通频率，共有54个交通频率排名进入当地前三位。从农村收听情况看，农村听众出行的机会、平均每日在车上的时间相对较少，但交通频率在车上收听市场还是显现了其发展潜力。在江苏省农村地区，江苏交通广播在车上收听市场份额位居首位；在辽宁省农村地区，辽宁交通广播FM97.5在车上收听市场份额位居第二位。随着我国道路交通的发展和汽车保有量的进一步增加，交通频率在后续的发展中也会进一步巩固频率自身的专业优势，释放市场拓展的潜力。

（作者：顾颖华）

2011年音乐频率收听状况分析

近年来，音乐类广播频率经过不断发展蜕变，从频率定位到播出形式、播出内容都更为成熟，其在收听市场中的表现更能体现出这些变化。本文根据CSM媒介研究2011年33个城市四波收听调查数据，对音乐类广播频率的整体收听情况、听众特征、各地市场收听表现进行重点描述与分析，并选取收听范围较广的中央人民广播电台音乐之声进行案例分析，以期对2011年音乐类广播频率的收听状况有个清晰而全面的把握。除非另有说明，本文分析所用数据的目标听众为10岁及以上广播听众推及人口，时间段为全天。

一、音乐类广播频率整体收听状况

（一）音乐类广播频率整体竞争力

广播作为更为突显收听优势的媒体，有其不同于电视等其他媒体的发展规律。广播不仅要关注各频率内部节目、栏目的特色与优势，还要关注各频率整体的专业定位、节目编播以及各专业频率之间的竞争，这些方面对于广播的发展更是尤为重要。

根据CSM媒介研究2011年33城市收听率调查数据（四波调查），在所有进行收听调查的481个广播频率中，音乐类广播频率有71个（按频率名称归类），在几乎每个被调查的城市中，音乐类频率都是不可或缺的频率。在2011年各类专业频率的整体收听市场竞争中，音乐类广播频率占据15.65%的市场份额，逊于新闻综合类广播频率和交通类广播频率，但强于其他类型的广播频率（图1）。音乐类广播频率作为广受欢迎的频率类型，拥有较为丰厚的听众基础，一直以来，其市场竞争力不容小觑。

广播收听市场格局与听众的收听意愿有着紧密的关系。根据2011年CSM媒介研究基础调查数据，在15岁及以上被访者中，回答音乐类节目是他们最喜欢收听节目类型的人数占受访总人数的48.4%，仅次于排名第一的新闻/时事类节目（图2）。就听众的收听预期而言，音乐类节目在收听市场未来发展中有较好的听众基础。

从所有收听场所整体来看，音乐类频率有较稳定的收听表现，细分到各收听场所，音乐类频率也显示了自身的独特优势。从车上的收听情况来看，由于交通出行的特质，交通广播类频率市场份额占据首位，市场份额超过50%，而音乐类频率超越新闻综合类

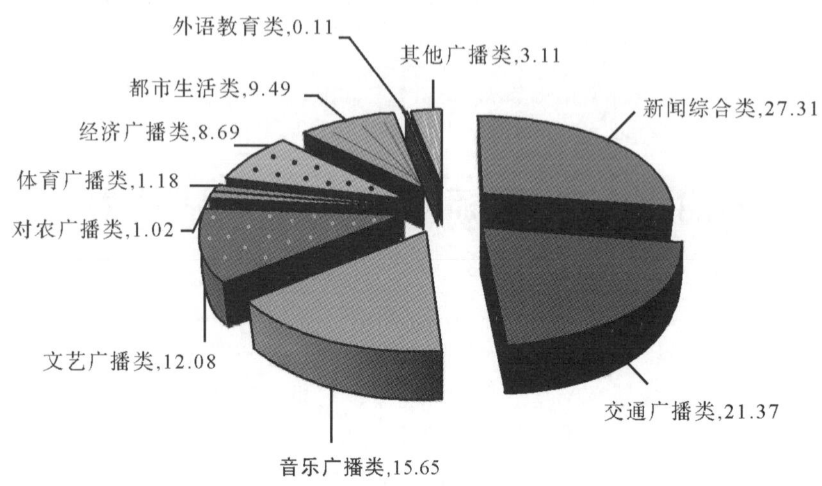

数据来源：CSM 媒介研究

图 1　2011 年各专业频率的市场份额（%）

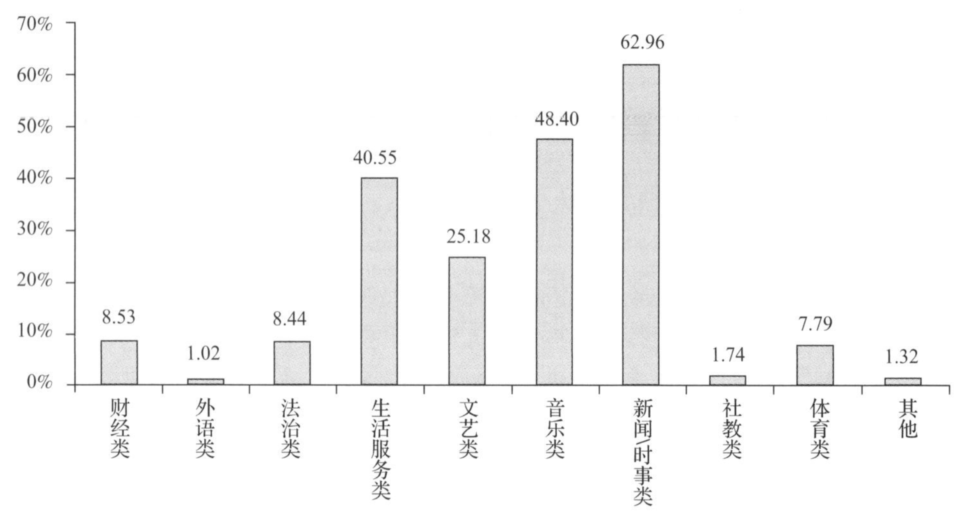

数据来源：CSM 媒介研究，2011 年基础调查数据

图 2　2011 年听众最喜欢收听广播节目类型的选择比例（%，多选题）

频率，市场份额位居第二，达到 18.54%；从在家收听情况来看，排在首位的是新闻综合类频率，市场份额接近三分之一，文艺、音乐、交通类频率的市场份额接近，音乐广播类频率市场份额为 13.75%；从工作/学习场所收听情况来看，音乐广播类频率的市场份额位居首位，达到 23.54%；其他场所音乐广播类频率的市场份额也达 20.25%。音乐类频率在车上、工作/学习场所、其他场所的市场竞争力均高出其在所有场所的表现，音乐类频率不受地点限制的伴随性特征十分突出。

表1　2011年各类广播频率在不同收听地点的市场份额（%）

频率类别	车上	在家	工作/学习场所	其他场所
新闻综合类	11.76	32.77	20.17	23.37
交通广播类	50.85	13.39	17.77	16.77
音乐广播类	18.54	13.75	23.54	20.25
文艺广播类	6.04	13.76	12.11	13.82
对农广播类	0.27	1.24	0.98	1.09
体育广播类	1.02	1.16	1.68	1.43
经济广播类	3.45	10.14	9.40	8.29
都市生活类	5.76	10.43	10.41	10.53
外语教育类	0.07	0.11	0.23	0.22
其他广播类	2.25	3.25	3.69	4.24

数据来源：CSM媒介研究

（二）音乐广播类频率全天收听情况

受众对广播媒体的使用有别于其他媒介消费，而对于不同专业类别的广播频率而言，听众在全天的收听频次、收听时段、收听时长也会存在一定差异。时段贡献是指特定频率特定时段的听众收听时间与该频率听众总收听时间的百分比值，该指标可以很好地描述特定广播频率的分时段收听模式。时段贡献比值越高说明该时段收听量在全天收听量中所占比例越大，对全天的收听贡献越大。由图3可以看出，非音乐类广播频率在早间7:00—7:15达到全天收听峰值3%，在早间5:00—8:00，非音乐类广播频率的时段贡献都高出音乐类广播频率，而在9:00—13:00、14:00—16:00、20:00—22:30音乐类广播频率的时段贡献高于非音乐类广播频率，特别是晚间20:00—21:00音乐广播类频率时段贡献达到2%，明显高于非音乐广播类，形成全天的第二个高峰。总体而言，音乐类广播频率早间集中收听时间较之非音乐广播类频率有所延迟，而在下午(14:00—16:30)、晚间(20:00—21:45)又形成两次较为集中的收听峰值（图3）。

各地音乐广播类频率往往根据工作日、周末不同的作息时间适当对节目的编播有所调整，同时在不同收听场所，音乐广播类频率全天也表现出不同的收听走势，特别是在车上收听，音乐广播类频率是除交通广播频率之外较具竞争力的专业广播频率，了解听众在车上收听音乐广播频率的情况，对于音乐广播类频率全天的编播具有重要的实际意义。

2011年33城市四波收听调查数据显示，在所有收听场所，周一至周五全天的收听最高峰值出现在早间8:15—8:30，收听率达到2.19%，其余的几个收听波峰分别出现在7:15—7:30、12:00—12:15、18:00—18:15和20:15—20:30；周六和周日全天的收听最高峰值出现在9:45—10:00，收听率达到2.14%，全天的几个收听波峰出现在8:00—10:30、14:00—15:15和20:00—21:15，周末较之工作日早高峰时段略有延迟，但时间维持较长，而在14:00—16:30周末收听明显高于工作日，在17:00—19:00工作日收听高于周末，在19:30—24:00工作日、周末收听较为接近。

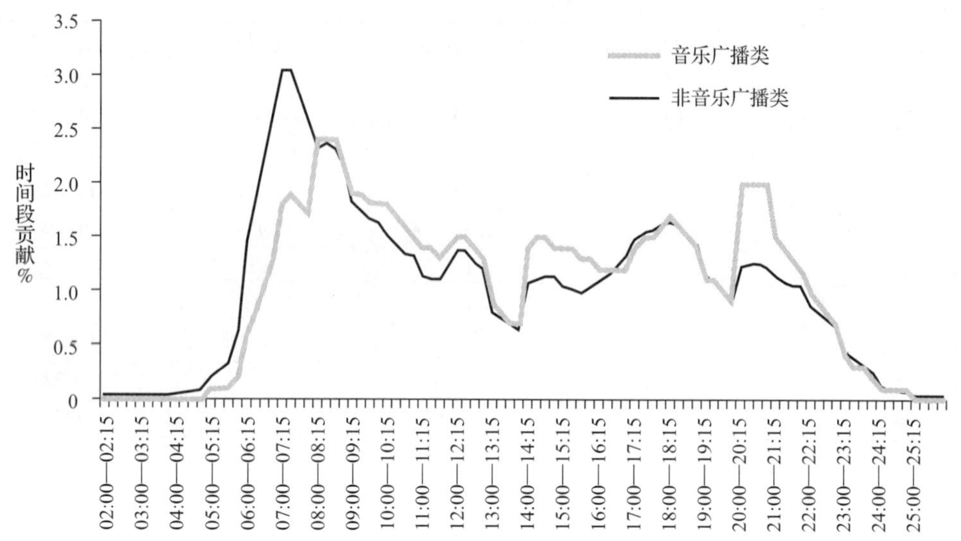

数据来源：CSM 媒介研究

图 3　2011 年音乐广播类和非音乐广播类频率全天时段贡献走势

从车上收听情况来看，周一至周五全天的收听高峰出现在8:00—8:15，收听率达1.07%，全天收听波峰出现在6:00—9:00、16:00—19:30，相对而言，周六和周日的收听走势较为平稳，全天收听率最高值出现在早间8:30—8:45，为0.46%（图4）。

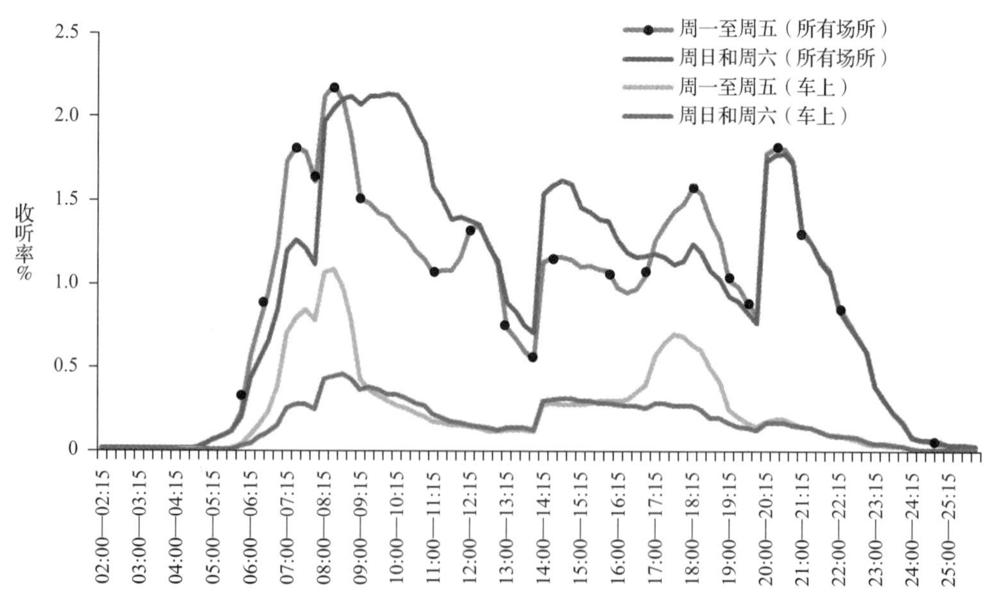

数据来源：CSM 媒介研究

图 4　2011 年音乐广播类频率全天收听走势

二、音乐类广播频率听众特征

当前新媒介的强势扩张，使得受众在使用媒介资源方面有了更多选项，同时受众也被碎片化①。在这样的传播语境下，就需要整合和细分受众资源，针对不同的受众群体量身定做不同产品，精心打造专业化频率是广播面对受众细分最切实的应对之举。音乐广播频率不同于其他媒体，也不同于其他专业频率，甚至在同一区域市场，定位不同的音乐广播频率都有其更为细分的目标听众群体，频率定位的倾向性、目标受众群的细分使得音乐广播频率具有不可替代的广告吸纳能力。

在音乐广播类频率的听众构成中，女性听众所占比例较大，不但高于男性听众，而且高于女性听众在所有频率听众中的比例；15—44 岁听众所占比例较高；高中及以上受教育程度听众所占比例较高，特别是大学及以上受教育程度听众比例明显高于所有广播频率的平均水平；各类在职人员在音乐广播类频率中所占比例均略高于所有频率平均水平，而无业听众比例明显低于所有频率平均水平；从个人月收入来看，个人月收入为 1501 元及以上群体在音乐广播类频率听众中所占比例较高，没有收入、个人收入在 2501 元及以上的听众比例明显高于所有频率的平均水平。

从集中度来看，女性、15—44 岁群体，特别是 25—34 岁群体，大学及以上受教育程度群体、初级公务员/雇员、收入在 2501 元及以上较高收入群体更喜欢收听音乐广播类频率（图 5）。

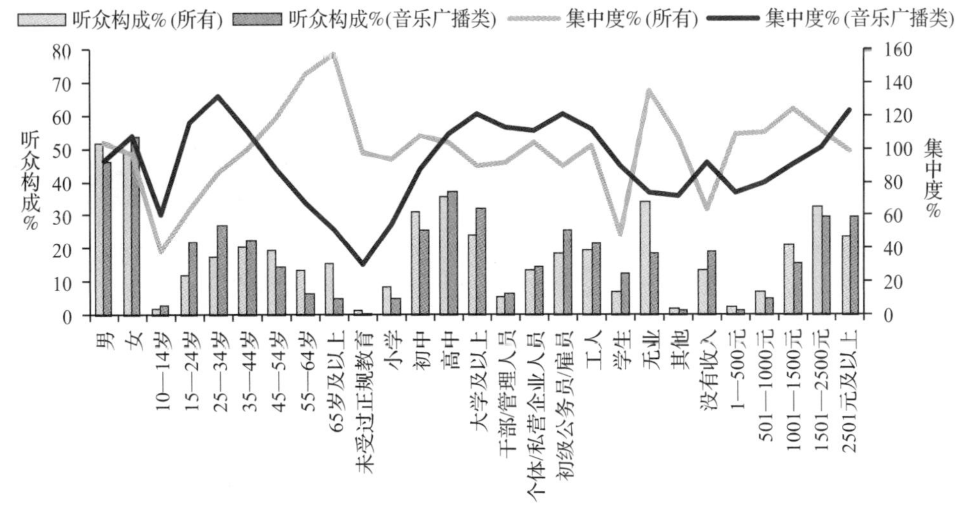

数据来源：CSM 媒介研究

图 5 2011 年音乐广播类频率及所有频率的听众构成（%）、集中度（%）

---

① “碎片化”原意为完整的东西破成诸多零块。对碎片化的研究最早见于上世纪 80 年代“后现代主义”研究文献中。近年来“碎片化”被广泛应用于传媒研究，其概念界定为：社会阶层的多元裂化，并导致消费者细分及媒介小众化。

下面我们利用平均到达率和平均忠实度两个指标来进一步分析音乐广播类频率各听众群体的收听特征。在图6中，处于第Ⅰ象限的听众，是音乐广播频率听众中规模较大、忠实度较高的群体，主要有中青年、较高收入群体、中等受教育程度群体及管理人员、个体私营企业人员等在职群体；位于第Ⅱ象限的听众，听众收听音乐广播频率的平均忠实度较高但平均到达率低，主要以中老年听众、中低收入群体为主；而位于第Ⅲ象限的听众则属于收听音乐类广播到达率和忠实度均较低的听众群体，主要以小学、未受过正式教育群体为主；处于第Ⅳ象限的听众群体则是到达率高而忠实度低的群体，主要以青少年、初级公务员/雇员、学生、大学及以上受教育群体为主。

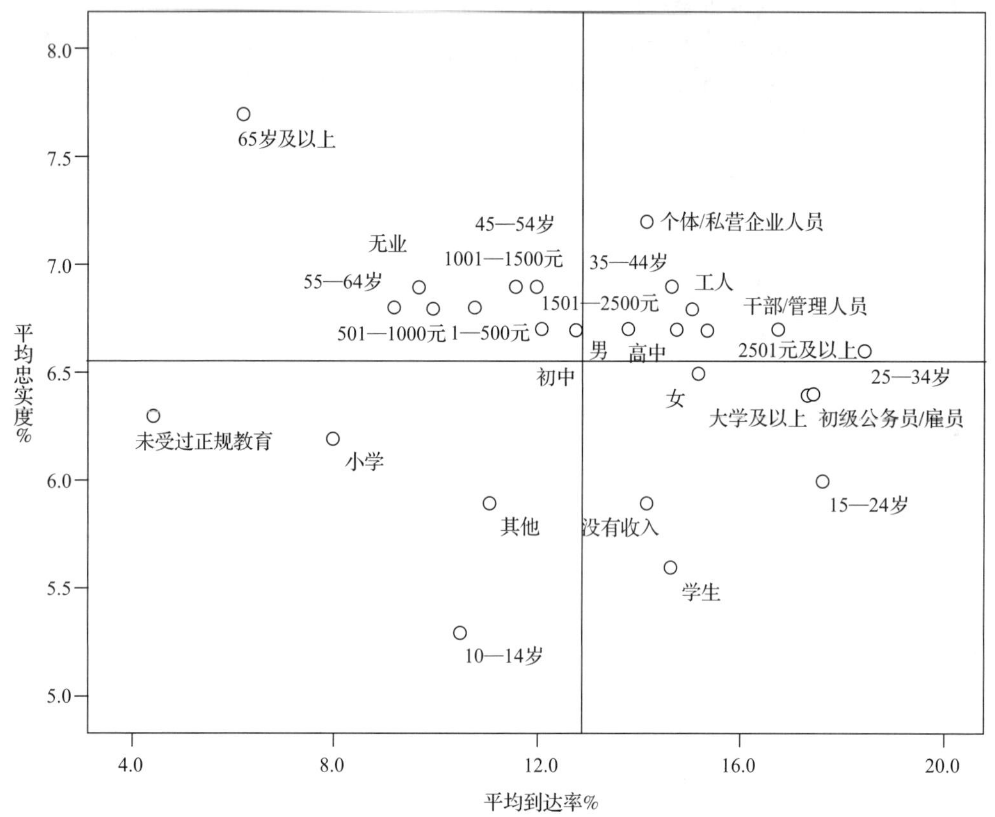

数据来源：CSM媒介研究

图6　2011年不同听众群体收听音乐广播类频率的平均到达率与平均忠实度

根据不同场所目标听众集中度的对应分析，可看出听众在不同场所对音乐频率的收听偏好情况（图7）。收入在2501元及以上、具有中高等受教育程度、干部/管理人员、中青年、男性、个体/私营企业人员等在职人员更倾向于在车上收听，部分中等收入群体、中青年、部分在职人员、中老年倾向于在工作/学习场所收听；学生、老年、低龄、较低收入、较低教育程度群体倾向于在家、其他场所收听音乐类广播频率。

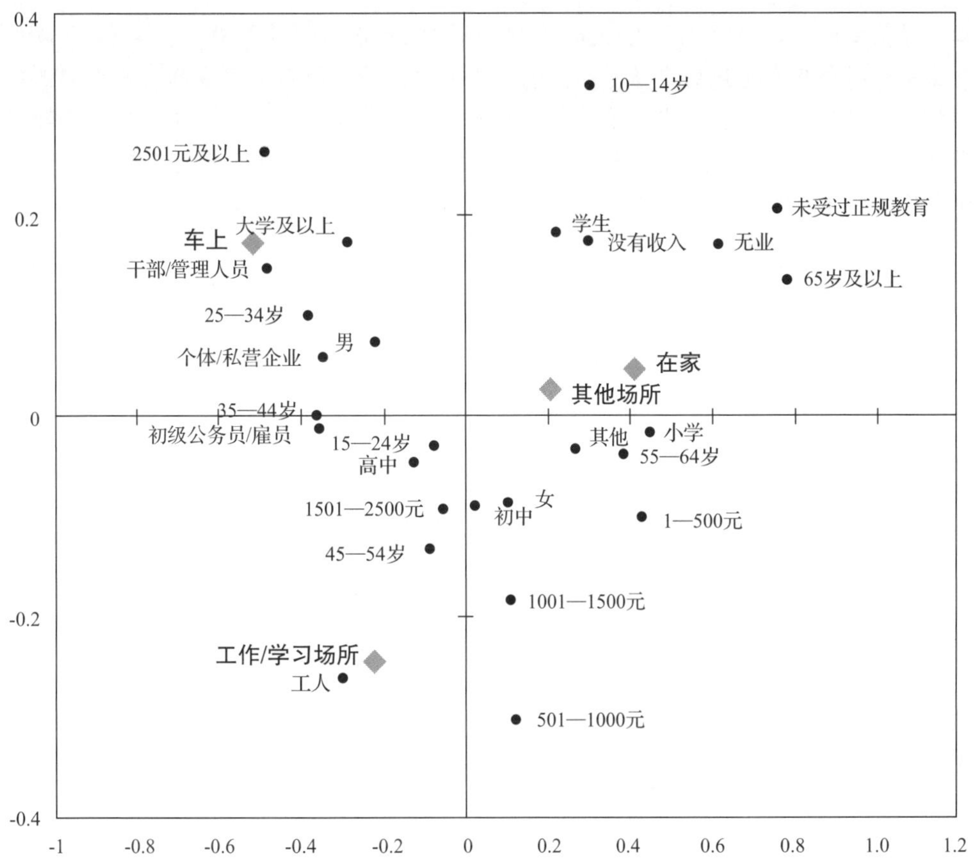

数据来源：CSM 媒介研究

图 7　2011 年不同目标听众在不同场所收听音乐频率的对应分析

三、音乐类广播频率在各地市场的收听表现

音乐类广播频率在不同地区市场的收听表现有所不同，这与各地受众媒介使用习惯、广播收听习惯相关，也与当地媒介市场竞争情况，特别是音乐类广播频率的竞争力相关。下面，我们利用 2011 年 CSM 媒介研究 33 城市四波收听调查数据来简要分析各地音乐类广播频率的收听情况，以及中央人民广播电台音乐之声的收听情况。

（一）音乐类广播频率在各地收听情况

从全国 33 城市收听音乐类广播频率的时长来看，南京、佛山、苏州、上海等 19 个城市的人均收听分钟数高于 33 城市平均水平的 13.24 分钟，其余 14 个城市人均日收听分钟数低于总体平均水平（图 8）。

从音乐类广播频率在各地的竞争力来看，厦门、南京、深圳、上海、佛山、重庆、广州、武汉、石家庄、宁波、合肥、福州、苏州、郑州、济南、太原16个城市市场音乐类广播频率的市场份额高于33城市平均水平15.65%的市场份额，其余17个城市市场音乐类广播频率在当地的市场份额低于总体平均水平，特别是在成都、长春、乌鲁木齐、杭州、青岛、沈阳、南宁音乐类广播频率的市场份额不足10%。在音乐类广播频率市场竞争力高于33城市总体水平的城市中，除武汉、福州、郑州人均日收听分钟数略低于总体平均水平外，其余城市人均日收听分钟数均高于总体平均水平。

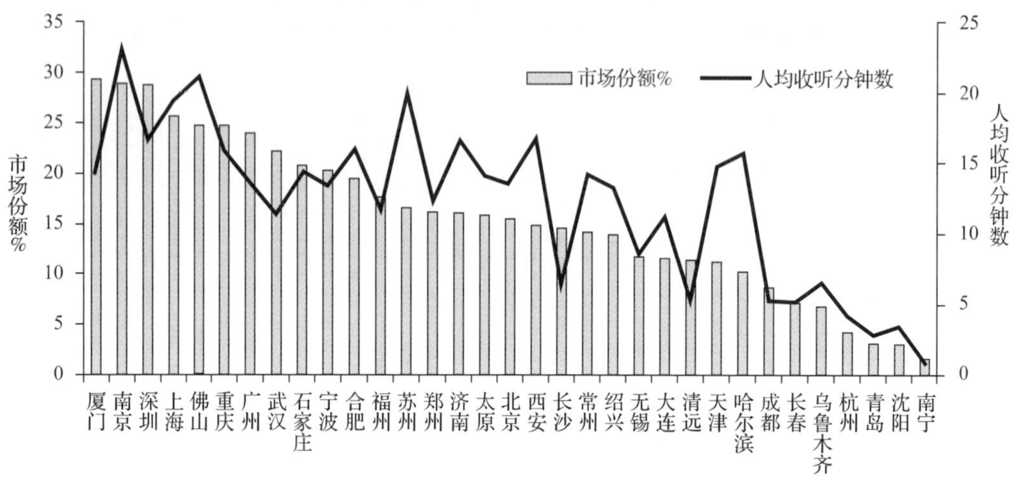

数据来源：CSM媒介研究

图8　2011年音乐类广播频率在33城市的市场份额和人均日收听时长

媒介多元化、接收终端的多元化也在潜移默化地影响着广播的发展。音乐广播类频率使广播移动收听的优势得到了彰显，从音乐广播类频率收听时间较长、市场竞争力较强的城市看，收听广播的途径更为多元化，收听地点也更突显了广播伴随收听、移动收听的特质。

从厦门、苏州、深圳、南京、佛山的情况来看，车载广播、手机都成为收音机之外收听广播较为主要的途径，特别是厦门、苏州、深圳车载广播选择比例达到或超过50%；在5个城市中，只有南京使用收音机收听广播的选择比例超过50%，其他城市收听渠道都具有较大不同，特别是深圳，使用收音机收听的选择比例只有11.7%（图9）。

从收听场所的选择情况来看，广播伴随收听、移动收听的特征更为显著。深圳、厦门听众选择在公共汽车上收听广播的比例较高，分别为23.6%和15.9%，高于33城市整体水平（9.6%）；而选择在私家汽车上收听广播的比例，除南京外，厦门、苏州、深圳、佛山均高于33城市整体的选择比例（26.7%），特别是深圳、苏州，选择在私家汽车上收听广播比例达到40%以上（图10）。

根据2011年四波调查数据，在所有进行收听调查的481个广播频率中，音乐广播类频率有71个，在33个城市当中，绝大多数城市能收听到2个及以上的音乐类频率。各地音乐频率在当地的市场份额排名情况不同，在所有场所音乐广播类频率市场份额排名进入前3位的有金鹰955、重庆人民广播电台音乐频率、佛山人民广播电台FM98.5、广

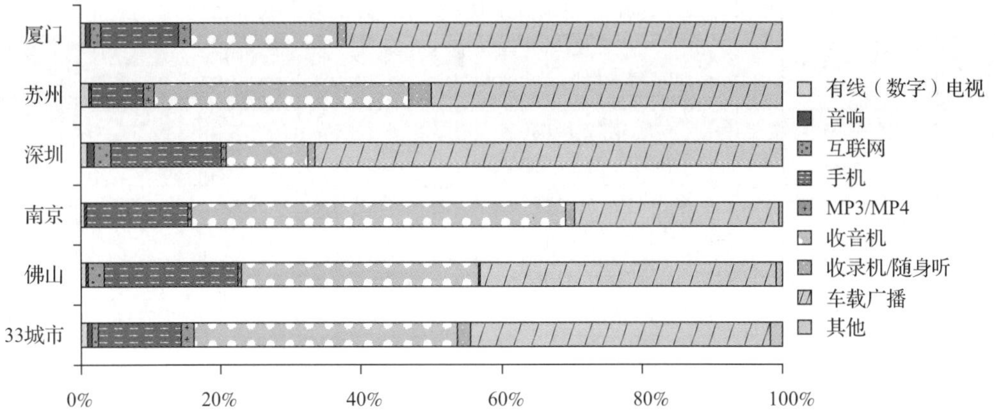

数据来源：CSM 媒介研究

图 9　2011 年音乐类广播频率收听表现较好城市中被访者收听途径的选择比例（%）

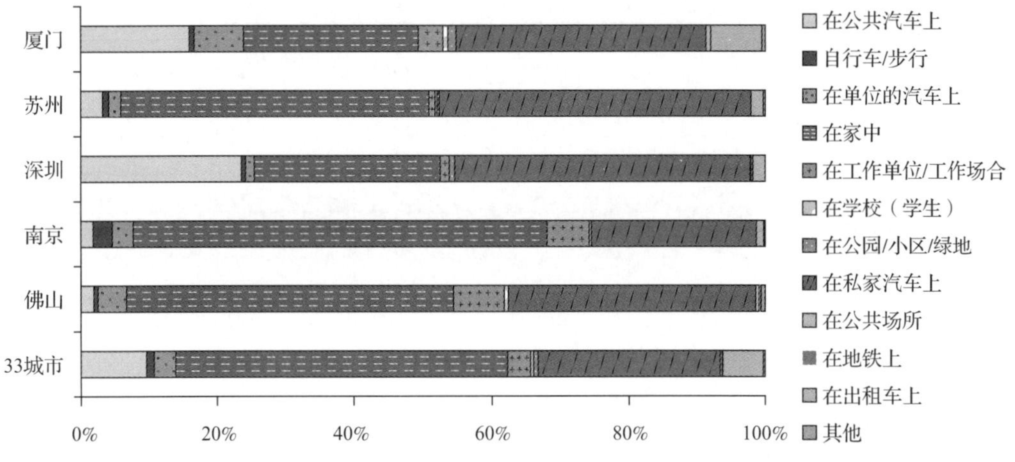

数据来源：CSM 媒介研究

图 10　2011 年音乐类广播频率收听表现较好城市中被访者收听场所的选择比例（%）

东电台音乐之声 FM99.3、江苏经典流行音乐广播 FM97.5、江苏音乐广播 FM89.7、上海流行音乐广播 动感 101 FM101.7、深圳广播电台音乐频率 FM97.1、石家庄广播电视台音乐广播 FM106.7、苏州广播电视总台都市音乐频率 FM94.8、武汉广播电视总台音乐广播 FM101.8、厦门音乐广播 FM90.9、河南人民广播电台音乐广播 FM88.1。音乐广播类频率在车上收听的市场份额排名情况更好，33 个城市中，音乐广播类频率在 21 个城市车上收听市场份额排名进入前 3 位（表 2）。

从各地不同级别音乐广播类频率的市场份额来看，在沈阳，中央级音乐广播类频率市场份额相对较高；在成都、福州、广州、哈尔滨、合肥、济南、青岛、太原、西安、郑州，省级音乐类广播频率市场份额相对较高；在其他 21 个城市，市级音乐类广播频率的市场份额均高于中央级、省级音乐广播类频率。

表2　2011年进入当地市场份额排名前10位的音乐频率列表（所有场所或车上）

城市	频　率	市场份额%（所有场所）	市场份额%（车上）	所有场所排名	车上排名
北京	北京人民广播电台音乐广播（FM97.4/CFM94.6）	6.93	6.74	5	3
	中央人民广播电台第三套节目音乐之声	4.65	5.29	7	4
	中国国际广播电台劲曲调频（CRI HIT FM）	2.59	4.90	11	5
长春	长春人民广播电台都市音乐广播 FM106.4	3.70	2.87	7	4
	吉林人民广播电台音乐广播 FM92.7	2.79	1.67	11	6
长沙	金鹰955（湖南金鹰之声 FM95.5）	9.00	6.64	3	4
	湖南人民广播电台汽车音乐电台 FM89.3	5.17	6.76	7	3
常州	常州人民广播电台音乐频率 FM93.5	10.00	14.36	5	2
	常州人民广播电台音乐频率 AM927	3.57	1.15	9	10
成都	四川人民广播电台岷江音乐 iRadio FM95.5	8.39	5.30	6	5
重庆	重庆人民广播电台音乐频率 FM88.1	22.19	21.03	1	2
大连	大连人民广播电台第五套广播音乐广播 FM106.7	6.53	10.67	5	2
	中央人民广播电台第三套节目音乐之声	4.94	8.79	9	4
佛山	佛山人民广播电台 FM98.5	11.24	14.24	2	3
	广东电台音乐之声 FM99.3	4.56	5.29	6	5
福州	福建人民广播电台音乐广播汽车音乐调频 FM91.3	7.09	8.12	6	4
	中央人民广播电台第三套节目音乐之声	5.59	2.15	9	10
	福州汽车音乐广播 FM89.3 动力893速度调频	4.86	5.34	10	5
广州	广东电台音乐之声 FM99.3	15.67	13.08	1	3
	广州电台金曲1027汽车音乐广播 FM102.7	5.58	7.93	8	4
杭州	动听968音乐调频 FM96.8	3.68	3.89	9	7
哈尔滨	黑龙江音乐广播 FM95.8	6.01	4.95	7	4
	哈尔滨音乐广播 FM90.9	4.01	1.84	8	7
合肥	安徽音乐广播	7.41	7.28	5	3
	安徽 MY FM96.1	3.98	6.49	10	4
济南	山东广播电视台音乐频道 city FM 城市之音 FM99.1	2.05	3.75	14	5
南京	江苏经典流行音乐广播 FM97.5	10.99	8.23	2	4
	江苏音乐广播 FM89.7	9.41	6.15	3	6
	南京音乐台 FM105.8	7.11	8.84	6	3
	MY FM103.5	1.11	3.58	20	7
宁波	宁波电台音乐广播 FM98.6 汽车音乐调频	10.39	14.82	4	2
	镇海台（私家车音乐台 FM104.7）	8.66	12.44	5	3
青岛	山东广播电视台音乐频道 city FM 城市之音 FM99.1	2.07	1.65	13	8

续表

城市	频　　率	市场份额%（所有场所）	市场份额%（车上）	所有场所排名	车上排名
清远	广东电台音乐之声 FM99.3	3.83	4.56	4	6
	佛山人民广播电台 FM98.5	3.40	4.38	6	7
	广州电台金曲 1027 汽车音乐广播 FM102.7	2.00	5.52	11	5
上海	上海流行音乐广播 动感 101 FM101.7	14.4	24.05	2	1
	上海流行音乐广播 Love Radio FM103.7	6.56	10.17	7	3
绍兴	I MUSIC 103.5 绍兴音乐台	6.99	11.8	4	3
	动听 968 音乐调频 FM96.8	5.99	8.15	5	5
沈阳	中央人民广播电台第三套节目音乐之声	3.07	4.94	12	4
深圳	深圳广播电台音乐频率 FM97.1	20.34	11.95	2	2
	广东电台音乐之声 FM99.3	4.74	1.88	4	10
	中央人民广播电台第三套节目音乐之声	3.33	2.02	10	8
石家庄	石家庄广播电视台音乐广播 FM106.7	13.50	27.96	2	1
	河北人民广播电台音乐广播 FM102.4	4.58	9.10	8	3
	中央人民广播电台第三套节目音乐之声	2.58	3.36	15	7
苏州	苏州广播电视总台都市音乐频率 FM94.8	12.79	11.31	3	3
	上海流行音乐广播 Love Radio FM103.7	0.76	1.94	15	6
	江苏经典流行音乐广播 FM97.5	1.41	1.58	11	7
	上海流行音乐广播 动感 101 FM101.7	0.64	1.48	16	8
太原	山西广播电视台音乐广播 FM94.0	6.26	4.05	6	7
	太原人民广播电台音乐频率 FM102.6	6.07	7.02	7	4
	中央人民广播电台第三套节目音乐之声	3.51	2.17	13	10
天津	天津人民广播电台音乐广播 FM99	8.48	15.84	4	2
	中央人民广播电台第三套节目音乐之声	1.78	4.02	12	4
乌鲁木齐	新疆人民广播电台音乐广播 FM103.9	3.97	7.68	8	3
	乌鲁木齐人民广播电台旅游音乐广播 FM106.5	2.12	2.87	14	7
武汉	武汉广播电视总台音乐广播 FM101.8	8.37	7.37	3	5
	湖北省广播电视总台音乐广播频道 FM103.8	6.71	6.98	7	7
	湖北省广播电视总台楚天音乐广播频道 FM105.8	6.39	6.99	8	6
无锡	无锡广播电视台汽车音乐频率 AM900/FM91.4	11.13	11.07	4	3
西安	陕西广播电视台音乐广播 FM98.8	7.68	12.27	4	3
	西安人民广播电台音乐广播 FM93.1	6.57	8.71	6	4
厦门	厦门音乐广播 FM90.9	27.51	30.58	1	1
	中国国际广播电台轻松调频（CRI EASY FM）	1.80	2.64	11	8
郑州	河南人民广播电台音乐广播 FM88.1	10.7	16.06	2	2
	郑州人民广播电台音乐广播 FM94.4	5.41	9.30	8	5

数据来源：CSM 媒介研究

（二）中央人民广播电台音乐之声收听分析

音乐之声是目前唯一一家能够覆盖较多城市的国家级音乐频率，下文根据2011年33城市四波收听调查数据，对中央人民广播电台音乐之声的收听状况进行简要分析。

在33个城市中，中央人民广播电台音乐之声在福州、大连、北京、太原、深圳、合肥、沈阳、石家庄、重庆、天津、广州、宁波收听市场的竞争力相对较好，市场份额超过1%，其中在福州、大连的市场份额达到5%以上；在大连、北京、福州、沈阳、太原、合肥、天津人均收听分钟数较高，其中在大连、北京人均收听时长达到4分钟以上。2011年音乐之声在北京所有场所的市场份额排名第7位，在车上排名第4位；在福州，音乐之声在所有场所的市场份额排名第9位，在车上排名第10位；在大连，音乐之声在所有场所市场份额排名第9位，在车上排名第4位（图11）。

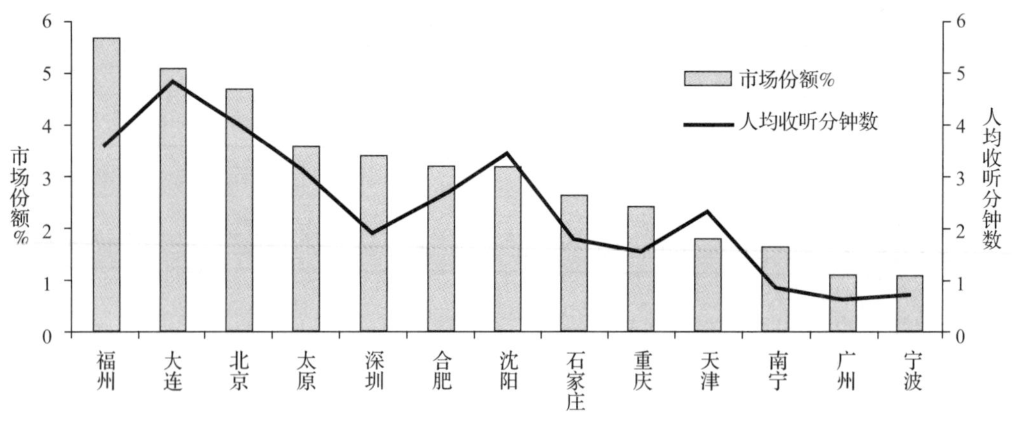

数据来源：CSM媒介研究

图11　2011年中央人民广播电台音乐之声在收听表现较好城市的市场份额及人均收听时长（06:00—24:00）

从听众构成来看，女性、15—44岁、初/高中、大学及以上受教育程度群体、各类在职、在校群体、没有收入、收入在1501元及以上群体在音乐之声听众中所占比例较高，其中中青年、较高学历、学生及各类在职人员在音乐之声听众中的比例明显高于在所有广播频率听众中的比例。从集中度来看，女性、15—34岁群体、大学及以上较高受教育程度群体、干部/管理人员、初级公务员/雇员、学生、没有收入、收入在2501元及以上较高收入群体明显表现出对音乐之声的青睐。总体而言，从音乐之声目前的定位来看，该频率吸纳的听众是一个较为年轻、有活力、受教育程度较高、具有相对较高消费能力的群体（图12）。

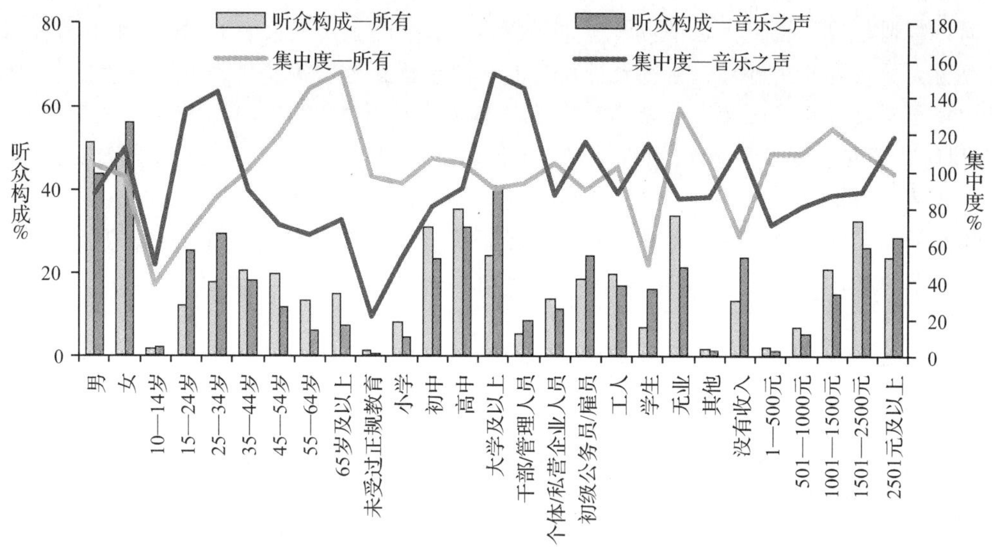

数据来源：CSM媒介研究

图12　2011年33城市中央人民广播电台音乐之声、所有频率的听众构成和集中度（06:00—24:00）

从2011年33城市中央人民广播电台音乐之声全天收听率走势来看，在所有场所，周一至周五工作日全天收听波峰出现在早、中、傍晚、晚间，全天的收听峰值出现在早间7:15—7:30，收听率为0.27%；周日和周六全天的收听峰值出现在8:30—8:45，收听率为0.25%，在8:00—13:00、14:00—17:00时段周六和周日的收听率高于周一至周五工作日的收听率。在车上，周一至周五工作日全天收听波峰出现在早间和傍晚，收听峰值出现在早间7:15—8:00，收听率为0.15%，周日和周六全天在车上的收听率走势较为平稳，在上午9:30—12:00、下午14:00—15:45略高于工作日在车上的收听率（图13）。

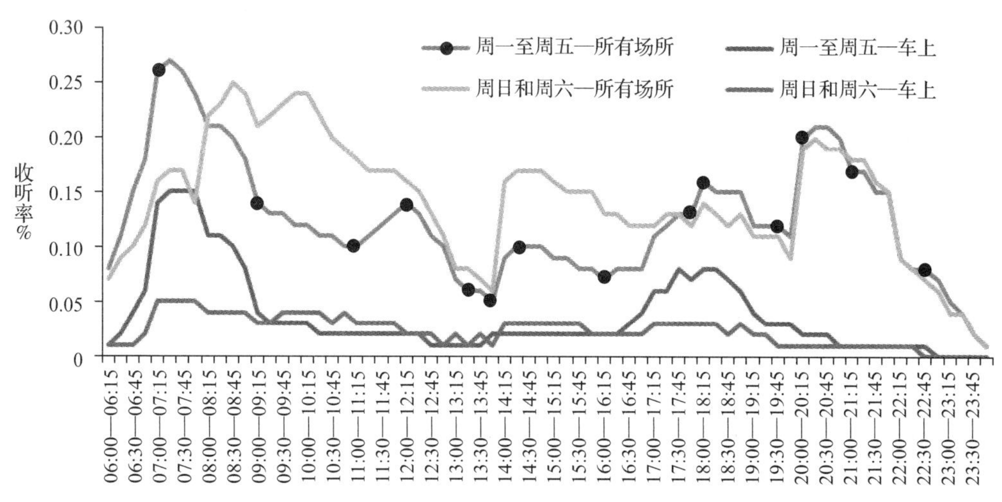

数据来源：CSM媒介研究

图13　2011年33城市中央人民广播电台音乐之声全天收听率走势（06:00—24:00）

音乐之声以最流行的音乐形态铸造频率风格，音乐之声节目整体设计以18个小时为同一格调呈现，栏目大区块切割。将全天18个小时音乐节目，以2—3小时为单位，划分为大区块的8个时段，让听众可以完整享受专业音乐广播提供的音乐陪伴。从2011年的播出与收听情况来看，音乐类节目占整体播出节目的比重为63.29%，收听比重为70.11%，节目资源使用效率为10.78%（表3）；除音乐节目外还有部分社教、生活服务、文艺、新闻/时事节目，所占播出比重均不高；其他类节目的播出比重为27.5%，具体细分，其他类节目主要包括节目间广告、节目内广告、其他、再见类，其中节目间广告与节目内广告资源使用效率均较好，分别为69.06%和77.05%（表4）。

表3　2011年33城市中央人民广播电台音乐之声各类节目收播比重及资源使用效率（06:00—24:00）

节目类别	播出比重（%）	收听比重（%）	资源使用效率（%）
音乐	63.29	70.11	10.78
社教	0.85	0.81	-4.71
生活服务	2.41	2.42	0.41
文艺	1.08	1.17	8.33
新闻/时事	4.87	5.49	12.73
其他	27.5	20	-27.27

数据来源：CSM媒介研究

表4　细分其他类节目的收播比重及资源使用效率（06:00—24:00）

其他类节目细分类别	播出比重（%）	收听比重（%）	资源使用效率（%）
节目间广告	6.82	11.53	69.06
节目内广告	47.97	84.93	77.05
其他	2.65	1.02	-61.51
再见类	42.55	2.52	-94.08

数据来源：CSM媒介研究

针对听众不同的收听习惯，中央人民广播电台音乐之声在工作日、周末的节目编排有所不同。从2011年33城市的收听数据来看，周一至周五，全天收听率较高的时段主要为早间7:00—9:00、傍晚18:00—19:00、晚间20:00—22:00，播出的节目主要为《早安音乐秀》、《中国TOP排行榜》、《音乐VIP》、《都会音乐》（表5）。周六和周日，全天收听率较高的时段主要为上午8:00—12:00、晚间20:00—21:00，播出的节目主要有《我要我的音乐》、《音乐俱乐部》和《中国TOP排行榜》（表6）。

表5 2011年33城市中央人民广播电台音乐之声全天不同时段收听率排名（周一至周五）

排名	时间段	收听率（%）	市场份额（%）	播出节目
1	07:00 — 08:00	0.26	1.59	早安音乐秀
2	20:00 — 21:00	0.20	2.63	中国TOP排行榜
3	08:00 — 09:00	0.20	1.52	早安音乐秀
4	21:00 — 22:00	0.16	2.50	音乐VIP
5	18:00 — 19:00	0.15	1.63	都会音乐
6	09:00 — 10:00	0.13	1.40	自在音乐
7	06:00 — 07:00	0.13	1.18	早安音乐秀
8	12:00 — 13:00	0.12	1.63	全球流行音乐金榜
9	17:00 — 18:00	0.12	1.35	都会音乐
10	11:00 — 12:00	0.12	1.82	自在音乐
11	19:00 — 20:00	0.12	2.00	中国TOP排行榜
12	10:00 — 11:00	0.11	1.39	自在音乐
13	14:00 — 15:00	0.10	1.52	快意音乐
14	15:00 — 16:00	0.08	1.41	快意音乐
15	22:00 — 23:00	0.08	1.81	音乐万岁
16	16:00 — 17:00	0.08	1.17	都会音乐
17	13:00 — 14:00	0.06	1.43	全球流行音乐金榜
18	23:00 — 24:00	0.03	1.60	音乐万岁

数据来源：CSM媒介研究

表6 2011年33城市中央人民广播电台音乐之声全天不同时段收听率排名（周六和周日）

排名	时间段	收听率（%）	市场份额（%）	播出节目
1	08:00 — 09:00	0.23	1.87	我要我的音乐
2	09:00 — 10:00	0.22	2.09	音乐俱乐部
3	10:00 — 11:00	0.22	2.37	音乐俱乐部
4	20:00 — 21:00	0.19	2.54	中国TOP排行榜
5	11:00 — 12:00	0.18	2.49	音乐俱乐部
6	21:00 — 22:00	0.17	2.76	音乐寄情
7	14:00 — 15:00	0.17	2.39	音乐漫步
8	07:00 — 08:00	0.16	1.26	我要我的音乐
9	15:00 — 16:00	0.15	2.39	音乐漫步
10	12:00 — 13:00	0.14	1.92	酷派音乐
11	18:00 — 19:00	0.13	1.69	音乐新经典
12	16:00 — 17:00	0.13	1.83	音乐新经典
13	17:00 — 18:00	0.12	1.60	音乐新经典
14	19:00 — 20:00	0.10	1.93	中国TOP排行榜
15	06:00 — 07:00	0.09	1.03	我要我的音乐
16	22:00 — 23:00	0.07	1.76	音乐寄情
17	13:00 — 14:00	0.07	1.75	酷派音乐
18	23:00 — 24:00	0.03	1.48	音乐寄情

数据来源：CSM媒介研究

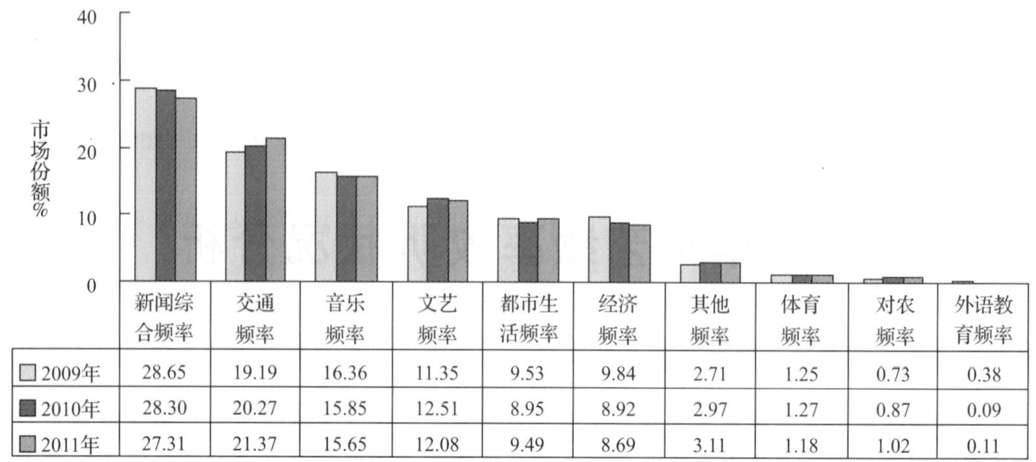

	新闻综合频率	交通频率	音乐频率	文艺频率	都市生活频率	经济频率	其他频率	体育频率	对农频率	外语教育频率
2009年	28.65	19.19	16.36	11.35	9.53	9.84	2.71	1.25	0.73	0.38
2010年	28.30	20.27	15.85	12.51	8.95	8.92	2.97	1.27	0.87	0.09
2011年	27.31	21.37	15.65	12.08	9.49	8.69	3.11	1.18	1.02	0.11

数据来源：CSM 媒介研究

图 1　2009—2011 年各类频率市场份额（%）对比

2. 文艺频率在部分目标听众市场中具有相对较强的竞争力

随着频率专业化的发展，大多数频率实行差异化竞争策略，在目标听众及节目定位上体现出一定差异，这导致在不同目标听众中各专业频率的竞争表现不同。从性别来看，新闻综合频率、交通频率在男性听众中的市场份额明显高于其他频率。而在年龄方面，音乐频率在年轻观众中较有市场，在25—44 岁中青年听众中，交通频率市场份额高于其他类型的频率，在 55 岁及以上群体，新闻综合频率大幅超越其他专业频率。文艺频率在 55 岁及以上、未受过正规教育、小学以及无业（包括退休人员）几个听众群体中的市场份额均排在第二位（图 2），表现出相对较强的竞争力。

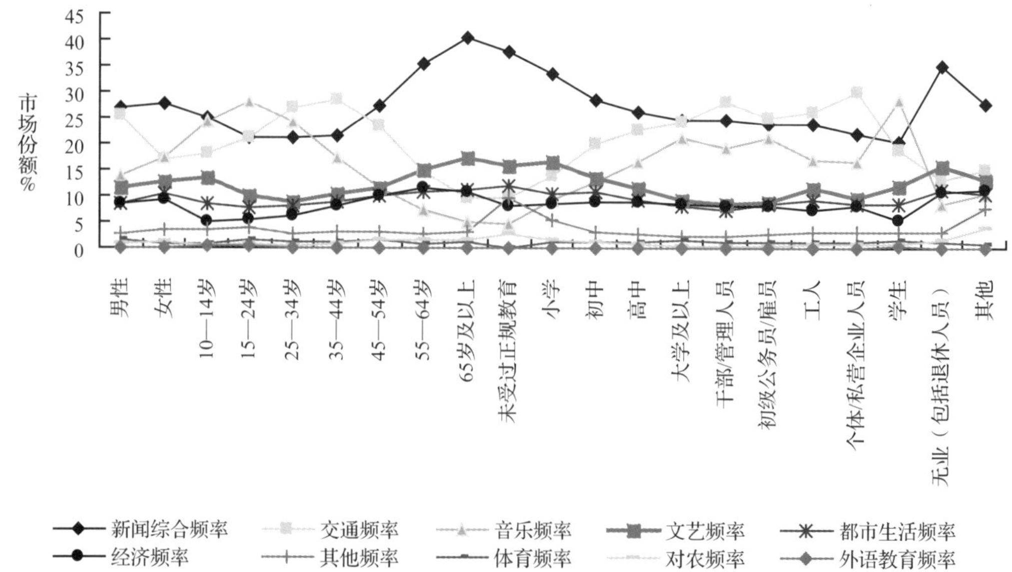

数据来源：CSM 媒介研究

图 2　2011 年不同目标听众市场各类频率的市场份额（%）

3. 文艺频率在家中收听的市场份额排名第二

不同听众群体对各专业频率的收听喜好表现出差异性，此外，各类型专业频率在不同收听场所的竞争也是各有特色。交通频率在车上占有明显优势，市场份额约为五成，在学习/工作场所，听众较多选择收听音乐频率，新闻综合频率在在家和其他场所实力较强。文艺频率在家里收听市场中占据第二的位置，在车上的竞争力较弱，仅占6.04%，在其余两个场所实力较为接近，市场份额均超过10%（表1）。

表1 2011年各类频率在不同收听场所的市场份额（%）

频率	在家	车上	工作/学习场所	其他场所
新闻综合频率	32.77	11.76	20.17	23.37
交通频率	13.39	50.85	17.77	16.77
音乐频率	13.75	18.54	23.54	20.25
文艺频率	13.76	6.04	12.11	13.82
都市生活频率	10.43	5.76	10.41	10.53
经济频率	10.14	3.45	9.4	8.29
其他频率	3.25	2.25	3.69	4.24
体育频率	1.16	1.02	1.68	1.43
对农频率	1.24	0.27	0.98	1.09
外语教育频率	0.11	0.07	0.23	0.22

数据来源：CSM媒介研究

4. 文艺频率全天收听走势较为平缓

从全天收听走势可以看出不同类型频率的优势时段所在（图3）。新闻综合频率在06:00—09:00有明显收听高峰，这与听众早上收听新闻的习惯相符，另外在11:45—13:00和17:45—19:00也有小高峰出现。交通频率收听高峰则出现在06:45—10:00和16:45—18:45，正好是市民上下班高峰时段，音乐频率在07:45—09:00和20:00—21:15时段收听率相对较高。文艺频率收听高峰相对较不明显，在08:00—11:00，12:00—13:00，14:15—15:30和17:15—19:00四个时段收听率表现较为稳定，这可能与大段的长书联播、评书，相声、曲艺类节目的播出编排有关。

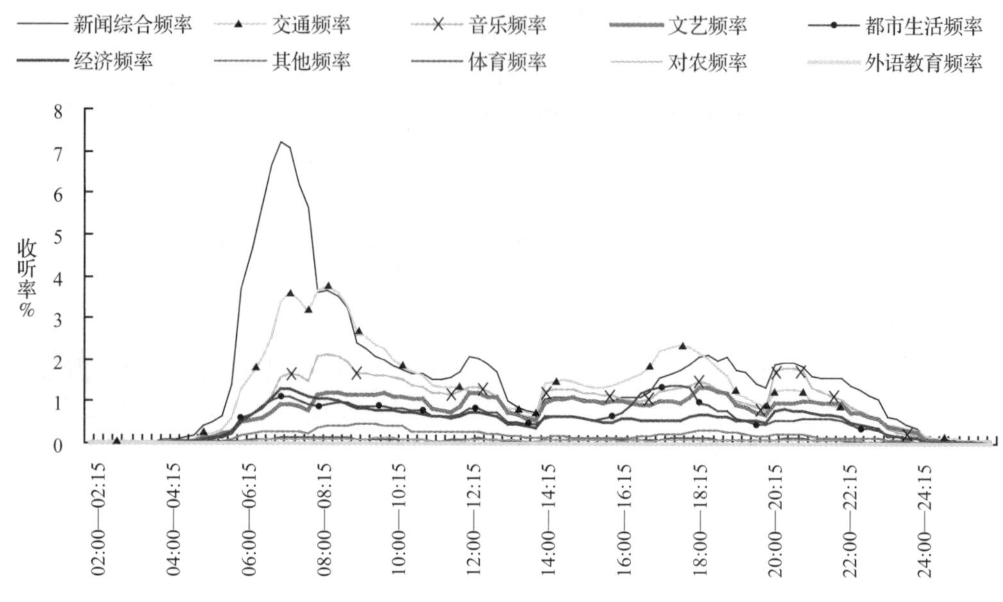

数据来源：CSM 媒介研究

图 3　2011 年各类频率全天收听率（%）走势

二、文艺频率听众收听特征

1. 周一、周日听众收听文艺频率时间较长

2011 年听众人均每天收听文艺频率的时间为 10.18 分钟，与 2010 年持平。具体到各周天的收听时间变化，近几年的走势特点较为相似，收听时间最长的均是周一，2011 年为 10.52 分钟，略低于前一年，周二出现大幅度下跌，为一周中最低，只有 9.62 分钟，周三回升后在小幅度内波动，到周日则升至 10.51 分钟，为整周的第二高峰（图 4）。

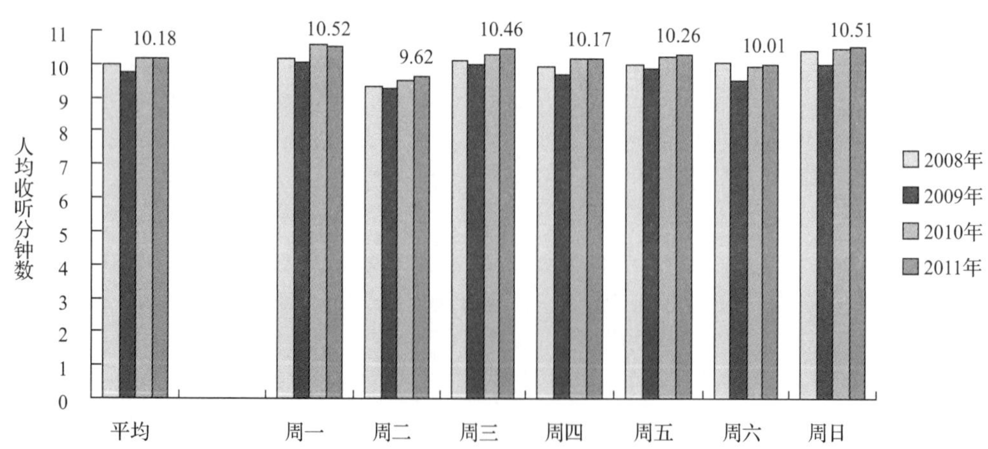

数据来源：CSM 媒介研究

图 4　2008—2011 年不同周天文艺频率人均收听时长（分钟）

2. 听众主要在家收听文艺频率

文艺频率在家的收听量最大，远高于其他场所。2011 年平均每人每天在家收听文艺频率花费了 8.07 分钟，略低于 2010 年；在车上收听时间为 1.01 分钟，高于往年；在工作/学习场所的收听量则多年来基本稳定在 0.80 分钟左右，在其他场所收听文艺频率的时间最少，只有 0.30 分钟（图 5）。

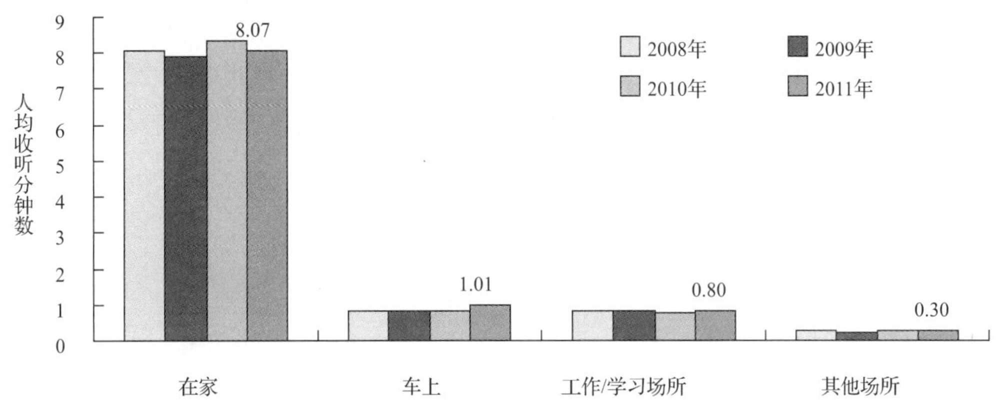

数据来源：CSM 媒介研究

图 5　2008—2011 年文艺频率在不同场所的人均收听时长（分钟）

由于听众主要在家收听文艺频率，因此在家的收听高峰明显高于其他各场所，全天分别在08:00—10:30、12:00—13:00、17:45—19:15和20:00—22:00出现多个收听高峰；车上则是07:00—09:00和17:00—18:15收听率相对较高，工作/学习场所收听高峰出现在中午11:45—13:00时段（图 6）。

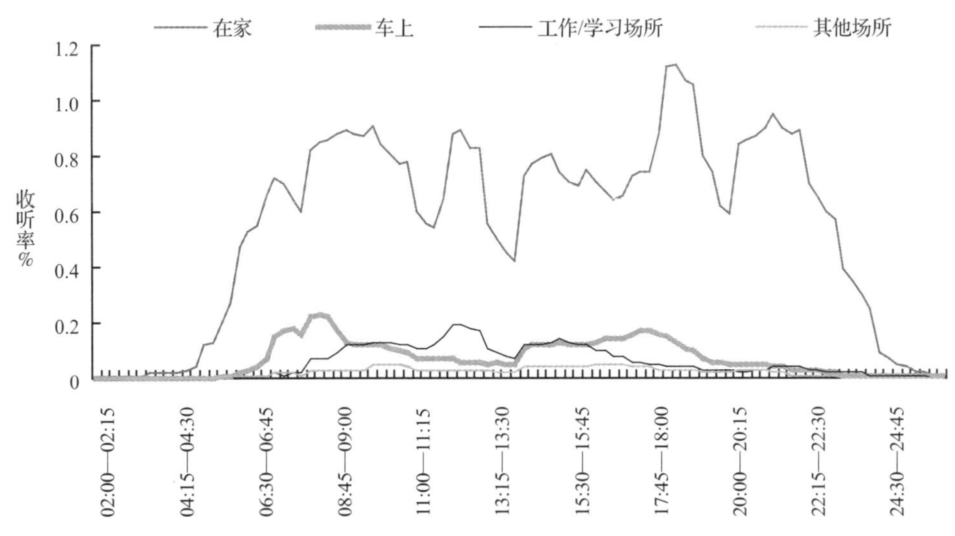

数据来源：CSM 媒介研究

图 6　2011 年文艺频率在不同场所的全天收听率走势

3. 中老年群体、中等学历、中等收入听众比重较大

在解构频率或节目的听众特点时，通常使用听众构成和集中度两个指标。听众构成是指对于特定频率（或节目），目标听众平均每分钟的收听人数（千人）占参照听众平均每分钟收听人数（千人）的百分比；集中度是指对于特定频率（或节目），目标听众收听率（百分比）与参照听众（如10岁及以上所有人）收听率（百分比）的比值，通常以100%作为分界线，高于100%就可以说该类听众喜欢收听这类频率（节目）。收听文艺频率听众中，女性、35—54岁/65岁及以上比例较高，在学历上则以初中和高中学历比例最高，中等收入听众的比例也较高。而集中度较高的听众则是女性、45岁及以上、中低学历和中等收入的听众（图7）。

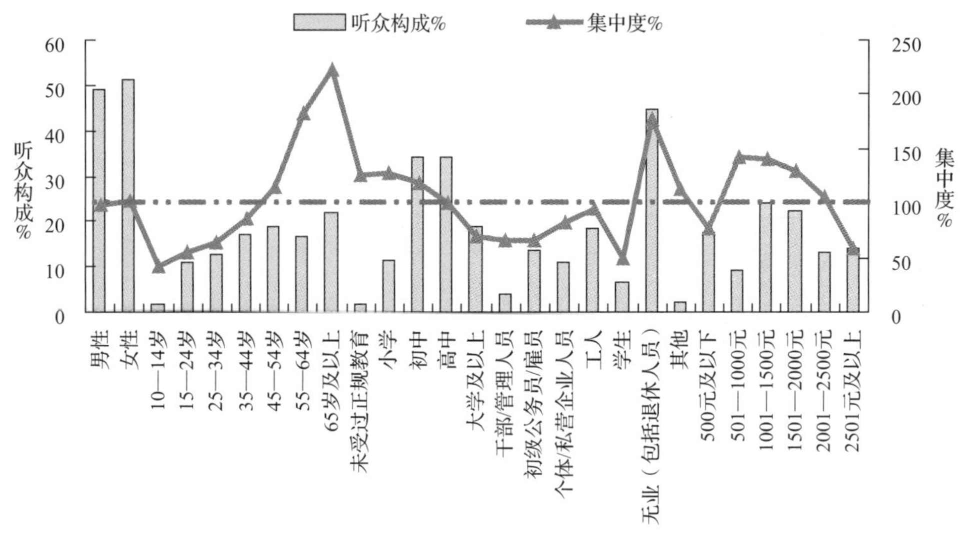

数据来源：CSM媒介研究

图7 2011年文艺频率的听众构成（%）与集中度（%）

4. 综合文艺类频率收听时间相对较长

我们把文艺频率二次细分为综合文艺、故事/小说/评书/相声、戏曲和娱乐四类，2011年听众人均收听综合文艺类频率的时间为4.49分钟，高于其他三类细分专业化的频率，但比2010年轻微下跌了0.21分钟。故事/小说/评书/相声类在2009年蓬勃发展，比前一年有五成左右的升幅，但随后连续两年下跌。戏曲类近三年相对平稳，维持在人均每天收听2分钟左右的水平，娱乐类频率人均收听时长虽偏低，但2011年有一定幅度的上升（图8）。

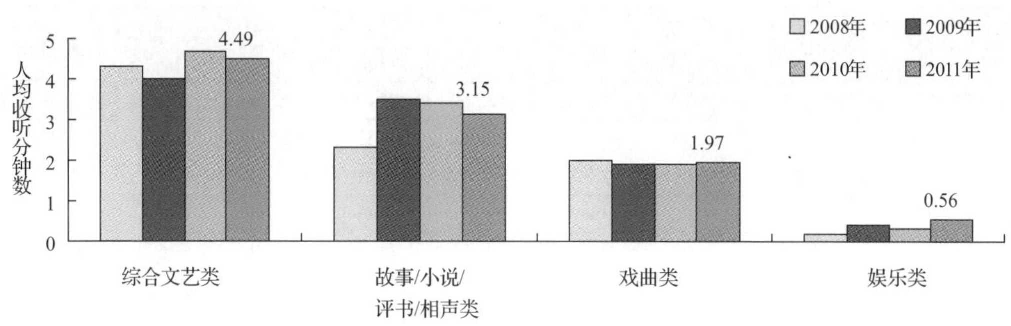

数据来源：CSM 媒介研究

图 8　2008—2011 年不同细类文艺频率的人均收听时长（分钟）

5. 不同听众群体对各类文艺节目的收听选择具有较大差异

文艺类节目是个相对比较宽泛的节目大类，我们把有节目监测的频率所播出的文艺类节目分成 8 个细类（表 2），然后分析各个细类的播出比重与收听比重。先看播出比重，文艺其他（含有以娱乐元素为核心的多种艺术表现形式、同时又较难归类的节目）的播出比重接近六成，位居第一，其次为小说/评书类（20.43%）、情感故事（9.32%），其他类型节目如地方戏曲等的播出比重均不足一成。听众收听节目的选择与之有所差异，文艺其他、小说/评书和广播剧的收听比重略小于播出比重，供求基本平衡，而情感故事类供过于求，地方戏曲收听比重接近其播出比重的两倍。

从不同年龄、教育程度听众的收听比重来看，差异更大。从 25—34 岁年龄段开始到 65 岁及以上年龄段，收听“文艺其他类”节目的时长比例由 72.59% 减少到 30.10%，与之相反，收听地方戏曲和小说/评书的时长比例分别由 5.07% 和 10.52% 上升至 32.66% 和 27.17%；在学历方面，高学历听众收听“文艺其他”节目时间较多，低学历听众花费在小说/评书和地方戏曲的收听比重高于其他学历水平的听众（表 2）。

表 2　2011 年各类文艺节目的播出比重（%）与收听比重（%）

目标听众	文艺其他	电影/电视剧录音剪辑	小说/评书	地方戏曲	综艺娱乐报道	广播剧	情感故事	综艺晚会
播出比重%	56.22	1.72	20.43	7.82	1.63	2.33	9.32	0.54
收听比重%（所有听众）	55.08	0.19	19.59	13.56	2.78	2.28	4.62	1.91
男性	55.73	0.20	19.83	12.54	2.66	2.36	4.86	1.82
女性	54.39	0.19	19.33	14.62	2.91	2.20	4.37	2.01
10—14 岁	68.78	0.69	13.81	1.57	5.33	1.12	8.57	0.14
15—24 岁	63.47	0.11	15.72	8.04	2.72	1.45	7.55	0.93
25—34 岁	72.59	0.20	10.52	5.07	3.39	1.43	6.55	0.25
35—44 岁	63.83	0.38	19.89	3.48	3.61	1.48	6.62	0.71

续表

目标听众	文艺其他	电影/电视剧录音剪辑	小说/评书	地方戏曲	综艺娱乐报道	广播剧	情感故事	综艺晚会
45—54岁	50.73	0.10	21.81	15.73	2.72	2.39	3.76	2.76
55—64岁	50.93	0.25	22.55	15.26	2.37	3.85	1.64	3.16
65岁及以上	30.10	0.09	27.17	32.66	1.61	3.52	0.89	3.96
未受过正规教育	31.43	0.00	34.22	29.38	0.43	2.68	0.01	1.85
小学	30.29	0.08	21.67	32.44	1.95	3.39	3.60	6.59
初中	53.02	0.24	18.72	15.83	2.20	2.93	5.15	1.91
高中	57.74	0.16	19.40	11.08	2.71	1.91	5.44	1.59
大学及以上	65.59	0.25	19.34	5.35	4.18	1.44	3.39	0.47

数据来源：CSM媒介研究

三、文艺频率在各地的收听表现

1. 文艺频率在西安、北京、天津等地有较强的竞争力

2011年33城市文艺频率整体市场份额为12.08%，但在各地收听表现差异极大。文艺频率在西安表现最好，市场份额接近30%，其次为北京、天津等地，排名前八城市的市场份额均在20%以上，而排在后三位的杭州、常州和广州，文艺频率的市场份额均不足1%（图9）。

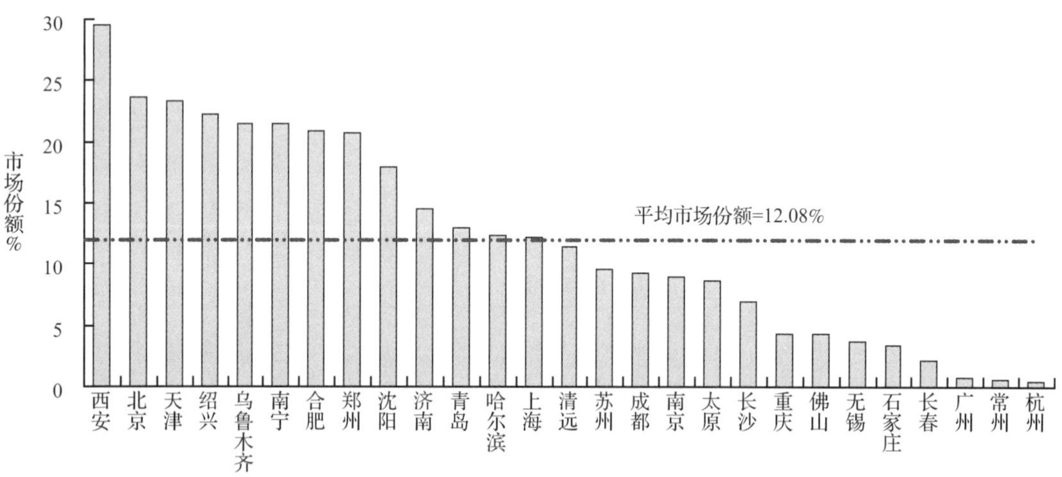

数据来源：CSM媒介研究

图9　2011年各城市文艺频率的市场份额（%）

2. 北京、天津等地文艺频率市场份额排名靠前

2011年，综合文艺类频率市场份额排名靠前的有北京人民广播电台文艺广播（FM87.6/CFM93.8）、哈尔滨文艺广播FM98.4、陕西广播电视台秦腔广播FM101.1西

安乱弹等。故事和戏曲频率在一些城市表现也较好，合肥故事广播FM98.8、天津人民广播电台相声广播AM567/FM92.1、绍兴广播电视总台戏曲频率FM92.5 (15:30—22:00)等市场份额在当地市场名列前茅（表3）。

总体而言，文艺频率收听较好的地区以北方城市居多，北京、西安、天津等地都能收听到三四个文艺频率，当地收听较好的文艺频率不仅包括综合文艺频率，还涉及故事、相声、小说等更为细分的文艺类型，北方城市文艺广播形式较为多样；南方城市的文艺频率更多以戏曲广播见长，绍兴、上海、苏州等地，戏曲频率在当地收听表现较好，竞争力相对较强。

表3　2011年文艺频率在各城市市场份额排名

城市	排名	频率	收听率%	市场份额%
北京	2	北京人民广播电台文艺广播（FM87.6/CFM93.8）	1.00	16.37
	8	中央人民广播电台第九套节目文艺之声	0.21	3.44
	10	北京人民广播电台故事广播（AM603/CFM89.1）	0.17	2.73
	17	中央人民广播电台娱乐广播	0.03	0.46
长春	6	吉林人民广播电台健康娱乐广播FM101.9	0.22	4.25
	13	吉林人民广播电台故事广播FM103.3	0.09	1.73
长沙	6	湖南电台文艺频道FM97.5	0.16	5.39
	14	湖南电台旅游故事频道FM106.9	0.05	1.54
哈尔滨	2	哈尔滨文艺广播FM98.4	1.33	12.41
合肥	4	合肥故事广播FM98.8	0.50	8.65
	8	安徽小说评书广播	0.34	5.92
	12	安徽戏曲广播	0.19	3.32
	15	合肥故事广播AM1170	0.17	2.98
济南	6	济南故事广播FM104.3/FM101.6/AM1512	0.42	5.78
	8	济南电台戏曲广播FM93.6/AM1305	0.37	5.14
	10	山东广播文艺频道爱radio975娱乐调频FM97.5	0.26	3.64
青岛	6	青岛快乐603长书频率AM603/FM100.7	0.33	5.33
	7	青岛电台故事广播FM95.2/AM1008	0.32	5.28
	11	山东广播文艺频道爱radio975娱乐调频FM97.5	0.15	2.40
清远	3	佛山人民广播电台FM90.6	0.35	11.49
上海	6	上海戏剧曲艺广播AM1197/FM97.2	0.44	8.41
	9	上海故事广播FM107.2	0.20	3.75
绍兴	2	绍兴广播电视总台戏曲频率FM92.5（15:30－22:00）	0.77	11.62
	3	绍兴广播电视总台戏曲频率FM102.5（5:00－11:00）	0.70	10.58
沈阳	5	辽宁广播电视台文艺广播FM95.9/AM747/AM801	0.73	9.27
	10	辽宁广播电视台故事广播AM1053/FM101.8	0.35	4.53
	11	沈阳广播电视台文艺广播FM92.1	0.32	4.14
苏州	4	苏州戏曲广播AM846	0.66	7.87
太原	5	山西文艺广播FM101.5	0.53	8.69

续表

城市	排名	频率	收听率%	市场份额%
天津	2	天津人民广播电台相声广播 AM567/FM92.1	1.24	13.53
	6	天津人民广播电台文艺广播 AM1098/FM104.6	0.59	6.49
	10	天津人民广播电台小说广播 AM666	0.31	3.37
乌鲁木齐	1	新疆人民广播电台 FM107.4 维语文艺广播	1.13	16.62
	7	新疆人民广播电台 102.8 故事广播 FM102.8	0.33	4.86
西安	2	陕西广播电视台秦腔广播 FM101.1 西安乱弹	0.68	8.67
	7	西安人民广播电台综艺广播 FM102.4	0.50	6.39
	8	陕西广播电视台故事广播 AM603	0.46	5.90
	11	陕西广播电视台戏曲广播 AM747	0.40	5.09
长沙	6	湖南电台文艺频道 FM97.5	0.16	5.39
郑州	3	河南人民广播电台戏曲广播 AM1143/FM97.6	0.51	9.82
	9	郑州人民广播电台文化娱乐广播 AM1008/FM91.8	0.23	4.37
	11	郑州人民广播电台故事广播 FM107.9	0.20	3.92
	12	河南电台影视广播 My Radio FM90.0	0.14	2.65
重庆	7	重庆故事广播 FM103.5	0.20	4.40

数据来源：CSM 媒介研究

四、结语

经过不断的发展和完善，文艺频率已形成自身的特点并在收听市场占有重要席位。2011 年文艺频率获得了 12.08% 的市场份额，成为在新闻综合频率、交通频率和音乐频率之后的第四大专业频率。目前，广播市场上的文艺类频率进一步细分，形成了综合文艺、故事/小说/评书/相声和戏曲等定位更精准、内容更明确的专业频率。与其他专业频率相比，文艺频率吸引了更多中、低学历和中老年观众的收听，此外，文艺频率在车上收听的竞争力相对较弱。因此，文艺频率如何在巩固已有听众基础上，进一步扩大年轻、高端听众群体，并有效加强在移动收听市场的竞争力是在频率后续发展中需要更多考虑的问题。

（作者：何庆金）

2011 年都市生活频率收听状况分析

随着社会不断发展，都市中的人们对自己生活的各个方面都表现出更多的关注，也通过日益丰富的途径来满足这些需求。都市生活类广播也伴随着人们的需求增长而不断向前发展，其涵盖的内容除了包括衣食住行等生活服务资讯外，还包括情感生活、时尚娱乐、健康信息、旅游出行、城市管理等越来越多的细分内容。在 CSM 媒介研究进行收听率调查的 33 个城市中，都市生活类广播频率的数量超过 50 个。本文根据 CSM 媒介研究 33 个城市的收听调查数据，简要分析 2011 年都市生活广播频率的竞争地位、整体收听状况、听众特征以及不同市场上都市生活广播频率的收听表现。除非另有说明，文中所用数据的目标听众为 10 岁及以上所有广播听众推及人口，时间段为全天，数据日期范围为 2011 年四个调查波次共 12 个星期。

一、都市生活频率在专业广播频率中的竞争地位

1. 都市生活频率市场份额在各专业频率中位居第五

2011 年广播收听市场各专业频率市场份额数据显示，都市生活频率的市场份额为 9.5%，相比 2010 年 9.0% 的份额略有提升，但排名仍位居第 5 名。对比近五年各类型频率的市场份额，新闻综合类频率在广播市场一直是份额最高的频率类型，2011 年的市场份额为 27.3%，与前几年相比略有下滑。交通类频率 2011 年的市场份额提升至 21.4%，仍位居次席，但继续表现出增长的态势。音乐广播频率 2011 年占据 15.7% 的份额，与前两年比较接近，但逐渐被交通广播频率拉开。与都市生活广播频率市场份额较为接近的频率主要是文艺类广播频率和经济类广播频率，其余类型广播频率的市场份额相对较低（图 1）。

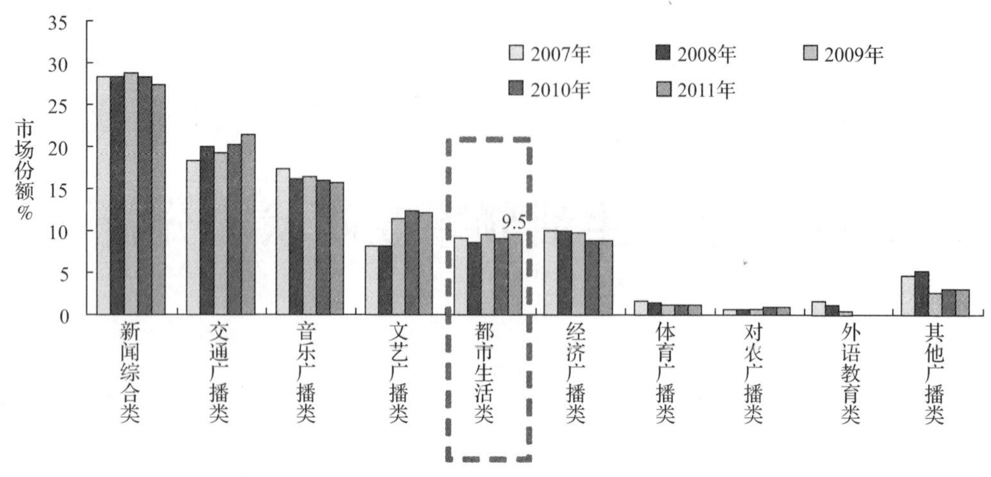

数据来源：CSM媒介研究

图1 2007—2011年广播收听市场各专业频率的市场份额（%）

2. 都市生活频率日均听众规模在各专业频率中排名第五

对于广播频率而言，听众规模对其收听市场竞争力的影响特别显著。都市生活类频率的日平均到达率为7.8%，在各类型频率中排名第五，与排名靠前的新闻综合、交通、音乐类频率差距较大，约为新闻综合频率日均到达率的三分之一。在听众收听深度（平均忠实度）方面，各专业频率之间的差异相对较小，数值都在5.9%—7.7%之间，都市生活频率7.1%的水平处于中上水平，与新闻综合、交通和音乐三大类频率差异并不太明显（表1）。所以在保持听众收听深度的同时，如何更有力地拓展听众收听的广度(平均到达率)，就成为都市生活广播频率提高自身竞争力的关键因素。

表1 2011年各专业广播频率平均到达率与忠实度对比

频率类型	市场份额（%）	平均到达率（%）	平均忠实度（%）
新闻综合类	27.3	22.6	7.1
交通广播类	21.4	16.8	7.5
音乐广播类	15.7	14.0	6.6
文艺广播类	12.1	9.2	7.7
都市生活类	9.5	7.8	7.1
经济广播类	8.7	7.4	6.9
体育广播类	1.2	1.2	6.0
对农广播类	1.0	0.8	7.2
外语教育类	0.1	0.1	5.9
其他广播类	3.1	2.7	6.8

数据来源：CSM媒介研究

二、都市生活频率的整体收听状况

1. 都市生活频率全天收听走势较为平稳，各时段近几年的差异并不明显

对于不同类型的广播频率，其全天走势都有自身的特点。如新闻综合类广播频率在清晨时段一枝独秀，引领全天收听，早间07:00左右是全天收听最高峰，收听率超过7%；交通类频率在早晚出行高峰时段形成两个收听高峰；都市生活类广播的全天走势并未呈现特别明显的时段特征，全天各时段走势相对平均，只在傍晚时段有较为突出的收听表现。从各时段市场份额来看，绝大多数时段都在平均水平上。这也与该类频率节目呈现小综合的特征有关，通过不同时段不同类型节目的组合，保证了都市生活广播稳定地吸引不同类型的听众（图2）。对比近三年都市生活频率的收听走势，整体形态没有明显变化，主要在傍晚的高峰时段有所下滑，而在上午时段整体有所提升（图3）。

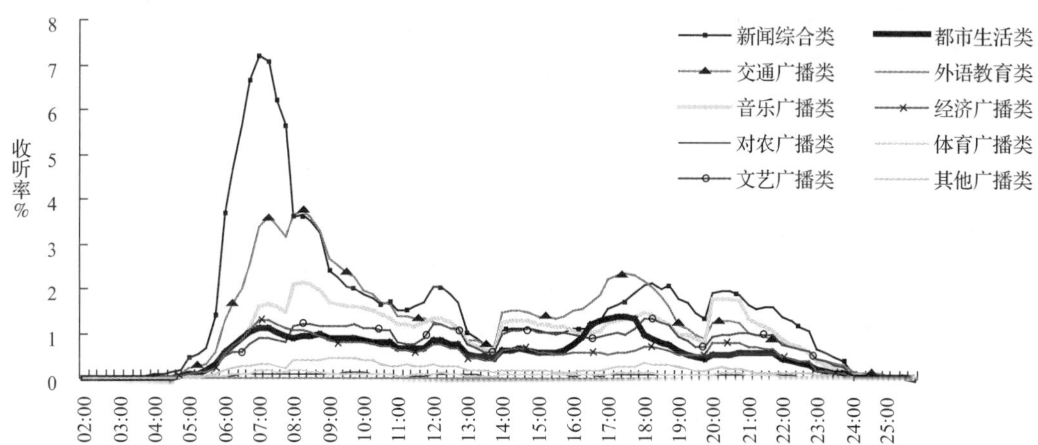

数据来源：CSM 媒介研究

图 2　2011 年广播收听市场各专业频率收听率全天走势

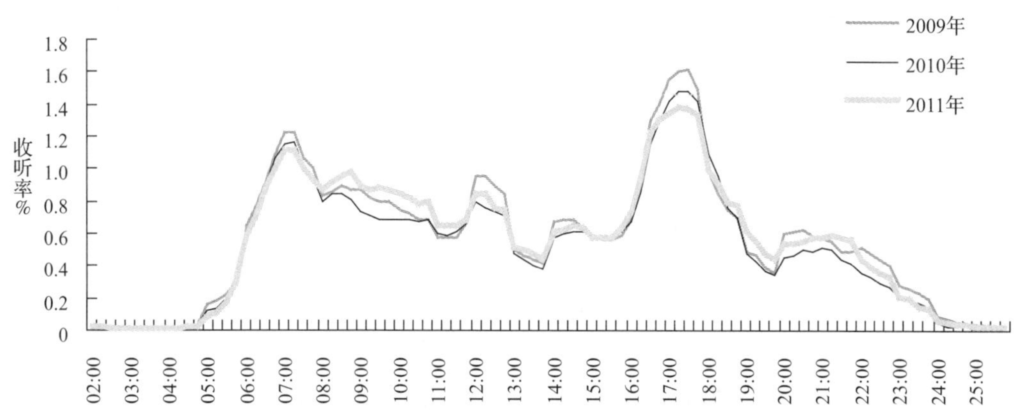

数据来源：CSM 媒介研究

图 3　2009—2011 年都市生活广播频率全天收听率走势对比

2. 都市生活频率收听以在家为主，车上收听时长有所增长

观察都市生活频率近三年在不同场所的收听量（人均收听分钟数）数据，在家收听仍为最主要的收听场所，2011年占比达到76%，车上收听的时长有所增长，占比提升到13%（表2）。

不同收听场所的听众收听走势也有所差异。在家收听，全天时段都高于其他场所，最高收听率超过1%，而在车上和在工作学习场所的收听率水平最高只在0.2%，其中在车上收听的高峰时段出现在07:00—09:00和16:30—18:00早晚两个出行高峰时段，而在工作学习场所收听的高峰时段则出现在午间12:00—13:00时段。车上收听和在工作/学习场所收听呈现一定的互补性（图4）。

表2　2009—2011年都市生活广播频率在不同场所的人均收听分钟数对比

收听场所	2009年	2010年	2011年
所有场所	8.2	7.6	8.0
在家	6.5	6.0	6.1
车上	0.8	0.8	1.0
工作/学习场所	0.7	0.6	0.7
其他场所	0.2	0.2	0.2

数据来源：CSM媒介研究

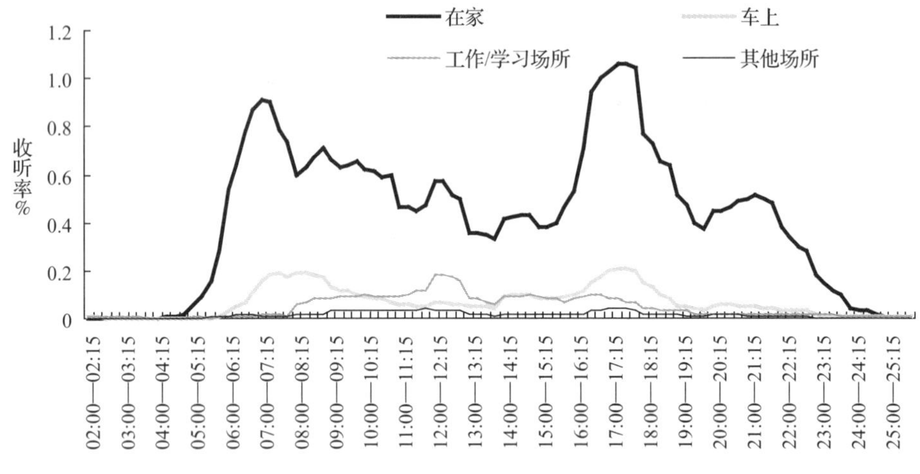

数据来源：CSM媒介研究

图4　2011年都市生活广播频率在不同场所的收听率走势

三、都市生活频率的听众特征

1. 中老年、中等教育程度、中等收入听众构成主体听众群

了解频率的受众特征，我们一般通过听众构成和集中度两个指标来反映。听众构成回答“什么人群收听”，数值越高说明这类听众在听众群体中所占比例较高；听众集中

度是回答“什么人群收听更多”，它是特定目标听众的收听率与总体听众收听率的比值，该比值大于100，则说明特定目标听众的收听率高于总体平均水平，该目标听众对所收听的广播频率的收听倾向较高；反之，则说明特定目标听众对该广播频率的收听倾向较低。通过这两个指标，我们来考察都市生活频率听众群体的主要特征。

2011年都市生活频率听众构成数据显示：都市生活频率的听众构成与广播听众的整体构成较为接近，其中女性、45岁及以上年龄段、初中及以下学历、501—2000元中等收入的听众比例相对于所有广播频率的听众构成略高（图5）。

从听众集中度来看，女性、中老年、中低受教育程度、中等收入群体更倾向于收听都市生活频率。随着年龄增长，听众对都市生活广播更为青睐。

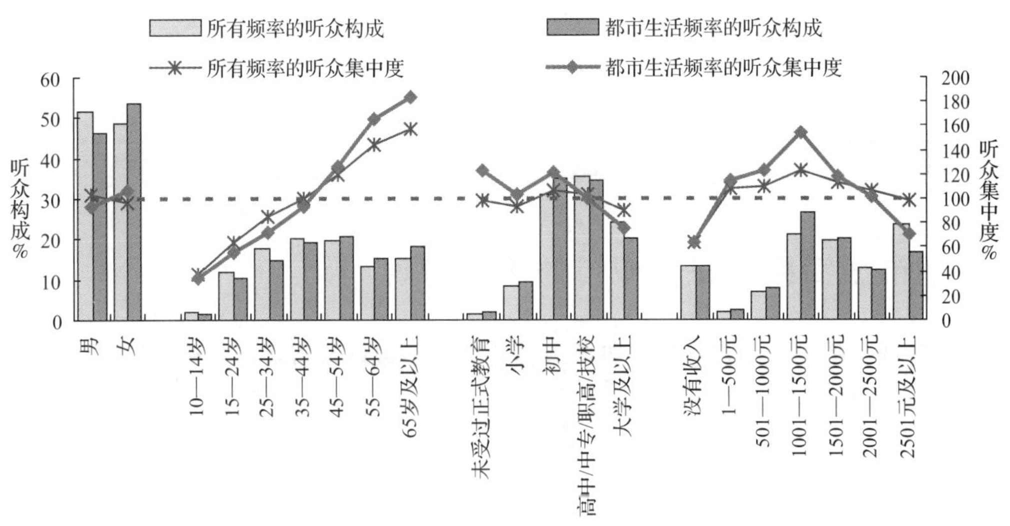

数据来源：CSM媒介研究

图5 2011年都市生活广播的听众构成与集中度

2. 都市生活频率在各目标听众中的市场份额没有明显差异

将都市生活类广播与新闻综合、交通、音乐等专业广播频率在不同类型听众中的市场份额数据进行对比可以发现：都市生活类广播在各类型听众中的市场份额水平差异不大。但新闻综合、交通、音乐类广播频率在不同类型听众中的竞争力则有一定差异。对于都市生活类广播频率来说，其在不同类型听众中的竞争力没有明显差异，与文艺广播类频率的情况较为接近，这与这两类频率休闲娱乐、生活服务的定位有一定关系（图6）。

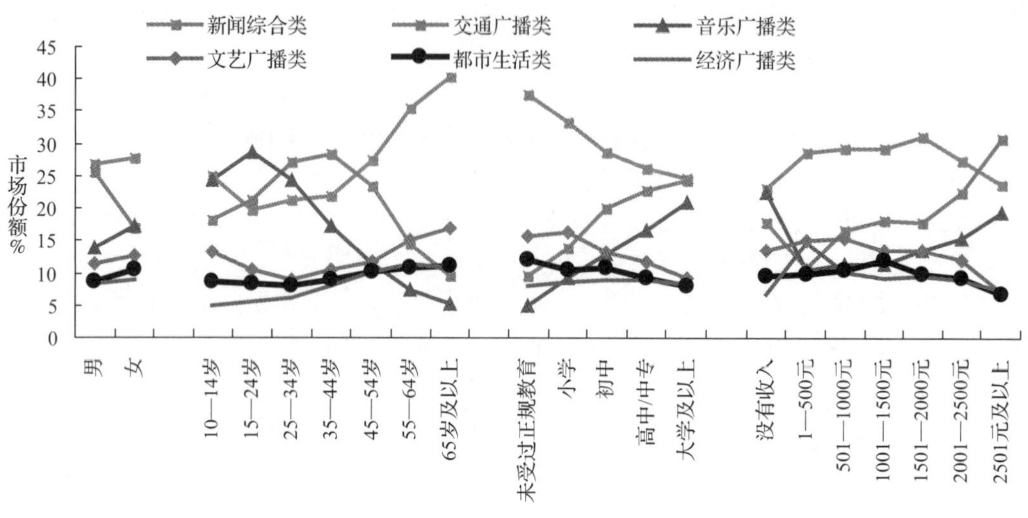

数据来源：CSM 媒介研究

图 6　2011 年各主要类型广播频率在不同类型听众中的市场份额对比

四、都市生活频率在各城市的收听表现

1. 各城市都市生活广播频率收听差异较大，多数城市市场份额有所增长

2011 年数据显示，都市生活类广播频率在 33 城市的平均收听率为 0.56%，但各城市的收听率水平有较大差异，呈现明显的集中化特征：在 33 个城市中，只有 11 个城市的收听率水平高于均值。其中哈尔滨最高，达到 3.1%，排名第 2 的杭州为 1.5%，沈阳、西安、天津、乌鲁木齐、无锡、福州、苏州、太原、大连等城市也高于平均水平（图 7）。从 2011 与 2010 年两年各城市都市生活广播频率所占份额对比来看，厦门增幅最大，达到 152%，南宁的增幅也达到 94%，包括济南、西安、合肥等 18 个城市的份额呈现增长，市场份额同比下降幅度超过 10% 的只有武汉、深圳、沈阳、苏州 4 个城市（图 8）。

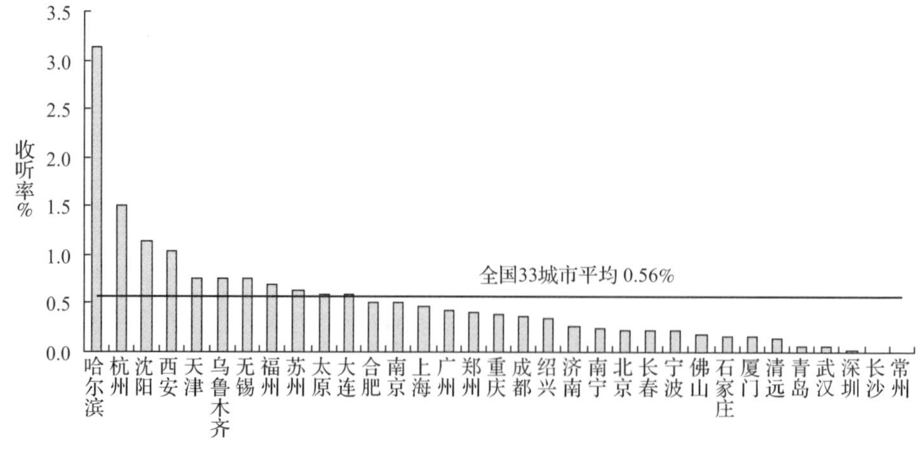

数据来源：CSM 媒介研究

图 7　2011 年都市生活频率在各城市的收听率（%）

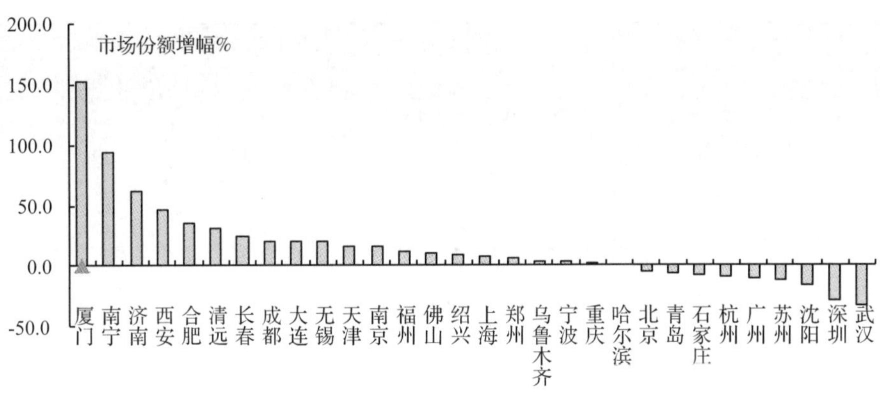

数据来源：CSM 媒介研究

图 8　2011 年都市生活频率在各城市的市场份额增幅（%）

2. 都市生活广播频率在多数城市竞争力适中，部分频率份额明显增长

都市生活广播频率在大多数城市的市场份额处于中等水平，在本地具有明显竞争优势的频率并不太多，其中本地市场份额超过 10% 的频率主要包括黑龙江都市女性广播、沈阳广播电视台都市广播、新疆人民广播电台 929 城市广播、福建 987 私家车广播（表 3）。对比近两年各都市生活广播频率的市场份额可以发现，多个健康及旅游类型的专业频率份额呈现增长态势。比如江苏健康广播在南京市场份额的同比增长达到 43%，厦门人民广播电台旅游广播的份额增幅更是达到 152%，这也说明，随着人们收入水平的提升，更多的城市人开始关注提升生活的质量，这也将给这类细分的专业频率提供一定的发展空间。在合肥，安徽生活广播轻松购频率的市场份额也从 2010 年的 0.77% 增长到 2011 年的 3.18%，同比增幅达到 313%，广播购物的发展也值得关注。

表 3　2010 年、2011 年都市生活广播频率在当地市场的市场份额（%）

城市	频　　率	2010 年市场份额（%）	2011 年市场份额（%）	增幅（%）
哈尔滨	黑龙江都市女性广播 FM102.1	25.58	26.02	2
	黑龙江生活广播 FM104.5	3.59	3.14	-13
杭州	FM104.5 女主播电台（旅游之声）FM104.5/AM603	7.08	6.12	-14
	FM99.6 民生资讯广播	7.05	3.28	-53
	杭州丽人广播 FM102.1	0.31	0.28	-10
绍兴	FM104.5 女主播电台（旅游之声）FM104.5/AM603	0.89	1.25	40
	FM99.6 民生资讯广播	0.74	0.84	14
	杭州丽人广播 FM102.1	0.04	0.11	175
沈阳	沈阳广播电视台都市广播 FM103.4/FM91.2	17.46	14.56	-17
乌鲁木齐	新疆人民广播电台 929 城市广播 FM92.9	10.82	11.23	4

续表

城市	频　率	2010年市场份额（%）	2011年市场份额（%）	增幅（%）
天津	天津人民广播电台生活广播 FM91.1/AM1386	7.18	8.24	15
福州	福建987私家车广播 FM98.7	11.47	13.09	14
	海峡之声汽车生活广播 FM90.6	2.18	2.08	-5
广州	广东电台南方生活广播 FM93.6/AM999	6.50	6.17	-5
	广东电台城市之声 FM103.6	5.58	4.72	-15
佛山	广东电台南方生活广播 FM93.6/AM999	2.27	2.57	13
	广东电台城市之声 FM103.6	0.70	0.69	-1
深圳	广东电台城市之声 FM103.6	0.64	0.46	-28
清远	广东电台城市之声 FM103.6	2.44	1.82	-25
	广东电台南方生活广播 FM93.6/AM999	0.96	2.65	176
大连	大连人民广播电台第六套广播都市广播 FM99.1	7.17	8.62	20
南京	江苏健康广播 AM846	3.87	5.54	43
	南京城市管理广播 AM1170/FM96.6	1.67	1.75	5
	金陵之声都市调频 FM99.7	1.29	1.12	-13
	南京城市调频（浦口）FM101.7	0.94	0.50	-47
苏州	苏州广播电视总台生活广播网 FM96.5	8.11	7.23	-11
无锡	无锡广播电视台江南之声频率 FM92.6	7.77	9.35	20
	无锡人民广播电台都市生活频率 FM98.7	4.60	5.45	18
上海	上海东方都市广播 AM792/FM89.9	8.10	8.76	8
郑州	郑州人民广播电台女性时空广播 FM88.9/AM792	2.79	2.43	-13
	河南人民广播电台旅游广播 AM900/FM99.9	2.37	1.26	-47
	郑州人民广播电台都市广播汽车调频 FM91.2	2.28	4.19	84
重庆	重庆人民广播电台都市频率 FM93.8	8.38	8.59	3
合肥	安徽生活广播	4.60	4.18	-9
	安徽旅游广播	1.13	1.45	28
	安徽生活广播轻松购 FM98.1	0.77	3.18	313
成都	四川人民广播电台城市之音 FM102.6	3.52	5.11	45
	四川人民广播电台旅游生活广播 FM97.0	3.49	3.36	-4
西安	陕西人民广播电台都市广播 FM101.8/AM1008	5.42	8.36	54
	陕西人民广播电台都市快报广播版 FM99.9	3.60	4.85	35
宁波	FM99.6 民生资讯广播	3.37	2.38	-29
	私家车107快乐广播城市之声 FM107/AM1530	0.77	2.25	192
北京	北京城市服务管理广播（FM107.3/AM1026/CFM91.9）	1.65	1.01	-39
	中央人民广播电台第四套节目都市之声	1.19	1.51	27
	北京人民广播电台爱家广播（AM927/CFM92.7）	1.10	1.21	10

续表

城市	频　　率	2010 年市场份额（%）	2011 年市场份额（%）	增幅（%）
长春	吉林人民广播电台健康娱乐广播 FM101.9	2.90	4.25	47
	长春人民广播电台健康生活广播 AM1449/FM107.9	0.52	0.00	-100
石家庄	河北人民广播电台生活频率 AM747/FM89	2.76	2.63	-5
	河北电台旅游文化广播 AM603/AM1521/FM100.3	0.65	0.49	-25
武汉	湖北车主生活广播 auto radioFM96.6	2.82	1.89	-33
南宁	广西电台教育生活广播（私家车 930）FM93.0	3.27	6.34	94
济南	山东广播电视台生活频道 FM105	2.22	3.59	62
青岛	山东广播电视台生活频道 FM105	1.19	1.11	-7
厦门	厦门人民广播电台旅游广播 AM1008/FM94	1.81	4.57	152
太原	山西广播电视台健康之声广播 FM105.9	—	9.71	—

数据来源：CSM 媒介研究

五、结语

综上所述，2011 年都市生活类广播频率在激烈的竞争中实现了市场份额的提升，市场份额达到 9.5%，但是与新闻综合、交通、音乐等类型广播频率相比还有较大的差距。在全天时段走势、不同收听地点的表现以及听众特征方面，都市生活类广播频率与广播市场的整体特征比较接近。在不同城市，都市生活类频率的收听表现有较大差异。2011 年，多数城市都市生活类频率的收听都呈现出增长的态势，在部分城市，健康、旅游、购物等类型的都市生活类广播频率市场竞争力有明显提升，也体现出听众需求的多元化。

（作者：吴凡）

广播体育节目收听特点
——基于北京、上海、广州、深圳四城市的分析

随着中国经济腾飞和国力提升，国民身体素质也在不断提高，体育锻炼和体育运动已成为国人现代生活的重要组成部分，中国和许多世界级大赛也有了更频繁的亲密接触。从亚运会到奥运会，再到各单项世界级比赛，中国在世界体育舞台上展现出独特的活力与魅力。伴随着体育赛事而发展的体育报道和体育专题节目，已经成为各类媒体争夺受众的重要手段。作为传统媒体之一的广播媒体，在体育节目这一领域的收听表现如何？有怎样的优势及特点？广播体育类节目面临的危机与挑战又有哪些？本文根据 CSM 媒介研究收听率连续调查城市——北京、上海、广州、深圳四城市的收听调查数据，对以上问题及部分体育类特色频率/节目进行分析。

一、四城市广播体育节目在收听市场的地位

对 2011 年北京、上海、广州和深圳四城市广播与电视两大传统媒体各类型节目的受众收听/收视比重进行对比可以看出，在广播媒体中，生活服务类、新闻/时事类、音乐类和文艺类节目是广播听众收听比重较大的节目类型，这四类节目的收听比重之和在四城市中均在 60% 以上。而体育类节目在四城市中的收听比重分别为 1.77%（北京）、1.64%（广州）、1.98%（上海）、1.50%（深圳）（图 1）。

四城市 2011 年电视媒体中电视剧、新闻/时事类、生活服务类和综艺类这四种类型节目的收视比重较大，收视比重之和在六成以上，体育节目在四城市的收视比重分别为 4.03%（北京）、5.58%（广州）、3.70%（上海）、5.62%（深圳）（图 2）。

从广播与电视两种传统媒体的对比中可以发现，体育节目虽然在广播与电视媒体中的收听/收视比重都比较小，在广播中占 1%—2%，在电视中占 3%—5%，但体育节目却是必不可少的节目资源。从四城市广播和电视媒体体育节目的资源利用效率对比来看，体育节目在电视媒体中的资源利用效率较高，而在广播媒体中则有待提升（表 1）。

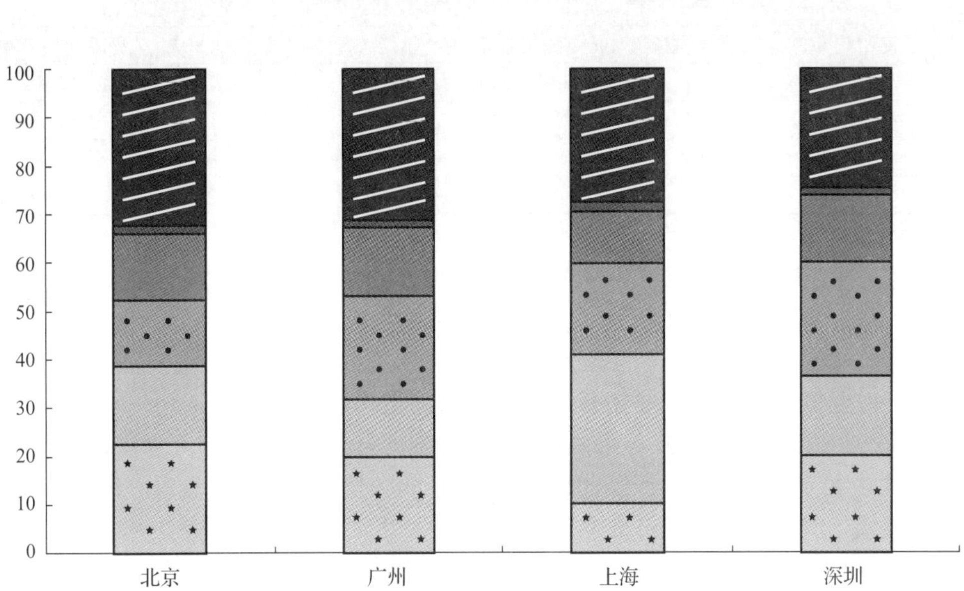

数据来源：CSM 媒介研究

图 1　2011 年四城市各类型节目的收听比重（%）

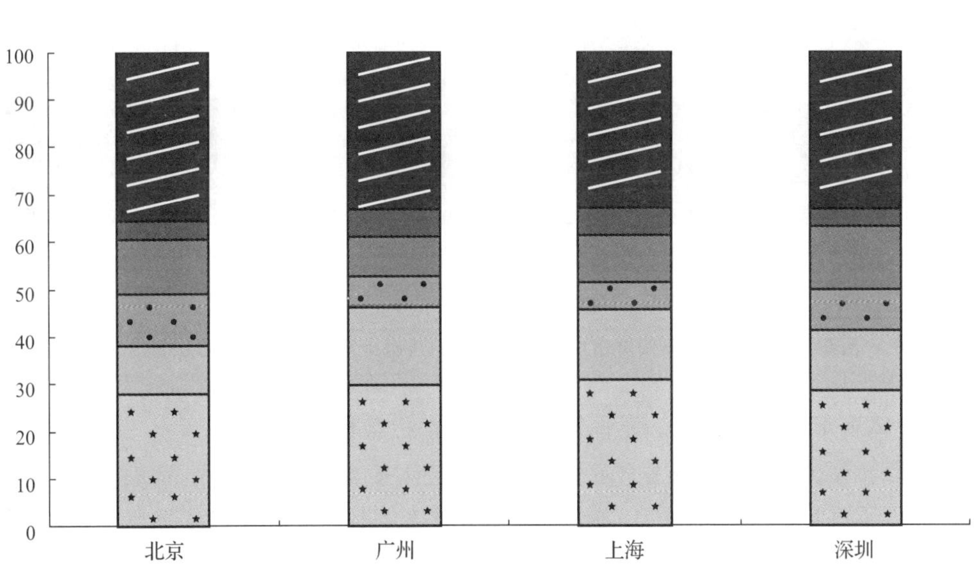

数据来源：CSM 媒介研究

图 2　2011 年四城市各类型节目的收视比重（%）

表1　2011年四城市广播与电视媒体体育节目的资源利用效率（%）

城市	广播			电视		
	播出比重%	收听比重%	资源利用效率%	播出比重%	收视比重%	资源利用效率%
北京	2.95	1.77	-40.00	2.73	4.03	47.44
广州	2.21	1.64	-25.79	3.67	5.58	52.22
上海	2.52	1.98	-21.43	2.78	3.70	32.76
深圳	1.68	1.50	-10.71	3.65	5.62	54.08

数据来源：CSM媒介研究

二、广播体育节目的播出及听众特点

1. 大型体育赛事对广播体育节目的收播比重影响较大

从2007—2011年四城市广播体育节目的播出比重和收听比重中可以看出，在大型体育赛事集中的年份，体育节目播出量明显增加，而收听比重也水涨船高。比如2008年有北京奥运会，体育节目的播出比重从2007年的3.28%增加到2008年的4.47%，收听比重也从2.12%增加到3.36%；到2009年则明显回落；2010年由于广州亚运会的举行，相对2009年的情况又有所提升，而2011年又回落。从近五年的发展态势中可看出，大型体育赛事对广播体育节目的收播表现具有较大的影响力（图3）。

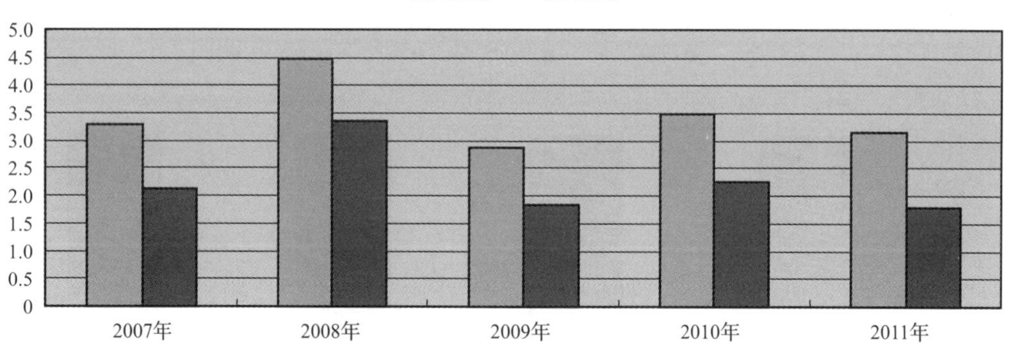

数据来源：CSM媒介研究

图3　2007—2011年四城市广播体育节目的播出比重（%）与收听比重（%）

2. 体育节目听众泛化，不同时期节目听众特点有所不同

在广播媒体中收听体育节目的听众还是以男性为主，但在年龄、学历、职业方面比较泛化，不同年龄、不同学历、不同职业群体体育节目的听众构成与所有节目的听众构成没有特别大的区别，这说明体育节目是一类大众化、听众特点相对广泛的类型化节目（图4）。

把不同时期的体育节目听众特点作对比，可以看出不同时期、不同类型体育赛事对听众的吸引力还是不同的。在2008年奥运会期间，广播体育节目受到更多年轻人群欢迎，而在亚运期间的广播体育节目则在中高学历、干部/管理人群及初级公务员/雇员群体中受到更多喜爱（图5）。

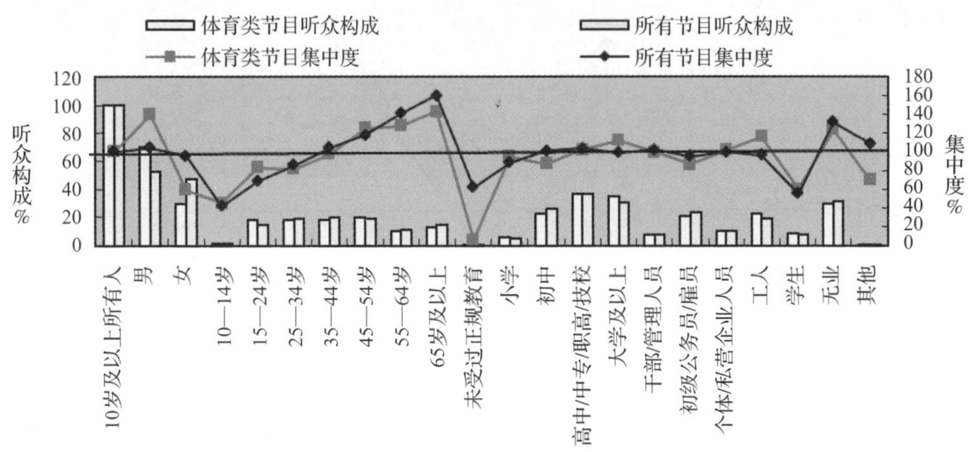

数据来源：CSM媒介研究

图4　2011年四城市广播体育节目与所有节目的听众构成、集中度对比

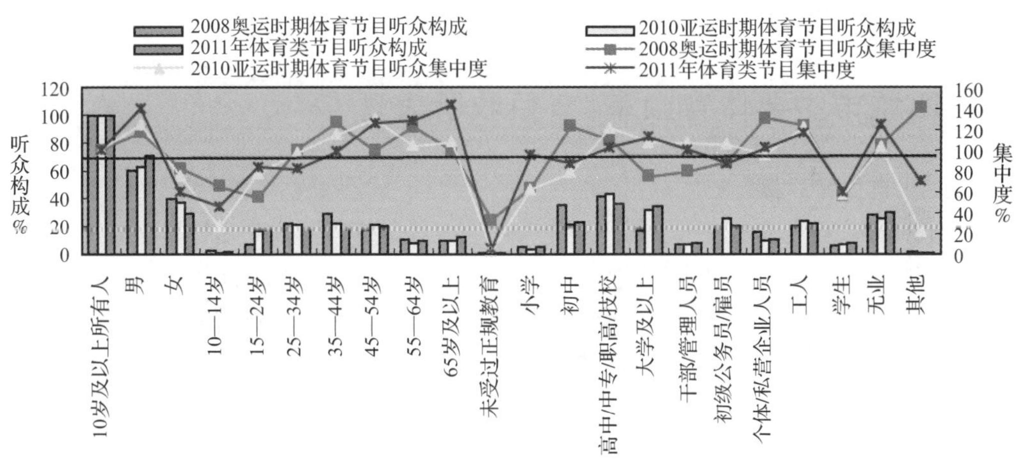

数据来源：CSM媒介研究

图5　不同时期广播体育节目的听众构成、集中度对比

3. 体育频率的整体竞争实力较弱

从2011年四城市各类型广播频率的市场竞争态势来看，体育频率处于劣势，整体市场份额仅占2%左右，而新闻综合类和音乐类频率的市场份额合计达到50%，相比其他类型频率有较明显的优势，这使得很多电台对新闻类和音乐类频率/节目相对较重视，压缩了体育节目的发展空间（图6）。随着各大城市汽车保有量的增加，交通类频率在移动收听市场的优势也逐渐显现，受众在移动市场的收听需求也逐年增加，这使得体育类频率面临更加激烈的竞争。如何把握移动收听人群的收听偏好，争夺移动收听市场，对体育类频率来说，既是挑战，也是机遇。

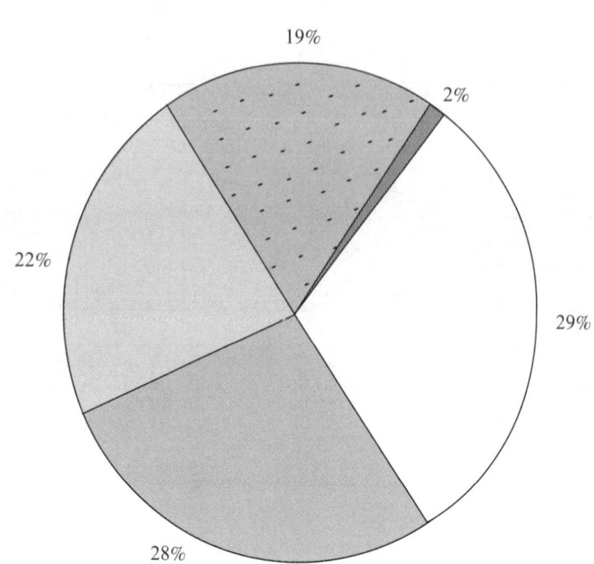

数据来源：CSM 媒介研究

图6　2011 年四城市各类型广播频率的市场份额（%）

三、四城市主要体育频率/节目收听表现

1. 北京体育广播

北京体育广播是北京市唯一的体育专业电台，以体育新闻和专题、赛事直播、全民健身健康专题节目为主要节目构架，与互动性强、有较高影响力的社会活动相配合，形成一个以节目带活动、以活动促节目的良性循环。[①] 北京体育广播的市场份额在3%左右，在北京广播收听市场上处于中等水平。从近几年的收听表现来看，北京体育广播在

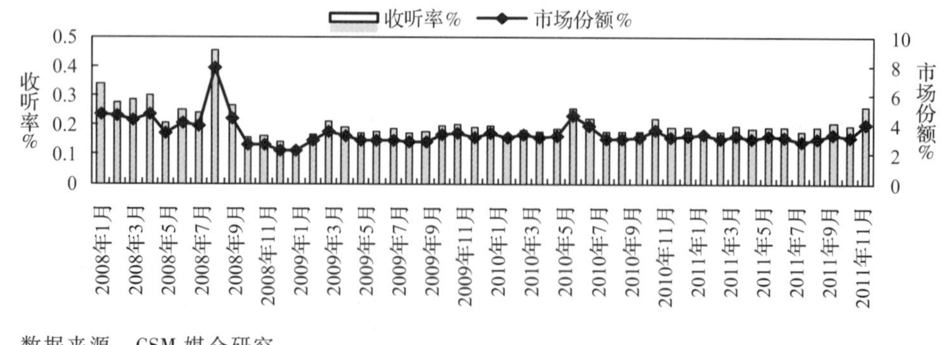

数据来源：CSM 媒介研究

图7　近年来北京市场北京体育广播的收听走势

① 参见 http：//www. rbc. cn/dtjs/zyjs/200808/t20080808_ 716365. htm，北京体育广播介绍。

2008年奥运会期间的收听表现较优，收听率及市场份额均达到较高的水平；奥运过后，频率收听状况趋于稳定态势，在南非世界杯、广州亚运等大型体育赛事举行期间，北京体育广播的收听表现也有所提升（图7）。

从北京听众全天收听北京体育广播的收听率走势来看（图8），北京体育广播近几年主要以早间及晚间两大高峰期节目为主。早间以《体育新世界——雄鸡唱晓》为主打，《体育新世界—雄鸡唱晓》是北京体育广播全天第一档大板块直播新闻节目，节目不仅包含了体育新闻播报的迅速、准确，同时加强了节目主持人的点评和节目中与听众的互动；由于国际体育资讯很多发生在北京时间凌晨，节目会第一时间将最新的体坛消息编辑发送，也为体育迷们第一时间了解比赛资讯提供了平台；该节目成为北京早间广播节目中最权威的体育节目。[①] 晚间收听高峰的《体育新闻》、《完全体育手册》、《体坛夜话》也形成了体育特色板块，其中《体坛夜话》是一档新闻谈话类节目，从2002年1月创办至今已经成为电台的主打栏目之一，节目邀请著名体育评论员、体育明星及新闻人物与节目主持人进行对话，紧紧围绕国内外重大赛事展开讨论，对热点事件和焦点人物也给予了关注。

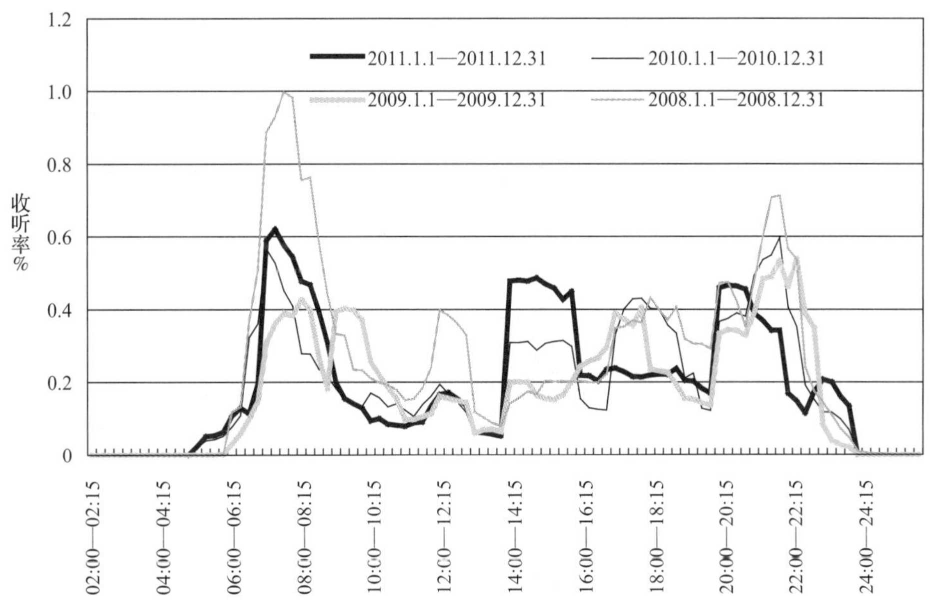

数据来源：CSM媒介研究

图8　近年来北京市场北京体育广播的全天收听走势对比

---

① 参见http：//www.rbc.cn/dtjs/yx/201004/t20100412_1670631.htm，《体育新世界——雄鸡唱晓》节目介绍。

2. 上海五星体育广播

上海五星体育广播（FM94.0）于2004年8月8日正式开播，是上海第一家专业体育频率。2011年该频率平均市场份额为2.5%，在上海广播收听市场处于中等位置。

上海五星体育广播的最大特色就是和上海五星体育电视的联动。在每天中午广播的《强强三人组》节目中，邀请优秀电视主持人倾力加盟，尝试广播节目的主持和制作，让听众朋友们欣赏到这些“大腕明星”别样的主持风采。另外，在赛事方面，作为中超联赛的主播台，五星体育广播和体育频道一起拥有中超联赛、CBA联赛以及其他国内外重大比赛的版权，这意味着赛事直播这一体育迷最为关注的节目将会得到最有力的支持。同时，广播和电视在赛事解说方面也有更密切的合作，广播主持人经常为电视解说足球、斯诺克、篮球等项目，而电视主持人也为广播制作节目并担任赛事解说。除此之外，广播和电视的记者资源也长期共享，电视记者经常为广播做连线直播，而广播记者在电视记者无法到达现场的情况下，也会为电视发回电话报道，或者成为出像记者。在节目方面，《今日体育快评》、《唐蒙视点》、《19点体育新闻》、《22点体育夜线》等电视节目精华也被引入到五星体育广播中，以满足电视观众在路上收听的需要。①

上海五星体育广播与上海五星体育频道相互配合，在全天的收听/收视表现上高峰互补，早间及午间五星体育广播收听高峰突出，晚间则以五星体育频道的收视表现较优（图9）。

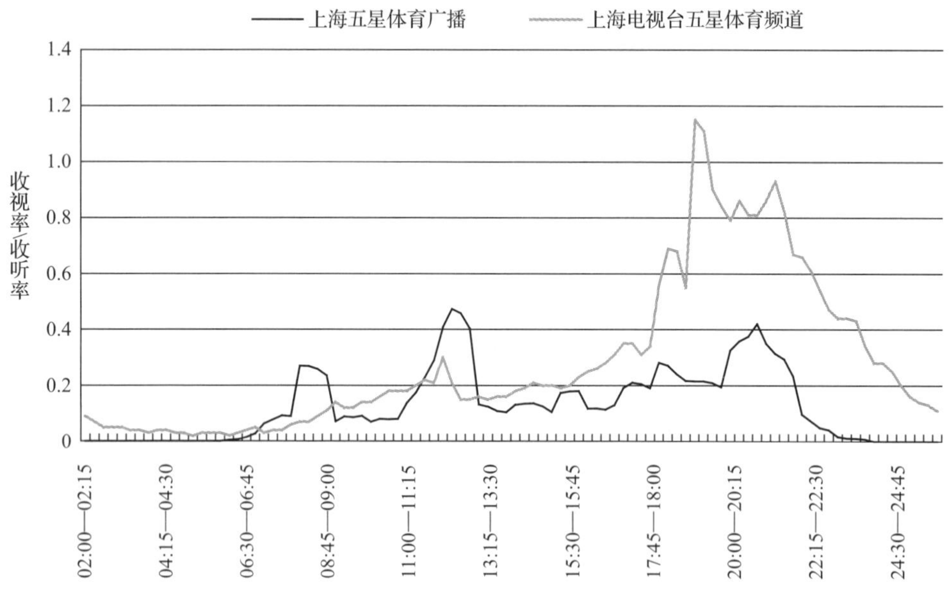

数据来源：CSM媒介研究

图9 2011年上海五星体育广播与上海五星体育频道全天收听率/收视率走势对比

① 参见 http://www.smg.cn/review/channel/channel_25/index.shtml，上海五星体育广播介绍。

3. 广东电台文体广播

广东电台文体广播在2009年之前主要以汽车服务类、文艺类和小部分体育类节目为主，频率节目定位较综合。从2009年下半年开始，文体广播逐渐将频率打造成以体育和文艺节目为主的专业性文体广播频率。在2010年，广东文体广播逐步调整节目内容，在亚运会期间文体广播成为竞争力提升幅度最大的频率，其节目内容增加了不少体育类专题常规节目。随着广州广播移动市场竞争的日趋激烈，2011年，该频率逐渐增加滚动播出的资讯类小栏目，如《体坛尖锋时刻》、《微博娱乐体》、《即时路况》等，紧扣有车一族人群的收听喜好，频率定位改变的成效通过收听率数据的增长得到了反映（图10）。

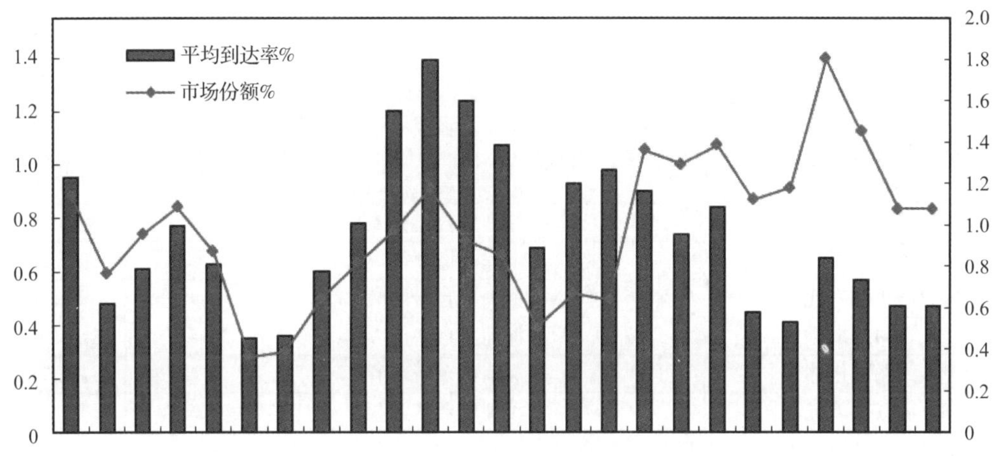

数据来源：CSM媒介研究

图10 2010—2011年广东电台文体广播的市场份额及平均到达率走势（广州市场）

4. 深圳体育节目

深圳没有专业的体育频率，但由于2011年大运会在深圳的成功举办，为大运会服务的体育类节目纷纷在各大频率中推出，其中市场竞争力位列深圳市场前列的深圳电台交通频率、音乐频率、新闻频率等增加了不少大运会系列节目，在深圳市场2011年体育类节目收听中表现突出（表2）。

表2　2011年深圳市场体育类节目收听表现

节　　目	频率	收听率%	市场份额%
大运金牌榜	深圳电台交通频率	1.525	27.564
971爱大运	深圳电台音乐频率	1.041	21.129
971大运快报	深圳电台音乐频率	0.796	18.69
大运连线报道	深圳电台交通频率	0.482	17.601
2014巴西世界杯亚洲区预选赛	深圳电台新闻频率	0.818	15.799
传奇奥运	深圳电台音乐频率	0.147	15.502
深圳第二十六届世界大学生夏季运动会开幕式	深圳电台新闻频率	0.926	12.843
杜锋激情时刻	深圳电台交通频率	0.620	12.796
先锋大运传奇	深圳电台新闻频率	0.636	11.600
新大运新深圳	深圳电台新闻频率	0.778	10.928
深圳第二十六届世界大学生夏季运动会闭幕式	宝安广播频率缤纷	0.599	9.870
大运进行时	深圳电台新闻频率	0.354	9.766
极限体坛	深圳电台新闻频率	0.611	9.595
体坛快讯	宝安广播频率缤纷	0.526	9.287
中国大学生体育代表团介绍	深圳电台新闻频率	0.450	8.943
先锋大运精彩时刻	深圳电台新闻频率	0.427	8.659
深业紫麟山极限体坛	深圳电台新闻频率	0.409	8.252
中国军团夺金看点	深圳电台新闻频率	0.371	8.202
深圳第二十六届世界大学生夏季运动会闭幕式	深圳电台新闻频率	0.452	8.164
先锋大运赛场	深圳电台新闻频率	0.391	7.897

数据来源：CSM媒介研究

四、广播体育节目的发展与思考

体育节目无论在广播还是电视节目中的播出比重均相对较小，但又是不可或缺的。随着近年中国在世界体育舞台上地位的提升，与各类大赛的接触越来越频繁，媒体在体育节目发展的这片天地中也充满了勃勃生机，不少传统媒体与新媒体对体育节目的打造和创新确实带给受众眼前一亮的感觉。而广播媒体具有时效性强、节奏快、伴随性强的特点，在这几方面优于传统电视媒体。因而广播体育节目要坚持领先一步、第一时间抢夺体育赛事结果的报道，在方式方法中运用现场直播、连线报道、热线沟通、微博互动等方式，以充分发挥广播媒体的优势。

广播媒体中体育专业主持人的资源是非常宝贵的，不少地区广播频率的专业体育节目主持人/赛事解说员凭借犀利的语言和准确生动的表述，在广播体育赛事的解说方面受到当地听众的欢迎。在体育赛事播出过程中，主持人不仅向听众解说赛程，对专业术语、裁判规则也有相当的了解，有些主持人还会适当加入幽默的语言特色，为紧张的赛事增添了轻松搞笑的气氛。

仅有主持人还是不够的，现在广播体育节目的形式相对电视媒体来说比较单一，以赛事报道、嘉宾访谈为主，许多体育节目也只集中在有较多听众关注的足球、篮球等热门项目。随着各大类型体育盛会在中国的举行，近年关于一些新兴体育项目及一些冷门体育项目逐渐进入人们的视野，对受众来说，也希望听到更为广泛的体育内容。

广播体育节目受播出媒体的限制，体育比赛中的画面感只能通过主持人的语言形容和听众的想象呈现，但从另一个角度讲这也是广播媒体的又一特色。在浮躁的社会氛围中，人的想象力和创造力是一股清新的力量，冲刷着人们固有的思维定式，为生活带来勃勃生机和新鲜感受。在节目互动中，适当地结合多种沟通方式，比如微博、热线、短信互动，都可以增进广播与听众之间的交流，还可以组织节目人员与听众进行线下的见面会、粉丝同乐会等，以提高节目的知名度。

（作者：戴静怡）

辽宁、江苏广播收听市场比较分析

2000年，CSM媒介研究率先开始在中国部分城市开展广播收听率调查，目前在全国已有33个城市收听率调查网，在此基础上，又在2011年开辟了辽宁和江苏两省全省范围内的收听率调查。由于地理位置、经济发展水平、受众生活习惯和工作环境等方面的影响，不同省份之间、省会城市同全省之间的广播收听市场，可能会呈现出不同的特点。本文利用CSM媒介研究辽宁、江苏广播收听调查数据，首先比较分析辽宁、江苏两省的广播收听状况，而后比较分析江苏与南京、辽宁与沈阳的广播收听状况，以期发现两省之间、省会城市与全省之间广播收听状况的差异特点，为相关广播频率的发展提供参考。

本文分析使用的数据是2011年辽宁、江苏两省四波次收听调查数据，调查日期分别为2月27日至3月19日，5月29日至6月18日，8月28日至9月17日，11月6日至11月26日，每波次调查时间为3周。

一、辽宁省与江苏省广播收听状况的比较

(一) 江苏听众日均到达率和人均收听时长都高于辽宁，辽宁城域收听规模占优势

从听众日均到达率来看，江苏省平均每天有60.9%的听众收听广播，比辽宁省多14.7个百分点，江苏听众接触广播的比例更高。分城域和乡域来看，江苏省农村地区听众日均到达率要明显高于本省城域听众，更是高出辽宁乡域听众36.8个百分点，辽宁省的城域听众日均到达率高于江苏，但乡域听众日均到达率低于江苏。

从听众平均每天收听广播的时长来看，江苏省听众平均每天人均收听时间达到84分钟，比辽宁高出17分钟。在城域，辽宁听众的人均收听时间超过了江苏，而江苏乡域听众每天人均收听时长超过了1.5小时，比辽宁乡域听众的收听时间多出48分钟(表1)。

表1　2011 年江苏和辽宁听众日平均到达率及人均日收听时长

地区	日平均到达率（%）			人均日收听分钟数		
	江苏	辽宁	差值	江苏	辽宁	差值
全省	60.9	46.2	14.7	84	67	17
城市	51.0	55.3	-4.3	74	81	-7
乡村	67.7	30.9	36.8	91	43	48

数据来源：CSM 媒介研究 2011 年四波调查数据

从听众在不同场所的收听量来看，两省之间也存在一定的异同。在家里，江苏省乡域的收听量明显高于城域，而辽宁正相反，城域听众收听时间更长。在其他各场所，两省城市的收听量都高于乡域。在车上，江苏省城域和乡域之间的差别相对较小，而辽宁城域的收听量则超过乡域两倍之多，乡村听众车上的收听量较少。在工作学习场所，两省之间的收听量比较相近。

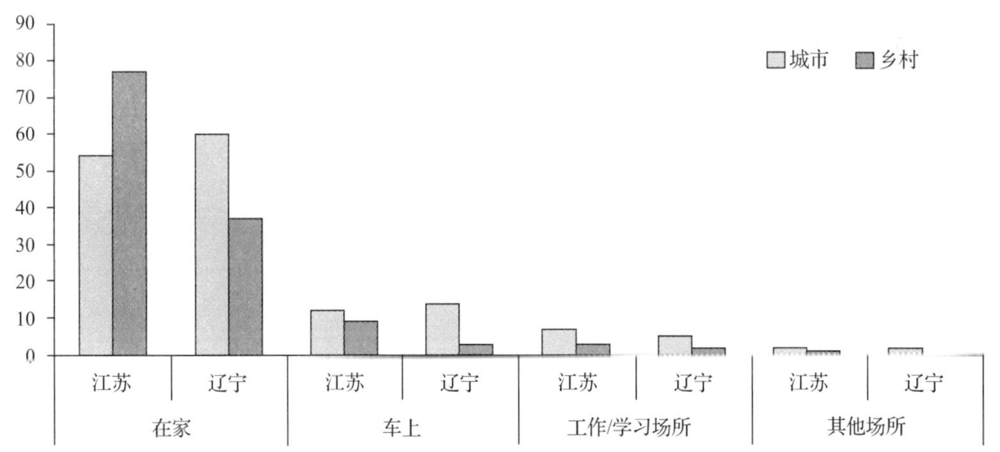

数据来源：CSM 媒介研究 2011 年四波调查数据

图1　2011 年辽宁和江苏听众在不同场所的人均日收听时长（分钟）

（二）江苏全天有三次收听波峰，辽宁晚间收听走势平缓

从全天收听走势来看，江苏在早晨、中午和晚间出现三次收听高峰，收听波峰明显。早晨 7 点左右达到全天的第一个收听高峰，之后下滑，在中午11:00左右收听率开始上升，中午12:00达到第二次收听高峰，第三次高峰出现在晚上 19:00，23:00之后收听率降至较低水平。中午和晚间的收听波峰数值比较接近，晚间略高，且持续时间更长。

辽宁省一天有两次收听波峰，分别出现在早晨7:00左右和中午12:00，下午及晚间收听走势平缓，没有出现明显的波峰。

江苏省全天大部分时段的收听率都高于辽宁，尤其是在三次波峰时段。但辽宁省晚间的收听行为要比江苏持久，从21:00开始一直到午夜，辽宁省的收听率普遍高于江苏（图2）。

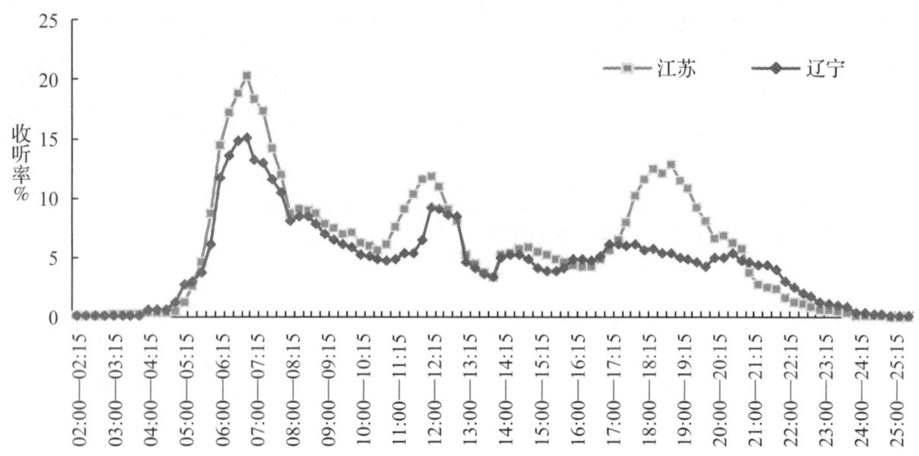

数据来源：CSM 媒介研究 2011 年四波调查数据

图 2　2011 年辽宁和江苏全天收听率走势

在江苏，城域和乡域的收听率走势存在明显的区别。在乡域，全天的三次收听波峰表现突出，最高峰出现在早晨7:00,峰值达到 24.84%；中午和晚间的峰值相近。在城域，收听早高峰出现在7:30,比乡域晚半个小时，且高峰值只有 14.98%，比乡域低了近 10 个百分点，城域白天的收听走势相对平缓，中午和晚间也没有出现明显的收听波峰，但上午和下午工作时间的收听率要高于乡域。晚间城域的收听持续时间久，收听率曲线晚于乡域出现下降趋势（图 3）。

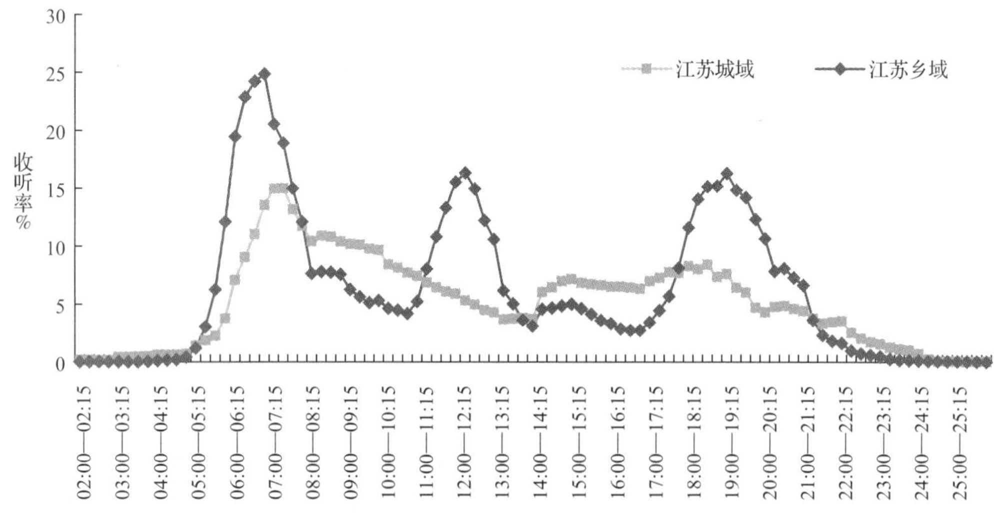

数据来源：CSM 媒介研究 2011 年四波调查数据

图 3　2011 年江苏省城域和乡域全天收听率走势

在辽宁，城域全天大部分时段的收听率都高于乡域。城域的收听主要集中在早晨，早7:00的收听率达到19.29%，中午和傍晚有小幅突起，但收听率都低于10%。乡域的收听最高峰是在中午12:30，收听率为8.87%，其次是早晨6:30，收听率为7.38%，晚间19:00—20:00期间，收听率略高于城域（图4）。

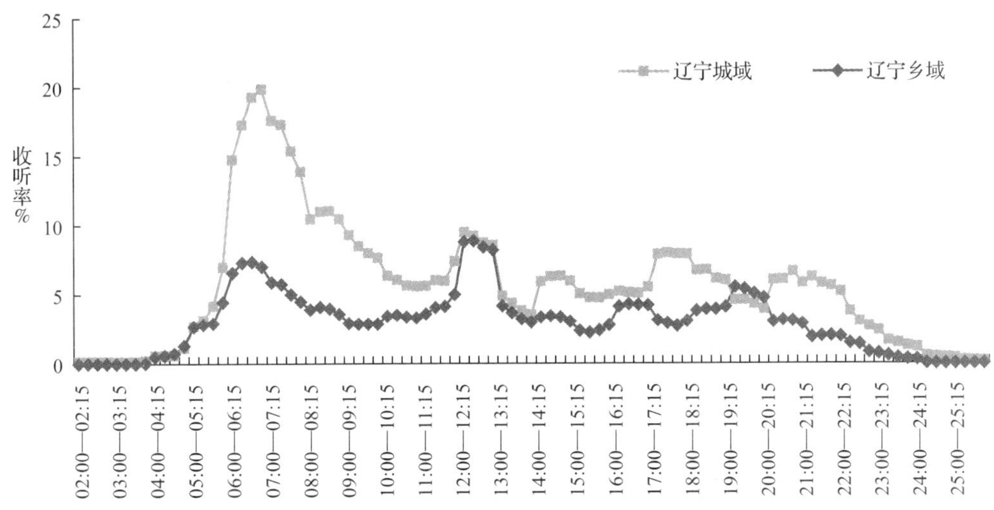

数据来源：CSM媒介研究2011年四波调查数据

图4　2011年辽宁省城域和乡域全天收听率走势

（三）江苏年轻听众收听量相对更多，辽宁高教育程度听众集中度更高

江苏省男性听众更喜欢收听广播，而辽宁省则是女性听众收听量相对偏多一些。从年龄上来看，辽宁省的主要收听群体是45岁及以上的中老年听众，而江苏省的听众要更年轻，25—44岁听众的集中度都超过了辽宁省的同年龄组听众。从个人月收入来看，江苏省重度收听群体集中在501—2000元之间，而辽宁省2001元及以上的听众更喜欢收听广播。在教育程度上，江苏省的听众集中在初中及以下教育水平，而辽宁省高中以上教育程度的听众集中度水平更高（图5）。

表5　2011年江苏省城域收听率排名前十位的频率

排名	频　率	收听率%	市场份额%
1	中央人民广播电台第一套节目中国之声	0.62	12.14
2	江苏交通广播网 FM101.1	0.29	5.60
3	江苏新闻广播 FM93.7	0.28	5.55
4	江苏音乐广播 FM89.7	0.21	4.11
5	江苏经典流行音乐广播 FM97.5	0.21	4.03
6	江苏新闻综合广播 AM702	0.13	2.54
7	江苏健康广播 AM846	0.13	2.47
8	江苏故事广播 AM585	0.06	1.13
9	中央人民广播电台第二套节目经济之声	0.05	0.93
10	江苏财经广播 AM1206/FM95.2	0.04	0.86

数据来源：CSM 媒介研究 2011 年四波调查数据

表6　2011年江苏省乡域收听率排名前十位的频率

排名	频　率	收听率%	市场份额%
1	中央人民广播电台第一套节目中国之声	0.61	9.60
2	江苏新闻广播 FM93.7	0.48	7.67
3	江苏交通广播网 FM101.1	0.37	5.87
4	江苏新闻综合广播 AM702	0.34	5.46
5	江苏故事广播 AM585	0.07	1.08
6	江苏文艺广播 AM1053	0.06	0.91
7	中央人民广播电台第三套节目音乐之声	0.06	0.90
8	中央人民广播电台第二套节目经济之声	0.01	0.21
9	中央人民广播电台中国广播网银河网络电台	0.01	0.18
10	中国国际广播电台轻松调频（CRI EASY FM）	0.01	0.14

数据来源：CSM 媒介研究 2011 年四波调查数据

在辽宁省，省台整体竞争力较强，本省8个频率全天收听率排名全部进入前十位，其中辽宁综合广播排名第一。中央台中国之声和音乐之声分别排在第二位和第八位。辽宁台交通广播和文艺广播分列第三和第四位（表7）。

在辽宁省城域，中国之声以0.42%的收听率、7.36%的市场份额排名第一，辽宁交通广播和综合广播分列第二位和第三位，交通广播在城市的竞争力比较强（表8）。

在辽宁省乡域，辽宁综合广播的收听率为0.87%，市场份额达到29.1%，以绝对优势领先乡村广播市场。中国之声紧随其后，两个频率市场份额累计达到了46.01%，占领了近一半的市场。辽宁文艺广播、乡村广播排在第三和第四位，经济广播位列第五（表9）。

表 7　2011 年辽宁省全省收听率排名前十位的频率

排名	频　　率	收听率%	市场份额%
1	辽宁广播电视台综合广播 AM1089/FM102.9	0.50	10.63
2	中央人民广播电台第一套节目中国之声	0.45	9.64
3	辽宁广播电视台交通广播 FM97.5	0.24	5.17
4	辽宁广播电视台文艺广播 FM95.9/FM101.8	0.22	4.78
5	辽宁广播电视台经济广播 FM89.5/FM88.8/AM999	0.15	3.23
6	辽宁广播电视台新闻广播 FM88.8	0.10	2.12
7	辽宁广播电视台故事广播 AM1053/FM101.8	0.10	2.07
8	中央人民广播电台第三套节目音乐之声	0.10	2.05
9	辽宁广播电视台乡村广播 AM927/FM96.9	0.08	1.65
10	辽宁广播电视台资讯广播 FM90.6	0.06	1.38

数据来源：CSM 媒介研究 2011 年四波调查数据

表 8　2011 年辽宁省城域收听率排名前十位的频率

排名	频　　率	收听率%	市场份额%
1	中央人民广播电台第一套节目中国之声	0.42	7.36
2	辽宁广播电视台交通广播 FM97.5	0.35	6.17
3	辽宁广播电视台综合广播 AM1089/FM102.9	0.27	4.84
4	辽宁广播电视台文艺广播 FM95.9/FM101.8	0.27	4.77
5	辽宁广播电视台经济广播 FM89.5/FM88.8/AM999	0.20	3.56
6	中央人民广播电台第三套节目音乐之声	0.15	2.68
7	辽宁广播电视台新闻广播 FM88.8	0.15	2.65
8	辽宁广播电视台故事广播 AM1053/FM101.8	0.14	2.53
9	辽宁广播电视台资讯广播 FM90.6	0.10	1.82
10	中央人民广播电台第二套节目经济之声	0.09	1.65

数据来源：CSM 媒介研究 2011 年四波调查数据

表 9　2011 年辽宁省乡域收听率排名前十位的频率

排名	频　　率	收听率%	市场份额%
1	辽宁广播电视台综合广播 AM1089/FM102.9	0.87	29.10
2	中央人民广播电台第一套节目中国之声	0.50	16.91
3	辽宁广播电视台文艺广播 FM95.9/FM101.8	0.14	4.82
4	辽宁广播电视台乡村广播 AM927/FM96.9	0.07	2.36
5	辽宁广播电视台经济广播 FM89.5/FM88.8/AM999	0.06	2.17
6	辽宁广播电视台交通广播 FM97.5	0.06	1.97
7	辽宁广播电视台故事广播 AM1053/FM101.8	0.02	0.63
8	辽宁广播电视台新闻广播 FM88.8	0.01	0.43
9	中央人民广播电台第三套节目音乐之声	0.00	0.05
10	中央人民广播电台第五套节目中华之声	0.00	0.03

数据来源：CSM 媒介研究 2011 年四波调查数据

二、辽宁、江苏全省与其省会城市的广播收听状况比较

(一)江苏全省人均收听时长高于南京,辽宁则低于沈阳

从人均每日收听时长来看,江苏省平均每人每天收听广播84分钟,高出其省会城市南京4分钟;辽宁省平均每人每天收听广播只有67分钟,比省会城市沈阳低了46分钟,收听量差距明显。江苏省的听众收听量高于辽宁省,而南京则低于沈阳(图6)。

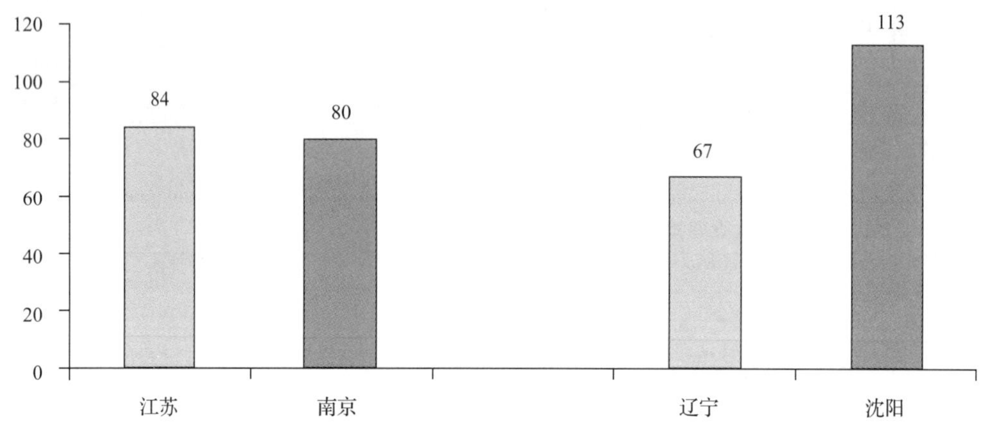

数据来源:CSM媒介研究2011年四波调查数据

图6 2011年江苏、辽宁及其省会城市人均日收听量(分钟)

(二)江苏听众日均到达率高于南京,辽宁则低于沈阳

江苏、辽宁两省与其省会城市之间听众日均到达率的差异特征与人均收听时长的差异特征相似,江苏省的听众日均到达率高于南京,而辽宁省则低于沈阳。辽宁省平均每天只有46%的听众收听广播,而沈阳市这一比例达到了70%。江苏省的听众到达率高于辽宁,而南京则比沈阳低了15个百分点(图7)。

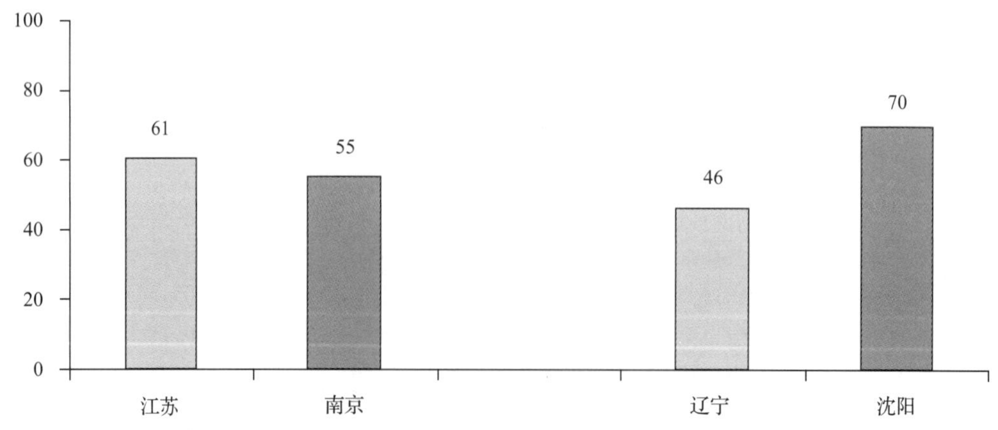

数据来源:CSM媒介研究2011年四波调查数据

图7 2011年江苏、辽宁及其省会城市听众日均到达率(%)

（三）江苏与南京、辽宁与沈阳的全天收听率走势具有差异

对比江苏省和南京，江苏省全天有3个明显的收听波峰，分别在早晨7:00、中午12:00以及晚间19:00，其中早晨的收听率最高，达到20.25%。在南京，收听最高峰也出现在早晨，但高峰值的时间比江苏省要晚，在7:30，收听率为21.68%，峰值也高于江苏省。南京白天的收听率走势平缓，与江苏省相比，中午和晚间的收听走势表现不突出。南京收听结束时间要晚于江苏省（图8）。

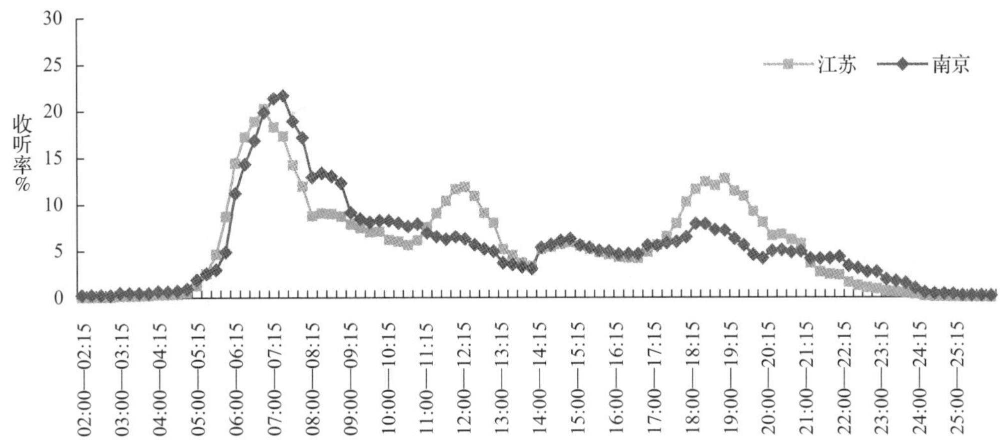

数据来源：CSM 媒介研究 2011 年四波调查数据

图8　2011年江苏和南京全天收听率走势

比较辽宁和沈阳的全天收听率走势，沈阳全天大部分时段的收听率都高于辽宁省，收听行为不但开始的早，结束的也晚，在早晨和中午时段有明显的收听波峰，早晨7:00达到全天最高值，收听率为24.91%，辽宁省在同时段也达到全天的收听最高峰，但收听率值只有15.09%，明显低于沈阳。在中午12:00—13:00，辽宁省和沈阳市的收听率都有所上升，获得各自的第二个收听波峰。辽宁省从午后开始一直到晚间22:00，收听率走势平缓，波动较小；沈阳市在傍晚以及晚间21:00左右还有两次小的收听突起（图9）。

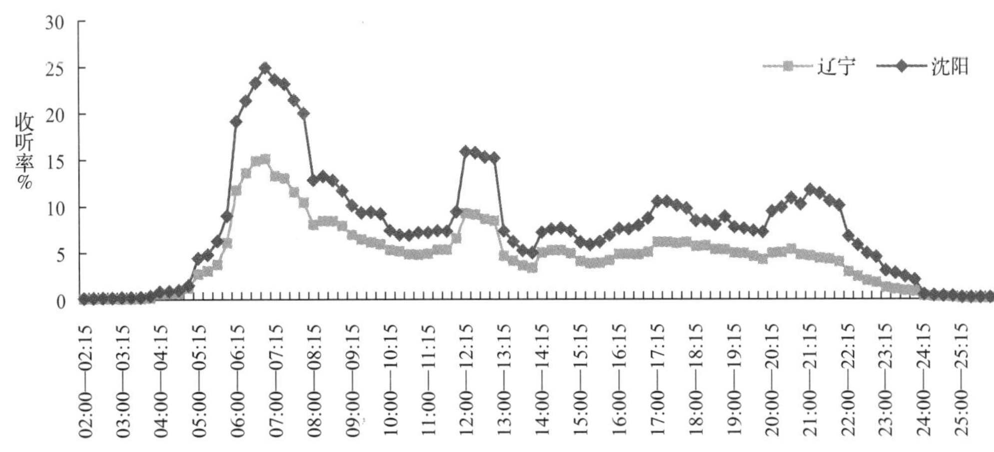

数据来源：CSM 媒介研究 2011 年四波调查数据

图9　2011年辽宁和沈阳全天收听率走势

(四) 江苏与南京、辽宁与沈阳平时与周末收听率的差异特点不一

对比江苏和辽宁，江苏省周末的收听率高于平时，辽宁省周末和平时的收听率差异不大，平时的收听率只比周末高出0.04个百分点。

江苏与南京的周天收听率正相反，江苏省周末的收听率高于平时，而南京平时的收听率比周末高了0.25个百分点，听众在工作日的收听更多。辽宁和沈阳都是平时的收听率高，但在沈阳市，平时和周末的收听率差异相对更为明显，平时比周末多出0.29个百分点（图10）。

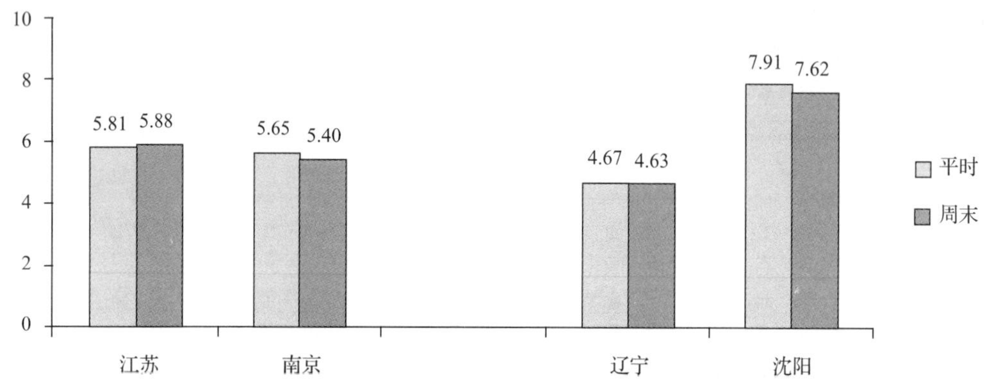

数据来源：CSM 媒介研究 2011 年四波调查数据

图10　2011年江苏、辽宁及其省会城市平时和周末收听率（%）比较

(五) 省台在省会城市的竞争力更强

在全省收听率调查中，由于各个地市级城市所属广播电台，只能覆盖本地区域，对于全省范围，不具有统计意义，所以，所有城市台的频率都被归入“其他频率”，中央级广播电台和省级广播电台的频率具有全省范围内的覆盖（尽管可能不均匀），所以在分析全省收听率时，只有中央级频率和省级频率，而“其他频率组”因为拥有大量的频率，其所占的市场份额往往更大。

在江苏省市场，中央台和江苏省台的市场份额合计为35.46%，其中江苏台的市场份额为23.33%，超过中央台。而在南京市场，江苏台的市场份额达到57.31%，具有绝对的竞争优势；其次是南京市台，市场份额也达到38.68%，中央台只获得了1.54%的份额。

在辽宁省市场，辽宁台占到将近三分之一的收听市场，中央台的份额为12.96%。在沈阳市场，中央台的市场份额略低于在辽宁省的市场份额，而辽宁台的市场份额则达到47.09%，沈阳台份额略低，也达到42.37%，省台和省会台之间的竞争比较激烈。

中央台在江苏省和辽宁省的市场竞争力相近，市场份额都在12%—13%之间，但在南京市的竞争力却不及在沈阳，具有一定差距。江苏省台在本省省会城市的竞争力超过

了辽宁省台在省会城市的竞争力，而在全省市场，辽宁台的竞争力更强。

表 10　2011 年江苏、辽宁及其省会城市各频率组的市场份额（%）

频率	江苏	南京	频率	辽宁	沈阳
中央台	12.13	1.54	中央台	12.96	10.39
江苏省台	23.33	57.31	辽宁省台	31.04	47.09
南京市台	.	38.68	沈阳市台	.	42.37

数据来源：CSM 媒介研究 2011 年四波调查数据

（六）江苏与南京、辽宁与沈阳听众特征均有差异

从听众性别构成来看，男性听众比例江苏高于南京，女性听众比例南京高于江苏。从年龄构成来看，南京市的中老年听众比例比江苏省高，同时高教育程度以及高收入的听众比例也高于江苏省。

从收听喜好程度来看，在江苏及南京市场，都是男性听众更喜欢收听广播，且比例相近。在江苏以及南京，45 岁及以上的听众更喜欢收听广播，但在南京，55 岁及以上的听众喜好程度比江苏省更为明显。在江苏省，年轻听众要比南京听众更喜欢收听广播。在南京，初中以上教育程度以及收入在 501 元及以上的听众收听偏好都高于江苏省（图 11）。

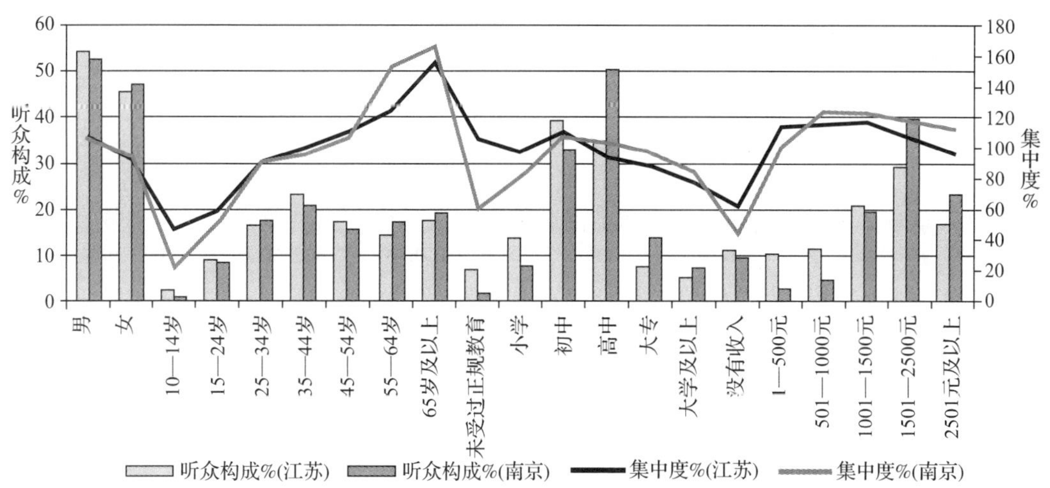

数据来源：CSM 媒介研究 2011 年四波调查数据

图 11　2011 年江苏和南京市场听众构成（%）及集中度（%）

对比辽宁与沈阳市场的听众构成可以发现，男性听众比例辽宁高于沈阳，女性听众比例沈阳高于辽宁。55 岁及以上老龄听众的比例辽宁要多于沈阳，55 岁以下年龄段听众比例在沈阳更高。沈阳高中以上教育程度的听众比例以及月收入在 1001—1500 元的听众比例超过辽宁全省。

在辽宁，男性听众更喜欢收听广播，而在沈阳，男性、女性听众在收听广播喜好程度上表现一致，集中度都是100%。在年龄上，相比辽宁全省，沈阳45岁以下听众收听广播的喜好度稍高一些。在辽宁省，高中以上教育程度的听众比在沈阳市的同类听众收听偏好更大，月收入在1501元及以上的听众在辽宁全省的收听偏好也高于在沈阳市(图12)。

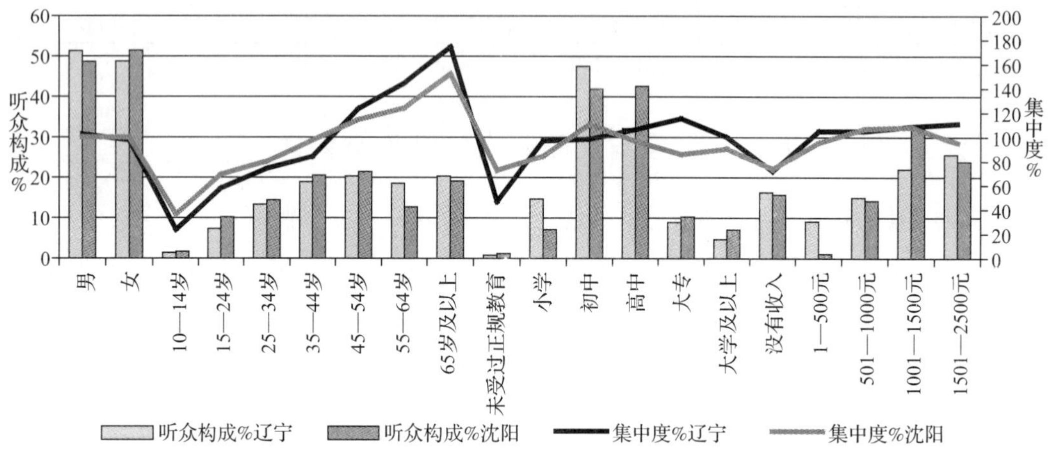

数据来源：CSM媒介研究2011年四波调查数据

图12　2011年辽宁和沈阳市场听众构成（%）及集中度（%）

三、小结

综上所述，辽宁和江苏，一个地处东北，一个地处江淮，南北方地理位置上的差异，以及经济发展水平不同等因素，导致两省广播收听市场呈现出不同的特点。辽宁省城市居民的收听量较大，而江苏省农村居民对整体收听量的贡献更大，辽宁省城市居民在车上的收听量是农村居民的3倍，而江苏省城市居民和农村居民在车上的收听量差异较小。在喜爱收听的广播类型上，交通广播在城市更受欢迎，在农村则是新闻综合类广播的市场。江苏省与南京市、辽宁省与沈阳市的广播收听市场，不论是听众收听习惯还是听众特征方面，都存在一定的差异。

（作者：娜布琪）

女性听众广播收听特征浅析

随着社会的不断发展与进步，女性被赋予了越来越多的社会责任。她们进入社会、进入职场、与男性共同工作，承担同样的社会责任，同时在家中还要担负较多的家庭责任。无论在社会中还是在家庭中，具有决策能力的女性越来越多。此外，女性敏感、细腻、感性、消费活跃的特点也被广告商所看重。女性群体至始至终都是媒体关注的重点，广播媒体也不例外。在受众细分的大趋势下，许多广播电台开办了以女性为目标听众的广播频率，如湖北电台妇女儿童广播、贵阳电台女性频率、杭州丽人广播、黑龙江都市女性广播等。本文依据 CSM 媒介研究 2009—2011 年前两波次收听率调查数据，针对女性听众进行收听特征分析，力求通过本文的分析，为业内人士理清女性听众的收听习惯和收听偏好，找出女性听众的收听特点，以期在了解受众的基础上，制作更多符合女性听众特点的节目。

一、整体概况

某一目标群体对广播媒体的关注程度可以用每天收听广播的时长来衡量。根据 2009—2011 年 CSM 媒介研究收听调查数据，女性听众的人均日收听时长有轻微下降，由 2009 年的 82.5 分钟，下降到 2011 年的 80.4 分钟（图 1）。这与近年来新媒体的发展、竞争挤压传统媒体市场有一定的关系，广播也不能逃脱。

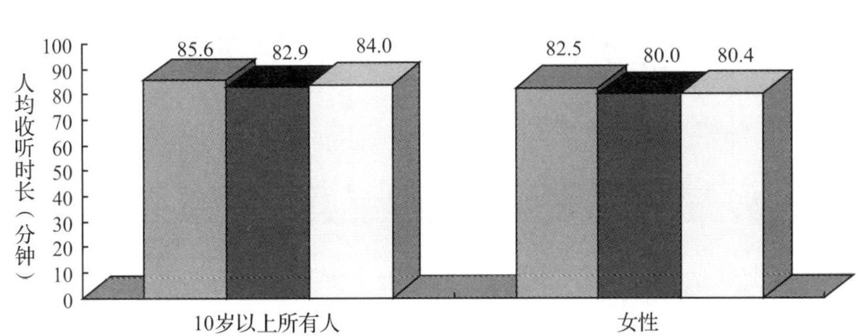

数据来源：CSM 媒介研究

图 1　2009—2011 年女性听众人均日收听时长（分钟）

在了解了女性听众的人均广播收听量后，我们通过日均收听广播的人数比重和听众对广播媒体的忠实度两个指标来对女性听众规模和忠实程度进行进一步分析。

我们首先关注听众规模这一指标。2009—2011 年 CSM 媒介研究的收听调查数据显示，女性听众规模逐渐减小。具体来看，2009 年女性听众日收听规模达到 62.37%，2010 年下降至 60.39%，2011 年下降至 58.25%。通过与男性听众规模比较来看，女性听众规模一直小于男性听众，而男女听众规模的差距在不断拉大。2009 年男性听众规模高于女性听众规模 0.52 个百分点，而到了 2011 年，男性听众规模高于女性 1.15 个百分点（图 2）。

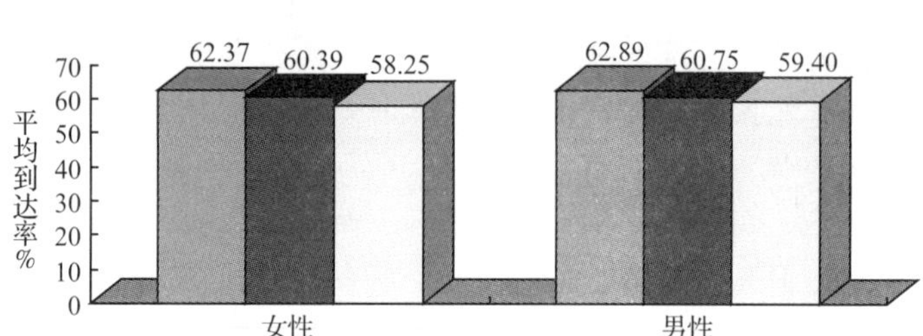

数据来源：CSM 媒介研究

图 2　2009—2011 年不同性别听众日均到达率（%）对比

通过比较近几年的女性听众忠实度可以看出，2009—2011 年女性听众的忠实度有所提升。其中 2010 年较 2009 年提升幅度不甚明显，仅为 0.01 个百分点；2011 年较 2010 年提升幅度较大，升幅达到 0.38 个百分点（图 3）。男性和女性听众忠实度均呈现相同的增长趋势，但比较来看，男性听众忠实度增幅略高于女性，这与男性听众更喜爱收听广播，以及车上收听市场逐渐发展成熟，而开车人群中男性居多有一定关系。

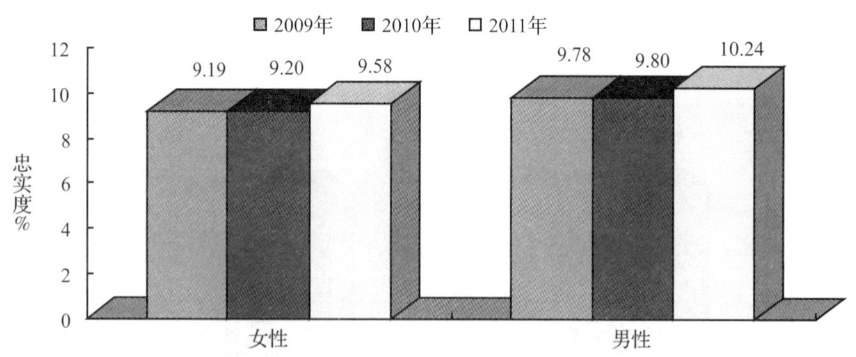

数据来源：CSM 媒介研究

图 3　2009—2011 年女性听众忠实度（%）

通过受众广播和电视的视听率比较，我们可以看出人们收听广播和收看电视的行为差异。CSM媒介研究2011年前两波收听调查数据显示，女性听众的广播收听率为5.58%，较男性听众低0.5个百分点。在收听市场中，男性听众比女性听众更多收听广播。从电视收视率来看，女性收视率为11.72%，高于男性0.67个百分点。在收视市场中，女性观众更多收看电视。可以说，女性更多收看电视，而男性更多收听广播(图4)。

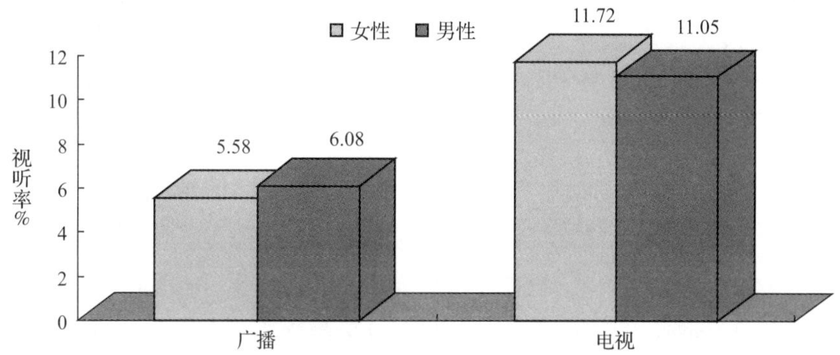

数据来源：CSM媒介研究

图4　2011年不同性别受众视听率比较

从不同地点的收听率比较中可以看出，不同性别听众对收听地点有不同的偏好。女性听众在家中的收听率为4.51%，高于男性听众收听率。而在车上收听市场中，男性听众收听率明显高于女性。不难看出，男性听众相对更多选择在车上进行收听，而女性则相对更喜爱在家中收听广播。此外，工作/学习场所和其他场所则相差不多，差距较小(图5)。

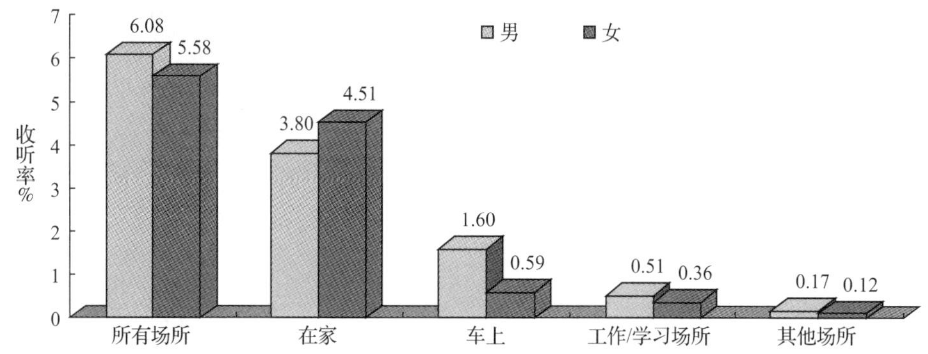

数据来源：CSM媒介研究

图5　2011年不同性别听众在不同收听地点的收听率比较

二、时段特征

当我们观察女性听众全天收听率走势图时会发现，女性听众的全天收听率走势基本与所有听众全天收听率走势大致一致。其中6:00—8:00为全天的黄金收听时段，峰值最高。午间11:00—13:00时段和傍晚17:00—19:00时段为次高峰时段，收听率冲高较为明显。此外在20:00—21:00时段有一个小幅走高的收听高峰。通过2009—2011三年女性听众收听率走势比较可以看出，2011年女性听众在午间11:00—13:00时段和傍晚18:00—20:00时段收听率明显高于前两年，而早高峰时段、下午和晚间时段，女性听众收听率较前两年有所下降（图6）。

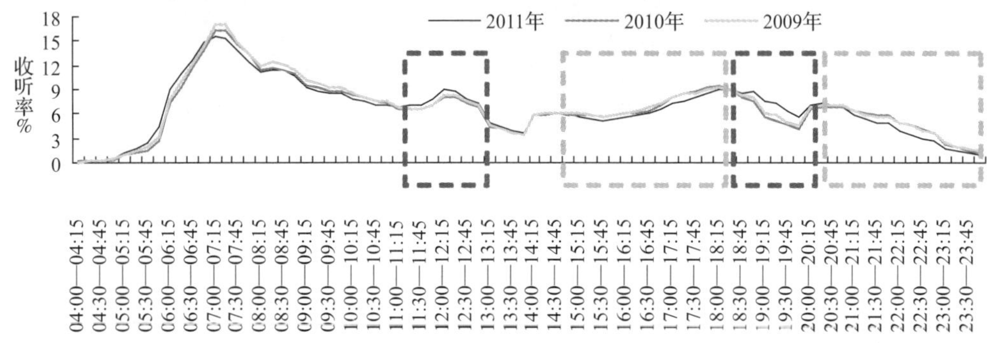

数据来源：CSM媒介研究

图6　2009—2011年女性听众全天收听率走势

通过比较女性听众在家和车上的收听率走势可以看出，在家收听高峰出现在6:00—7:00时段，而在车上的收听高峰较在家中的收听高峰推后两个小时，在8:00—9:00时段出现。在家收听的午间高峰出现在11:00—13:00时段，车上收听在9:00以后呈现下滑趋势，在14:00后小幅冲高，随后在17:00—19:00时段为晚间时段的收听高峰。在家收听在下午时段缓慢走高，在20:00—21:00时段形成收听小高峰。通过2009—2011年三年的数据比较可以看出，在家收听上午和晚间时段收听率小幅下降，而午间11:00—13:00和18:00—20:00时段收听率有所冲高。车上收听早高峰变化不大，下午14:00—16:00时段和晚间20:00—21:00时段收听率有所提升，晚高峰时段收听率有所下降（图7）。

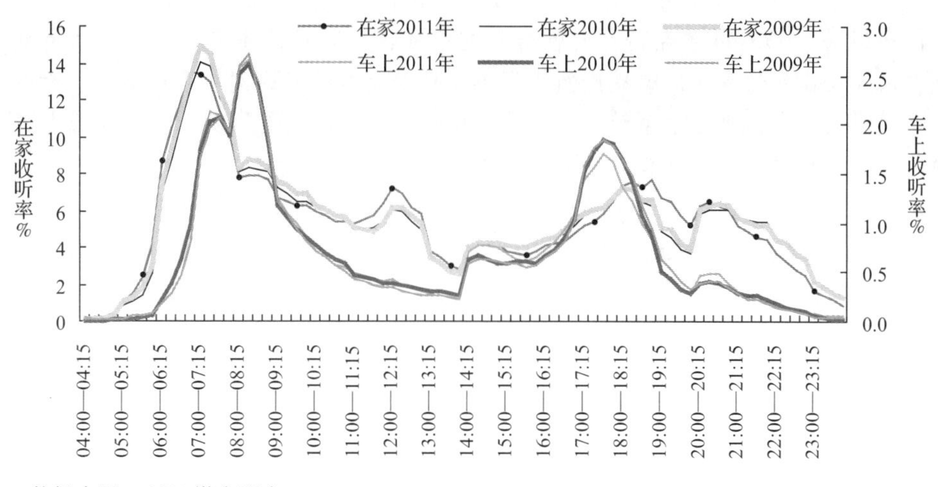

数据来源：CSM 媒介研究

图 7　2009—2011 年女性听众在家和车上收听率走势比较

三、听众特征

在了解了女性听众收听的时段特征之后，我们从年龄、受教育程度和就业情况三个角度，具体分析女性听众收听广播的人群特征。

首先，将女性听众和女性观众进行对比可以看出，无论是广播还是电视，老年女性听/观众更多收听广播或收看电视，其中 55 岁及以上女性听/观众表现最为突出。初高中学历的听/观众比其他学历水平的人群更多收听广播或收看电视。非在职人员比在职人员对广播或电视这两种媒介消费更多（图 8）。

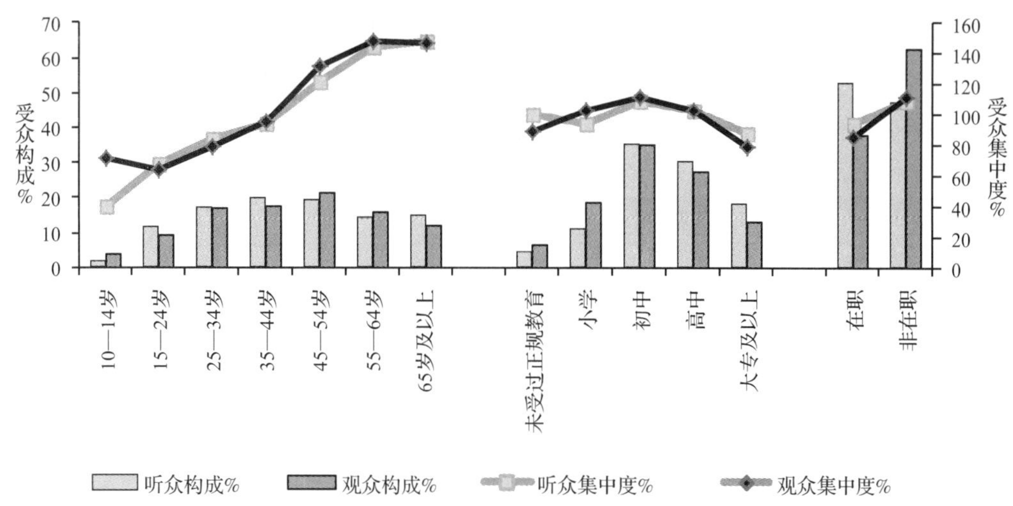

数据来源：CSM 媒介研究

图 8　2011 年女性听/观众构成（%）与集中度（%）

在明确了广播和电视相同的受众特征之后，仔细比较我们发现，广播相较电视而言，15—24岁、35—44岁年龄段女性听众的构成比例较高，高中及以上学历听众的构成比例以及在职女性听众的构成比例均高于电视观众的相应比例。不难看出，女性听众相比电视观众而言，更趋于年轻化、高学历和较高的在职人员比例。这一特征与广播的强伴随性和汽车市场空前发展有一定的关系。

从不同年龄段听众近年听众集中度比较来看，2011年65岁及以上女性听众的集中度较2009年有较为明显的提升（图9）。未受过正式教育和小学学历的女性听众集中度也较2009年有所提升，大专及以上学历女性听众的集中度较前两年有所下降（图10）。其他女性听众的集中度近三年没有明显的变化。

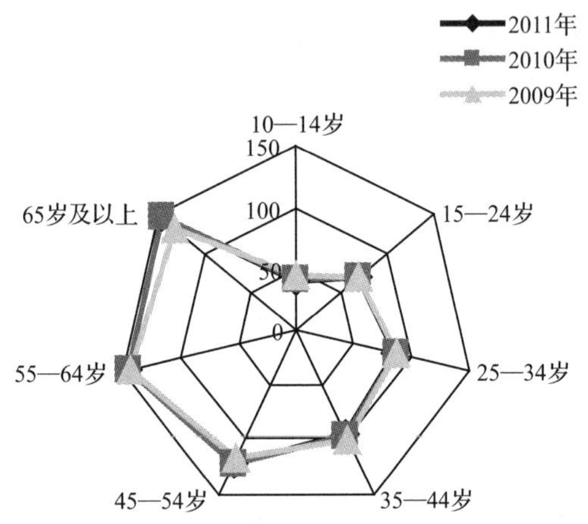

图9　2009—2011年不同年龄女性听众的集中度比较

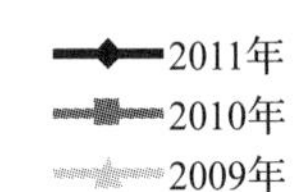

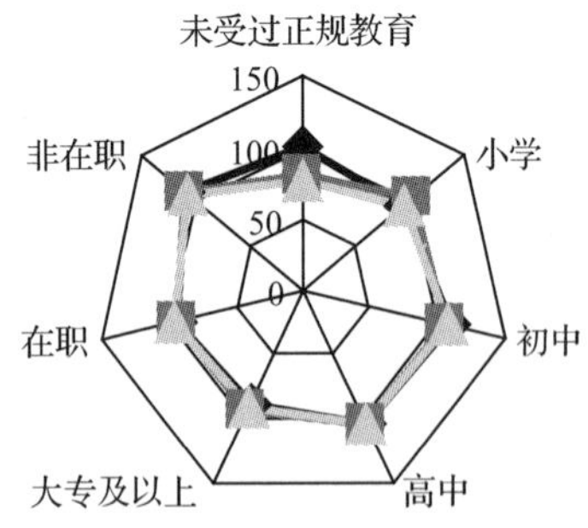

数据来源：CSM媒介研究

图10　2009—2011年不同受教育程度女性听众的集中度比较

四、节目偏好

根据CSM媒介研究2011年前两波收听率调查数据，女性听众人均收听时长最多的频率类型为新闻综合类频率，人均收听时长达到20分钟，其次为交通类和音乐类频率，均为9分钟。文艺类频率的人均收听时间也达到8分钟，也是女性听众较多收听的广播频率类型。女性与男性听众人均收听时间较多的频率类型基本一致，但具体来看，新闻综合类和交通类频率的人均收听时间女性均低于男性，而音乐类和文艺类频率的人均收听时间女性高于男性，说明女性听众比男性听众更多收听音乐和文艺类的广播（表1）。

表1　2011年男性、女性听众收听主要类别频率的时长比较

频率类别	人均收听分钟数	
	女性	男性
新闻综合类	20	22
交通类	9	15
音乐类	9	8
文艺类	8	7
都市生活类	5	5
对农广播类	1	0
外语教育类	1	0

数据来源：CSM媒介研究

通过比较男性、女性听众对不同类型节目的收听比重可以看出女性听众比较偏爱的节目类型。从图11可以看出，女性听众与男性听众的收听比重差异不大，收听比重相对较高的节目类型均为新闻/时事、其他类和音乐类。其中新闻/时事和其他类节目的资源使用效率较高，收听比重超过了播出比重。男女听众相比来看，女性听众在音乐和文艺类节目的收听比重相对更高，这与不同频率组收听时长比较得出的结论一致，女性听众更多收听音乐和文艺类的节目。

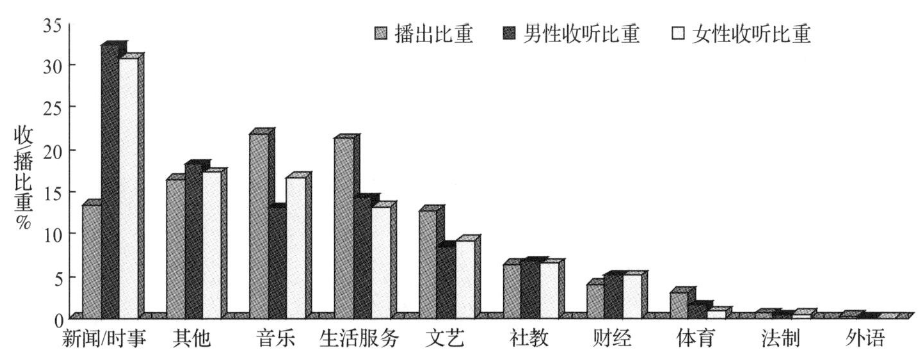

数据来源：CSM媒介研究

图11　2011年男性、女性听众不同节目类型的收听比重比较

五、城市特征

广播的地域性较强，在不同地区的发展也不尽相同，这也使得女性听众在各地的收听水平有所差异。从CSM媒介研究2011年前两波次调查的34城市的收听数据来看，女性听众人均收听时间较高的城市主要有哈尔滨、天津、苏州、沈阳、西安、乌鲁木齐和济南，这7个城市女性听众人均收听时间均超过100分钟，收听时间最长的为哈尔滨，人均收听时长达到163分钟，约为2.7小时。而相较而言，厦门、清远和长沙的人均收听时间不足50分钟，收听时间最少的为长沙，仅为35分钟（表2）。不同城市呈现出的收听水平的差异与当地广播媒体的竞争实力、当地人口特征和生活习惯等因素密不可分。

表2　2011年不同城市女性听众人均收听时长比较

排名	城市	人均收听时长（分钟）	排名	城市	人均收听时长（分钟）	排名	城市	人均收听时长（分钟）
1	哈尔滨	163	13	太原	88	25	广州	55
2	天津	133	14	合肥	81	26	成都	55
3	苏州	129	15	青岛	81	27	福州	55
4	沈阳	113	16	北京	79	28	深圳	54
5	西安	105	17	上海	78	29	南宁	53
6	乌鲁木齐	104	18	郑州	77	30	武汉	52
7	济南	102	19	南京	74	31	韶关	51
8	常州	96	20	无锡	71	32	厦门	48
9	大连	96	21	长春	65	33	清远	41
10	绍兴	95	22	宁波	64	34	长沙	35
11	杭州	94	23	石家庄	63			
12	佛山	91	24	重庆	62			

数据来源：CSM媒介研究

在了解了全国34城市女性听众的人均收听时长之后，我们再来看一下不同收听地点女性听众收听率的城市排名情况。从表3可以看出，女性听众在家收听率较高的城市主要有哈尔滨、天津、苏州、沈阳等，而车上收听水平较高的城市则集中在杭州、北京、青岛、太原和福州等经济较为发达、交通频率发展较好的城市。

表 3　不同收听地点女性听众收听率排名前十位的城市

排名	在家		车上		工作/学习场所	
	城市	收听率（%）	城市	收听率（%）	城市	收听率（%）
1	哈尔滨	9.62	杭州	1.31	佛山	1.14
2	天津	8.14	北京	1.27	哈尔滨	0.79
3	苏州	7.56	青岛	0.99	济南	0.64
4	沈阳	6.63	太原	0.98	西安	0.62
5	乌鲁木齐	6.21	福州	0.97	杭州	0.59
6	西安	5.96	苏州	0.87	南京	0.59
7	济南	5.81	宁波	0.76	广州	0.56
8	绍兴	5.63	哈尔滨	0.76	绍兴	0.52
9	常州	5.62	厦门	0.74	合肥	0.51
10	大连	5.51	天津	0.68	乌鲁木齐	0.47

数据来源：CSM 媒介研究

下面再来看一下部分城市中女性收听率排名较好的频率情况。在哈尔滨，黑龙江都市女性广播 FM102.1 在女性听众中收听率排名第一，该频率市场份额占到该城市女性收听市场的近三分之一，其在女性听众中的竞争实力可见一斑。排名前三位的频率市场份额合计达到55%，占据了一半以上的女性收听市场。可以看出，在哈尔滨女性听众喜爱的频率相对较为集中。在杭州，女性听众收听率排名第一的是浙江之声 FM88/FM101.6/AM810，收听率为 0.95%，市场份额为 14.52%。排名前五位的频率中有四个都与汽车和交通相关，杭州在车上收听市场收听时长排名第一就不难理解了。北京市场女性听众收听率最高的是北京人民广播电台交通广播（FM103.9/CFM95.6），收听率达到1.18%，市场份额为 21.65%。排名前三位的频率市场份额之和达到 48%，也占据了近一半的女性收听市场（表 4）。

表 4　部分城市女性听众收听率排名前五位的频率

城市	排名	频　率	收听率（%）	市场份额（%）
哈尔哈	1	黑龙江都市女性广播 FM102.1	3.40	30.05
	2	哈尔滨文艺广播 FM98.4	1.54	13.57
	3	黑龙江广播 97 频道 FM97	1.46	12.92
	4	黑龙江交通广播 FM99.8	0.91	8.06
	5	黑龙江新闻广播 AM621/FM94.6	0.82	7.22
杭州	1	浙江之声 FM88/FM101.6/AM810（原浙江电台新闻台）	0.95	14.52
	2	汽车电台 105.4 西湖之声 FM105.4	0.91	13.91
	3	私家车 107 快乐广播城市之声 FM107/AM1530	0.79	12.02
	4	浙江人民广播电台交通之声 FM93	0.68	10.31
	5	杭州交通经济广播 FM91.8	0.53	8.14
北京	1	北京人民广播电台交通广播（FM103.9/CFM95.6）	1.18	21.65
	2	北京人民广播电台文艺广播（FM87.6/CFM93.8）	0.90	16.54
	3	北京广播电台新闻广播（FM100.6/AM828/CFM90.4）	0.55	10.06
	4	北京人民广播电台音乐广播（FM97.4/CFM94.6）	0.50	9.17
	5	中央人民广播电台第一套节目中国之声	0.41	7.53

数据来源：CSM 媒介研究

六、小结

通过上述对女性听众的收听行为特征分析可以看出，在传统媒体和新媒体日益激烈的竞争中，女性听众的收听规模在逐渐缩小，与男性听众的差距逐渐显现出来。女性听众在收听习惯上更倾向于在家进行，广播的伴随性特点在女性收听市场中没有被很好地利用起来。以车载广播为主要传播途径的交通广播和汽车频率需要针对女性听众的特点进行一定的节目策划与编排，以期能吸引更多的女性听众在车上进行收听。女性听众偏爱音乐和文艺类节目是大众普遍认可的规律，如何增强其他节目类型对女性听众的吸引力也是目前需要思考的问题。此外，广播收听市场相对于电视收视市场而言，女性听众更趋向年轻化、高学历，在职人员比例也相对较高，也是值得我们注意的趋势。作为社会角色中相当重要的女性群体，广播媒体应该更加予以关注与重视，从节目内容上下工夫，使其更加符合女性听众的品位，探索创新符合女性收听爱好和习惯的新节目，使得广播在女性听众收听中取得全新突破。

（作者：刘牧媛）

高学历听众广播收听特征及其媒体价值

高学历（大学及以上学历）群体是一个具有特殊属性的人口群体，通常是中青年或年龄更大的人群，其平均收入也通常高于中低学历人群。第六次人口普查数据显示，我国内地每10万人中拥有大学及以上学历的人口从2000年的3611人，增加到2010年的8930人，十年间，大学及以上学历人口比例增加了1.5倍。CSM媒介研究收听率基础调查数据显示，10岁及以上广播推及人口中，拥有大学及以上学历的人口比例，从2009的24%增加到2011年的26%；收听过广播的听众中，大学及以上学历的听众比例从2009年的22%增加到了2011年的23%。这意味着，随着我国国民受教育程度的不断提高，大学及以上学历人口比例也不断增加，在广播听众中，高学历人口的比例也在增长。尽管历史经验告诉我们，高学历、高收入等高端受众对传统媒体如电视和广播媒体的视听率相对较低，但是随着高学历人口在总人口和总体受众中比例的不断提高，他们对传统媒体的使用行为，将越来越具有更大、更重要的研究和开发价值。

本文将大学及以上学历的听众作为分析目标，比较其与10岁及以上广播听众在收听行为上的异同，对高学历听众的广播收听模式、收听喜好及其媒体价值等加以分析总结①，以期为业界提供有益帮助。

一、高学历听众的时段收听模式

全天收听率走势图显示，高学历听众在家收听模式相似于听众总体的收听模式，早、中、晚三个程度不同的收听高峰时段期间，其收听率均略低于听众总体的收听率（图1）。而在另外一个重要的收听场所——车上，在08:00—09:00和17:00—18:00时段，大学及以上学历听众的收听率高达7%和5%，大幅度高于听众总体在车上的收听率水平。高学历听众主要在家中和车上收听广播，且主要在07:00—09:00和17:00—18:00时段收听。

① 除非另外说明，本文分析使用的数据范围为CSM媒介研究2011年第一波和第二波收听率调查的34城市组合。

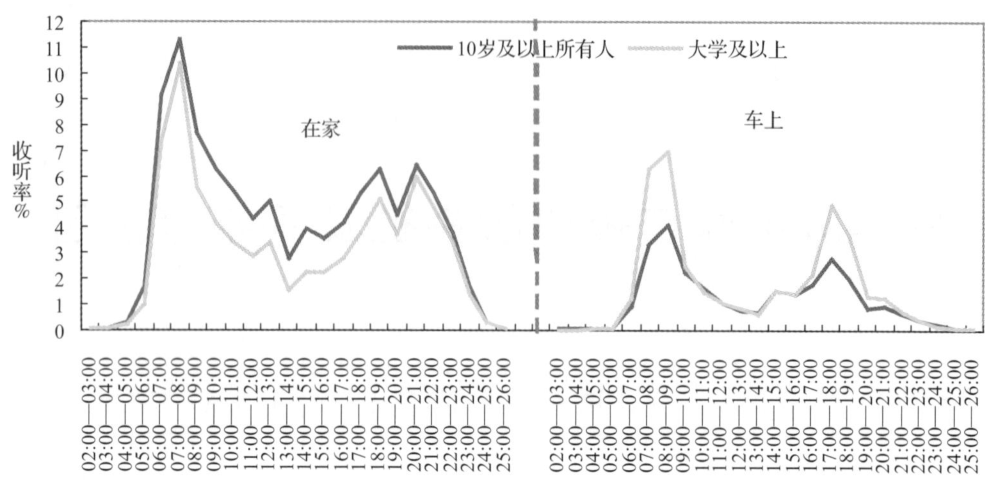

数据来源：CSM媒介研究

图1　大学及以上学历听众及所有听众在不同收听场所的全天收听率走势

工作日与周末所有场所全天收听率走势图显示，大学及以上学历听众收听率工作日和周末差异特征明显。对于总体听众来说，工作日早高峰时段收听率为16%，高于周末3个百分点，而对于大学及以上学历听众来说，工作日早高峰时段收听率高达19%，高于周末7个百分点。可见，高学历人群工作日早高峰时段收听率大幅度高于总体听众的收听率水平（图2）。

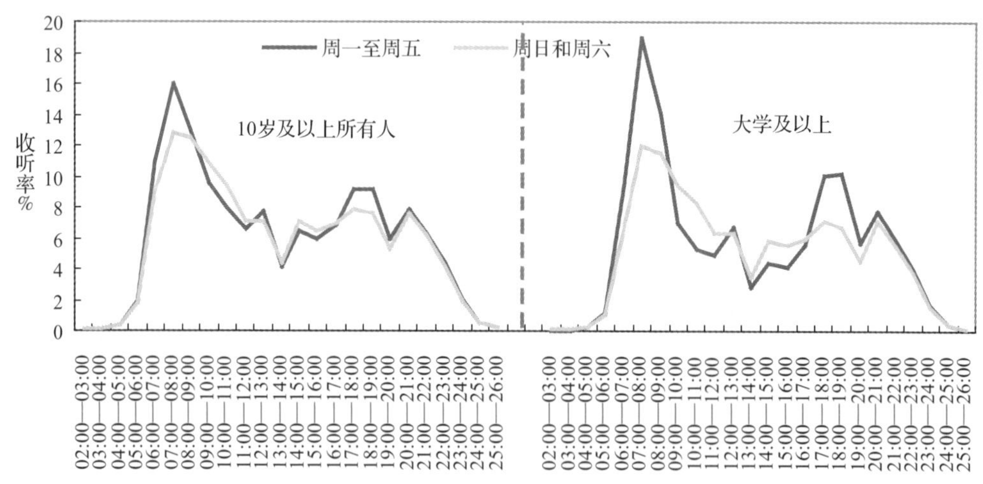

数据来源：CSM媒介研究

图2　所有听众和大学及以上学历听众在不同周天的全天收听率走势（所有收听场所）

高学历听众工作日和周末收听率差异特征在车上收听表现得更为突出。在早高峰时段，高学历听众工作日车上收听率高达9%，较周末高出6个百分点；在晚高峰时段，工作日车上收听率为6%，较工作日高出4个百分点。而对于总体听众来说，早晚高峰期间工作日车上收听率高出周末车上收听率最多仅为2个百分点。对于定位于高学历听众的品牌而言，工作日、早晚高峰和交通服务类节目是投放广播广告较好的选择(图3)。

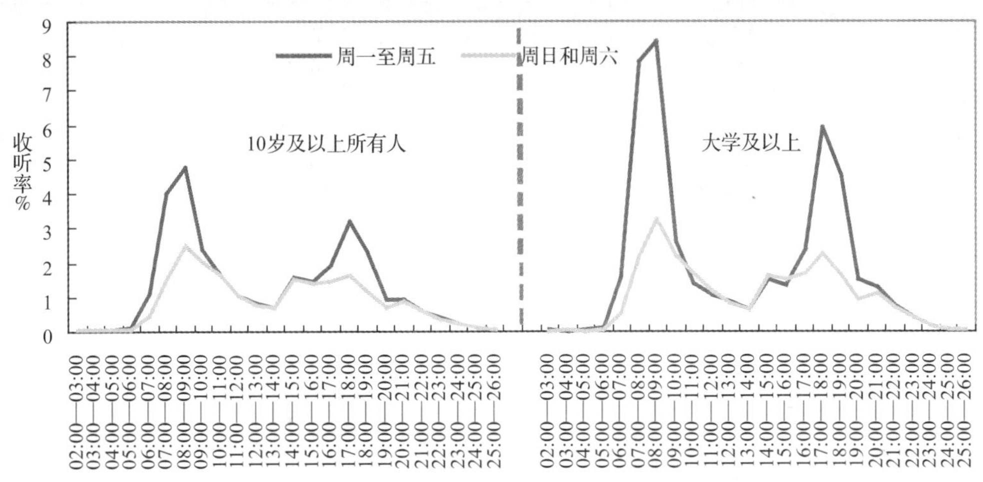

数据来源：CSM媒介研究

图3 所有听众和大学及以上学历听众在不同周天全天收听率走势（车上）

二、高学历听众的频率收听偏好

从各城市中不同级别广播电台的市场份额来看，省会城市中省级电台在高学历听众中市场份额较高，大部分省会城市中省级电台的市场份额接近或超过50%，而在较多的非省会城市，市级电台在高学历听众中市场份额较高，市场份额超过50%。可见高学历听众在绝大多数省会城市中更多地收听省级电台，而在非省会城市，则会更多地收听市级电台（表1)。

表1 各城市市场不同级别广播电台在大学及以上学历听众中的市场份额（%，全天时段）

城市	中央台	省级广播电台	市级广播电台	其他广播电台
上海	3.41	93.94	—	2.65
天津	13.54	86.44	—	0.02
重庆	15.46	77.13	—	7.41
广州	6.98	64.90	22.25	5.87
北京	28.76	63.28	—	7.96
长沙	6.73	60.90	31.07	1.30
哈尔滨	3.23	58.55	38.06	0.16
乌鲁木齐	15.97	58.26	20.09	5.68
西安	10.17	56.47	27.50	5.86
南京	3.93	53.27	42.36	0.44

续表

城市	中央台	省级广播电台	市级广播电台	其他广播电台
成都	13.33	52.61	34.06	0.00
杭州	6.17	51.28	41.95	0.60
郑州	10.40	49.75	38.28	1.57
南宁	15.16	49.55	32.78	2.51
福州	30.85	48.77	18.33	2.05
武汉	26.75	43.02	30.23	0.00
太原	25.09	43.87	30.89	0.15
合肥	16.99	47.65	34.41	0.95
长春	9.08	43.97	45.77	1.18
沈阳	14.85	34.83	50.27	0.05
石家庄	23.63	23.88	51.89	0.60
清远	2.42	41.60	55.98	0.00
绍兴	10.10	28.56	59.79	1.55
韶关	9.85	25.35	61.12	3.68
深圳	14.43	15.09	64.35	6.13
宁波	15.53	13.62	65.46	5.39
济南	3.32	25.33	71.31	0.04
苏州	16.84	9.06	73.04	1.06
佛山	7.67	11.09	77.52	3.72
青岛	5.69	14.90	77.67	1.74
厦门	8.08	9.60	77.86	4.46
大连	13.33	5.57	78.90	2.20
常州	13.82	4.86	79.88	1.44
无锡	4.39	8.82	86.10	0.69

数据来源：CSM 媒介研究

从不同频率类别的市场份额来看，新闻综合广播类频率的市场份额最高，但呈现逐年下降的趋势，其下降趋势在高学历听众中表现尤为明显（图4）。紧随新闻综合类广播的是交通广播类频率，2011 年上半年其市场份额在高学历听众中达到 22%，且呈现逐年增长的趋势。相似于交通广播，音乐广播类频率在高学历听众中市场份额也相对较高，2011 年上半年达到 21%。交通广播和音乐广播类频率在高学历听众中的市场份额均明显地高于在总体听众中的市场份额，可见高学历听众对交通广播和音乐广播有较强的收听偏好。

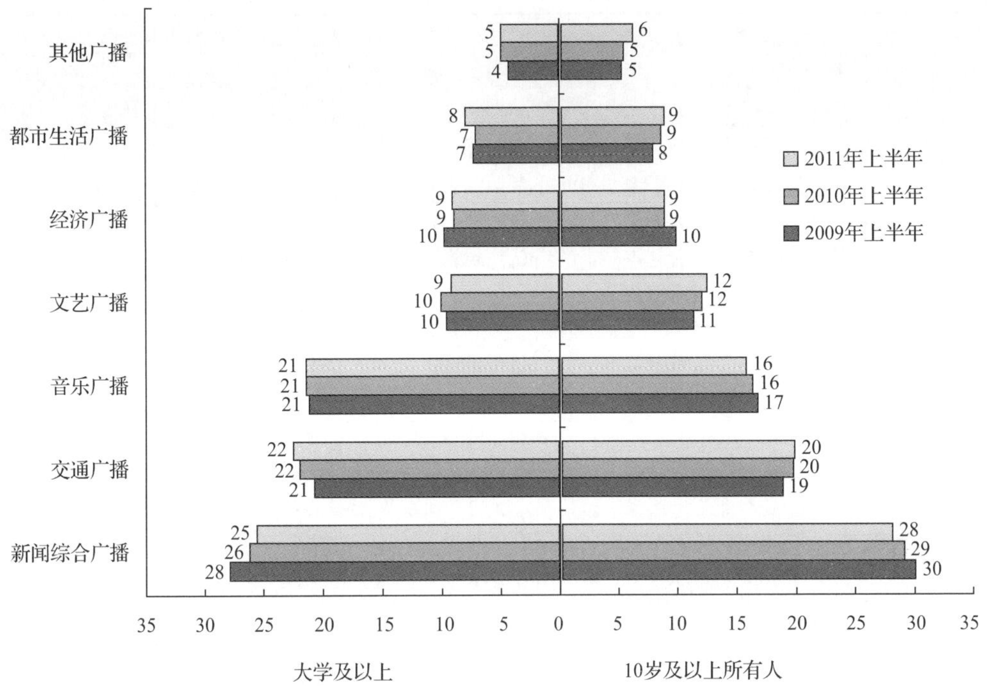

数据来源：CSM 媒介研究

图 4　不同类别广播频率在大学及以上学历听众中和所有听众中的市场份额（%，全天时段）

在 2011 年上半年 34 个城市大学及以上学历听众中收听率排名第一的广播频率中，交通广播有 13 个，音乐广播有 11 个，新闻综合广播有 7 个。高学历听众对交通广播的收听主要在车上完成，绝大部分交通广播类频率在车上的收听比重超过 45%，最高达到 81%。收听率排名第一的 11 个音乐类广播频率中，在家收听比重超过 45% 的有 5 个，车上收听比重超过 45% 的有 4 个，对于高学历听众来说，无论在家中，还是在车上，音乐广播都是他们收听较多的广播频率。收听率排名第一的 7 个新闻综合类广播频率中，其在家收听比重全部超过 45%，最高达到 94%，可见，高学历听众对新闻综合广播的收听行为，更多地发生在家中。就南京、韶关和深圳领先的广播频率来看，高学历听众在工作/学习场所的收听比重分别达到 30%、29% 和 26%，明显高于其他城市市场上的工作/学习场所的收听比重，体现出这三个城市市场以及这三个广播频率拥有较大的工作/学习场所的听众群体（表 2）。

表 2　2011 年上半年各城市大学及以上学历听众中收听率排名第一的广播频率（全天时段）

城市	频率	频率类别	收听率%	收听比重			
				在家	车上	工作/学习场所	其他场所
大连	大连台新闻广播 FM103.3/AM882	新闻综合	1.59	94%	3%	3%	1%
绍兴	绍兴台新闻综合频率 AM738/FM96	新闻综合	1.90	93%	6%	0%	2%
成都	中央台第一套节目中国之声	新闻综合	0.45	89%	2%	9%	0%
武汉	中央台第一套节目中国之声	新闻综合	0.62	89%	6%	2%	2%
清远	广东电台珠江经济广播电台 FM97.4/AM1062	经济	1.00	88%	6%	5%	1%
哈尔滨	黑龙江都市女性广播 FM102.1	都市生活	2.40	86%	10%	4%	1%
合肥	中央台第一套节目中国之声	新闻综合	0.61	80%	13%	3%	3%
佛山	佛山台 FM94.6	新闻综合	2.09	71%	18%	7%	4%
太原	中央台第一套节目中国之声	新闻综合	1.08	69%	19%	5%	8%
沈阳	沈阳广播电视台都市广播 FM103.4/FM91.2	都市生活	1.15	65%	20%	14%	1%
天津	天津台交通广播 FM106.8	交通	2.26	61%	37%	1%	2%
上海	上海流行音乐广播 动感 101 FM101.7	音乐	1.12	58%	33%	5%	4%
南京	江苏经典流行音乐广播 FM97.5	音乐	0.63	57%	11%	30%	2%
重庆	重庆台音乐频率 FM88.1	音乐	0.91	52%	30%	10%	9%
乌鲁木齐	新疆台 949 交通广播 FM94.9	交通	1.01	49%	42%	6%	3%
苏州	苏州交通广播 FM104.8	交通	1.97	48%	46%	6%	1%
厦门	厦门音乐广播 FM90.9	音乐	1.08	46%	44%	5%	5%
广州	广东电台音乐之声 FM99.3	音乐	1.01	46%	33%	15%	6%
韶关	韶关台交通旅游广播频率 FM97.5	交通	1.01	42%	30%	29%	0%
深圳	深圳广播电台音乐频率 FM97.1	音乐	0.92	40%	32%	26%	2%
南宁	广西电台文艺广播（Music Radio）FM95.0	音乐	1.19	38%	44%	9%	9%
石家庄	石家庄广播电视台音乐广播 FM106.7	音乐	0.93	38%	46%	11%	4%
济南	济南电台调频 88.7 FM88.7	音乐	1.44	42%	47%	8%	4%
常州	常州台交通文艺频率 FM90	交通	1.41	35%	52%	13%	0%
长春	长春交通之声广播电台 FM96.8	交通	1.52	41%	53%	6%	1%
西安	陕西台交通广播 AM1323/FM91.6	交通	0.88	40%	53%	5%	2%
郑州	河南台音乐广播 FM88.1	音乐	0.70	29%	54%	11%	6%
无锡	无锡广播电视台交通频率 FM106.9	交通	1.45	30%	66%	3%	1%
青岛	青岛交通广播 FM89.7/AM900	交通	2.27	18%	75%	6%	1%
北京	北京台交通广播（FM103.9/CFM95.6）	交通	1.65	20%	77%	1%	2%
宁波	宁波电台交通广播 FM93.9 AM603	交通	0.61	15%	79%	5%	2%
杭州	杭州交通经济广播 FM91.8	交通	1.13	17%	80%	4%	0%
长沙	湖南台交通频道 FM91.8/FM100.3	交通	0.90	17%	81%	0%	1%
福州	海峡之声广播电台巴士广播网 FM99.6	音乐	0.72	3%	96%	0%	0%

数据来源：CSM 媒介研究

从不同节目类别来看，新闻/时事节目是听众收听最多的节目，但随着新媒体的不断涌现，听众获取新闻/时事等资讯的渠道越来越多，新闻/时事类节目的收听比重逐年减少，而生活服务（天气资讯和路况信息等）类节目的收听比重则在近三年逐年增加。音乐类节目的收听量相对稳定，近三年，总体听众对音乐类节目的收听比重保持在16%，而在高学历听众中的收听比重为21%，明显高于总体水平（图5）。

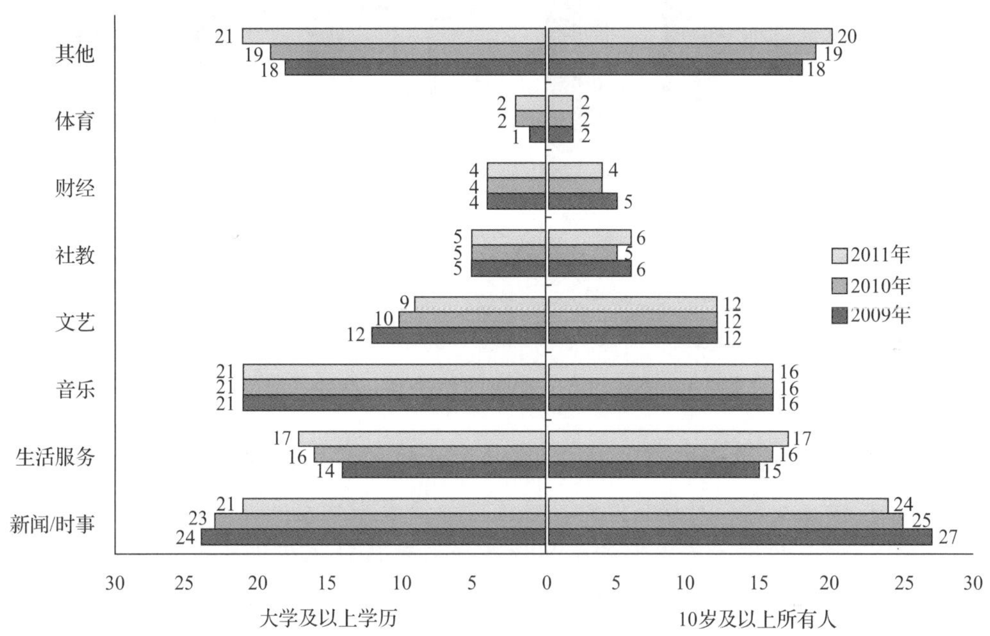

类别	大学及以上学历 2011年	2010年	2009年	10岁及以上所有人 2011年	2010年	2009年
其他	21	19	18	20	19	18
体育	2	2	1	2	2	2
财经	4	4	4	4	4	5
社教	5	5	5	6	5	6
文艺	9	10	12	12	12	12
音乐	21	21	21	16	16	16
生活服务	17	16	14	17	16	15
新闻/时事	21	23	24	24	25	27

数据来源：CSM媒介研究

图5　不同节目类别在大学及以上学历听众中的市场份额（%，全天时段，北京等四城市组合①）

三、高学历听众的广播媒体价值

在不考虑各类频率数量多寡的情况下，2011年前两波收听调查的六个星期内，06:00—24:00的累计到达率数据显示，新闻综合类广播频率在总体广播听众中的累计到达率达到51%，领先于其余所有广播频率类别。交通广播类频率和音乐广播类频率仅次于新闻综合广播，其累计到达率分别达到43%和42%。进一步观察各频率类别在大学及以上学历听众中的累计到达率数据，则发现，交通广播类频率的累计到达率为49%，音乐广播类频率的累计到达率为48%，明显地高于其在总体广播听众中的累计到达率。可见，交通广播和音乐广播能非常高效地将节目和广告信息送达高学历听众（图6）。

① 在北京、上海、广州和杭州，央视市场研究（CTR）提供了各主要国家级电台、省级电台和市级电台的节目监播数据，因此此处仅用这4城市的组合。

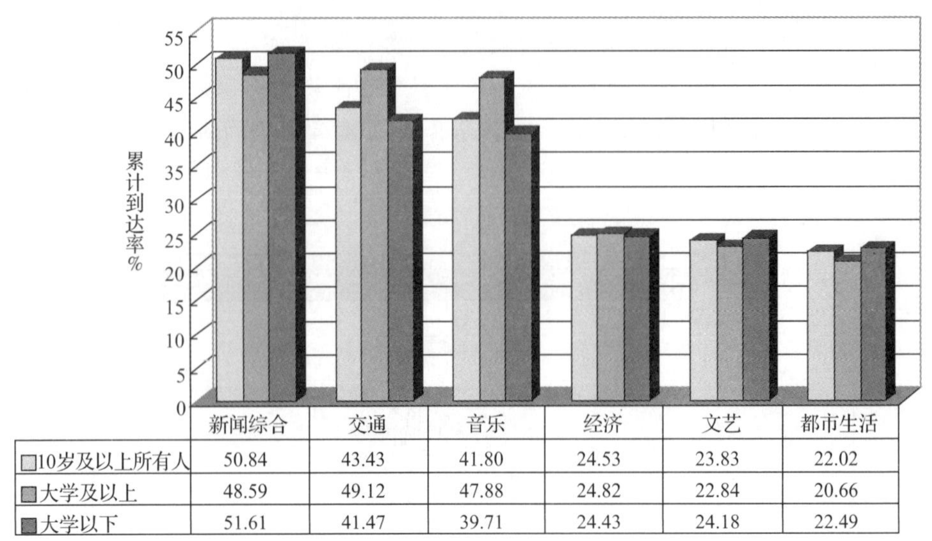

	新闻综合	交通	音乐	经济	文艺	都市生活
10岁及以上所有人	50.84	43.43	41.80	24.53	23.83	22.02
大学及以上	48.59	49.12	47.88	24.82	22.84	20.66
大学以下	51.61	41.47	39.71	24.43	24.18	22.49

数据来源：CSM 媒介研究

图 6　各目标听众不同类别频率的累计到达率（06:00—24:00，2011 年前两波数据，34 城市组合）

高学历听众的广播媒体价值与其电视媒体价值相比，显得更为明显。数据显示，高学历受众对广播、电视这两种媒体的接触倾向均低于平均水平，但是对于广播媒体来说，大学及以上学历听众的集中度是90%，而大学及以上学历电视观众的集中度为81%，可见，广播媒体比电视媒体更容易触达高学历受众。新媒体层出不穷，高学历受众的媒介消费日趋多元，作为传统媒体的广播，能够比电视媒体更容易捕捉高学历受众的闲暇时间，也一定能够在定位于高学历、高收入人群的传媒市场有所作为（图7）。

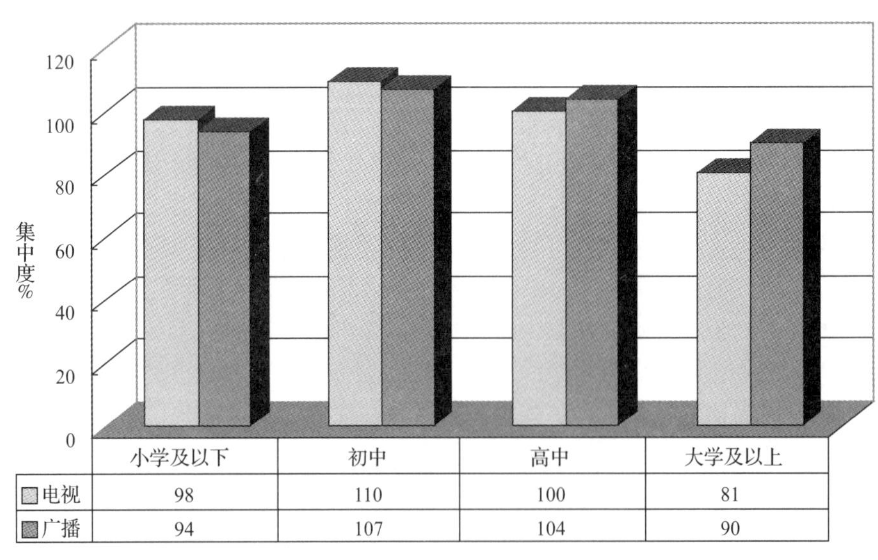

	小学及以下	初中	高中	大学及以上
电视	98	110	100	81
广播	94	107	104	90

数据来源：CSM 媒介研究

图 7　电视/广播媒体的受众集中度（10 岁及以上所有人，06:00—24:00，2011 年前两波数据，34 城市组合）

四、小结

高学历听众多为中青年及以上和中高收入人群，具有较高的消费潜力，其媒体识别觉悟性较高。高学历听众已经不再是传统概念中的“窄众”，高学历人口在总体人口、广播听众中的比例逐年提高，其媒体价值也更为凸显。高学历听众相对更多地在工作日上下班高峰时段的车上收听广播，较多地收听本地电台的新闻综合类、交通类和音乐类广播频率，新闻/时事、生活服务和音乐节目是高学历听众较多收听的节目类型。高学历受众对广播媒体的收听倾向明显高于其对电视媒体的收视倾向，因此，就针对高学历受众而言，广播媒体的传播效率，可能比电视媒体的传播效率更为快捷和有效。

（作者：王平）

收听峰值背后的成因探讨

电视的收视模式比较单一，无论在哪里，皆是晚间出现收视最高峰，俗称“黄金时段”。而各地广播的收听模式却多种多样，诸如单峰型、双峰型，还有多峰型，这些峰值出现的时段也不尽相同。本文想探讨的问题是：不同收听市场出现这些峰值背后的原因是什么？驱动力是什么？作为广播媒体而言，希望自己的节目能够产生良好的收听效果，形成高峰；并且频率的高峰期尽可能地延长，又高又宽、高位企稳。但现实情况是产生收听高峰不易，即使是产生了收听高峰，把收听高峰做宽又很困难。

本文从分析收听率数据出发，尝试归纳和梳理做高、做宽收听高峰的部分成因，为业内人士了解听众收听行为，优化时段编排，合理、充分、有效地使用各种资源，增强频率竞争力提出拙见，算是抛砖引玉，期待共同探讨。

一、透视影响广播收听高峰的关联要素

1. 地域、生活形态与收听模式的关联

广播媒体的伴随性、地域性、属地化特征十分明显，中国幅员辽阔，各个地区的气候、人文、生活形态不尽相同，对广播媒体的收听和接触也呈现千差万别的结果。在北方城市中，不管全天出现几次收听高峰，但趋同的一点是都有早间收听高峰；而在南方城市中，像广东的城市，基本上是收听最高峰值出现在午间，像南宁这样的城市，全天

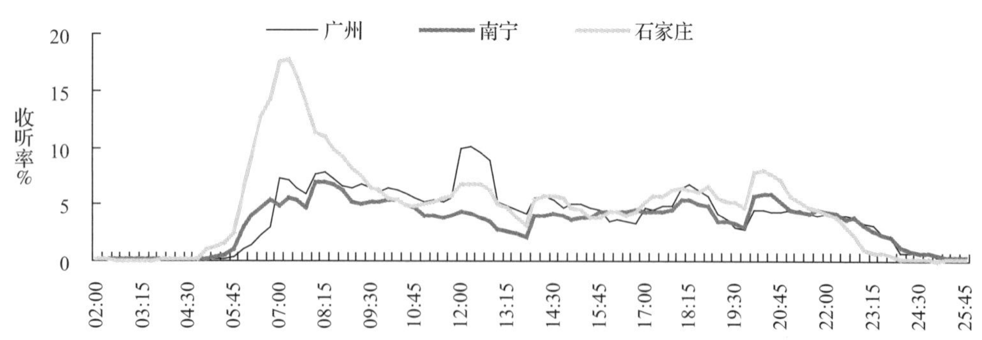

数据来源：CSM 媒介研究

图 1　广州、南宁、石家庄全天收听率走势比较（2011 年 9 月）

的峰值却不是十分突出（图1）；东西部城市之间的差异与时差相伴，东北哈尔滨的早间开机时间要比北京早半个小时，比西部的乌鲁木齐要早两个半小时（图2）。收听峰值这些差异的背后都与地域属性和生活形态的因素密切相关，而收听高峰的出现与这些因素相伴而生，形成常态的收听模式。

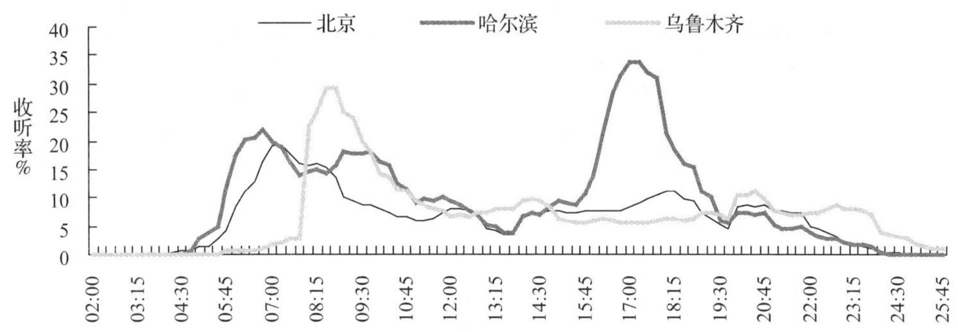

数据来源：CSM媒介研究

图2　北京、哈尔滨、南宁全天收听率走势比较（2011年9月）

2. 家户内及车载收听的变化与收听模式的关联

近年来，随着城市化进程的快速推进以及人民收入水平的提高，城市中私家车数量显著增加。CSM媒介研究收听调查数据显示：城市中家户内的收听率不断走低，而车载的收听率稳步提升（图3）；同时也使得在车载收听市场中，收听峰值发生了变化，早高峰时段后移，峰值基本出现在早晚的上下班出行时段（图4）；车上收听的听众结构在家户内收听的听众结构具有显著差异（图5）。数据显示，在家户内的听众中女性、高年龄、低收入、退休人员居多，而在车载收听市场听众中是男性、社会中坚人群、在职人员为多。上述收听峰值的错位、移动是随着社会环境的变迁自然产生的结果，并且随着时间的推移而变得越来越显著，车轮子成为这种现象的主要驱动因素。

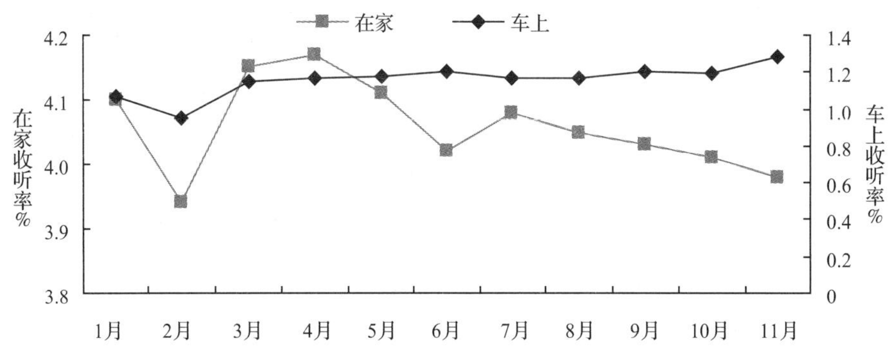

数据来源：CSM媒介研究

图3　2011年1—11月全国20城市组合家中和车上月度收听走势

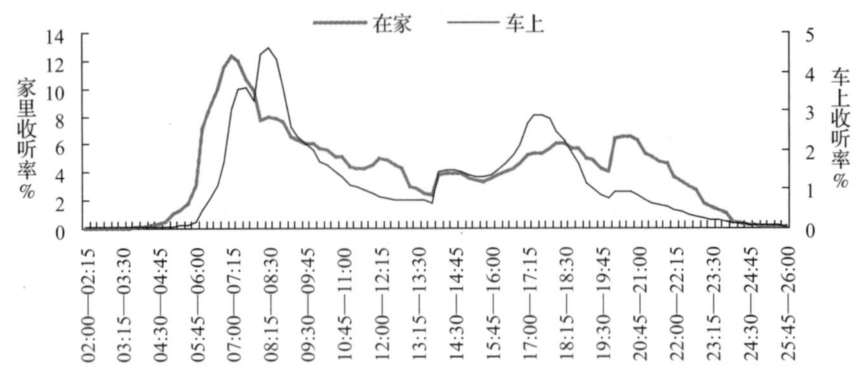

数据来源：CSM 媒介研究

图 4　2011 年 1—11 月全国 20 城市组合家中和车上全天收听率走势

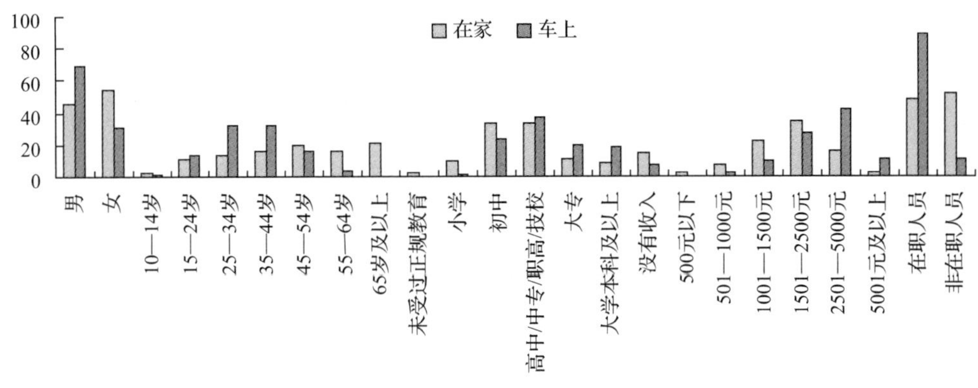

数据来源：CSM 媒介研究

图 5　2011 年 1—11 月全国 20 城市组合在家和车上的听众构成（%）比较

3. 频率定位与收听模式的关联

综观城市中广播电台频率的构成，除了中央级频率外，各地省级台和市级台的频率分门别类，丰富完整，而且还在不断地拆分、增加，使得广播收听市场的竞争更加多元和激烈。业界的共识是广播频率朝着专业化、对象化和窄播化的方向发展。一个城市中存在着新闻、交通、音乐、经济、都市、文艺等类型的频率，仍不断涌现的是以城市移动人群和私家车主为目标群体的各类型细分广播频率。在广播曾经的黄金岁月里，频率数量少且比较单一，其收听模式也相对较为简单。近年来多频率的出现，不断地分流、聚合着受众群体，不同频率所聚集的目标群体存在着竞争关系，也有差异，听众对频率的收听也产生了不同的收听模式，使得各频率的收听峰值形成了多样化的格局。比如新闻综合性频率以家户内收听为主（图 6），峰值基本出现在早(7:00—8:00)和晚(20:00—21:00)两个时段；交通频率以车载收听为主，峰值出现在早晚出行时段（图 7）；音乐类频率伴随性特征体现最明显，各个收听地点呈现时段互补的特征，在家里早间、午间、晚间有明显收听高峰，车上是早晚出行时段高峰明显，工作/学习场所则是午间、上午、下午时段高峰明显，其他场所全天都有收听（图 8）。

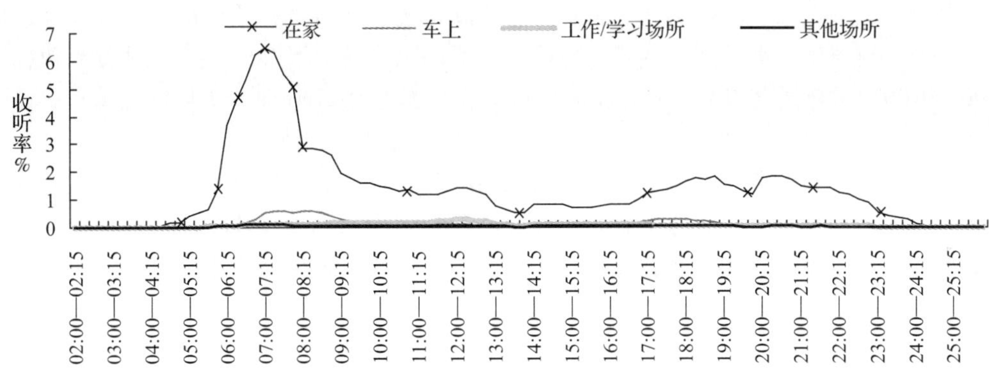

数据来源：CSM 媒介研究

图 6　2011 年 1—11 月全国 20 城市组合新闻类频率在不同地点的收听率走势

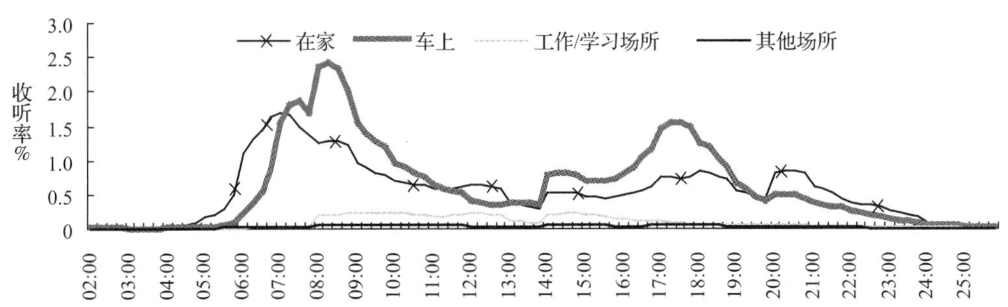

数据来源：CSM 媒介研究

图 7　2011 年 1—11 月全国 20 城市组合交通类频率在不同地点的收听率走势

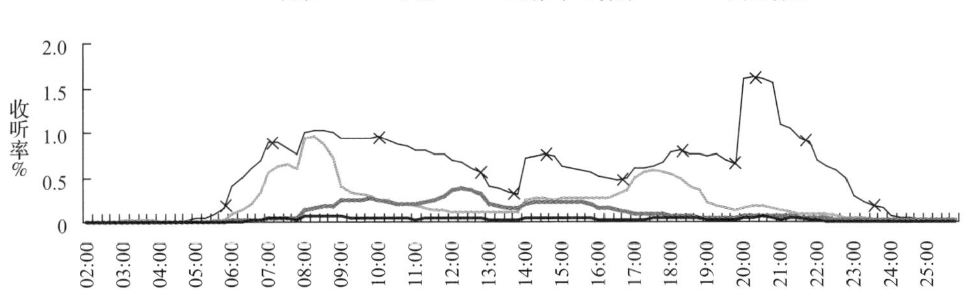

数据来源：CSM 媒介研究

图 8　2011 年 1—11 月全国 20 城市组合音乐类频率在不同地点的收听率走势

4. 强势节目与收听模式的关联

多年来，早间时段是广播播报新闻的天下，各个广播电台几乎把最优质的新闻节目都安排在早间播出，从而形成了早间收听新闻的节目约会模式。一个城市中大部分强势频率在早间都有新闻节目播出，除了固定转播中央台的《新闻与报纸摘要》节目外，在其播出时段的前后都会编排本地的新闻类节目，形成新闻节目带。早间时段也是多数城市广播开机最多的时段，各频率新闻类节目的群体效应共同推升了该时段的整体市场收听，形成了常态的、较为固化的早高峰收听模式。以上海市场2011年10月份为例，早6:00—9:00时段新闻类节目的播出比重占所有节目类型的27.6%，而收听比重更是高达63.6%。

早间新闻时段的收听高峰在大多数城市具有趋同性，但不同城市第二个、或者第三个收听高峰的出现却多与强势节目密切关联。以CSM媒介研究2011年10月份的数据为例，哈尔滨、长春、济南市场的第二个收听高峰，基本上都是以情感类、互动性心理访谈类节目拉动的，这类节目在当地反响强烈，影响力大。黑龙江都市女性频率的《叶文有话要说》在哈尔滨收听市场该节目同时段占据70%的市场份额，吉林新闻综合频率的《晓声长谈》占据长春收听市场同时段56%的市场份额，济南新闻频率的《金山夜话》多年来占据晚间时段的高点，10月份的市场份额达到50%，这些节目不但是当地市场收听率最高的节目，也是推升当地收听第二高峰的最主要力量。这说明，一档强势广播节目，不但能够托升起一个频率，甚至能支撑起市场的一个收听高峰。

二、把脉形成广播收听高峰的路径要素

1. 了解目标听众群体的收听习惯

洞察一个广播收听市场各类目标听众群体的收听习惯，对于广播媒体经营者意义重大。要想高效地运营频率，就要了解频率所定位的目标听众的收听习惯，了解目标听众收听广播时间在各时段的分配，这样才能在最合适的时段里把节目推送上去，以期获得目标听众的最大收听可能。所以，了解不同目标听众群体的时段收听走势就显得尤为重要。例如在北京收听市场，15—34岁的年轻人与55岁及以上的中老年人在全天开机时间及早高峰时段上差异十分明显，下午的收听形成强烈反差（图9）。如果专注于移动收听人群，那么单独考察车载收听市场，不同年龄组听众车载收听的差异显然与所有场所的差异对比鲜明（图10）。

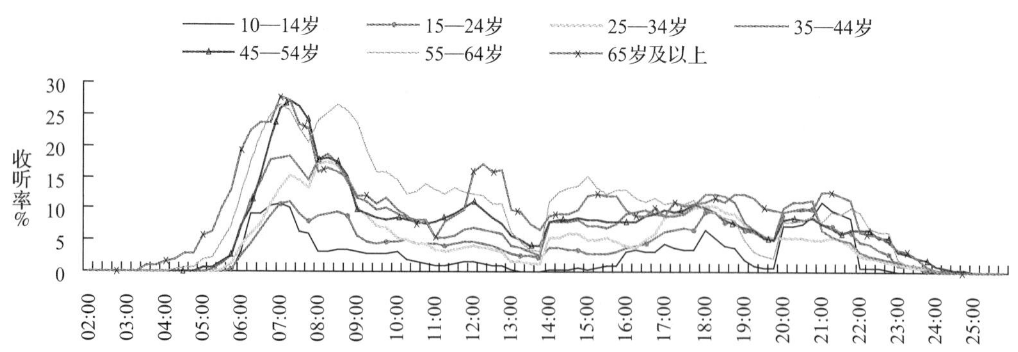

数据来源：CSM媒介研究

图9　北京市场不同年龄听众全天收听率走势（所有场所，2011年10月）

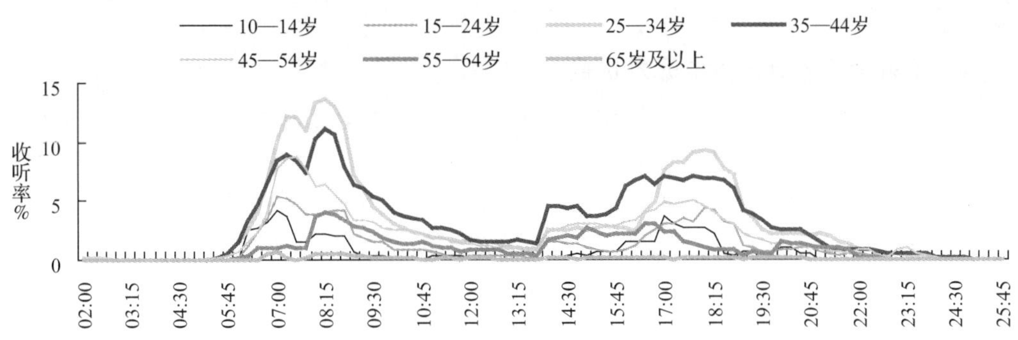

数据来源：CSM 媒介研究

图 10　北京市场不同年龄听众全天收听率走势（车上，2011 年 10 月）

2．了解目标听众群体的节目喜好

CSM 媒介研究的广播收听率调查数据显示，新闻、音乐、生活服务类节目是拉动收听率的“三驾马车”。这三类节目，无论是在节目的播出量中，还是在节目的收听量中，都占据相当大的比重。在北京、上海、广州、杭州、深圳五个城市中，这三类节目基本占到节目总播出量的一半以上，而收听比重更占到60%左右。像交通频率中有关出行天气、交通方面的提示信息，以及带有很强幽默感、地方色彩、方言土语、娱乐元素的双人脱口秀节目，均非常受欢迎。而像叶文、晓声、金山式的情感谈话类节目在当地成为拉动收听的“第四驾马车”。南宁广播市场上空飘荡的多是音乐的声音，当地以音乐为主的频率占据强势媒体地位，这与当地听众喜欢收听音乐密不可分。当然，一方水土养一方人，一个在当地强势的节目，换了环境，也有可能产生水土不服的结果。所以，了解一个市场听众对节目的口味和需求，对于办什么样的节目，以及如何办好节目，意义十分重大。

3．了解目标听众群体的收听场所

近几年许多电台针对城市听众，开办了许多针对移动收听市场的频率，频率的呼号和内容针对性很强，并随着车载收听市场的壮大，稳步走向繁荣。究其原因，其中一个最主要的因素就是瞄准这个市场中的优质人群。前文提及的移动收听人群是以男性、社会中坚力量、高收入、在职为主（图 5）。很显然，这部分群体的消费能力更高，社会影响力巨大，同时，不乏有意见领袖式的高端人士。所以，追逐这部分人群的广播媒体接触和节目体验，成为电台打造频率内容、吸纳品牌硬广告的原始驱动力。但是对于以家户内收听为主的老年退休人群，广播的传播价值也不应该被矮化，除了多年培育的忠实听众，多数频率，如新闻综合频率的公信力一直没有衰减，时政要闻、民生节目、优质的健康节目都能够获得听众的青睐。对于许多省级广播电台，一些频率要面向全省，其节目内容也要适位于全省，如新闻综合、乡村频率等，在中心城市难与定位于城市的频率竞争，但在全省范围内，尤其是在广大的农村地区，收听效果十分显著。因此，了解在不同的收听场所、不同的地域，不同频率对不同目标听众群体的吸纳和吸引程度是非常必要和必须的。

4. 了解全天收听时段的开发价值

广播媒体的传播是随全天时段线性播出，全天不同时段的收听会出现波动，深夜收听微弱。早间新闻集中的时段多为早高峰时段，也是常态下的黄金时段，开机率最高，但是竞争往往也最激烈。一些频率考虑把自己的优质节目投放进去，却又担心淹没在沸腾的红海中，对于其他非黄金时段，往往也没有十足的把握。

本文认为竞争是全天候的，时段价值是可以开发出来的，任何时段都有可能成为目标听众群体的第二、第三、第N个收听高峰时段。《叶文》的节目在下午16:30开播，这个时段历史上曾经是哈尔滨市场的收听洼地；《晓声》的节目在晚间20:00开播，是传统的电视黄金时段，但是他们都创造了收听市场中的奇迹，开辟出属于自己的蓝海，获得最大的听众收益。即使是收听沉寂的深夜时段，也不能放弃，也具有开发利用的价值。

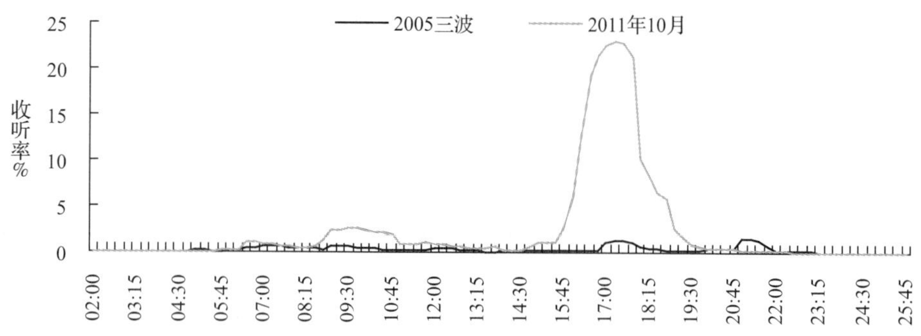

数据来源：CSM媒介研究

图11　黑龙江都市女性频率在《叶文》节目开播前后的时段收听率对比

三、优化提升整体收听效果的资源要素

1. 频率平台的自身条件影响传播效果

经营好广播与频率自身的先天条件不无关系。以传统方式发射广播信号的收听效果会受到诸多因素的影响，例如：一个频率所搭载的调频受其发射功率大小的影响，FM与AM的收听效果差别很大。这就好比竞争平台相同，但各自的先天条件不同，300瓦与3000瓦不可同日而语，后者可以对一个市场进行100%的有效覆盖，而前者可能只能有效覆盖一部分，其竞争的结果自然而明。某一北方城市市场，曾经有一个小调频频率，自身做节目很努力，但收听市场效果不显著，在发射设备升级完成后，加紧开发优质节目并优化编排，在很短的时间里，在相同的覆盖条件下，跃居市场竞争的前列，而且一直保持良好的势头（图12）。频率的先天条件很大程度上决定了收听结果，有效覆盖是个硬指标。

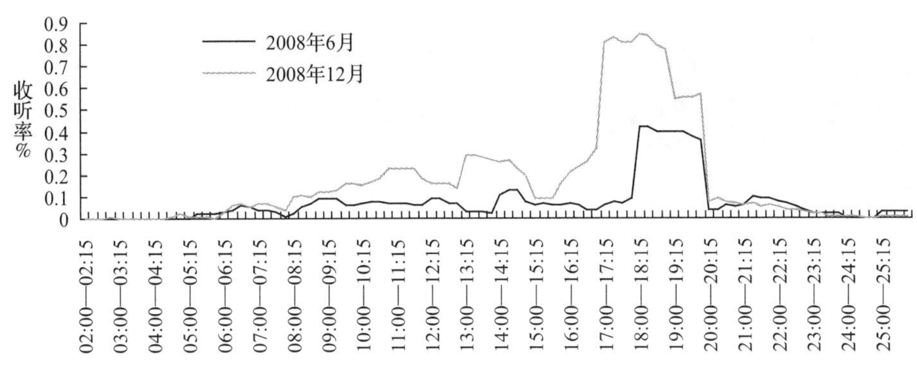

数据来源：CSM 媒介研究

图 12　北方某一频率发射条件改善半年后与改善前收听效果对比

2. 明确频率听众定位，打造适位广播

日益增多的频率在不断分流、不断割裂、不断碎片化听众资源，找准目标群体，有效聚合，编排对位节目，培养目标听众的忠实度，有效增加频率粘性度，目前已成为业界的共识。原来孤芳自赏、自娱自乐的节目选择和播放已成为过去，但是以行业经验和个人经验对听众和节目做出判断难免出现偏颇和错位现象。所以，要深度挖掘数据，研究受众行为，把握市场动向，使收听率数据真正发挥其有效作用。我们考察北京收听市场，北京台戏曲曲艺有线广播的核心听众主要为男、女 65 岁及以上的老人，这些老年听众群体规模不大，又是通过有线收听，听众规模就更小，但是这部分听众的忠实度非常高，俨然是该频率的听迷（图 13）。定位于年轻群体的 FM88.7 劲曲调频，节目以偏格式化的国际流行音乐为主，获得部分年轻听众的高度认同和喜爱，在北京整体市场中，尽管它的目标听众规模小，但是忠实度很高，成为高适位度的优势媒体（图 14）。频率市场定位清晰，吸纳聚合目标听众，打造适位媒体，是广播经营者必须要解决的问题。

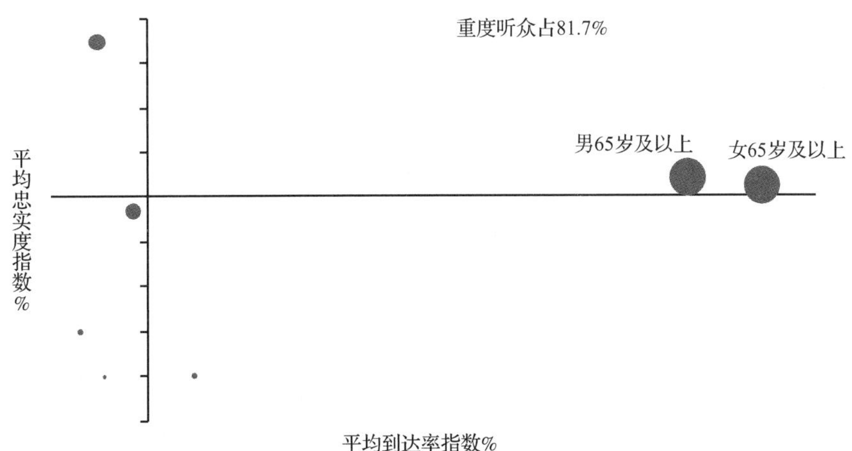

数据来源：CSM 媒介研究

图 13　北京戏曲曲艺有线广播核心听众（2011 年 12 月 1 日—12 月 17 日）

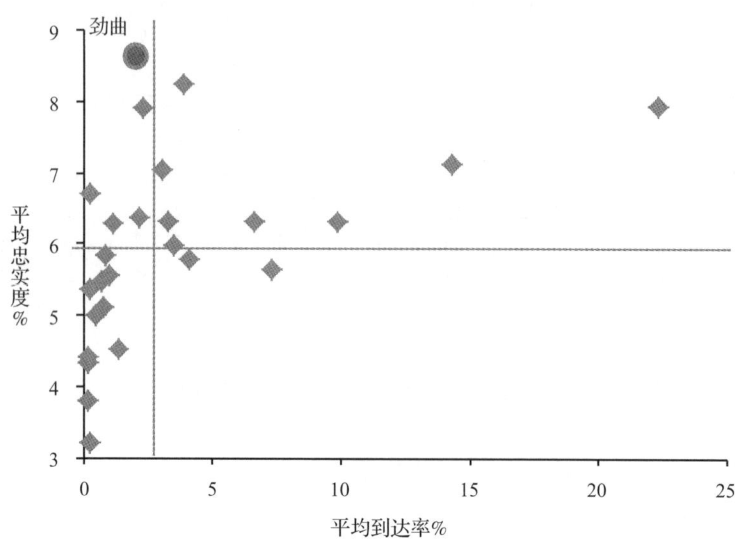

数据来源：CSM 媒介研究

图 14　2011 年 10 月北京市场各频率的平均到达率和平均忠实度

3. 优化编排结构、把控听众流向

广播按时间序列编排节目，上下节目间的衔接直接影响节目的收听效果。节目编排的核心就是对听众的流向进行把控。听众流向一般分为顺流（即沿本频率自然流向下一档节目）、溢流（即听众流向其他频率）和入流（即把听众从其他频率争取过来）。

城市中大多数频率的编排一般是按栏目式来进行的。近几年来，借鉴国际上频率资源丰富、听众区隔显著国家和地区的经验，一些城市也重新规划了频率的编排，打造了一些格式化的频率，弱化栏目和主持人，提升整体频率形象和识别度，诸如听歌的频率、听新闻的频率、听故事的频率等，取得了良好效果。

收听率数据显示：以栏目和主持人编排为主的频率，其全天收听走势波动明显，起伏较大；以格式化为主的频率收听走势相对平稳。

透过对数据的分析，我们发现综合性频率的听众比较宽泛，专业性频率的听众比较单一（也即同质性听众），这与频率的定位与节目编排有关。从听众流的角度来看，要使同质性听众最大限度地沿本频率往下档节目流动，其两档节目的内容要具有同质性，听歌的听众不断地听歌，听评书的听众不断地听评书，而格式化的频率编排恰恰满足了这一点。反观一些栏目式编排的频率，上下节目间的脱节较严重，上一个节目有可能是针对老年人健康节目，下一个节目就变成少儿节目，两个节目的听众完全错位，前节目对后节目没有多少听众贡献，造成溢流和听众断层，下一个节目只能从其他频率来争取听众，这样，破坏了频率本身的粘性度，造成收听起伏。即使是强势节目，多半在该节目的前后时段缺乏有效编排，没有前节目的助跑，也没有后节目的延展，强势节目孤零零地自我耸立。如果将强势节目自身延时拉宽，会造成节目内容资源缺失或注水，同时对主持人是个巨大的考验，历史数据对此也有验证。这也是收听高峰做高相对容易，而做宽很难的编排因素。

图15中显示的是南方某城市市场中某一频率在频率定位、编排改版前后全天收听走势的对比情况。改版前是一个栏目式的编排，内容较杂，还包括几档医疗节目，收听低迷。改版后，定位于更能迎合市场需求的音乐格式化频率，极大地拉升了收听率，而且高位企稳，上节目对下节目的贡献达84%（2011年6月，8:00—9:00时段的听众有84%流入到了9:00—10:00时段），而一年前的同期同时段，上节目平均只有52%的听众流入到下节目中。

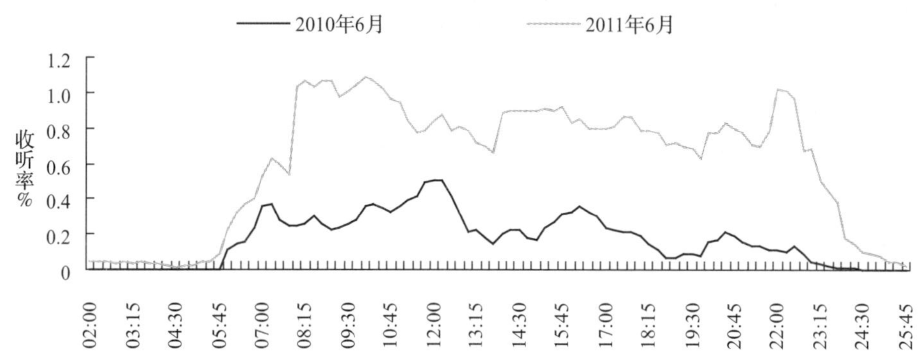

数据来源：CSM媒介研究

图15　南方某城市某一频率编排调整前后全天收听走势对比

4. 发掘优质主持人资源，做强、做大重点节目

格式化编排固然有一定的优势，但并不是适合所有的频率。广播的传播效果还在于声音的魅力和主持人的个性及特点，同样的故事、笑话在不同的主持人嘴里释放出来的效果大相径庭。优秀的主持人是一个节目的灵魂，是这个节目的价值符号，这个价值不仅仅在于节目的收听突出，更在于他们在听众中的影响力和号召力。利用这种价值进行社会公益活动，不仅能收到良好的效果，更能彰显广播媒体的责任感和公信力；利用这种价值可以跨行业、跨领域地拓展商业开发，因为他们的听众有可能成为与他们密切相关产品的潜在消费者。

优秀的主持人靠平台、靠培养，也靠发掘。只要有适合的土壤，定能有种子茁壮成长。很多优秀主持人都是从电台内部发掘出来的，实现从最初的默默无闻到最后的声名远扬的跨越。合适的节目、合适的平台，再加上把自己最擅长的特点发挥到极致，是一个主持人成功的必要条件。东北某城市的一个频率有一个优秀的节目主持人，频率就以这个优秀主持人为核心搭建一个团队，在全天早、午、傍晚播出三档这个团队的节目，现在这三档节目成为支撑整个频率的顶梁柱，再围绕这三档节目研究前后节目的编排，这就是从做强到做大的一个现实案例（图16）。

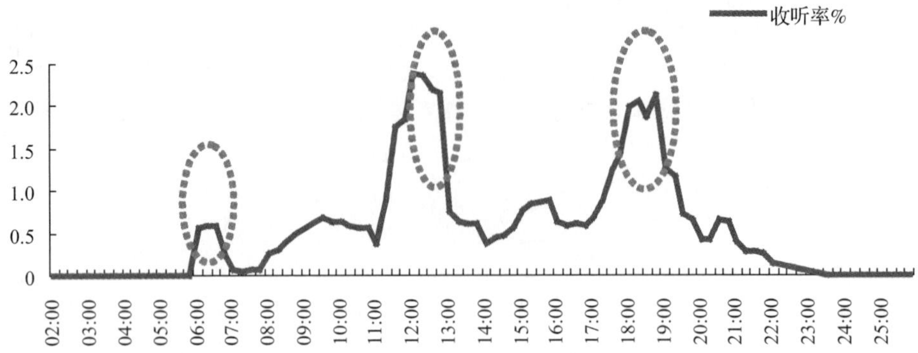

数据来源：CSM 媒介研究

图 16　某频率同一主持人三档节目的收听表现

四、小结

本文通过对收听率数据的分析和解读，尽可能地梳理出产生收听波动、尤其是收听高峰值形成的相关影响因素，为业界同仁提供一些参考。也希望能有更多的人参与讨论，关注听众，关注市场，关注节目，关注广播的发展。

广播发展到今天，经历过辉煌，也有过低谷，又体验了二次重生，现在面临着更为复杂的媒介生态环境。数字化生活摆在我们面前，传统媒体的空间受到空前的挤压，受众接触多介质的时间更长，但是持续地被分流、分化，走向碎片化的趋势更猛烈；电台赖以生存的广告也在不断被分流到新媒体中去，作为核心的内容资源也在不断地被分享；生存和发展成为广播永恒的主题。但是，广播作为一种介质具有一些不可替代的特性，有声音的传递，同时能够解放眼睛和手的媒体，广播是最合适的。近年来，移动收听市场的收听增加，反映出受众对广播媒体的使用趋向。城市化、机动车、高速路这些要素是广播发展的现在也是未来，今后的广播可能不拘泥于狭小的地域，机动车和高速路会把广播和听众延展的更远、更宽、更阔。通过收听率数据对当前市场和听众的了解和把握，就是对未来做好准备。

（作者：梁帆）

城市受众[①]广播媒体消费行为研究

现代社会媒体种类的丰富程度已超过以往任何时代，各类媒体对有限受众资源的争夺也已进入白热化阶段。在媒介生态环境错综复杂的今天，受众对媒介的选择呈现出多元化的趋向，广播作为唯一能“解放眼球”的媒体仍能在竞争激烈的媒介市场占有一席之地，显示了其顽强的生命力。

本文以2010年CSM媒介研究102城市基础研究相关数据为基础，对城市受众广播媒体的消费行为进行简要分析。本文既从整体的角度全景式地展现城市受众对广播媒体的消费情况，又将城市受众广播媒体消费与空间和生活形态联系起来，力争通过揭示群体化受众广播媒体使用的异同，为广播媒体的发展提供更多的思路和参考。

一、城市受众整体的广播媒体消费

1. 超过三成的受众半年内收听过广播

2010年CSM媒介研究视听率基础研究数据显示，半年内收听过广播的受众比例达到35.9%。在收听频次上，每天收听和每周收听3次及以上的受众比例相对较高，分别为15.8%和7.5%（图1）。

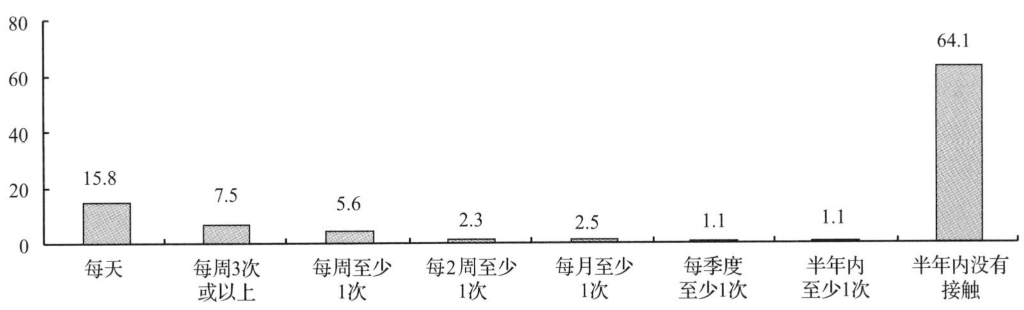

数据来源：CSM媒介研究

图1　102城市广播受众的广播接触频次分布（%）

① 本文所指的城市受众主要指2010年CSM媒介研究基础研究中涉及的102个城市的受访者。

2. 家中是广播受众最经常的收听场所

在受众收听广播的地点选择上，在家中收听是城市广播受众的首要选择。另一方面，随着便携广播收听设备的不断推出，受众移动收听的趋势日益明显。调查数据显示，在交通工具上（包括私家汽车、公共汽车、出租车、单位汽车和地铁）收听广播的受众比例接近40%（图2）。

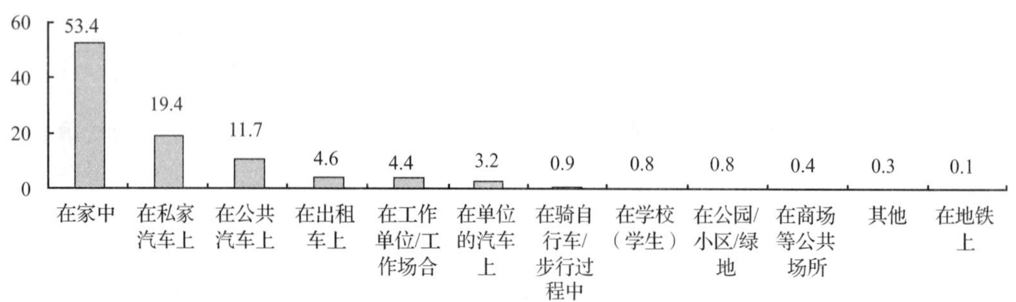

数据来源：CSM媒介研究

图2　102城市广播受众最经常收听广播的地点选择（%）

3. 收音机是广播受众最常使用的广播收听设备

收音机是广播受众最经常使用的广播收听设备，最经常使用收音机的受众比例超过4成。使用车载广播收听的受众比例仅次于收音机，达到36.1%。由于手机的日益普及，具备广播收听功能的手机成为重要的收听设备，最经常使用的比例超过10%。相比而言，其他各种收听设备的最经常使用比例较小，均在4%以下。

从各目标受众群体对不同收听设备的使用情况来看，15—19岁、学生群体倾向于经常使用互联网和MP3/MP4听广播；20—29岁受众通过手机听广播的偏好相对明显；大学及以上学历、职业为干部/管理人员、个体/私营企业人员、年龄30—39岁的受众更多使用车载广播收听。此外，不同人口特征受众对收音机的使用比例普遍较高，而其余收听设备的特征人群偏好并不明显（图3）。

4. 收听时长多集中在1小时以内

根据被访者最近一周收听广播的情况，工作日和周末分别有13.8%和28.4%的受众没有收听过广播。就收听了广播的受众而言，无论是工作日还是周末，广播受众的收听时长均较为集中，收听时长1小时以内的受众比例工作日和周末均超过50%，其中收听时长“大约30分钟”的比例最高，“大约1小时”的比例其次。与工作日相比，周末各种收听时长的受众比例均低于工作日（图4）。

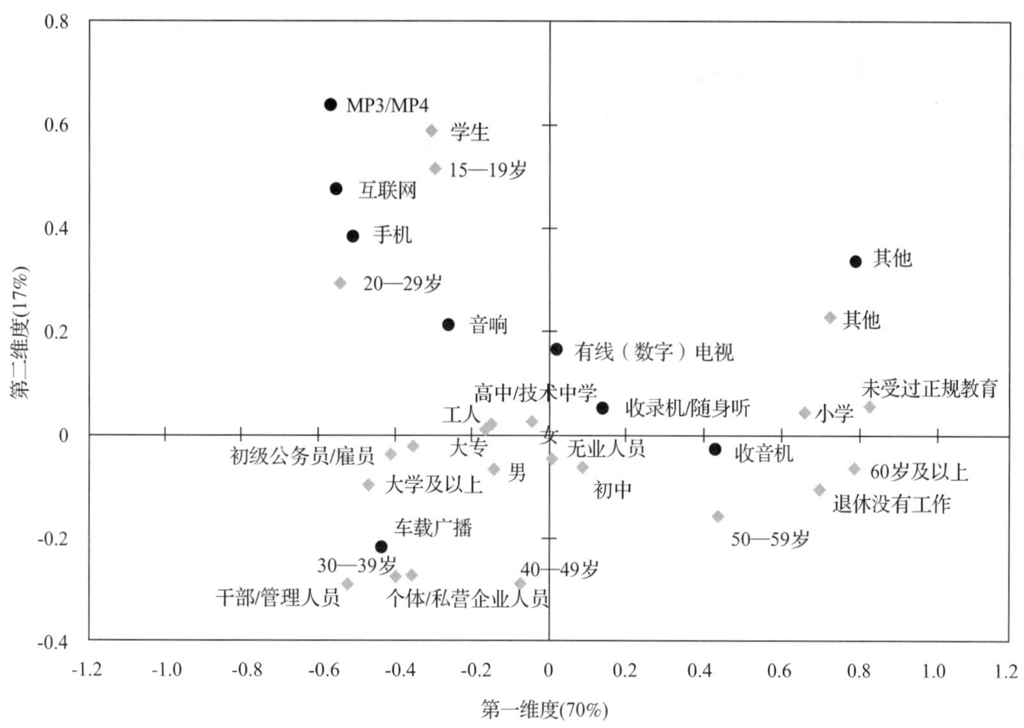

数据来源：CSM 媒介研究

图 3　102 城市不同人口特征受众使用收听设备的对应分析

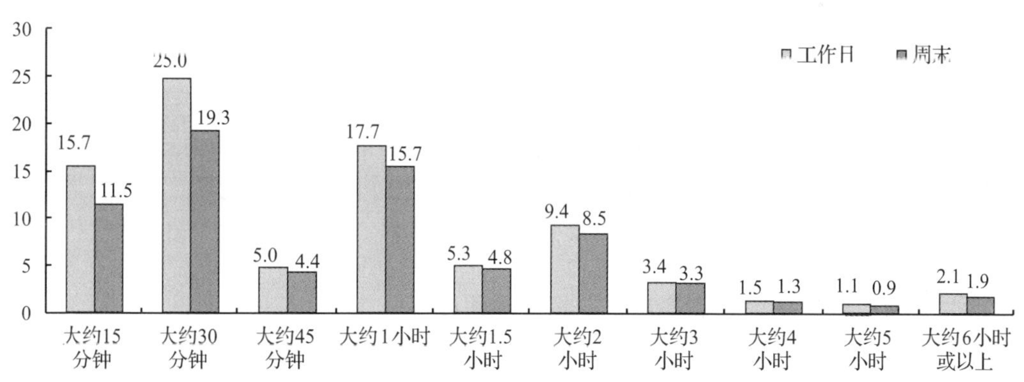

数据来源：CSM 媒介研究

图 4　102 城市广播受众最近一周收听广播时长的分布（%）

5. 新闻/时事、音乐和生活服务类节目最为广播受众所喜爱

研究还对广播受众偏爱的节目类型进行了调查，请被访者对“最喜欢”、“其次喜欢”和“第三喜欢”收听的广播节目类型进行回答。从受众最喜欢收听的广播节目类型来看，新闻/时事类节目排名首位，最喜欢的比例超过40%，其次是音乐类和生活服务类节目，最喜欢比例在10%—30%之间。综合各种喜欢程度来看，新闻/时事、音乐和

生活服务类节目位列广播受众喜爱的节目类型前三甲，其中，新闻/时事和音乐节目的喜欢比例均超过50%（表1）。

表1　102城市广播受众喜欢收听的广播节目类型（听众比例%）

节目类型	最喜欢	其次喜欢	第三喜欢	综合喜欢
新闻/时事类	42.4	15.0	5.1	62.5
音乐类	26.2	18.5	5.6	50.3
生活服务类	13.1	15.2	10.0	38.3
文艺类	11.1	10.9	4.7	26.8
法制类	1.2	3.2	6.3	10.6
体育类	2.0	4.1	2.4	8.5
财经类	1.7	3.0	2.6	7.3
社教类	0.5	0.9	0.7	2.1
外语类	0.2	0.7	0.6	1.5
其他类	0.9	0.9	0.5	2.2

数据来源：CSM媒介研究

二、不同级别城市受众的广播媒体消费

城市受众受其生活环境、媒介环境以及各种社会形态影响，他们的思想和行为必然会带有城市空间所特有的集体性和社会性的烙印。在对媒体的使用方面，由于不同城市空间媒体环境和文化氛围的差异，受众对各种媒体的使用行为也不尽相同，广播媒体也不例外。

CSM媒介研究依据城市自身发展状况以及在区域政治、经济和文化发展中的地位，对CSM基础研究中涉及的102个城市进行了分类。采用城市人口规模、人均GDP及城市综合竞争力指数等指标对102城市进行聚类分析，将102城市分为四类：北京、上海、广州及深圳4个一线城市、35个二线城市（主要为省会城市及部分地级市）、48个三线城市及15个四线城市，并针对各级城市受众广播媒体的使用情况进行了分析。

1. 受众收听广播的比例随城市级别下降而减少

城市级别不同，受众收听广播的比例存在明显差异。随着城市级别的下降，半年内收听过广播的受众比例逐渐降低。一线城市受众的收听比例最高，达到42.7%，是四线城市收听比例的一倍以上（图5）。

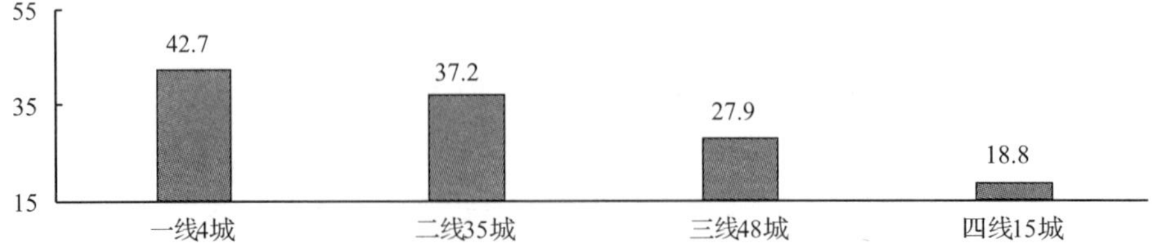

数据来源：CSM媒介研究

图5　各级城市受众半年内收听过广播的比例（%）

2. 一线城市广播受众最常使用车载设备收听广播

收音机是城市广播受众最常使用的收听设备，其次是车载广播，手机再次，三类设备的使用百分比总和达到89.6%。此外，其余各类收听设备的使用百分比均低于5%。分城市级别来看，车载广播超越收音机成为一线城市受众最经常使用的广播收听设备，而二线城市对车载广播的使用比例与总体平均水平基本持平（表2）。

表2　各级城市广播受众最常使用的广播收听设备（受众比例%）

收听设备＼城市级别	总体平均	一线4城	二线35城	三线48城	四线15城
收音机	41.7	36.8	43.1	44.3	48.6
车载广播	36.1	40.2	36.0	30.9	26.3
手机	11.8	12.8	11.2	12.1	12.0
MP3/MP4	3.3	6.4	2.3	1.9	2.0
收录机/随身听	2.1	1.9	2.1	2.4	2.5
有线（数字）电视	1.1	0.3	1.1	2.4	1.7
互联网	1.0	1.2	0.9	0.9	0.4
音响	0.6	0.5	0.6	0.8	1.8
其他	2.3	0.0	2.7	4.5	4.7
合计	100.0	100.0	100.0	100.0	100.0

数据来源：CSM媒介研究

3. 广播受众乘交通工具或途中听广播的比例随城市级别上升而增加

家中是最主要的广播收听地点，各级城市在家中收听广播的比例均超过40%。除家中收听外，在交通工具上的收听也越来越常态化。交通工具上及途中收听包括在私家汽车、公共汽车、出租车、单位汽车、地铁和骑自行车/步行过程中的收听，整体来看，城市级别越高，广播受众在私家车及公共汽车上收听广播的比例也越高（表3）。

表3　各级城市广播受众最常收听广播地点的选择比例（%）

收听地点＼城市级别	总体平均	一线4城	二线35城	三线48城	四线15城
在家中	53.4	47.1	55.2	57.4	57.0
在私家汽车上	19.4	23.0	18.9	15.7	15.3
在公共汽车上	11.7	17.5	10.4	7.4	2.7
在出租车上	4.6	2.9	5.0	5.7	4.4
在工作单位/工作场合	4.4	4.1	4.1	5.8	9.2
在单位的汽车上	3.2	2.5	3.5	3.4	4.2
在骑自行车/步行过程中	0.9	1.1	0.9	0.7	0.9
在学校（学生）	0.8	0.3	0.9	1.4	2.4

续表

收听地点 \ 城市级别	总体平均	一线 4 城	二线 35 城	三线 48 城	四线 15 城
在公园/小区/绿地	0.8	0.6	0.6	1.4	1.6
在商场等公共场所	0.4	0.3	0.2	0.7	1.6
其他	0.3	0.1	0.3	0.5	0.7
在地铁上	0.1	0.4	0.0	0.0	0.0

数据来源：CSM 媒介研究

4. 一、二线城市广播受众收听更为频繁

不同级别城市广播受众的收听频率呈现出一定特征：一是一线和二线城市各种频次的收听比例普遍较三、四线城市略高；二是中高频次（每周至少一次及以上）收听的受众比例随城市级别的提升而逐渐增加（图6）。

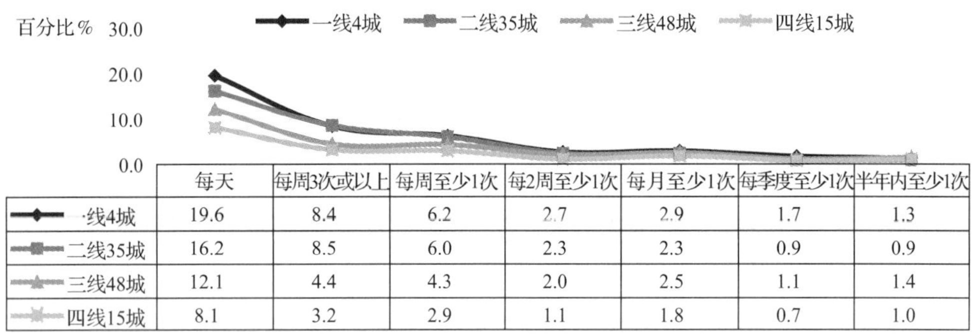

	每天	每周3次或以上	每周至少1次	每2周至少1次	每月至少1次	每季度至少1次	半年内至少1次
一线4城	19.6	8.4	6.2	2.7	2.9	1.7	1.3
二线35城	16.2	8.5	6.0	2.3	2.3	0.9	0.9
三线48城	12.1	4.4	4.3	2.0	2.5	1.1	1.4
四线15城	8.1	3.2	2.9	1.1	1.8	0.7	1.0

数据来源：CSM 媒介研究

图 6　各级城市受众收听广播的频率分布（%）

5. 四线城市广播受众听广播时间最长

从各级城市广播受众工作日和周末广播收听时长来看，各级城市受众收听广播的时长均集中在“大约 15 分钟”、“大约 30 分钟”和“大约 1 小时”。与工作日相比，周末各级城市收听时长 2 小时及以内的比例普遍下降。

在各级城市广播受众收听广播时长方面，对时长选项进行赋值[①]，获得各级城市广播受众最近一周内收听广播时间长度的均值。其中，四线 15 城广播受众工作日和周末平均每天收听时长均高于总体平均，而一线 4 城广播受众收听广播的时长则相对偏少。工作日和周末，各级城市广播受众收听广播时长差异不大，三线 48 城和四线 15 城受众周末收听时长略高于工作日（表 4）。

① 受众选择“大约 15 分钟”赋值 0.25，“大约 30 分钟”赋值 0.5，“大约 45 分钟”赋值 0.75，“大约 n 小时赋值 n（n=1，2，3，4，5）”，“大约 6 小时或以上”赋值 6，计算得到广播收听时长均值。

表 4　各级城市广播受众最近一周不同周天听广播的时间长度（小时）

城市级别 \ 周天	周一至周五	周六和周日
一线 4 城	1.1	1.1
二线 35 城	1.2	1.2
三线 48 城	1.1	1.2
四线 15 城	1.4	1.5
总体平均	1.2	1.2

数据来源：CSM 媒介研究

6. 新闻/时事、音乐和生活服务类节目广受青睐

不同级别城市受众喜爱的广播节目类型相对集中，新闻/时事类和音乐类广受欢迎，喜爱比例均超过 40%。生活服务类、文艺类和法制类节目也较受青睐，其余各类节目的关注度略低，各级城市受众喜爱收听的比例均在 10% 以下（表 5）。

表 5　各级城市广播受众喜爱的广播节目类型（受众比例%，多选题）

节目类型 \ 城市级别	总体平均	一线 4 城	二线 35 城	三线 48 城	四线 15 城
新闻/时事类	62.5	62.9	61.6	64.5	66.3
音乐类	50.3	55.1	47.6	51.1	55.7
生活服务类	38.3	32.4	41.8	36.6	31.3
文艺类	26.8	25.0	27.9	25.9	26.4
法制类	10.6	8.9	10.8	12.2	12.2
体育类	8.5	8.2	8.5	8.5	9.8
财经类	7.3	9.0	6.5	7.2	6.0
其他类	2.2	1.6	2.6	1.7	3.8
社教类	2.1	2.7	1.8	1.8	3.9
外语类	1.5	2.3	1.3	1.2	1.1

数据来源：CSM 媒介研究

通过对各级别城市广播受众最喜爱的广播节目进行对应分析发现，一线城市受众倾向于收听音乐、新闻/时事类节目，同时也较为关注财经类和外语类节目，二线城市受众对生活服务类节目较为青睐，三线城市受众较为喜爱文艺和新闻/时事节目，四线城市受众相对较多关注体育节目（图 7）。

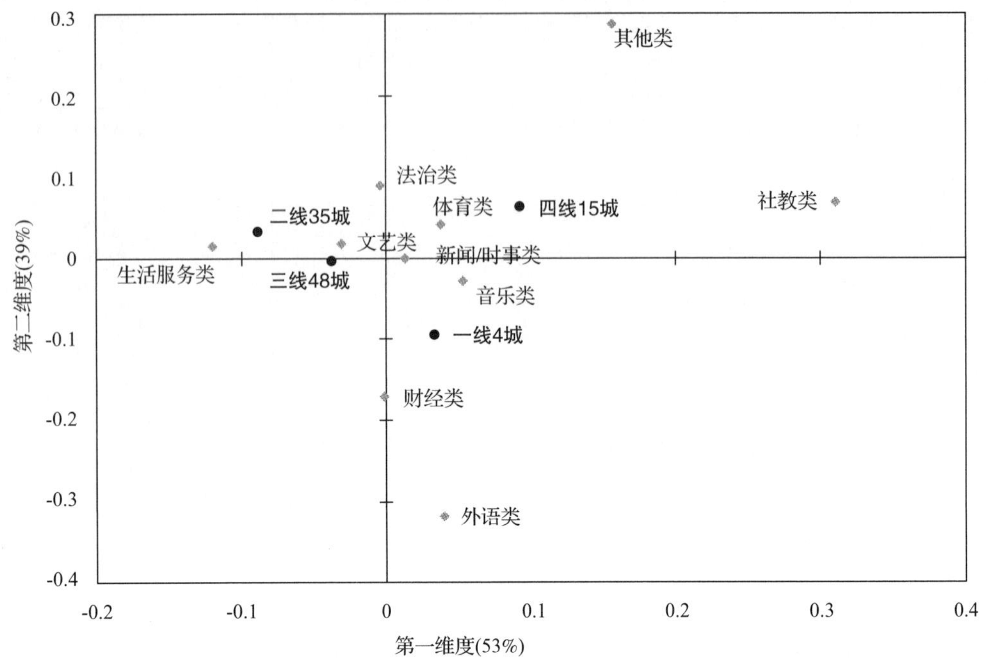

数据来源：CSM 媒介研究

图 7　各级城市广播受众最喜爱的广播节目类型对应分析

三、不同生活形态受众的广播媒体消费

CSM 媒介研究依据被访者对基础研究问卷中生活形态量表题的回答，采用因子分析和聚类分析方法将受众划分为 6 种类型，各类型受众特征如下：

现代适应型：非常关注外界变化，认同信息、新技术的重要性，行事缺乏计划性、较少事业心和冒险倾向。

广告疏离型：对广告极为排斥，冒险倾向和成功渴望较低，自我肯定，行事计划性强。

中庸随性型：缺乏与时俱进精神，自我评价较高，在消费、行动力、冒险倾向上的表现均处于中间状态。

信息依赖型：认同科技和信息在现代生活中的重要性，对网络依赖性强，最不排斥广告，行事果断，但最缺乏专注，容易被干扰。

事业奋斗型：注重自我奋斗和个人成功，愿意冒风险和接受挑战，对广告和品牌最为认可，但对互联网依赖性最低。

适从跟随型：自我评价低，较缺乏与时俱进的精神，对持续学习、掌握信息和新科技缺乏热情，做事专注性较弱，成功渴望偏低，生活方式比较传统。

针对不同生活形态受众，CSM 媒介研究对其广播媒体的使用情况进行了分析，主要有以下几点发现：

1. 现代适应型和信息依赖型广播受众倾向于移动收听

不同生活形态广播受众受自身生活方式及心态因素的影响，在广播收听地点的选择上呈现出一定的差异性。广告疏离型、中庸随性型、事业奋斗型和适从跟随型受众倾向于在家中、工作单位/工作场合及商场等相对固定的场所收听，而现代适应型和信息依赖型受众具有较强的适应性和开放的心态，因此较多地选择在私家汽车、单位汽车、出租车和公共汽车等交通工具上移动收听（图8）。

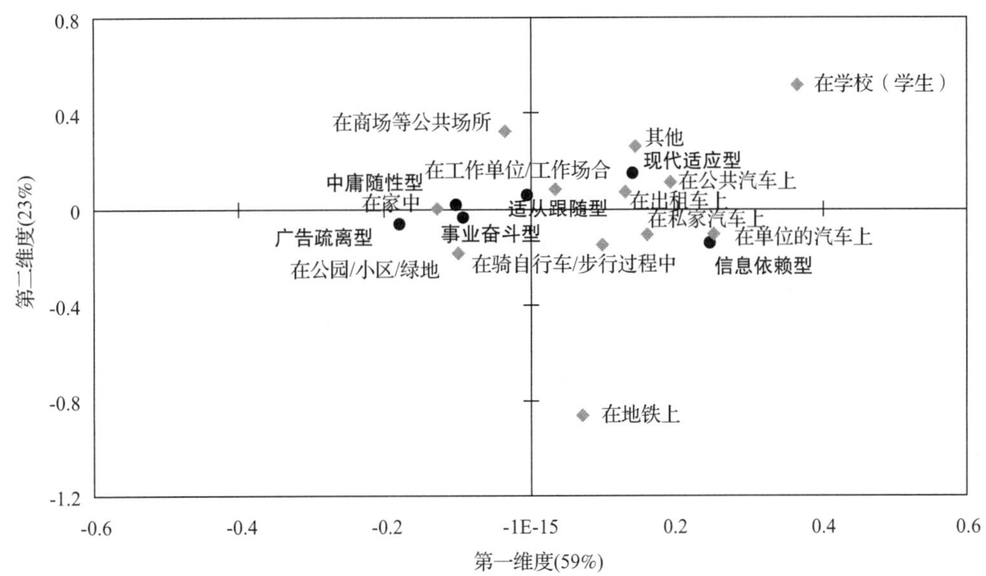

数据来源：CSM 媒介研究

图8 不同生活形态的广播受众与广播接触地点的对应分析

2. 信息依赖型广播受众最经常使用车载设备收听的比例最高

尽管广播收听设备已日趋多样化，但收音机仍然是各生活形态受众使用比例较高的收听设备。除信息依赖型和现代适应型受众外，其余各生活形态受众仍最经常使用收音机收听广播。

信息依赖型和现代适应型受众对科技和信息在现代生活中的重要性认同感较强，他们心态开放，乐于接受新事物。在广播收听设备的选择上，他们对车载广播、手机、MP3/MP4和互联网等设备的最经常使用比例高于其他生活形态受众，其中，信息依赖型广播受众最经常使用车载广播收听的比例为各生活形态受众最高（表6）。

表6 不同生活形态广播受众最经常使用的收听设备或途径（受众选择比例%）

收听设备＼受众类型	广告疏离型	中庸随性型	事业奋斗型	信息依赖型	适从跟随型	现代适应型
收音机	57.5	52.6	46.5	31.4	42.9	29.7
车载广播	29.3	31.3	31.7	46.0	34.9	38.0
手机	6.7	8.1	10.8	13.0	10.5	18.3
收录机/随身听	2.9	1.9	2.1	1.7	2.5	1.6
有线（数字）电视	1.1	0.9	1.3	0.8	1.1	1.5
其他	1.1	2.3	3.5	1.3	3.2	2.8
MP3/MP4	0.8	2.4	3.0	4.0	3.3	5.3
音响	0.4	0.2	0.5	0.7	0.8	1.0
互联网	0.3	0.4	0.6	1.2	0.7	1.9
合计	100.0	100.0	100.0	100.0	100.0	100.0

数据来源：CSM媒介研究

3. 中庸随性型和事业奋斗型广播受众周末收听较多

从不同生活形态的受众广播收听时长可以看出，中庸随性型和事业奋斗型受众周末收听广播时长较工作日略高，而其余生活形态的广播受众周末和工作日收听时长几乎没有差异。整体来看，工作日和周末，信息依赖型和现代适应型受众的广播收听时长稍短（图9）。

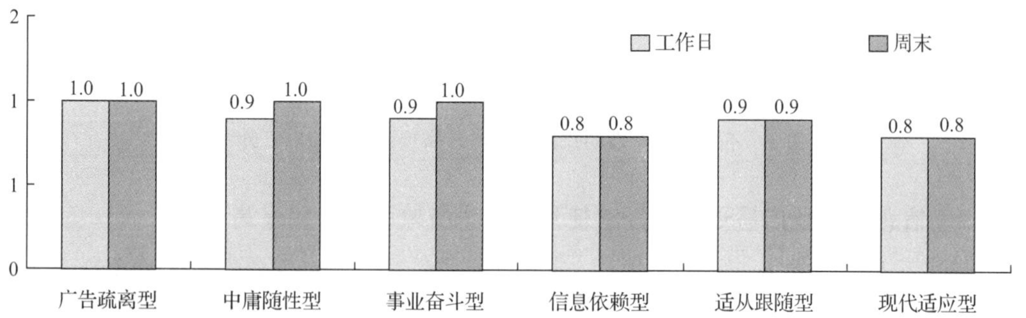

数据来源：CSM媒介研究

图9 不同生活形态广播受众收听时长（小时）

4. 体育和音乐节目对现代适应型广播受众吸引力更强

不同生活形态广播受众对广播节目类型的接触带有明显的倾向性。广告疏离型受众对法制类节目兴趣浓厚；事业奋斗型受众爱好广泛，法制类、生活服务类和文艺类节目对其具有一定的吸引力；现代适应型倾向于收听体育和音乐类节目；中庸随性型、信息依赖型和适从跟随型对新闻/时事类、文艺类和财经类节目较为关注（图10）。

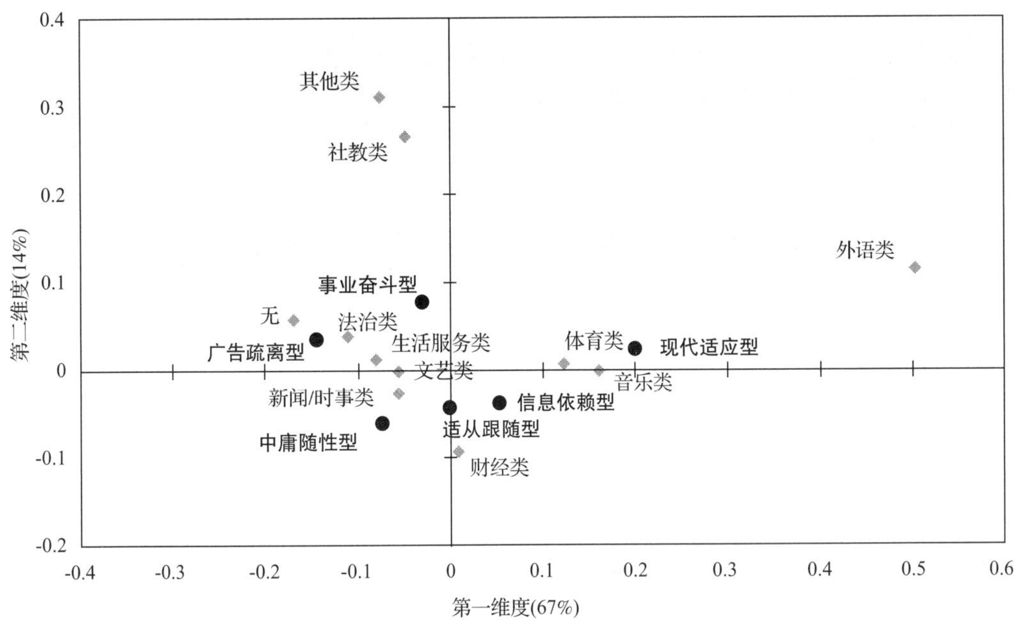

数据来源：CSM 媒介研究

图 10　不同生活形态的广播受众与其收听广播节目类型的对应分析

四、结语

广播是发展历史相对较长的媒体，它之所以历久不衰，与其所具备的独特优势紧密相关。近年来，随着新媒体收听技术的不断渗透，广播借势新媒体获得了快速的发展。城市是广播媒体的重要市场，针对城市受众广播媒体消费的研究，既有助于从全局的角度把握广播媒体的整体格局，也可以为各广播电台有针对性地策划和编排节目、广告提供一定的参考。

本文首先对 102 城市受众广播媒体消费的整体状况进行了简要分析，然后从地理空间和受众心理/行为特征两个角度切入，探索不同级别城市和不同生活形态受众广播媒体的接触和使用情况。根据本文研究结果，超过三成受众半年内收听过广播。家中是广播受众最经常收听广播的场所，而收音机是最常使用的广播收听设备。广播受众的收听时长多在 1 小时以内，新闻/时事、音乐和生活服务类节目最受他们青睐。从不同级别城市来看，一线和二线城市受众无论是在收听比例还是收听频率方面表现都优于三线和四线城市受众。在收听设备的选择上，也呈现出一线和二线城市移动收听设备使用比例较高的特点。从不同生活形态来看，信息依赖型和现代适应型受众移动收听特征明显，而中庸随性型和事业奋斗型周末的收听时长较工作日有所增加。此外，在节目类型偏好上，新闻/时事类、音乐类和生活服务类广受欢迎，而在其他节目类型的偏好上不同级别城市受众、不同生活形态受众存在一定差异。

（作者：王浩）

新媒介生态环境下的广播广告

2011年，以互联网和智能手机为代表的新媒介快速推进，一方面使得受众接触媒介的时间大幅增加，另一方面强势挤压了传统媒体的空间，缩短了传统媒介的使用时间，广播亦不能幸免。城市化进程的持续发展，城镇区域面积的增加，给传统广播传输信号的覆盖增加了很多变数；机动车保有量的快速上升，城市交通状况的改善滞后等因素也影响着广播听众，使得听众的收听行为发生了明显的变化。在上述背景下，广播媒体的传播价值也被重塑、被再认知，而追逐传播效果的广告正是这些价值成因的最好诠释。

一、影响广播收听结构性嬗变的因素众多

1. 新兴媒体扩张，传统媒体萎缩

CSM媒介研究近几年在全国一百多个城市的基础研究数据显示：受众接触各类媒介的比例，互联网上升最快，受众接触互联网的比例由2009年的28%上升至2011年的50.8%。受众接触电视的比例下降幅度不大，但是收视时间大幅度缩短。CSM媒介研究电视收视调查数据显示，2009年全国城市家庭人均收看电视的时间为176分钟，2010年降为171分钟，2011年又降为166分钟，相当一部分观众，尤其是年轻观众已经被互联网分流走了。广播的情况与电视类似，在城市家庭户内的收听时间也有一定程度的缩水。CSM媒介研究近三年全国30个城市组合的广播收听调查数据显示：在家户内人均收听时间2009年为62分钟，2010年为60分钟，到2011年缩减为59分钟。与此相反的是，在车载收听市场的人均收听时间有较大幅度上扬，由2009的15分钟上升至2011年的17分钟多，车载收听时间占收听广播总时长的比重也由2009年的18%升至2011年的20%，一些经济较发达的沿海城市的该比重更高，达到30%左右。

2. 家户内收听减少，家户外收听增加

我国国民经济的快速发展及人民收入水平的提高，导致城市机动车拥有量高速增长，其增长速度远大于道路交通网络的发展速度，多数城市的交通路网处于饱和状态，甚至负荷承载。路网改善的滞后现状使得机动车出行时间大量增加，这为在驾乘中收听广播的时间增加提供了客观条件。考察CSM媒介研究30个城市组合连续四年的收听调查数据，我们可以比较清楚地看出：一方面，在家户内收听的听众规模在逐年减少，在

家户内的收听时间也在逐年减小；而在车载收听市场中，听众的规模不断上涨，收听时间也在逐年上升；工作/学习场所和其他场所虽然也有微小上升，但总体变化不大（图1、图2）。

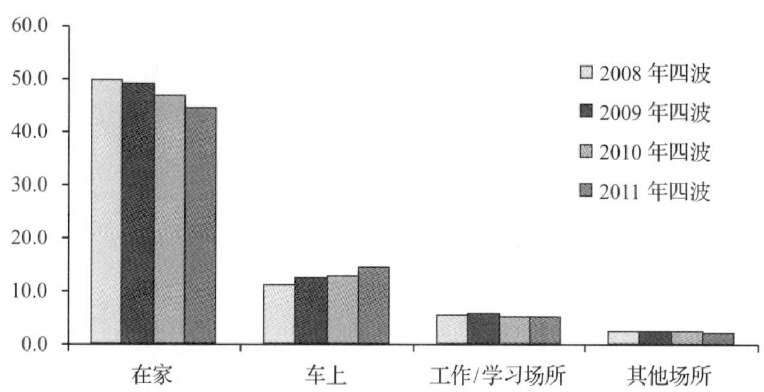

数据来源：CSM媒介研究

图1　2008—2011年30城市组合不同收听地点的平均到达率（%）

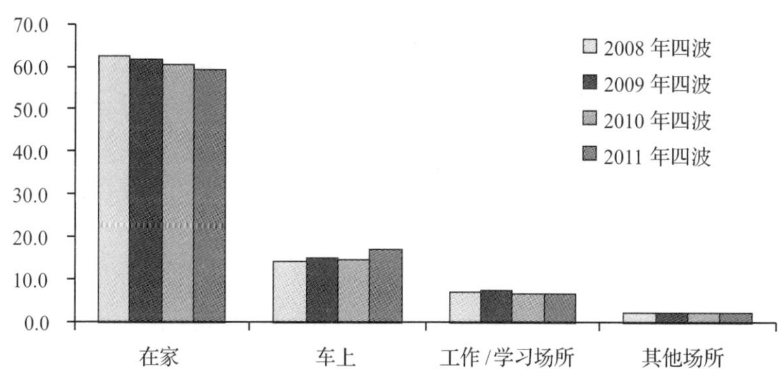

数据来源：CSM媒介研究

图2　2008—2011年30城市组合不同收听地点的人均收听时间（分钟）

3. 家户内、车载听众的群体特征具有鲜明差异

选择在家户内或者车载收听市场收听广播的听众群体特征具有显著的差异。在家户内收听广播的人群以女性居多，年龄偏大，受教育程度较低，月收入也较低，退休人员较多；而在车载收听市场恰恰相反，男性听众、中青年、受教育程度较高、个人月收入也较高的职场人士构成了听众主体（图3）。两个收听市场的听众区隔鲜明，使得广告的选择也具有了鲜明的特征，有统计显示，品牌广告大多流向在车载收听市场表现出色的频率，而热线软广告继续依附于家户内占据主导地位的频率。

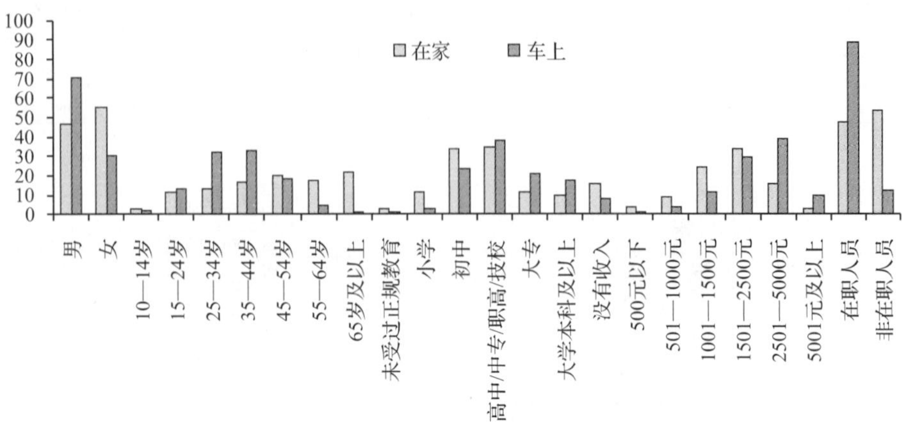

数据来源：CSM 媒介研究

图 3 家户内、车载收听市场的听众构成（%）对比

二、移动收听市场的发展牵动电台大力投入

1. 以移动收听市场为主的频率增多

在同一目标市场内，传统的广播信号传输方式仍是目前广播媒体传播的主流方式。但是，随着广电数字化的发展和无线发射台的增加，广播频率资源就显得愈发紧张，而且由于信号覆盖区域、地理环境、区域人口乃至政策等诸多方面的原因，频率资源的稀缺性显得尤为突出。针对“移动”中的收听，本文认为，接收传统的传输信号目前仍是最有效的收听方式。尽管频率资源的获得十分不易，但面对蓬勃发展的移动收听市场，很多电台仍旧希望通过努力获得新的频率资源，服务于移动收听市场，但是更多的电台则是选择将现有的某些频率重新定位，针对移动收听的目标人群，提供内容服务和进行广告营销。在一些一线城市，除了定位于“交通”的频率外，还有转型定位于“私家车主”的服务型、都市型、音乐型甚至是新闻型的频率。在 CSM 媒介研究进行收听调查的 30 多个城市中，近一两年新增或定位转型于移动收听市场的频率数量占到被调查频率总量的 2.3%。那些拥有定位清晰的频率及移动收听群体，其广告传播价值显而易见。

2. 品牌广告增多，热线软广减少

广播电台的热线软广节目曾是电台主要的收入来源。几年前广电总局开始大力整顿一些低俗的热线软广节目，迫使电台不断优化自身的广告客户结构，热线节目大为减少，但在某些电台，仍然是收入的主渠道。随着车载收听市场的发展，越来越多的品牌广告主对电台媒体广告传播平台的认可度不断提升，加大了对电台广告的投放力度。最近很多一线城市以移动收听、车载收听为主的交通类等频率纷纷将热线软广清理出频率，只吸纳品牌广告，从而实现节目与广告的良性互动，实现广告产品与潜在目标消费者的契合，实现广告传播的有效到达，彰显广播的传播价值。热线软广则更多地集中在以家户内收听为主、对健康关注度较高的中老年听众的频率上。

三、移动收听市场更加吸引广告主的注意力

1. 广告流向更趋于移动收听定位的频率

CSM媒介研究2011年33个城市组合的收听率调查数据显示，“交通类”频率在车载收听市场中占有超过一半的市场份额，另一类伴随特征较强的“音乐类”频率在车上收听的市场份额也达到了18.54%（表1）。毫无疑问，相对更适合车载收听的交通和音乐类频率市场份额占到大部分，这一特征无疑对广告商具有巨大的吸引力，结果便是硬广告的吸纳量也水涨船高。北京、上海、深圳等几个城市的单频率广告投放量在当地市场硬广告投放总量所占有的比重清楚地表明了这点。数据显示：北京的交通和音乐类频率数量占当地频率总量（已有广告监测）的35.7%，他们的广告投放量比重累计达41.37%；上海的交通和音乐类频率数量占频率总量（已有广告监测）的33.3%，其广告投放量比重达41.23%；深圳的这类频率占频率总量（已有广告监测）的33.3%，而其广告投放量比重达41%。总体看，交通类和音乐类频率数量占已有广告监测频率总量的三分之一左右，但是其广告吸纳量却超过当地硬广告总量的40%以上。这一结果说明尽管频率数量不占有优势，但是凭借在收听市场斩获的收听份额，也可以建立优势的竞争地位，自然而然地吸引更多的品牌广告，从而获得更多的广告投放。

表1　2011年33城市组合各类频率在不同收听地点的市场份额（%）

频率类别	在家	车上	工作/学习场所	其他场所
新闻综合类	32.77	11.76	20.17	23.37
交通广播类	13.39	50.85	17.77	16.77
音乐广播类	13.75	18.54	23.54	20.25
文艺广播类	13.76	6.04	12.11	13.82
对农广播类	1.24	0.27	0.98	1.09
体育广播类	1.16	1.02	1.68	1.43
经济广播类	10.14	3.45	9.40	8.29
都市生活类	10.43	5.76	10.41	10.53
外语教育类	0.11	0.07	0.23	0.22
其他广播类	3.25	2.25	3.69	4.24

数据来源：CSM媒介研究

2. 广告品类更契合移动收听目标群体

进一步考察北京、上海和深圳三个城市中交通类频率和音乐类频率所吸纳的广告品类，我们不难发现：除“杂类”外，三个城市有趋同的特征，但是又有差别。趋同特征是在三个城市的交通类广播中，“商业/服务性行业”、“交通类”、“金融”广告都处于投放量的前三位；在音乐类广播中，“商业/服务性行业”、“交通类”基本都处于前两位（表2）。我们具体观察各个城市的情况，北京广播市场中，交通类频率吸纳的其他投放量较大的广告依次为“娱乐休闲”、“活动类”和“邮电通讯”；音乐类广播中“娱乐及

休闲”类的比重最高，“商业/服务性行业”、“交通类”比重相近，接下来“邮电通讯”、“活动类”占据较高比重。在上海市场中，投放交通类广播其他比重较高的品类依次为：“邮电通讯”、“活动类”和“娱乐休闲”等；音乐类频率吸纳的主要广告依次包括：“交通”、“活动类”、“金融”、“娱乐休闲”、“邮电通讯”等；在深圳市场中，交通类频率吸纳的其他广告投放量较多的广告品类主要有“房产/建筑工程行业”、“邮电通讯”和“娱乐休闲”等；音乐类频率的主要广告品类还包括：“邮电通讯”、“娱乐休闲”、“金融”等。无论是交通频率还是音乐类频率，其吸纳的投放量较大的广告类型具有高度的趋同性，说明这些品类的广告主对这两类广播频率具有高度的认同。

前文提到收听交通类和音乐类频率的目标听众多为中青年一代、白领、收入较高的社会主流人群，也就是高价值人群。影响这类听众群体，能够有效地实现目标听众与产品目标消费者的对位，实现广告的投资回报。某些城市在车载收听市场表现优异的频率出现广告吃不了的现象。当然，吸纳广告的数量不能无休止地增加广告播出时间，毕竟不能损害节目的正常播出，所以，广告时间增量存在天花板，其结果必然导致广告时间的稀缺。稀缺的资源使得这些频率的广告时间更具有价值增量空间，也使得这些优秀频率的市场议价地位显著提升，最终为电台带来丰厚的资金回报。

表2　2011年北京、上海和深圳交通、音乐类广播不同品类广告投放量比重（%）比较

品　类	音乐广播类			交通广播类		
	北京	上海	深圳	北京	上海	深圳
电脑及办公自动化产品	3.64	2.64	2.77	0.2	0.8	0.17
房地产/建筑工程行业	0.69	1.72	1.62	2.01	1.88	6.75
个人用品	1.06	0.34	0.19	0.13	0.05	0.52
工业用品	0.26	0.56	0.06	0.75	1.36	1.82
化妆品/浴室用品	0.62	0.61	0.49	0	0	0.13
活动类	6.23	8.28	3.11	4.84	4.65	2.25
家居用品	0.22	0.25	0.27	6.1	1.14	0.26
家用电器	0.48	0.8	0.41	1.11	1.52	0.47
交通	11.57	13.57	12.64	8.34	12.89	8.78
金融业	3.42	8.21	5.51	7.11	13.23	11.71
酒精类饮品	0.08	0.59	0.03	1.62	5.22	0.19
农业	0.0	0.0	0.0	0.02	0.02	0.0
清洁用品	0.03	0.07	0.03	0.13	0.05	0.03
商业及服务性行业	11.41	6.94	9.22	16.81	13.82	16.02
食品	0.87	2.02	1.75	1.62	2.3	1.36
烟草类	0.0	0.0	0.0	0.01	0.0	0.0
药品	0.04	0.33	0.6	1.0	0.82	0.67
衣着	0.21	0.28	0.18	0.18	0.0	0.01
饮料	2.12	6.21	3.44	2.36	4.0	0.43
邮电通讯	7.08	7.37	7.03	3.69	4.83	3.39
娱乐及休闲	16.86	8.04	8.78	7.52	4.02	2.76
杂类	33.1	31.18	41.86	34.47	27.39	42.31

数据来源：央视市场研究（CTR）

四、三城市广播广告投放具有鲜明的特征

1. 季节性、地域性特征明显

许多产品的销售具有季节性特征，为配合销售，其广告的投放也具有季节性特征。我们分季度考察北京、上海和深圳这三个城市的各品类广告投放情况。数据显示“家用电器”逐季走低，“饮料”、“房地产/建筑工程类”在二、三季度比重高，酒精类饮品第一季度比重高。即使同一类商品，在不同的城市也存在季节性差异，“金融”在北京投放平稳，在上海和深圳逐季走高，“邮电通讯”类在北京走低，在上海则走高，深圳相对平稳。“商业及服务性行业”在北京、上海逐季上升，在深圳则逐季下降（图3—图6）。

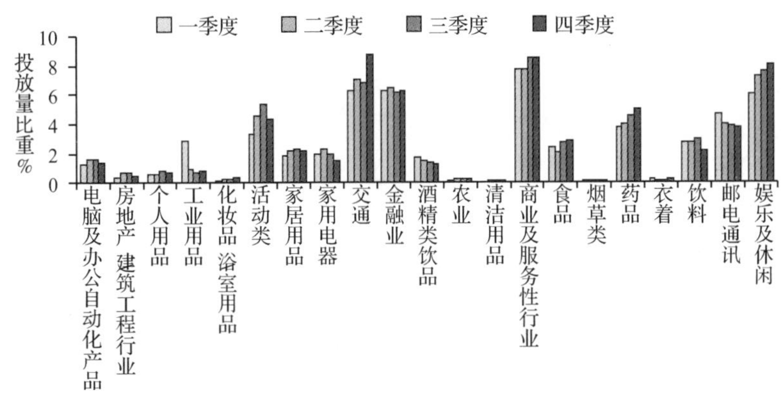

数据来源：央视市场研究（CTR）

图4 2011年北京广播广告市场各类广告投放量比重（%）季度走势

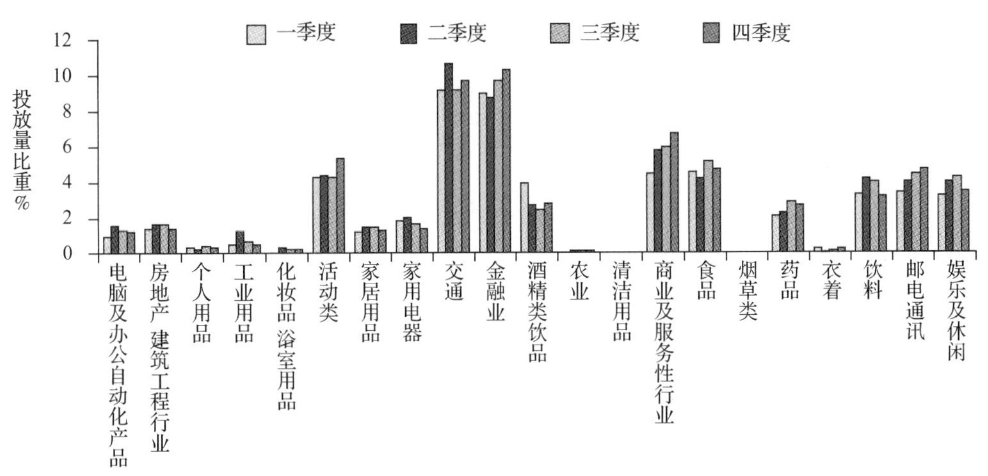

数据来源：央视市场研究（CTR）

图5 2011年上海广播广告市场各类广告投放量比重（%）季度走势

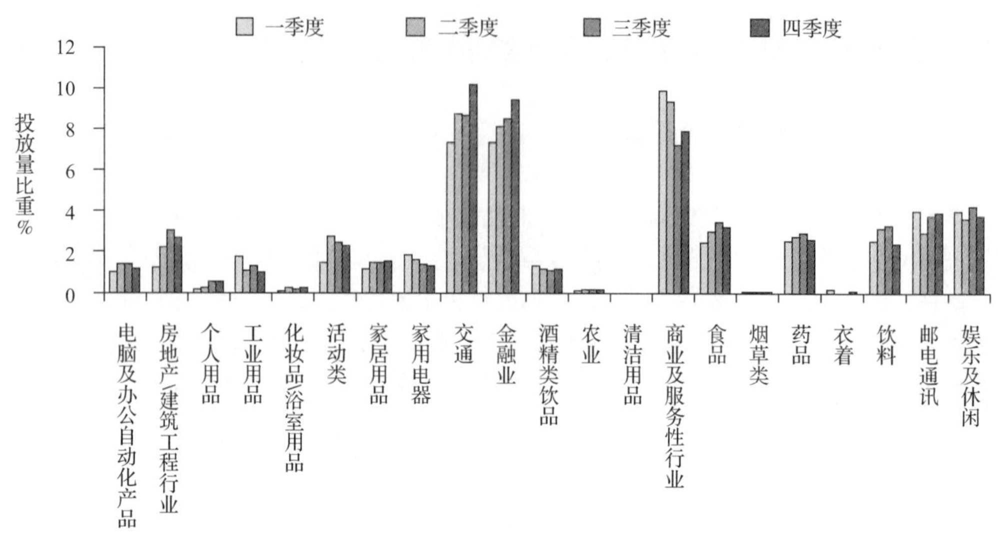

数据来源：央视市场研究（CTR）

图6　2011年深圳广播广告市场各类广告投放量比重（%）季度走势

一般季节性特征比较显著的品类多集中在食品饮料、娱乐、旅游休闲等方面，交通、金融理财和邮电通讯等产品不太受季节性因素的影响；而房地产/建筑工程行业则受政策影响面更大一些。地域性差异和当地市场情况也使得同一种品类在各地存在相反的趋势。

2. 不同品类广告投放选择频率的特征清晰

不同频率清晰的市场定位、覆盖范围、目标听众聚集能力等因素为不同商品的广告投放方向提供了重要参照。北京、上海和深圳三座城市中不同品类的商品广告投放流向具有较为鲜明的选择性和指向性。数据显示，除了前文提到的交通类和音乐品类频率外，新闻类频率广告投放中占有较高比例的品类是“药品”、“金融”、“交通”、“食品”、“家居用品”等；在经济类频率中，“金融”类产品广告占有30%左右的比重，其次为“交通”，接下来为“电脑/办公自动化设备”、“房产”和“饮料”等行业广告；在都市频率中，“商业及服务类”广告比重最大，以下依次为“金融”、“饮料”、“活动类”等；文艺类广播突出的行业广告不多，投放量比重相差不多的主要有“商业及服务业”、“金融”、“交通”、“活动”、“药品”和“娱乐休闲”等；另外，由于中国之声覆盖全国城乡，范围广泛，农业类产品广告几乎被中央台所囊括。需要说明的是，“杂类”是目前占据广告比重最大的类别，在文艺类广播中，该类别占据超过60%的比重，在都市生活类广播中超过50%（表3）。

表3　2011年北京、上海和深圳几类广播频率中不同行业广告投放量比重（%）

品类	新闻综合类频率			文艺广播类频率			都市生活类频率			经济广播类频率		
	北京	上海	深圳	北京	上海	深圳	北京	上海	深圳	北京	上海	深圳
电脑及办公自动化产品	0.37	0.30	0.36	0.04	0.00	0.00	0.02	0.09	0.06	6.66	4.27	6.66
房地产/建筑工程行业	0.09	0.90	1.44	0.12	1.04	0.05	0.09	0.91	0.07	2.05	5.66	2.05
个人用品	0.89	0.65	0.64	0.28	0.04	0.00	0.26	0.25	0.58	0.00	0.00	0.00
工业用品	2.33	1.36	2.39	1.19	0.04	0.13	1.79	0.36	0.57	1.77	0.84	1.77
化妆品/浴室用品	0.16	0.18	0.11	0.00	0.00	0.00	0.00	0.00	0.00	0.00	0.00	0.00
活动类	1.24	1.78	1.46	4.42	3.15	2.08	4.53	4.09	4.70	1.69	3.56	1.69
家居用品	5.25	4.12	3.55	0.39	0.09	0.05	0.32	0.09	0.04	0.05	0.19	0.05
家用电器	5.08	3.78	3.27	0.74	0.02	0.07	1.03	0.24	0.44	3.12	1.77	3.12
交通	7.64	6.80	6.15	2.01	9.97	1.84	2.72	4.85	5.87	14.24	9.74	14.24
金融业	8.83	7.63	8.27	2.39	4.90	1.74	5.99	6.75	4.70	32.53	25.78	32.53
酒精类饮品	4.81	5.52	3.14	0.26	1.04	0.20	0.09	0.42	0.00	0.05	0.26	0.05
农业	0.75	0.53	0.51	0.01	0.00	0.00	0.01	0.00	0.00	0.00	0.00	0.00
清洁用品	0.00	0.04	0.01	0.02	0.00	0.00	0.00	0.00	0.00	0.00	0.08	0.00
商业及服务性行业	1.83	3.57	5.04	7.25	2.85	3.47	8.09	10.00	12.93	3.41	4.05	3.41
食品	5.88	7.20	5.89	1.60	4.92	0.57	2.43	10.46	1.78	0.00	0.46	0.00
烟草类	0.50	0.35	0.34	0.00	0.00	0.00	0.00	0.00	0.00	0.00	0.00	0.00
药品	11.24	6.76	6.23	4.33	1.89	2.39	1.02	1.59	0.00	0.00	0.08	0.00
衣着	0.10	0.30	0.08	0.03	0.02	0.05	0.09	0.11	0.18	0.00	0.00	0.00
饮料	3.70	2.38	3.18	1.40	0.17	0.45	3.85	5.44	7.70	5.17	3.64	5.17
邮电通讯	2.19	2.28	1.82	2.75	1.80	0.19	2.64	3.50	0.81	2.04	3.51	2.04
娱乐及休闲	0.85	1.40	1.42	5.44	2.73	0.31	1.10	0.73	0.64	0.07	1.43	0.07
杂类	36.25	42.17	44.71	65.34	65.30	86.42	63.93	50.11	58.92	27.14	34.68	27.14

数据来源：央视市场研究（CTR）

3. 不同品类广告投放效果的特征显著

在一个收听市场中，某一类商品广告投放比重的大小可反映这类商品广告的需求程度以及行业发展的风向，毛评点比重可反映在收听市场中广告投放的效果，毛评点比重与广告投放比重之间的关系构成了广告投放资源的使用效率。在现实市场中，同样的广告投放比重，由于受媒体诸多因素的影响，像频率覆盖范围、节目、时段等，广告获得的毛评点比重差异较大，也即听众对广告的注意力差异较大。北京、上海和深圳三座城市的共同特点是，投放比重大、广告使用效率高的品类集中在商业及服务性行业、交通、金融、娱乐休闲、邮电通讯类上；投放比重小、而使用效率突出的品类集中在清洁用品、房产等商品方面。像杂类、电脑及办公设备、药品等占用了较多的广告时段资源，但并没有获得相应的广告传播效果，使用效率呈现负值（表4）。

表4 2011年北京、上海和深圳不同品类广告的投放效果比较

品类	北京			上海			深圳		
	投放量比重(%)	毛评点比重(%)	使用效率(%)	投放量比重(%)	毛评点比重(%)	使用效率(%)	投放量比重(%)	毛评点比重(%)	使用效率(%)
电脑及办公自动化产品	1.4	0.5	-62.2	1.2	0.7	-41.1	1.3	0.4	-68.2
房地产/建筑工程行业	0.5	1.9	262.3	1.5	2.8	84.3	2.4	7.7	222.7
个人用品	0.6	0.9	46.8	0.3	0.3	0.0	0.4	0.7	58.5
工业用品	1.3	0.9	-26.4	0.8	0.8	3.9	1.3	1.1	-19.5
化妆品/浴室用品	0.2	0.2	-18.2	0.2	0.2	0.0	0.2	0.2	-13.6
活动类	4.3	3.0	-30.0	4.6	3.8	-17.6	2.3	2.1	-10.0
家居用品	2.1	8.2	290.4	1.4	1.3	-10.1	1.5	1.7	15.2
家用电器	1.9	1.0	-44.6	1.7	1.3	-26.9	1.6	1.4	-7.7
交通	7.2	8.9	23.2	9.7	11.3	16.4	8.8	12.7	44.7
金融业	6.2	10.6	70.1	9.5	19.9	110.2	8.4	21.0	150.4
酒精类饮品	1.4	2.0	38.7	2.9	3.0	1.0	1.2	1.2	-4.9
农业	0.2	0.2	-10.5	0.2	0.1	-31.3	0.2	0.1	-36.8
清洁用品	0.0	0.2	566.7	0.0	0.1	175.0	0.0	0.1	150.0
商业及服务性行业	8.1	20.0	147.6	5.8	9.3	61.4	8.6	11.6	35.2
食品	2.5	3.4	36.0	4.7	5.0	7.7	3.1	3.0	-3.2
烟草类	0.1	0.2	50.0	0.1	0.1	0.0	0.1	0.1	0.0
药品	4.3	2.4	-45.2	2.5	1.4	-46.0	2.7	2.3	-17.5
衣着	0.1	0.2	33.3	0.2	0.3	44.4	0.1	0.1	-30.0
饮料	2.6	3.2	20.2	3.7	5.5	51.0	2.9	2.5	-11.2
邮电通讯	4.0	6.0	49.4	4.2	5.0	19.6	3.7	4.7	28.5
娱乐及休闲	7.2	8.8	21.0	3.8	3.6	-2.9	3.9	3.5	-9.9
杂类	43.6	17.5	-59.8	41.1	24.2	-41.1	45.3	21.9	-51.7

使用效率=(毛评点比重-投放量比重)/投放量比重×100%

数据来源:央视市场研究(CTR)、CSM媒介研究

五、结语

收听率调查数据和广告监测数据给我们描绘了一幅广播硬广告市场的图景和轮廓。以互联网为代表的新媒体不断分化受众,尤其是在家户内包括广播在内的传统媒介受众,听众碎片化趋势明显;另外新媒体不断分享传统媒体的内容资源,也同时分流传统媒体的广告。基于本文以上的分析和讨论,结合当今媒介生态的变迁进程,本文认为搭载传统广播媒体的广告,一方面要相信传统传播通路获得听众及影响听众的能力;另一

方面要不断跟踪广播的价值转向，发掘传统广播发展的新领域，近年来在移动收听市场上颇有斩获的交通类、音乐类频率吸纳广告的能力和传播效果就是明证。央视市场研究（CTR）最近发布的数据显示，广播广告在所有传统媒体的广告营收增量上处于领涨地位，2011年同比增幅达28%，说明广告主更加清晰地认识到广播媒体的价值，认可度提升，信心增强。但是我们要未雨绸缪，随着移动互联网的飙升，可能完全改写我们的媒介使用习惯，受众对多媒介的接触、选择和使用程度将会重新塑造新旧媒体的竞争格局，依赖于媒介生存的、敏感度极高的广告流向也会一直牵动着广播从业者的神经和目光。

（作者：梁帆）

新时期广播听众变化特征与发展对策探讨

新的传播格局把广播发展置于新旧交织的十字路口。如何以创新之力，继续做大、做强广播，成为广播业界必须面对的、充满挑战的现实课题。

一、新媒介格局中的广播

要了解新媒介格局中的广播，需分别从技术的视角、产业化的视角、经营的视角、资源的视角和变化的视角等方面来看。技术的发展使得媒介变化有了突破性的进展，一方面打破了广播传播的渠道边界，把声音、文字、图片和影像等传统的、相对独立的传播渠道整合到一起打包发送；另一方面数字编解码、存储和传输技术的使用，正在使时移传播和移动传播成为常态，打破了传统广播传播的时空边界；而从传统媒体一对多的传播方式逐渐演变为互联网式传播，实现了匿名的点对点交流，直至未来真正的互联网传播，形成一种有“形象”和“性格”的点对点传播，使得广播从一种增量性的娱乐形式转变为一种常量性的生活形态，这也就打破了广播传播过程中虚拟和现实的边界。因此技术发展对渠道和时空边界的突破使得广播电台在考虑区域化和本地化的同时，要有全球观，有不断拓宽疆界的视野。

这些发展使新媒介市场发生了不可逆转的变化，表现出以下三个重要特点：第一个特点是“去中心化”，一对多的单中心传播逐渐被多对多、多中心的互动式、网络化传播所取代；第二个特点是“去边界化”，新媒体传播不仅突破了地理区域的局限，使全球一村，同时也使不同媒体之间的界限趋于模糊进而融合；第三个特点是“去权威化”，对称传播和平等传播是新媒体传播的优势，去中心化和去边界化事实上即意味着去权威化。这三个重要特点改写着传媒竞争格局，也使得媒体和受众的关系发生了一些改变，这些改变使得市场更加细分，受众无处不在但又不全是你的，而且把握不好的话就不是你的，受众出现碎片化的趋势。如何把握这种碎片化的趋势，就需要进一步根据各种各样的特征对受众实行重聚，而这种特征已经超越了人口自然和社会的特征，更加与受众的行为趋向、爱好、态度和价值观等因素相结合，把这种态度、爱好和行为的变化加以组接，这种组接可能使媒体的服务方向、价值发展方向发生变化。

三网融合是大势所趋，原来电视和广播在户外传播渠道中都占有较高的比例，例如广播的覆盖可以达到10亿人口的规模，但经常听广播的人群基本在4亿人口以内，不超过4亿。从技术接入条件来看，如数字化电视、互联网的接入以及3G、移动网的接入与广播听众的实际范围都较为接近，虽然电视和广播理论上有十几亿的观众或听众范围群体，但技术的变化已经使新的媒体在广度、覆盖面上使得电视和广播这种传统的优势、渠道的优势大大地削弱，也意味着作为一名受众，他可获得的媒体变得多元化，而不再是单一媒体，不再是特别强势的媒体在垄断，而是多种媒体并存。受众可以在众多媒体中寻找到自己需要的媒体，进而做出比较优势的判断，这种比较优势与个人需求相结合就产生了不同媒体的消费模式，不同的消费模式与市场相结合就产生了不同的盈利模式。

到目前为止，广播虽然受到了不同程度的挑战，但盈利模式是稳定的，电视的盈利模式也是稳定的。但互联网以及新的媒体，尽管他们有足够大的面，有足够广的影响，但并没有固化成一个产业，形成一种可持续发展的模式，仍然要靠风险投资、资本市场运作、技术不断更新来达到稳定运作的目的，因此运作模式是不同的。2010年电台的广告营业额占全年广告总收入的3.3%左右，同比增长7.37%，虽然增幅较小，排位较靠后，但增长的幅度要比2009年高一些。

广播广告的增长一方面靠扩大地盘、增加频率、增加广告播出时间，另一方面靠广播内在的细化经营，我们把这种增长称之为内涵式增长，这种增长从整体来讲存在一定的局限性，它没有外延性的扩大，而是在内涵上做调整，这种局限性使得近几年广播广告增幅的比例较低。

如果把广播放在一个全媒介格局来看的话，从整个传媒产业的行业结构可以看出，

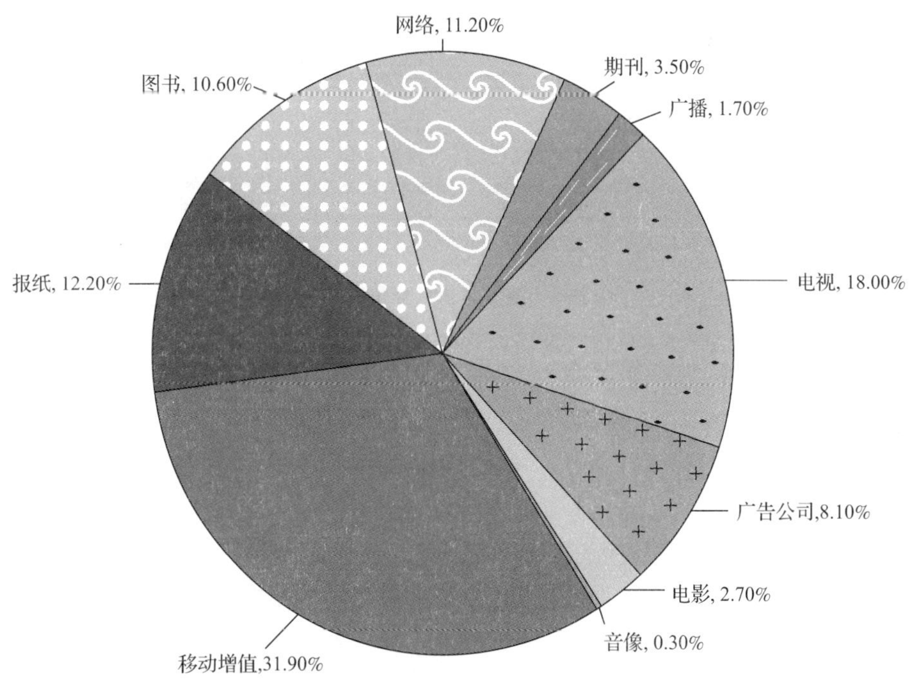

数据来源：《传媒蓝皮书——2011年中国传媒产业发展报告》

图1　2010年中国传媒产业的行业结构（%）

广播只占到1.7%的份额，产业规模很小（图1）。虽然其自身的盈利状况和利润率状况表现很好，但抗风险能力还是不够大，不够大就意味着在传媒产业运作过程中如果去发力的话，可能差得太多，就像在汪洋大海中有一条大船，一条小船，虽然小船造得很精致，各种配备都很好，但当大风大浪来临的时候，很可能不堪一击。

在这种情况下，在结构变化过程中，广播要实现新的增长，就要考虑如何重新认识广播、定义广播，在定义的过程中重新发现广播的价值。目前广播的价值出现了一些转向，转向一些更加细分的受众群，由传统意义上的大众媒介成为新媒介格局中的一种分众媒体，虽然听众的忠实度较高，但听众的外延在缩小，特征在突出，价值在凝聚。

广播与新媒体的竞争，特别是与互联网以及车载媒体等媒介形态的竞争在时间上具有明显表现。上世纪90年代中午时段是广播收听的一个高点，进入2000年以后这个高点慢慢在衰弱。同时我们发现像互联网这样的媒体，在中午和下午已经成为非常有竞争优势的媒体（图2）。

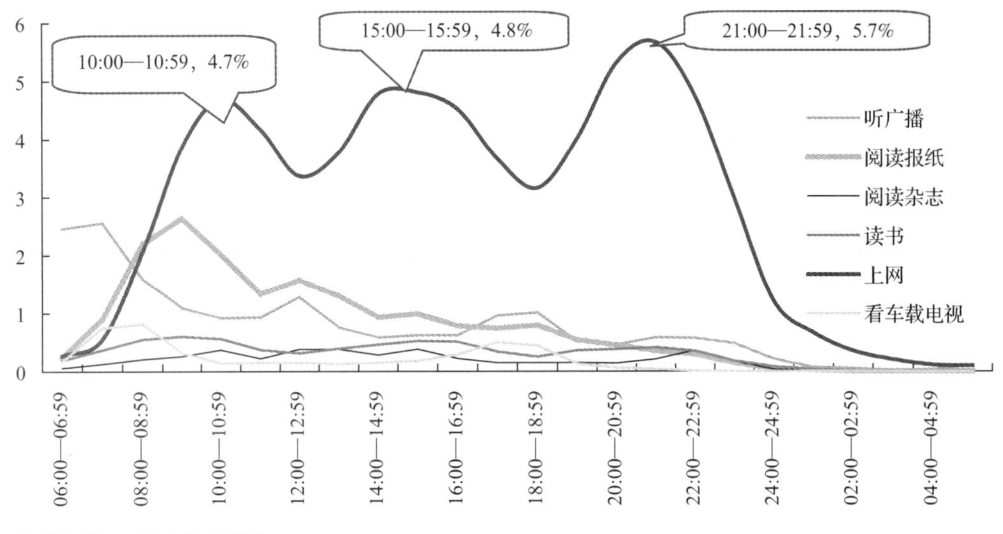

数据来源：CSM媒介研究

图2　各媒体全天竞争态势

在这种变化中我们可以感受到多元化与分散化的迹象，比如接收渠道多元化。受新媒体技术影响，听众收听设备/收听方式多样发展，但听收音机仍然是主要收听方式，比重超过50%，手机、有线（数字）电视、MP3/MP4、互联网等数字化收听方式/设备合计选择比例达到15.8%。同一平台上多种媒体的接收方式使得各媒体之间的竞争非常直接，更加交互，渠道的多元化与市场的分散化使广播的经营更加聚焦（图3）。

不同场所收听占比也反映了渠道多元化与市场分散化的趋向。除了在家收听，大部分是在出行过程中收听，在私家车、公共汽车、出租车、班车等多种交通工具中收听比例总和达27.1%，在全国范围，大的城市可能这一比例更高，可以达到50%，这一比例的变化对广播市场的发展产生了较为深刻的影响。

这种影响也一度影响了广告主对广播的使用，产生了渠道效益弱化的趋势。在新的

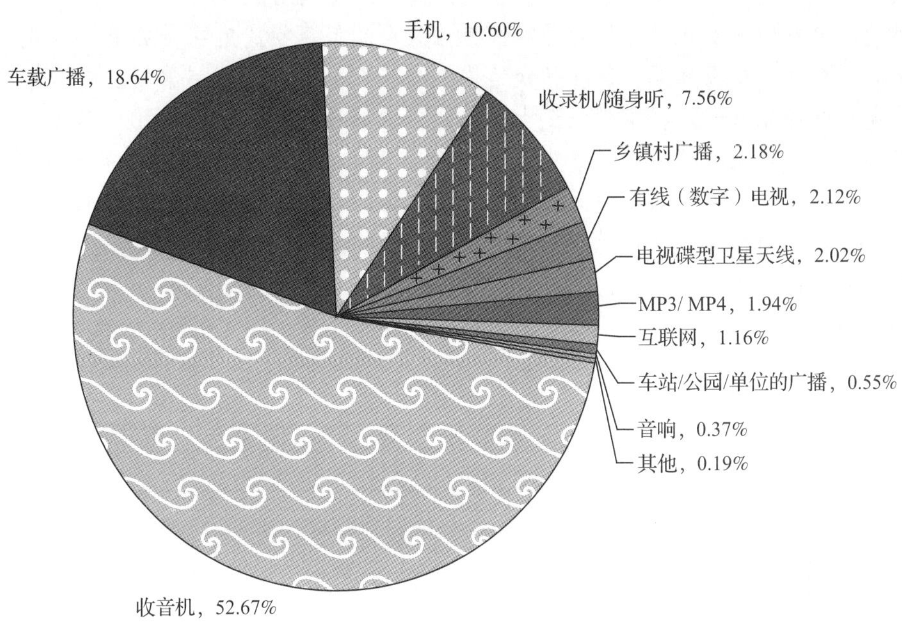

数据来源：CSM 媒介研究

图 3　广播接收渠道占比（%）

数字媒体时代，哪个渠道能更多地接触广告，哪种媒介形式更具有说服力是大家关注的问题之一。根据群邑中国与 TNS 携手发布的中国数字媒体蓝图数据可以看出，广播广告已经让位于一些新的媒介广告形式，比如网站广告已经开始超过广播广告，终端化营销、评论性营销带来的口碑营销已经越来越显示出其强大的竞争力，像互联网、短信、微博等，这些媒体的营销效果有可能对传统广告带来冲击，所以广播在新的媒介环境下要改变广告经营方式，这也是一个思考的点。同时还存在另外一个问题，即在新的数字媒体环境下，受众的多种需求如何和媒体相结合？我们会发现，越是新的媒体越容易满足受众的多种需求，越是传统的媒体在满足受众需求方面越是突出单一性或某方面功能比较强的特征，例如广播的新闻性、及时性、娱乐性和欣赏性方面的功能较强，但不具备互动性或互动性较弱，虽然有及时性，但没有即时性，虽然媒体传播非常大众，但小众化群体性的功能较弱，这些都使得广播的功能受到了局限，与当前新媒体发展所带来的平台拓展和需求多元化的结合出现了一些不对称，这种不对称也会带来广播发展过程中模式的一些大变化。

总体而言，广播有其自身的优势，但地位受到了明显的挑战，而这种挑战对不少广播人而言还是陌生的，因此要引起足够的重视。

二、广播听众特征变化趋向及含义

广播现在的听众特点相比前几年又有变化，虽然这种变化不是翻天覆地的，但变化趋势较为明显。例如对比电视、广播、互联网三种媒体的受众结构，可以看到：广播是偏男性的，电视则偏女性，互联网是略偏男性的；除年龄构成广播是偏老龄听众、互联网偏年轻听众外，广播和互联网在受众结构上有一点类似，就是在学历上广播和互联网都要比电视高端化一些。在某种程度上而言，互联网全天候的媒体特征与广播白天上下班高峰和中午时段收听较高的特征是有竞争的，而电视是以晚间收视高峰为主要特征，这种晚间收视高峰与互联网在晚间有一些竞争，但并不是特别明显，因为在晚间使用电视和使用互联网的群体分化得比较明显。对广播而言，互联网全天候的特征对广播白天的收听有一定的冲击和分散，而且听众结构与互联网受众结构之间有一定的兼容性，所以结合互联网的受众来研究广播听众的变化可能更有意义（图4）。

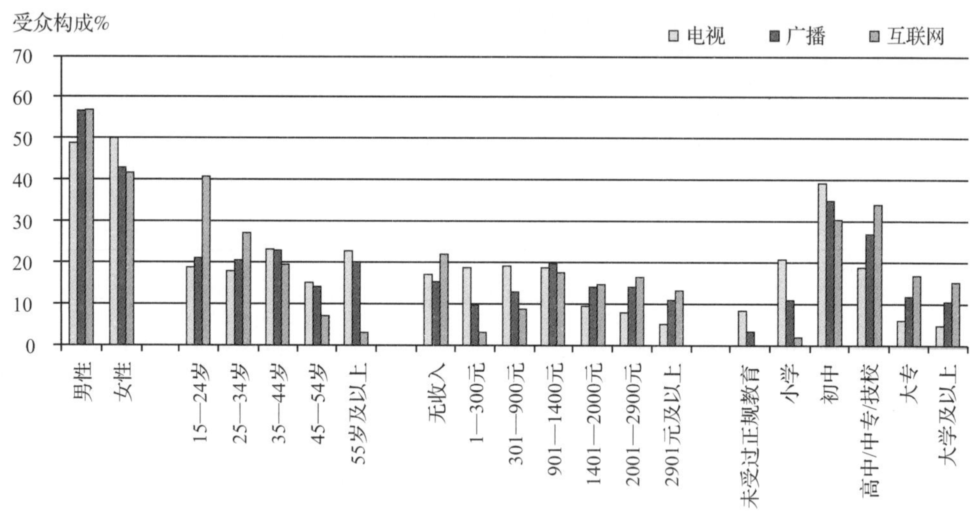

数据来源：CSM媒介研究

图4　电视、广播和互联网受众构成（%）比较

近几年广播实现结构性、内涵式增长在很大程度上是依靠移动收听人群的增加和移动收听量的增加所致，广播电台顺势而为，增加了相当数量的交通类节目和频率进行运营，这是相辅相成的。同时我们还发现一个趋势，即广播的移动收听比重虽然增加，但增幅趋缓，人均收听量并没有明显的增加。这一方面是因为有车人群开始扩散，扩散到更加一般的受众，受众的量越来越大，意味着大家的需求越趋向多元化，这种多元化会通过新媒体，通过不同的媒介使用习惯被分散掉；另一个原因就是大多数大城市由于受堵车的困扰做了一些调整，例如北京通过治堵措施使人们在路上的时间发生了变化，这些变化在不同的城市之间对交通广播的含义是不完全相同的。广播具有很强的属地性特征，所以根据本地的交通生活状况如何发展交通广播、移动收听广播就具有非常现实的意义。

同时我们也发现车上收听和在家收听高峰的错位，不同城市的收听高峰，特别是上班高峰的宽窄都和该城市的生活形态有关。从年龄方面的变化可以看到，65岁及以上听众收听量增加明显，24 岁及以下听众收听量减少；车上收听量数据显示，15—24 岁、35—44 岁和 55—64 岁群体收听量有所增加；总体上看广播流失了年轻听众，这一现象在一定程度上得到印证，而新媒体与广播争夺最多的也恰恰是年轻受众群，这也形成了一个直接与新媒体争夺受众的一个阵地。年轻受众在车上收听变化并不是很明显，因此从某种程度而言，广播要留住年轻听众，留住这些有价值的经济人群还是要考虑发展移动收听、随时收听，向中青年听众提供更加具有时代特征感的、时尚感的和新媒体内容相互动的一些节目，这样可能更易于满足市场的需求。

广播市场区域化的特征永远存在，而且是在不断加强，虽然面向的是一个不断扩散的、去边界化的竞争格局，但广播为了保持优势，一定要通过强化区域性特征来强化与其他媒体的不同，所以不同的市场其区域化特征还是有区别的。车上收听、移动收听是各个广播市场的重点，近几年车上收听增长势头趋缓，我们把全国做收听率调查城市的车上收听率和车上收听增长率做了比较发现，总体而言呈正向发展的趋势，即如果该市场的车上收听表现不错，那说明这个市场还有发展的空间；但如果是按照车上收听增长幅度来讲的话，越来越多的城市则呈现出增长缓慢或负增长的趋势。总体而言车上收听增长势头趋缓，这是不容否认的事实。当结构式增长没有动力的时候，如何实现市场的持续发展，这也是应该引起广大广播人思考的一个问题。

除了区域化听众之外，我们还要做一个立体化听众的分析，频率的类型化和听众的类型化之间是一种对接。目前这种类型化分析还是基于人口的自然结构变量，未来我们更应该关注社会结构变量，从受众的态度、社会价值观角度进行这方面的研究，引导节目和频率做更好的调整，这也是将来努力的方向。目前的研究结果显示，广播收听面临受众生活形态改变的潜在影响。我们把一个受众的生活形态渗透到广播节目中，把他的生活状态和人口结构特征和广播的定位结合在一起，就可以做出更好的节目，更精致的节目，这样不仅能满足内容的需求，也可以更好地满足听众的深度需求。

分众化趋势是存在的，不仅有收听场所、收听渠道的多元化带来的分众化趋势，也有新媒体的冲击带来的分众化趋势。分众化趋势与频率运营，与频率细分相结合在时间上显示出来，像上下班收听高峰一般是交通类频率，中午和晚间高峰一般是音乐类或故事类的频率，而健康服务类广播和城市服务广播则在白天的上下午时段形成收听高峰。总体来看，时段特征和受众之间会呈现扁平化的趋势，通过仔细分析频率找到自己具有优势的空间，受众的参与带来了整个平台竞争的提升，在这个过程中，使得频率对节目的依赖变得更加聚焦。比如频率依赖于新闻、依赖于音乐、依赖于交通服务、依赖于故事、文艺广播等。所以一个地方的强势广播越来越停留在三到四个频率，这三到四个频率基本集中了主要的市场。另外就是即便是交通类广播也越来越需要新闻和音乐的支撑，交通服务类广播如果一天 24 小时以播报路况为主，这是不足以支撑频率内容的，而且现在获取路况信息的渠道很多。所以需要以路况信息作为一个线，在点上做新闻和音乐的补充，使得节目更加丰满，使得听众即便是在开车过程中也能够得到不同需求的满足，去满足市场不断调整的变化。在适应市场满足听众需求的过程中，要不断地调整节目类型、频率定位和受众需求这个组合的比重，才能够使我们根据市场的需求做得更好，更加适应新的格局变化。

三、新时期广播发展对策探讨

现在的媒介环境是个复合的媒介环境，基本可以称之为“融媒体时代”，但真正的融媒体时代并没有到来，媒体之间还不能互相替代，还不能互相包容，各媒体之间还有条块分割，虽然这个界限已比较模糊，但还是有边界的。所以现在仍是一个复合的媒介环境时代、复合的媒介竞争格局，将来可能会逐步过渡到融合的媒介竞争格局。

在复合媒介环境下，新的媒介的出现对旧的媒介会形成一种分流、一种压力和一种挑战，但并不意味着是一种取代。传统媒体如果渗透到新的发展轨道上去就会变成传统媒体的新媒介化，这种新媒介化很有可能脱胎换骨转变成一种新的媒介形式。例如把广播移植到手机、iPad 等数字终端上，变身互联网广播这种新的形式，但内容还是广播电台提供的，这样就可以从原来的在线收听变成在线和离线相结合的收听、可以随时随地实现收听、可以下载等各种形式。因此麦克卢汉说“媒介总是以叠加的方式向前发展的，新的媒介的出现并不代表旧媒介的消亡”，这是非常正确的。

总体而言，新的媒介形式的出现对整个媒介市场是一种促进，但是会重新分割不同媒介所占据的比重、空间和布局，所以说广播受到了新媒体的稀释和分流是客观存在的，而这种存在不仅是广播要面对的，也是电视、报纸等传统媒体要面对的。这种面对体现为“三分”的格局：一是分化受众，不再是一种简单的流失，实际上是一种分化，一种重聚，不是简单的量的变化，而是一种质的改变，结构的改变，新媒介是自由的平台，共享知识和深入交流等属性已经博得了越来越多的受众喜爱，新媒体的受众不断增多，用户将有限的时间重新分配，将时间逐渐向新媒体转移，因此新媒体的出现，严重影响了传统媒体的增长；二是分流广告，影响传统媒体的广告收入增长，新媒体的价值逐渐获得企业认可，广告主逐渐消减传统媒体的广告费用，转而投向新媒体，随着新媒体营销价值的提高，新媒体还将继续分流传统媒体的广告收入；三是分享资源，这会影响传统媒体的内容资源配置，例如网络争抢热门影视剧已渐成潮流，由于电视台与网络的受众群不一样，网络先于电视台“抢播”也受到业内关注。同时也形成了一个“三流”的结果，即人才流失、资本流动和组织流变。但所有的变化都脱离不了媒体的本性，媒介的属性主要表现为五个方面：媒介供给、渠道效率、到达率、忠实受众和媒介影响力。但这五个方面不是对所有人都有同样的效果，有的人可能受影响大一些，有的人基本不受影响，有的人是重度用户，而另外一些人可能是轻度用户甚至是非用户。这样就会使人群和媒介之间形成一种对应，这种对应使得广播越来越变成特定的人群，特定的内容去满足一个特定的市场，而不是满足一个更大的市场。所以说碎片化之后的重聚是一个过程中的演化，这种演化最终会变成一种主动的改变。

在这种情况下，我们把广播放在整个传媒产业链中分析可以发现，技术和市场正在促使传统媒体竞争向产业链上下游渗透。不止是媒体机构在提供内容，个人也开始提供内容，机构和个人内容在平台上形成一种集成，这种集成分成不同的频道，不同的内容包，然后上平台去发行。渠道的多元化使得媒体发行效率更高、成本更低、回报率更好。电视目前已经具有了这种渠道，广播相对来说渠道还比较单一，但新的媒体渠道已经开始融入。还有一个对广播影响比较大的就是终端接收设备、终端化的问题，终端化使得内容和终端之间的结合组成了多种形式，终端和用户之间的关系已经影响到整个产业链上的每个环节都发生了变化，这种变化使得广播的每个调整都不是一个环节的调整，实际上是整个产业链都要进行调整，这样才能把广播的市场做大，真正把听众营销和营销听众落到实处，而不是简单地在某一个点做一些改变。

这种变化可以称之为从结构式增长转向创新式增长，具体到广播就需要思考以下几点：如何对市场进一步细分，主要从频率、时段、节目和人群等这些方面着手；如何把新媒体终端作为我们的前沿，去延伸、拓展新生市场；如何把在线播出和离线播出相结合，实现媒体的二次销售；如何把线上广播与线下活动相结合，实现广播的深度结合；如何实现以品牌为核心的市场驱动，把品牌作为一种运营手段、一种号召力，去延伸出广播的市场价值。

总体而言，面对新媒体挑战如何驱动广播创新发展已经迫在眉睫，需要广大广播人把握机遇、及时调整，在整个市场变化的规律中为广播重新定位，重新发现优势，为实现新媒体环境下广播的快速发展找到一个新的突破口。

（作者：郑维东）

新媒体环境下的广播媒体发展路径选择

这是一个极为喧嚣的媒体时代，新媒体轮番登场，各色形态让人目眩，难免让人为传统媒体尤其是广播这样的“弱势”媒体担忧。作为单一介质的媒体，广播能否有继续发展的空间？经过几年的冷静观察与思考，笔者认为，今时今日对于媒体变迁的把握实际上非常简单，不需要拘泥于任何一种媒体自身，而是应该站在一个相对独立的视角去思考三个关键性的问题：一是媒体行业格局，二是广告主的动向，三是受众的趋向。有了这三个方面问题的研究，媒体的发展路径也就非常清晰了。

一、媒体发展三原则击毁广播发展假命题

结合目前媒体行业格局，媒体行业发展的三个准则渐出水面：首先，盈利模式才是媒体发展的硬道理。非如此，如何花哨都只是浮云。行业壁垒已然不在，竞争加剧，新旧区分其实是“作茧自缚”，以“三网融合”为标志的融合将成为大势所趋[①]。这表明，站在一个媒体视角去思考另一种媒体对自己是否有威胁，是没有意义的命题；在新的产业链条中找准位置，共荣共生，才是未来的主旋律。资源、资本成为媒体驶入发展快车道的动力。对于今日的媒体而言，解读自身的发展趋向，所具有的资源优势是推演发展方向的基础，如何快速与资本对接，是获得可持续发展的重要动力。

其次，对于受众的把握是媒体发展的关键。碎片化时代带来的受众分散，以及在更细分的趣味点上形成的新的集聚，是今日所有媒体要面临的状况。如何准确抓住受众需求的新时代特征，并不是一个简单的事情，但是细分、专业、对位，是毫无疑问的。

最后，广告主作为所有媒体发展的衣食父母，它的动向是媒体发展的起点。今日的广告主已经比较理性，注重终端和营销效果，对于新媒体极为敏感，希望将新媒体能够整合入营销策略中，此外，对于服务水平的要求也越来越多。

通过对上述媒体发展三个原则的思考，广播媒体发展的三个假命题被击得粉碎。命题一，新媒体诱发危机。其实新媒体的现实生存并非易事，盈利模式一直是它的短板，甚至对于很多新媒体而言，是可望不可及的事情。对于广播而言，就已经有了先天的优

① 2010年1月13日，国务院常务会议决定，加快推进电信网、广播电视网和互联网三网融合，并明确提出了推进三网融合的阶段性目标：2010年至2012年重点开展广电和电信业务双向进入试点；2013年至2015年，总结推广试点经验，全面实现三网融合发展。

势，即使从资源和资本两个角度来看，广播也并非处于劣势。命题二：广播受众流失。受众分化是对于所有媒体而言的，对于广播而言，也不能简单就判定为危机。实际上在新的媒体环境中，哪类媒体能够在受众的分聚中找到机会，也就获取了新市场空间，所以关键在于媒体自身的定位选择和设计。命题三：客户轻视。实际上，从客户那里并没有看到放弃广播的情况，如果能够强化自己在整合中的协作能力，强化自己的服务水平，对于广播而言，何谈所谓轻视呢？

二、“双轮驱动”广播媒体发展

如果广播发展的伪命题已经不复存在，那么广播媒体的发展路径具体该如何展开呢？笔者认为广播媒体的发展路径将依循“双轮驱动”的轨迹（图1）。

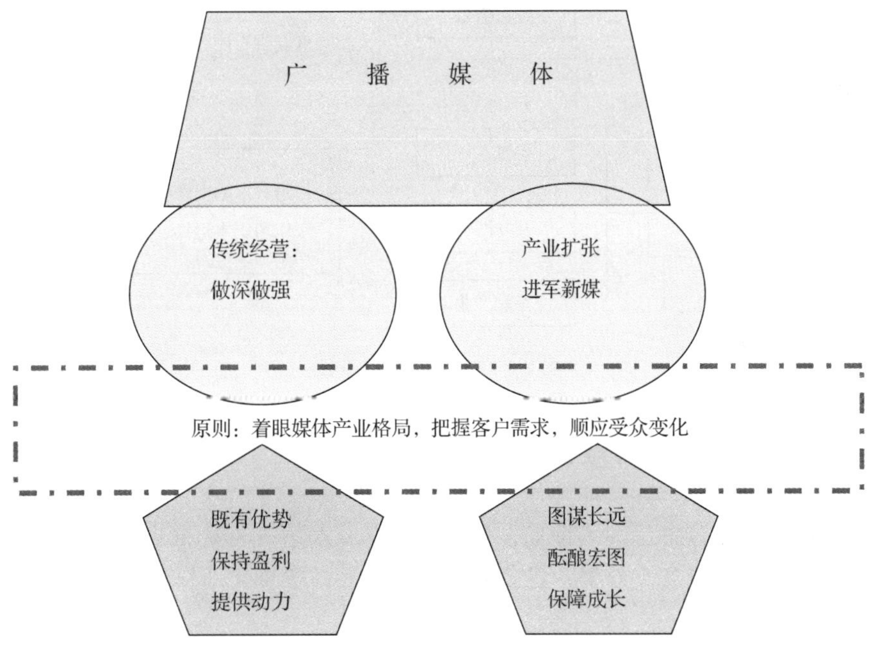

图1 广播媒体发展的“双轮驱动”

广播媒体发展“双轮驱动”中的其中一轮，就是把传统经营做深做强。因为这是广播的既有优势，不能放弃，要深度耕耘，让持续的盈利为广播发展提供稳定的动力。另一轮就是进军新媒体，进行产业扩张。这是为了图谋长远，酝酿更大的宏图，为广播的可持续发展提供保障。在这两股力量的作用下，广播的发展思路也就非常清楚，当然，在这个过程依然要遵循“着眼媒体产业格局，把握客户需求，顺应受众变化”的原则。

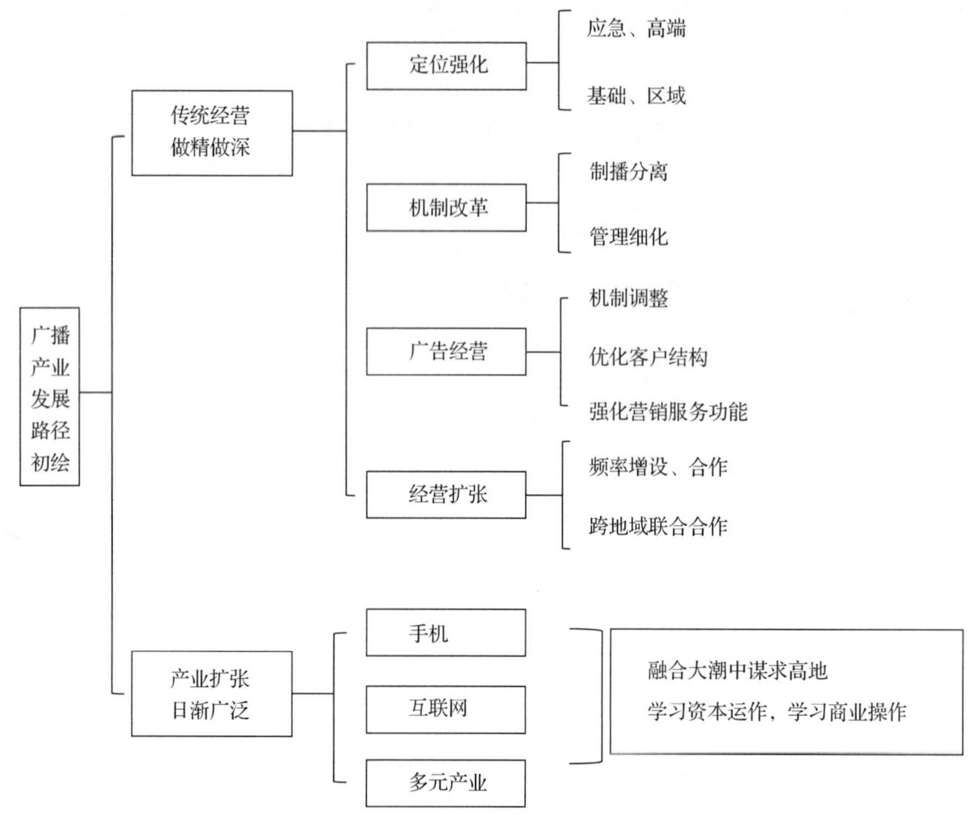

图2 广播产业发展路径

(一) 传统经营做深做强

在传统经营的操作中，具体而言，要从四个方面入手，一是强化定位，二是深化机制改革，三是继续抓好广告经营，四是在传统经营上内联外合（图2）。

1. 强化定位

强化定位是时代使然，在今日的媒体环境中，任何媒体一枝独秀都不可能。对于各媒体而言，都需要为自己找到细分、独特、专业的市场空间，这样才能在这个多媒体、碎片化的时代生存下去。对于广播媒体而言，也才能真正地完成了媒体“弱势”角色的蜕变。结合实际情况，应急、高端、基础、区域将成为广播媒体的定位关键词。

(1)“应急”定位可提高战略地位

近年来，灾害不断，在这些灾害中，广播媒体的应急功效已经得以充分显现。如果能够凭借这种应急优势，积极将自己申请成为国家防灾应急媒体，并获取相应的政策和资源的支持，广播媒体的地位和形象也将不同以往，媒体的战略高度将大大提升。

(2)“移动、伴随”接近高端人群

移动、伴随的特性，已经让广播媒体成为最为重要的车载媒体。与驾车人群的天然契合，也就使得广播媒体成为接近高端人群的重要介质，这也就是很多交通台引领电台广告经营、获得客户高度认可的重要原因。

(3) 广泛、低门槛，天然接近终端

“三农”发展已经成为中国时代的主题词，广播媒体积极发挥自己的广泛性和低门槛的特征，为时代做出促进融合、推动和谐等方面的贡献。2003年春，国内第一家省级农村广播——陕西人民广播电台农村广播在三秦大地响起来了，此后，安徽、辽宁、吉林、山西、江西多个省级电台相继开通了对农广播。广播媒体服务“三农”的同时，也在营销下沉、蓝海崛起的市场环境中，赢得了率先对接农村终端的先发优势。

(4) 区域强势，意义重大

区域强势一直是广播媒体极为鲜明的特征，从收听数据来看，本地广播一直占据绝对优势，这种区域优势是基于广播媒体的传播特点而形成的，这一特点在今日是使其成为“区域媒体”① 的重要支撑点。随着我国经济的不断发展，区域化已经成为一个重要的趋势，区域聚合、区域合作成为经济、文化发展的重要特征。对于广播媒体而言，充分发挥自身的区域优势，为区域融合、区域发展提供上传下达、信息沟通以及舆论溢洪等功效，促进基层稳定，促进地方社会和谐发展，充当各地党政地方和谐发展的重要抓手，为当地企业营销提供服务，为化解社会矛盾充当先锋军。通过这样的方式，广播媒体会获得更为广泛的资源和社会认可，也就获得了在区域空间持续发展的基础。这一方面将地方媒体的功能充分发挥，获得了媒体触角的极大延伸，为时代发展做出不可估量的贡献；另一方面，也将自己打造成为强有力的区域营销平台。

2. 机制改革

机制改革，对于媒体而言是释放经营能量的一种制度调整需求，但是这种制度调整的空间一方面来自于行业政策的许可，另一方面来自于媒体内部的需求和探索。前者应该说考验的是行业智慧，后者考验的则是媒体经营者自身的智慧。

(1) 制播分离掀起机制改革新浪潮

2009年启动的制播分离②掀起了广电行业新一轮的机制改革，广播媒体作为组成部分也获得了不同以往的腾跃空间。这次改革中，上海的SMG表现极为突出，它意在通过制播分离，引入外部力量，拥抱资本市场；实行公司化运作，激活SMG，具体措施是转企改制、制播分离。2009年10月21日，上海文广新闻传媒集团正式宣布拆分为上海广播电视台和上海东方传媒（集团）有限公司，成为国内首家整体实行制作与播出分离改革的广电系统传媒集团。上海文广原有的频道频率资源及新闻制作部分将进入上海广播电视台。非新闻制作部分则统一划归上海东方传媒（集团）有限公司，公司实行市场化

---

① 区域媒体：区域范畴延伸触角，对于区域各层面的参与度、融合度都很高，成为区域发展的重要软力量。

② 在2009年7月16日广电总局向各地广电局下发的文件《广电总局关于推进广播电视“制播分离”改革（修改稿）》中，提出电台、电视台的改革，要“培育新型市场主体”，“建立台内事业产业分类运行管理的新模式”，以及“用人机制和分配制度改革”。广电总局迫切希望能够将传统电台、电视台资产迅速做大，具体步骤为：根据“先台内后社会”的原则，电台、电视台的节目制作业务通过转企改制，组建面向市场的节目制作经营公司，“条件成熟后再吸收社会资本组建由电台、电视台控股的节目公司”。

运作，独立制作电节目，然后销售给电视台播出。

其实在SMG之前，很多电台也都早已开始了制播分离的探索。如北京电台也沿着自己的改革步伐，顺其自然地走到了制播分离的这一步骤，2007年1月1日，北京台成立节目制作中心，率先尝试节目的制播分离。改革的主导者汪良台长称，最终目标是将广播节目制作社会化，充分调动社会资源，实现多渠道融资，广泛延揽人才，着眼未来，将北京电台进一步做大做强，在全球化的媒体竞争环境中，赢得我们的一席之地和更广阔的发展空间。

（2）管理日趋细化

从上个世纪90年代开始，广播媒体的机制管理改革就拉开序幕。各地广播媒体的机制改革步伐不尽相同，北京台、江苏台、南京台、佛山等作为引领者，一直备受瞩目。从媒体经营管理的总体发展来看，经历了从部门制到频率负责制，再到事业部制/片区制/中心制的过程，总体来说是“合—分—合”三部曲。这种从“权力集中”——“权力分散”——“权力集中”的过程，并非简单的重复，而是结合不同发展的需要，对其进行的有针对性的调整。如近年来的权力集中，针对的是电台内部内耗，资源整合不够而进行，很多电台对内部定位近似的电台进行统合运作，或者进行内部的强弱搭配，提升整体营运水平。总体说来，这三个阶段发展变化的推动力量，来源于经营利益的不断驱动，是组织结构调整的关键因素。

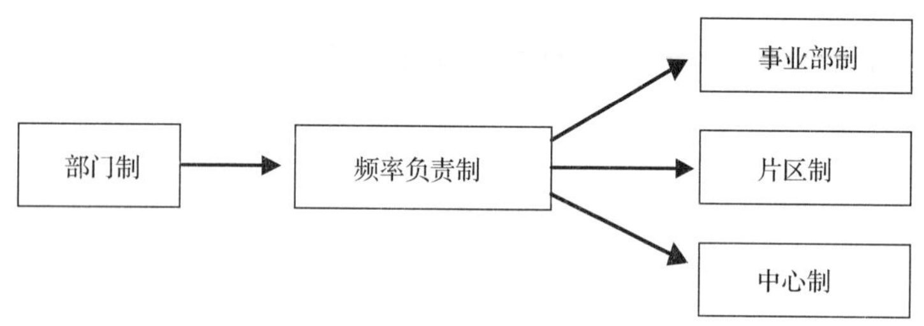

图3　广播媒体管理机制的改革历程

3. 广告经营持续创新

广告经营作为电台的经济命脉，一直是各电台发展的重中之重。近年来各地广告经营创新的趋势是将广告资源进行统一经营，广告管理与广告经营分开，很多地方的电台都成立了经营管理办公室，地位高于广告部，用于协调内部资源。这符合电台机制改革“合”的趋势，对于缓解电台内耗、配合不当、提升总体经营额等问题较为适宜。具体在广告经营方面，管理也日趋细化，通过机制调整（如代理制等方式）提升经营水平，对于客户服务也更为细致、贴切，频率定位也日渐细分，特别注重通过活动来带动经营，通过活动吸引听众，增强听众忠实度，提高节目收听率，此外也能树立频率优质的品牌形象，提升频率的社会影响力，满足客户对于终端营销的需求。

这种经营扩张主要通过频率增设、频率合作，跨地域合作等形式来完成。跨地域合作经营是众多电台多年的梦想，近年来结合地方发展，各电台积极操作，如中央电台构建电台联盟体系，着眼节目网络经销和广告网络营销，与山东临沂电台签署合作意向，共同开发新频率资源，积极探索开发“列车之声”；佛山电台着眼“广佛一体化”，积极外扩合作，试图打造面向珠三角的资讯频率；广东电台除了积极与省内电台合作，与广西两个市级电台的合作已经显现效果。除了系统内电台的经营扩张，系统外的电台，如凤凰传媒旗下的凤凰广播积极挺进深圳地域，试图在珠三角谋求一块阵地。

应该说，广播媒体在既有阵地稳定之后，为追寻规模效益和资源效益最大化，去扩张发展，是一种必然行为。就目前来看，行业内外的强势广播实体正在形成，广播行业的未来变局也就在酝酿当中。

（二）产业扩张日渐广泛

目前广播媒体的产业扩张，大致从两个方面进行，一方面是围绕技术升级带来的产业升级，通过集聚内外资源，在产业链条中找寻新的产业位置，并结合资本运作，使得产业发展进入到一个快车道当中，获取更为广泛的社会资源和资本力量。另一方面，就是传统的多元产业扩张，通过经营与传统业务相关的产业，获取产业链条的延展。但是，无论何种经营，制度设计应该是关键，否则，都可能成为过眼烟云。

1. 新媒体经营探索争先恐后

目前众多电台都已经积极开发新型媒体。如北京人民广播电台，它的官方网站是集音频、视频、网络互动于一体的独特的网络宣传平台；北京广播网还和北京团市委合作，开设了国内第一家面向大学生群体的网络电台——青檬网络电台；此外北京电台一直积极构建数字音频广播市场，并积极介入DAB手机开发，2008年7月31日，继DAB手机上市后，由北京广播公司下属的北京交广汽车俱乐部有限公司历经 年半研发推出的，具有国内首创自主知识产权、服务于科技奥运的新产品——1039新媒体机正式投放市场。

中国国际广播电台积极发展在线广播和多媒体业务。国际在线网站于1998年底上线，已成为全球语种最多的网络媒体平台。到目前为止，陆续开通了18家环球网络电台。在国际在线上，受众还可以欣赏到生动的电子杂志，观看到精彩的网络电视。它旗下的数字付费频道《环球奇观》于2006年开播，已在100多个省市落地，覆盖用户近2000万。2007年，国际电台手机广播电视在中国联通和中国移动平台顺利上线。2009年7月，移动国际在线英文版正式推出，已经吸引来自168个国家和地区的访问者。现办有12套无线广播节目，4套数字广播节目和3套手机广播节目。

以广播为依托，中央人民广播电台全面推进在线广播、网络电台、数字电视、手机电视、报刊出版。目前拥有全国最大的音频网站“中国广播网”，以及网络电台“银河台”、有线付费电视“家庭健康”频道、《中国广播报》、《中国广播》杂志、央广传媒发展总公司、中国广播音像出版社等，形成“三台”（广播电视台、网络台、手机台）、“三网”（中广网、台湾网、民族网）、“五社”（中国广播音像出版社、中国广播杂志社、中国广播报社、广播歌选杂志社、音乐之声杂志社）的产业构架。

此外，许多电台也纷纷参与到CMMB、手机广播、DAB和数字电视的运营当中。

应该说，广播媒体的触觉非常敏锐，很多电台都已经搭建出了自己的新媒体产业架构，在尝试这些新媒体的过程中，也尝试引入新型人才、新型机制去激活，但是由于新媒体自身经营模式尚有诸多不成熟之处，因此很多广播媒体的新媒体经营也大多停留在“战略”层面，能够盈利的尚属于少数。为了规避以往的经营怪圈，广播媒体关于新媒体经营还需要进行更多的思考。

2. 传统多元经营渐趋理性

近年来，笔者从对广播媒体传统的多元产业经营观察中似有所悟，也许能够为新媒体经营提供一些借鉴。

多元产业经营一直以来都是传统媒体的痛处，多年来都是“只赚吆喝不赚钱”。究其原因，除了媒体日子好过、用心不多之外，不能够真正采用市场化机制和手段引入人才，不能按照市场原则开拓市场、进行成本核算，也是非常重要的原因。很多多元产业逐渐就变成了一个似是而非的存在体，不痛不痒，无关紧要。由此可见，初衷虽好，如果不能够妥善处理对于多元产业组织与传统业务组织之间的关系，进行一个完整的多元产业组织的制度设计，那么真正实施起来，未必如人所愿。

目前广播行业内，各广播电台的传统多元经营开始逐渐分类，服务性和配合性功能突出，并不简单着眼于“赚钱”，或许这是一种理性的回归，也是一种实际的选择。目前有的多元经营定位是为了服务频率，配合频率经营，如广东电台的天天精彩演出公司与音乐台、交通俱乐部与交通台、珠江网络传媒网站与珠江经济台捆绑运作；有的多元经营是为了拓展关联业务，如广东电台的太平洋影音，基于既往的音频资源，逐渐深度开发、数字化开发；有的为了配合所属集团，做大经营额，为上市服务。

总之，传统多元经营走到目前的一步，既不能说是无奈的一步，也不能说是超然的一步。毕竟今天的选择已经切实很多，毕竟比以往那种“大鸣大放”、但实际上毫无作为，甚至亏本的情况要好很多。在没有能力设计出更优化的制度之前，草率的经营扩张都是没有意义，甚至会带来很多负担。真的要介入的新时代新媒体经营或者多元经营，广播媒体还是要多从其他行业老大哥那里学习一下公司运营、市场运营的基本知识。

三、小结

广播媒体发展的路径选择，其实是一个非常简单的问题。时至今日，广播媒体一定要突破既有的以“节目”、“广告”为关键词的传统经营思路和模式，一定要从文化产业、传媒产业的视角出发，以产业化的思路去谋划发展路径。依据定位谋划市场，依托角色集聚资源，拥抱资本，跨越传统，把握住这些原则，广播也就可以拥有重要的一席之地。但是，要实现这一切，并不那么简单。既往的经验已经昭示，简单的搭个台子，匆匆招班人马粉墨登场，是不会获得成功的。按照市场规律、媒介产业规律进行一砖一瓦地建设，尤其是要有灵活而充分的制度设计，才能够真正赋予经营组织一个独立的灵魂，才能够让经营梦想得以实现，也才有可能真正迎来广播媒体经营的春天。

（作者：丁俊杰　宋红梅）

第三部分

Part Three

数据 Rating Data

一、北京收听数据

表 3.1.1　2009—2011 年北京各目标听众人均收听时间（分钟）

目标听众		2009 年	2010 年	2011 年
10 岁及以上所有人		86	82	87
性别	男	95	87	94
	女	76	77	80
年龄	10—14 岁	29	27	44
	15—24 岁	52	57	59
	25—34 岁	68	62	73
	35—44 岁	81	81	92
	45—54 岁	107	96	99
	55—64 岁	102	118	127
	65 岁及以上	135	126	120
文化程度	未受过正规教育	47	41	*
	小学	65	74	90
	初中	90	83	96
	高中	98	89	90
	大学及以上	78	78	81
职业	干部/管理人员	76	76	84
	初级公务员/雇员	75	72	72
	个体/私营企业人员	89	87	87
	工人	99	84	104
	学生	44	46	53
	无业（包括退休人员）	110	108	114
	其他	42	101	100
个人月收入	没有收入	49	57	58
	1—500 元	55	47	85
	501—1000 元	72	66	86
	1001—1500 元	98	89	97
	1501—2000 元	106	105	103
	2001—2500 元	97	109	117
	2501—3000 元	99	89	82
	3001—4000 元	91	90	97
	4001 元及以上	76	59	71

注：北京为全年连续调查城市。“*”表示目标听众样本量不足，无法进行统计推断。

表 3.1.2　2009—2011 年北京听众在不同地点的人均收听时间（分钟）

地点	2009 年	2010 年	2011 年
家中	52	52	54
车上	25	22	27
工作或学习场所	7	5	4
其他场所	3	2	2

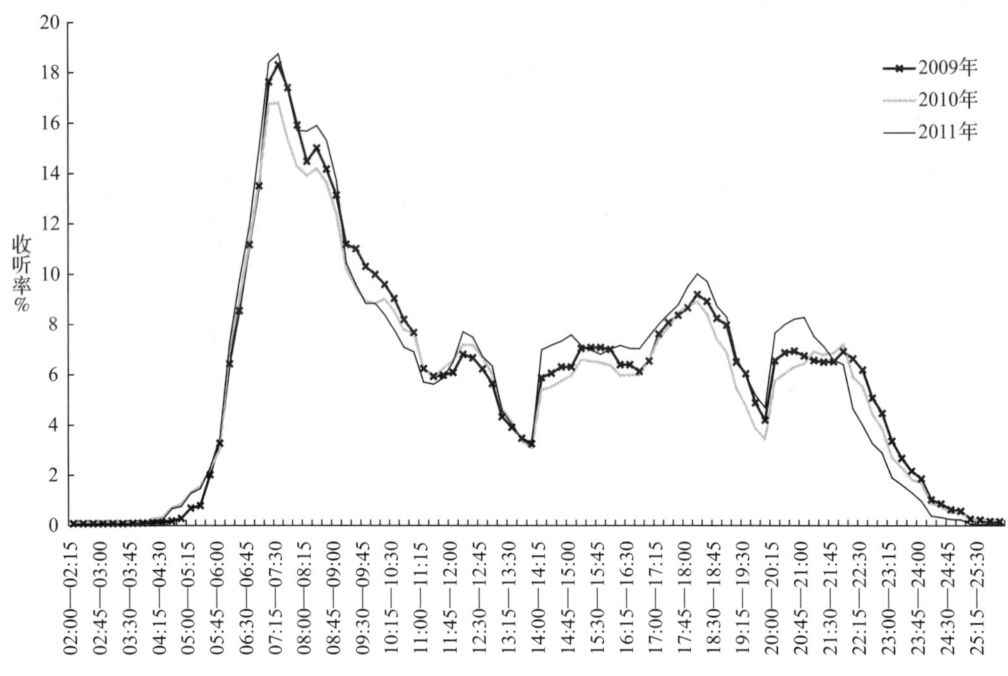

图 3.1.1 2009—2011 年北京听众全天收听率走势

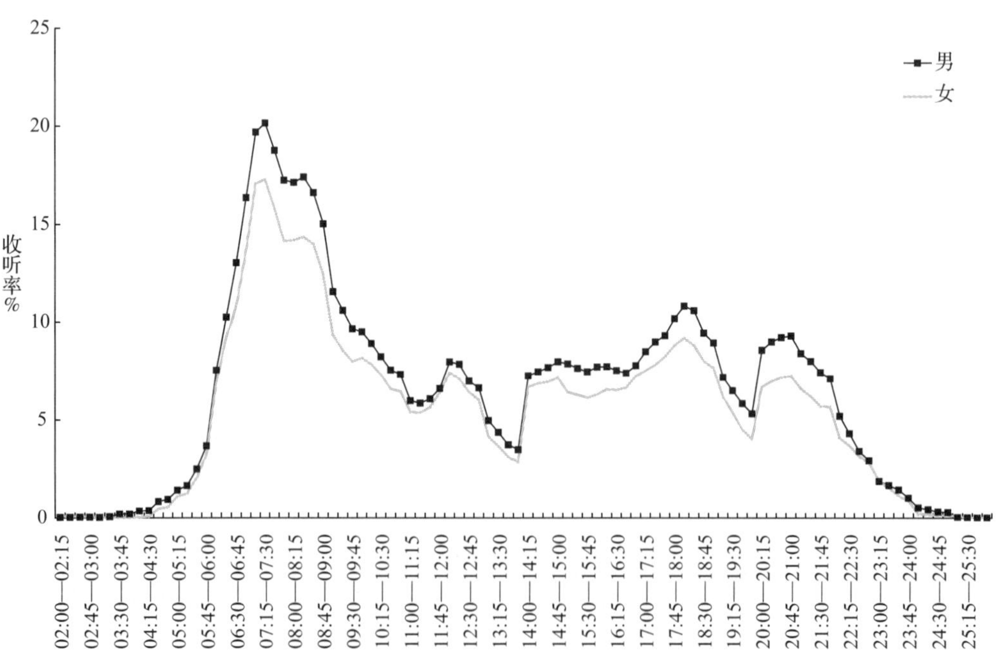

图 3.1.2 2011 年北京不同性别听众全天收听率走势

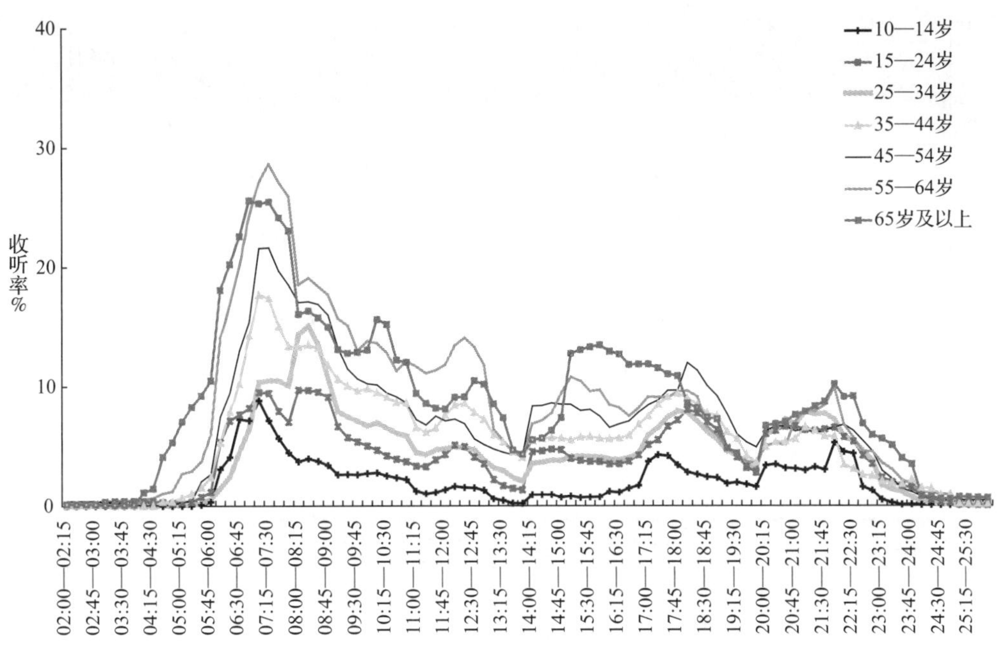

图 3.1.3 2011 年北京不同年龄听众全天收听率走势

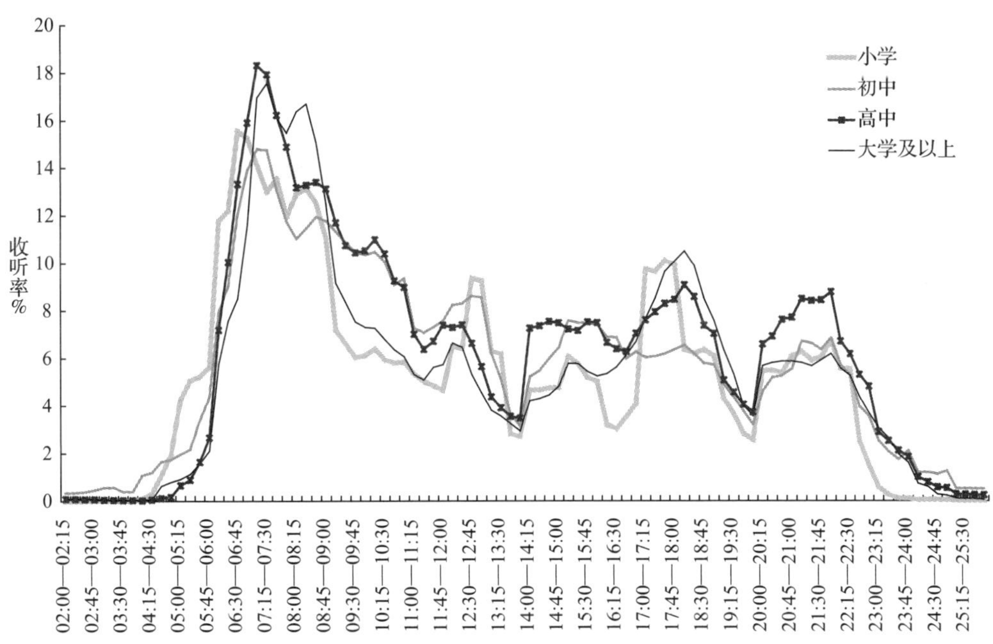

图 3.1.4 2011 年北京不同文化程度听众全天收听率走势

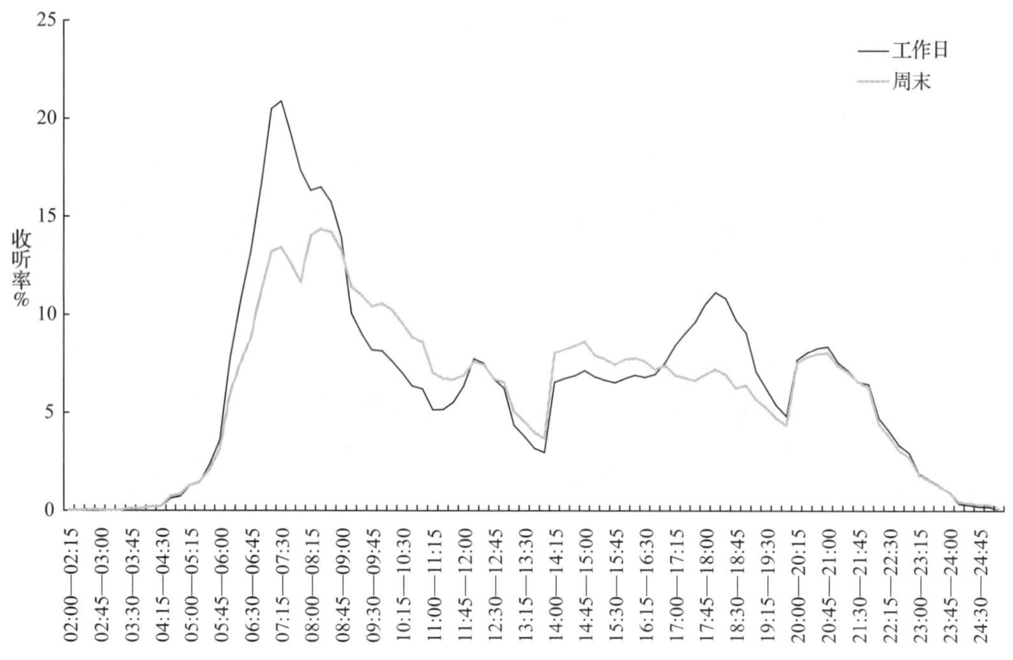

图 3.1.5　2011 年北京听众工作日与周末全天收听率走势

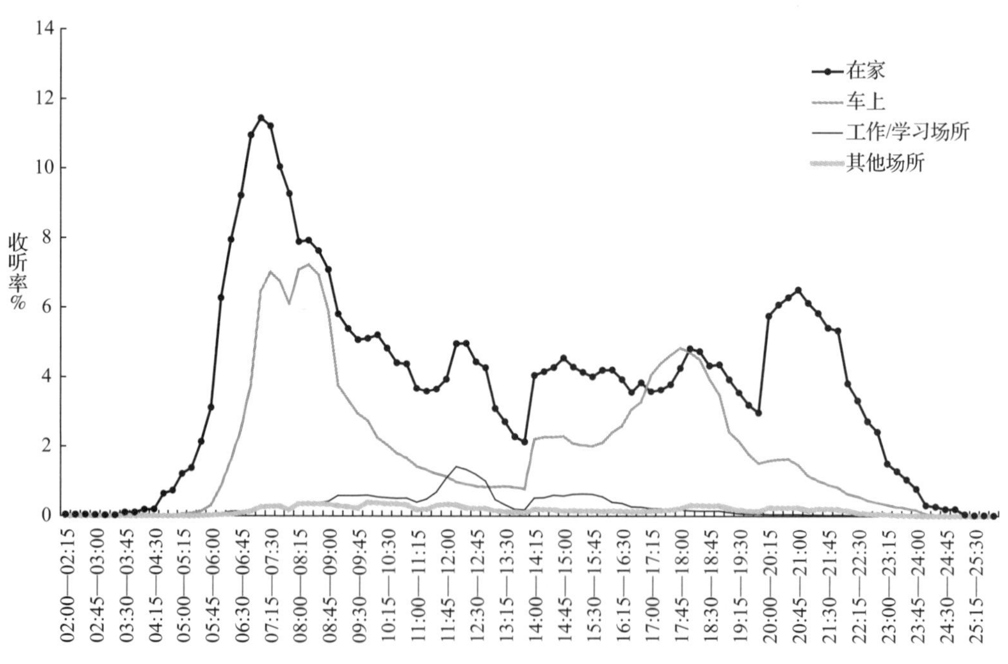

图 3.1.6　2011 年北京听众在不同收听地点全天收听率走势

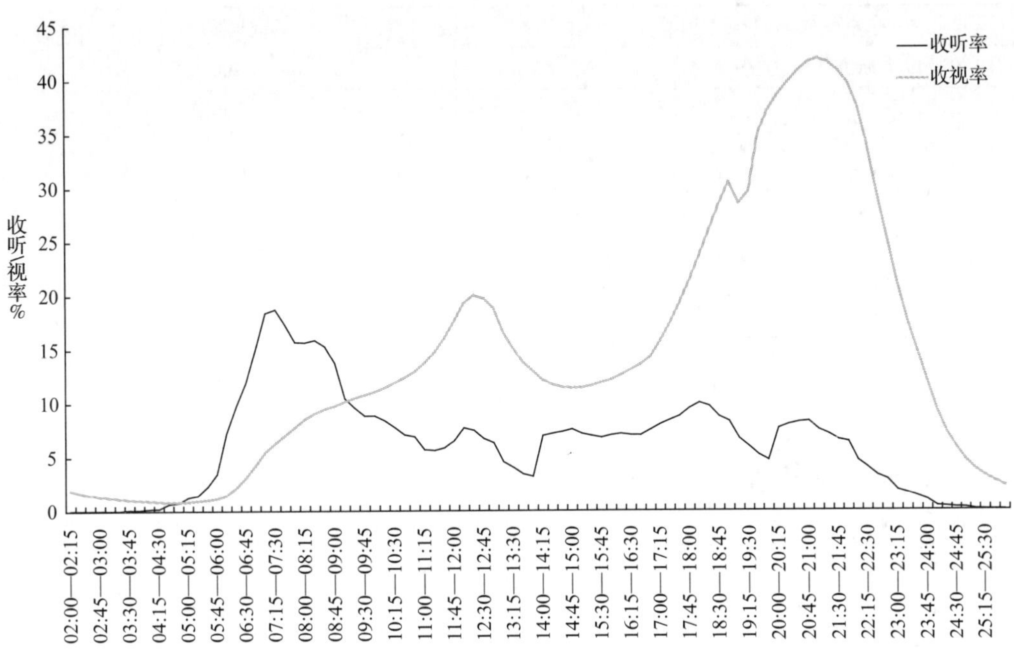

图 3.1.7 2011 年北京受众全天收听率、收视率走势比较(目标受众为 10 岁及以上)

表 3.1.3　2011 年北京市场听众构成(%)

目标听众		听众构成(%)
10 岁及以上所有人		100.0
性别	男	54.6
	女	45.4
年龄	10—14 岁	1.8
	15—24 岁	13.2
	25—34 岁	16.4
	35—44 岁	21.5
	45—54 岁	19.8
	55—64 岁	12.1
	65 岁及以上	15.2
文化程度	未受过正规教育	0.5
	小学	5.2
	初中	22.5
	高中	32.0
	大学及以上	39.8
职业类别	干部/管理人员	10.6
	初级公务员/雇员	20.3
	个体/私营企业人员	9.9
	工人	14.2
	学生	9.1
	无业(包括退休人员)	34.8
	其他	1.0
个人月收入	没有收入	12.7
	1—500 元	2.0
	501—1000 元	3.5
	1001—1500 元	9.6
	1501—2000 元	17.5
	2001—2500 元	20.2
	2501—3000 元	9.8
	3001—4000 元	12.6
	4001 元及以上	12.1

表 3.1.4　2009—2011 年北京市场各广播电台的市场份额(%)

广播电台	2009 年	2010 年	2011 年
中央人民广播电台	27.2	27.7	23.0
中国国际广播电台	4.3	4.4	6.0
北京人民广播电台	66.2	66.4	69.2
其他广播电台	2.3	1.5	1.8

表 3.1.5 2011 年北京市场各广播电台在不同目标听众中的市场份额(%)

目标听众		中央人民广播电台	中国国际广播电台	北京人民广播电台	其他广播电台
10 岁及以上所有人		23.0	6.0	69.2	1.8
性别	男	21.6	6.7	70.0	1.7
	女	24.7	5.2	68.2	1.9
年龄	10—14 岁	27.6	11.3	61.0	0.1
	15—24 岁	23.3	11.1	63.3	2.3
	25—34 岁	15.3	9.9	74.7	0.1
	35—44 岁	26.0	2.6	69.3	2.1
	45—54 岁	21.9	5.3	70.3	2.5
	55—64 岁	24.4	2.6	70.5	2.5
	65 岁及以上	26.8	5.3	66.9	1.0
文化程度	未受过正规教育	*	*	*	*
	小学	28.6	5.2	66.1	0.1
	初中	23.0	3.3	69.3	4.4
	高中	21.4	4.9	72.0	1.7
	大学及以上	23.9	8.7	67.0	0.4
职业类别	干部/管理人员	24.8	3.8	71.3	0.1
	初级公务员/雇员	21.3	11.0	67.3	0.4
	个体/私营企业人员	21.3	5.4	71.9	1.4
	工人	21.9	3.4	70.5	4.2
	学生	26.3	12.3	60.8	0.6
	无业(包括退休人员)	23.9	3.6	70.1	2.4
	其他	10.0	2.3	87.4	0.3
个人月收入	没有收入	26.3	6.6	64.6	2.5
	1—500 元	44.5	13.2	35.1	7.2
	501—1000 元	23.0	3.1	72.2	1.7
	1001—1500 元	19.4	4.6	71.1	4.9
	1501—2000 元	24.0	4.4	69.6	2.0
	2001—2500 元	22.7	4.3	71.7	1.3
	2501—3000 元	17.0	3.5	78.5	1.0
	3001—4000 元	20.2	9.3	70.5	0.0
	4001 元及以上	26.3	9.9	63.7	0.1

注:“*”表示目标听众样本量不足,无法进行统计推断。

表 3.1.6 2011 年北京市场份额排名前五位的频率

名次	频率名称	市场份额(%)
1	北京人民广播电台交通广播(FM103.9/CFM95.6)	27.1
2	北京人民广播电台文艺广播(FM87.6/CFM93.8)	16.9
3	北京人民广播电台新闻广播(FM100.6/AM828/CFM90.4)	9.0
4	中央人民广播电台第一套节目中国之声	7.8
5	北京人民广播电台音乐广播(FM97.4/CFM94.6)	6.9

二、长春收听数据

表 3.2.1 2009—2011 年长春各目标听众人均收听时间(分钟)

目标听众		2009 年	2010 年	2011 年
10 岁及以上所有人		80	80	71
性别	男	84	84	77
	女	75	76	66
年龄	10—14 岁	37	36	25
	15—24 岁	50	40	42
	25—34 岁	73	72	68
	35—44 岁	69	84	73
	45—54 岁	104	92	82
	55—64 岁	124	138	120
	65 岁及以上	100	107	88
文化程度	未受过正规教育	39	94	132
	小学	63	86	66
	初中	97	85	78
	高中	74	75	68
	大学及以上	78	79	67
职业	干部/管理人员	83	65	57
	初级公务员/雇员	66	83	63
	个体/私营企业人员	77	72	82
	工人	82	85	75
	学生	43	34	33
	无业(包括退休人员)	102	107	87
	其他	*	*	*
个人月收入	没有收入	60	52	43
	1—500 元	*	*	*
	501—1000 元	90	101	76
	1001—1500 元	81	87	94
	1501—2000 元	81	80	68
	2001—2500 元	71	80	62
	2501—3000 元	88	98	78
	3001—4000 元	89	92	85
	4001 元及以上	133	102	106

注:长春为全年连续调查城市。“*”表示该目标听众样本量不足,无法进行统计推断。

表 3.2.2 2009—2011 年长春听众在不同地点的人均收听时间(分钟)

地点	2009 年	2010 年	2011 年
在家	58	57	46
车上	16	16	19
工作/学习场所	5	6	5
其他场所	1	1	1

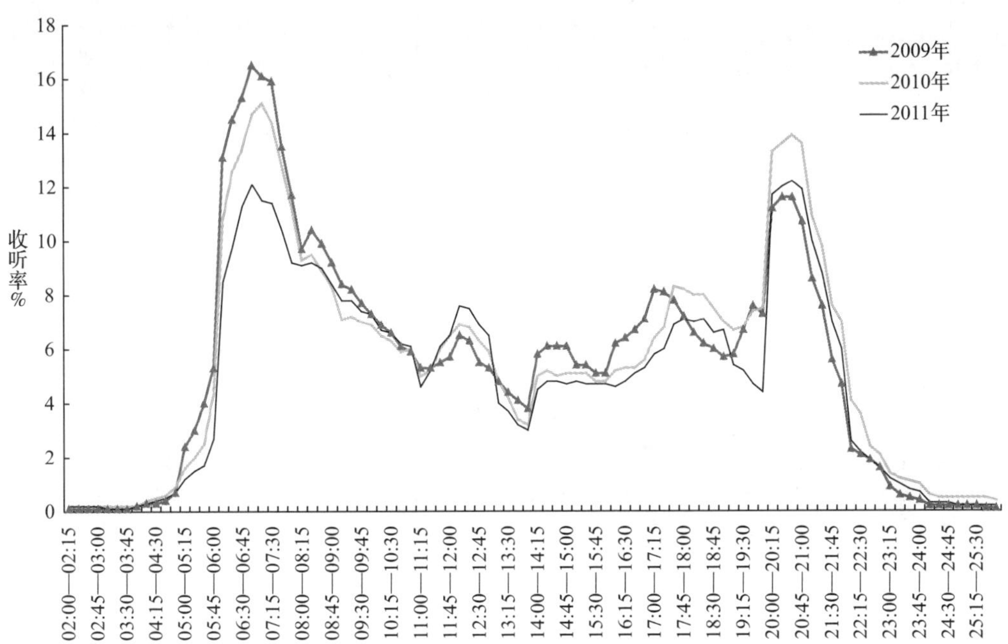

图 3.2.1　2009—2011 年长春听众全天收听率走势

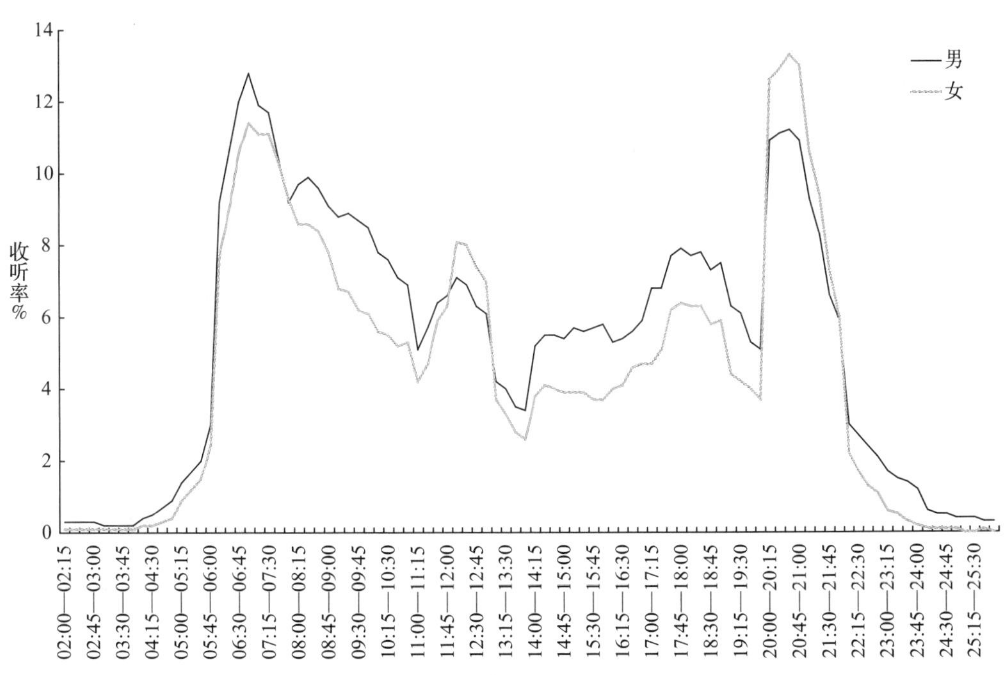

图 3.2.2　2011 年长春不同性别听众全天收听率走势

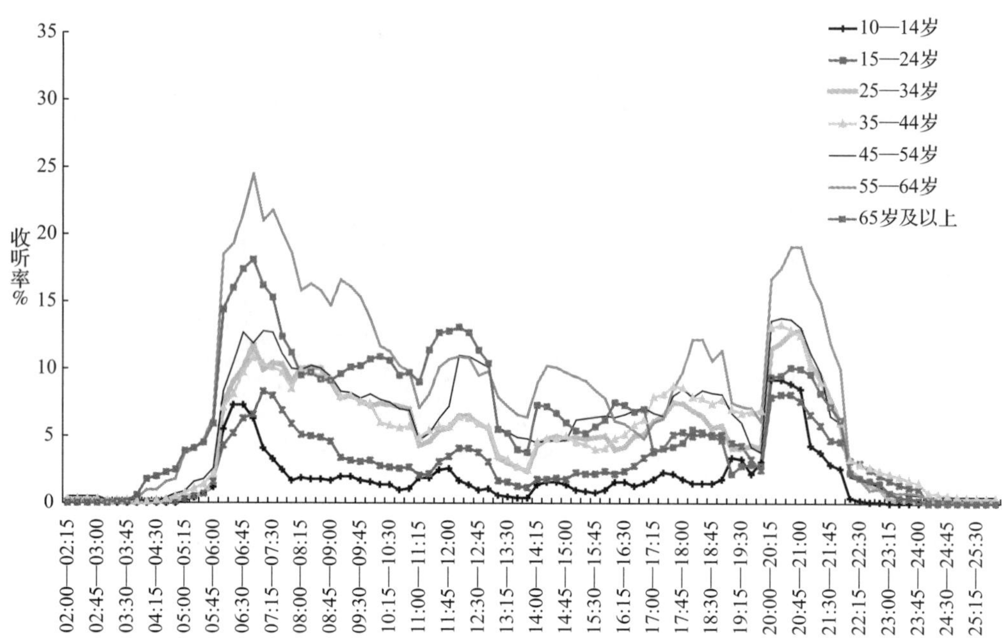

图 3.2.3　2011 年长春不同年龄听众全天收听率走势

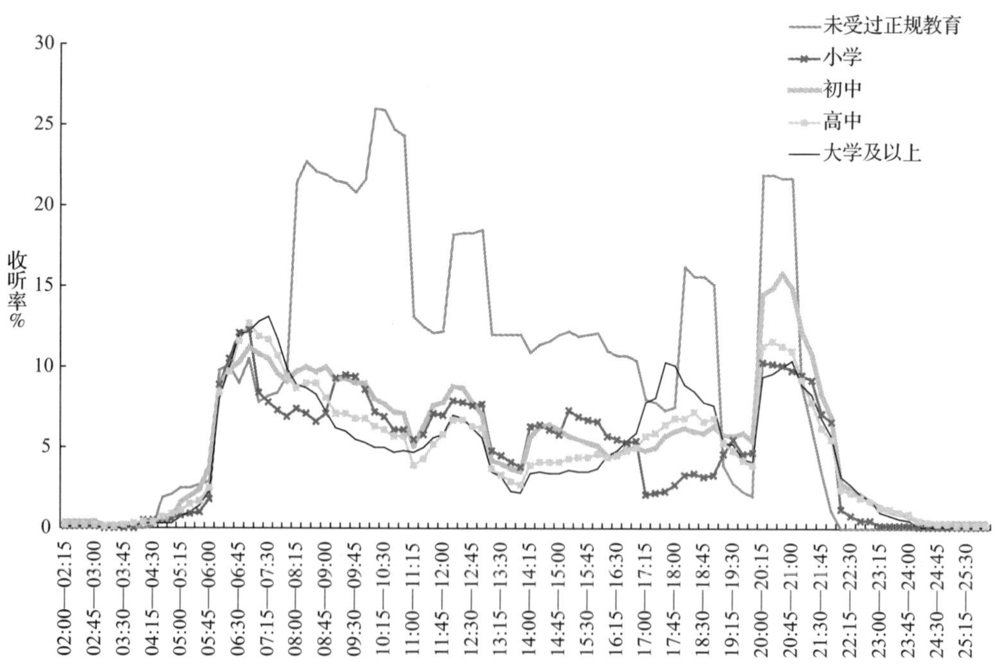

图 3.2.4　2011 年长春不同文化程度听众全天收听率走势

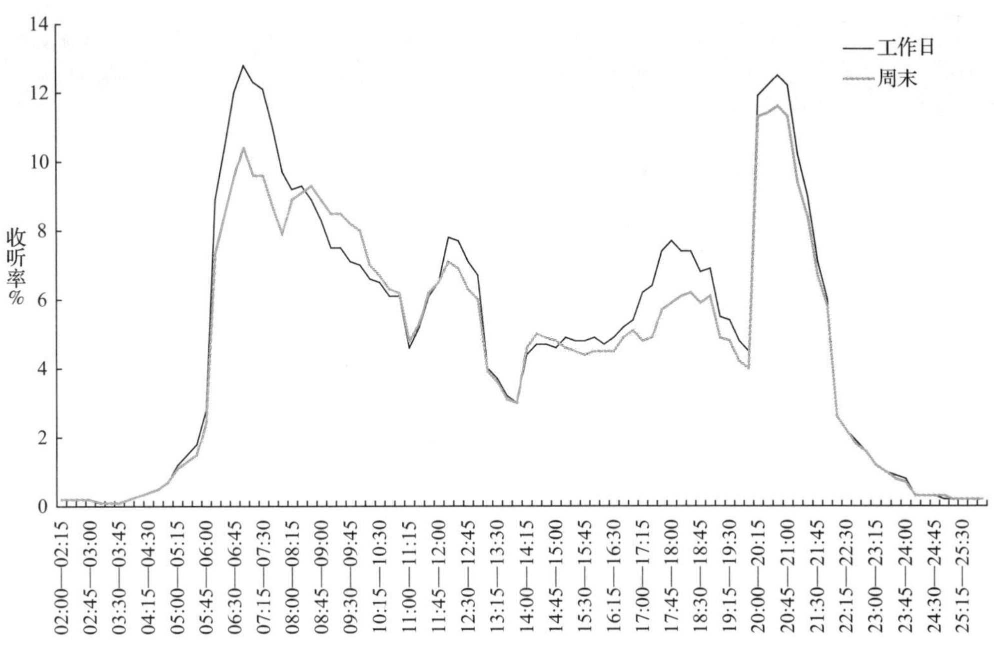

图 3.2.5 2011 年长春听众工作日与周末全天收听率走势

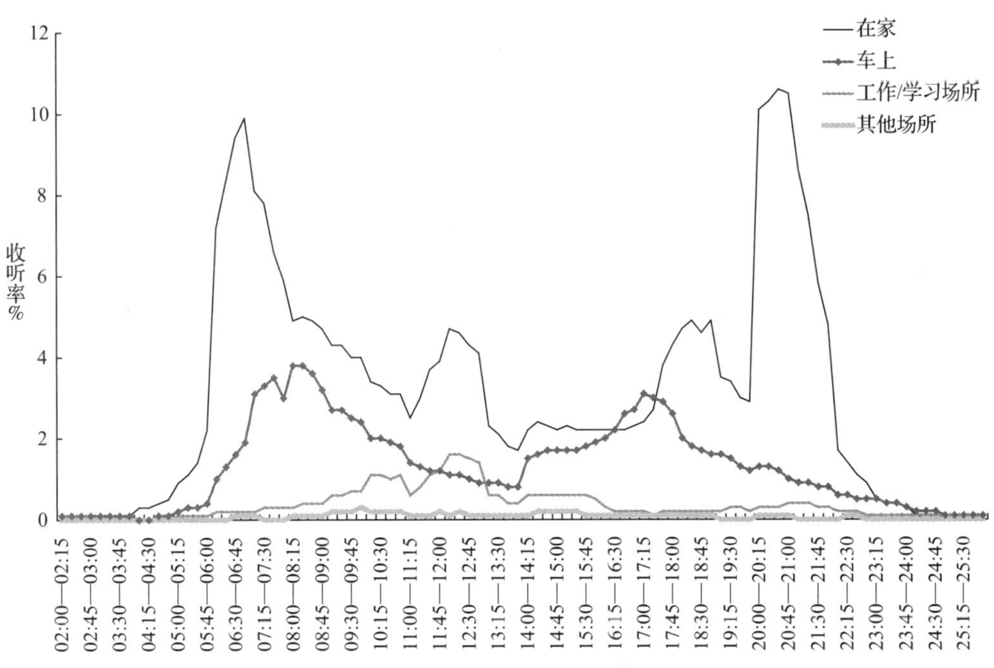

图 3.2.6 2011 年长春听众在不同收听地点全天收听率走势

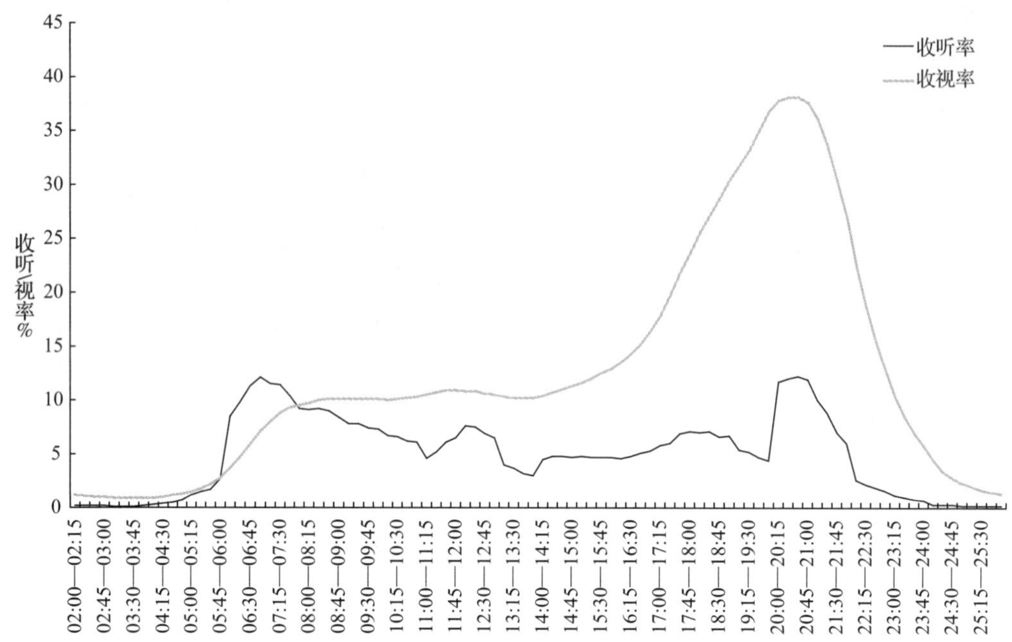

图 3.2.7　2011 年长春受众全天收听率、收视率走势比较(目标受众为 10 岁及以上)

表 3. 2. 3 2011 年长春市场听众构成(%)

目标听众		听众构成(%)
10 岁及以上所有人		100. 0
性别	男	53. 5
	女	46. 5
年龄	10—14 岁	1. 8
	15—24 岁	10. 9
	25—34 岁	19. 1
	35—44 岁	22. 2
	45—54 岁	19. 6
	55—64 岁	15. 4
	65 岁及以上	11. 0
文化程度	未受过正规教育	2. 4
	小学	6. 7
	初中	28. 9
	高中	38. 1
	大学及以上	23. 9
职业	干部/管理人员	3. 1
	初级公务员/雇员	11. 8
	个体/私营企业人员	18. 5
	工人	26. 0
	学生	6. 8
	无业(包括退休人员)	33. 8
	其他	0. 0
个人月收入	没有收入	15. 3
	1—500 元	0. 0
	501—1000 元	5. 0
	1001—1500 元	28. 5
	1501—2000 元	14. 8
	2001—2500 元	10. 7
	2501—3000 元	9. 5
	3001—4000 元	11. 4
	4001 元及以上	4. 8

表 3. 2. 4 2009—2011 年长春市场各广播电台的市场份额(%)

广播电台	2009 年	2010 年	2011 年
中央人民广播电台	12. 3	8. 1	7. 8
中国国际广播电台	0. 0	0. 0	0. 0
吉林人民广播电台	31. 1	38. 0	42. 9
长春人民广播电台	55. 5	53. 1	48. 2
其他广播电台	1. 1	0. 8	1. 1

表 3.2.5 2011 年长春市场各广播电台在不同目标听众中的市场份额(%)

目标听众		中央人民广播电台	中国国际广播电台	吉林人民广播电台	长春人民广播电台	其他广播电台
10 岁及以上所有人		7.8	0.0	42.9	48.2	1.1
性别	男	8.3	0.0	41.0	49.7	1.0
	女	7.2	0.0	45.0	46.5	1.3
年龄	10—14 岁	12.2	0.0	35.3	52.2	0.3
	15—24 岁	10.1	0.0	39.1	48.4	2.4
	25—34 岁	6.2	0.0	46.4	46.5	0.9
	35—44 岁	5.4	0.0	32.1	61.2	1.3
	45—54 岁	7.7	0.0	47.1	44.5	0.7
	55—64 岁	10.6	0.0	49.2	38.9	1.3
	65 岁及以上	8.5	0.0	47.1	43.9	0.5
文化程度	未受过正规教育	1.0	0.0	28.0	71.0	0.0
	小学	12.9	0.0	50.0	36.1	1.0
	初中	7.4	0.0	44.1	47.3	1.2
	高中	7.1	0.0	41.2	50.5	1.2
	大学及以上	8.6	0.0	43.4	47.0	1.0
职业	干部/管理人员	16.1	0.0	40.6	42.0	1.3
	初级公务员/雇员	9.1	0.0	35.8	54.5	0.6
	个体/私营企业人员	2.6	0.0	43.1	53.8	0.5
	工人	5.9	0.0	41.0	51.6	1.5
	学生	11.6	0.0	38.8	46.7	2.9
	无业(包括退休人员)	10.0	0.0	47.7	41.4	0.9
	其他	*	*	*	*	*
个人月收入	没有收入	9.0	0.0	42.6	46.3	2.1
	1—500 元	*	*	*	*	*
	501—1000 元	7.1	0.0	47.2	45.3	0.4
	1001—1500 元	9.4	0.0	49.1	40.9	0.6
	1501—2000 元	5.3	0.0	41.6	50.9	2.2
	2001—2500 元	9.1	0.0	36.5	53.4	1.0
	2501—3000 元	4.5	0.0	39.7	55.6	0.2
	3001—4000 元	6.3	0.0	44.1	48.4	1.2
	4001 元及以上	4.9	0.0	23.6	71.3	0.2

注:“*”表示该目标听众样本量不足,无法进行统计推断。

表 3.2.6 2011 年长春市场份额排名前五位的频率

名次	频率名称	市场份额(%)
1	长春交通之声广播电台 FM96.8	31.9
2	吉林人民广播电台新闻综合广播 FM91.6/AM738	14.3
3	吉林人民广播电台资讯广播 FM100.1	9.4
4	吉林人民广播电台交通广播 FM103.8	7.8
5	中央人民广播电台第一套节目中国之声	6.5

三、长沙收听数据

表 3.3.1 2009—2011 年长沙各目标听众人均收听时间(分钟)

目标听众		2009 年	2010 年	2011 年			
				第 1 波	第 2 波	第 3 波	第 4 波
10 岁及以上所有人		41	46	46	41	42	43
性别	男	44	53	56	50	50	50
	女	36	39	37	32	34	36
年龄	10—14 岁	18	29	18	17	12	12
	15—24 岁	30	31	33	33	29	23
	25—34 岁	46	46	35	38	45	54
	35—44 岁	50	56	60	47	41	42
	45—54 岁	28	46	48	45	50	49
	55—64 岁	42	51	53	45	52	56
	65 岁及以上	53	51	65	47	55	51
文化程度	未受过正规教育	27	19	27	17	17	15
	小学	27	34	31	30	34	21
	初中	46	58	50	39	39	40
	高中	43	45	50	49	49	50
	大学及以上	37	39	44	38	40	45
职业	干部/管理人员	45	43	46	35	36	48
	初级公务员/雇员	38	41	49	42	45	50
	个体/私营企业人员	43	46	52	64	55	45
	工人	46	58	54	43	41	46
	学生	19	26	22	20	23	15
	无业(包括退休人员)	42	42	44	37	43	45
	其他	62	99	66	44	31	40
个人月收入	没有收入	26	28	23	21	20	16
	1—500 元	62	69	68	28	18	29
	501—1000 元	42	40	41	36	40	42
	1001—1500 元	34	41	42	37	46	43
	1501—2000 元	48	55	63	53	49	51
	2001—2500 元	56	59	49	48	48	50
	2501—3000 元	47	65	42	37	36	44
	3001—4000 元	45	54	52	53	48	55
	4001 元及以上	52	71	111	86	73	71

注:长沙为四波调查城市。2011 年四波调查时间分别为:第一波 2 月 27 日至 3 月 19 日;第二波 5 月 29 日至 6 月 18 日;第三波 8 月 28 日至 9 月 17 日;第四波 11 月 6 日至 11 月 26 日。

表 3.3.2 2009—2011 年长沙听众在不同地点的人均收听时间(分钟)

地　　点	2009 年	2010 年	2011 年
在家	21	23	20
车上	14	17	18
工作/学习场所	3	3	3
其他场所	2	2	2

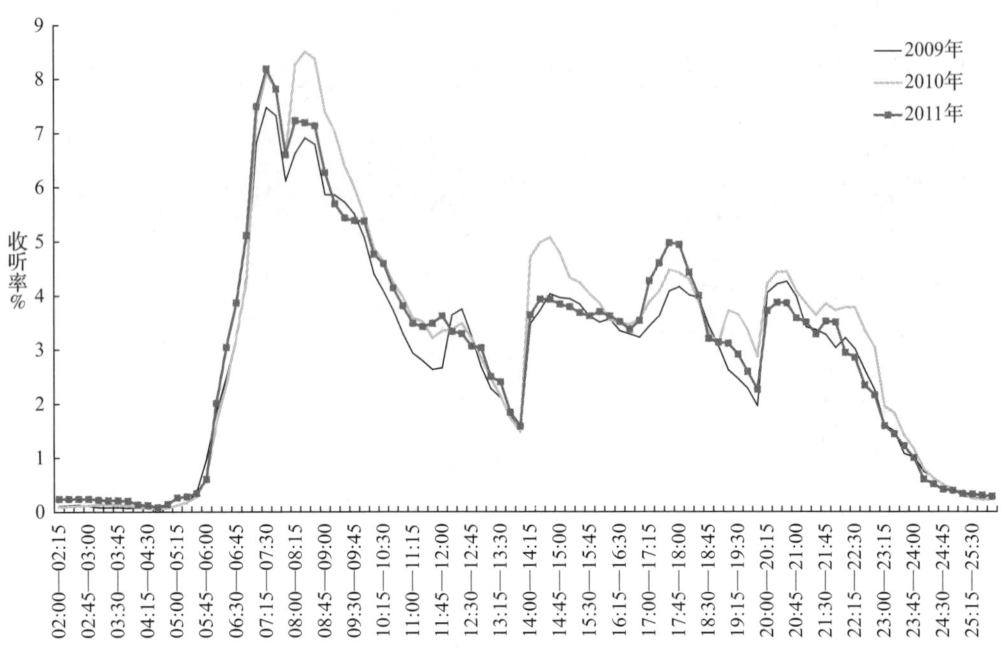

图 3.3.1　2009—2011 年长沙听众全天收听率走势

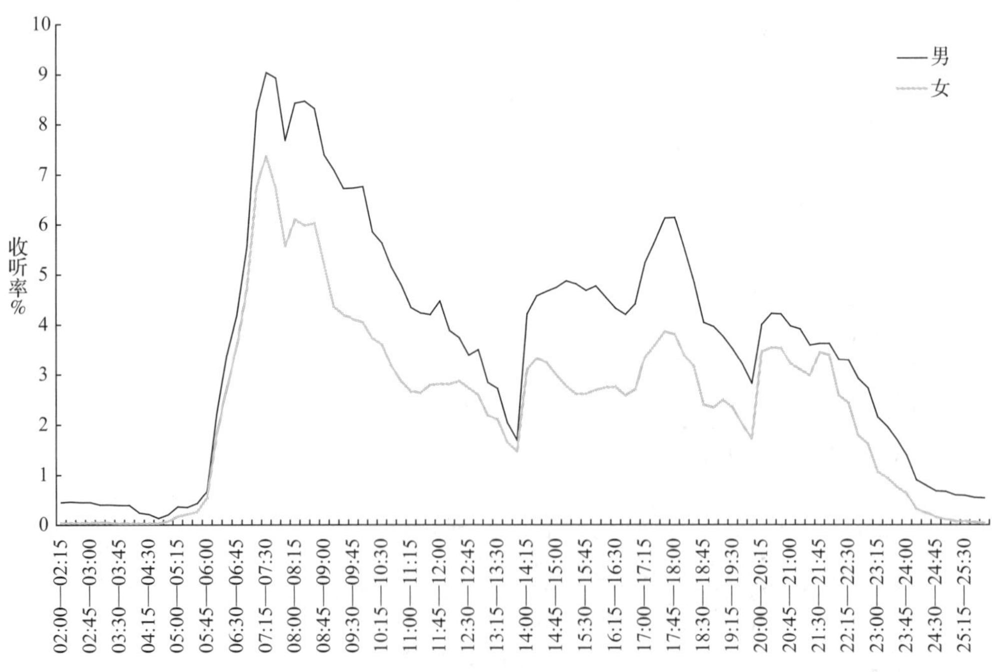

图 3.3.2　2011 年长沙不同性别听众全天收听率走势

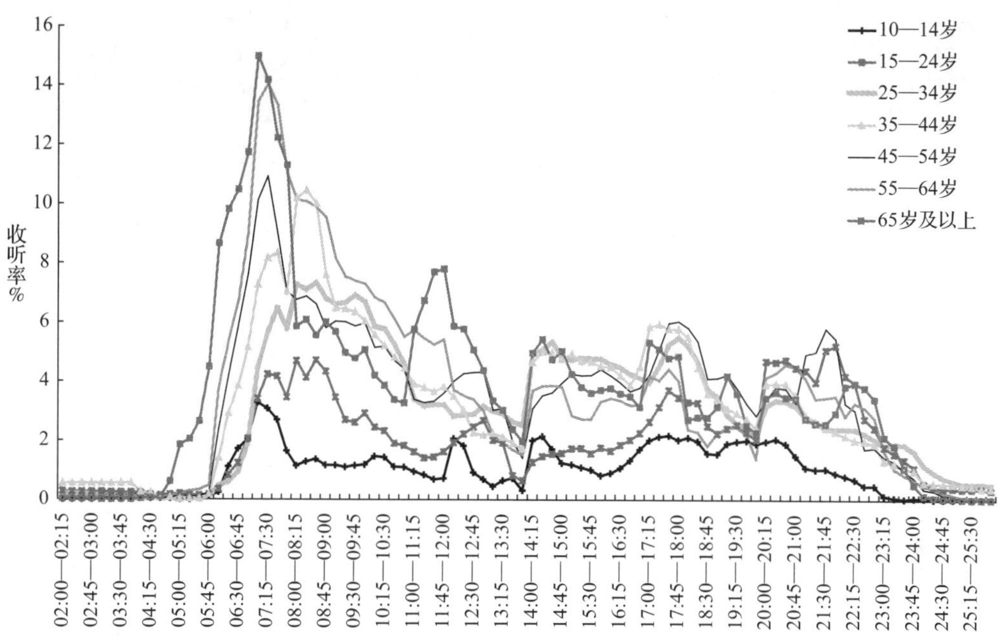

图 3.3.3 2011 年长沙不同年龄听众全天收听率走势

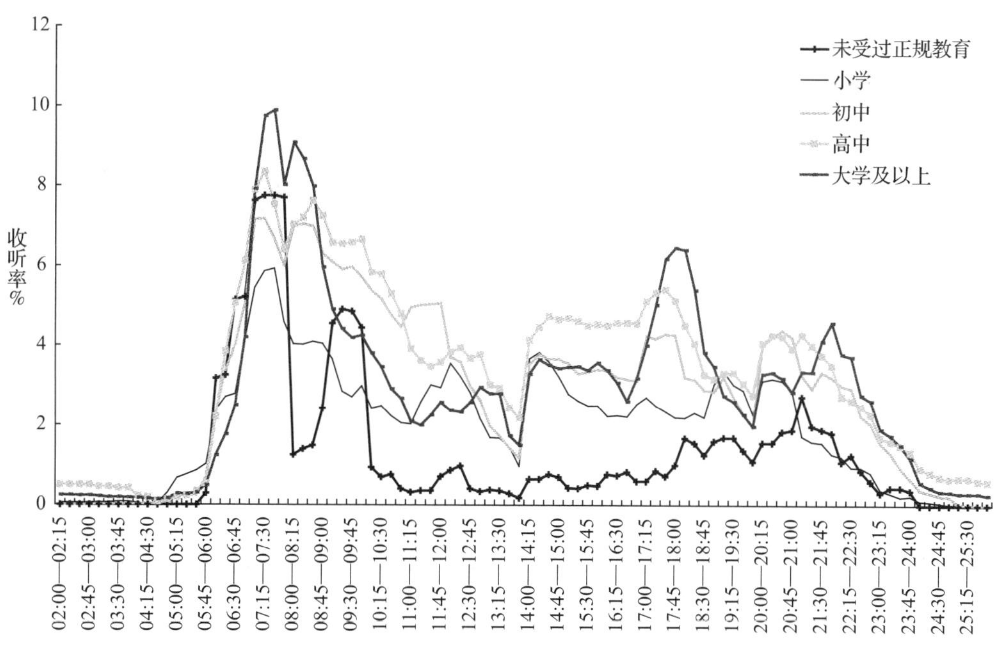

图 3.3.4 2011 年长沙不同文化程度听众全天收听率走势

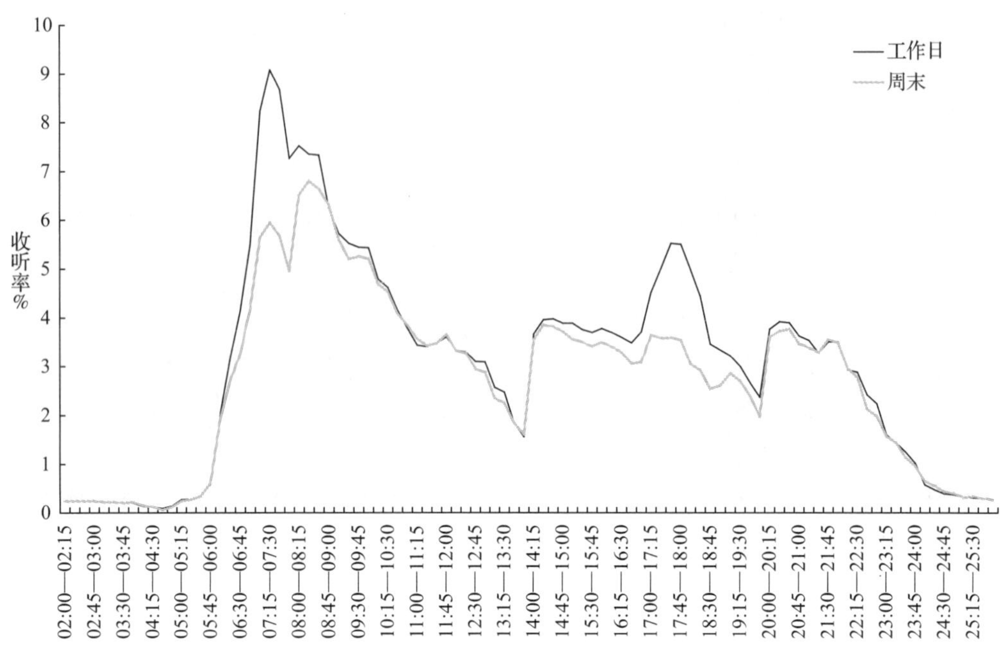

图 3.3.5　2011 年长沙听众工作日与周末全天收听率走势

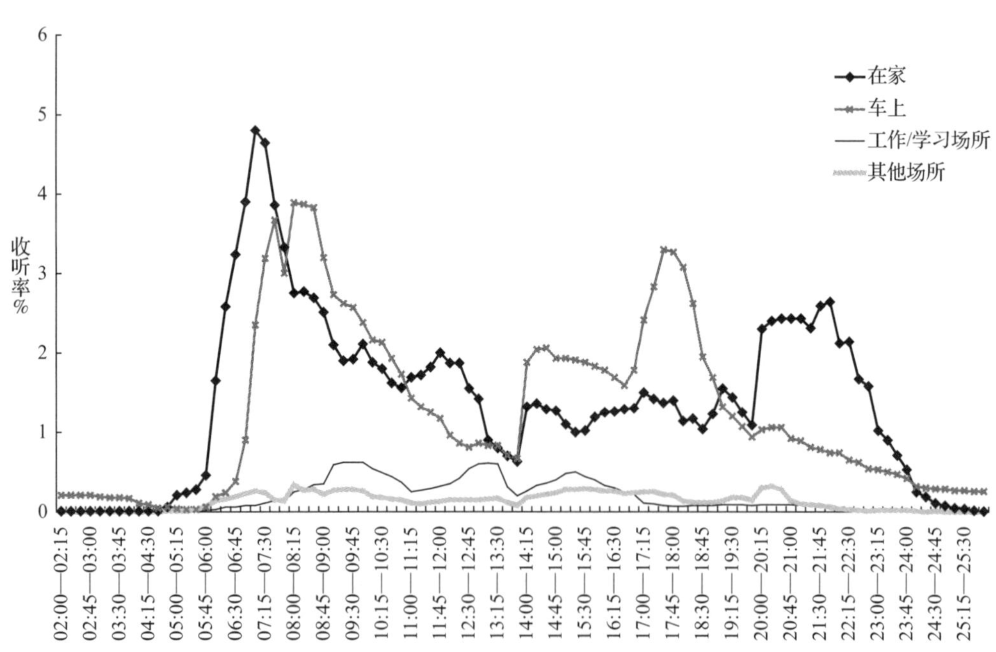

图 3.3.6　2011 年长沙听众在不同收听地点全天收听率走势

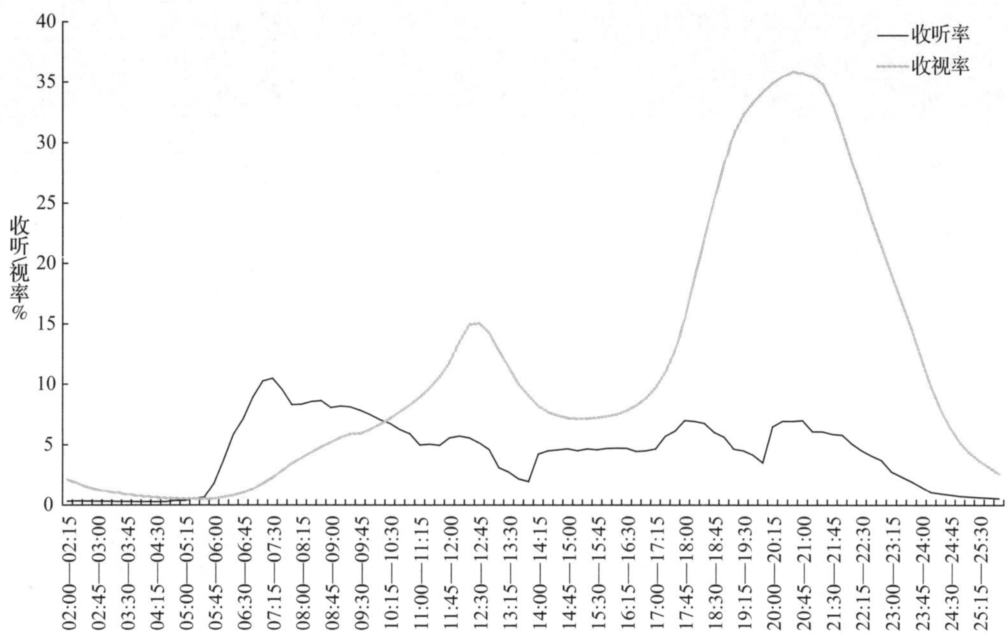

图 3.3.7　2011 年长沙受众全天收听率、收视率走势比较(目标受众为 10 岁及以上)

表 3.3.3 2011 年长沙市场听众构成(%)

目标听众		听众构成(%)
10 岁及以上所有人		100.0
性别	男	58.5
	女	41.5
年龄	10—14 岁	1.4
	15—24 岁	13.2
	25—34 岁	19.7
	35—44 岁	26.2
	45—54 岁	18.3
	55—64 岁	9.3
	65 岁及以上	12.0
文化程度	未受过正规教育	0.7
	小学	5.8
	初中	27.6
	高中	39.0
	大学及以上	26.9
职业	干部/管理人员	3.9
	初级公务员/雇员	19.2
	个体/私营企业人员	18.5
	工人	25.3
	学生	5.5
	无业(包括退休人员)	24.3
	其他	3.3
个人月收入	没有收入	9.1
	1—500 元	2.3
	501—1000 元	8.4
	1001—1500 元	21.1
	1501—2000 元	19.1
	2001—2500 元	13.4
	2501—3000 元	6.4
	3001—4000 元	9.1
	4001 元及以上	11.1

表 3.3.4 2009—2011 年长沙市场各广播电台的市场份额(%)

广播电台	2009 年	2010 年	2011 年			
			第 1 波	第 2 波	第 3 波	第 4 波
中央人民广播电台	5.8	5.7	6.0	5.3	6.8	8.5
中国国际广播电台	0.2	0.0	0.0	0.0	0.0	0.0
湖南人民广播电台	64.0	59.2	55.9	58.3	56.7	54.8
湖南金鹰之声	6.2	8.6	8.5	9.0	9.5	9.0
长沙人民广播电台	21.7	24.1	27.3	25.2	25.1	24.1
其他广播电台	2.3	2.4	2.2	2.2	1.9	3.6

表 3.3.5 2011 年长沙市场各广播电台在不同目标听众中的市场份额(%)

目标听众		中央人民广播电台	中国国际广播电台	湖南人民广播电台	湖南金鹰之声	长沙人民广播电台	其他广播电台
10 岁及以上所有人		6.7	0.0	56.4	9.0	25.5	2.5
性别	男	6.1	0.0	59.7	8.2	23.8	2.2
	女	7.4	0.0	51.8	10.1	27.8	3.0
年龄	10—14 岁	4.9	0.0	30.9	25.8	33.1	5.4
	15—24 岁	7.4	0.0	48.5	10.7	31.0	2.4
	25—34 岁	3.1	0.0	53.6	7.9	32.8	2.7
	35—44 岁	2.3	0.0	67.9	6.4	21.1	2.4
	45—54 岁	11.6	0.0	51.7	9.3	24.9	2.5
	55—64 岁	7.7	0.0	53.3	9.7	25.6	3.8
	65 岁及以上	13.1	0.0	57.0	11.7	17.0	1.2
文化程度	未受过正规教育	6.5	0.0	50.5	1.3	40.8	0.9
	小学	7.8	0.0	54.8	10.9	23.9	2.5
	初中	8.1	0.0	57.3	7.8	23.9	2.9
	高中	5.8	0.0	58.3	8.0	25.6	2.4
	大学及以上	6.2	0.0	53.2	11.4	27.0	2.1
职业	干部/管理人员	4.4	0.0	57.5	3.4	33.8	0.9
	初级公务员/雇员	7.0	0.0	52.5	14.2	23.1	3.2
	个体/私营企业人员	4.0	0.0	68.5	5.6	21.1	0.8
	工人	5.8	0.0	56.4	8.0	27.0	2.8
	学生	4.1	0.0	47.0	10.3	35.3	3.3
	无业(包括退休人员)	11.1	0.0	52.3	10.1	23.6	2.9
	其他	1.3	0.0	54.2	2.4	39.3	2.7
个人月收入	没有收入	5.5	0.0	49.2	9.8	32.7	2.9
	1—500 元	9.5	0.0	46.7	4.2	36.7	3.0
	501—1000 元	12.3	0.0	46.4	7.5	31.7	2.3
	1001—1500 元	10.2	0.0	51.2	8.3	26.0	4.3
	1501—2000 元	5.7	0.0	59.8	8.7	24.2	1.7
	2001—2500 元	4.5	0.0	64.3	11.3	17.8	2.2
	2501—3000 元	3.1	0.0	57.8	12.3	24.2	2.6
	3001—4000 元	2.7	0.0	53.0	7.4	35.0	1.8
	4001 元及以上	6.0	0.0	67.7	8.9	16.5	0.9

表 3.3.6 2011 年长沙市场份额排名前五位的频率

名次	频 率	市场份额(%)
1	湖南人民广播电台交通频道 FM91.8/FM100.3	30.0
2	长沙交通音乐广播 FM106.1	11.6
3	金鹰 955(湖南金鹰之声 FM95.5)	9.0
4	湖南电台新闻频道潇湘之声 FM102.8 FM93.0	7.3
5	长沙新闻广播都市 105 FM105/AM1323	6.8

四、常州收听数据

表 3.4.1　2009—2011 年常州各目标听众人均收听时间(分钟)

目标听众		2009 年	2010 年	2011 年
10 岁及以上所有人		100	97	102
性别	男	100	100	108
	女	101	93	96
年龄	10—14 岁	42	49	52
	15—24 岁	52	44	48
	25—34 岁	71	74	85
	35—44 岁	103	100	95
	45—54 岁	96	98	120
	55—64 岁	165	155	146
	65 岁及以上	202	196	225
文化程度	未受过正规教育	*	*	*
	小学	143	131	113
	初中	115	108	122
	高中	94	103	102
	大学及以上	78	68	82
职业	干部/管理人员	85	69	74
	初级公务员/雇员	82	67	88
	个体/私营企业人员	106	103	102
	工人	81	99	99
	学生	37	43	39
	无业(包括退休人员)	163	165	172
	其他	128	114	79
个人月收入	没有收入	57	57	50
	1—500 元	160	128	100
	501—1000 元	106	116	137
	1001—1500 元	117	118	125
	1501—2000 元	116	108	130
	2001—2500 元	78	89	99
	2501—3000 元	108	93	100
	3001—4000 元	83	93	100
	4001 元及以上	107	109	86

注:常州为全年连续调查城市,始于 2009 年 4 月 26 日。"*"表示该目标听众样本量不足,无法进行统计推断。

表 3.4.2　2009—2011 年常州听众在不同地点的人均收听时间(分钟)

地　　点	2009 年	2010 年	2011 年
在家	75	75	78
车上	19	16	16
工作/学习场所	6	5	7
其他场所	1	1	1

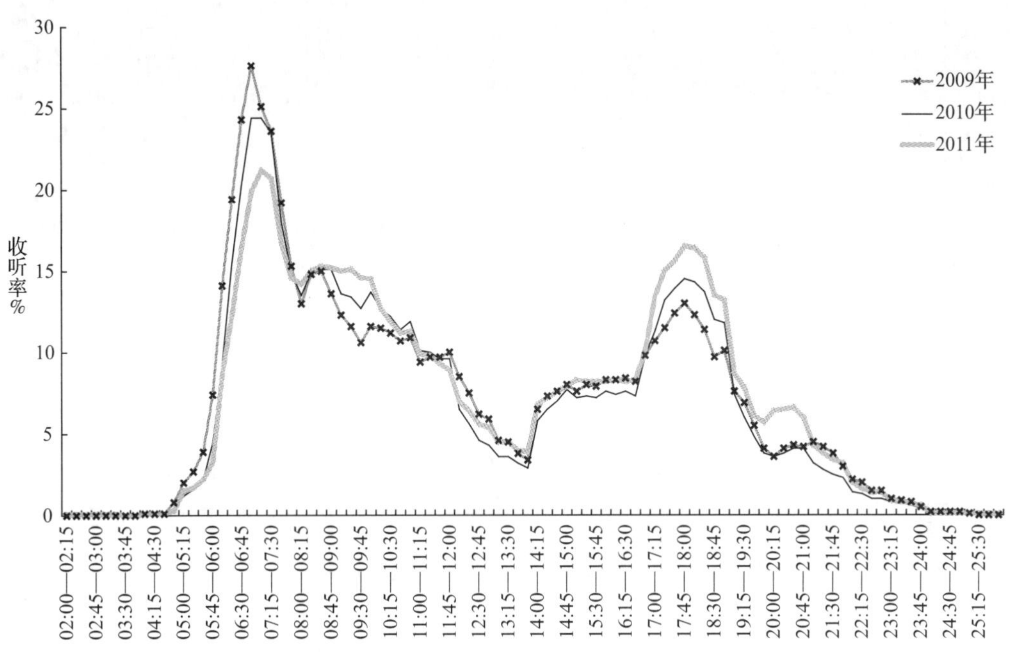

图 3.4.1 2009—2011 年常州听众全天收听率走势

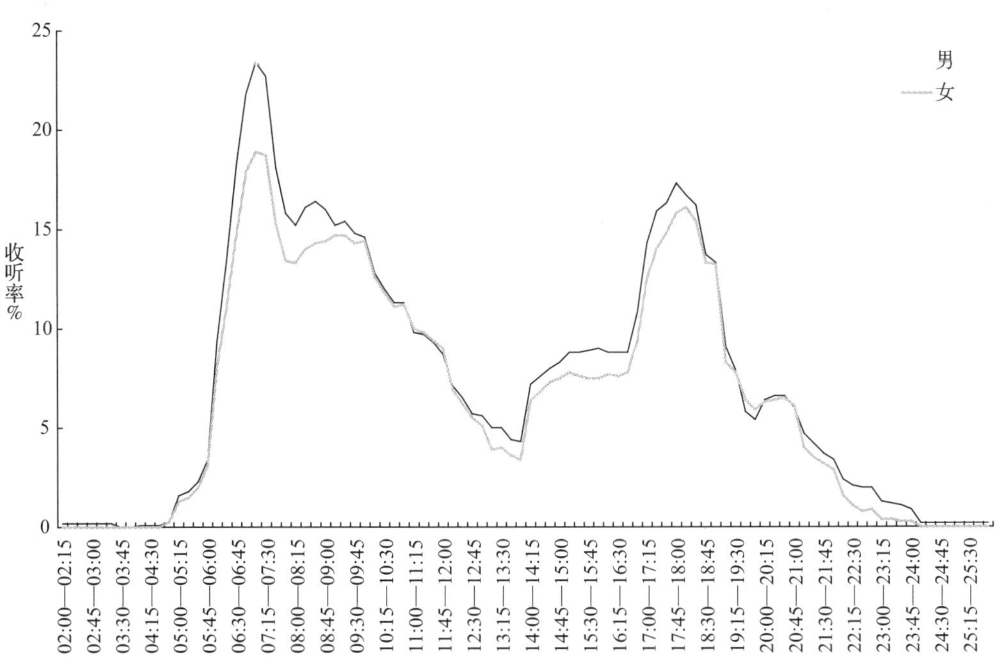

图 3.4.2 2011 年常州不同性别听众全天收听率走势

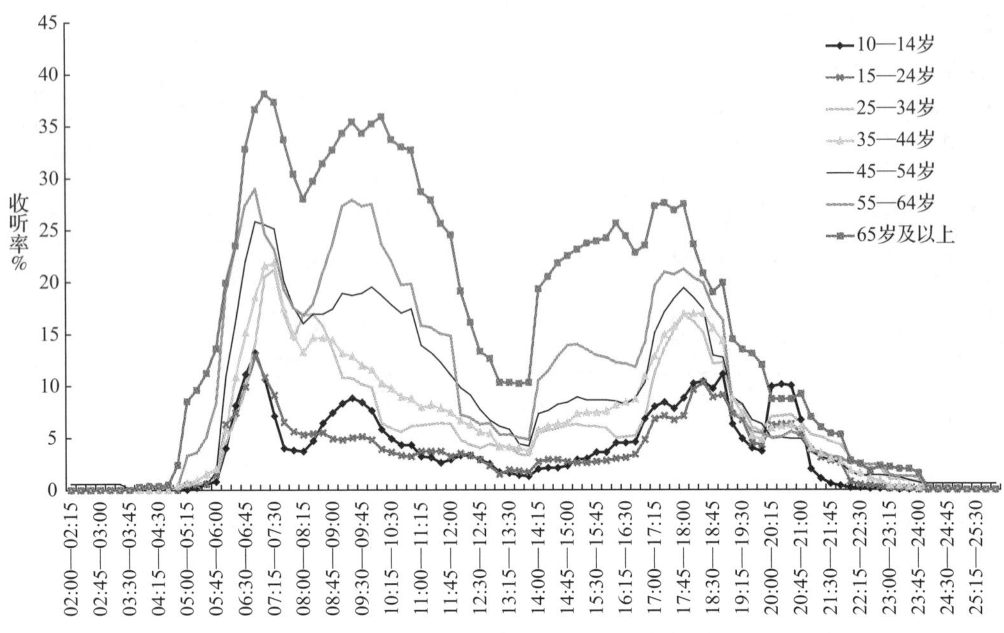

图 3.4.3　2011 年常州不同年龄听众全天收听率走势

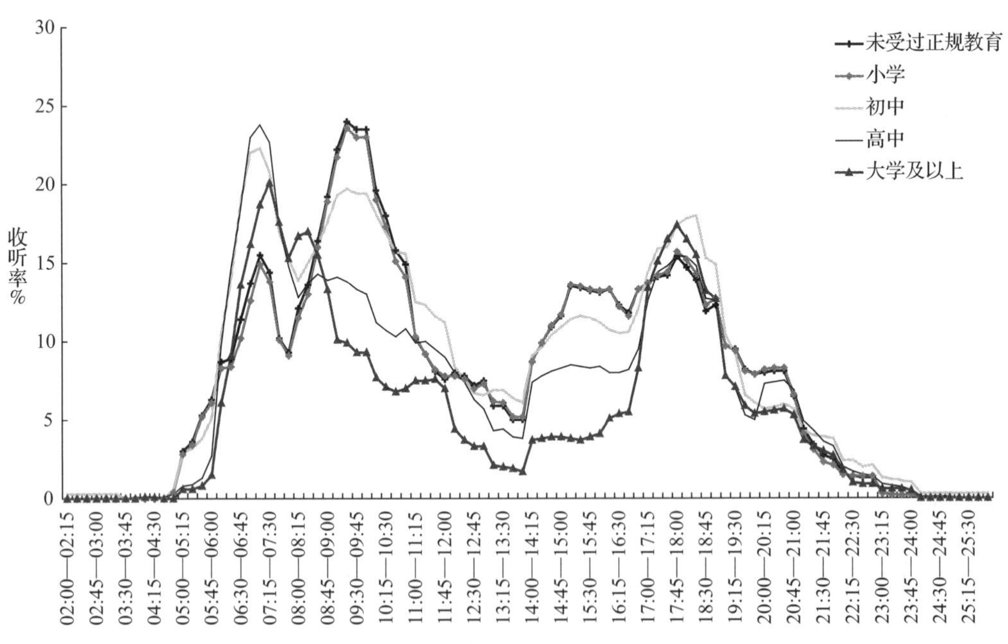

图 3.4.4　2011 年常州不同文化程度听众全天收听率走势

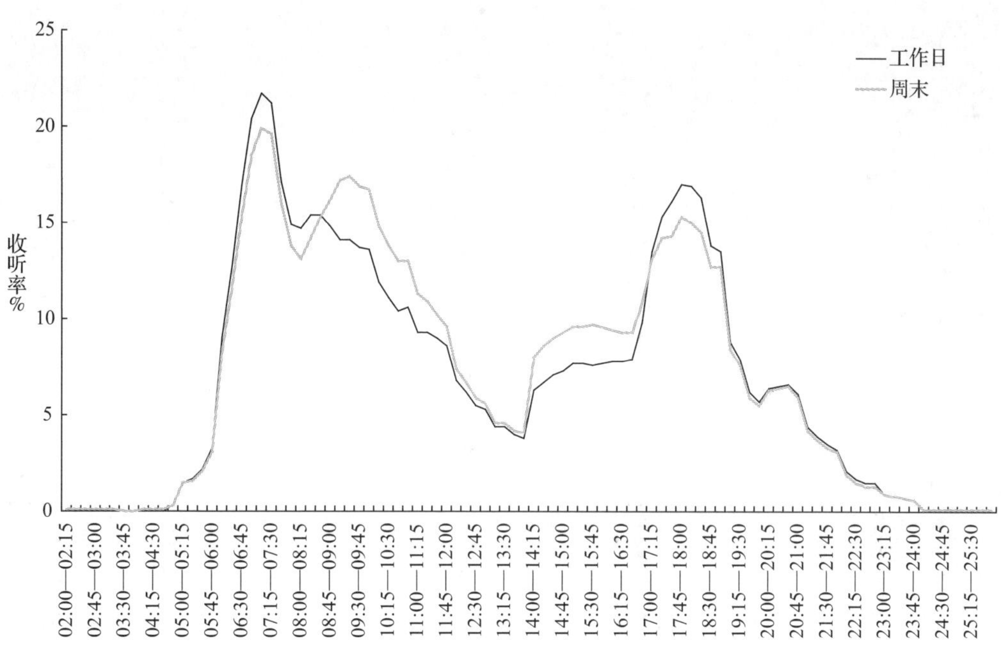

图 3.4.5　2011 年常州听众工作日与周末全天收听率走势

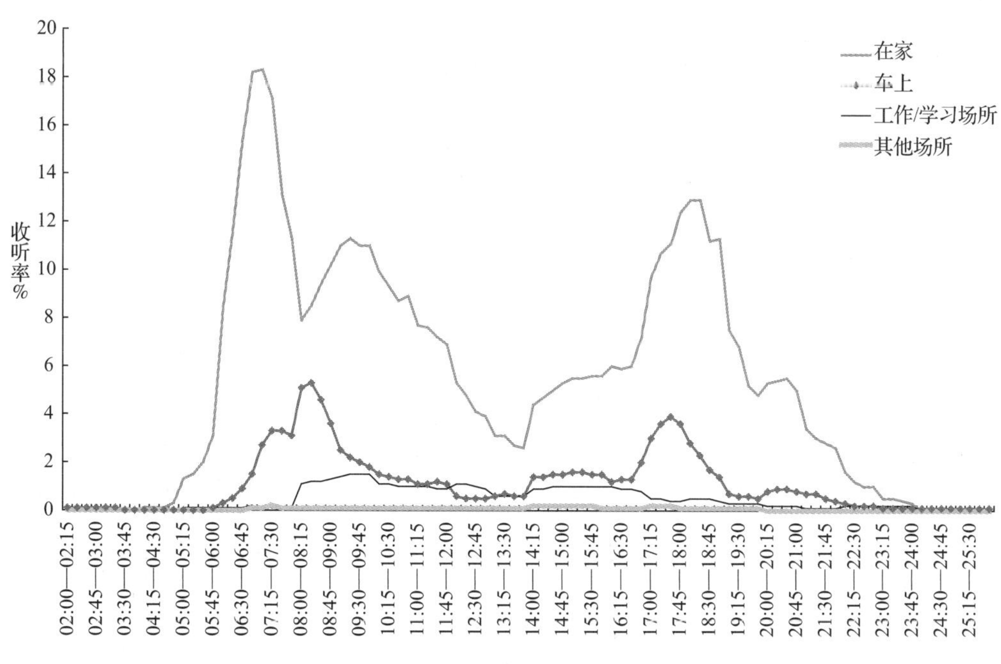

图 3.4.6　2011 年常州听众在不同收听地点全天收听率走势

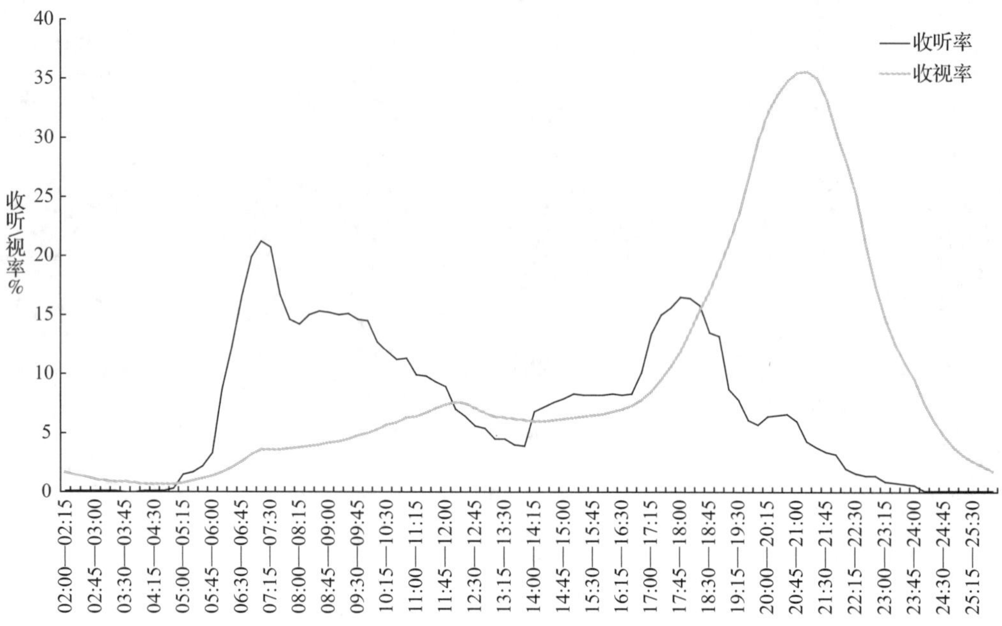

图 3.4.7　2011 年常州受众全天收听率、收视率走势比较(目标受众为 10 岁及以上)

表 3.4.3 2011 年常州市场听众构成(%)

目标听众		听众构成(%)
10 岁及以上所有人		100.0
性别	男	53.2
	女	46.8
年龄	10—14 岁	2.3
	15—24 岁	7.8
	25—34 岁	19.6
	35—44 岁	21.8
	45—54 岁	15.0
	55—64 岁	15.9
	65 岁及以上	17.6
文化程度	未受过正规教育	0.6
	小学	8.9
	初中	32.1
	高中	34.1
	大学及以上	24.3
职业	干部/管理人员	6.4
	初级公务员/雇员	14.3
	个体/私营企业人员	14.6
	工人	21.1
	学生	5.5
	无业(包括退休人员)	36.3
	其他	1.8
个人月收入	没有收入	8.8
	1—500 元	1.7
	501—1000 元	4.7
	1001—1500 元	22.4
	1501—2000 元	25.2
	2001—2500 元	15.8
	2501—3000 元	6.7
	3001—4000 元	9.5
	4001 元及以上	5.2

表 3.4.4 2009—2011 年常州市场各广播电台的市场份额(%)

广播电台	2009 年	2010 年	2011 年
中央人民广播电台	16.1	17.4	13.8
中国国际广播电台	0.1	0.2	0.0
江苏广播电视总台	3.7	4.8	3.7
常州广播电视台	78.6	76.2	79.4
其他广播电台	1.5	1.4	3.1

表 3.4.5　2011 年常州市场各广播电台在不同目标听众中的市场份额(%)

目标听众		中央人民广播电台	中国国际广播电台	江苏广播电视总台	常州广播电视台	其他广播电台
10 岁及以上所有人		13.8	0.0	3.7	79.4	3.1
性别	男	15.2	0.0	4.2	77.4	3.2
	女	12.3	0.0	3.2	81.5	3.0
年龄	10—14 岁	17.8	0.1	4.4	71.5	6.2
	15—24 岁	17.4	0.1	4.5	76.7	1.3
	25—34 岁	10.2	0.0	4.2	82.9	2.7
	35—44 岁	15.2	0.0	4.5	76.5	3.8
	45—54 岁	15.8	0.0	2.4	80.6	1.2
	55—64 岁	11.6	0.1	3.1	82.7	2.5
	65 岁及以上	14.5	0.0	3.4	77.0	5.1
文化程度	未受过正规教育	*	*	*	*	*
	小学	7.4	0.0	3.8	85.8	3.0
	初中	13.9	0.0	4.4	77.9	3.8
	高中	14.9	0.1	3.6	77.9	3.5
	大学及以上	14.6	0.0	3.0	80.9	1.5
职业	干部/管理人员	12.8	0.0	4.5	82.6	0.1
	初级公务员/雇员	12.1	0.0	3.9	82.6	1.4
	个体/私营企业人员	10.8	0.0	5.8	79.5	3.9
	工人	16.0	0.0	3.5	77.7	2.8
	学生	20.5	0.1	3.2	73.3	2.9
	无业(包括退休人员)	13.3	0.0	3.0	79.4	4.3
	其他	20.6	0.0	2.4	75.8	1.2
个人月收入	没有收入	17.7	0.1	3.3	74.8	4.1
	1—500 元	29.2	0.1	3.4	67.2	0.1
	501—1000 元	14.8	0.0	6.5	73.1	5.6
	1001—1500 元	10.4	0.0	4.2	83.0	2.4
	1501—2000 元	12.2	0.0	3.1	80.8	3.9
	2001—2500 元	14.4	0.0	3.9	80.7	1.0
	2501—3000 元	12.0	0.0	4.6	80.2	3.2
	3001—4000 元	16.8	0.0	2.3	75.8	5.1
	4001 元及以上	18.9	0.0	4.3	76.6	0.2

表 3.4.6　2011 年常州市场份额排名前五位的频率

名次	频率名称	市场份额(%)
1	常州人民广播电台交通文艺频率 FM90	17.9
2	常州人民广播电台综合频率 AM846	16.3
3	常州人民广播电台综合频率 FM103.4	13.5
4	中央人民广播电台第一套节目中国之声	12.4
5	常州人民广播电台音乐频率 FM93.5	9.6

五、成都收听数据

表 3.5.1 2009—2011 年成都各目标听众人均收听时间(分钟)

目标听众		2009 年	2010 年	2011 年
10 岁及以上所有人		73	70	60
性别	男	78	77	64
	女	67	62	57
年龄	10—14 岁	17	16	25
	15—24 岁	37	29	31
	25—34 岁	69	63	56
	35—44 岁	78	66	58
	45—54 岁	82	87	70
	55—64 岁	117	106	74
	65 岁及以上	94	106	104
文化程度	未受过正规教育	46	67	70
	小学	68	81	67
	初中	78	82	70
	高中	74	65	56
	大学及以上	66	51	48
职业	干部/管理人员	64	69	53
	初级公务员/雇员	79	57	49
	个体/私营企业人员	79	76	68
	工人	71	69	62
	学生	23	20	26
	无业(包括退休人员)	95	94	81
	其他	67	142	87
个人月收入	没有收入	38	28	30
	1—500 元	96	116	87
	501—1000 元	79	84	71
	1001—1500 元	76	82	79
	1501—2000 元	87	79	64
	2001—2500 元	71	52	46
	2501—3000 元	105	66	52
	3001—4000 元	96	101	80
	4001 元及以上	37	61	65

注:成都为全年连续调查城市。

表 3.5.2 2009—2011 年成都听众在不同地点的人均收听时间(分钟)

地 点	2009 年	2010 年	2011 年
在家	51	52	46
车上	16	12	10
工作/学习场所	4	4	3
其他场所	3	2	1

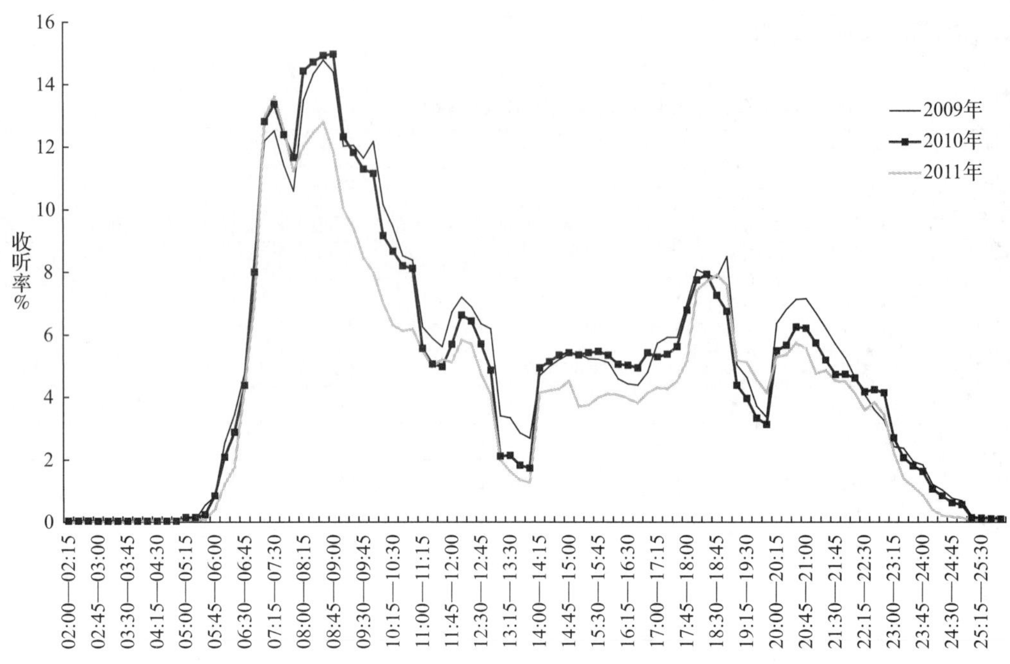

图 3.5.1　2009—2011 年成都听众全天收听率走势

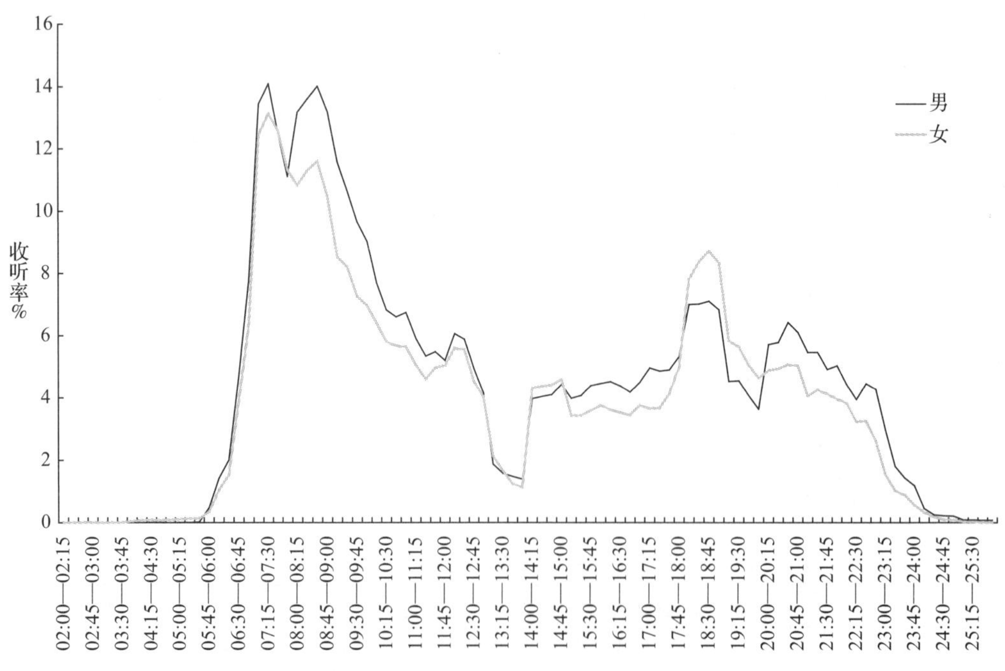

图 3.5.2　2011 年成都不同性别听众全天收听率走势

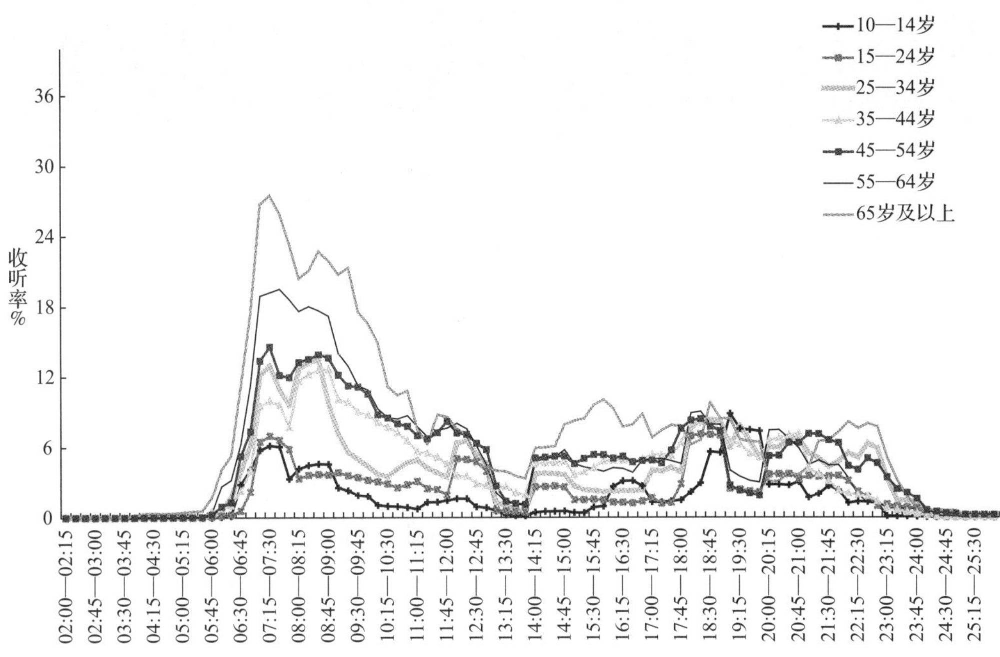

图 3.5.3 2011 年成都不同年龄听众全天收听率走势

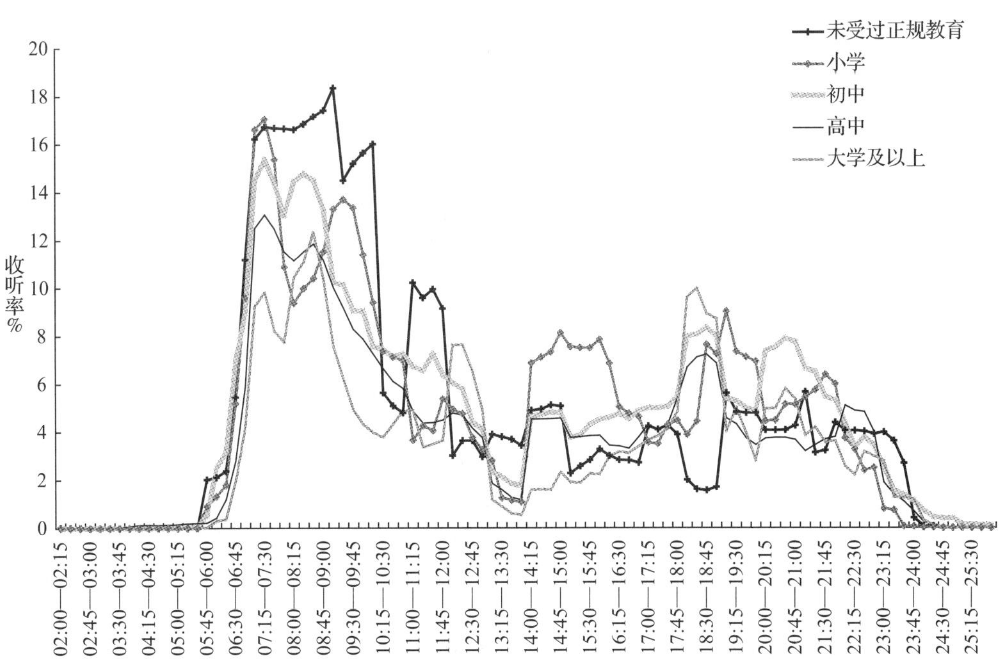

图 3.5.4 2011 年成都不同文化程度听众全天收听率走势

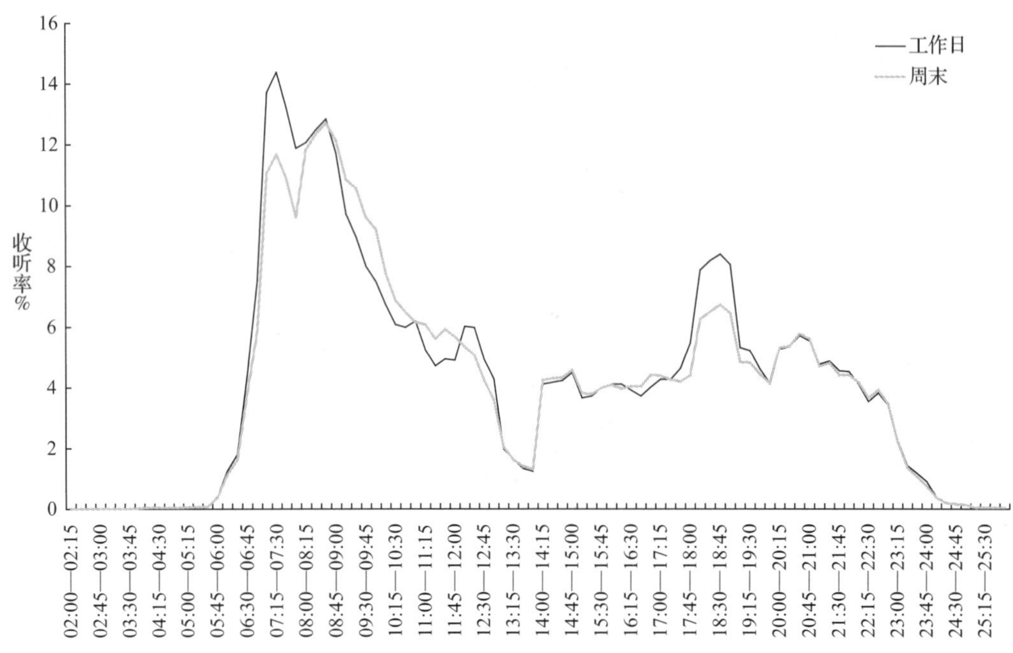

图 3.5.5　2011 年成都听众工作日与周末全天收听率走势

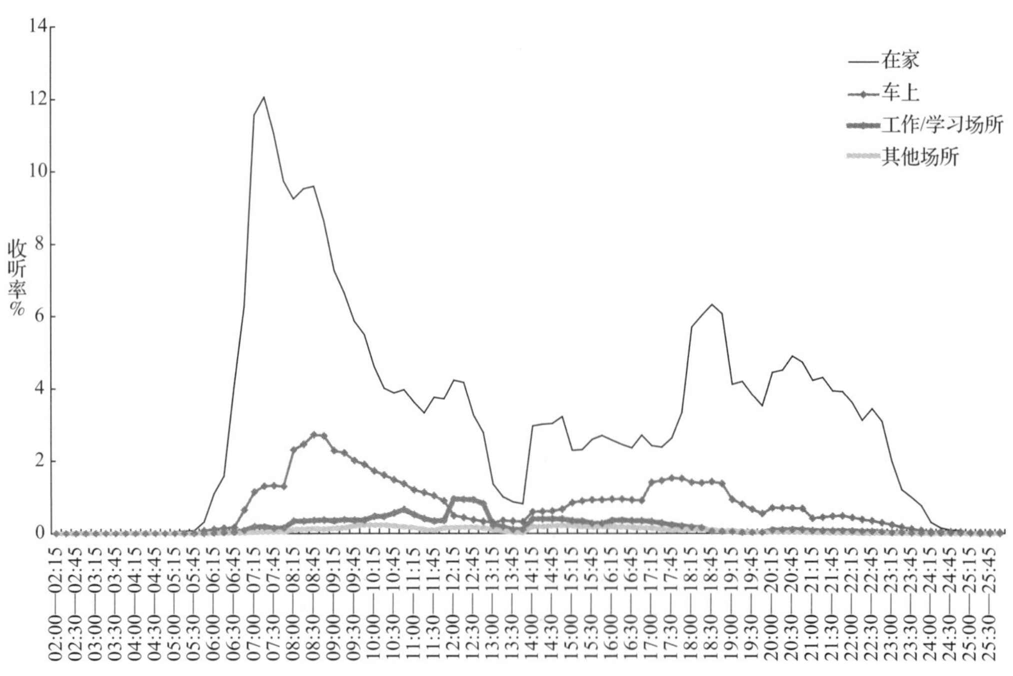

图 3.5.6　2011 年成都听众在不同收听地点全天收听率走势

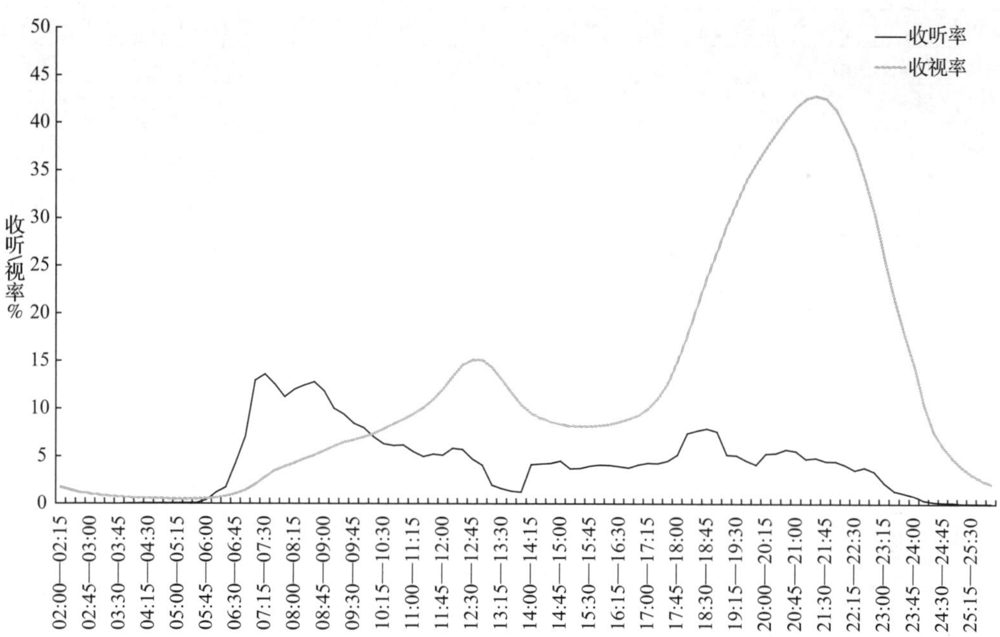

图 3.5.7　2011 年成都受众全天收听率、收视率走势比较(目标受众为 10 岁及以上)

表 3.5.3　2011 年成都市场听众构成(%)

目标听众		听众构成(%)
10 岁及以上所有人		100.0
性别	男	52.4
	女	47.6
年龄	10—14 岁	2.0
	15—24 岁	8.7
	25—34 岁	19.0
	35—44 岁	18.7
	45—54 岁	18.0
	55—64 岁	14.2
	65 岁及以上	19.4
文化程度	未受过正规教育	2.6
	小学	11.7
	初中	38.4
	高中	29.0
	大学及以上	18.3
职业	干部/管理人员	1.6
	初级公务员/雇员	15.2
	个体/私营企业人员	15.8
	工人	29.2
	学生	5.5
	无业(包括退休人员)	31.5
	其他	1.2
个人月收入	没有收入	8.9
	1—500 元	1.9
	501—1000 元	9.8
	1001—1500 元	29.3
	1501—2000 元	21.6
	2001—2500 元	10.5
	2501—3000 元	5.9
	3001—4000 元	8.3
	4001 元及以上	3.8

表 3.5.4　2009—2011 年成都市场各广播电台的市场份额(%)

广播电台	2009 年	2010 年	2011 年
中央人民广播电台	17.7	15.9	14.9
中国国际广播电台	0.0	0.0	0.0
四川广播电视台	50.9	55.2	56.1
成都人民广播电台	31.4	28.9	29.0
其他广播电台	0.0	0.0	0.0

表 3.5.5 2011 年成都市场各广播电台在不同目标听众中的市场份额(%)

目标听众		中央人民广播电台	中国国际广播电台	四川广播电视台	成都人民广播电台	其他广播电台
10 岁及以上所有人		14.9	0.0	56.1	29.0	0.0
性别	男	15.0	0.0	55.4	29.5	0.1
	女	14.8	0.0	56.7	28.4	0.1
年龄	10—14 岁	21.0	0.0	51.9	27.1	0.0
	15—24 岁	15.3	0.0	56.1	28.6	0.0
	25—34 岁	13.6	0.0	61.0	25.3	0.1
	35—44 岁	11.5	0.0	56.6	31.7	0.2
	45—54 岁	8.6	0.0	60.9	30.4	0.1
	55—64 岁	15.1	0.0	59.9	24.9	0.1
	65 岁及以上	24.2	0.0	43.6	32.1	0.1
文化程度	未受过正规教育	4.2	0.0	53.7	42.1	0.0
	小学	18.9	0.0	60.3	20.8	0.0
	初中	17.0	0.0	55.3	27.7	0.0
	高中	11.2	0.0	57.6	31.2	0.0
	大学及以上	15.3	0.0	52.9	31.7	0.1
职业	干部/管理人员	4.2	0.0	78.0	17.8	0.0
	初级公务员/雇员	12.7	0.0	55.2	32.0	0.1
	个体/私营企业人员	13.1	0.0	63.1	23.7	0.1
	工人	10.7	0.0	60.8	28.5	0.0
	学生	12.8	0.0	56.8	30.4	0.0
	无业(包括退休人员)	21.9	0.0	47.5	30.6	0.0
	其他	4.0	0.0	52.1	43.8	0.1
个人月收入	没有收入	11.9	0.0	55.2	32.8	0.1
	1—500 元	30.0	0.0	36.6	33.4	0.0
	501—1000 元	14.6	0.0	59.2	26.2	0.0
	1001—1500 元	13.5	0.0	53.5	33.0	0.0
	1501—2000 元	18.0	0.0	59.0	22.9	0.1
	2001—2500 元	17.5	0.0	57.1	25.3	0.1
	2501—3000 元	11.1	0.0	57.4	31.5	0.0
	3001—4000 元	9.0	0.0	57.1	33.8	0.1
	4001 元及以上	16.1	0.0	46.1	36.9	0.9

表 3.5.6 2011 年成都市场份额排名前五位的频率

名次	频 率	市场份额(%)
1	四川人民广播电台新闻频率 FM98.1/AM1116	15.1
2	中央人民广播电台第一套节目中国之声	14.9
3	四川人民广播电台交通广播 FM101.7	11.5
4	成都人民广播电台新闻广播 FM99.8/AM792	10.1
5	成都人民广播电台交通广播 FM91.4	8.6

六、重庆收听数据

表 3.6.1　2009—2011 年重庆各目标听众人均收听时间(分钟)

目标听众		2009 年	2010 年	2011 年
10 岁及以上所有人		60	63	64
性别	男	64	66	68
	女	55	61	62
年龄	10—14 岁	36	36	32
	15—24 岁	47	50	54
	25—34 岁	60	68	65
	35—44 岁	63	60	65
	45—54 岁	65	67	63
	55—64 岁	66	77	79
	65 岁及以上	63	75	87
文化程度	未受过正规教育	18	36	66
	小学	40	54	51
	初中	62	66	61
	高中	66	64	71
	大学及以上	56	67	67
职业	干部/管理人员	66	74	77
	初级公务员/雇员	61	60	53
	个体/私营企业人员	64	60	59
	工人	60	63	66
	学生	36	41	41
	无业(包括退休人员)	63	71	76
	其他	*	*	*
个人月收入	没有收入	42	44	43
	1—500 元	67	74	83
	501—1000 元	55	59	59
	1001—1500 元	68	73	69
	1501—2000 元	61	57	64
	2001—2500 元	66	69	67
	2501—3000 元	94	73	76
	3001—4000 元	76	87	76
	4001 元及以上	40	84	121

注:重庆为全年连续调查城市。“*”表示该目标听众样本量不足,无法进行统计推断。

表 3.6.2　2009—2011 年重庆听众在不同地点的人均收听时间(分钟)

地　　点	2009 年	2010 年	2011 年
在家	39	44	45
车上	11	9	11
工作/学习场所	7	6	5
其他场所	2	4	3

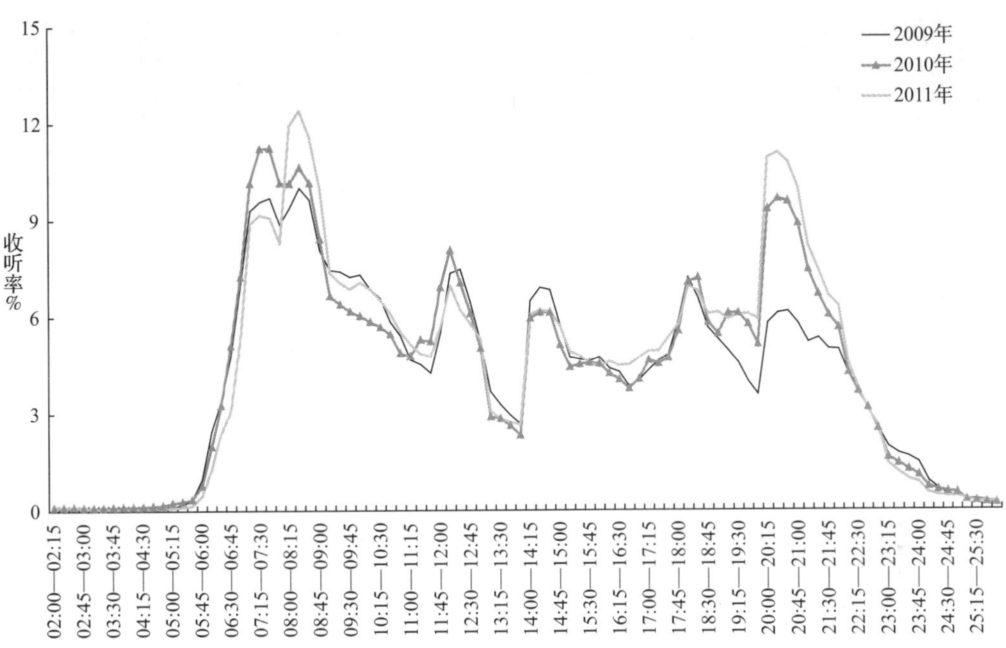

图 3.6.1 2009—2011 年重庆听众全天收听率走势

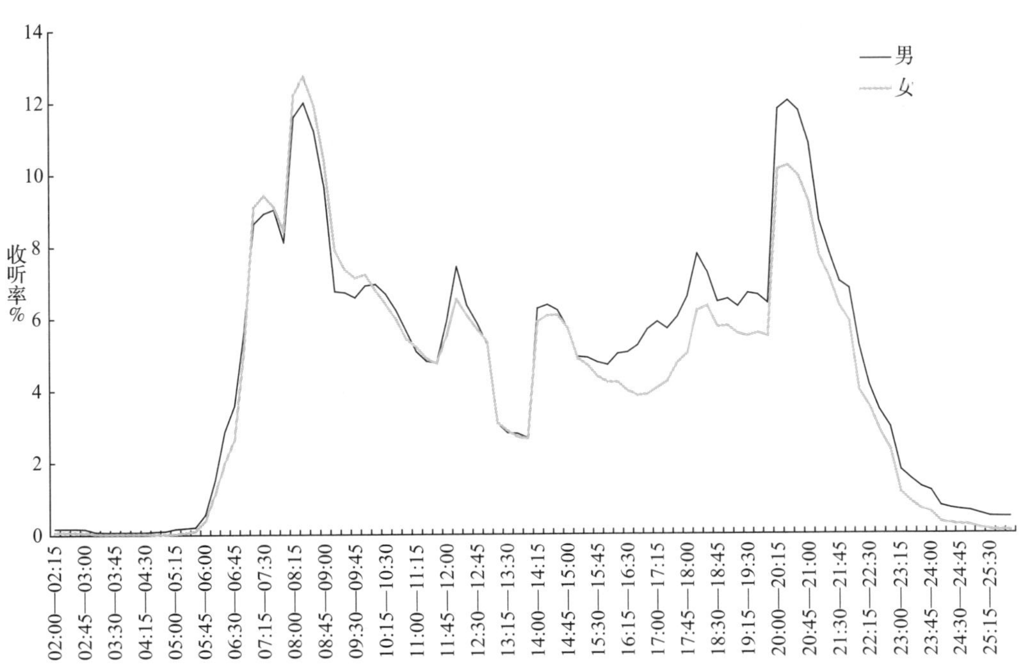

图 3.6.2 2011 年重庆不同性别听众全天收听率走势

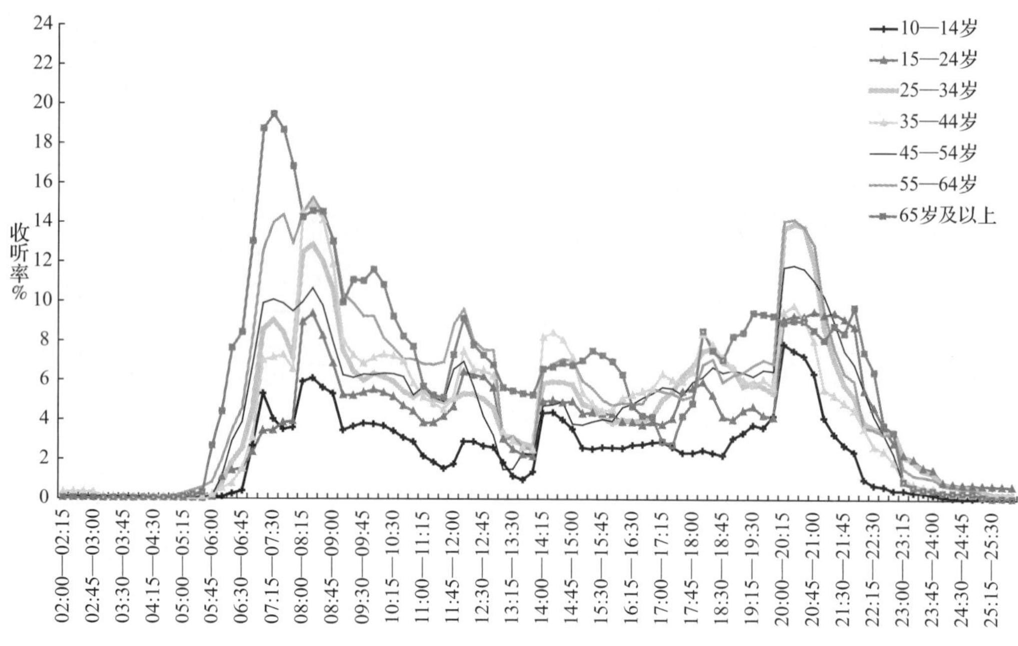

图 3.6.3　2011 年重庆不同年龄听众全天收听率走势

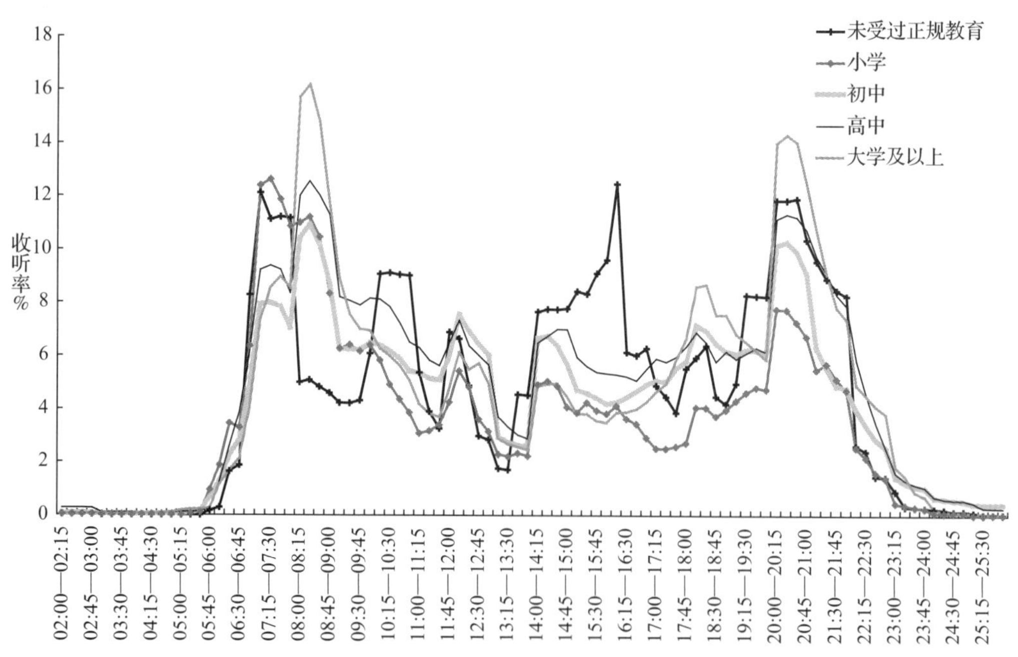

图 3.6.4　2011 年重庆不同文化程度听众全天收听率走势

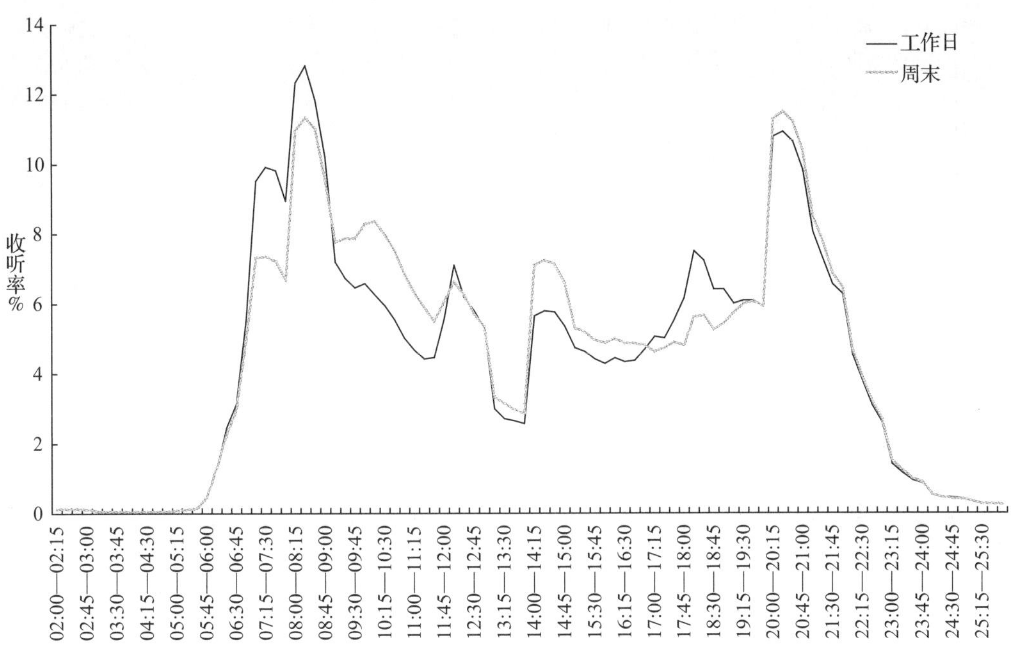

图 3.6.5　2011 年重庆听众工作日与周末全天收听率走势

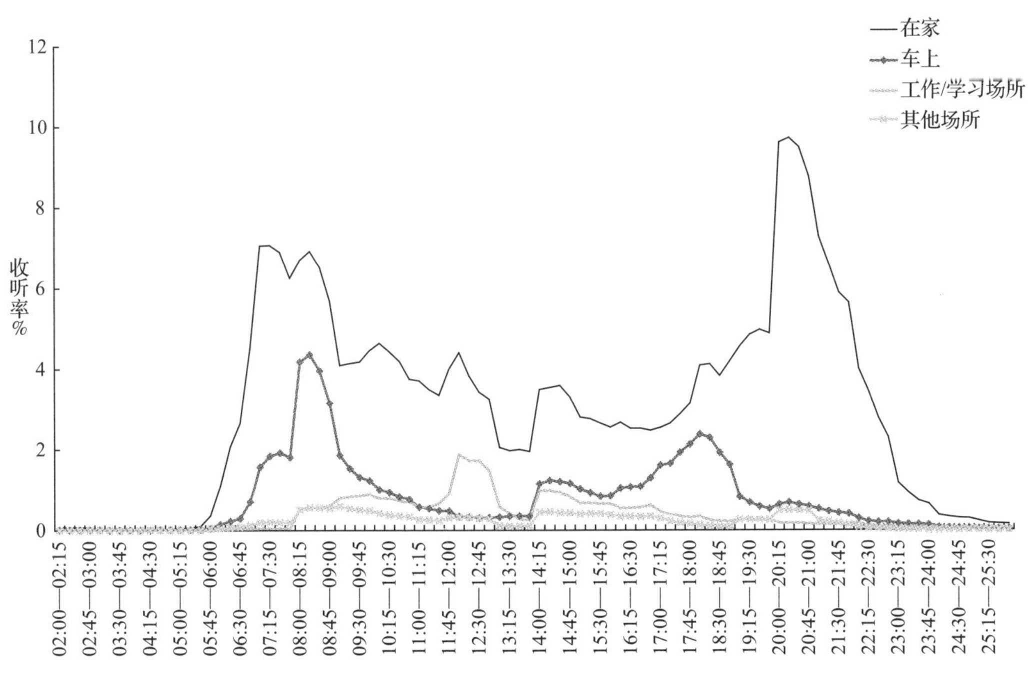

图 3.6.6　2011 年重庆听众在不同收听地点全天收听率走势

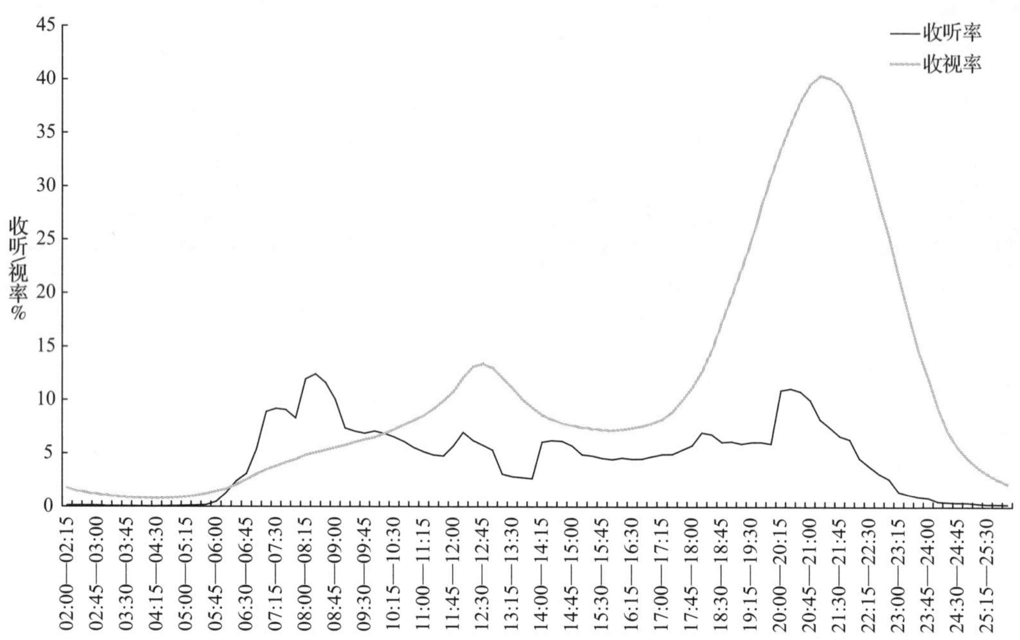

图 3.6.7　2011 年重庆受众全天收听率、收视率走势比较(目标受众为 10 岁及以上)

表 3.6.3　2011 年重庆市场听众构成(%)

目标听众		听众构成(%)
10 岁及以上所有人		100.0
性别	男	50.0
	女	50.0
年龄	10—14 岁	2.8
	15—24 岁	14.2
	25—34 岁	17.9
	35—44 岁	21.5
	45—54 岁	17.0
	55—64 岁	12.7
	65 岁及以上	13.8
文化程度	未受过正规教育	1.5
	小学	10.0
	初中	32.6
	高中	36.2
	大学及以上	19.7
职业	干部/管理人员	6.6
	初级公务员/雇员	8.9
	个体/私营企业人员	12.5
	工人	28.8
	学生	7.7
	无业(包括退休人员)	34.3
	其他	1.2
个人月收入	没有收入	10.9
	1—500 元	3.9
	501—1000 元	5.7
	1001—1500 元	29.2
	1501—2000 元	20.5
	2001—2500 元	13.0
	2501—3000 元	10.4
	3001—4000 元	4.9
	4001 元及以上	1.5

表 3.6.4　2009—2011 年重庆市场各广播电台的市场份额(%)

广播电台	2009 年	2010 年	2011 年
中央人民广播电台	8.2	10.5	11.9
中国国际广播电台	0.0	0.4	1.8
重庆广播电视集团(总台)	87.2	82.6	81.0
其他广播电台	4.6	6.5	5.3

表 3.6.5 2011 年重庆市场各广播电台在不同目标听众中的市场份额(%)

目标听众		中央人民广播电台	中国国际广播电台	重庆广播电视集团(总台)	其他广播电台
10 岁及以上所有人		11.9	1.8	81.0	5.3
性别	男	10.3	2.3	82.1	5.3
	女	13.4	1.3	80.0	5.3
年龄	10—14 岁	8.0	0.6	86.2	5.2
	15—24 岁	10.9	3.0	81.3	4.8
	25—34 岁	8.7	1.0	86.8	3.5
	35—44 岁	11.5	0.3	83.9	4.3
	45—54 岁	10.5	1.3	80.1	8.1
	55—64 岁	12.7	4.0	78.0	5.3
	65 岁及以上	19.5	3.0	71.7	5.8
文化程度	未受过正规教育	9.9	1.2	75.6	13.3
	小学	14.0	0.3	78.3	7.4
	初中	13.1	1.3	80.5	5.1
	高中	9.0	1.8	84.5	4.7
	大学及以上	14.1	3.5	77.4	5.0
职业	干部/管理人员	14.6	1.5	75.7	8.2
	初级公务员/雇员	8.1	0.4	87.2	4.3
	个体/私营企业人员	15.9	0.1	78.0	6.0
	工人	7.4	1.0	87.1	4.5
	学生	13.5	3.6	79.2	3.7
	无业(包括退休人员)	14.7	2.9	76.6	5.8
	其他	*	*	*	*
个人月收入	没有收入	11.3	2.6	82.4	3.7
	1—500 元	17.3	0.0	77.6	5.1
	501—1000 元	15.1	4.5	76.9	3.5
	1001—1500 元	14.2	1.0	80.0	4.8
	1501—2000 元	8.5	2.5	82.1	6.9
	2001—2500 元	14.8	2.6	74.4	8.2
	2501—3000 元	7.2	1.0	88.0	3.8
	3001—4000 元	5.7	0.3	90.3	3.7
	4001 元及以上	13.1	0.1	84.2	2.6

表 3.6.6 2011 年重庆市场份额排名前五位的频率

名次	频 率	市场份额(%)
1	重庆人民广播电台音乐频率 FM88.1	21.5
2	重庆人民广播电台新闻频率 FM96.8/AM1314	19.4
3	重庆人民广播电台交通频率 FM95.5	17.1
4	重庆人民广播电台经济频率 FM101.5	10.0
5	重庆人民广播电台都市频率 FM93.8	8.4

七、大连收听数据

表 3.7.1 2009—2011 年大连各目标听众人均收听时间(分钟)

目标听众		2009 年	2010 年	2011 年
10 岁及以上所有人		99	95	99
性别	男	98	96	105
	女	101	94	94
年龄	10—14 岁	43	34	25
	15—24 岁	58	57	56
	25—34 岁	78	74	82
	35—44 岁	105	88	91
	45—54 岁	111	123	135
	55—64 岁	145	133	144
	65 岁及以上	139	138	131
文化程度	未受过正规教育	73	85	130
	小学	102	91	72
	初中	101	102	108
	高中	98	95	101
	大学及以上	99	85	91
职业	干部/管理人员	87	78	72
	初级公务员/雇员	83	76	80
	个体/私营企业人员	105	97	102
	工人	89	90	102
	学生	57	48	49
	无业(包括退休人员)	125	125	130
	其他	163	152	143
个人月收入	没有收入	77	69	71
	1—500 元	140	117	*
	501—1000 元	101	94	92
	1001—1500 元	104	110	120
	1501—2000 元	111	112	103
	2001—2500 元	101	100	102
	2501—3000 元	102	87	90
	3001—4000 元	69	103	106
	4001 元及以上	137	102	110

注:2011 年大连改为连续调查城市。“*”表示该目标听众样本量不足,无法进行统计推断。

表 3.7.2 2009—2011 年大连听众在不同地点的人均收听时间(分钟)

地　点	2009 年	2010 年	2011 年
在家	78	74	70
车上	11	12	19
工作/学习场所	7	6	7
其他场所	3	3	2

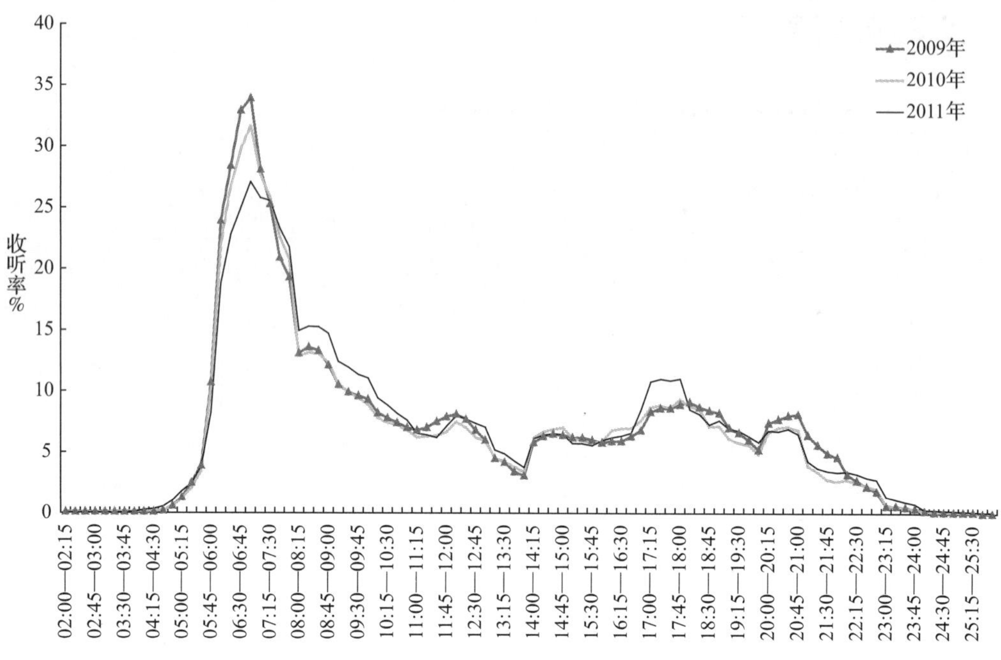

图 3.7.1　2009—2011 年大连听众全天收听率走势

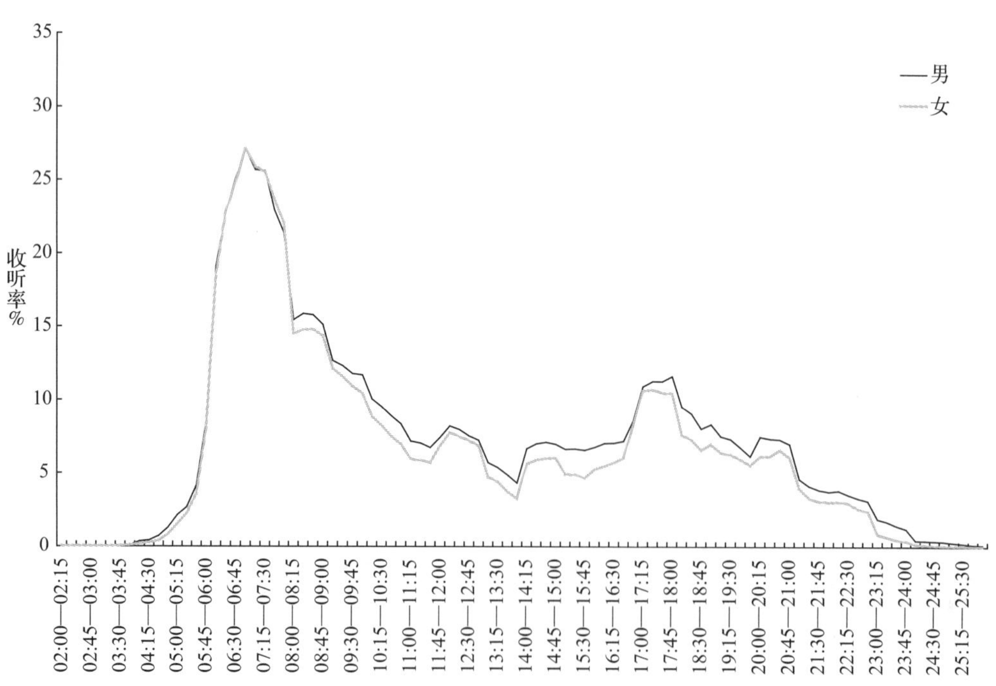

图 3.7.2　2011 年大连不同性别听众全天收听率走势

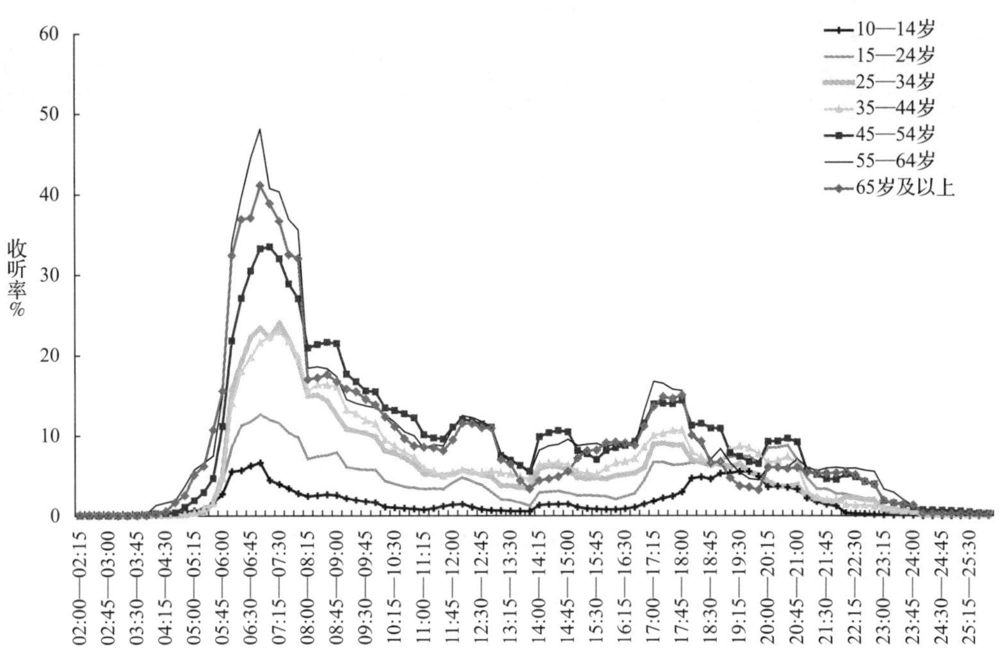

图 3.7.3　2011 年大连不同年龄听众全天收听率走势

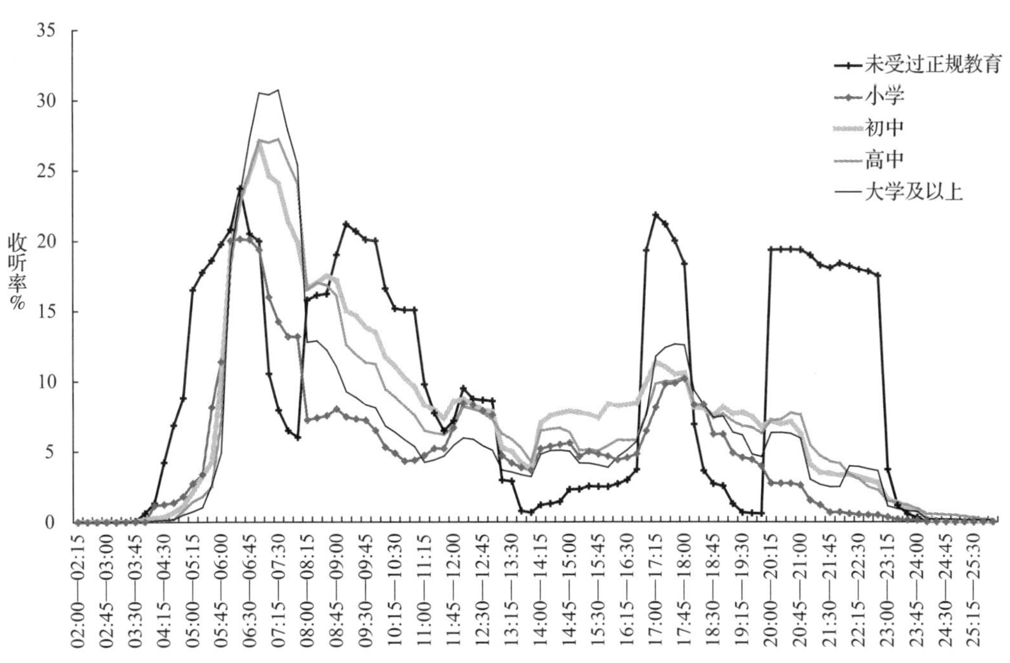

图 3.7.4　2011 年大连不同文化程度听众全天收听率走势

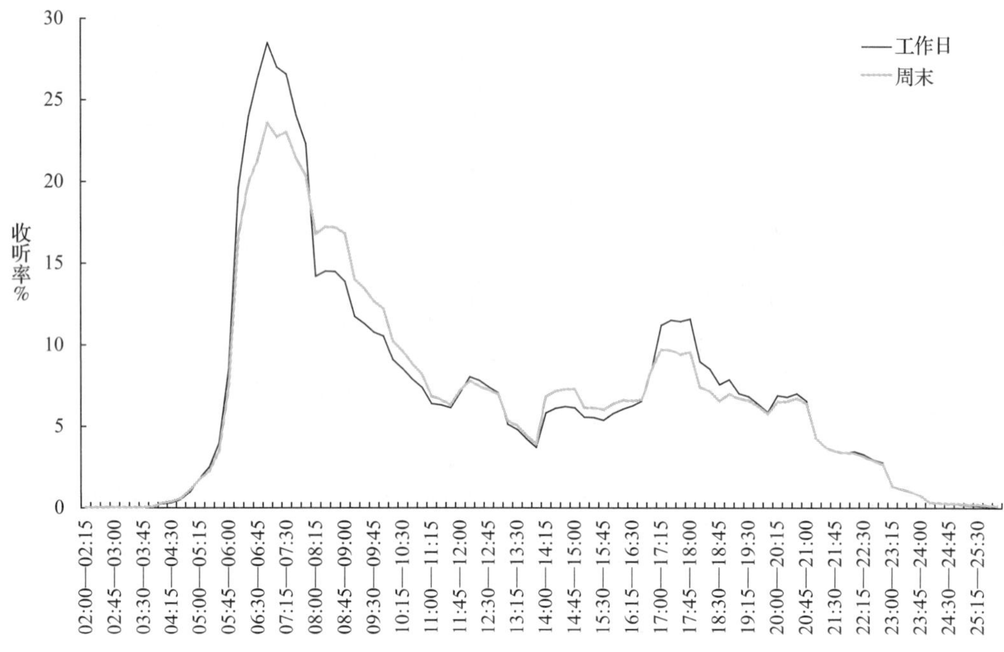

图 3.7.5　2011 年大连听众工作日与周末全天收听率走势

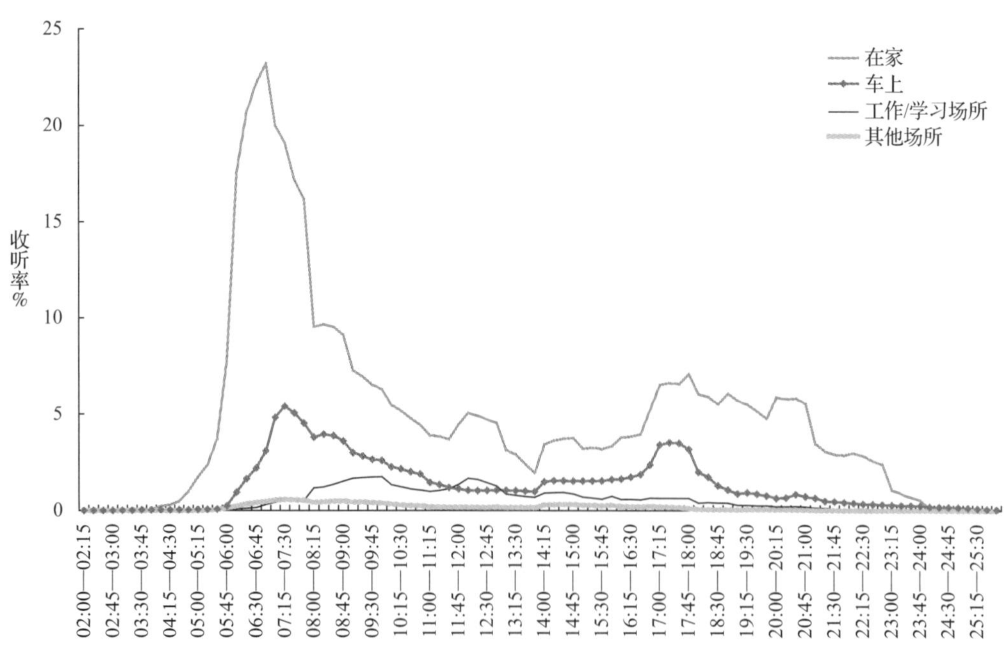

图 3.7.6　2011 年大连听众在不同收听地点全天收听率走势

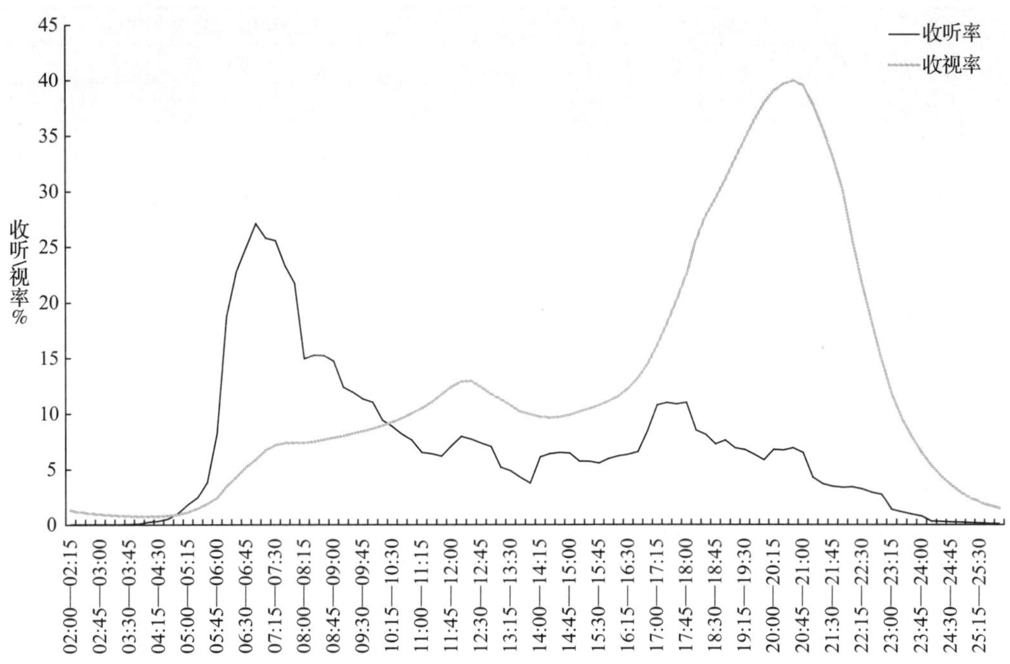

图 3.7.7　2011 年大连受众全天收听率、收视率走势比较(目标受众为 10 岁及以上)

表 3.7.3　2011 年大连市场听众构成(%)

目标听众		听众构成(%)
10 岁及以上所有人		100.0
性别	男	49.4
	女	50.6
年龄	10—14 岁	1.0
	15—24 岁	9.6
	25—34 岁	14.5
	35—44 岁	18.2
	45—54 岁	25.8
	55—64 岁	15.6
	65 岁及以上	15.3
文化程度	未受过正规教育	1.6
	小学	6.3
	初中	37.0
	高中	35.1
	大学及以上	19.9
职业	干部/管理人员	2.7
	初级公务员/雇员	11.0
	个体/私营企业人员	14.2
	工人	22.6
	学生	7.0
	无业(包括退休人员)	40.0
	其他	2.4
个人月收入	没有收入	17.3
	1—500 元	0.0
	501—1000 元	6.8
	1001—1500 元	27.3
	1501—2000 元	17.2
	2001—2500 元	10.9
	2501—3000 元	6.3
	3001—4000 元	9.0
	4001 元及以上	5.2

表 3.7.4　2009—2011 年大连市场各广播电台的市场份额(%)

广播电台	2009 年	2010 年	2011 年
中央人民广播电台	11.8	10.3	12.1
中国国际广播电台	0.0	0.0	0.0
辽宁广播电视台	4.2	5.4	9.9
大连广播电视台	83.7	83.4	76.6
其他广播电台	0.3	0.9	1.4

表 3.7.5 2011 年大连市场各广播电台在不同目标听众中的市场份额(%)

目标听众		中央人民广播电台	中国国际广播电台	辽宁广播电视台	大连广播电视台	其他广播电台
10 岁及以上所有人		12.1	0.0	9.9	76.6	1.4
性别	男	12.1	0.0	8.9	78.2	0.8
	女	12.1	0.0	11.0	74.9	2.0
年龄	10—14 岁	29.5	0.0	4.1	64.6	1.8
	15—24 岁	19.4	0.0	9.7	69.4	1.5
	25—34 岁	15.5	0.0	6.6	77.2	0.7
	35—44 岁	13.3	0.0	8.5	75.4	2.8
	45—54 岁	9.0	0.0	8.6	82.0	0.4
	55—64 岁	6.8	0.0	13.9	78.2	1.2
	65 岁及以上	12.2	0.0	13.6	71.9	2.3
文化程度	未受过正规教育	44.4	0.0	38.5	17.0	0.1
	小学	8.3	0.0	10.3	79.1	2.2
	初中	11.8	0.0	11.0	76.0	1.2
	高中	10.6	0.0	8.9	78.8	1.7
	大学及以上	13.6	0.0	7.3	77.8	1.3
职业	干部/管理人员	22.1	0.0	0.7	76.7	0.5
	初级公务员/雇员	16.7	0.0	8.5	74.1	0.7
	个体/私营企业人员	11.0	0.0	8.1	80.1	0.8
	工人	11.5	0.0	6.3	79.7	2.6
	学生	19.7	0.0	9.0	70.8	0.4
	无业(包括退休人员)	9.5	0.0	13.5	75.7	1.3
	其他	11.8	0.0	15.8	65.8	6.6
个人月收入	没有收入	14.8	0.0	11.9	72.5	0.8
	1—500 元	*	*	*	*	*
	501—1000 元	13.3	0.0	4.5	81.7	0.6
	1001—1500 元	9.9	0.0	13.2	75.9	1.0
	1501—2000 元	11.4	0.0	10.6	74.9	3.2
	2001—2500 元	13.0	0.0	8.2	77.9	0.9
	2501—3000 元	11.8	0.0	3.2	84.7	0.2
	3001—4000 元	11.6	0.0	8.0	79.1	1.2
	4001 元及以上	14.0	0.0	6.6	78.8	0.6

表 3.7.6 2011 年大连市场份额排名前五位的频率

名次	频率	市场份额(%)
1	大连人民广播电台第一套广播新闻广播 FM103.3/AM882	26.7
2	大连人民广播电台第四套广播交通广播 FM100.8	20.0
3	大连人民广播电台第六套广播都市广播 FM99.1	8.2
4	大连人民广播电台第三套广播体育广播 FM105.7	6.7
5	大连人民广播电台第五套广播音乐广播 FM106.7	6.6

八、佛山收听数据

表 3.8.1　2009—2011 年佛山各目标听众人均收听时间(分钟)

目标听众		2009 年	2010 年	2011 年			
				第 1 波	第 2 波	第 3 波	第 4 波
10 岁及以上所有人		94	83	87	86	84	87
性别	男	94	82	85	81	82	82
	女	94	85	90	91	87	92
年龄	10—14 岁	40	43	51	50	44	42
	15—24 岁	59	52	58	62	56	63
	25—34 岁	96	84	93	84	78	82
	35—44 岁	100	98	110	110	115	120
	45—54 岁	120	106	106	108	110	95
	55—64 岁	130	104	81	93	91	97
	65 岁及以上	113	121	117	101	112	112
文化程度	未受过正规教育	93	74	72	90	101	96
	小学	87	88	80	74	73	71
	初中	100	84	96	100	95	102
	高中	92	82	89	78	80	81
	大学及以上	92	83	77	90	82	86
职业	干部/管理人员	79	82	83	107	102	120
	初级公务员/雇员	94	83	85	78	79	77
	个体/私营企业人员	105	89	99	103	90	96
	工人	100	98	115	103	110	115
	学生	42	44	53	51	46	50
	无业(包括退休人员)	123	95	90	98	99	100
	其他	85	95	81	77	78	65
个人月收入	没有收入	65	57	63	66	62	66
	1—500 元	120	92	78	79	76	65
	501—1000 元	95	93	99	98	97	91
	1001—1500 元	110	105	106	105	101	108
	1501—2000 元	96	85	95	88	86	83
	2001—2500 元	118	85	85	92	106	99
	2501—3000 元	104	78	99	88	76	103
	3001—4000 元	81	76	95	91	84	87
	4001 元及以上	81	85	76	67	65	74

注:佛山为四波调查城市。2011 年四波调查时间分别为:第一波 2 月 27 日至 3 月 19 日;第二波 5 月 29 日至 6 月 18 日;第三波 8 月 28 日至 9 月 17 日;第四波 11 月 6 日至 11 月 26 日。

表 3.8.2　2009—2011 年佛山听众在不同地点的人均收听时间(分钟)

地　点	2009 年	2010 年	2011 年
在家	65	55	56
车上	9	11	14
工作/学习场所	17	15	14
其他场所	3	3	3

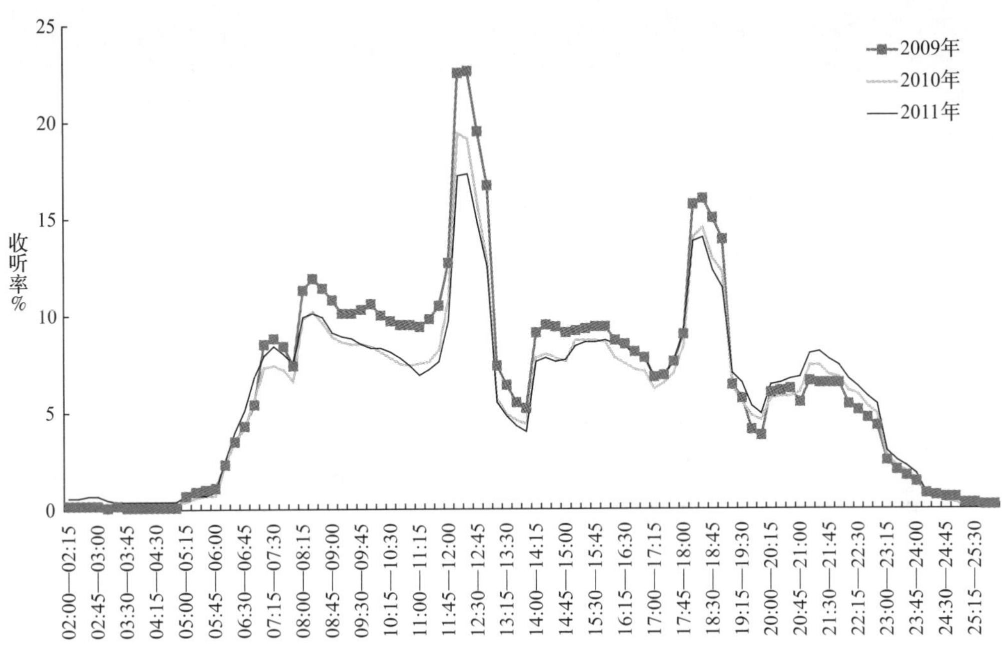

图 3.8.1 2009—2011 年佛山听众全天收听率走势

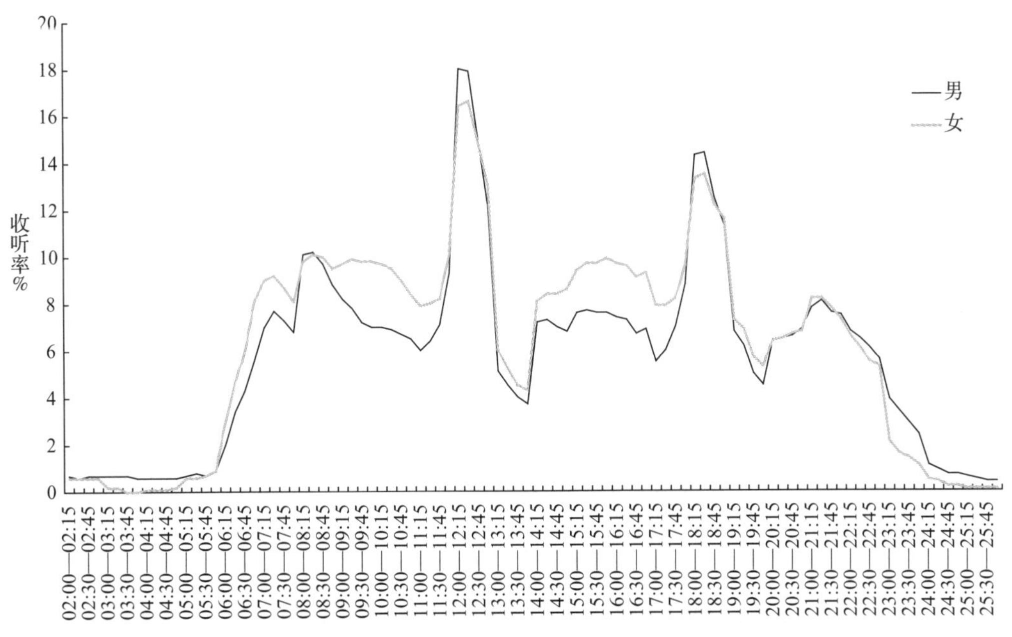

图 3.8.2 2011 年佛山不同性别听众全天收听率走势

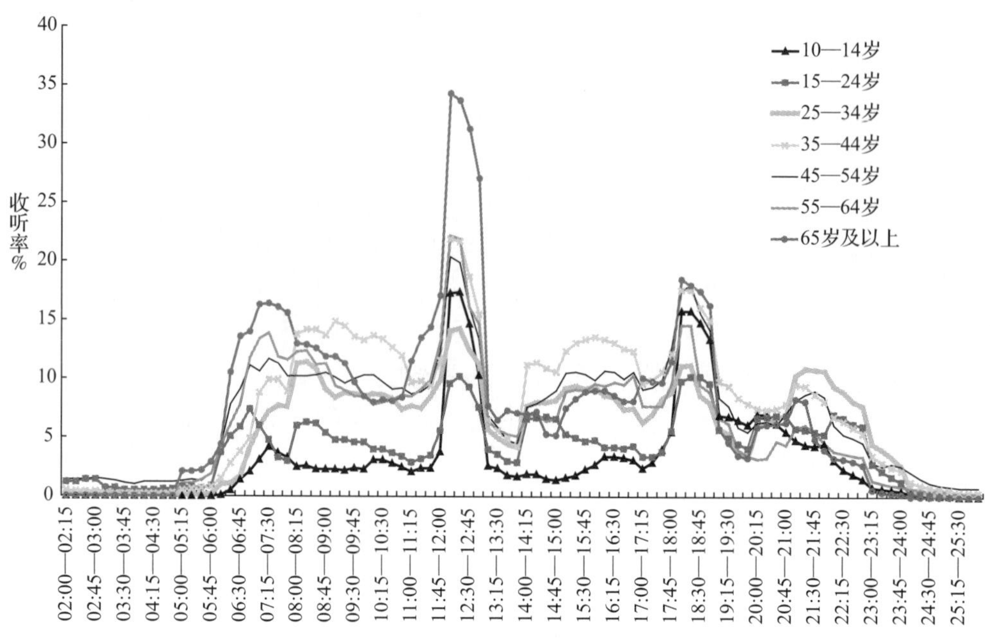

图 3.8.3　2011 年佛山不同年龄听众全天收听率走势

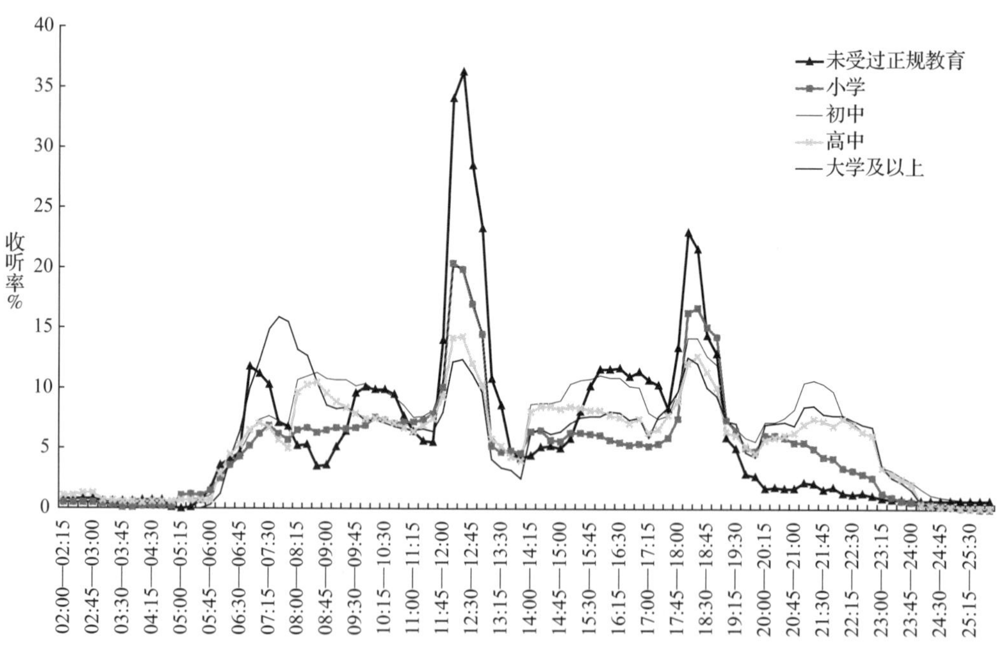

图 3.8.4　2011 年佛山不同文化程度听众全天收听率走势

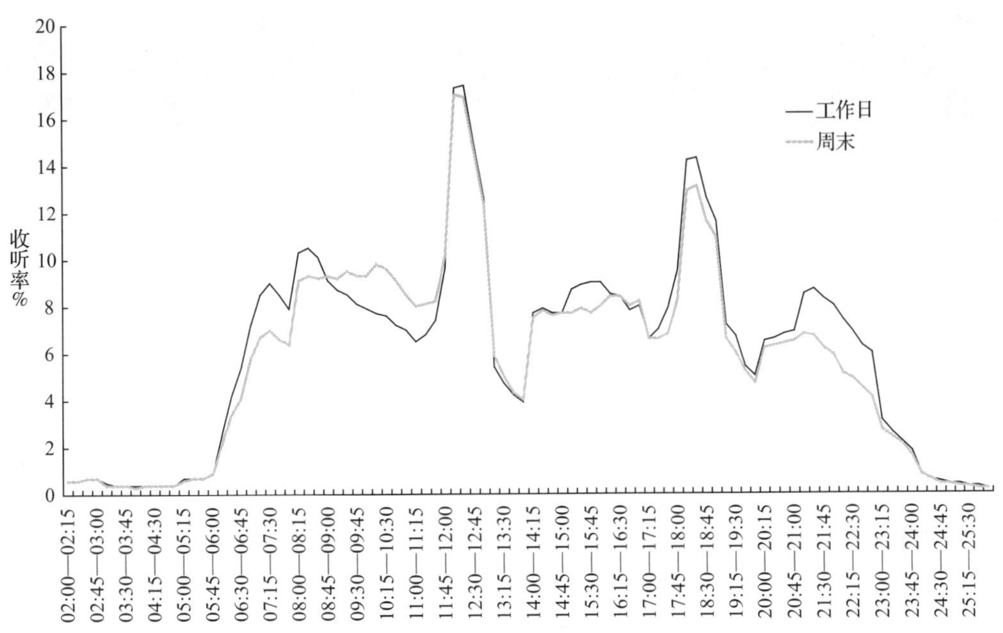

图 3.8.5　2011 年佛山听众工作日与周末全天收听率走势

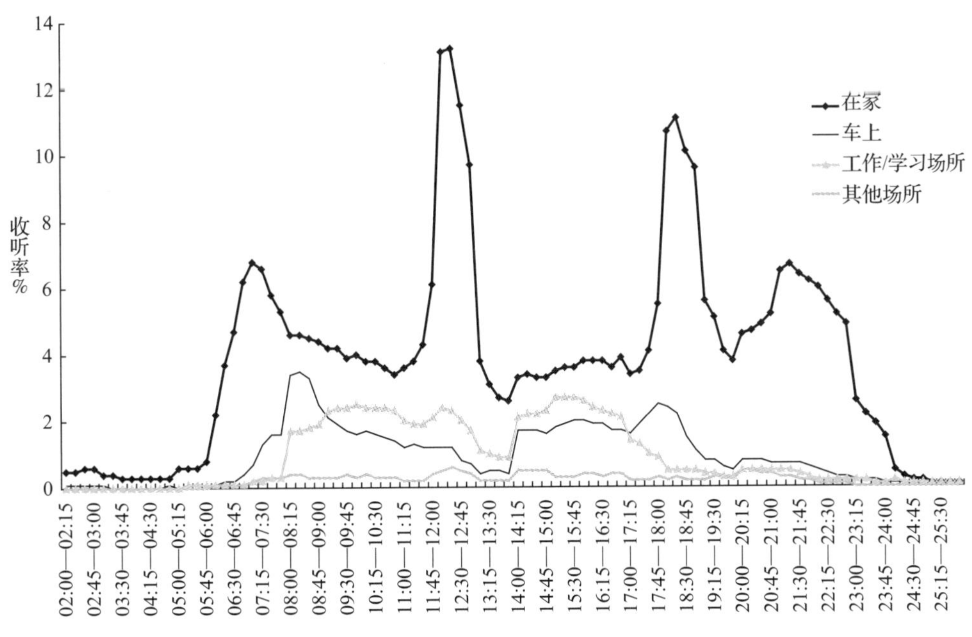

图 3.8.6　2011 年佛山听众在不同收听地点全天收听率走势

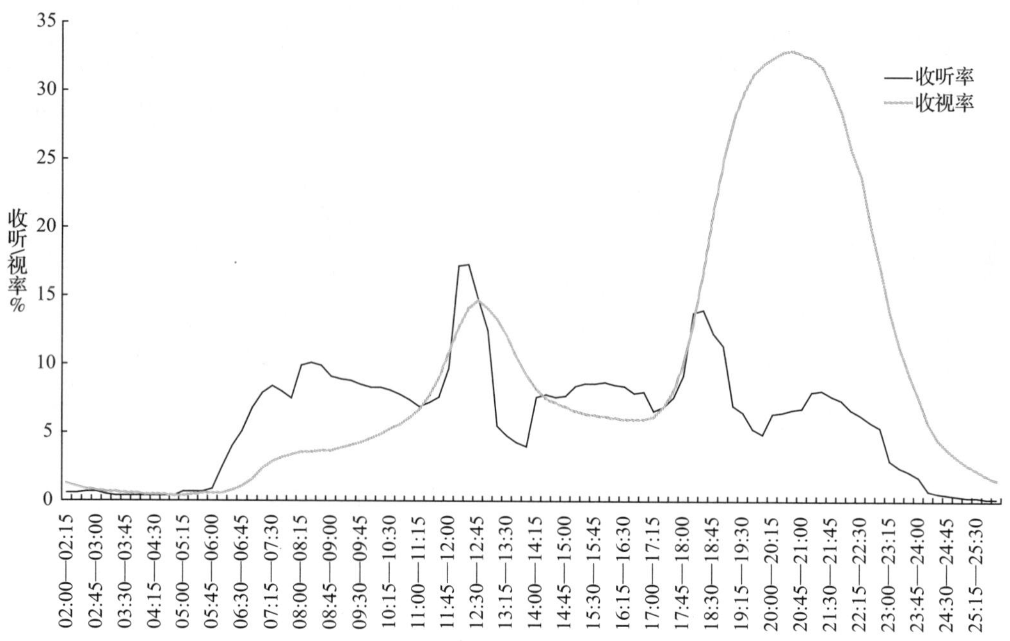

图 3.8.7　2011 年佛山受众全天收听率、收视率走势比较（目标受众为 10 岁及以上）

表 3.8.3　2011 年佛山市场听众构成(%)

目标听众		听众构成(%)
10 岁及以上所有人		100.0
性别	男	49.8
	女	50.2
年龄	10—14 岁	3.8
	15—24 岁	16.9
	25—34 岁	23.7
	35—44 岁	27.3
	45—54 岁	14.1
	55—64 岁	7.4
	65 岁及以上	6.9
文化程度	未受过正规教育	1.6
	小学	16.3
	初中	36.7
	高中	29.7
	大学及以上	15.7
职业	干部/管理人员	4.8
	初级公务员/雇员	26.5
	个体/私营企业人员	19.9
	工人	17.0
	学生	8.9
	无业(包括退休人员)	20.1
	其他	2.9
个人月收入	没有收入	16.8
	1—500 元	3.9
	501—1000 元	9.6
	1001—1500 元	20.9
	1501—2000 元	18.8
	2001—2500 元	13.1
	2501—3000 元	7.1
	3001—4000 元	6.3
	4001 元及以上	3.6

表 3.8.4　2009—2011 年佛山市场各广播电台的市场份额(%)

广播电台	2009 年	2010 年	2011 年			
			第 1 波	第 2 波	第 3 波	第 4 波
中央人民广播电台	3.1	3.3	2.8	2.9	3.4	2.9
中国国际广播电台	0.0	0.1	0.2	1.1	0.5	0.5
广东人民广播电台	11.4	12.3	11.5	14.9	15.2	16.3
广州广播电视台	4.3	3.5	5.7	6.3	5.7	5.4
佛山人民广播电台	70.9	69.5	69.3	64.4	66.0	64.2
鹤山人民广播电台 FM104.7	3.5	4.6	4.2	4.6	3.5	3.7
其他广播电台	6.8	6.8	6.3	5.9	5.7	7.0

表 3.8.5　2011 年佛山市场各广播电台在不同目标听众中的市场份额(%)

目标听众		中央人民广播电台	中国国际广播电台	广东人民广播电台	广州广播电视台	佛山人民广播电台	鹤山人民广播电台	其他广播电台
10 岁及以上所有人		3.0	0.6	14.5	5.8	66.0	4.0	6.2
性别	男	3.2	0.5	14.4	5.8	67.7	3.3	5.1
	女	2.8	0.7	14.5	5.7	64.3	4.6	7.3
年龄	10—14 岁	1.2	0.3	16.8	2.5	68.0	5.8	5.4
	15—24 岁	2.6	1.6	18.3	9.1	61.4	2.1	4.9
	25—34 岁	4.9	1.0	13.7	4.7	65.8	2.7	7.1
	35—44 岁	2.1	0.2	12.5	5.3	68.8	6.1	5.1
	45—54 岁	2.7	0.1	13.0	5.2	70.5	5.0	3.5
	55—64 岁	1.2	0.0	13.4	8.1	68.6	2.5	6.2
	65 岁及以上	4.6	0.0	18.4	3.4	53.4	3.2	17.0
文化程度	未受过正规教育	0.3	0.0	4.8	11.4	41.2	1.5	40.8
	小学	0.9	0.1	16.8	4.1	63.9	5.4	8.7
	初中	2.6	1.0	13.9	7.3	61.4	6.3	7.5
	高中	2.0	0.2	14.6	5.0	72.5	2.2	3.4
	大学及以上	8.2	1.0	14.0	5.0	68.8	0.7	2.3
职业	干部/管理人员	1.4	3.1	18.1	0.8	70.9	5.2	0.5
	初级公务员/雇员	3.8	0.1	14.6	6.1	68.0	2.2	5.2
	个体/私营企业人员	1.4	0.2	11.6	5.6	69.0	5.9	6.4
	工人	3.2	0.4	11.2	4.4	65.9	6.2	8.7
	学生	3.9	0.3	15.9	6.4	65.2	5.1	3.3
	无业(包括退休人员)	3.6	1.4	18.3	6.9	59.7	1.7	8.3
	其他	0.4	0.0	15.0	10.5	65.5	4.5	4.0
个人月收入	没有收入	3.9	1.8	17.7	5.9	63.9	3.2	3.7
	1—500 元	3.7	0.0	21.7	6.2	51.5	7.9	9.0
	501—1000 元	1.3	0.1	16.5	5.1	69.4	4.3	3.4
	1001—1500 元	0.7	0.0	14.6	7.1	60.7	4.4	12.6
	1501—2000 元	3.7	0.2	15.4	6.6	64.1	5.2	4.7
	2001—2500 元	3.1	0.2	10.7	4.7	75.8	3.2	2.4
	2501—3000 元	2.2	0.6	14.0	5.2	66.8	3.7	7.5
	3001—4000 元	4.6	2.2	8.9	4.9	70.7	2.8	5.9
	4001 元及以上	10.5	0.3	7.4	2.1	75.4	0.7	3.6

表 3.8.6　2011 年佛山市场份额排名前五位的频率

名次	频　　率	市场份额（%）
1	佛山人民广播电台 FM94.6	27.9
2	佛山人民广播电台 FM98.5	11.2
3	佛山人民广播电台 FM92.4	10.9
4	佛山人民广播电台 FM90.1	5.9
5	佛山人民广播电台 FM88.3	5.7

九、福州收听数据

表 3.9.1　2009—2011 年福州各目标听众人均收听时间（分钟）

目标听众		2009 年	2010 年	2011 年			
				第 1 波	第 2 波	第 3 波	第 4 波
10 岁及以上所有人		58	60	63	63	68	70
性别	男	67	68	72	72	75	77
	女	50	52	55	54	62	62
年龄	10—14 岁	14	19	24	29	26	30
	15—24 岁	49	49	48	40	51	52
	25—34 岁	61	65	62	66	63	57
	35—44 岁	49	59	66	56	62	71
	45—54 岁	62	59	57	57	72	74
	55—64 岁	77	75	86	105	89	83
	65 岁及以上	90	86	102	105	128	128
文化程度	未受过正规教育	29	16	20	31	111	117
	小学	35	37	43	48	40	40
	初中	63	63	64	73	81	78
	高中	63	68	70	61	73	77
	大学及以上	64	64	68	65	61	60
职业	干部/管理人员	65	71	76	72	66	73
	初级公务员/雇员	57	56	57	55	58	57
	个体/私营企业人员	48	60	62	56	70	67
	工人	86	86	85	86	99	100
	学生	32	37	39	34	42	47
	无业（包括退休人员）	68	69	76	86	90	88
	其他	36	26	22	32	31	195
个人月收入	没有收入	38	42	45	43	55	60
	1—500 元	43	45	47	57	53	50
	501—1000 元	71	61	56	68	53	65
	1001—1500 元	60	66	77	73	75	76
	1501—2000 元	68	64	55	59	75	73
	2001—2500 元	82	77	82	81	71	70
	2501—3000 元	60	89	93	77	95	91
	3001—4000 元	44	52	67	68	72	65
	4001 元及以上	52	71	63	55	62	65

注：福州为四波调查城市。2011 年四波调查时间分别为：第一波 2 月 27 日至 3 月 19 日；第二波 5 月 29 日至 6 月 18 日；第三波 8 月 28 日至 9 月 17 日；第四波 11 月 6 日至 11 月 26 日。

表 3.9.2　2009—2011 年福州听众在不同地点的人均收听时间（分钟）

地　　点	2009 年	2010 年	2011 年
在家	35	35	40
车上	16	17	19
工作/学习场所	5	5	5
其他场所	3	2	3

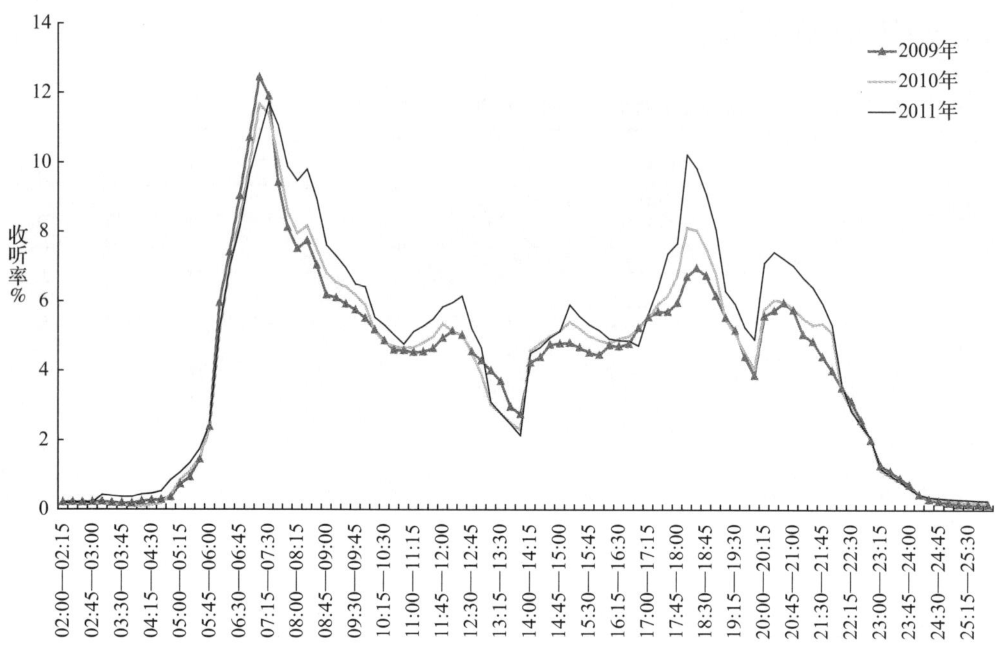

图 3.9.1 2009—2011 年福州听众全天收听率走势

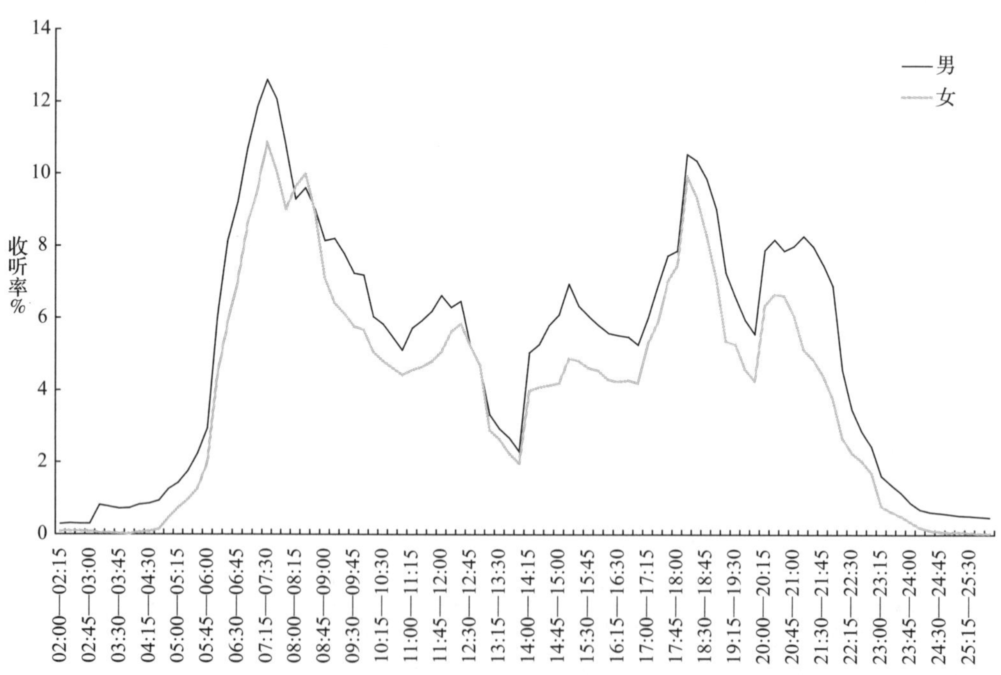

图 3.9.2 2011 年福州不同性别听众全天收听率走势

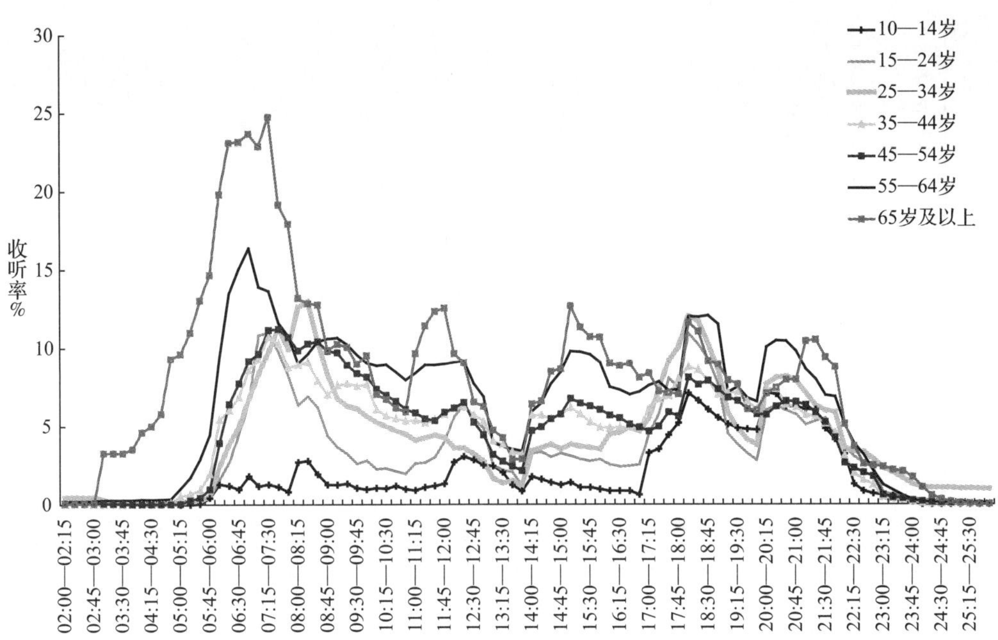

图 3.9.3　2011 年福州不同年龄听众全天收听率走势

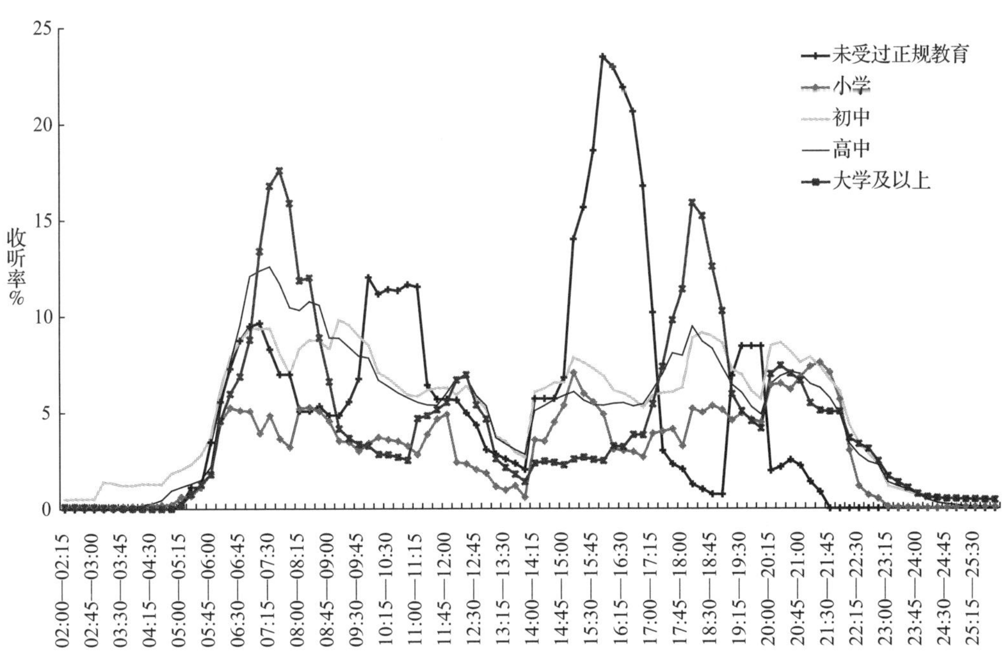

图 3.9.4　2011 年福州不同文化程度听众全天收听率走势

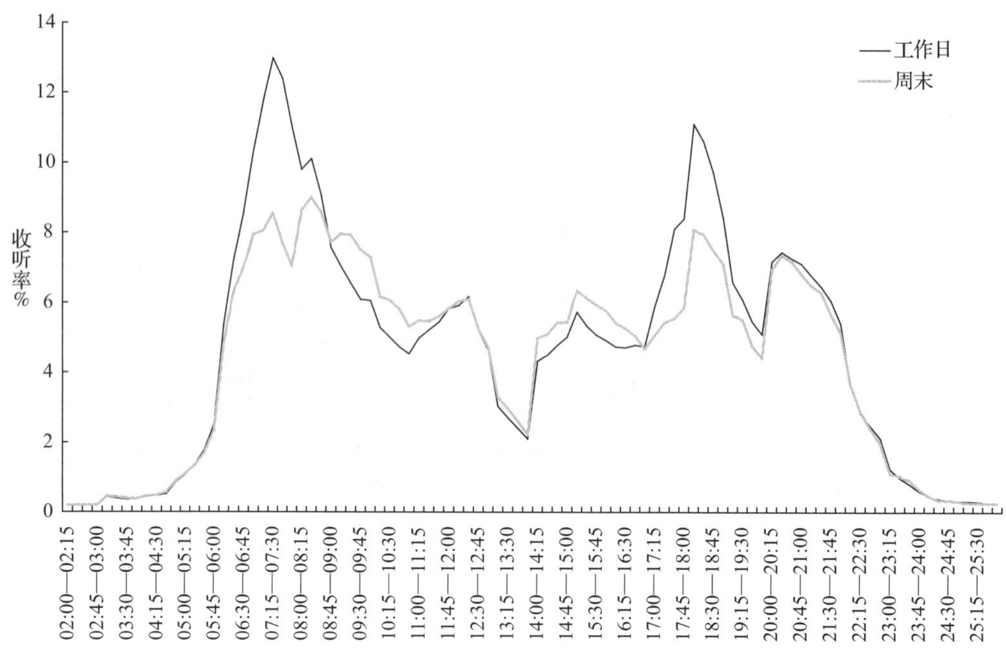

图 3.9.5　2011 年福州听众工作日与周末全天收听率走势

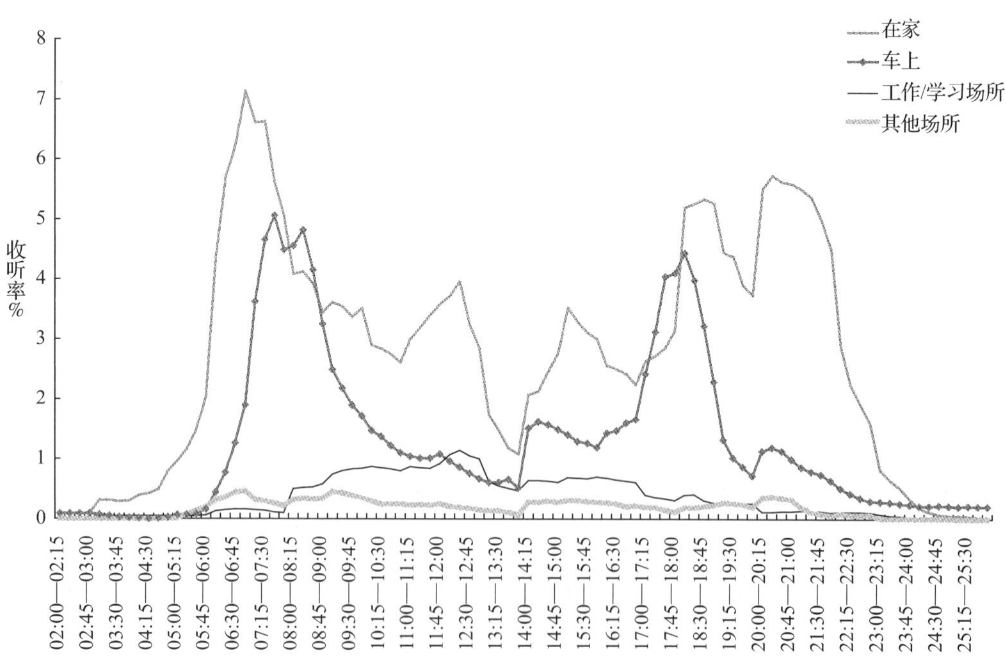

图 3.9.6　2011 年福州听众在不同收听地点全天收听率走势

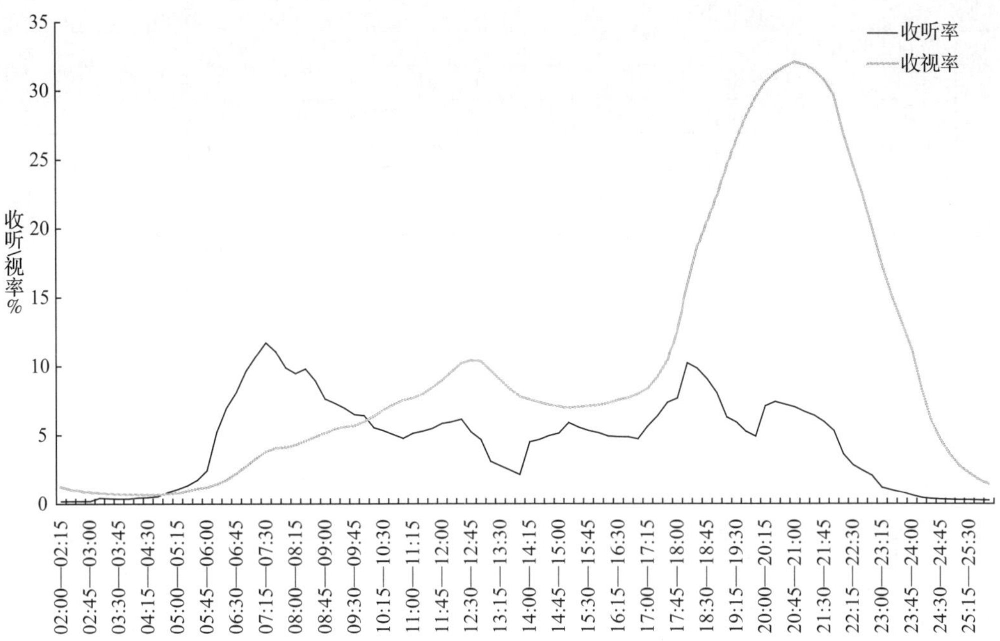

图 3.9.7　2011 年福州受众全天收听率、收视率走势比较（目标受众为 10 岁及以上）

表 3.9.3 2011 年福州市场听众构成(%)

目标听众		听众构成(%)
10 岁及以上所有人		100.0
性别	男	55.6
	女	44.4
年龄	10—14 岁	1.7
	15—24 岁	13.9
	25—34 岁	19.5
	35—44 岁	19.8
	45—54 岁	17.1
	55—64 岁	13.1
	65 岁及以上	14.8
文化程度	未受过正规教育	0.8
	小学	8.3
	初中	30.5
	高中	37.3
	大学及以上	23.1
职业	干部/管理人员	8.2
	初级公务员/雇员	24.0
	个体/私营企业人员	15.3
	工人	12.1
	学生	9.9
	无业(包括退休人员)	29.8
	其他	0.6
个人月收入	没有收入	18.9
	1—500 元	1.5
	501—1000 元	6.9
	1001—1500 元	22.5
	1501—2000 元	15.0
	2001—2500 元	13.3
	2501—3000 元	10.6
	3001—4000 元	6.9
	4001 元及以上	4.3

表 3.9.4 2009—2011 年福州市场各广播电台的市场份额(%)

广播电台	2009 年	2010 年	2011 年			
			第 1 波	第 2 波	第 3 波	第 4 波
中央人民广播电台	23.2	21.2	22.4	20.5	19.6	18.3
中国国际广播电台	0.0	0.0	0.1	0.0	0.1	0.0
福建广播影视集团	32.8	32.9	32.0	36.5	36.7	38.3
福州人民广播电台	23.8	23.2	24.6	23.5	25.1	24.1
海峡之声广播电台	12.3	15.7	15.7	15.7	14.5	15.9
中国华艺广播电台 FM107.1	1.6	1.8	2.2	1.2	1.4	1.9
东南广播公司 FM106.0	0.5	0.4	0.6	0.6	0.6	0.4
其他广播电台	5.8	4.9	2.5	2.0	1.9	1.2

表 3.9.5 2011 年福州市场各广播电台在不同目标听众中的市场份额（%）

目标听众		中央人民广播电台	中国国际广播电台	福建广播影视集团	福州人民广播电台	海峡之声广播电台	中国华艺广播电台FM107.1	东南广播公司FM106.0	其他广播电台
10 岁及以上所有人		20.2	0.1	35.9	24.3	15.4	1.7	0.5	1.9
性别	男	19.5	0.0	36.3	26.2	13.9	1.4	0.4	2.1
	女	21.0	0.1	35.4	22.0	17.3	2.0	0.6	1.6
年龄	10—14 岁	8.0	0.0	20.6	48.9	18.0	2.7	0.9	0.9
	15—24 岁	20.3	0.1	30.0	14.2	30.8	1.7	0.5	2.4
	25—34 岁	13.1	0.2	37.4	23.9	20.8	1.5	0.6	2.6
	35—44 岁	14.9	0.1	41.4	27.0	13.9	1.4	0.2	1.2
	45—54 岁	17.4	0.0	37.2	24.6	13.5	2.9	1.2	3.3
	55—64 岁	25.9	0.0	40.2	22.0	7.7	2.2	0.6	1.5
	65 岁及以上	35.9	0.0	28.9	29.7	4.6	0.5	0.0	0.4
文化程度	未受过正规教育	6.3	0.0	50.1	31.5	11.1	0.6	0.0	0.3
	小学	17.9	0.0	31.9	32.9	8.2	1.4	0.2	7.5
	初中	17.9	0.1	37.2	28.9	13.1	1.5	0.5	0.9
	高中	18.6	0.1	37.9	21.5	16.5	2.7	0.8	1.9
	大学及以上	27.0	0.1	31.9	19.6	19.4	0.6	0.3	1.2
职业	干部/管理人员	21.2	0.1	37.6	11.6	26.5	0.2	0.8	2.1
	个体/私营企业人员	16.2	0.1	33.1	28.0	18.2	1.1	0.9	2.4
	初级公务员/雇员	16.9	0.1	40.3	25.0	11.7	1.2	0.6	4.2
	工人	10.2	0.0	38.1	35.9	12.8	2.0	0.1	0.9
	学生	15.7	0.0	31.1	17.9	31.3	2.4	0.7	1.0
	无业（包括退休人员）	30.6	0.1	35.2	22.6	7.9	2.4	0.2	1.1
	其他	0.3	0.0	91.7	1.5	4.6	0.9	0.0	1.0
个人月收入	没有收入	16.7	0.1	36.3	20.4	23.0	1.7	0.6	1.2
	1—500 元	21.6	0.0	35.4	22.3	15.4	0.4	0.0	4.9
	501—1000 元	14.0	0.0	44.0	31.3	9.3	0.4	0.3	0.8
	1001—1500 元	19.0	0.1	37.6	28.8	9.9	2.8	1.0	0.9
	1501—2000 元	20.1	0.0	31.4	28.6	14.6	2.4	0.3	2.6
	2001—2500 元	30.4	0.1	30.6	20.8	15.3	0.8	0.2	1.9
	2501—3000 元	15.9	0.1	39.1	25.3	11.6	1.9	0.7	5.4
	3001—4000 元	24.1	0.2	39.5	14.3	20.0	0.7	0.1	1.1
	4001 元及以上	23.4	0.0	31.6	20.3	22.5	0.4	0.5	1.3

表 3.9.6 2011 年福州市场份额排名前五位的频率

名次	频　率	市场份额（%）
1	福建人民广播电台都市生活广播 FM98.7	13.1
2	海峡之声广播电台巴士广播网 FM99.6	12.8
3	中央人民广播电台第一套节目中国之声	9.5
4	福州人民广播电台左海之声 FM90.1	9.0
5	福建新闻广播 FM103.6/AM882	7.3

十、广州收听数据

表 3.10.1 2009—2011 年广州各目标听众人均收听时间（分钟）

目标听众		2009 年	2010 年	2011 年
10 岁及以上所有人		63	56	55
性别	男	66	56	55
	女	60	57	56
年龄	10—14 岁	28	21	19
	15—24 岁	38	39	40
	25—34 岁	58	54	53
	35—44 岁	68	63	56
	45—54 岁	68	71	72
	55—64 岁	78	67	82
	65 岁及以上	85	85	67
文化程度	未受过正规教育	61	60	56
	小学	61	52	46
	初中	63	55	55
	高中	63	59	58
	大学及以上	62	56	55
职业	干部/管理人员	59	55	52
	初级公务员/雇员	59	50	50
	个体/私营企业人员	66	55	53
	工人	67	61	62
	学生	31	30	29
	无业（包括退休人员）	77	73	68
	其他	42	55	74
个人月收入	没有收入	41	38	39
	1—500 元	63	61	75
	501—1000 元	49	54	65
	1001—1500 元	67	59	54
	1501—2000 元	77	69	55
	2001—2500 元	73	65	68
	2501—3000 元	77	64	63
	3001—4000 元	63	62	62
	4001 元及以上	98	72	72

注：广州为全年连续调查城市。

表 3.10.2 2009—2011 年广州听众在不同地点的人均收听时间（分钟）

地　点	2009 年	2010 年	2011 年
在家	44	37	35
车上	10	10	12
工作/学习场所	7	7	7
其他场所	2	1	2

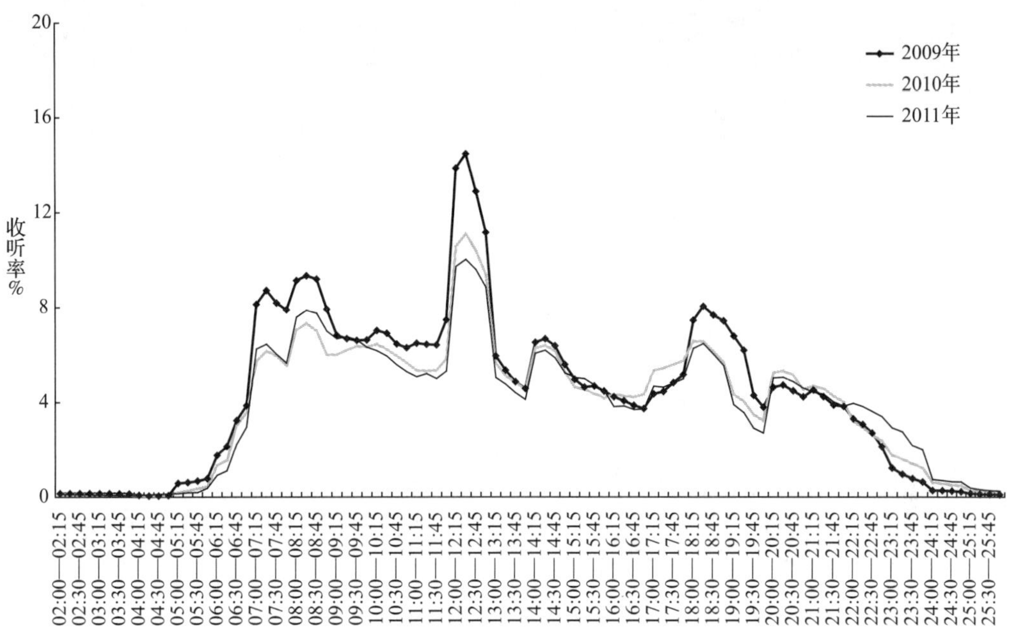

图 3.10.1　2009—2011 年广州听众全天收听率走势

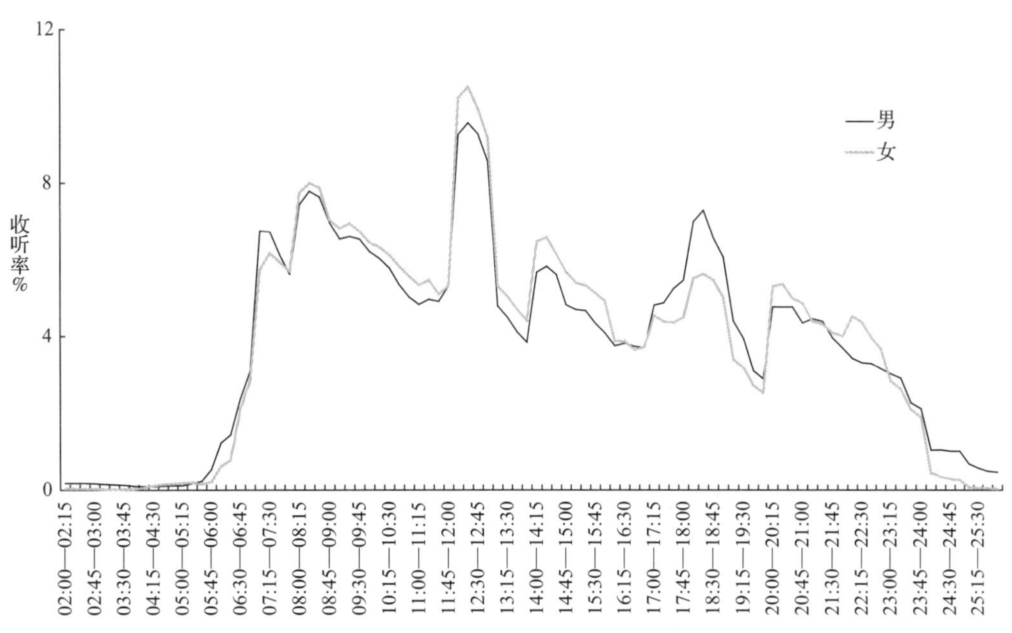

图 3.10.2　2011 年广州不同性别听众全天收听率走势

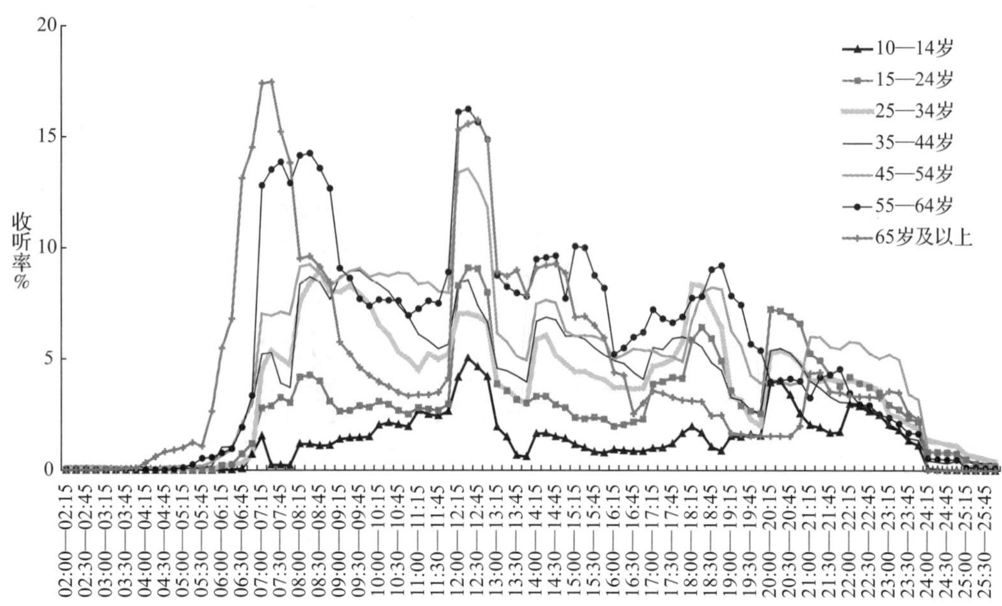

图 3.10.3　2011 年广州不同年龄听众全天收听率走势

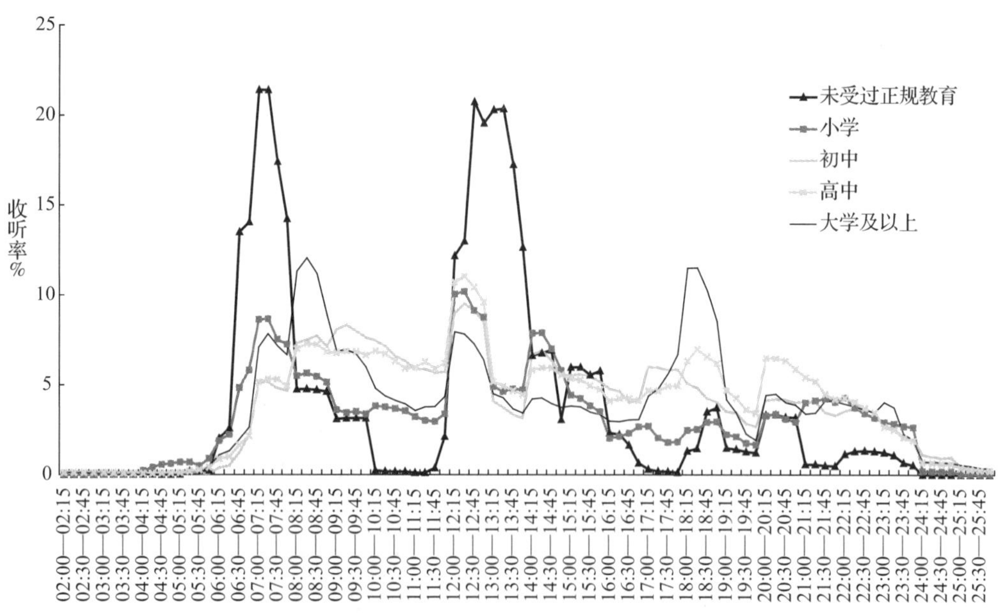

图 3.10.4　2011 年广州不同文化程度听众全天收听率走势

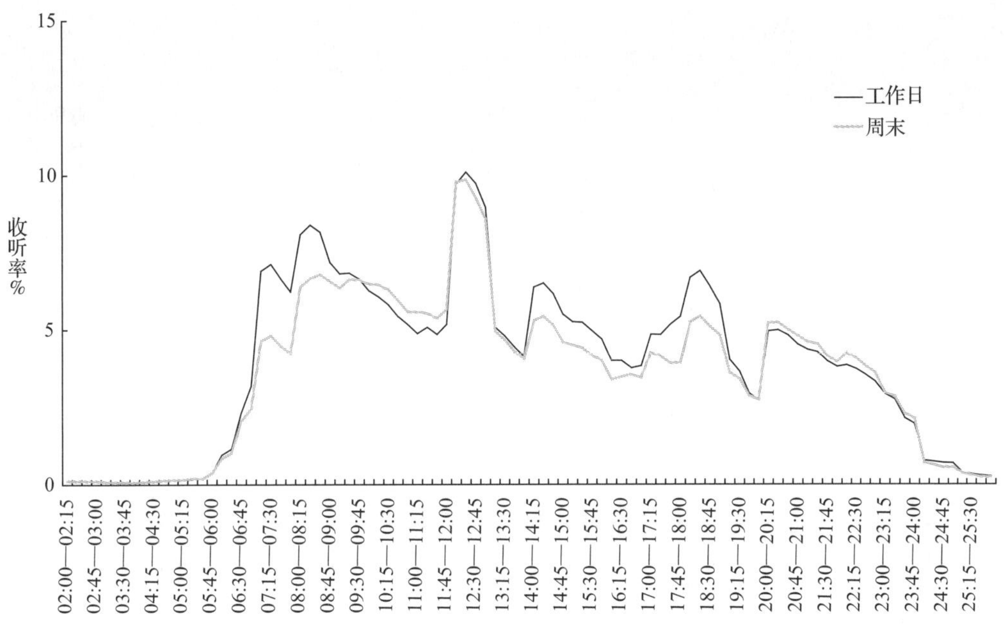

图 3.10.5　2011 年广州听众工作日与周末全天收听率走势

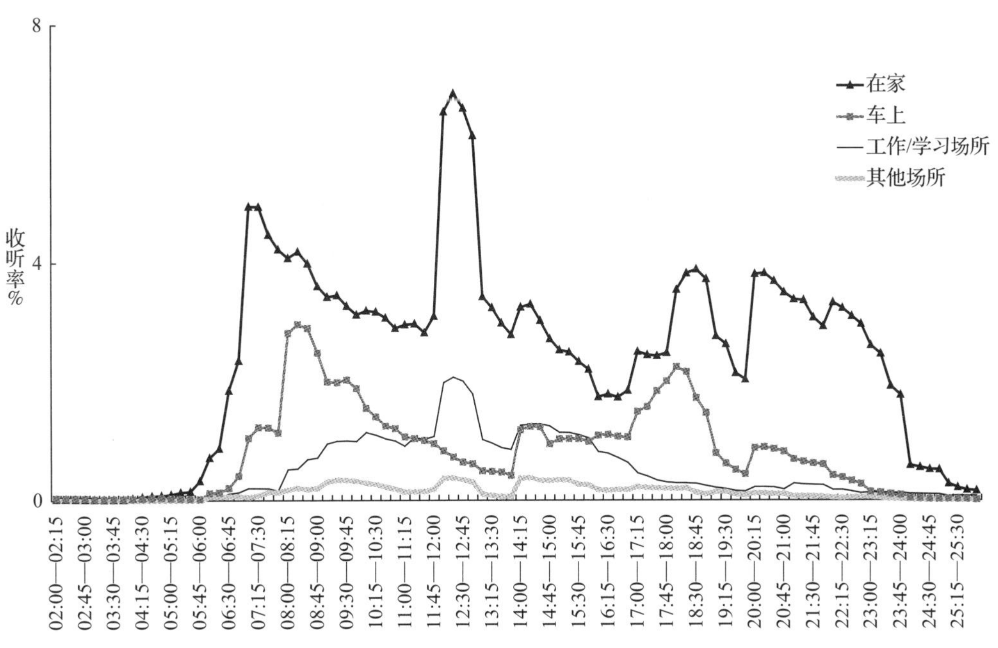

图 3.10.6　2011 年广州听众在不同收听地点全天收听率走势

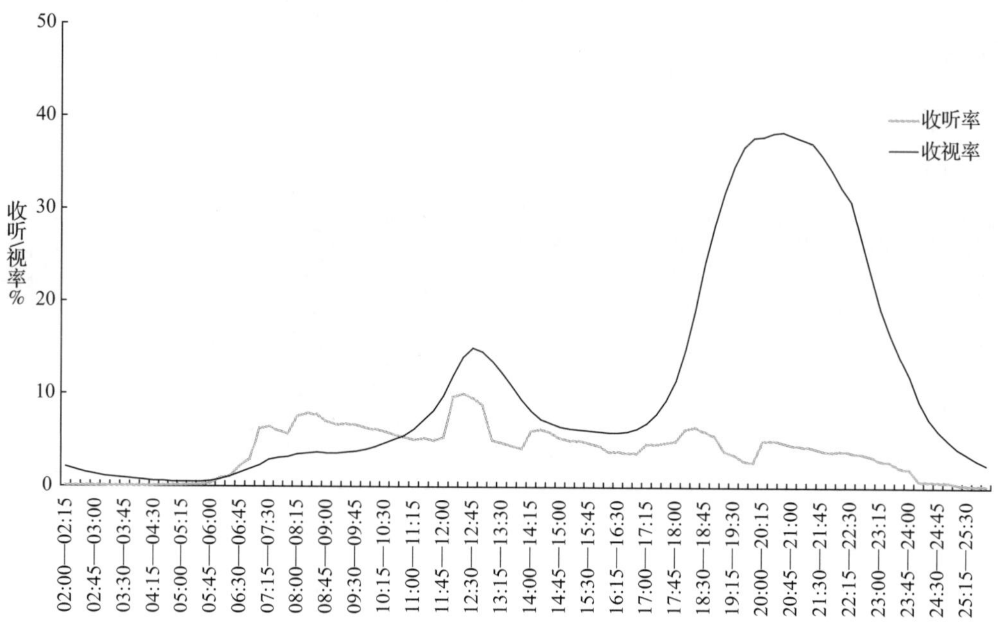

图 3.10.7　2011 年广州受众全天收听率、收视率走势比较（目标受众为 10 岁及以上）

表 3.10.3 2011 年广州市场听众构成（%）

目标听众		听众构成（%）
10 岁及以上所有人		100.0
性别	男	50.8
	女	49.2
年龄	10—14 岁	1.9
	15—24 岁	14.6
	25—34 岁	22.0
	35—44 岁	21.0
	45—54 岁	19.0
	55—64 岁	11.1
	65 岁及以上	10.4
文化程度	未受过正规教育	2.1
	小学	10.6
	初中	28.0
	高中	42.8
	大学及以上	16.6
职业	干部/管理人员	3.2
	初级公务员/雇员	8.4
	个体/私营企业人员	10.3
	工人	38.7
	学生	8.7
	无业（包括退休人员）	29.3
	其他	1.5
个人月收入	没有收入	18.5
	1—500 元	2.6
	501—1000 元	6.3
	1001—1500 元	12.4
	1501—2000 元	18.1
	2001—2500 元	16.3
	2501—3000 元	12.0
	3001—4000 元	8.1
	4001 元及以上	5.7

表 3.10.4 2009—2011 年广州市场各广播电台的市场份额（%）

广播电台	2009 年	2010 年	2011 年
中央人民广播电台	3.0	4.2	3.2
中国国际广播电台	0.2	0.2	0.4
广东人民广播电台	69.5	64.4	63.3
广州广播电视台	19	23.9	26.1
佛山人民广播电台	5.9	4.3	4.4
其他广播电台	2.4	3.1	2.6

表 3.10.5　2011 年广州市场各广播电台在不同目标听众中的市场份额（%）

目标听众		中央人民广播电台	中国国际广播电台	广东人民广播电台	广州广播电视台	佛山人民广播电台	其他广播电台
10 岁及以上所有人		3.2	0.4	63.3	26.1	4.4	2.6
性别	男	2.1	0.4	61.1	28.8	4.8	2.8
	女	4.4	0.3	65.6	23.4	4.0	2.4
年龄	10—14 岁	3.4	0.0	65.9	28.2	1.9	0.7
	15—24 岁	4.6	1.2	62.2	26.2	4.5	1.3
	25—34 岁	4.5	0.3	58.7	27.6	5.9	3.0
	35—44 岁	2.9	0.4	63.6	25.6	4.7	2.7
	45—54 岁	2.5	0.1	64.6	28.6	2.7	1.6
	55—64 岁	2.7	0.1	63.6	26.2	5.7	1.7
	65 岁及以上	1.1	0.0	71.7	18.6	2.5	6.1
文化程度	未受过正规教育	0.0	0.0	68.7	10.1	1.1	20.0
	小学	0.8	0.0	67.7	21.7	6.1	3.8
	初中	1.9	0.1	64.8	26.0	5.0	2.3
	高中	3.3	0.5	62.2	28.3	4.2	1.5
	大学及以上	7.3	0.8	60.8	25.4	3.0	2.8
职业	干部/管理人员	6.2	0.6	65.4	17.3	2.6	7.8
	初级公务员/雇员	8.7	0.9	60.0	24.7	4.9	0.7
	个体/私营企业人员	2.9	0.4	69.2	24.6	2.1	0.8
	工人	2.3	0.1	60.9	28.2	5.6	2.9
	学生	5.1	1.3	59.6	29.2	3.0	1.8
	无业（包括退休人员）	2.2	0.2	66.6	24.2	4.1	2.7
	其他	0.0	0.0	57.1	32.1	3.0	7.9
个人月收入	没有收入	3.6	0.8	62.2	28.0	3.3	2.1
	1—500 元	0.3	0.0	60.0	22.5	2.5	14.7
	501—1000 元	2.0	0.0	56.2	33.5	7.0	1.2
	1001—1500 元	1.1	0.0	64.9	26.0	6.1	2.0
	1501—2000 元	3.5	0.1	66.4	22.0	7.2	0.8
	2001—2500 元	4.3	0.5	65.7	21.7	4.2	3.6
	2501—3000 元	3.5	0.6	63.5	26.5	2.9	2.9
	3001—4000 元	3.4	0.3	62.8	28.5	1.3	3.7
	4001 元及以上	4.2	0.1	60.7	31.9	1.4	1.6

表 3.10.6　2011 年广州市场份额排名前五位的频率

名次	频　率	市场份额（%）
1	广东电台音乐之声 FM99.3	16.1
2	广东电台珠江经济广播电台 FM97.4/AM1062	13.1
3	广东电台羊城交通广播台 FM105.2	12.8
4	广州交通电台 FM106.1	10.1
5	广州新闻电台 FM96.2	8.7

十一、杭州收听数据

表 3.11.1 2009—2011 年杭州各目标听众人均收听时间（分钟）

目标听众		2009 年	2010 年	2011 年
10 岁及以上所有人		90	109	100
性别	男	92	111	103
	女	88	106	97
年龄	10—14 岁	46	56	46
	15—24 岁	70	89	96
	25—34 岁	78	90	89
	35—44 岁	103	111	103
	45—54 岁	95	121	103
	55—64 岁	95	141	134
	65 岁及以上	127	157	110
文化程度	未受过正规教育	79	121	126
	小学	66	99	77
	初中	105	118	115
	高中	102	108	101
	大学及以上	81	102	93
职业	干部/管理人员	95	105	102
	初级公务员/雇员	85	100	91
	个体/私营企业人员	101	105	104
	工人	106	110	127
	学生	53	83	67
	无业（包括退休人员）	106	140	106
	其他	76	120	133
个人月收入	没有收入	65	90	71
	1—500 元	68	143	115
	501—1000 元	86	107	108
	1001—1500 元	100	118	102
	1501—2000 元	109	124	108
	2001—2500 元	97	119	122
	2501—3000 元	112	117	98
	3001—4000 元	67	96	123
	4001 元及以上	85	88	90

注：杭州为全年连续调查城市。

表 3.11.2 2009—2011 年杭州听众在不同地点的人均收听时间（分钟）

地 点	2009 年	2010 年	2011 年
在家	52	68	59
车上	24	25	26
工作/学习场所	11	12	10
其他场所	3	4	5

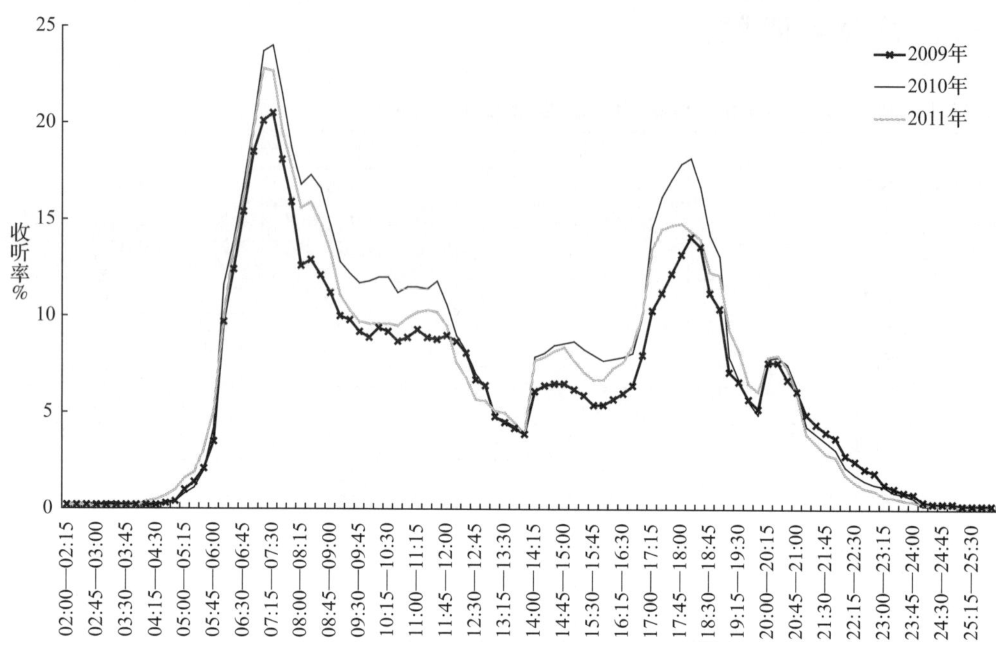

图 3.11.1　2009—2011 年杭州听众全天收听率走势

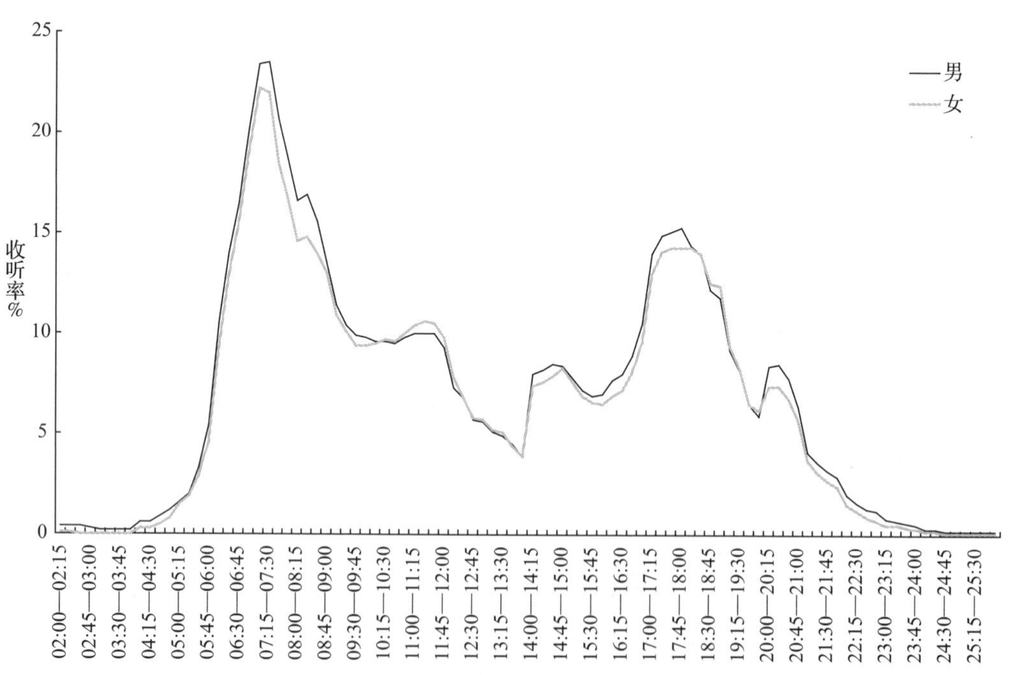

图 3.11.2　2011 年杭州不同性别听众全天收听率走势

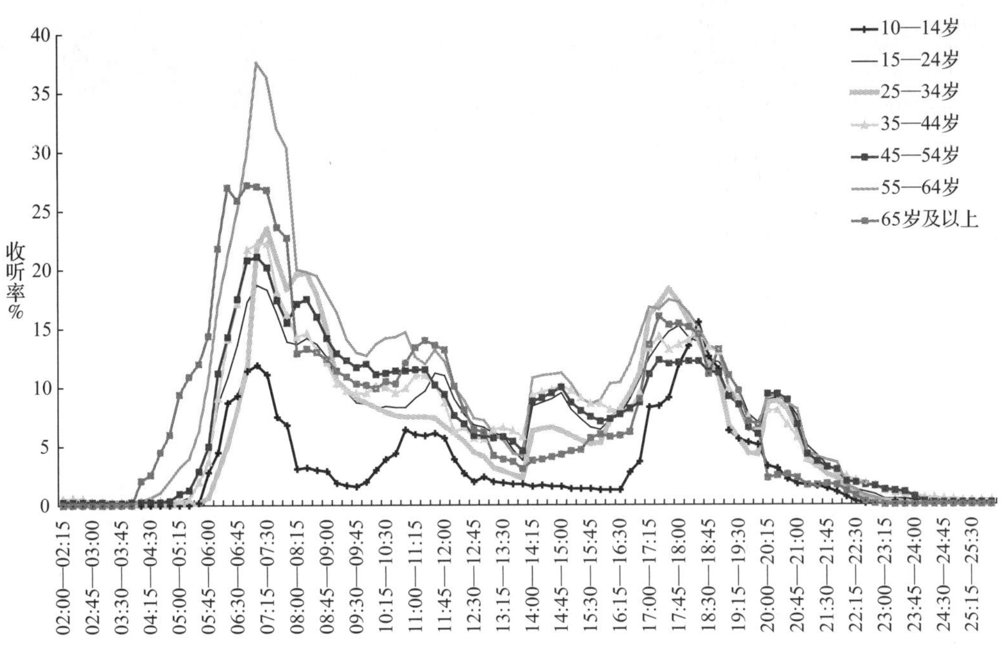

图 3.11.3　2011 年杭州不同年龄听众全天收听率走势

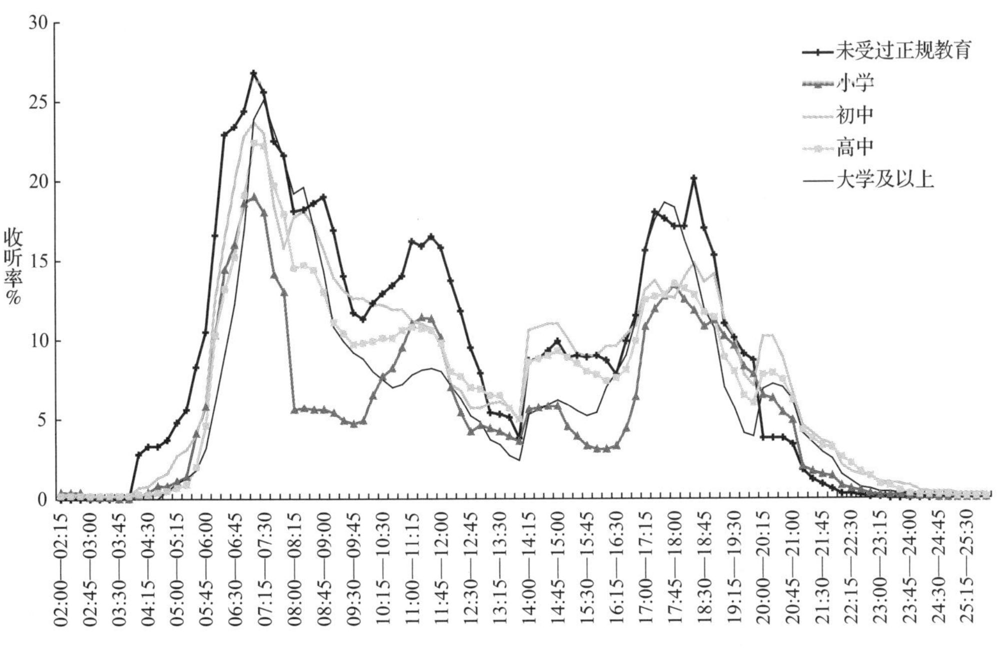

图 3.11.4　2011 年杭州不同文化程度听众全天收听率走势

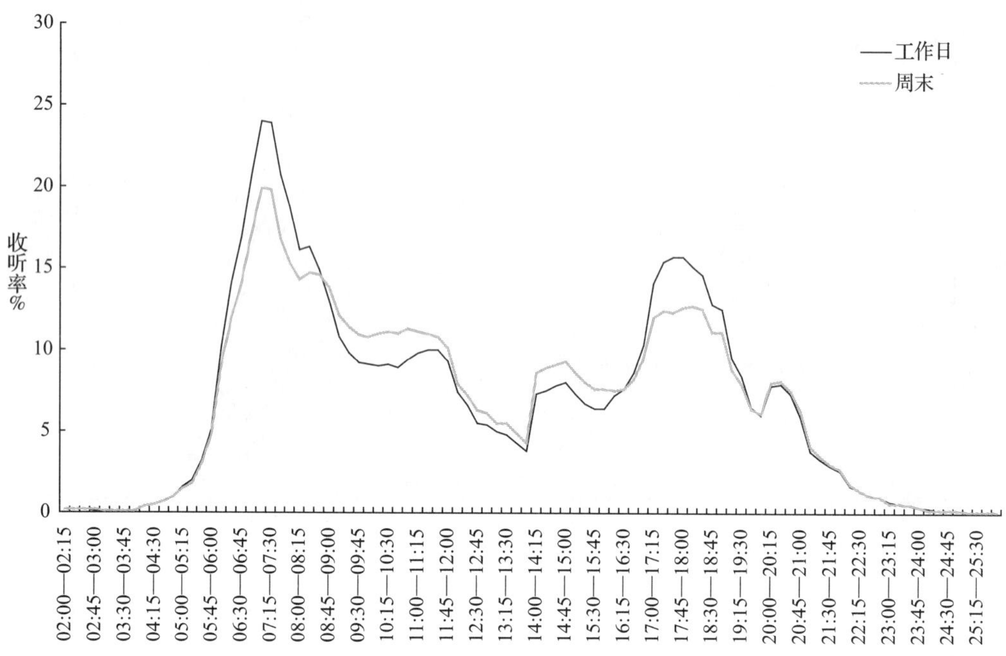

图 3.11.5　2011 年杭州听众工作日与周末全天收听率走势

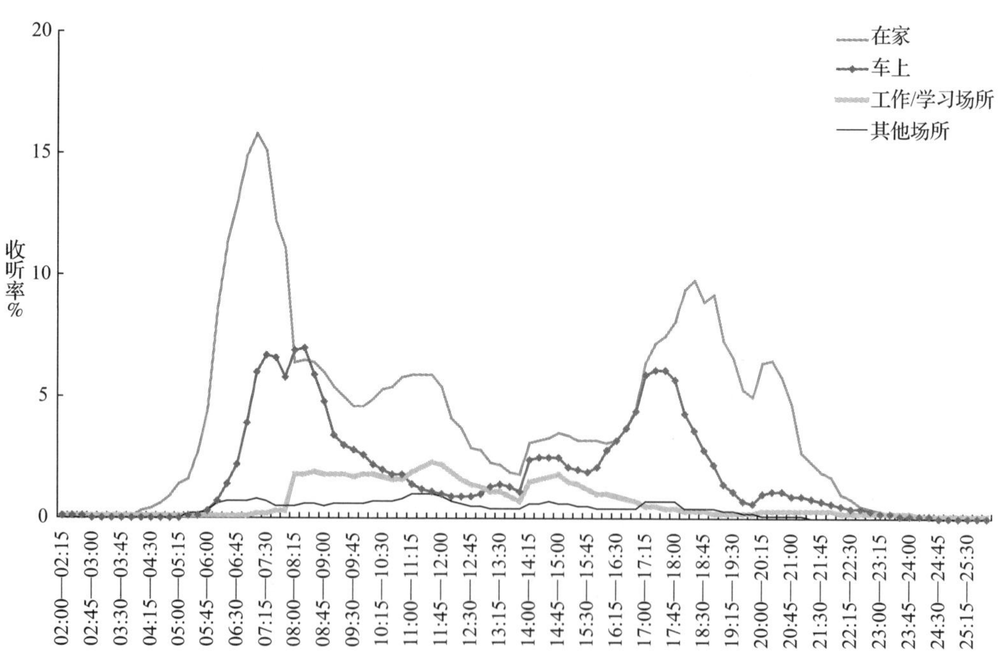

图 3.11.6　2011 年杭州听众在不同收听地点全天收听率走势

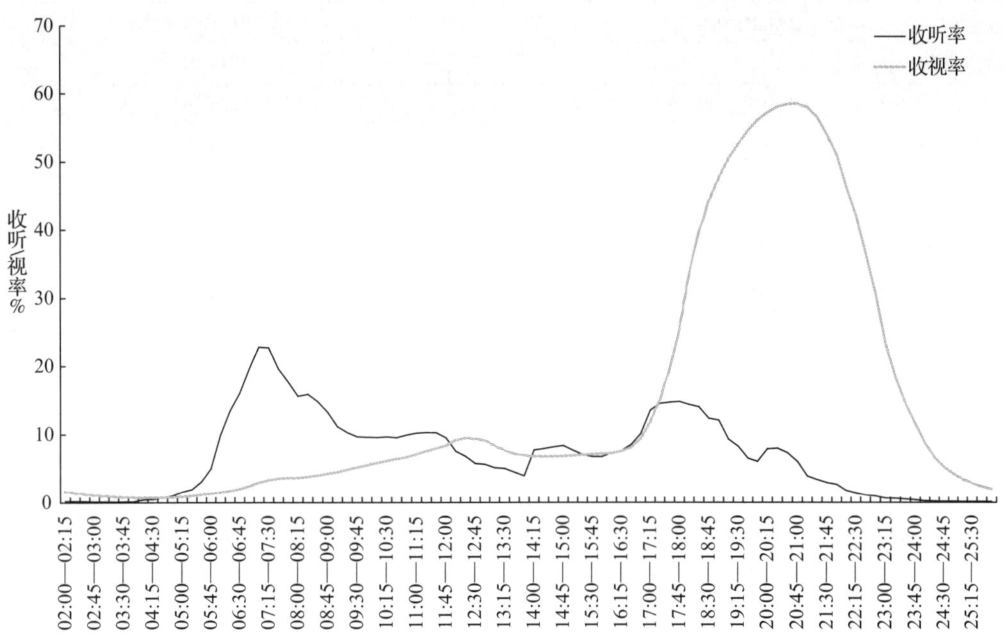

图 3.11.7　2011 年杭州受众全天收听率、收视率走势比较（目标受众为 10 岁及以上）

表 3.11.3　2011 年杭州市场听众构成（%）

目标听众		听众构成（%）
10 岁及以上所有人		100.0
性别	男	52.4
	女	47.6
年龄	10—14 岁	2.1
	15—24 岁	17.6
	25—34 岁	17.6
	35—44 岁	22.1
	45—54 岁	16.7
	55—64 岁	13.2
	65 岁及以上	10.7
文化程度	未受过正规教育	4.3
	小学	12.2
	初中	33.4
	高中	21.7
	大学及以上	28.4
职业	干部/管理人员	7.7
	初级公务员/雇员	27.9
	个体/私营企业	14.5
	工人	15.1
	学生	7.9
	无业（包括退休人员）	21.1
	其他	5.8
个人月收入	没有收入	14.0
	1—500 元	1.6
	501—1000 元	2.3
	1001—1500 元	9.5
	1501—2000 元	17.8
	2001—2500 元	17.1
	2501—3000 元	13.5
	3001—4000 元	15.0
	4001 元及以上	9.2

表 3.11.4　2009—2011 年杭州市场各广播电台的市场份额（%）

广播电台	2009 年	2010 年	2011 年
中央人民广播电台	6.9	5.3	5.6
中国国际广播电台	0.0	0.0	0.0
浙江广播电视集团	43.5	60.7	56.5
杭州文化广播电视集团	42.4	27.5	28.9
其他广播电台	7.2	6.5	9.0

表 3.11.5 2011 年杭州市场各广播电台在不同目标听众中的市场份额（%）

目标听众		中央人民广播电台	中国国际广播电台	浙江广播电视集团	杭州文化广播电视集团	其他广播电台
10 岁及以上所有人		5.6	0.0	56.5	28.9	9.0
性别	男	5.3	0.0	57.0	29.7	8.0
	女	5.8	0.0	55.9	28.0	10.3
年龄	10—14 岁	6.1	0.0	44.0	31.4	18.5
	15—24 岁	2.8	0.0	70.8	17.8	8.6
	25—34 岁	6.6	0.0	55.8	35.4	2.2
	35—44 岁	3.3	0.0	58.7	28.1	9.9
	45—54 岁	4.4	0.0	55.5	31.0	9.1
	55—64 岁	7.3	0.0	50.0	33.7	9.0
	65 岁及以上	12.4	0.0	41.8	28.5	17.3
文化程度	未受过正规教育	11.7	0.0	51.2	12.7	24.4
	小学	8.3	0.0	44.5	20.3	26.9
	初中	5.2	0.0	63.8	23.9	7.1
	高中	3.7	0.0	59.7	29.2	7.4
	大学及以上	5.2	0.0	51.4	40.8	2.6
职业	干部/管理人员	5.7	0.0	50.9	40.7	2.7
	初级公务员/雇员	5.3	0.0	50.9	37.3	6.5
	个体/私营企业	4.9	0.0	65.2	18.7	11.2
	工人	2.2	0.0	67.2	21.7	8.9
	学生	2.6	0.0	65.3	22.8	9.3
	无业（包括退休人员）	9.5	0.0	48.0	34.1	8.4
	其他	6.8	0.0	60.5	5.9	26.8
个人月收入	没有收入	6.0	0.0	58.7	19.6	15.7
	1—500 元	11.5	0.0	28.4	6.5	53.6
	501—1000 元	9.4	0.0	47.6	19.7	23.3
	1001—1500 元	7.8	0.0	54.8	21.7	15.7
	1501—2000 元	4.2	0.0	53.1	36.6	6.1
	2001—2500 元	5.4	0.0	62.8	25.5	6.3
	2501—3000 元	4.7	0.0	58.0	28.4	8.9
	3001—4000 元	4.1	0.0	59.3	33.2	3.4
	4001 元及以上	6.4	0.0	53.9	36.4	3.3

表 3.11.6 2011 年杭州市场份额排名前五位的频率

名次	频 率	市场份额（%）
1	浙江之声 FM88/FM101.6/AM810（原浙江电台新闻台）	15.0
2	私家车 107 快乐广播城市之声 FM107/AM1530	12.3
3	汽车电台 105.4 西湖之声 FM105.4	11.8
4	浙江人民广播电台交通之声 FM93	11.3
5	杭州交通经济广播 FM91.8	10.7

十二、哈尔滨收听数据

表 3.12.1　2009—2011 年哈尔滨各目标听众人均收听时间（分钟）

目标听众		2009 年	2010 年	2011 年
10 岁及以上所有人		122	138	153
性别	男	124	137	153
	女	120	138	153
年龄	10—14 岁	44	51	70
	15—24 岁	69	82	91
	25—34 岁	109	122	137
	35—44 岁	117	131	145
	45—54 岁	150	180	194
	55—64 岁	181	174	190
	65 岁及以上	160	180	206
文化程度	未受过正规教育	107	121	171
	小学	131	118	151
	初中	126	140	155
	高中	124	149	166
	大学及以上	108	121	127
职业	干部/管理人员	107	120	158
	初级公务员/雇员	108	120	135
	个体/私营企业人员	118	151	169
	工人	125	146	154
	学生	56	65	74
	无业（包括退休人员）	162	170	191
	其他	129	105	129
个人月收入	没有收入	79	87	99
	1—500 元	*	*	*
	501—1000 元	133	151	141
	1001—1500 元	132	153	190
	1501—2000 元	144	152	166
	2001—2500 元	143	136	138
	2501—3000 元	141	152	137
	3001—4000 元	200	159	176
	4001 元及以上	110	60	132

注：哈尔滨为全年连续调查城市。“*”表示该目标听众样本量不足，无法进行统计推断。

表 3.12.2　2009—2011 年哈尔滨听众在不同地点的人均收听时间（分钟）

地点	2009 年	2010 年	2011 年
在家	91	106	118
车上	19	19	20
工作/学习场所	8	10	13
其他场所	3	2	2

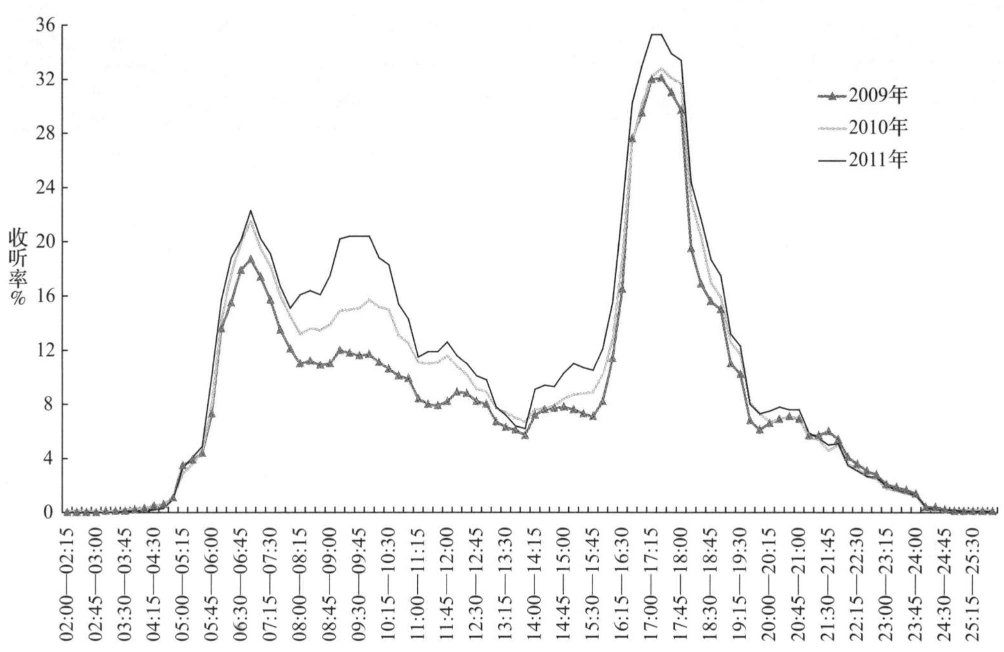

图 3.12.1　2009—2011 年哈尔滨听众全天收听率走势

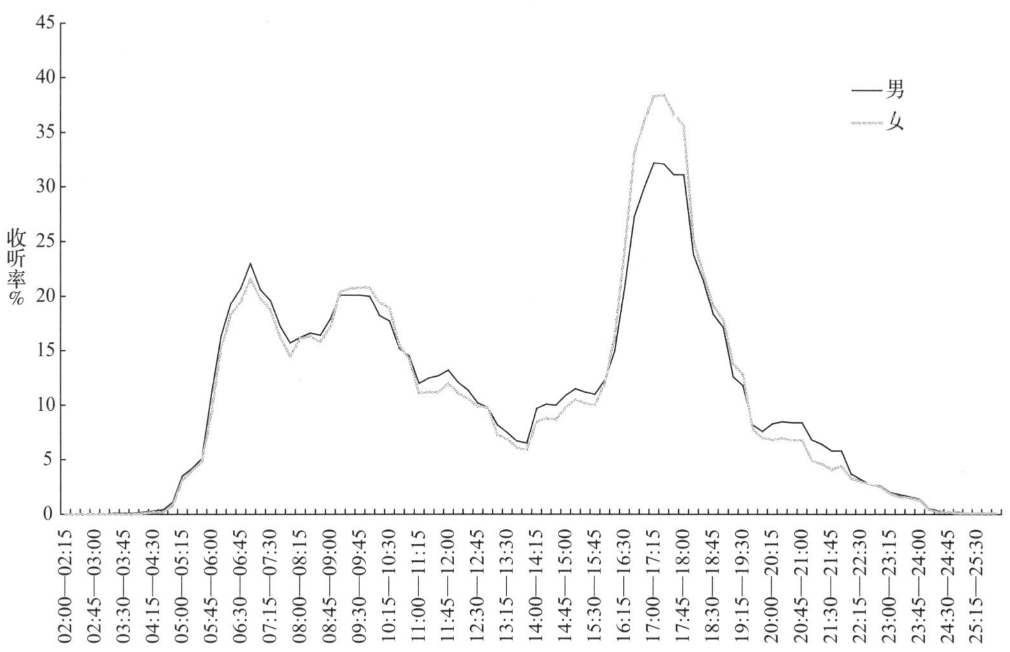

图 3.12.2　2011 年哈尔滨不同性别听众全天收听率走势

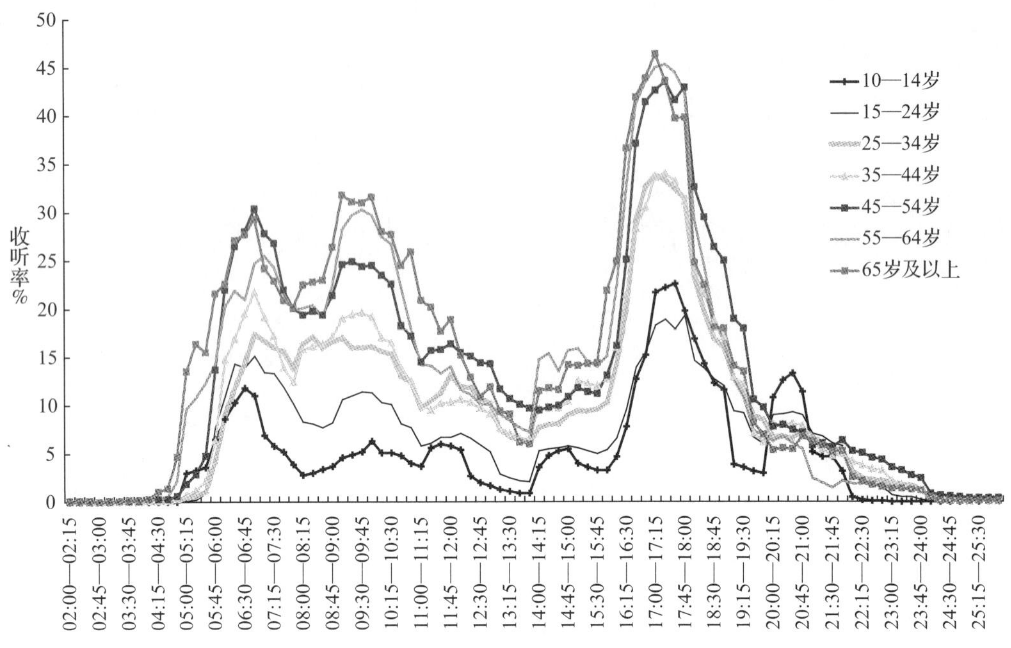

图 3.12.3 2011 年哈尔滨不同年龄听众全天收听率走势

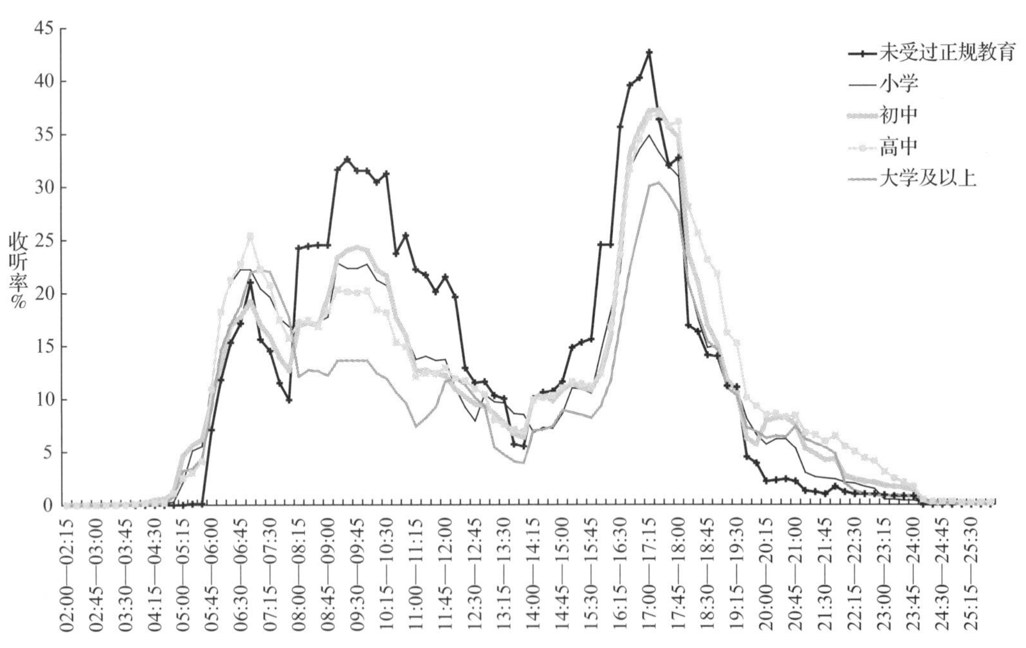

图 3.12.4 2011 年哈尔滨不同文化程度听众全天收听率走势

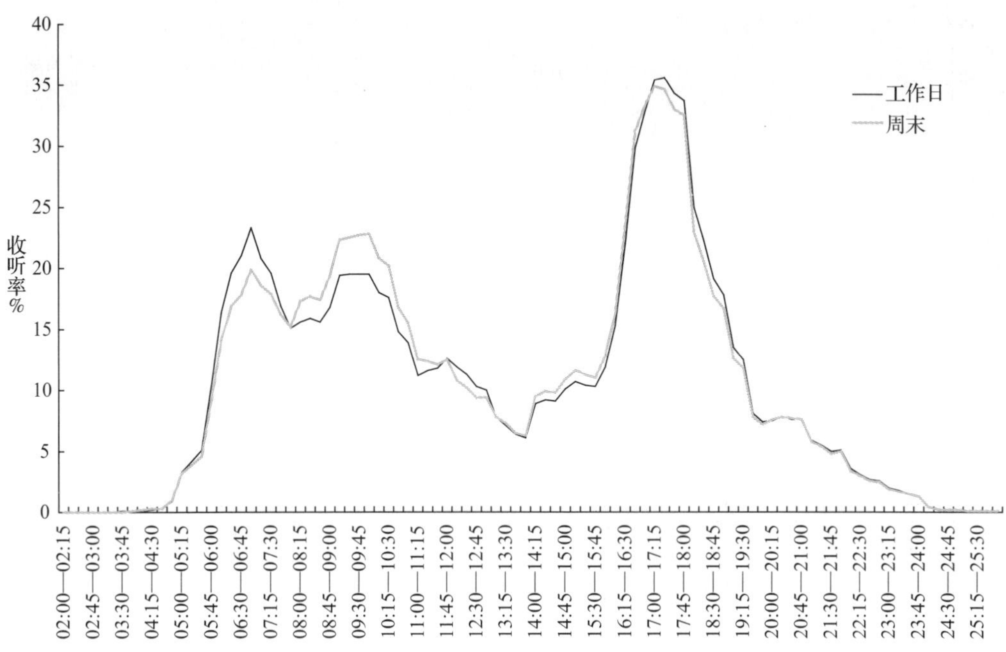

图 3.12.5　2011 年哈尔滨听众工作日与周末全天收听率走势

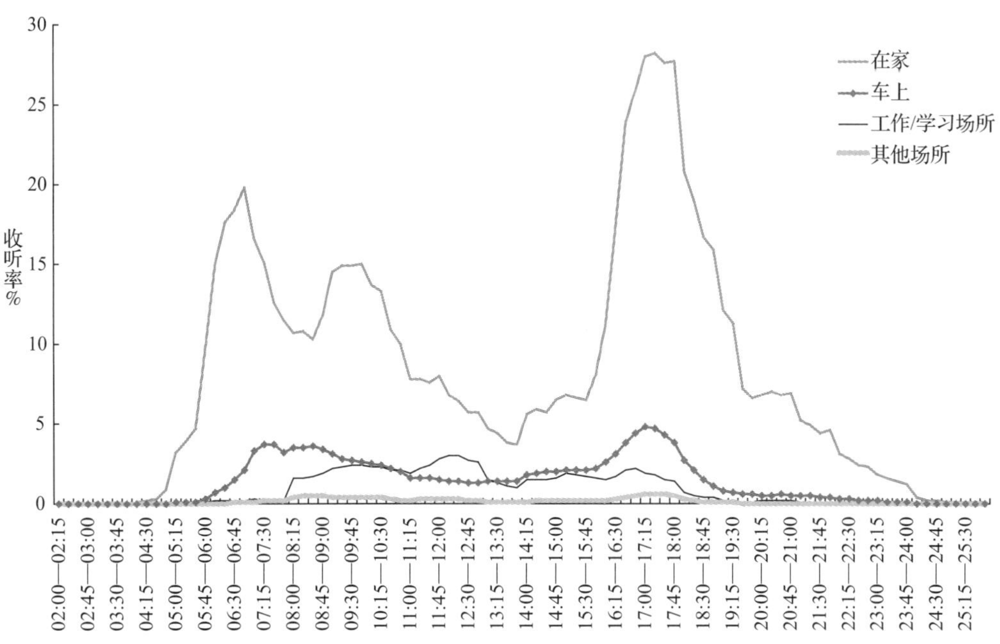

图 3.12.6　2011 年哈尔滨听众在不同收听地点全天收听率走势

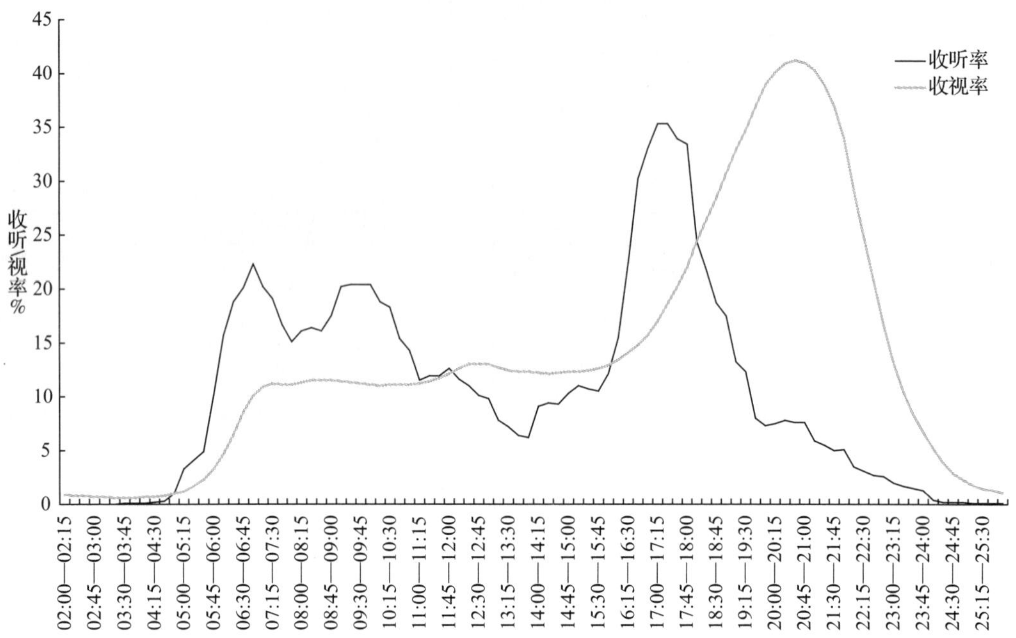

图 3.12.7 2011 年哈尔滨受众全天收听率、收视率走势比较（目标受众为 10 岁及以上）

表 3.12.3 2011 年哈尔滨市场听众构成（%）

目标听众		听众构成（%）
10 岁及以上所有人		100.0
性别	男	49.6
	女	50.4
年龄	10—14 岁	2.1
	15—24 岁	8.5
	25—34 岁	16.0
	35—44 岁	20.9
	45—54 岁	24.3
	55—64 岁	13.7
	65 岁及以上	14.5
文化程度	未受过正规教育	1.8
	小学	6.9
	初中	33.8
	高中	40.2
	大学及以上	17.3
职业	干部/管理人员	4.1
	初级公务员/雇员	10.9
	个体/私营企业人员	16.6
	工人	25.8
	学生	6.4
	无业（包括退休人员）	35.3
	其他	0.9
个人月收入	没有收入	13.7
	1—500 元	0.0
	501—1000 元	11.0
	1001—1500 元	38.6
	1501—2000 元	16.7
	2001—2500 元	9.4
	2501—3000 元	3.9
	3001—4000 元	5.0
	4001 元及以上	1.7

表 3.12.4 2009—2011 年哈尔滨市场各广播电台的市场份额（%）

广播电台	2009 年	2010 年	2011 年
中央人民广播电台	4.0	2.8	2.9
中国国际广播电台	0.0	0.0	0.0
黑龙江人民广播电台	69.2	66.3	66.6
哈尔滨人民广播电台	13.2	15.7	16.1
哈尔滨经济广播电台	13.2	14.9	14.1
其他广播电台	0.4	0.3	0.3

表 3.12.5 2011 年哈尔滨市场各广播电台在不同目标听众中的市场份额（%）

目标听众		中央人民广播电台	中国国际广播电台	黑龙江省级电台	哈尔滨人民广播电台	哈尔滨经济广播电台	其他广播电台
10 岁及以上所有人		2.9	0.0	66.6	16.1	14.1	0.3
性别	男	3.2	0.0	63.7	15.9	17.0	0.2
	女	2.6	0.0	69.5	16.3	11.2	0.4
年龄	10—14 岁	3.3	0.0	67.5	12.4	15.7	1.1
	15—24 岁	4.3	0.0	62.3	20.1	12.8	0.5
	25—34 岁	1.1	0.0	66.5	16.1	16.1	0.2
	35—44 岁	2.8	0.0	68.2	12.7	16.0	0.3
	45—54 岁	2.7	0.0	67.3	17.0	12.6	0.4
	55—64 岁	2.9	0.0	66.2	18.9	11.7	0.3
	65 岁及以上	4.4	0.0	66.2	15.0	14.3	0.1
文化程度	未受过正规教育	13.6	0.0	54.7	13.1	18.4	0.2
	小学	2.4	0.0	65.1	18.5	13.6	0.4
	初中	2.1	0.0	72.3	14.1	11.1	0.4
	高中	3.1	0.0	64.8	16.5	15.5	0.1
	大学及以上	3.2	0.0	61.9	18.4	16.3	0.2
职业	干部/管理人员	2.1	0.0	62.9	20.4	14.4	0.2
	初级公务员/雇员	1.6	0.0	66.0	17.9	14.2	0.3
	个体/私营企业人员	2.7	0.0	66.0	17.4	13.8	0.1
	工人	2.9	0.0	66.4	14.3	16.0	0.4
	学生	4.9	0.0	67.1	15.7	11.4	0.9
	无业（包括退休人员）	3.2	0.0	67.1	16.0	13.5	0.2
	其他	2.6	0.0	85.5	9.7	2.2	0.0
个人月收入	没有收入	3.7	0.0	64.6	17.0	14.1	0.6
	1—500 元	*	*	*	*	*	*
	501—1000 元	2.0	0.0	67.5	11.9	18.1	0.5
	1001—1500 元	3.4	0.0	65.7	18.3	12.4	0.2
	1501—2000 元	3.0	0.0	71.5	14.5	10.8	0.2
	2001—2500 元	1.8	0.0	67.8	15.1	15.3	0.0
	2501—3000 元	2.5	0.0	59.5	20.3	17.5	0.2
	3001—4000 元	2.6	0.0	65.3	11.7	19.9	0.5
	4001 元及以上	0.9	0.0	76.6	11.0	11.5	0.0

表 3.12.6 2011 年哈尔滨市场份额排名前五位的频率

名次	频　率	市场份额（%）
1	黑龙江都市女性广播 FM102.1	25.4
2	哈尔滨文艺广播 FM98.4	12.6
3	黑龙江交通广播 FM99.8	11.9
4	黑龙江广播 97 频道 FM97	11.2
5	黑龙江新闻广播 AM621/FM94.6	7.7

十三、合肥收听数据

表 3.13.1 2009—2011 年合肥各目标听众人均收听时间（分钟）

目标听众		2009 年	2010 年	2011 年			
				第 1 波	第 2 波	第 3 波	第 4 波
10 岁及以上所有人		77	77	82	82	83	82
性别	男	79	80	82	84	84	86
	女	74	75	83	80	81	78
年龄	10—14 岁	33	26	36	30	28	32
	15—24 岁	58	58	60	62	60	58
	25—34 岁	70	74	69	72	73	71
	35—44 岁	69	73	80	77	77	88
	45—54 岁	105	95	105	108	101	101
	55—64 岁	116	99	104	115	112	112
	65 岁及以上	105	123	158	135	163	136
文化程度	未受过正规教育	57	80	87	84	112	108
	小学	59	55	74	73	73	75
	初中	79	80	93	85	89	87
	高中	80	82	76	85	82	88
	大学及以上	80	76	81	80	78	71
职业	干部/管理人员	93	100	92	85	70	58
	初级公务员/雇员	76	70	71	78	77	81
	个体/私营企业人员	76	86	96	83	80	90
	工人	73	72	78	83	89	87
	学生	50	45	43	47	43	41
	无业（包括退休人员）	100	105	122	119	126	115
	其他	57	61	56	61	67	68
个人月收入	没有收入	56	53	52	57	56	54
	1—500 元	90	93	125	107	98	60
	501—1000 元	83	75	82	80	84	82
	1001—1500 元	94	95	96	98	101	99
	1501—2000 元	75	82	104	100	100	97
	2001—2500 元	85	104	92	97	96	106
	2501—3000 元	84	76	87	76	78	85
	3001—4000 元	86	79	72	63	71	62
	4001 元及以上	44	86	80	86	73	83

注：合肥为四波调查城市。2011 年四波调查时间分别为：第一波 2 月 27 日至 3 月 19 日；第二波 5 月 29 日至 6 月 18 日；第三波 8 月 28 日至 9 月 17 日；第四波 11 月 6 日至 11 月 26 日。

表 3.13.2 2009—2011 年合肥听众在不同地点的人均收听时间（分钟）

地 点	2009 年	2010 年	2011 年
家中	59	57	57
车上	9	12	15
工作或学习场所	6	6	8
其他场所	3	2	3

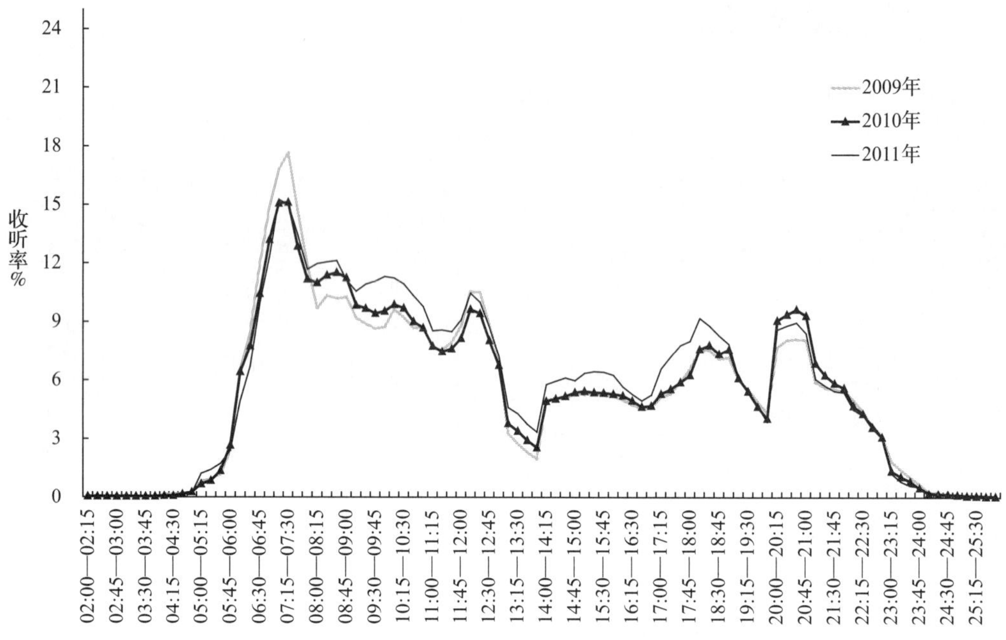

图 3.13.1　2009—2011 年合肥听众全天收听率走势

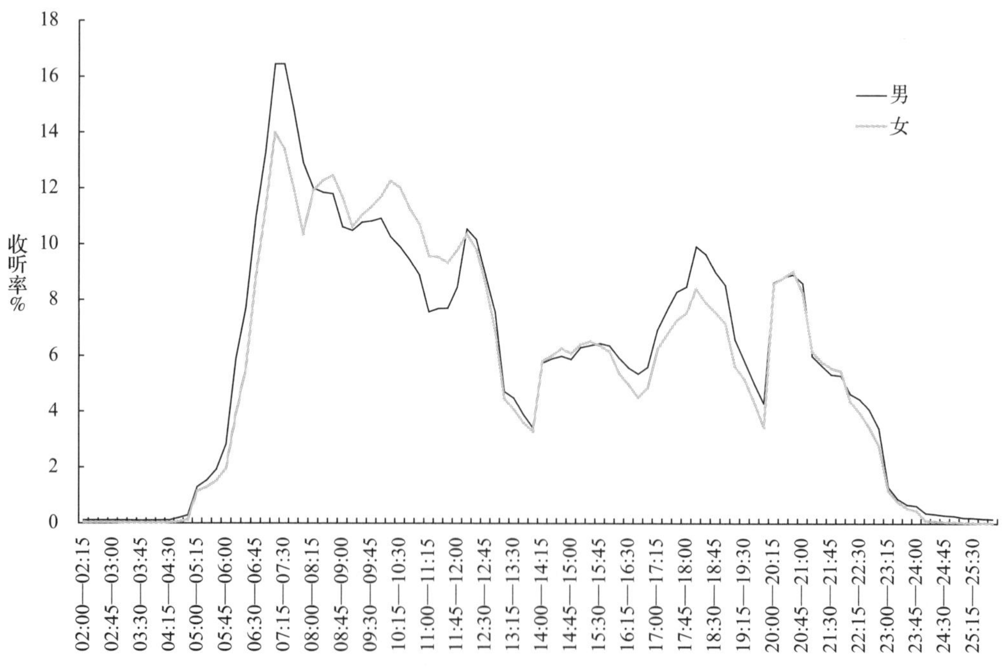

图 3.13.2　2011 年合肥不同性别听众全天收听率走势

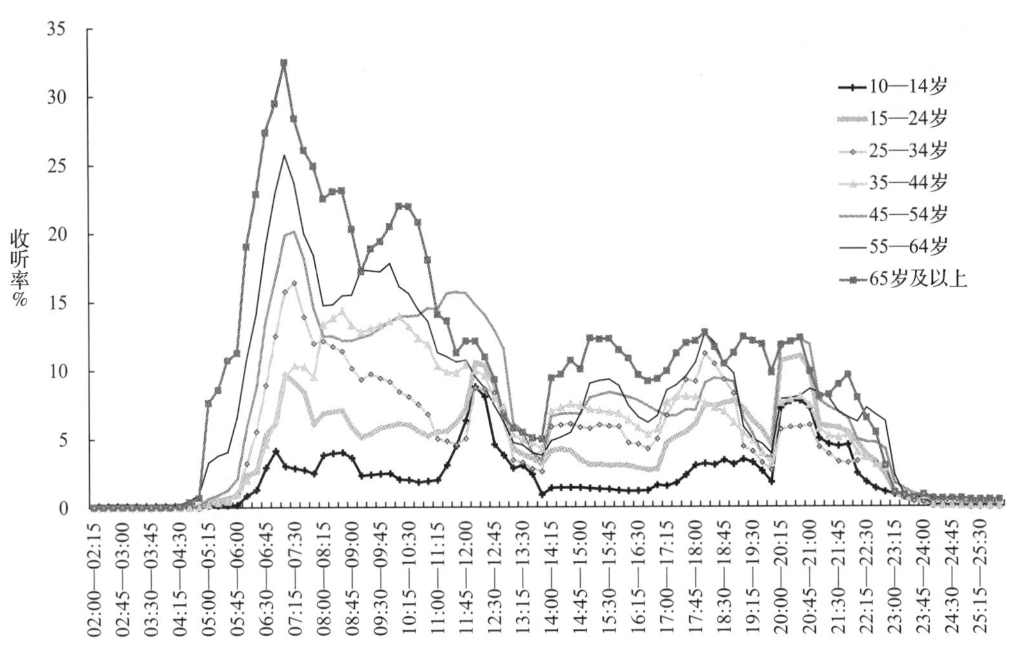

图 3. 13. 3　2011 年合肥不同年龄听众全天收听率走势

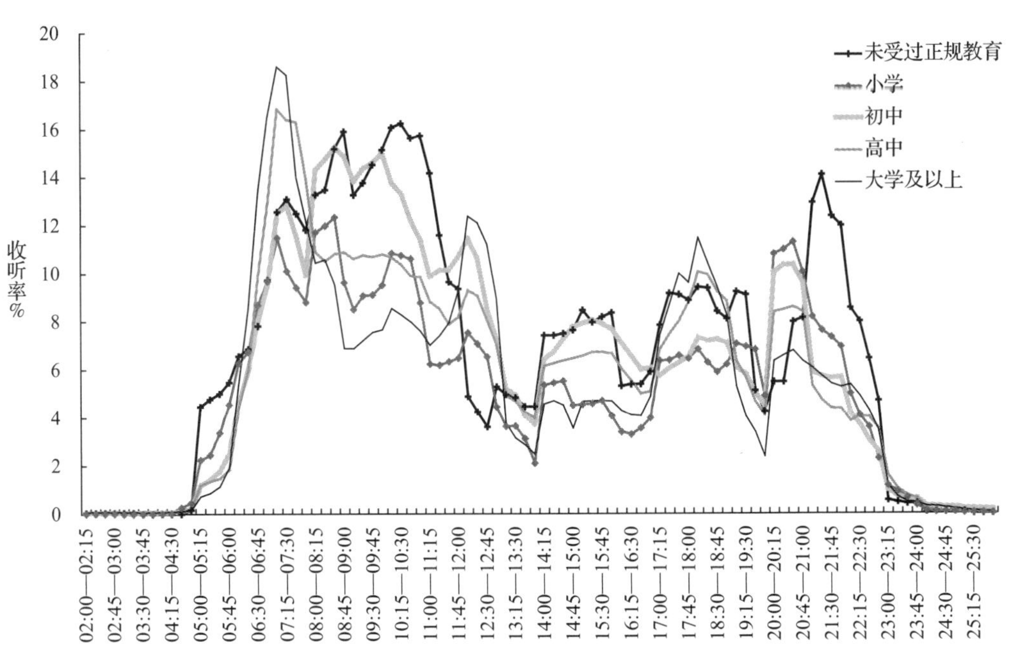

图 3. 13. 4　2011 年合肥不同文化程度听众全天收听率走势

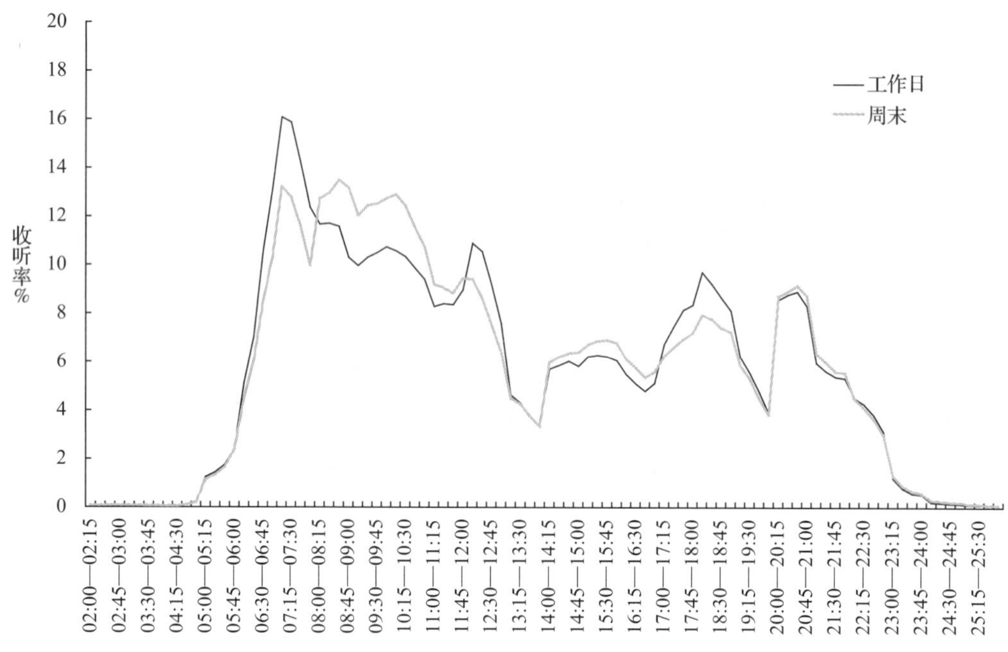

图 3.13.5 2011 年合肥听众工作日与周末全天收听率走势

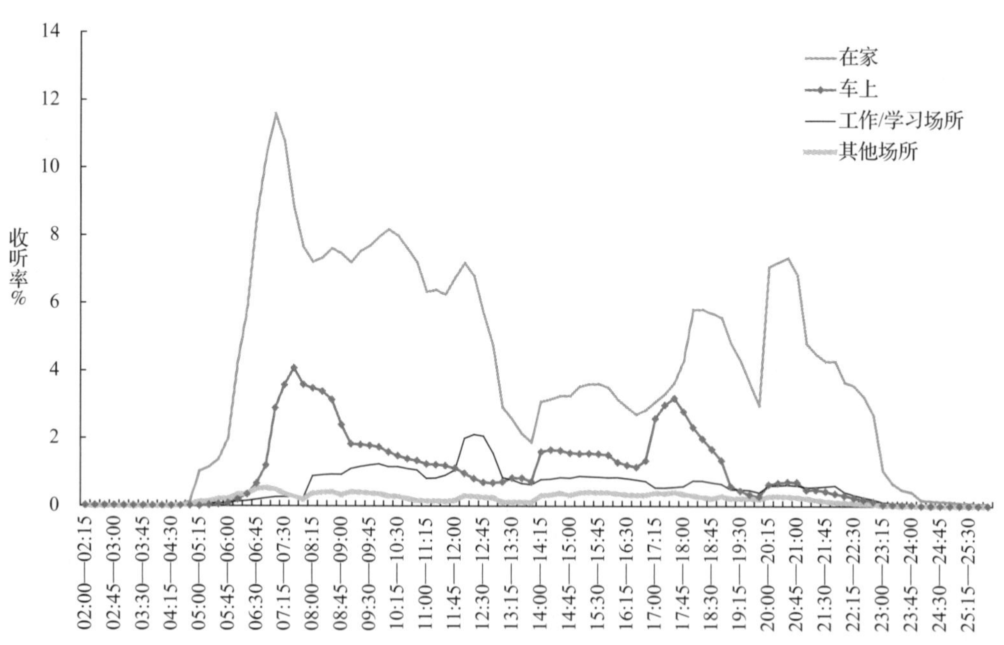

图 3.13.6 2011 年合肥听众在不同收听地点全天收听率走势

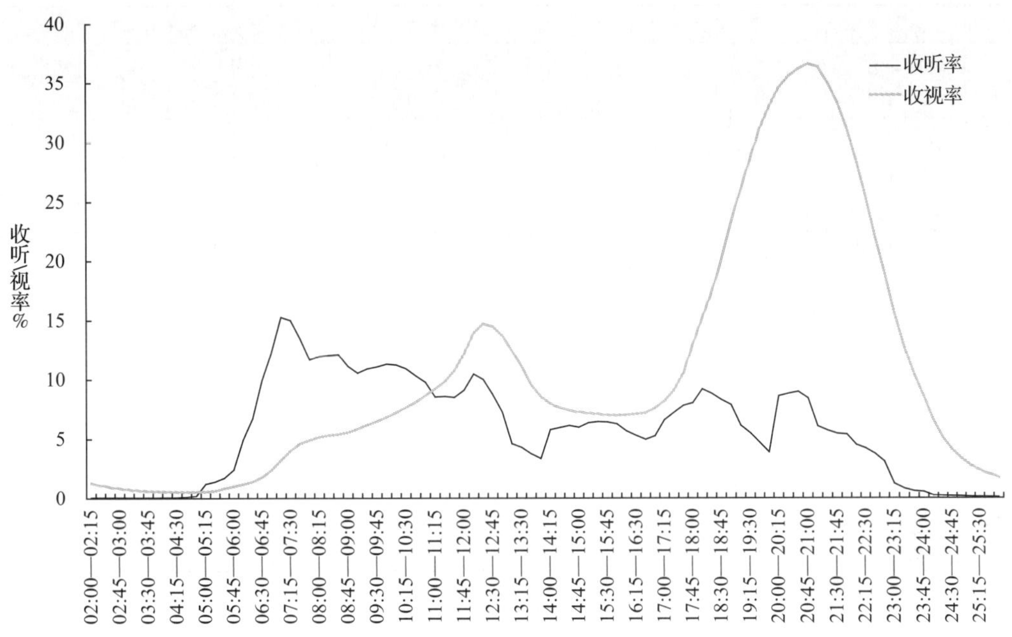

图 3.13.7　2011 年合肥受众全天收听率、收视率走势比较（目标受众为 10 岁及以上）

表 3.13.3　2011 年合肥市场听众构成（%）

目标听众		听众构成（%）
10 岁及以上所有人		100.0
性别	男	52.9
	女	47.1
年龄	10—14 岁	2.3
	15—24 岁	14.0
	25—34 岁	20.4
	35—44 岁	20.5
	45—54 岁	16.5
	55—64 岁	12.0
	65 岁及以上	14.4
文化程度	未受过正规教育	1.9
	小学	9.0
	初中	34.3
	高中	32.2
	大学及以上	22.6
职业	干部/管理人员	4.8
	初级公务员/雇员	17.5
	个体/私营企业人员	17.6
	工人	19.7
	学生	9.7
	无业（包括退休人员）	29.7
	其他	1.1
个人月收入	没有收入	16.9
	1—500 元	3.5
	501—1000 元	10.5
	1001—1500 元	27.2
	1501—2000 元	18.0
	2001—2500 元	11.0
	2501—3000 元	6.1
	3001—4000 元	3.7
	4001 元及以上	2.9

表 3.13.4　2009—2011 年合肥市场各广播电台的市场份额（%）

广播电台	2009 年	2010 年	2011 年			
			第 1 波	第 2 波	第 3 波	第 4 波
中央人民广播电台	20.9	17.8	14.5	15.1	15.6	15.9
中国国际广播电台	1.1	1.3	0.9	0.8	0.7	1.2
安徽广播电视台	37.3	42.1	50.3	50.2	47.2	50.0
合肥市广播电视台	40.3	38.4	34.1	33.7	35.4	31.5
其他广播电台	0.3	0.4	0.2	0.2	1.1	1.5

表 3.13.5　2011 年合肥市场各广播电台在不同目标听众中的市场份额（%）

目标听众		中央人民广播电台	中国国际广播电台	安徽广播电视台	合肥市广播电视台	其他广播电台
10 岁及以上所有人		15.3	0.9	49.4	33.7	0.7
性别	男	16.4	1.2	46.5	35.0	1.0
	女	14.0	0.7	52.7	32.2	0.4
年龄	10—14 岁	19.1	0.8	40.2	39.8	0.1
	15—24 岁	12.0	0.5	52.8	33.6	1.1
	25—34 岁	15.6	1.1	48.3	34.1	0.9
	35—44 岁	10.6	0.7	48.0	40.3	0.5
	45—54 岁	19.5	0.4	46.7	31.8	1.6
	55—64 岁	16.2	0.4	54.9	28.5	0.0
	65 岁及以上	18.4	2.4	49.8	29.1	0.2
文化程度	未受过正规教育	7.6	0.9	61.8	29.7	0.0
	小学	13.0	0.4	54.3	31.6	0.7
	初中	15.1	0.5	49.6	34.4	0.4
	高中	14.8	1.6	48.4	34.1	1.2
	大学及以上	17.8	0.8	47.4	33.3	0.8
职业类别	干部/管理人员	18.2	1.7	44.3	34.8	1.0
	初级公务员/雇员	13.4	0.8	50.2	34.7	1.1
	个体/私营企业人员	16.5	0.8	49.4	32.2	1.1
	工人	12.1	0.5	50.3	37.0	0.1
	学生	14.2	0.4	49.6	34.1	1.7
	无业（包括退休人员）	17.6	1.4	49.2	31.4	0.5
	其他	13.6	0.0	49.7	36.7	0.0
个人月收入	没有收入	12.5	0.4	49.8	35.9	1.3
	1—500 元	7.1	0.4	60.0	32.5	0.0
	501—1000 元	14.7	0.2	48.8	36.2	0.0
	1001—1500 元	16.3	1.0	51.4	30.9	0.4
	1501—2000 元	16.5	0.9	51.3	30.9	0.4
	2001—2500 元	19.3	2.7	42.5	34.9	0.5
	2501—3000 元	13.1	0.9	40.9	45.0	0.1
	3001—4000 元	21.2	0.8	43.6	32.3	2.0
	4001 元及以上	9.4	0.5	53.1	31.8	5.2

表 3.13.6　2011 年合肥市场份额排名前五位的频率

名次	频率名称	市场份额（%）
1	中央人民广播电台第一套节目中国之声	9.7
2	合肥新闻综合广播 AM666/FM91.5	9.3
3	安徽交通广播	9.0
4	合肥故事广播 FM98.8	8.7
5	安徽音乐广播	7.4

十四、济南收听数据

表 3.14.1　2009—2011 年济南各目标听众人均收听时间（分钟）

目标听众		2009 年	2010 年	2011 年
10 岁及以上所有人		79	85	103
性别	男	78	83	101
	女	80	88	105
年龄	10—14 岁	33	25	32
	15—24 岁	45	50	57
	25—34 岁	68	68	88
	35—44 岁	78	82	92
	45—54 岁	84	101	117
	55—64 岁	114	112	155
	65 岁及以上	135	149	183
文化程度	未受过正规教育	67	67	109
	小学	83	86	104
	初中	76	81	100
	高中	86	94	114
	大学及以上	70	80	88
职业类别	干部/管理人员	57	65	89
	初级公务员/雇员	78	73	89
	个体/私营企业人员	77	87	102
	工人	75	84	100
	学生	35	34	36
	无业（包括退休人员）	116	126	158
	其他	74	77	93
个人月收入	没有收入	48	49	62
	1—500 元	77	92	112
	501—1000 元	83	91	103
	1001—1500 元	100	107	112
	1501—2000 元	78	83	129
	2001—2500 元	96	84	95
	2501—3000 元	74	66	100
	3001—4000 元	89	91	106
	4001 元及以上	47	106	124

注：济南为全年连续调查城市。

表 3.14.2　2009—2011 年济南听众在不同地点的人均收听时间（分钟）

地点	2009 年	2010 年	2011 年
家中	59	66	79
车上	12	11	13
工作或学习场所	6	7	9
其他场所	1	2	2

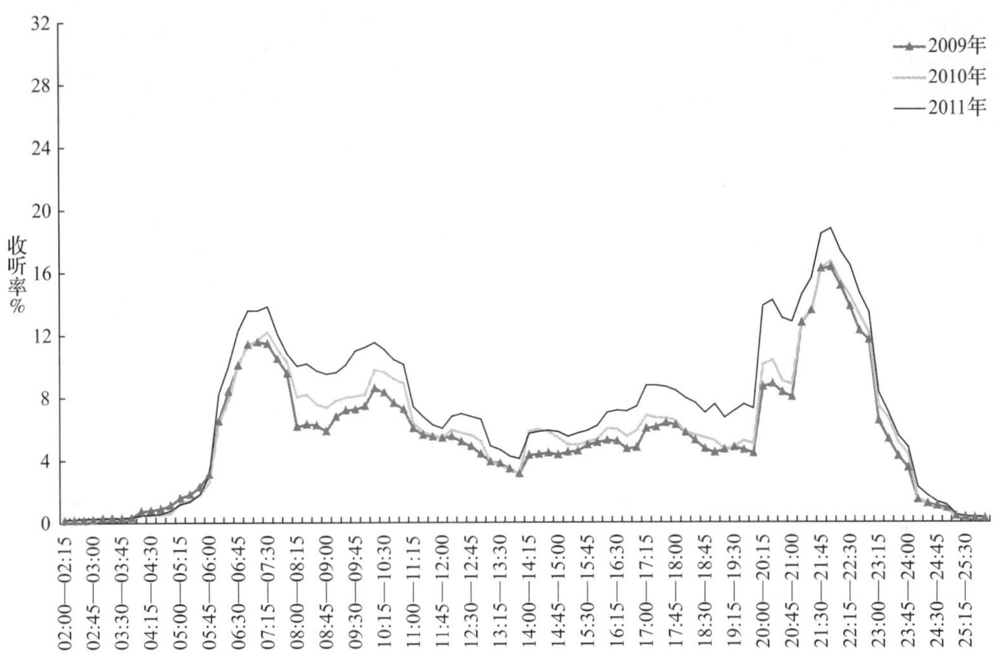

图 3.14.1　2009—2011 年济南听众全天收听率走势

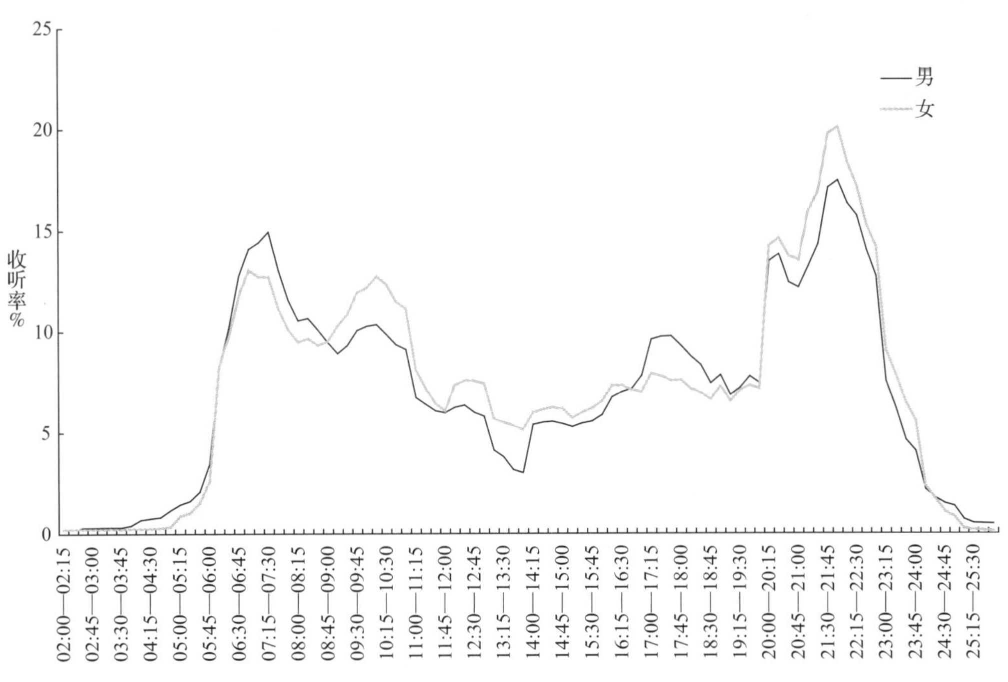

图 3.14.2　2011 年济南不同性别听众全天收听率走势

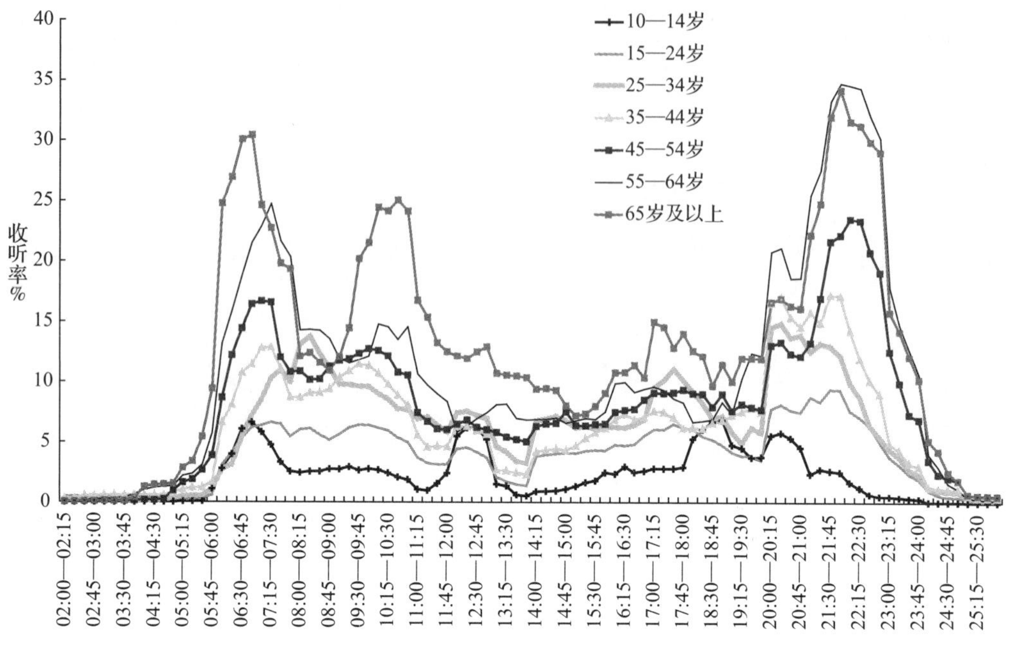

图 3.14.3　2011 年济南不同年龄听众全天收听率走势

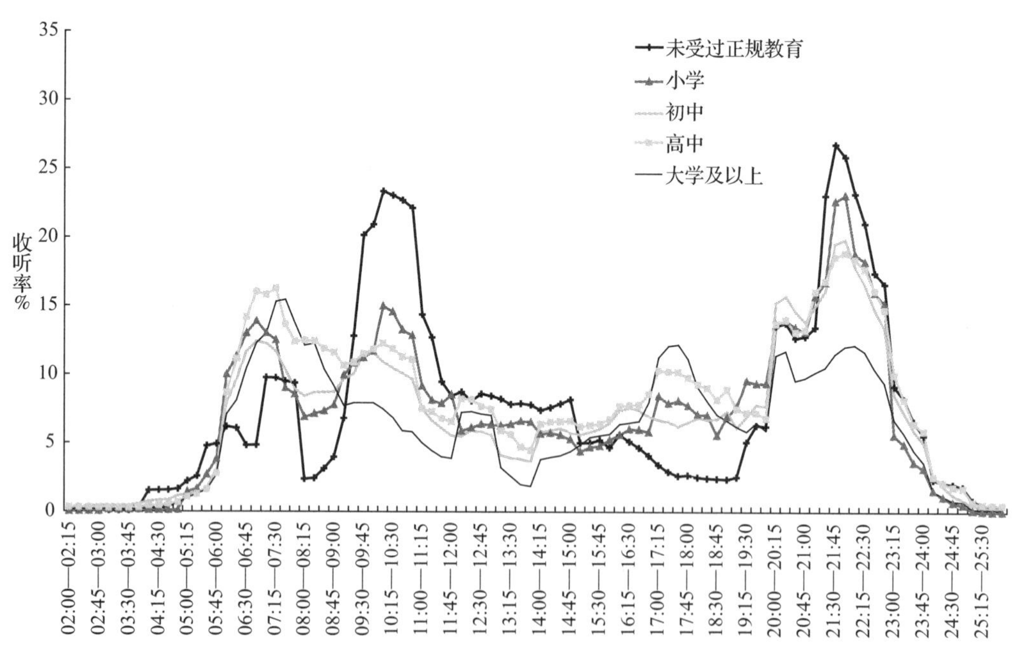

图 3.14.4　2011 年济南不同文化程度听众全天收听率走势

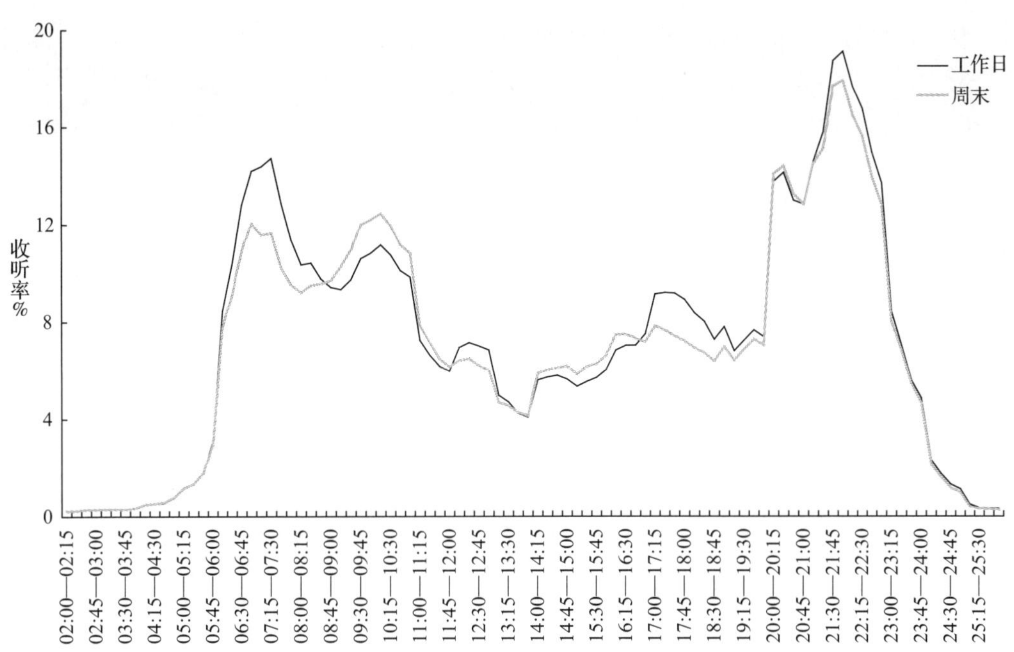

图 3.14.5 2011 年济南听众工作日与周末全天收听率走势

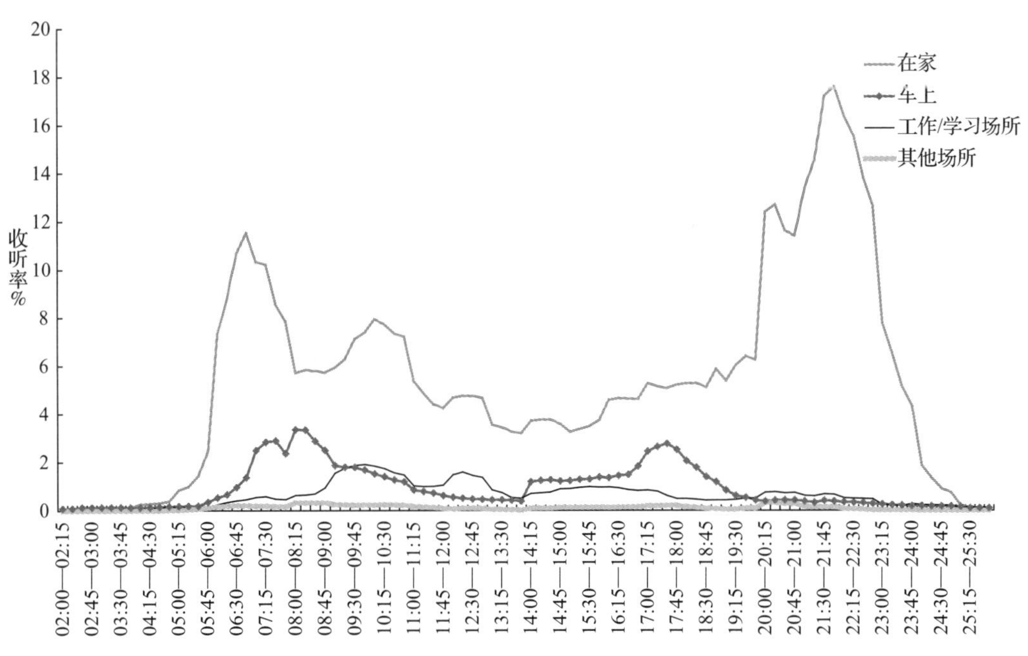

图 3.14.6 2011 年济南听众在不同收听地点全天收听率走势

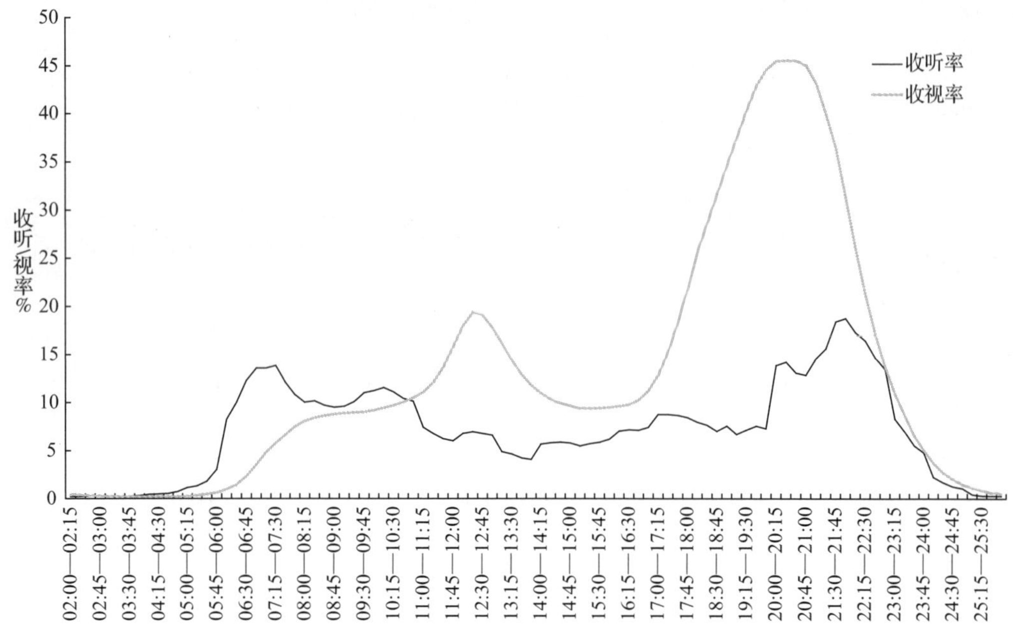

图 3. 14. 7　2011 年济南受众全天收听率、收视率走势比较（目标受众为 10 岁及以上）

表 3.14.3 2011 年济南市场听众构成（%）

目标听众		听众构成（%）
10 岁及以上所有人		100.0
性别	男	48.9
	女	51.1
年龄	10—14 岁	1.4
	15—24 岁	10.5
	25—34 岁	15.3
	35—44 岁	17.4
	45—54 岁	19.2
	55—64 岁	15.0
	65 岁及以上	21.1
文化程度	未受过正规教育	2.3
	小学	13.3
	初中	34.1
	高中	35.7
	大学及以上	14.6
职业	干部/管理人员	2.5
	初级公务员/雇员	12.0
	个体/私营企业人员	16.9
	工人	19.0
	学生	4.4
	无业（包括退休人员）	35.4
	其他	9.8
个人月收入	没有收入	11.1
	1—500 元	7.6
	501—1000 元	9.3
	1001—1500 元	26.5
	1501—2000 元	23.2
	2001—2500 元	8.4
	2501—3000 元	4.8
	3001—4000 元	6.0
	4001 元及以上	3.1

表 3.14.4 2009—2011 年济南市场各广播电台的市场份额（%）

广播电台	2009 年	2010 年	2011 年
中央人民广播电台	1.7	1.7	2.1
中国国际广播电台	0.0	0.0	0.0
山东广播电视台	33.6	29.8	31.6
济南广播电视台	64.5	68.5	66.2
其他广播电台	0.3	0.1	0.1

表 3.14.5　2011 年济南市场各广播电台在不同目标听众中的市场份额（%）

目标听众		中央人民广播电台	中国国际广播电台	山东广播电视台	济南广播电视台	其他广播电台
10 岁及以上所有人		2.1	0.0	31.6	66.2	0.1
性别	男	2.5	0.0	30.9	66.4	0.2
	女	1.6	0.0	32.3	66.1	0.0
年龄	10—14 岁	5.9	0.0	34.0	60.1	0.0
	15—24 岁	1.8	0.0	34.6	63.6	0.1
	25—34 岁	1.9	0.0	26.8	71.2	0.1
	35—44 岁	2.2	0.0	29.7	67.8	0.2
	45—54 岁	2.5	0.0	36.9	60.6	0.0
	55—64 岁	0.7	0.0	34.6	64.7	0.0
	65 岁及以上	2.6	0.0	28.0	69.1	0.3
文化程度	未受过正规教育	0.4	0.0	31.7	65.3	2.6
	小学	1.4	0.0	30.3	68.3	0.1
	初中	1.4	0.0	33.6	64.9	0.1
	高中	2.5	0.0	32.4	65.1	0.1
	大学及以上	3.5	0.0	25.6	70.8	0.0
职业类别	干部/管理人员	3.4	0.0	17.2	79.4	0.0
	初级公务员/雇员	3.7	0.0	32.2	64.0	0.1
	个体/私营企业人员	1.6	0.0	37.0	61.4	0.0
	工人	1.6	0.0	33.2	65.2	0.1
	学生	3.4	0.0	35.6	61.0	0.0
	无业（包括退休人员）	2.1	0.0	30.0	67.8	0.2
	其他	1.0	0.0	26.8	71.9	0.4
个人月收入	没有收入	3.2	0.0	32.7	63.7	0.5
	1—500 元	0.8	0.0	30.2	68.9	0.1
	501—1000 元	0.7	0.0	34.1	65.2	0.0
	1001—1500 元	1.6	0.0	30.5	67.7	0.1
	1501—2000 元	2.3	0.0	38.1	59.6	0.0
	2001—2500 元	1.3	0.0	25.1	73.5	0.1
	2501—3000 元	0.7	0.0	29.4	69.8	0.1
	3001—4000 元	8.2	0.0	19.8	72.0	0.0
	4001 元及以上	0.6	0.0	21.9	77.5	0.0

表 3.14.6　2011 年济南市场份额排名前五位的频率

名次	频率名称	市场份额%
1	济南新闻广播 FM106.6/AM1053	20.6
2	济南电台调频 88.7 FM88.7	13.9
3	济南经济广播 FM90.9/AM846	13.1
4	济南交通广播 FM103.1	7.3
5	山东广播经济频道 AM594/FM98.6	6.6

十五、南京收听数据

表 3.15.1　2009—2011 年南京各目标听众人均收听时间（分钟）

目标听众		2009 年	2010 年	2011 年
10 岁及以上所有人		92	83	79
性别	男	96	86	84
	女	88	80	74
年龄	10—14 岁	27	25	18
	15—24 岁	49	39	37
	25—34 岁	72	79	71
	35—44 岁	101	89	77
	45—54 岁	104	85	85
	55—64 岁	122	107	123
	65 岁及以上	143	140	135
文化程度	未受过正规教育	66	56	53
	小学	81	67	66
	初中	103	92	85
	高中	101	87	85
	大学及以上	72	72	72
职业	干部/管理人员	72	65	60
	初级公务员/雇员	84	92	75
	个体/私营企业人员	123	97	81
	工人	86	75	80
	学生	37	28	21
	无业（包括退休人员）	122	113	113
	其他	68	57	85
个人月收入	没有收入	47	37	34
	1—500 元	94	95	81
	501—1000 元	91	67	106
	1001—1500 元	106	93	96
	1501—2000 元	102	110	101
	2001—2500 元	109	92	86
	2501—3000 元	114	90	78
	3001—4000 元	87	104	99
	4001 元及以上	75	92	87

注：南京为全年连续调查城市。

表 3.15.2　2009—2011 年南京听众在不同地点的人均收听时间（分钟）

地　　点	2009 年	2010 年	2011 年
在家	67	59	58
车上	14	14	11
工作/学习场所	8	8	8
其他场所	2	2	3

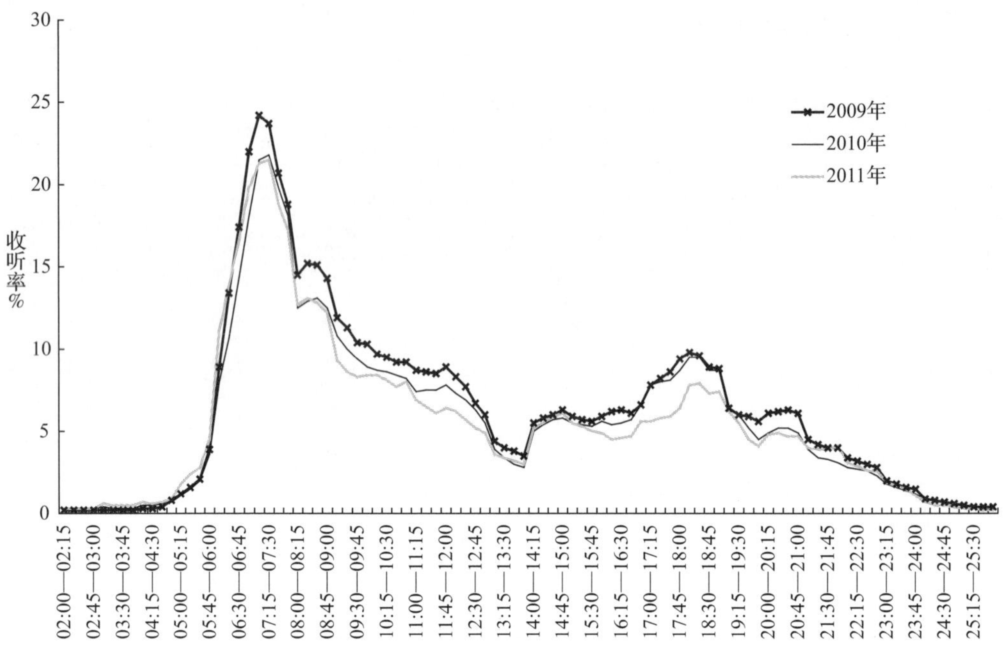

图 3.15.1　2009—2011 年南京听众全天收听率走势

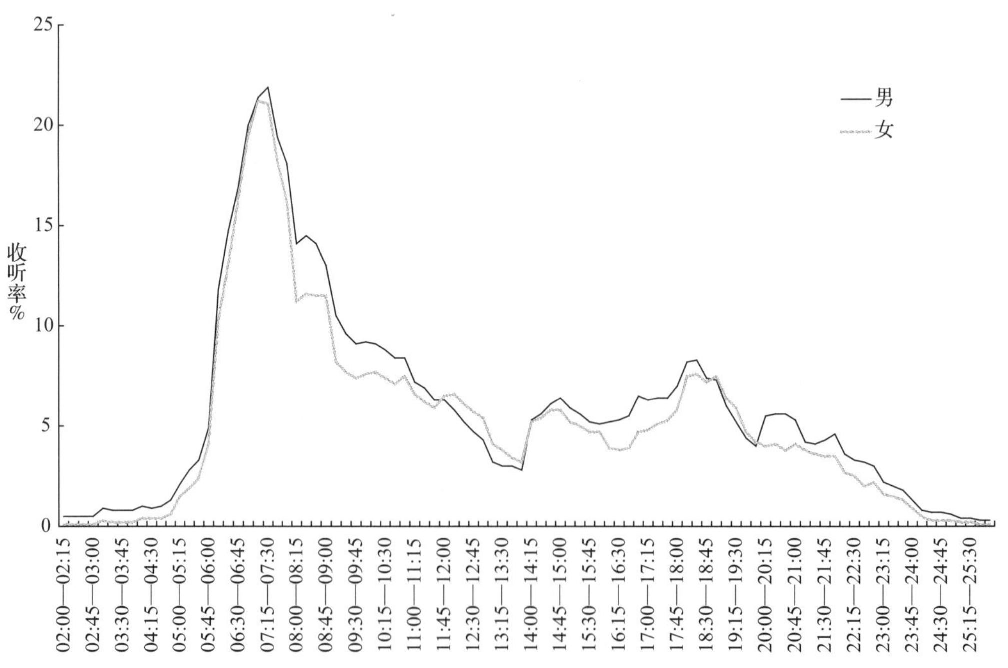

图 3.15.2　2011 年南京不同性别听众全天收听率走势

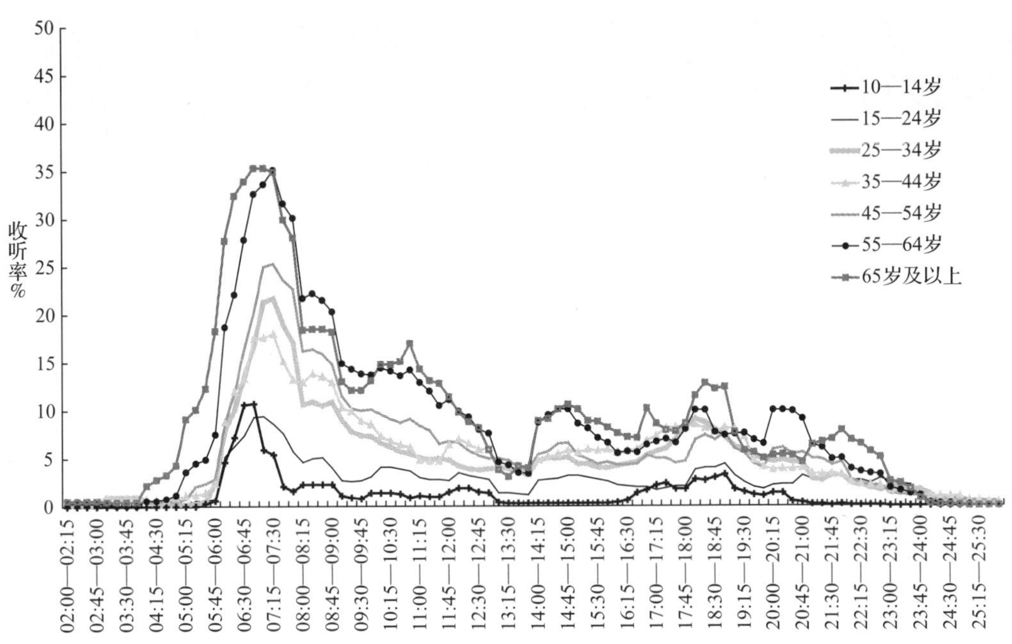

图 3.15.3　2011 年南京不同年龄听众全天收听率走势

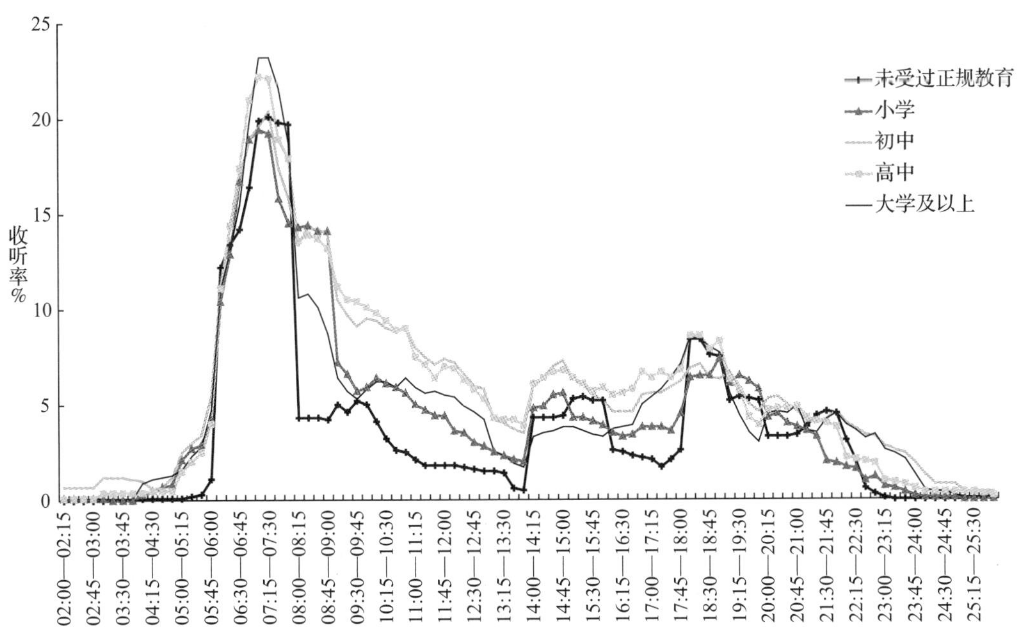

图 3.15.4　2011 年南京不同文化程度听众全天收听率走势

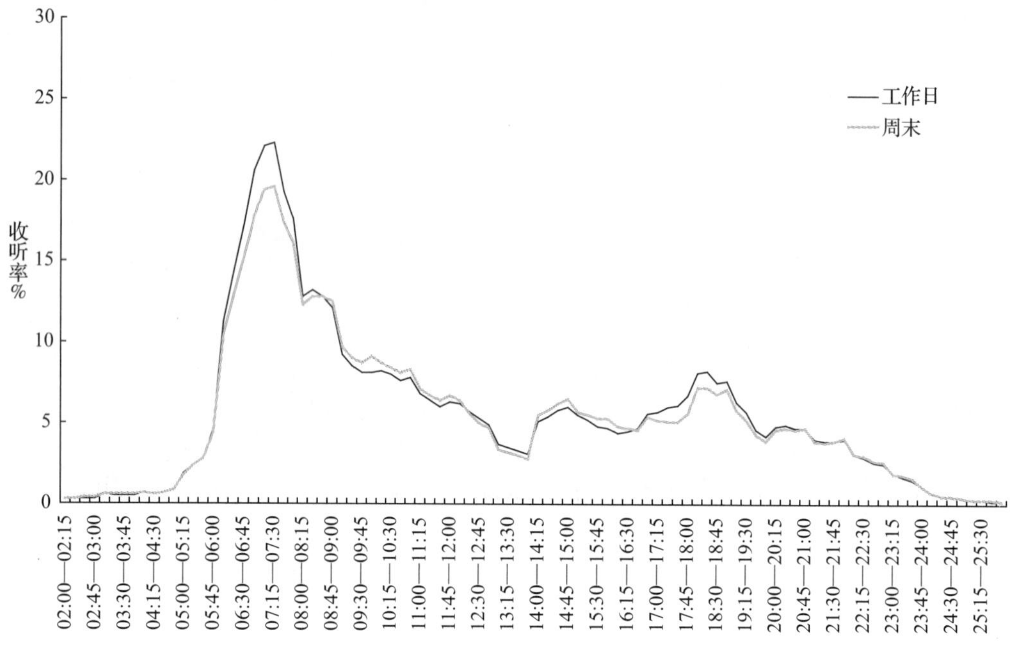

图 3.15.5 2011 年南京听众工作日与周末全天收听率走势

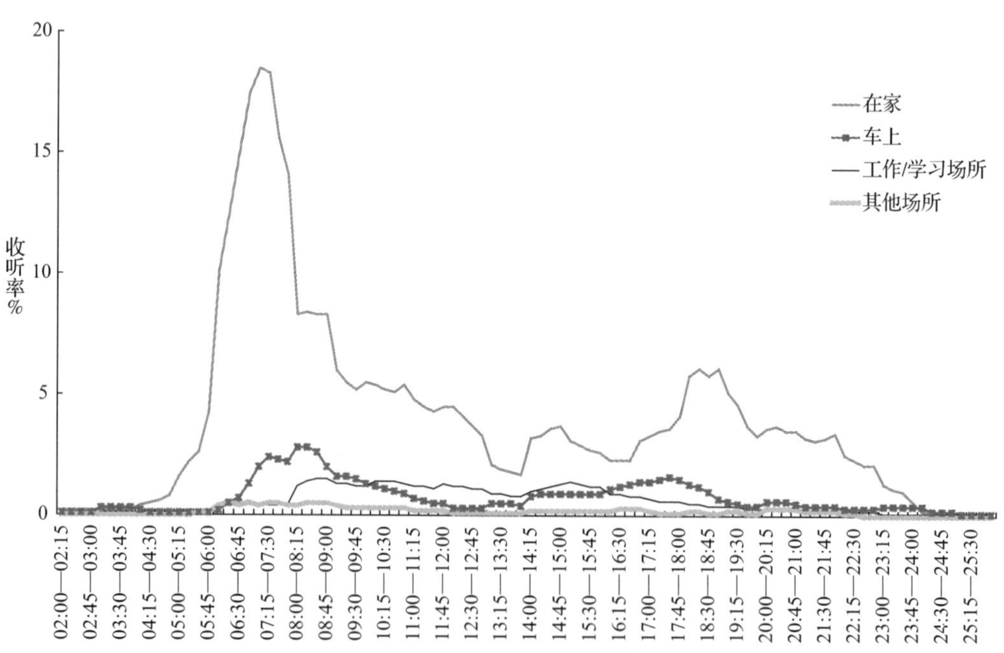

图 3.15.6 2011 年南京听众在不同收听地点全天收听率走势

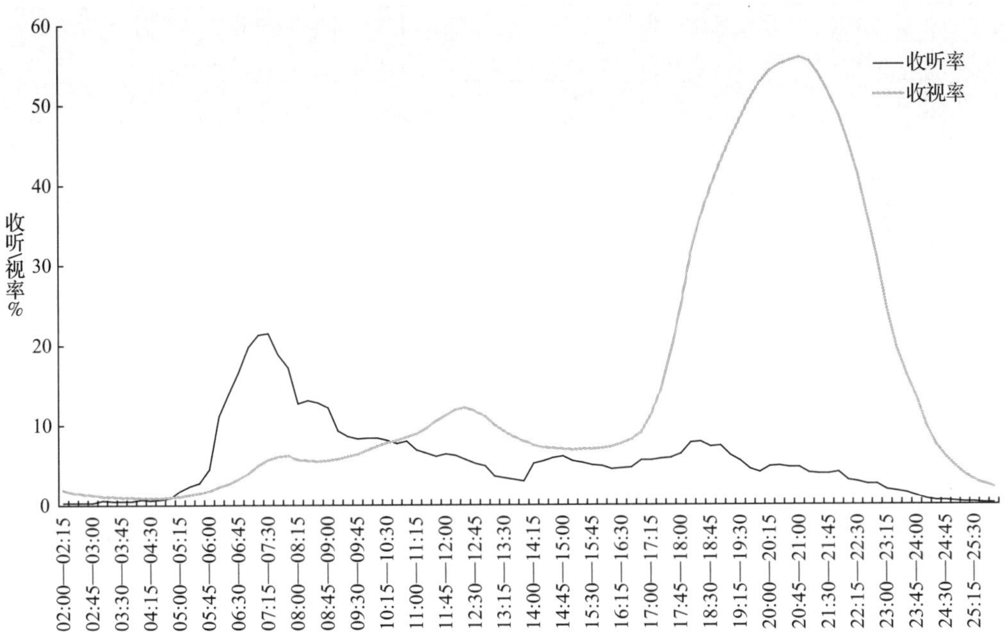

图 3. 15. 7　2011 年南京受众全天收听率、收视率走势比较（目标受众为 10 岁及以上）

表 3.15.3　2011 年南京市场听众构成（%）

目标听众		听众构成（%）
10 岁及以上所有人		100.0
性别	男	52.7
	女	47.3
年龄	10—14 岁	1.0
	15—24 岁	8.0
	25—34 岁	17.2
	35—44 岁	20.9
	45—54 岁	16.0
	55—64 岁	17.3
	65 岁及以上	19.6
文化程度	未受过正规教育	1.7
	小学	7.7
	初中	33.1
	高中	36.6
	大学及以上	20.9
职业	干部/管理人员	2.1
	初级公务员/雇员	17.3
	个体/私营企业人员	10.0
	工人	26.5
	学生	3.8
	无业（包括退休人员）	39.0
	其他	1.3
个人月收入	没有收入	9.3
	1—500 元	2.8
	501—1000 元	4.6
	1001—1500 元	19.0
	1501—2000 元	27.9
	2001—2500 元	12.7
	2501—3000 元	8.4
	3001—4000 元	9.4
	4001 元及以上	5.9

表 3.15.4　2009—2011 年南京市场各广播电台的市场份额（%）

广播电台	2009 年	2010 年	2011 年
中央人民广播电台	2.8	2.5	1.9
中国国际广播电台	0.0	0.0	0.0
江苏广播电视总台	51.6	55.1	57.6
南京广播电视集团	45.1	42.1	40.2
其他广播电台	0.5	0.3	0.3

表 3.15.5 2011 年南京市场各广播电台在不同目标听众中的市场份额（%）

目标听众		中央人民广播电台	中国国际广播电台	江苏广播电视总台	南京广播电视集团	其他广播电台
10 岁及以上所有人		1.9	0.0	57.6	40.2	0.3
性别	男	2.1	0.0	54.2	43.4	0.3
	女	1.6	0.0	61.4	36.7	0.3
年龄	10—14 岁	3.1	0.0	58.4	38.4	0.1
	15—24 岁	1.4	0.0	52.1	45.8	0.7
	25—34 岁	1.0	0.0	55.8	43.0	0.2
	35—44 岁	2.2	0.0	54.1	43.4	0.3
	45—54 岁	2.4	0.0	57.1	40.1	0.4
	55—64 岁	0.8	0.0	60.9	38.1	0.2
	65 岁及以上	3.0	0.0	62.7	33.9	0.4
文化程度	未受过正规教育	0.9	0.0	71.0	28.1	0.0
	小学	0.9	0.0	69.8	29.2	0.1
	初中	1.8	0.0	56.3	41.5	0.4
	高中	1.5	0.0	53.8	44.3	0.4
	大学及以上	3.2	0.0	60.5	36.1	0.2
职业	干部/管理人员	10.6	0.0	47.5	41.9	0.0
	初级公务员/雇员	2.3	0.0	50.6	46.8	0.3
	个体/私营企业人员	0.3	0.0	64.2	35.3	0.2
	工人	1.6	0.0	53.1	45.1	0.2
	学生	1.7	0.0	53.8	43.5	1.0
	无业（包括退休人员）	2.0	0.0	62.9	34.7	0.4
	其他	0.5	0.0	44.7	54.6	0.2
个人月收入	没有收入	2.0	0.0	57.1	40.2	0.7
	1—500 元	0.2	0.0	60.5	39.2	0.1
	501—1000 元	0.6	0.0	57.3	41.8	0.3
	1001—1500 元	1.4	0.0	60.3	38.0	0.3
	1501—2000 元	1.7	0.0	58.7	39.2	0.4
	2001—2500 元	3.2	0.0	58.0	38.7	0.1
	2501—3000 元	2.8	0.0	58.1	38.6	0.5
	3001—4000 元	0.6	0.0	51.0	48.3	0.1
	4001 元及以上	4.8	0.0	53.4	41.8	0.0

表 3.15.6 2011 年南京市场份额排名前五位的频率

名次	频　率	市场份额（%）
1	江苏新闻广播 FM93.7	11.6
2	江苏经典流行音乐广播 FM97.5	10.6
3	江苏音乐广播 FM89.7	9.3
4	南京交通台交通 FM102.4	7.6
4	南京新闻台 AM1008	7.6

十六、南宁收听数据

表 3.16.1 2009—2011 年南宁各目标听众人均收听时间（分钟）

目标听众		2009 年	2010 年	2011 年
10 岁及以上所有人		69	56	55
性别	男	73	60	61
	女	66	52	49
年龄	10—14 岁	31	33	21
	15—24 岁	47	37	34
	25—34 岁	60	52	53
	35—44 岁	85	58	51
	45—54 岁	68	57	75
	55—64 岁	78	73	77
	65 岁及以上	110	88	66
文化程度	未受过正规教育	94	74	49
	小学	53	48	49
	初中	75	53	56
	高中	69	60	58
	大学及以上	69	60	52
职业	干部/管理人员	62	52	48
	初级公务员/雇员	72	65	59
	个体/私营企业人员	65	48	49
	工人	62	63	63
	学生	35	31	25
	无业（包括退休人员）	74	73	63
	其他	87	53	80
个人月收入	没有收入	46	36	29
	1—500 元	67	38	76
	501—1000 元	77	63	66
	1001—1500 元	76	71	60
	1501—2000 元	71	64	59
	2001—2500 元	101	72	55
	2501—3000 元	61	53	51
	3001—4000 元	73	50	47
	4001 元及以上	82	62	56

注：南宁为全年连续调查城市，开始日期为 2009 年 9 月 27 日。

表 3.16.2 2009—2011 年南宁听众在不同地点的人均收听时间（分钟）

地　　点	2009 年	2010 年	2011 年
在家	48	39	35
车上	11	10	8
工作/学习场所	7	5	7
其他场所	3	3	5

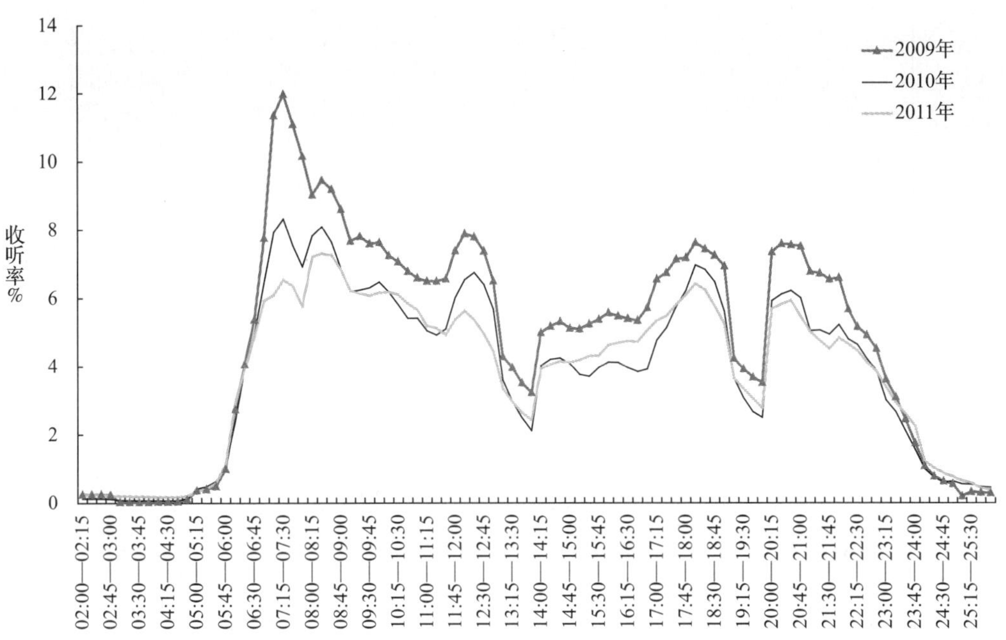

图 3.16.1　2009—2011 年南宁听众全天收听率走势

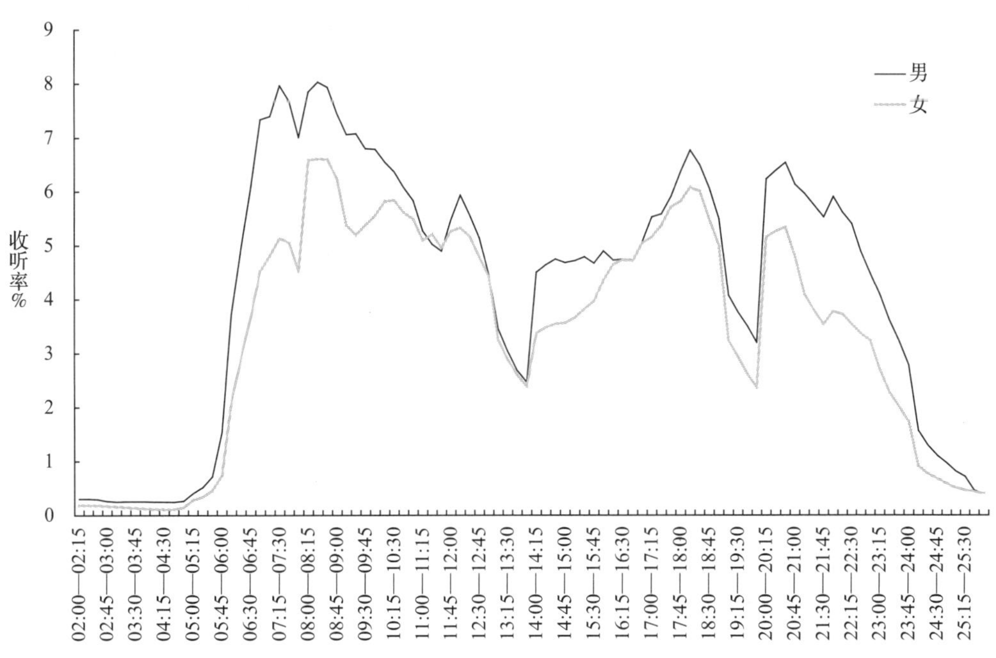

图 3.16.2　2011 年南宁不同性别听众全天收听率走势

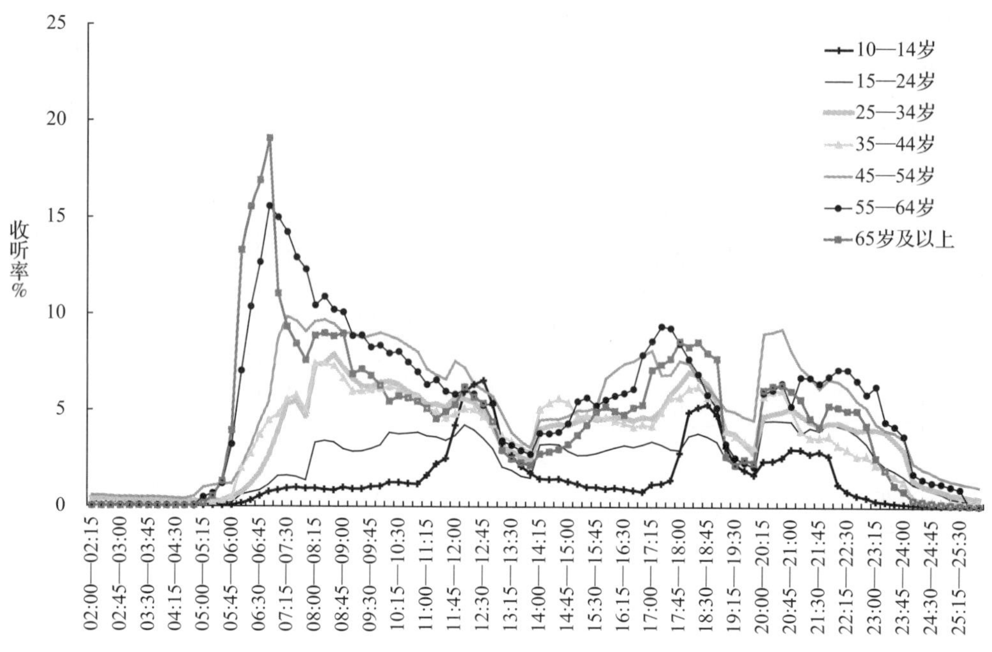

图 3.16.3 2011 年南宁不同年龄听众全天收听率走势

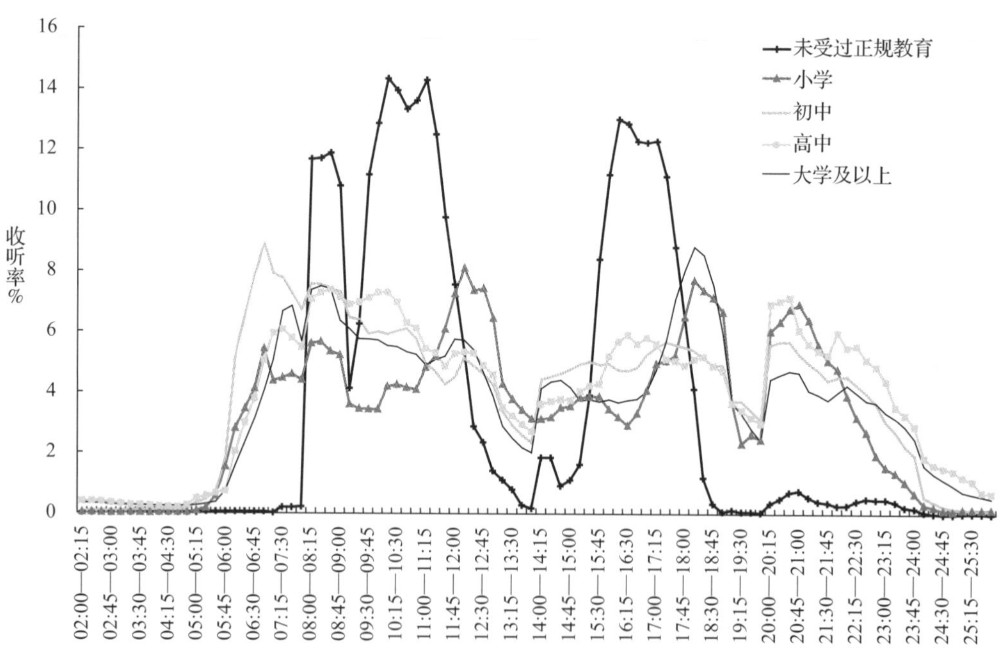

图 3.16.4 2011 年南宁不同文化程度听众全天收听率走势

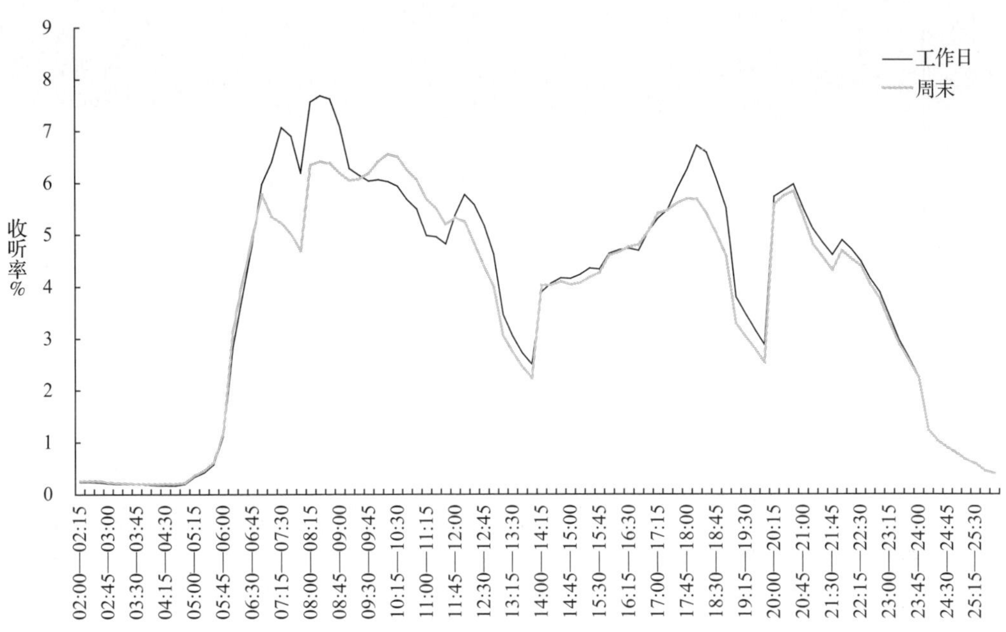

图 3.16.5 2011 年南宁听众工作日与周末全天收听率走势

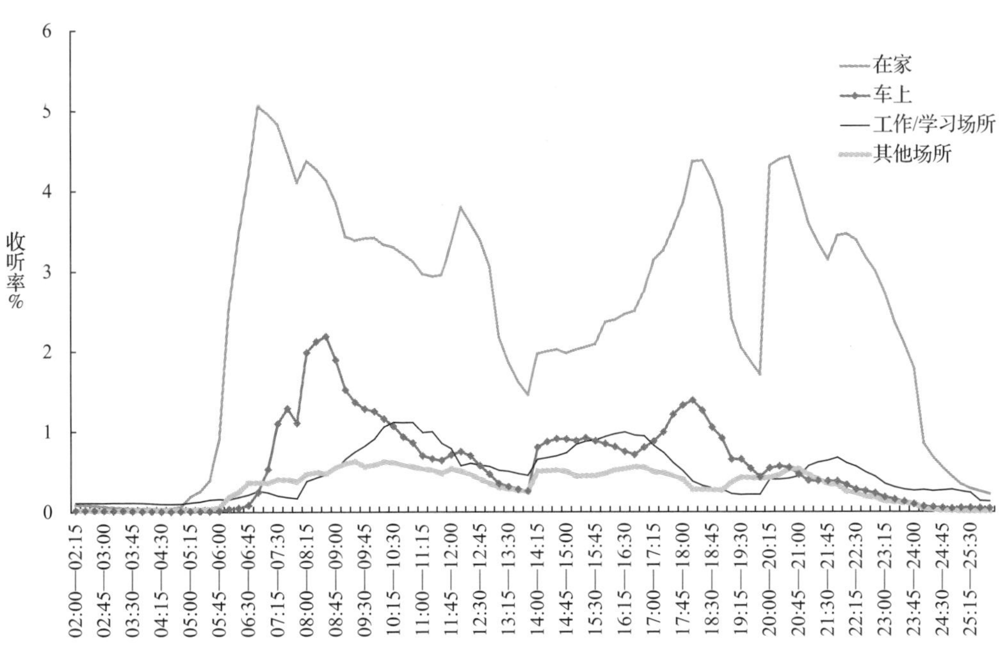

图 3.16.6 2011 年南宁听众在不同收听地点全天收听率走势

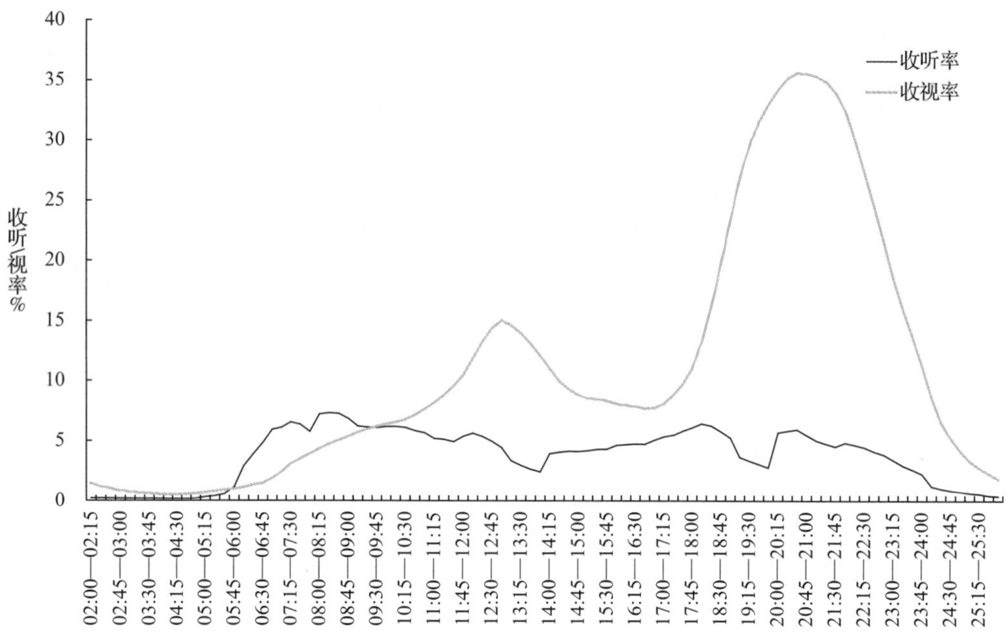

图 3.16.7 2011 年南宁受众全天收听率、收视率走势比较（目标受众为 10 岁及以上）

表 3.16.3　2011 年南宁市场听众构成（%）

目标听众		听众构成（%）
10 岁及以上所有人		100.0
性别	男	55.0
	女	45.0
年龄	10—14 岁	1.7
	15—24 岁	10.4
	25—34 岁	22.5
	35—44 岁	19.2
	45—54 岁	20.8
	55—64 岁	14.9
	65 岁及以上	10.4
文化程度	未受过正规教育	0.9
	小学	8.2
	初中	30.9
	高中	34.0
	大学及以上	26.0
职业	干部/管理人员	6.3
	初级公务员/雇员	20.2
	个体/私营企业人员	20.7
	工人	9.9
	学生	5.2
	无业（包括退休人员）	24.7
	其他	13.1
个人月收入	没有收入	9.5
	1—500 元	9.5
	501—1000 元	18.9
	1001—1500 元	27.9
	1501—2000 元	15.3
	2001—2500 元	9.0
	2501—3000 元	3.8
	3001—4000 元	3.2
	4001 元及以上	2.9

表 3.16.4　2009—2011 年南宁市场各广播电台的市场份额（%）

广播电台	2009 年	2010 年	2011 年
中央人民广播电台	20.5	18.5	18.1
中国国际广播电台	0.2	0.0	0.0
广西人民广播电台	48.9	48.6	54.5
南宁人民广播电台	28.0	31.0	26.0
其他广播电台	2.4	1.9	1.4

表 3.16.5 2011 年南宁市场各广播电台在不同目标听众中的市场份额（%）

目标听众		中央人民广播电台	中国国际广播电台	广西人民广播电台	南宁人民广播电台	其他广播电台
10 岁及以上所有人		18.1	0.0	54.5	26.0	1.4
性别	男	19.7	0.0	53.1	25.8	1.4
	女	16.1	0.0	56.2	26.2	1.5
年龄	10—14 岁	22.6	0.0	54.9	20.6	1.8
	15—24 岁	12.2	0.0	58.7	27.7	1.4
	25—34 岁	8.1	0.0	63.7	26.2	2.0
	35—44 岁	14.6	0.0	56.3	26.7	2.4
	45—54 岁	19.5	0.0	55.4	24.5	0.6
	55—64 岁	23.9	0.0	45.9	29.1	1.1
	65 岁及以上	40.1	0.0	37.5	21.8	0.6
文化程度	未受过正规教育	57.8	0.0	26.9	14.0	1.3
	小学	16.4	0.0	50.3	32.2	1.1
	初中	18.3	0.0	54.0	26.7	0.9
	高中	19.7	0.0	55.5	23.7	1.2
	大学及以上	14.9	0.0	56.0	26.7	2.4
职业	干部/管理人员	10.7	0.0	59.9	28.0	1.3
	初级公务员/雇员	14.5	0.0	58.8	25.9	0.8
	个体/私营企业人员	9.3	0.0	63.6	23.9	3.2
	工人	18.0	0.0	56.3	24.7	1.0
	学生	13.2	0.0	53.9	31.1	1.7
	无业（包括退休人员）	29.7	0.0	41.7	27.6	1.0
	其他	20.2	0.0	54.6	24.5	0.8
个人月收入	没有收入	15.8	0.0	52.8	29.7	1.7
	1—500 元	17.9	0.0	67.8	13.9	0.5
	501—1000 元	15.7	0.0	47.9	35.2	1.2
	1001—1500 元	19.8	0.0	54.1	23.8	2.3
	1501—2000 元	14.5	0.0	59.6	24.7	1.2
	2001—2500 元	27.0	0.0	49.0	23.3	0.8
	2501—3000 元	8.8	0.0	57.6	31.6	2.0
	3001—4000 元	30.4	0.0	42.2	25.6	1.8
	4001 元及以上	8.1	0.0	66.8	24.8	0.3

表 3.16.6 2011 年南宁市场份额排名前五位的频率

名次	频率名称	市场份额%
1	广西电台文艺广播（Music Radio）FM95.0	21.2
2	中央人民广播电台第一套节目中国之声	15.7
3	广西电台经济广播（970 女主播）FM97.0	12.9
4	南宁人民广播电台新闻综合广播 FM101.4	10.1
5	南宁人民广播电台交通音乐广播 FM107.4	9.3

十七、宁波收听数据

表 3.17.1 2009—2011 年宁波各目标听众人均收听时间（分钟）

目标听众		2009 年	2010 年	2011 年
10 岁及以上所有人		86	73	66
性别	男	84	76	69
	女	88	70	62
年龄	10—14 岁	51	41	25
	15—24 岁	47	44	36
	25—34 岁	67	58	54
	35—44 岁	84	82	70
	45—54 岁	102	87	71
	55—64 岁	115	99	99
	65 岁及以上	158	138	168
文化程度	未受过正规教育	100	*	*
	小学	95	75	73
	初中	96	85	76
	高中	84	74	62
	大学及以上	65	48	52
职业	干部/管理人员	68	61	50
	初级公务员/雇员	76	65	62
	个体/私营企业人员	83	74	78
	工人	90	87	61
	学生	51	44	32
	无业（包括退休人员）	128	105	104
	其他	127	129	72
个人月收入	没有收入	62	47	34
	1—500 元	114	111	100
	501—1000 元	90	91	57
	1001—1500 元	108	91	85
	1501—2000 元	97	87	84
	2001—2500 元	87	70	70
	2501—3000 元	73	67	76
	3001—4000 元	75	56	60
	4001 元及以上	52	81	59

注：宁波为全年连续调查城市。“*”表示该目标听众样本量不足，无法进行统计推断。

表 3.17.2 2009—2011 年宁波听众在不同地点的人均收听时间（分钟）

地　点	2009 年	2010 年	2011 年
在家	71	55	43
车上	10	14	17
工作/学习场所	4	3	4
其他场所	1	1	1

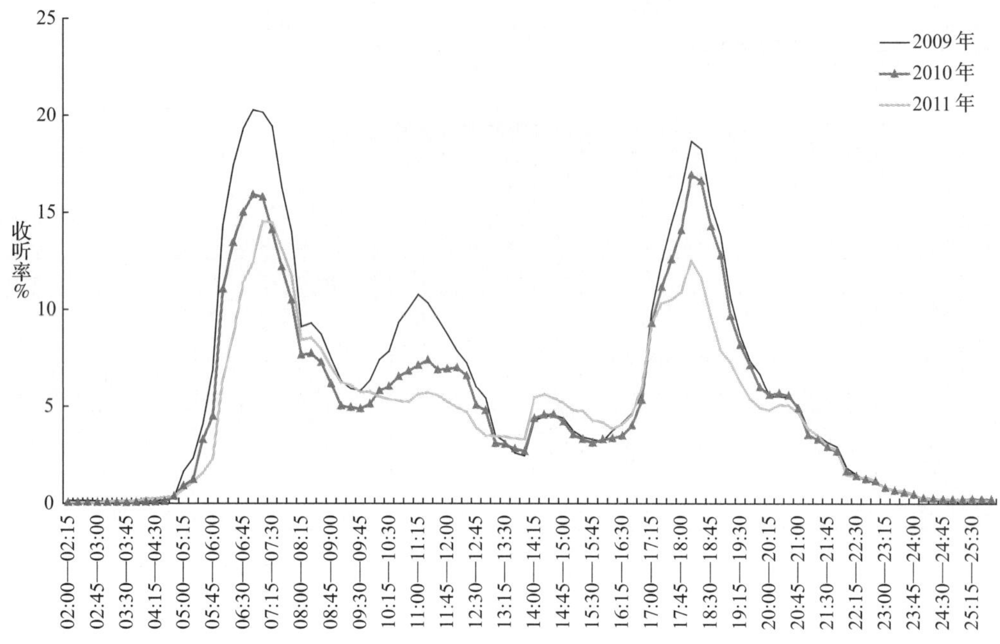

图 3.17.1　2009—2011 年宁波听众全天收听率走势

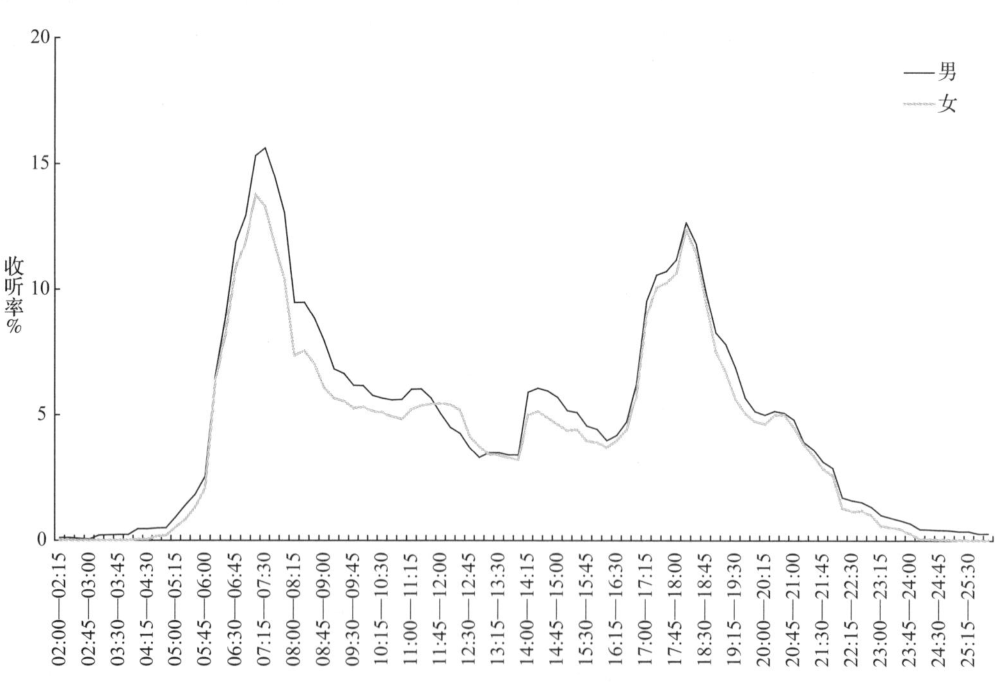

图 3.17.2　2011 年宁波不同性别听众全天收听率走势

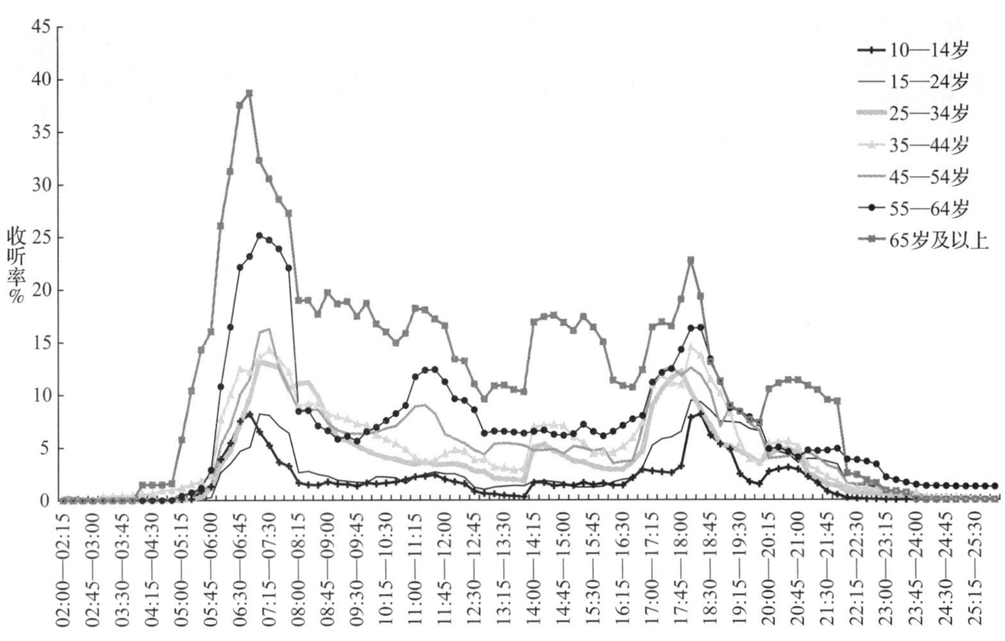

图 3.17.3　2011 年宁波不同年龄听众全天收听率走势

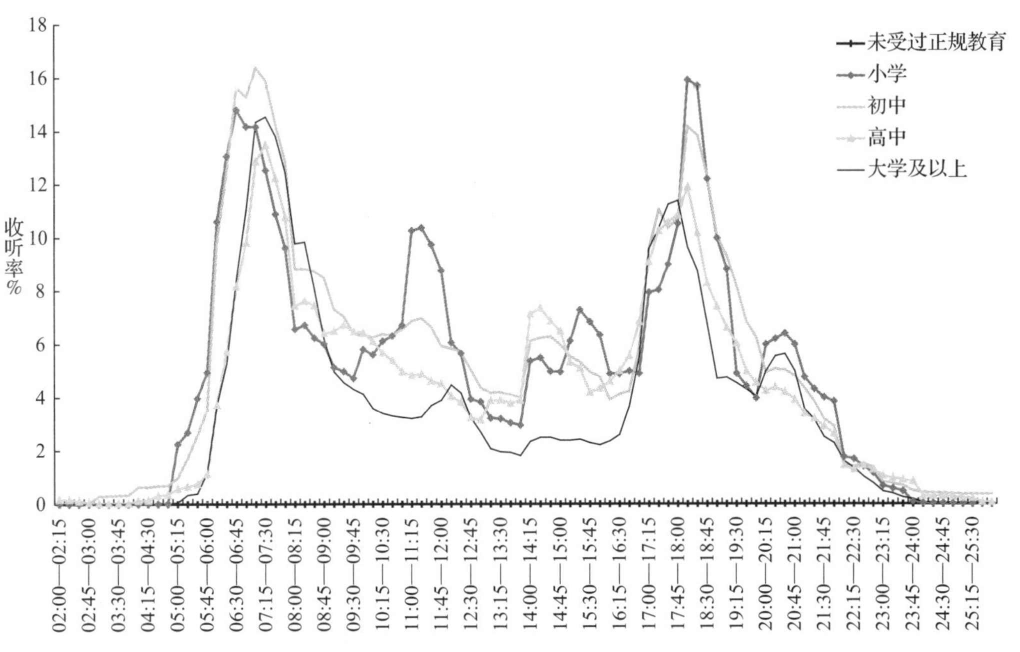

图 3.17.4　2011 年宁波不同文化程度听众全天收听率走势

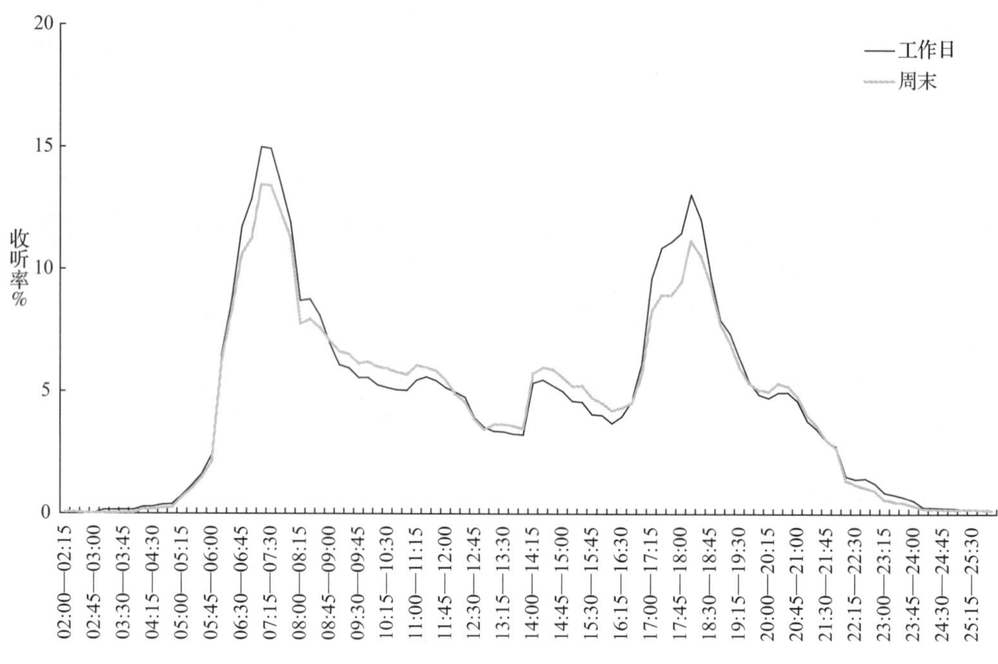

图 3.17.5　2011 年宁波听众工作日与周末全天收听率走势

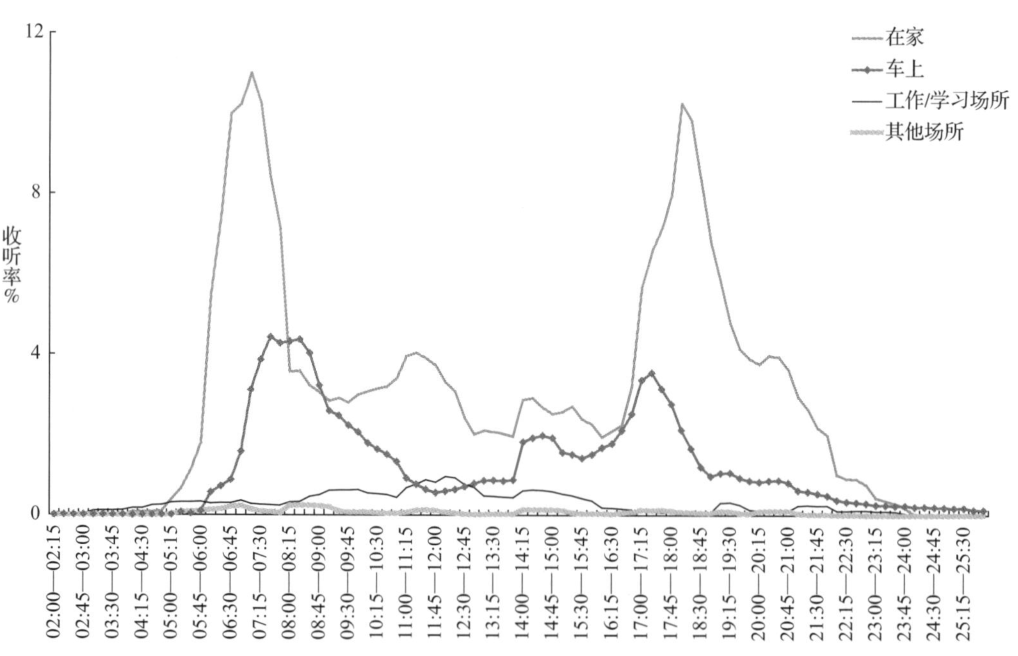

图 3.17.6　2011 年宁波听众在不同收听地点全天收听率走势

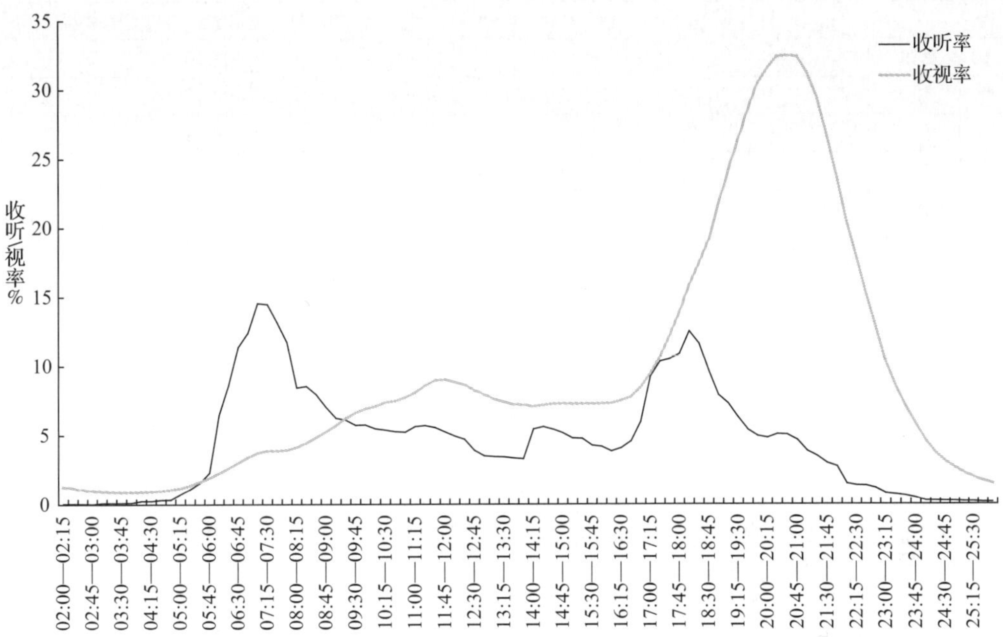

图 3.17.7　2011 年宁波受众全天收听率、收视率走势比较（目标受众为 10 岁及以上）

表 3.17.3　2011 年宁波市场听众构成（%）

目标听众		听众构成（%）
10 岁及以上所有人		100.0
性别	男	54.2
	女	45.8
年龄	10—14 岁	1.9
	15—24 岁	9.9
	25—34 岁	20.0
	35—44 岁	25.3
	45—54 岁	16.1
	55—64 岁	13.1
	65 岁及以上	13.7
文化程度	未受过正规教育	0.0
	小学	10.8
	初中	39.1
	高中	30.1
	大学及以上	20.0
职业	干部/管理人员	7.2
	初级公务员/雇员	34.3
	个体/私营企业人员	15.7
	工人	9.6
	学生	6.7
	无业（包括退休人员）	25.5
	其他	1.0
个人月收入	没有收入	8.8
	1—500 元	1.4
	501—1000 元	1.9
	1001—1500 元	14.1
	1501—2000 元	20.8
	2001—2500 元	17.6
	2501—3000 元	12.6
	3001—4000 元	12.9
	4001 元及以上	9.9

表 3.17.4　2009—2011 年宁波市场各广播电台的市场份额（%）

广播电台	2009 年	2010 年	2011 年
中央人民广播电台	13.2	13.2	9.7
中国国际广播电台	0.0	0.0	0.0
浙江广播电视集团	7.2	10.5	10.9
宁波广播电视集团	52.7	49.8	59.1
上海广播电视台	0.7	1.3	2.1
其他广播电台	26.2	25.2	18.2

表 3.17.5　2011 年宁波市场各广播电台在不同目标听众中的市场份额（%）

目标听众		中央人民广播电台	中国国际广播电台	浙江广播电视集团	宁波广播电视集团	上海广播电视台	其他广播电台
10 岁及以上所有人		9.7	0.0	10.9	59.1	2.1	18.2
性别	男	10.0	0.0	11.6	57.1	2.3	19.0
	女	9.3	0.0	10.1	61.5	1.9	17.2
年龄	10—14 岁	11.2	0.0	9.4	59.9	0.8	18.7
	15—24 岁	7.1	0.0	10.6	62.7	1.0	18.6
	25—34 岁	7.2	0.0	11.9	52.9	1.0	27.0
	35—44 岁	7.5	0.0	13.5	59.6	0.5	18.9
	45—54 岁	9.5	0.0	11.1	58.0	0.6	20.8
	55—64 岁	13.6	0.0	5.6	68.1	1.4	11.3
	65 岁及以上	15.3	0.0	10.0	57.6	10.1	7.0
文化程度	未受过正规教育	*	*	*	*	*	*
	小学	4.7	0.0	8.3	60.8	5.3	20.9
	初中	8.4	0.0	9.4	62.1	2.2	17.9
	高中	11.4	0.0	12.4	55.8	0.7	19.7
	大学及以上	12.1	0.0	12.9	58.0	2.5	14.5
职业	干部/管理人员	13.2	0.0	10.8	62.1	0.8	13.1
	初级公务员/雇员	7.5	0.0	9.5	58.9	0.4	23.7
	个体/私营企业人员	7.5	0.0	20.1	50.9	1.2	20.3
	工人	5.4	0.0	10.3	57.7	1.2	25.4
	学生	9.8	0.0	8.6	60.4	1.0	20.2
	无业（包括退休人员）	15.0	0.0	8.5	63.7	6.1	6.7
	其他	0.7	0.0	1.6	59.7	0.0	38.0
个人月收入	没有收入	9.7	0.0	9.9	60.2	1.2	19.0
	1—500 元	24.2	0.0	11.6	37.9	20.6	5.7
	501—1000 元	5.2	0.0	21.0	50.0	2.1	21.7
	1001—1500 元	17.2	0.0	5.3	56.2	3.9	17.4
	1501—2000 元	7.1	0.0	12.3	62.8	3.3	14.5
	2001—2500 元	6.9	0.0	8.3	64.9	1.0	18.9
	2501—3000 元	9.8	0.0	7.7	59.5	0.4	22.6
	3001—4000 元	9.1	0.1	13.5	58.0	1.1	18.2
	4001 元及以上	7.4	0.0	19.6	52.4	0.7	19.9

表 3.17.6　2011 年宁波市场份额排名前五位的频率

名次	频　率	市场份额（%）
1	宁波电台宁波之声（新闻广播）FM92.0 AM1323	17.6
2	宁波电台交通广播 FM93.9 AM603	14.4
3	宁波电台经济广播 FM102.9 AM747	11.0
4	宁波电台音乐广播 FM98.6 汽车音乐调频	10.3
5	镇海台（私家车音乐台 FM104.7）	8.5

十八、青岛收听数据

表 3.18.1　2009—2011 年青岛各目标听众人均收听时间（分钟）

目标听众		2009 年	2010 年	2011 年 第 1 波	2011 年 第 2 波	2011 年 第 3 波	2011 年 第 4 波
10 岁及以上所有人		88	92	90	88	85	91
性别		92	98	97	98	93	101
		84	87	83	79	78	81
年龄	10—14 岁	37	35	33	40	43	30
	15—24 岁	55	50	45	43	37	46
	25—34 岁	69	80	70	61	62	76
	35—44 岁	80	78	77	73	80	83
	45—54 岁	116	119	104	110	97	92
	55—64 岁	119	152	145	134	145	142
	65 岁及以上	129	131	157	165	145	166
文化程度	未受过正规教育	58	43	*	*	*	*
	小学	58	75	83	85	84	98
	初中	104	107	105	100	106	113
	高中	97	96	89	97	85	82
	大学及以上	71	80	80	70	68	81
职业	干部/管理人员	81	95	78	96	88	75
	个体/私营企业人员	70	76	72	68	71	77
	初级公务员/雇员	109	104	102	88	87	93
	工人	95	92	80	75	75	84
	学生	50	47	35	36	31	28
	无业（包括退休人员）	118	129	141	142	132	141
	其他	68	99	103	107	61	58
个人月收入	没有收入	64	59	46	44	42	39
	1—500 元	98	91	110	128	69	82
	501—1000 元	95	95	99	88	98	103
	1001—1500 元	100	102	104	113	114	117
	1501—2000 元	82	109	107	109	104	121
	2001—2500 元	85	88	78	71	65	62
	2501—3000 元	100	100	96	79	87	101
	3001—4000 元	95	117	98	77	81	74
	4001 元及以上	121	116	102	111	93	125

注：青岛为四波调查城市。2011 年四波调查时间分别为：第一波 2 月 27 日至 3 月 19 日；第二波 5 月 29 日至 6 月 18 日；第三波 8 月 28 日至 9 月 17 日；第四波 11 月 6 日至 11 月 26 日。

“*”表示该目标听众样本量不足，无法进行统计推断。

表 3.18.2　2009—2011 年青岛听众在不同地点的人均收听时间（分钟）

地　点	2009 年	2010 年	2011 年
在家	60	59	57
车上	20	25	25
工作/学习场所	6	6	5
其他场所	2	2	2

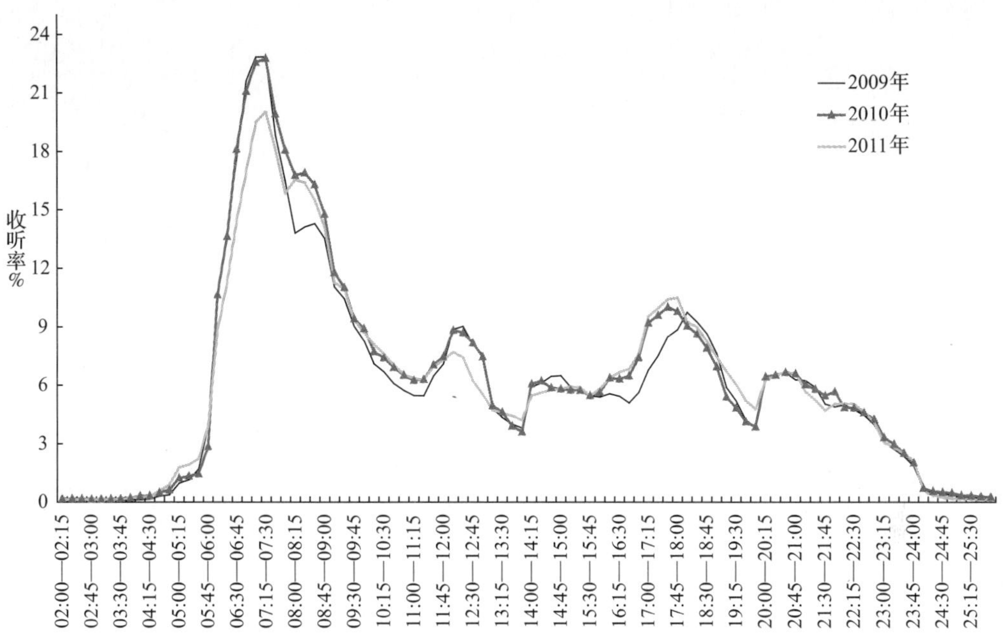

图 3.18.1 2009—2011 年青岛听众全天收听率走势

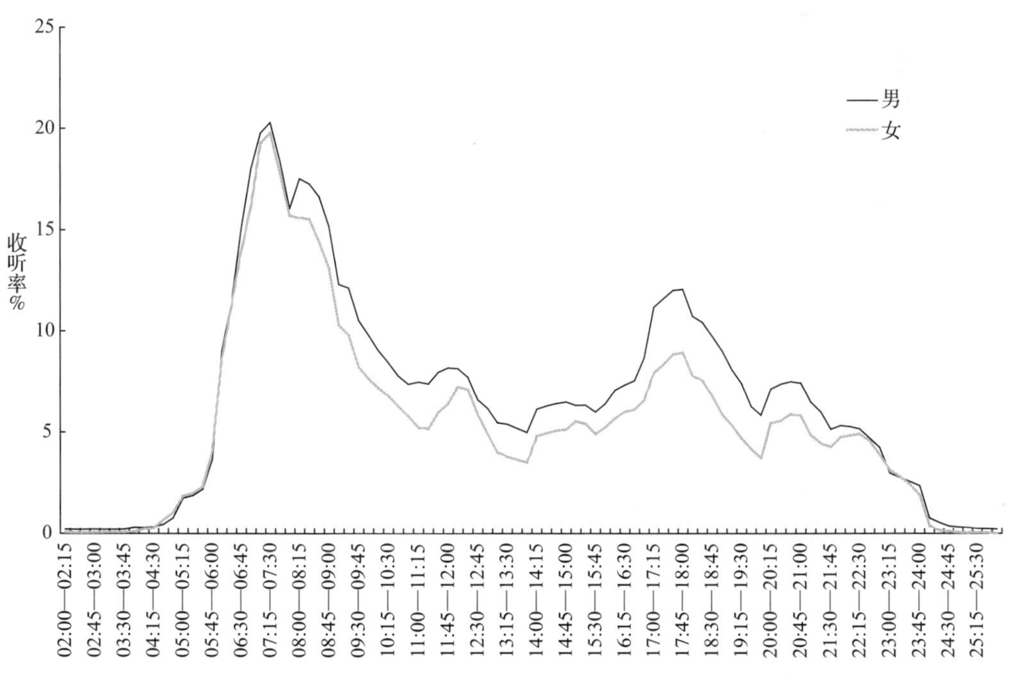

图 3.18.2 2011 年青岛不同性别听众全天收听率走势

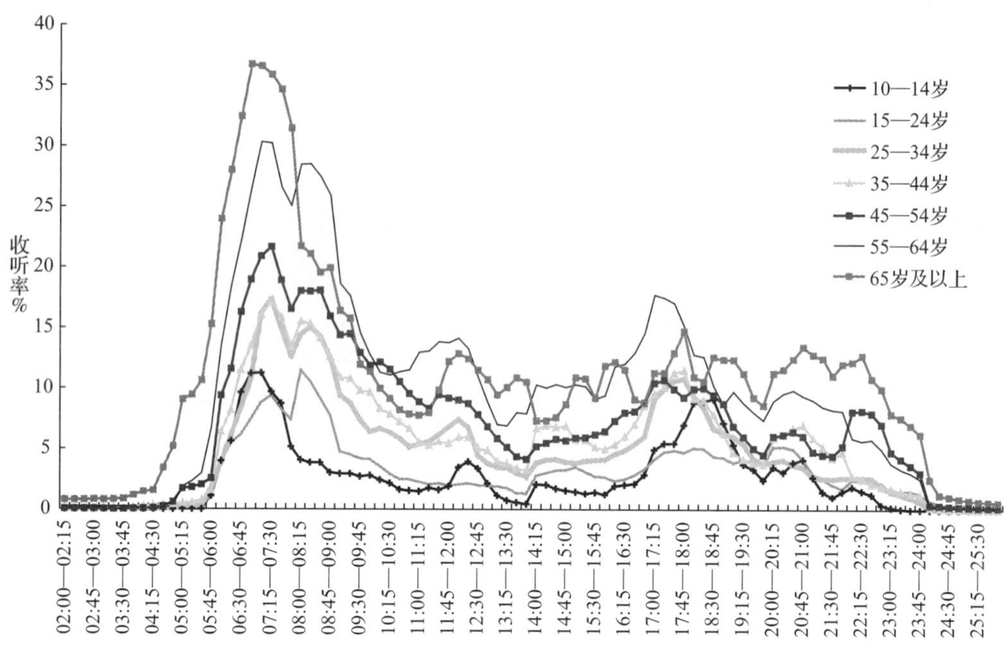

图 3.18.3 2011 年青岛不同年龄听众全天收听率走势

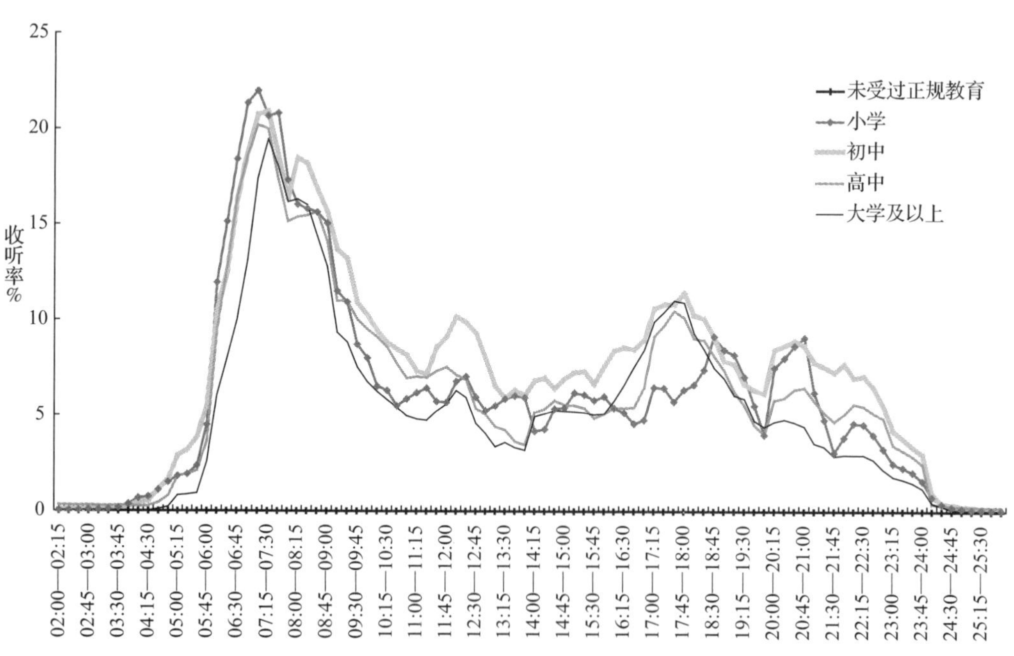

图 3.18.4 2011 年青岛不同文化程度听众全天收听率走势

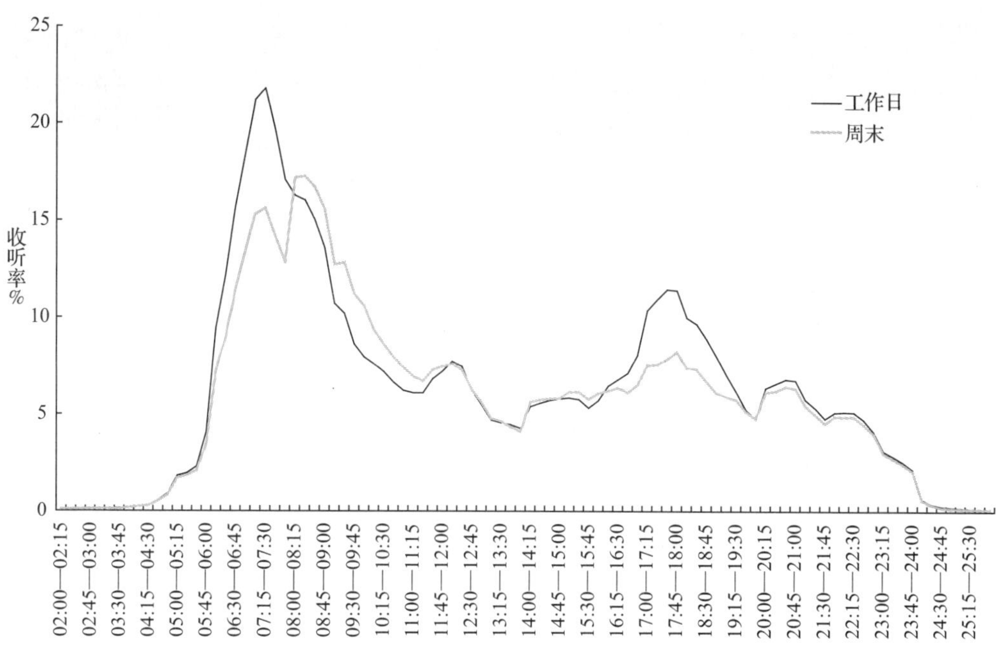

图 3.18.5 2011 年青岛听众工作日与周末全天收听率走势

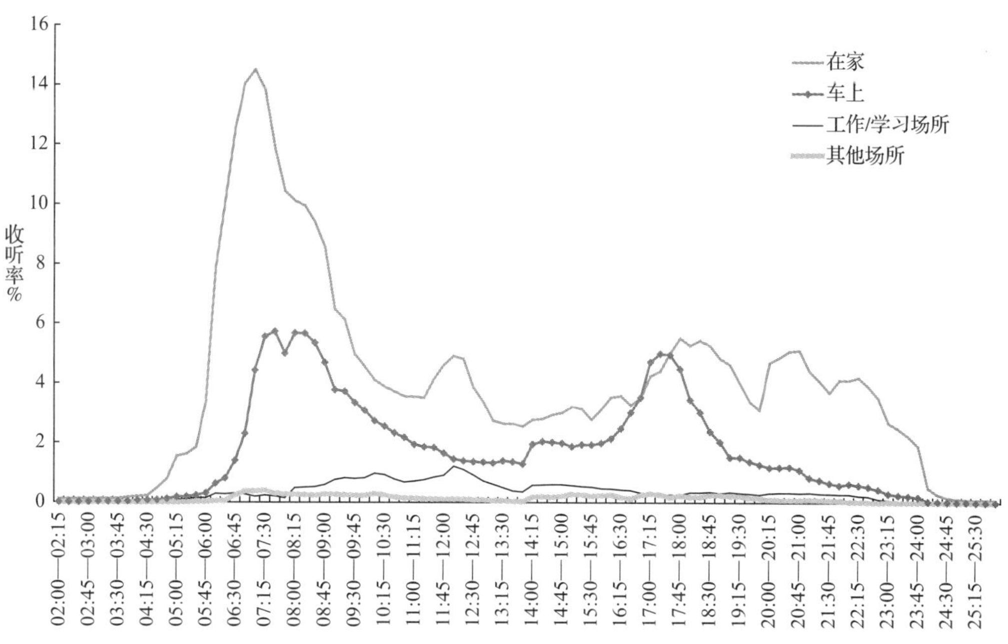

图 3.18.6 2011 年青岛听众在不同收听地点全天收听率走势

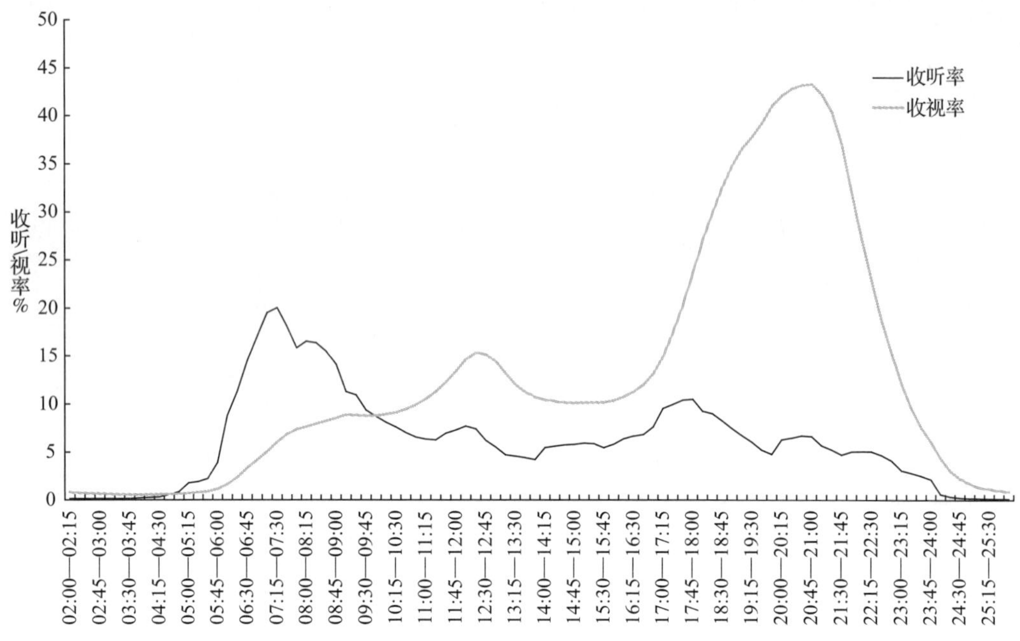

图 3.18.7　2011 年青岛受众全天收听率、收视率走势比较（目标受众为 10 岁及以上）

表 3.18.3 2011 年青岛市场听众构成（%）

目标听众		听众构成（%）
10 岁及以上所有人		100.0
性别	男	54.0
	女	46.0
年龄	10—14 岁	2.0
	15—24 岁	7.4
	25—34 岁	15.3
	35—44 岁	18.6
	45—54 岁	19.0
	55—64 岁	14.7
	65 岁及以上	23.1
文化程度	未受过正规教育	0.0
	小学	7.0
	初中	33.0
	高中	34.1
	大学及以上	25.9
职业	干部/管理人员	4.9
	个体/私营企业人员	21.9
	初级公务员/雇员	14.0
	工人	13.5
	学生	4.6
	无业（包括退休人员）	40.0
	其他	1.1
个人月收入	没有收入	8.3
	1—500 元	1.9
	501—1000 元	6.2
	1001—1500 元	27.9
	1501—2000 元	24.8
	2001—2500 元	10.9
	2501—3000 元	7.4
	3001—4000 元	5.4
	4001 元及以上	7.2

表 3.18.4 2009—2011 年青岛市场各广播电台的市场份额（%）

广播电台	2009 年	2010 年	2011 年			
			第 1 波	第 2 波	第 3 波	第 4 波
中央人民广播电台	9.3	7.9	6.6	6.5	8.3	10.2
中国国际广播电台	0.2	0.2	0.4	0.4	0.1	0.3
山东广播电视台	10.1	12.5	16.2	14.0	15.6	14.3
青岛人民广播电台	78.9	78.6	75.8	76.5	74.0	74.2
其他广播电台	1.5	0.9	1.0	2.7	2.1	1.0

表 3.18.5　2011 年青岛市场各广播电台在不同目标听众中的市场份额（%）

目标听众		中央人民广播电台	中国国际广播电台	山东广播电视台	青岛人民广播电台	其他广播电台
10 岁及以上所有人		7.9	0.3	15.0	75.1	1.7
性别	男	7.7	0.2	13.5	77.2	1.5
	女	8.2	0.3	16.8	72.7	2.0
年龄	10—14 岁	5.9	0.1	21.8	68.0	4.2
	15—24 岁	5.5	0.1	19.1	71.9	3.4
	25—34 岁	7.3	0.4	13.9	76.8	1.6
	35—44 岁	4.5	0.1	16.4	77.9	1.1
	45—54 岁	4.6	0.3	11.0	80.7	3.5
	55—64 岁	13.1	0.3	13.3	72.0	1.3
	65 岁及以上	11.4	0.3	17.2	70.9	0.2
文化程度	未受过正规教育	*	*	*	*	*
	小学	8.7	0.3	17.7	72.2	1.1
	初中	8.8	0.4	16.2	72.8	1.9
	高中	7.0	0.3	15.1	75.9	1.7
	大学及以上	7.7	0.1	12.9	77.7	1.6
职业	干部/管理人员	5.6	0.2	10.8	75.7	7.8
	个体/私营企业人员	6.1	0.2	14.9	77.2	1.6
	初级公务员/雇员	1.2	0.3	16.7	81.0	0.8
	工人	8.2	0.1	11.7	78.9	1.1
	学生	8.3	0.0	21.8	67.8	2.1
	无业（包括退休人员）	11.6	0.3	15.4	71.8	1.0
	其他	0.9	3.3	14.1	62.1	19.5
个人月收入	没有收入	6.9	0.4	19.4	70.4	2.9
	1—500 元	0.6	0.7	15.4	69.5	13.9
	501—1000 元	8.7	0.2	18.8	71.9	0.4
	1001—1500 元	8.7	0.5	14.2	73.9	2.9
	1501—2000 元	5.9	0.1	16.6	76.8	0.6
	2001—2500 元	6.4	0.5	13.8	77.5	1.9
	2501—3000 元	7.3	0.0	12.8	79.0	0.9
	3001—4000 元	8.0	0.0	8.4	83.2	0.4
	4001 元及以上	17.1	0.1	10.7	72.0	0.1

表 3.18.6　2011 年青岛市场份额排名前五位的频率

名次	频　率	市场份额（%）
1	青岛交通广播 FM89.7/AM900	33.3
2	青岛电台新闻广播 FM107.6	14.6
3	青岛音乐体育广播 FM91.5	6.4
4	中央人民广播电台第一套节目中国之声	6.2
5	山东广播新闻频道 AM918/FM95	5.4

十九、清远收听数据

表 3.19.1 2009—2011 年清远各目标听众人均收听时间（分钟）

目标听众		2009 年	2010 年	2011 年			
				第 1 波	第 2 波	第 3 波	第 4 波
10 岁及以上所有人		60	49	45	41	44	46
性别	男	65	51	47	42	47	48
	女	56	47	44	39	41	44
年龄	10—14 岁	45	35	26	16	22	25
	15—24 岁	38	36	36	31	32	38
	25—34 岁	84	57	44	44	42	43
	35—44 岁	59	51	45	40	44	43
	45—54 岁	62	53	61	48	57	64
	55—64 岁	75	54	40	40	39	43
	65 岁及以上	72	63	66	63	77	67
文化程度	未受过正规教育	72	60	43	32	38	41
	小学	54	47	41	40	43	48
	初中	67	51	48	38	42	43
	高中	49	44	49	48	54	54
	大学及以上	47	42	34	59	50	35
职业	干部/管理人员	49	49	42	38	35	30
	初级公务员/雇员	67	53	48	62	39	53
	个体/私营企业人员	63	42	47	45	51	41
	工人	60	51	50	41	36	40
	学生	37	35	28	21	27	27
	无业（包括退休人员）	59	42	49	49	56	51
	其他	84	68	52	43	57	71
个人月收入	没有收入	42	39	34	28	35	32
	1—500 元	65	52	41	40	52	55
	501—1000 元	78	63	58	57	56	62
	1001—1500 元	65	51	53	51	51	54
	1501—2000 元	64	50	44	32	33	40
	2001—2500 元	64	38	33	34	53	40
	2501—3000 元	55	39	62	48	48	48
	3001—4000 元	88	41	99	30	29	48
	4001 元及以上	3	20	21	9	63	69

注：清远为四波调查城市。2011 年四波调查时间分别为：第一波 2 月 27 日至 3 月 19 日；第二波 5 月 29 日至 6 月 18 日；第三波 8 月 28 日至 9 月 17 日；第四波 11 月 6 日至 11 月 26 日。

表 3.19.2 2009—2011 年清远听众在不同地点的人均收听时间（分钟）

地　　点	2009 年	2010 年	2011 年
在家	47	38	33
车上	3	3	3
工作/学习场所	6	5	4
其他场所	3	3	3

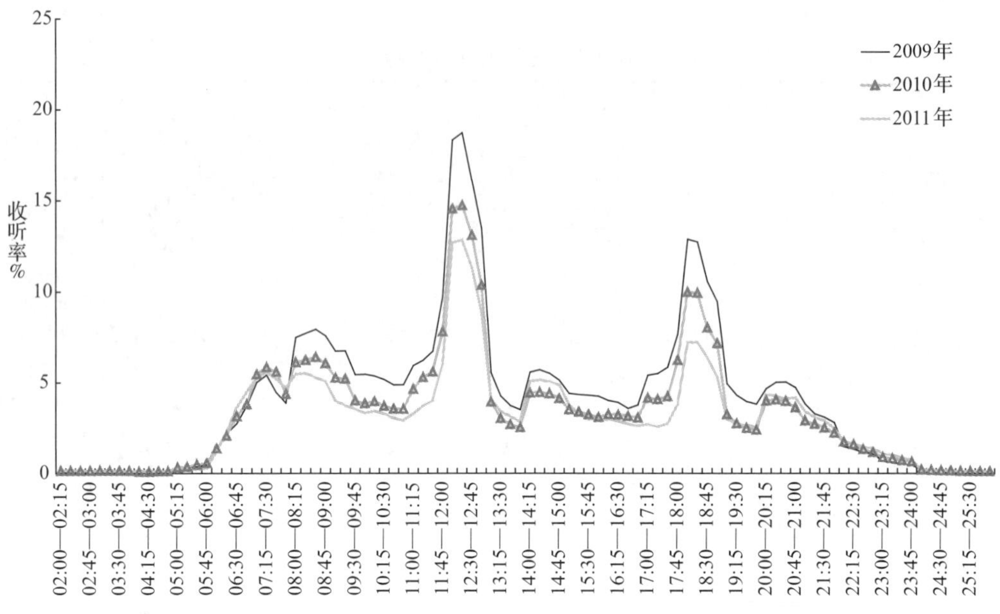

图 3. 19. 1　2009—2011 年清远听众全天收听率走势

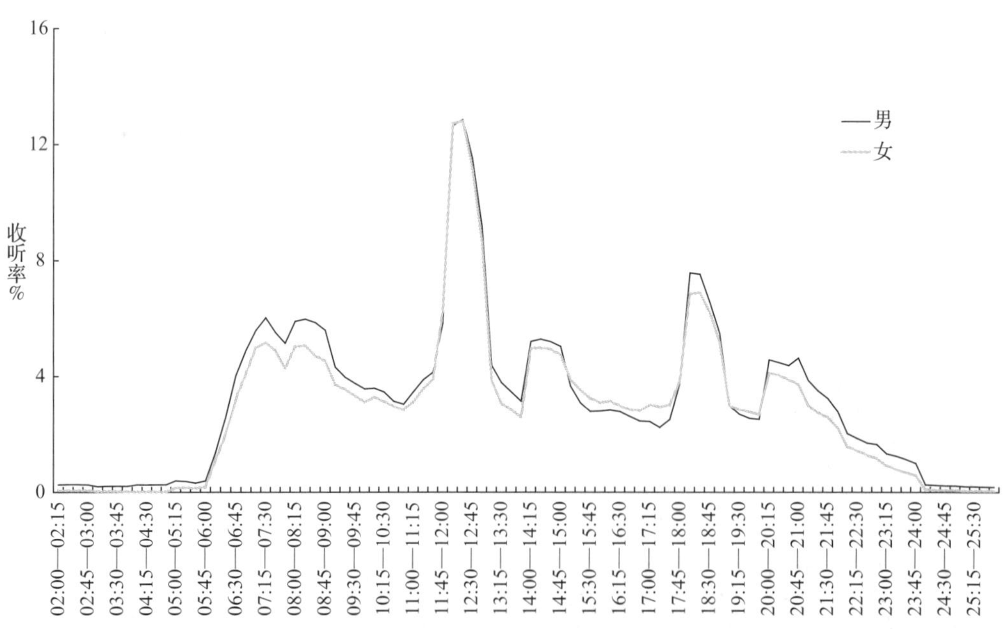

图 3. 19. 2　2011 年清远不同性别听众全天收听率走势

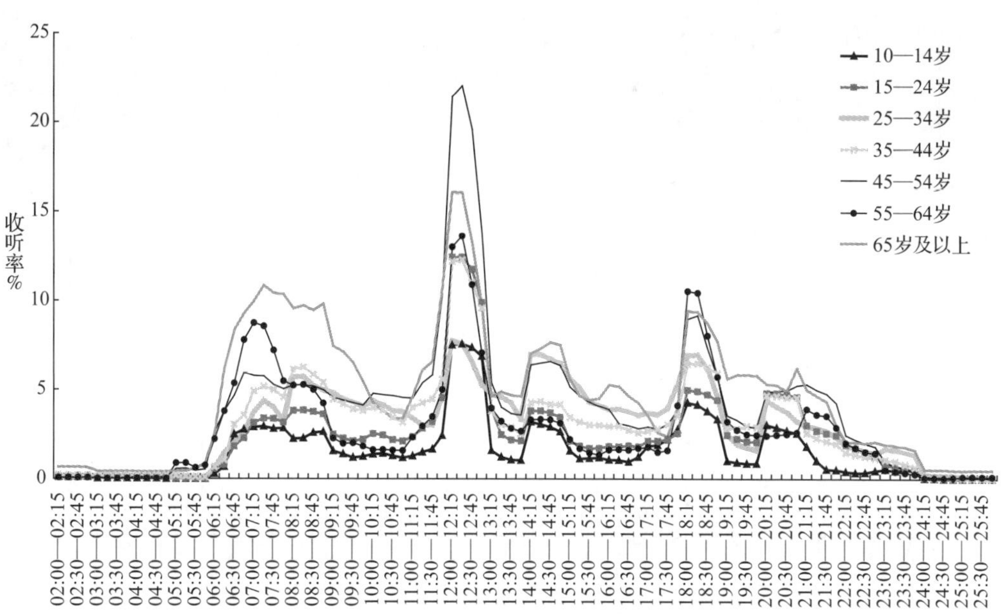

图 3.19.3　2011 年清远不同年龄听众全天收听率走势

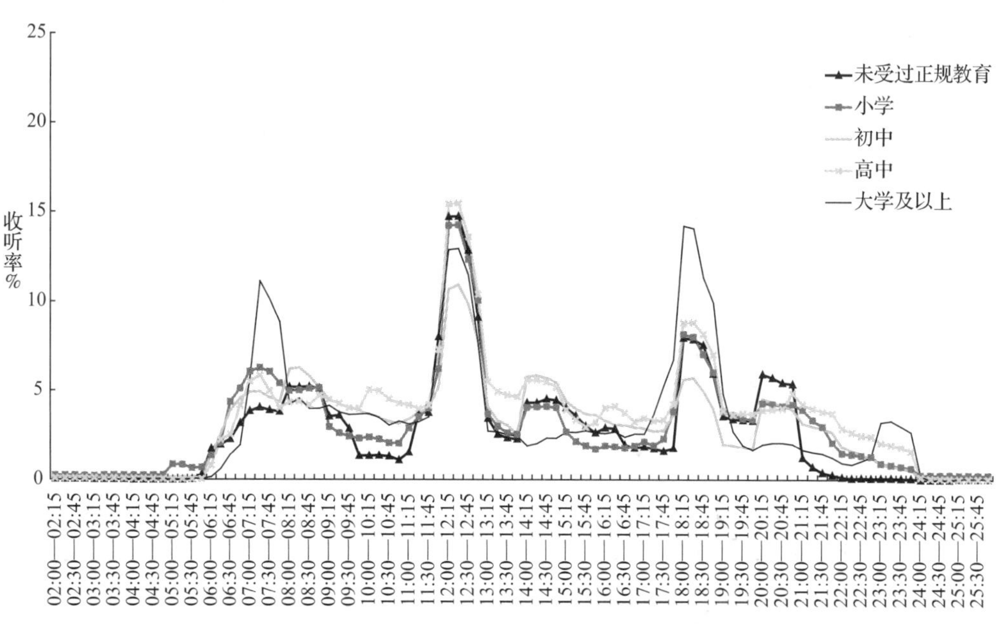

图 3.19.4　2011 年清远不同文化程度听众全天收听率走势

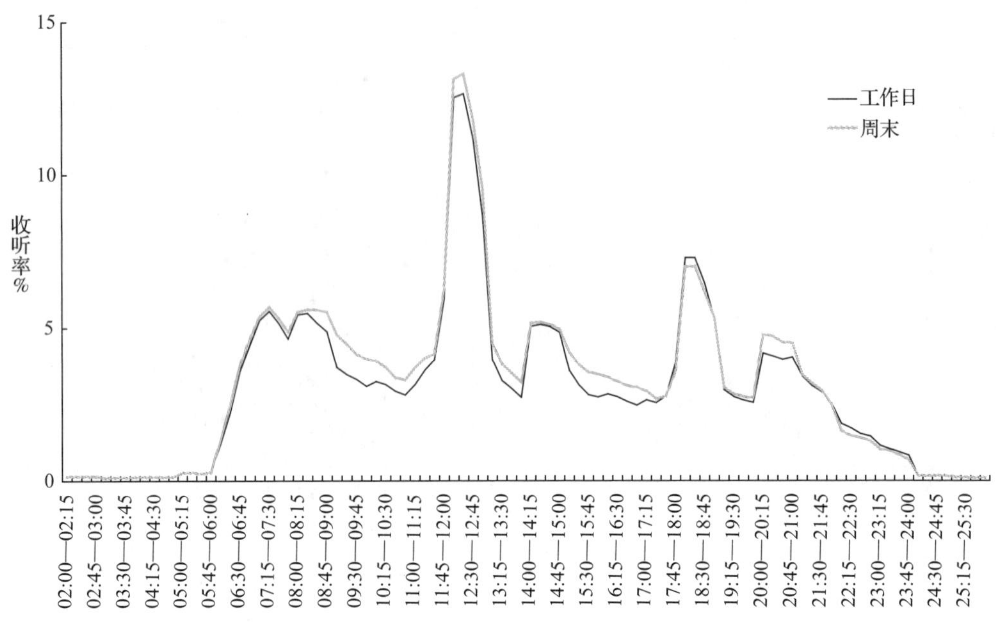

图 3.19.5　2011 年清远听众工作日与周末全天收听率走势

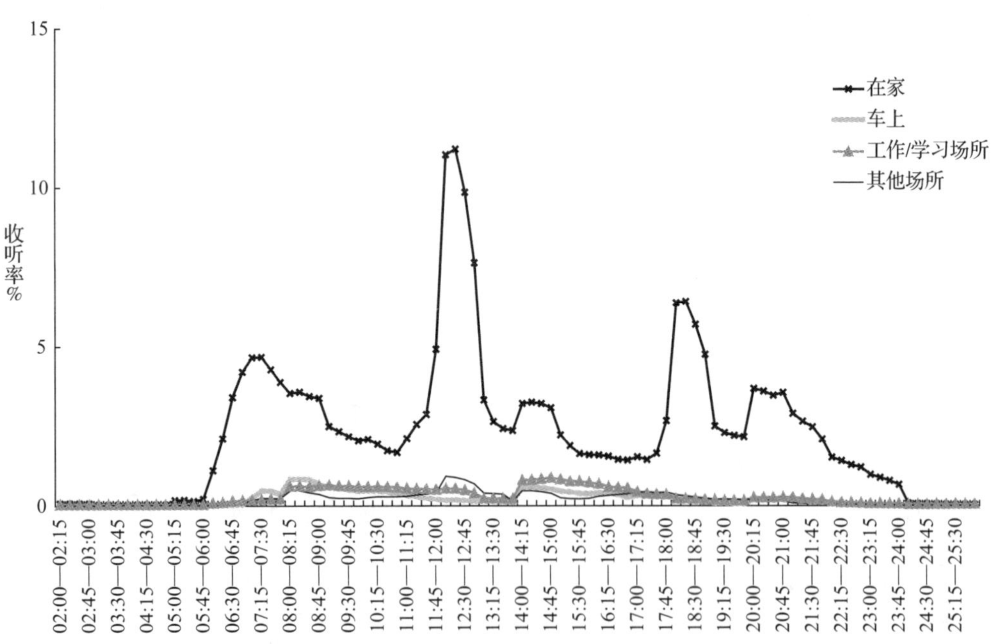

图 3.19.6　2011 年清远听众在不同收听地点全天收听率走势

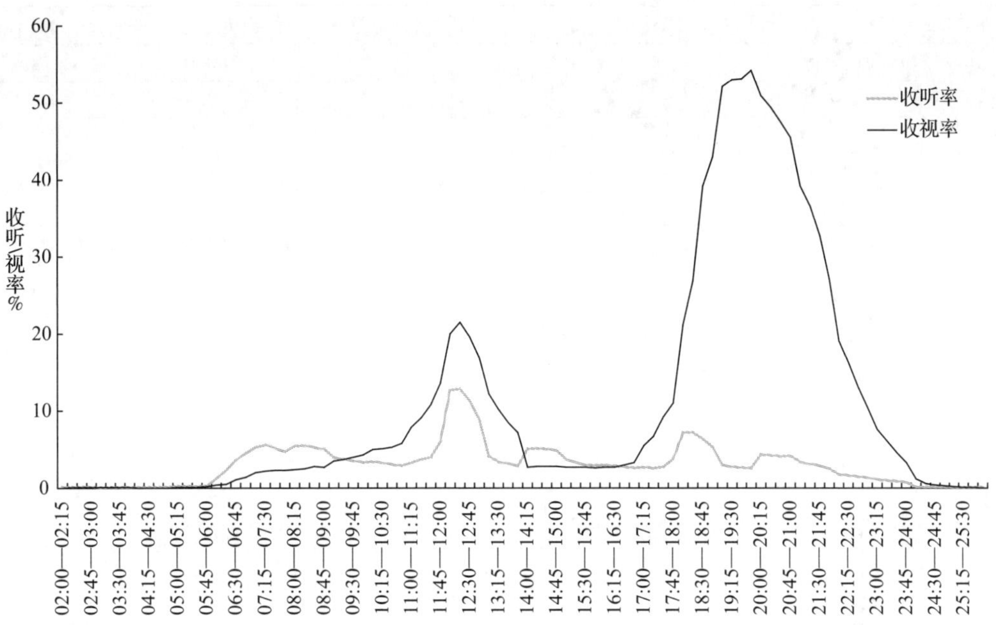

图 3.19.7　2011 年清远受众全天收听率、收视率走势比较（目标受众为 10 岁及以上）

表 3.19.3　2011 年清远市场听众构成（%）

目标听众		听众构成（%）
10 岁及以上所有人		100.0
性别	男	52.5
	女	47.5
年龄	10—14 岁	4.4
	15—24 岁	13.7
	25—34 岁	18.6
	35—44 岁	18.8
	45—54 岁	17.0
	55—64 岁	10.5
	65 岁及以上	17.0
文化程度	未受过正规教育	4.0
	小学	27.7
	初中	46.4
	高中	18.7
	大学及以上	3.2
职业	干部/管理人员	1.3
	初级公务员/雇员	5.1
	个体/私营企业人员	14.5
	工人	22.6
	学生	10.9
	无业（包括退休人员）	21.2
	其他	24.5
个人月收入	没有收入	23.1
	1—500 元	10.0
	501—1000 元	24.4
	1001—1500 元	21.4
	1501—2000 元	10.2
	2001—2500 元	4.8
	2501—3000 元	3.8
	3001—4000 元	1.4
	4001 元及以上	1.0

表 3.19.4　2009—2011 年清远市场各广播电台的市场份额（%）

广播电台	2009 年	2010 年	2011 年			
			第 1 波	第 2 波	第 3 波	第 4 波
中央人民广播电台	6.7	6.0	5.7	6.4	6.0	4.7
中国国际广播电台	0.3	0.9	0.9	0.3	0.5	0.4
广东人民广播电台	30.6	32.2	35.6	30.1	36.2	37.0
广州广播电视台	3.3	4.1	3.3	5.0	3.5	3.2
清远人民广播电台	38.3	33.0	31.3	32.7	33.7	33.3
佛山人民广播电台	20.8	23.6	23.0	24.6	19.8	20.9
其他广播电台	0.1	0.2	0.2	0.9	0.2	0.5

表 3.19.5 2011 年清远市场各广播电台在不同目标听众中的市场份额（%）

目标听众		中央人民广播电台	中国国际广播电台	广东人民广播电台	广州广播电视台	清远人民广播电台	佛山人民广播电台	其他广播电台
10 岁及以上所有人		5.7	0.6	34.9	3.7	32.7	22.0	0.4
性别	男	6.5	0.6	34.1	3.8	32.0	22.3	0.6
	女	4.7	0.5	35.7	3.6	33.5	21.7	0.3
年龄	10—14 岁	8.0	0.2	34.3	2.9	36.0	18.7	0.0
	15—24 岁	4.8	0.8	38.2	6.2	27.5	22.4	0.1
	25—34 岁	2.8	0.3	36.5	3.5	24.6	32.1	0.2
	35—44 岁	4.2	1.0	34.6	3.1	33.1	24.1	0.0
	45—54 岁	5.4	0.6	37.9	4.4	37.2	14.4	0.1
	55—64 岁	11.3	0.1	31.4	3.7	33.2	19.8	0.5
	65 岁及以上	7.4	0.4	29.9	2.2	40.0	18.2	1.9
文化程度	未受过正规教育	2.6	0.0	32.3	1.6	46.7	15.3	1.4
	小学	3.7	0.6	32.2	4.3	36.9	21.6	0.7
	初中	6.6	0.8	33.7	2.8	29.7	26.3	0.1
	高中	7.5	0.1	40.5	4.9	31.8	14.3	0.8
	大学及以上	4.2	0.2	43.3	7.2	29.3	15.6	0.3
职业	干部/管理人员	1.4	0.0	38.0	7.1	32.6	20.9	0.0
	初级公务员/雇员	3.2	0.1	33.6	6.0	39.9	17.0	0.2
	个体/私营企业人员	3.3	0.2	32.8	4.7	37.4	21.5	0.1
	工人	6.9	0.7	29.2	4.3	31.3	27.4	0.2
	学生	5.8	0.7	39.0	3.6	30.5	20.4	0.0
	无业(包括退休人员)	9.4	0.1	33.8	1.9	39.3	14.5	1.0
	其他	3.3	1.0	40.6	3.5	25.3	25.5	0.7
个人月收入	没有收入	5.3	0.7	37.8	3.3	32.7	20.2	0.0
	1—500 元	3.6	0.4	36.8	3.2	33.4	22.0	0.5
	501—1000 元	8.0	0.3	27.4	2.8	41.6	19.0	0.8
	1001—1500 元	4.7	0.3	37.4	3.0	33.0	20.7	0.9
	1501—2000 元	5.2	1.4	39.2	7.4	21.1	25.7	0.0
	2001—2500 元	6.8	0.7	36.0	2.8	32.5	20.9	0.3
	2501—3000 元	4.1	0.2	23.4	4.0	15.8	52.6	0.0
	3001—4000 元	1.2	0.6	24.6	8.5	10.0	55.2	0.0
	4001 元及以上	2.3	0.5	69.9	8.7	8.8	9.8	0.0

表 3.19.6 2011 年清远市场份额排名前五位的频率

名次	频　率	市场份额（%）
1	清远人民广播电台 FM88.7	32.6
2	广东电台珠江经济广播电台 FM97.4/AM1062	21.5
3	佛山人民广播电台 FM90.6	11.5
4	广东电台音乐之声 FM99.3	3.8
5	中央人民广播电台第一套节目中国之声	3.5

二十、上海收听数据

表 3.20.1　2009—2011 年上海各目标听众人均收听时间（分钟）

目标听众		2009 年	2010 年	2011 年
10 岁及以上所有人		85	78	75
性别	男	86	78	75
	女	84	77	75
年龄	10—14 岁	41	31	31
	15—24 岁	65	55	53
	25—34 岁	74	69	58
	35—44 岁	87	75	72
	45—54 岁	91	78	79
	55—64 岁	107	98	97
	65 岁及以上	97	124	129
文化程度	未受过正规教育	49	50	52
	小学	88	79	82
	初中	89	81	85
	高中	88	82	76
	大学及以上	77	70	66
职业	干部/管理人员	83	62	71
	初级公务员/雇员	75	71	68
	个体/私营企业人员	74	73	71
	工人	94	80	73
	学生	51	43	42
	无业（包括退休人员）	103	103	100
	其他	*	*	*
个人月收入	没有收入	54	45	44
	1—500 元	65	70	64
	501—1000 元	101	81	84
	1001—1500 元	102	96	84
	1501—2000 元	87	89	100
	2001—2500 元	83	67	78
	2501—3000 元	80	85	72
	3001—4000 元	92	76	63
	4001 元及以上	77	75	75

注：上海为全年连续调查城市。“*”表示该目标听众样本量不足，无法进行统计推断。

表 3.20.2　2009—2011 年上海听众在不同地点的人均收听时间（分钟）

地　　点	2009 年	2010 年	2011 年
在家	65	60	56
车上	13	11	12
工作/学习场所	7	6	5
其他场所	1	1	1

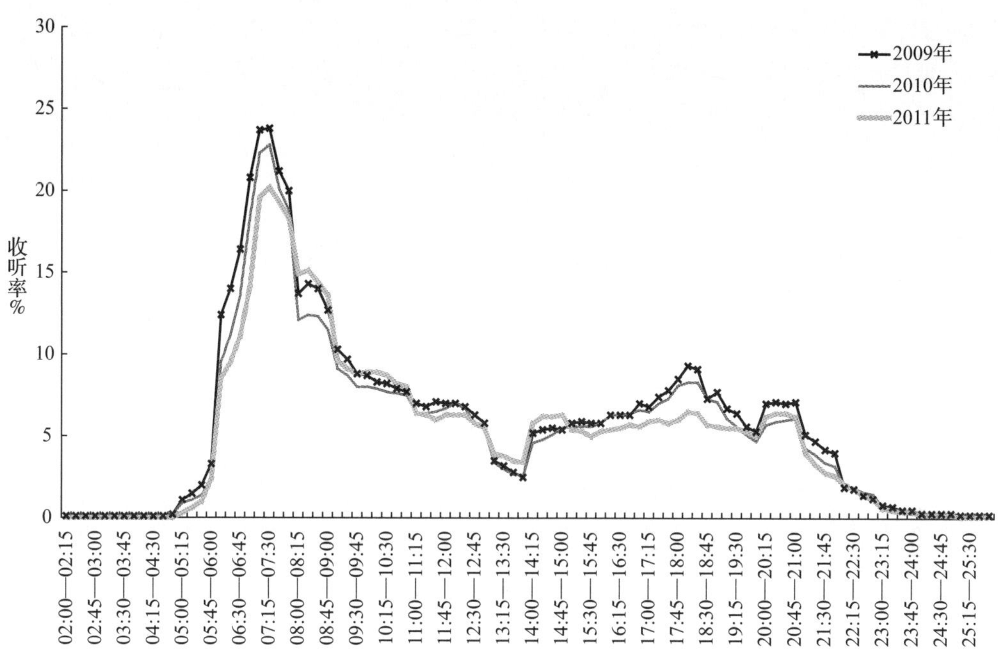

图 3.20.1　2009—2011 年上海听众全天收听率走势

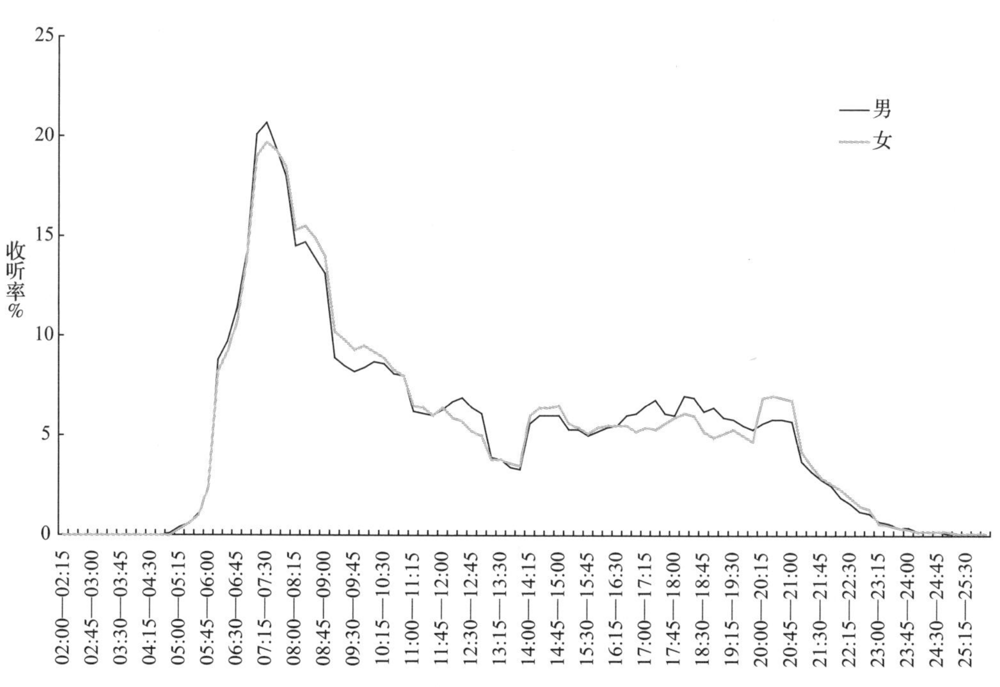

图 3.20.2　2011 年上海不同性别听众全天收听率走势

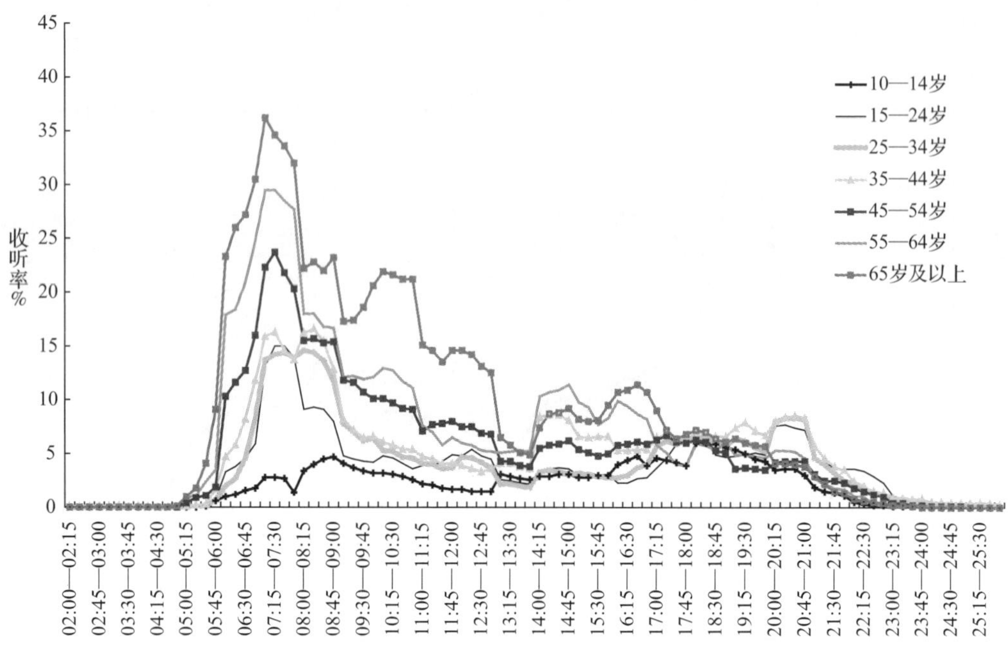

图 3.20.3　2011 年上海不同年龄听众全天收听率走势

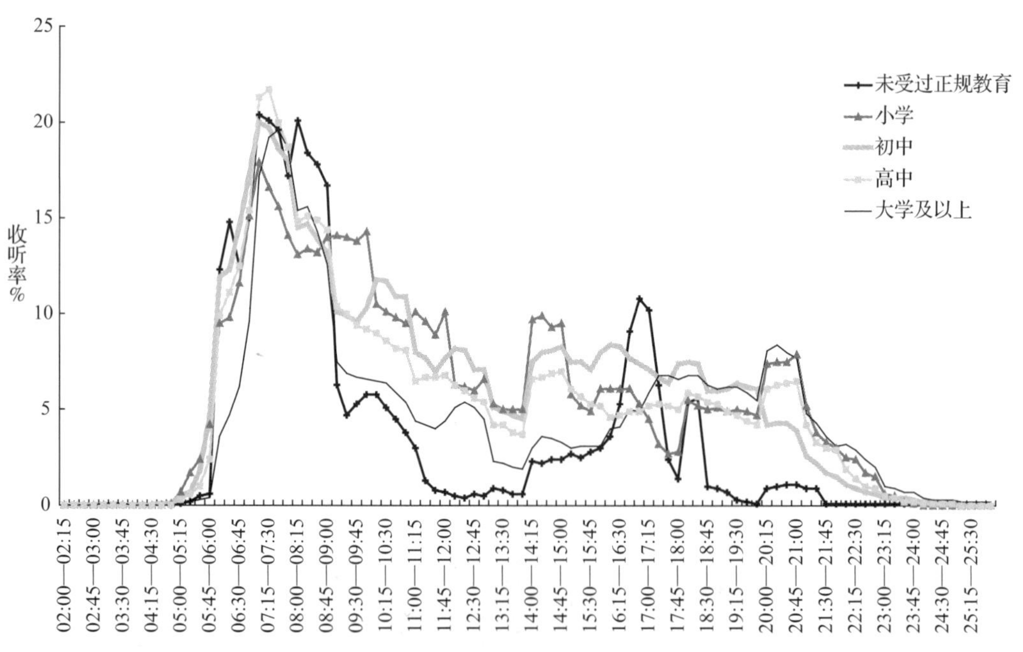

图 3.20.4　2011 年上海不同文化程度听众全天收听率走势

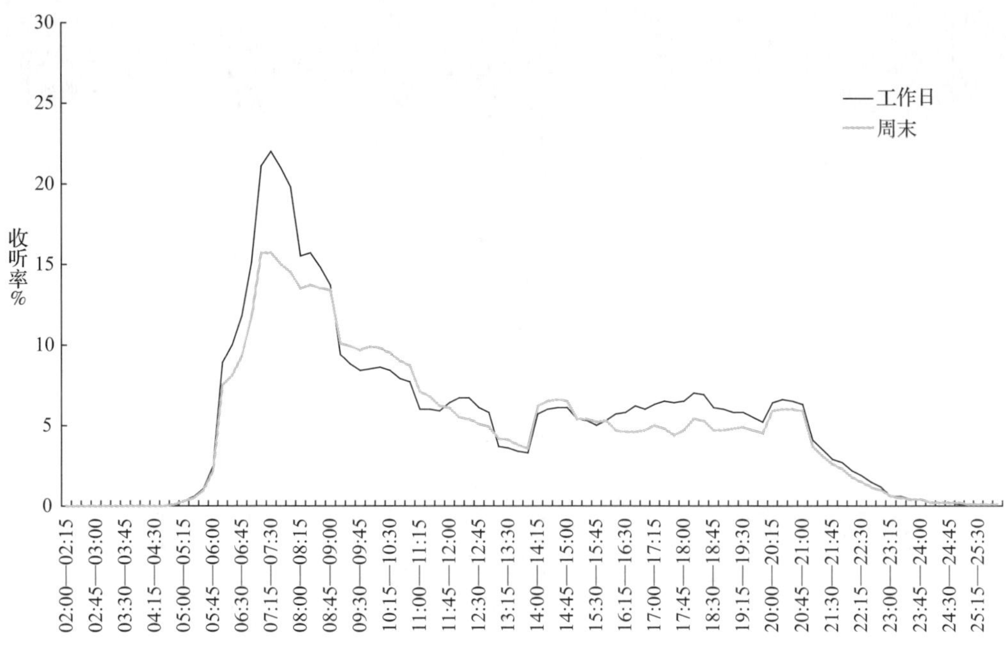

图 3.20.5　2011 年上海听众工作日与周末全天收听率走势

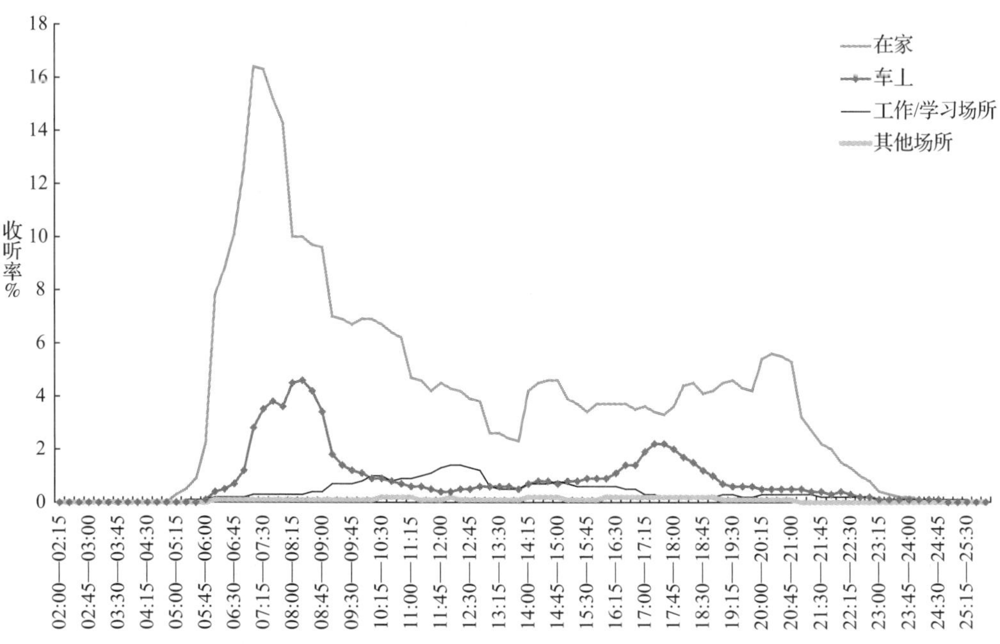

图 3.20.6　2011 年上海听众在不同收听地点全天收听率走势

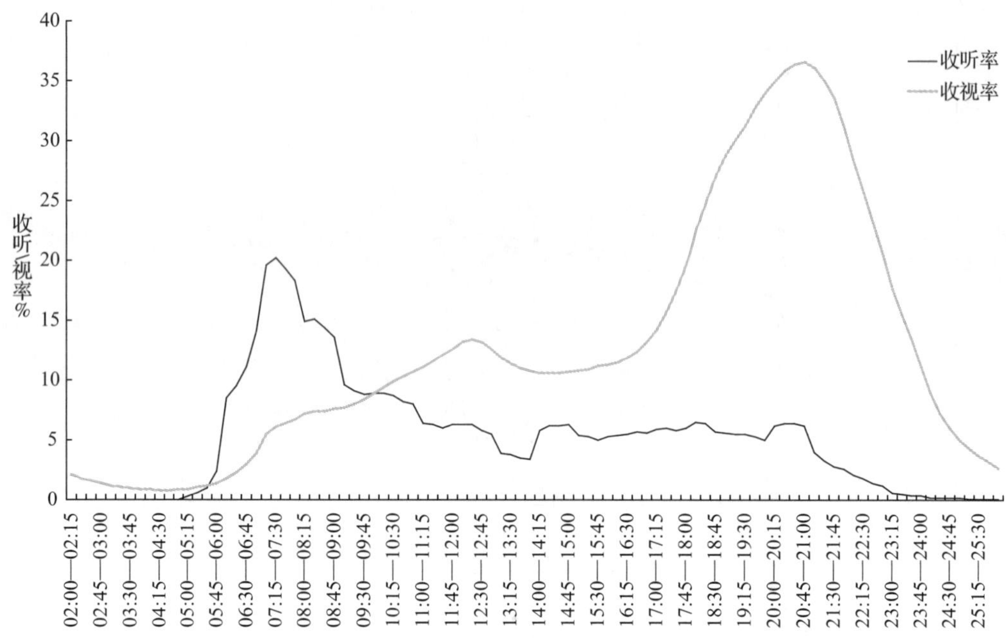

图 3.20.7　2011 年上海受众全天收听率、收视率走势比较（目标受众为 10 岁及以上）

表 3. 20. 3　2011 年上海市场听众构成（%）

目标听众		听众构成（%）
10 岁及以上所有人		100. 0
性别	男	49. 8
	女	50. 2
年龄	10—14 岁	1. 5
	15—24 岁	12. 7
	25—34 岁	14. 4
	35—44 岁	16. 6
	45—54 岁	21. 7
	55—64 岁	13. 3
	65 岁及以上	19. 8
文化程度	未受过正规教育	0. 9
	小学	5. 0
	初中	27. 8
	高中	39. 7
	大学及以上	26. 6
职业	干部/管理人员	6. 8
	初级公务员/雇员	27. 0
	个体/私营企业人员	5. 6
	工人	16. 6
	学生	6. 8
	无业（包括退休人员）	37. 2
	其他	0. 0
个人月收入	没有收入	8. 9
	1—500 元	0. 5
	501—1000 元	2. 1
	1001—1500 元	9. 6
	1501—2000 元	29. 9
	2001—2500 元	15. 8
	2501—3000 元	13. 0
	3001—4000 元	11. 2
	4001 元及以上	9. 0

表 3. 20. 4　2009—2011 年上海市场各广播电台的市场份额（%）

广播电台	2009 年	2010 年	2011 年
中央人民广播电台	3. 9	4. 4	4. 7
中国国际广播电台	0. 5	0. 5	0. 9
上海广播电视台	93. 4	92. 5	92. 1
其他广播电台	2. 2	2. 6	2. 3

表 3.20.5 2011 年上海市场各广播电台在不同目标听众中的市场份额(%)

目标听众		中央人民广播电台	中国国际广播电台	上海广播电视台	其他广播电台
10 岁及以上所有人		4.7	0.9	92.1	2.3
性别	男	5.1	0.5	92.0	2.4
	女	4.3	1.2	92.2	2.3
年龄	10—14 岁	1.6	0.0	97.1	1.3
	15—24 岁	4.3	1.2	93.2	1.3
	25—34 岁	3.4	3.3	88.8	4.5
	35—44 岁	3.7	0.6	90.6	5.1
	45—54 岁	5.6	0.4	92.7	1.3
	55—64 岁	6.0	0.4	92.1	1.5
	65 岁及以上	5.2	0.1	94.0	0.7
文化程度	未受过正规教育	2.7	0.0	97.0	0.3
	小学	7.8	0.0	91.6	0.6
	初中	4.5	0.2	93.4	1.9
	高中	4.3	0.4	93.0	2.3
	大学及以上	5.1	2.5	89.4	3.0
职业	干部/管理人员	3.5	1.4	89.1	6.0
	初级公务员/雇员	4.7	1.2	91.7	2.4
	个体/私营企业人员	4.7	0.1	94.0	1.2
	工人	5.3	1.8	89.2	3.7
	学生	0.6	0.8	97.7	0.9
	无业(包括退休人员)	5.5	0.3	93.0	1.2
	其他	*	*	*	*
个人月收入	没有收入	2.3	0.9	95.8	1.0
	1—500 元	0.1	0.0	85.3	14.6
	501—1000 元	4.9	0.0	92.2	2.9
	1001—1500 元	3.6	0.4	93.6	2.4
	1501—2000 元	5.6	0.1	93.3	1.0
	2001—2500 元	3.4	0.9	93.4	2.3
	2501—3000 元	6.1	1.9	88.0	4.0
	3001—4000 元	4.4	1.9	89.4	4.3
	4001 元及以上	6.0	1.3	90.5	2.2

表 3.20.6 2011 年上海市场份额排名前五位的频率

名次	频率	市场份额(%)
1	上海人民广播电台 AM990/FM93.4	21.4
2	上海流行音乐广播 动感 101 FM101.7	14.9
3	第一财经广播 FM97.7	9.7
4	东广新闻台 AM1296/FM90.9	8.9
4	上海东方都市广播 AM792/FM89.9	8.9

二十一、绍兴收听数据

表 3.21.1　2009—2011 年绍兴各目标听众人均收听时间（分钟）

目标听众		2009 年	2010 年	2011 年			
				第 1 波	第 2 波	第 3 波	第 4 波
10 岁及以上所有人		100	103	99	97	95	92
性别	男	104	107	102	100	96	91
	女	97	100	96	95	93	93
年龄	10—14 岁	40	49	45	41	41	41
	15—24 岁	72	66	60	61	67	57
	25—34 岁	97	90	84	73	80	85
	35—44 岁	111	105	96	100	94	92
	45—54 岁	80	97	105	99	91	87
	55—64 岁	122	128	122	129	130	124
	65 岁及以上	179	182	168	166	147	146
文化程度	未受过正规教育	61	68	69	90	86	88
	小学	86	95	98	98	98	95
	初中	114	112	104	105	100	95
	高中	105	113	107	98	92	92
	大学及以上	96	96	92	84	86	83
职业	干部/管理人员	90	85	81	105	88	87
	初级公务员/雇员	102	97	95	84	91	87
	个体/私营企业人员	95	93	91	89	85	89
	工人	100	104	92	96	86	77
	学生	59	53	47	42	48	39
	无业（包括退休人员）	142	155	152	155	144	141
	其他	72	80	100	94	88	104
个人月收入	没有收入	76	76	71	72	74	66
	1—500 元	106	103	87	96	78	128
	501—1000 元	105	110	110	110	120	110
	1001—1500 元	117	105	107	107	99	99
	1501—2000 元	99	123	117	119	109	108
	2001—2500 元	113	116	104	93	96	96
	2501—3000 元	120	116	99	98	94	91
	3001—4000 元	107	104	107	93	99	98
	4001 元及以上	81	98	97	94	83	77

注：绍兴为四波调查城市。2011 年四波调查时间分别为：第一波 2 月 27 日至 3 月 19 日，第二波 5 月 29 日至 6 月 18 日，第三波 8 月 28 日至 9 月 17 日，第四波 11 月 6 日至 11 月 26 日。

表 3.21.2　2009—2011 年绍兴听众在不同地点的人均收听时间（分钟）

地　点	2009 年	2010 年	2011 年
在家	72	82	78
车上	14	11	11
工作/学习场所	12	8	6
其他场所	3	2	1

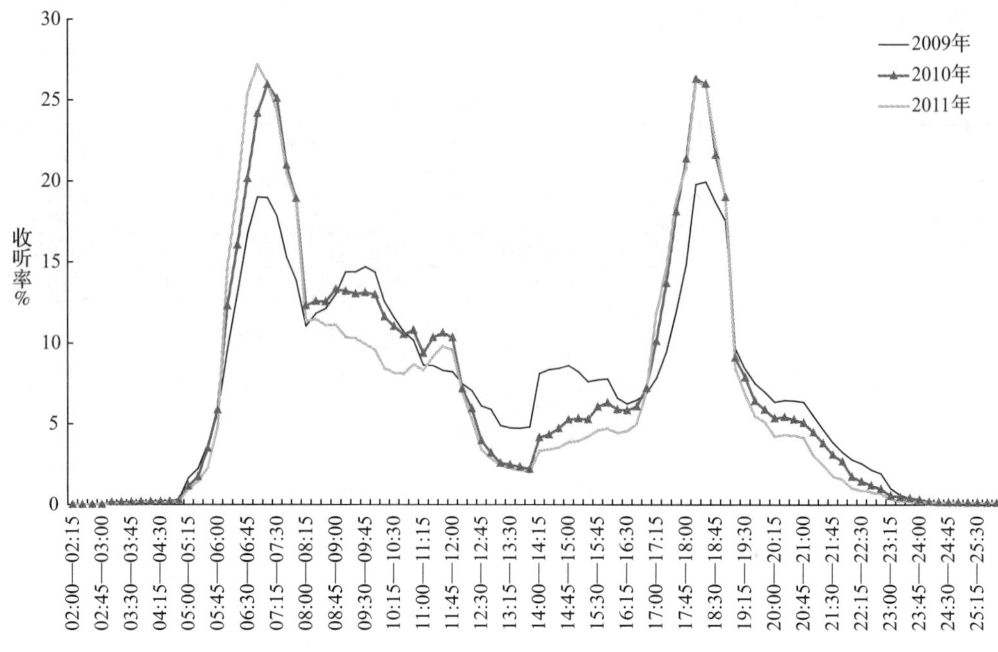

图 3.21.1　2009—2011 年绍兴听众全天收听率走势

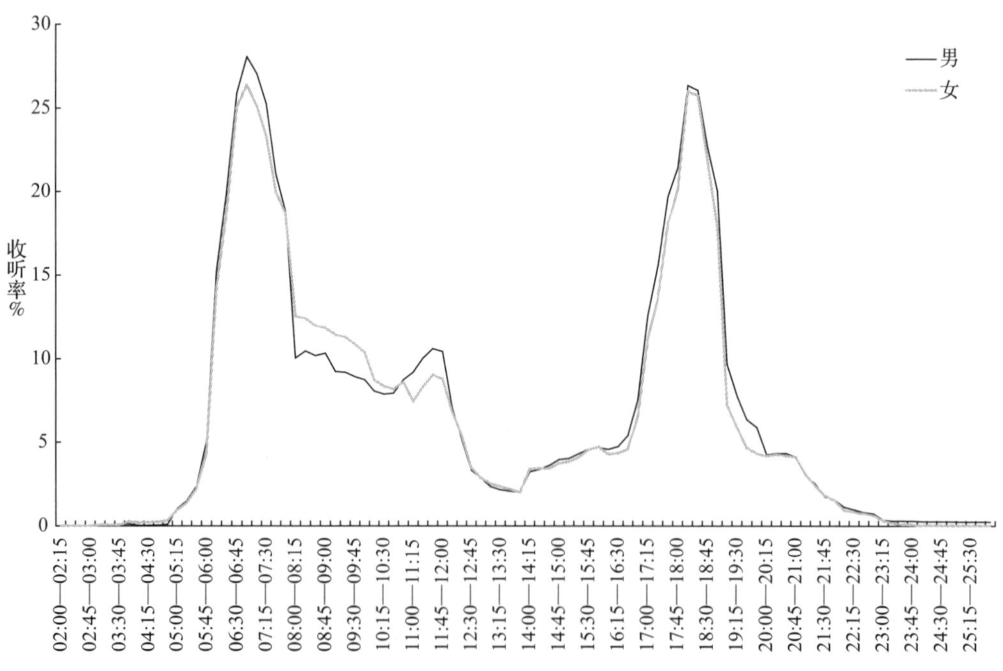

图 3.21.2　2011 年绍兴不同性别听众全天收听率走势

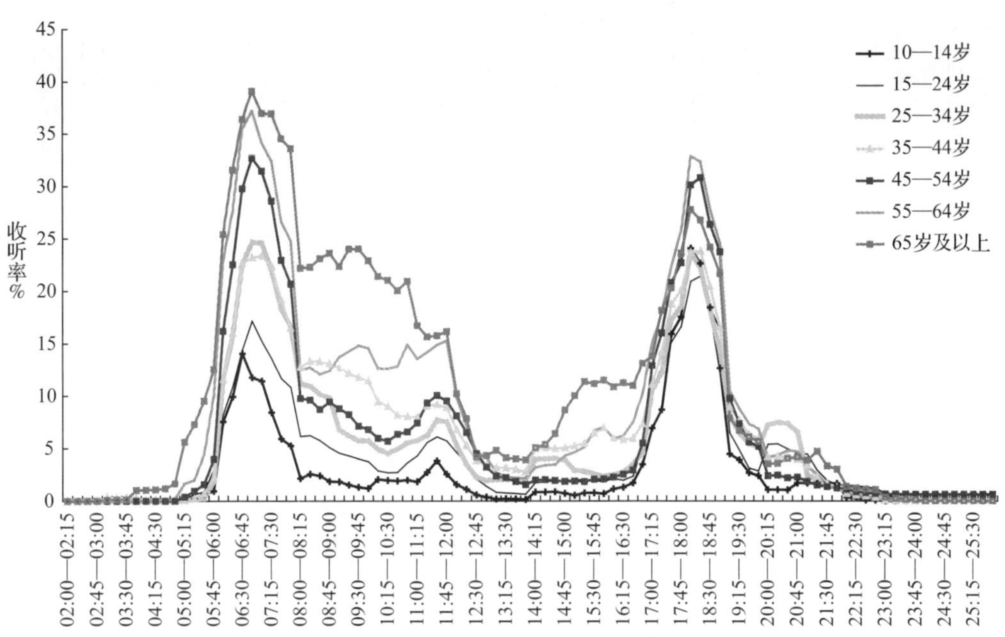

图 3.21.3　2011 年绍兴不同年龄听众全天收听率走势

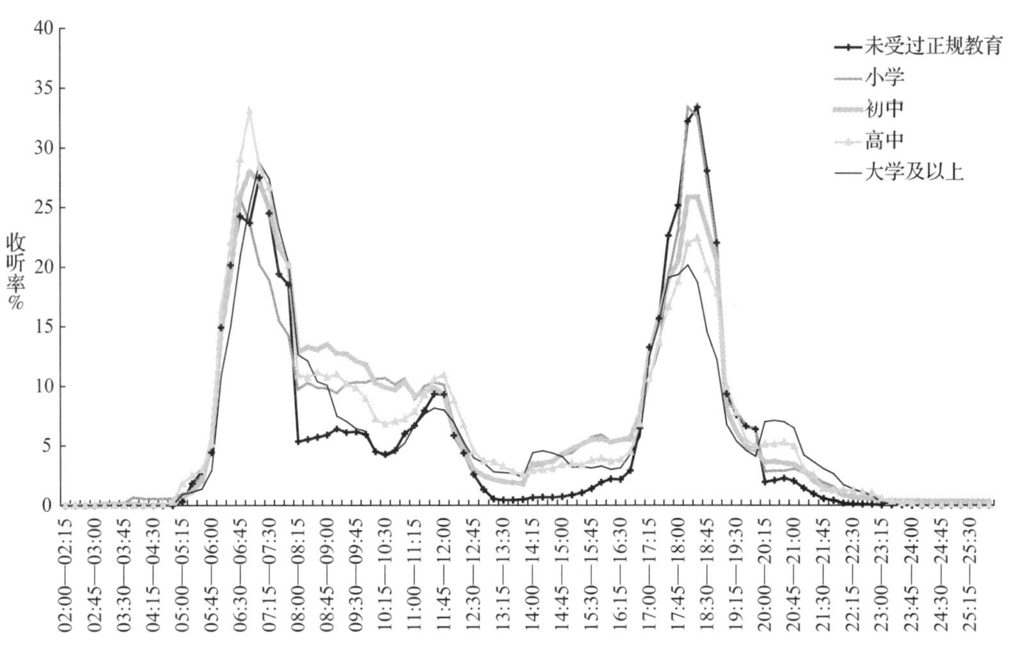

图 3.21.4　2011 年绍兴不同文化程度听众全天收听率走势

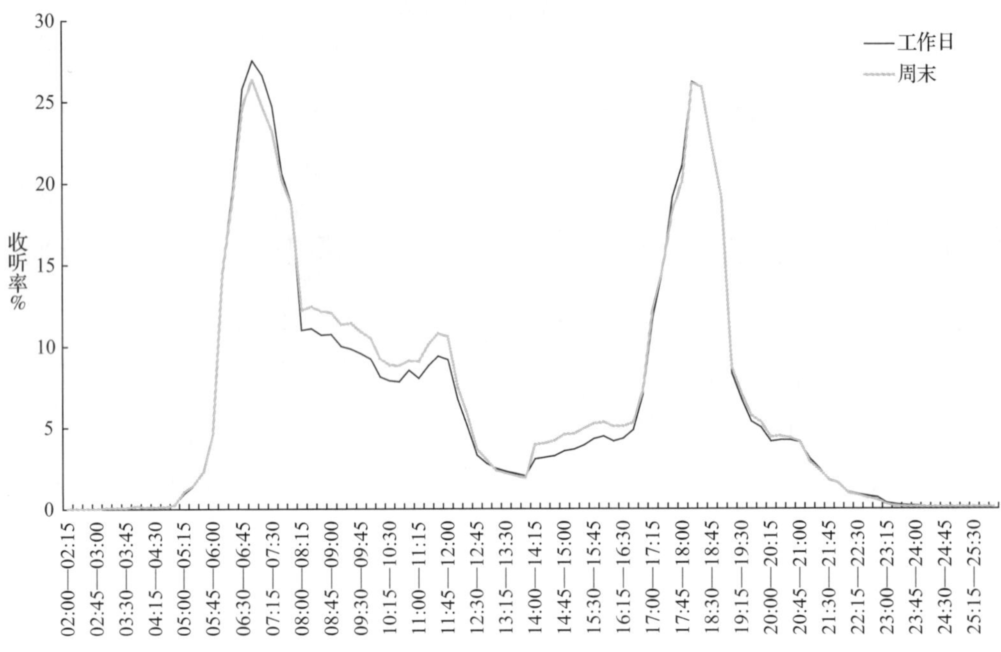

图 3.21.5　2011 年绍兴听众工作日与周末全天收听率走势

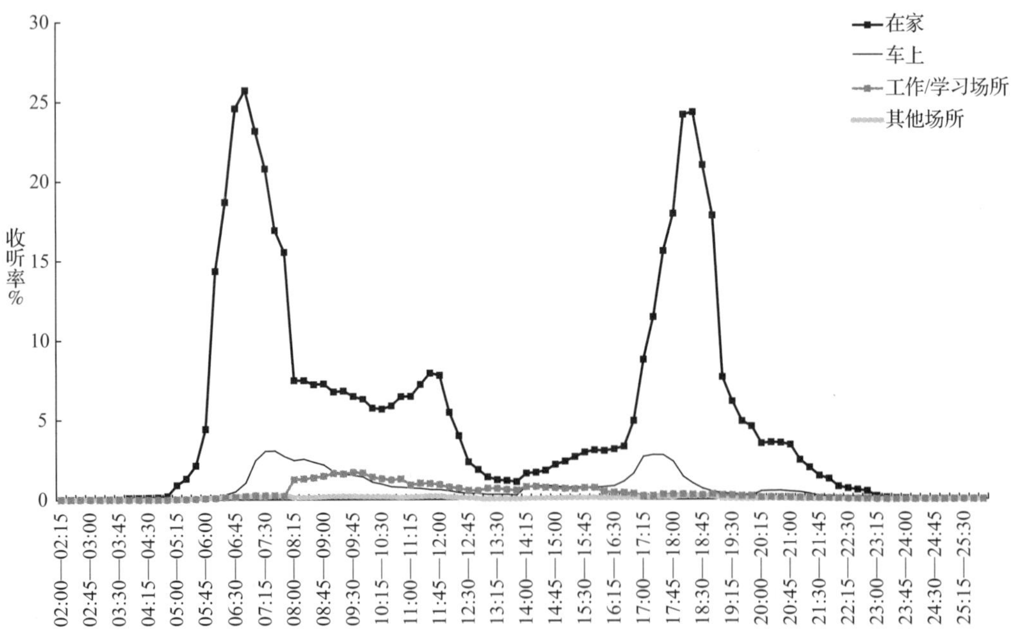

图 3.21.6　2011 年绍兴听众在不同收听地点全天收听率走势

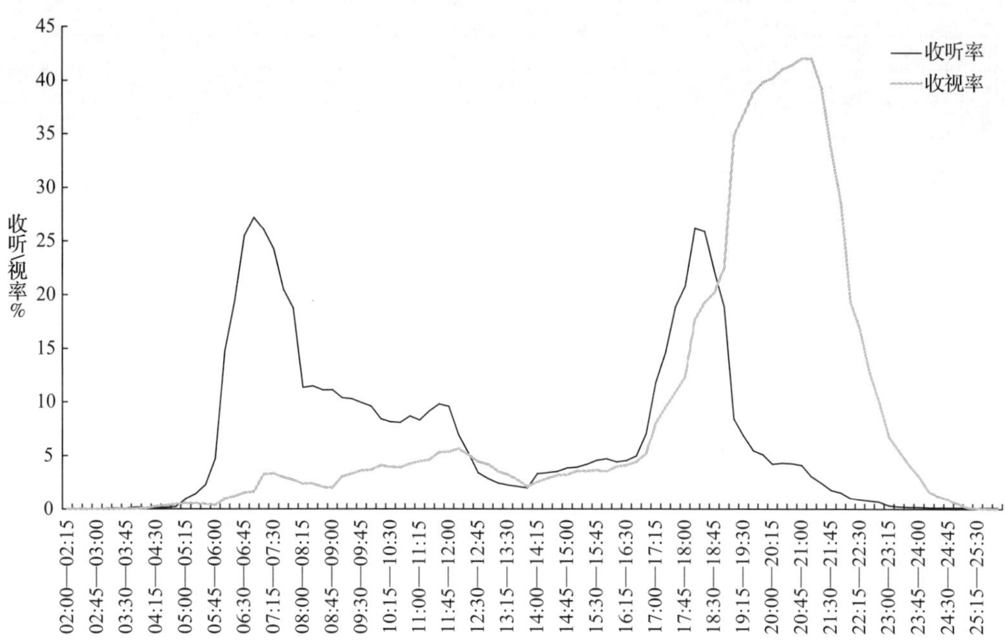

图 3.21.7　2011 年绍兴受众全天收听率、收视率走势比较（目标受众为 10 岁及以上）

表 3.21.3　2011 年绍兴市场听众构成（%）

目标听众		听众构成（%）
10 岁及以上所有人		100.0
性别	男	49.1
	女	50.9
年龄	10—14 岁	2.9
	15—24 岁	9.1
	25—34 岁	12.9
	35—44 岁	20.8
	45—54 岁	19.1
	55—64 岁	16.8
	65 岁及以上	18.4
文化程度	未受过正规教育	4.7
	小学	23.6
	初中	36.5
	高中	19.2
	大学及以上	16.0
职业	干部/管理人员	3.9
	初级公务员/雇员	22.0
	个体/私营企业人员	18.6
	工人	11.4
	学生	6.7
	无业（包括退休人员）	34.7
	其他	2.7
个人月收入	没有收入	17.5
	1—500 元	1.5
	501—1000 元	6.2
	1001—1500 元	17.6
	1501—2000 元	25.1
	2001—2500 元	14.5
	2501—3000 元	6.9
	3001—4000 元	5.5
	4001 元及以上	5.2

表 3.21.4　2009—2011 年绍兴市场各广播电台的市场份额（%）

广播电台	2009 年	2010 年	2011 年			
			第 1 波	第 2 波	第 3 波	第 4 波
中央人民广播电台	4.7	3.7	4.1	4.9	4.9	5.4
中国国际广播电台	0.2	0.1	0.0	0.0	0.0	0.1
浙江广播电视集团	22.3	19.9	18.4	18.5	20.5	20.8
上海广播电视台	1.2	0.7	0.7	0.5	0.0	0.1
绍兴广播电视总台	67.8	72.4	73.9	73.4	72.7	71.8
杭州文化广播电视集团	1.4	1.2	1.1	0.9	0.8	1.1
其他广播电台	2.4	2.0	1.8	1.8	1.1	0.7

表 3.21.5　2011 年绍兴市场各广播电台在不同目标听众中的市场份额（%）

目标听众		中央人民广播电台	中国国际广播电台	浙江广播电视集团	上海广播电视台	绍兴广播电视总台	杭州文化广播电视集团	其他广播电台
10 岁及以上所有人		4.8	0.1	19.5	0.3	73.0	1.0	1.3
性别	男	5.8	0.0	21.1	0.4	70.4	1.2	1.1
	女	3.8	0.1	18.0	0.3	75.4	0.8	1.6
年龄	10—14 岁	5.4	0.0	14.5	0.1	76.9	1.1	2.0
	15—24 岁	1.3	0.0	16.2	0.0	80.8	1.2	0.5
	25—34 岁	5.7	0.0	25.7	0.4	64.8	0.9	2.5
	35—44 岁	2.0	0.2	25.2	0.0	68.3	1.9	2.4
	45—54 岁	4.4	0.0	17.2	0.1	76.7	0.6	1.0
	55—64 岁	5.2	0.0	15.6	0.1	78.2	0.4	0.5
	65 岁及以上	9.2	0.0	17.3	1.2	70.9	0.8	0.6
文化程度	未受过正规教育	0.4	0.0	6.0	0.0	93.4	0.0	0.2
	小学	3.2	0.2	17.2	0.1	77.6	0.4	1.3
	初中	3.5	0.0	17.2	0.5	76.9	1.1	0.8
	高中	6.4	0.0	22.8	0.5	67.2	1.9	1.2
	大学及以上	9.8	0.0	28.3	0.4	58.0	0.6	2.9
职业	干部/管理人员	5.9	0.1	17.8	0.1	74.2	1.4	0.5
	初级公务员/雇员	4.0	0.0	25.1	0.3	68.3	0.7	1.6
	个体/私营企业人员	3.1	0.0	22.7	0.2	69.5	1.9	2.6
	工人	1.4	0.4	21.4	0.0	74.7	0.4	1.7
	学生	4.6	0.0	15.0	0.0	78.0	1.2	1.2
	无业(包括退休人员)	7.2	0.0	16.0	0.7	74.8	0.8	0.5
	其他	5.8	0.0	4.4	0.0	89.6	0.0	0.2
个人月收入	没有收入	3.0	0.0	11.2	0.0	83.7	0.9	1.2
	1—500 元	0.0	0.0	11.0	0.0	88.8	0.0	0.2
	501—1000 元	2.8	0.0	13.0	0.0	83.6	0.0	0.6
	1001—1500 元	2.7	0.0	20.6	0.5	74.3	0.5	1.4
	1501—2000 元	5.0	0.0	23.3	0.3	69.6	1.1	0.7
	2001—2500 元	3.2	0.0	17.3	0.8	73.8	1.6	3.3
	2501—3000 元	11.0	0.0	26.1	0.4	60.3	1.9	0.3
	3001—4000 元	8.5	0.7	25.5	0.5	62.0	1.3	1.5
	4001 元及以上	12.4	0.0	29.0	0.4	57.0	0.4	0.8

表 3.21.6　2011 年绍兴市场份额排名前五位的频率

名次	频　　率	市场份额（%）
1	绍兴人民广播电台新闻综合频率 AM738/FM93.6	37.9
2	绍兴广播电视总台戏曲频率 FM92.5（15:30—22:00）	11.6
3	绍兴广播电视总台戏曲频率 FM102.5（5:00—11:00）	10.6
4	I MUSIC 103.5 绍兴音乐台	7.0
5	动听 968 音乐调频 FM96.8	6.0

二十二、沈阳收听数据

表 3.22.1　2009—2011 年沈阳各目标听众人均收听时间（分钟）

目标听众		2009 年	2010 年	2011 年
10 岁及以上所有人		88	104	112
性别	男	88	107	112
	女	88	101	113
年龄	10—14 岁	44	40	43
	15—24 岁	50	70	77
	25—34 岁	73	79	89
	35—44 岁	72	102	108
	45—54 岁	99	116	129
	55—64 岁	134	138	143
	65 岁及以上	138	148	168
文化程度	未受过正规教育	105	47	96
	小学	103	125	97
	初中	97	106	126
	高中	75	105	111
	大学及以上	84	95	98
职业	干部/管理人员	97	80	81
	初级公务员/雇员	79	95	89
	个体/私营企业人员	83	92	102
	工人	79	105	114
	学生	44	52	59
	无业（包括退休人员）	118	135	147
	其他	75	65	67
个人月收入	没有收入	60	80	81
	1—500 元	124	116	109
	501—1000 元	104	123	122
	1001—1500 元	83	101	123
	1501—2000 元	93	110	99
	2001—2500 元	96	110	122
	2501—3000 元	81	111	161
	3001—4000 元	71	101	144
	4001 元及以上	64	86	109

注：沈阳为全年连续调查城市。

表 3.22.2　2009—2011 年沈阳听众在不同地点的人均收听时间（分钟）

地　　点	2009 年	2010 年	2011 年
在家	73	83	88
车上	7	12	15
工作/学习场所	6	6	8
其他场所	1	2	2

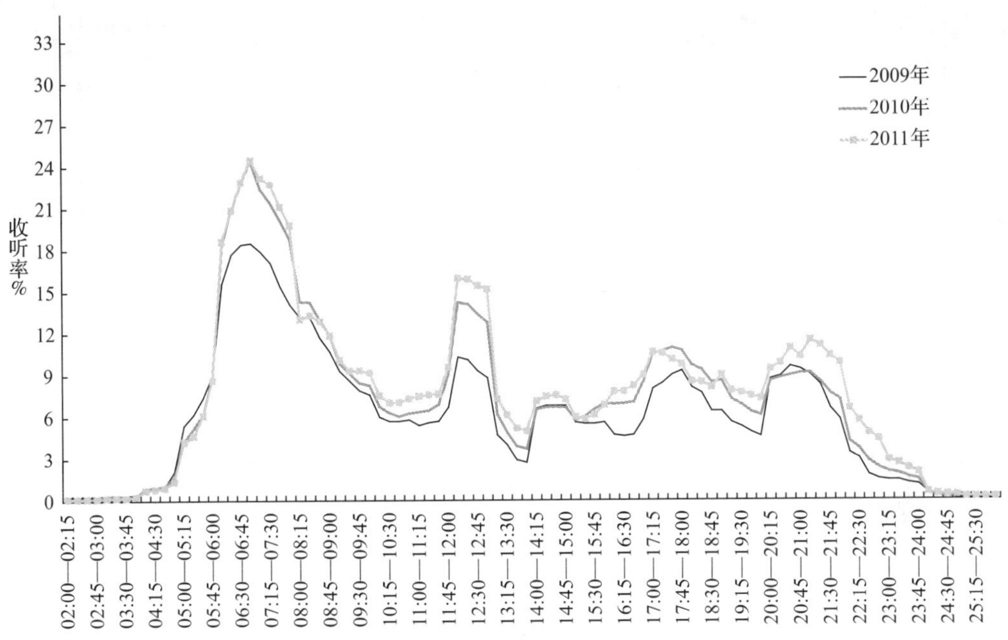

图 3.22.1　2009—2011 年沈阳听众全天收听率走势

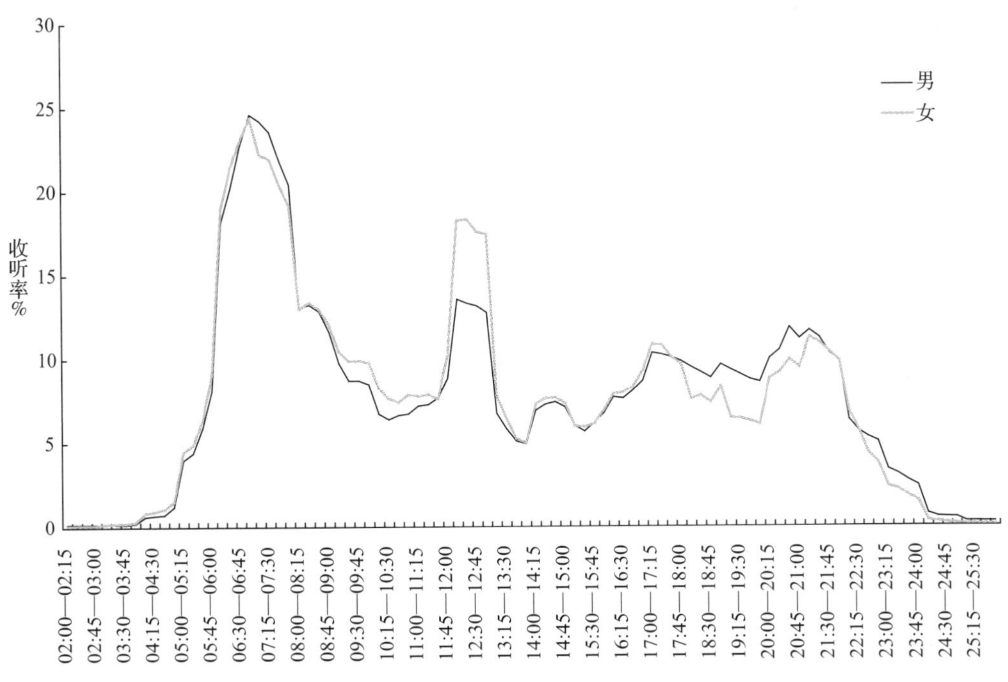

图 3.22.2　2011 年沈阳不同性别听众全天收听率走势

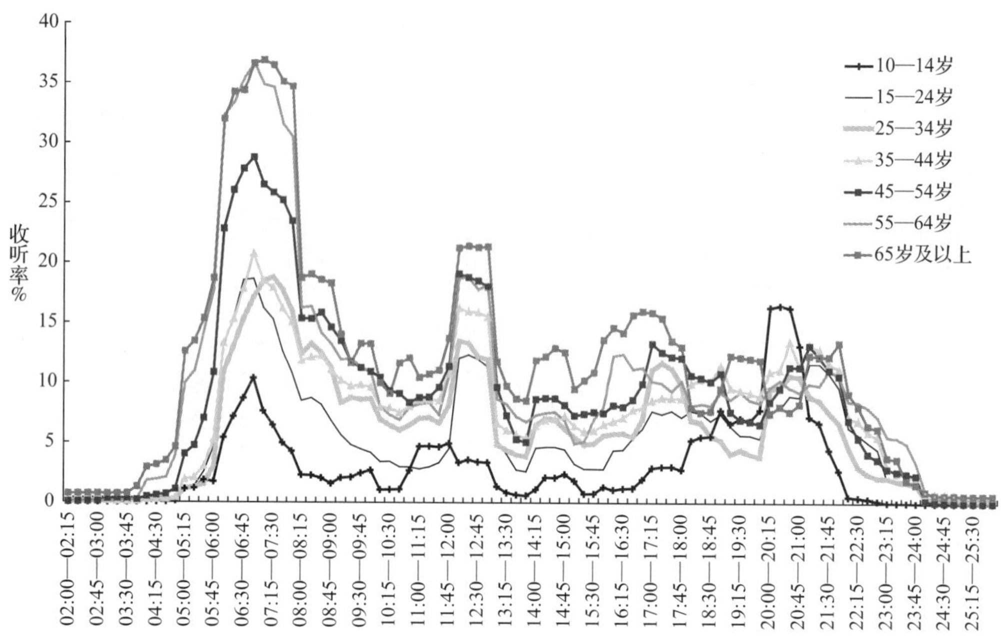

图 3.22.3　2011 年沈阳不同年龄听众全天收听率走势

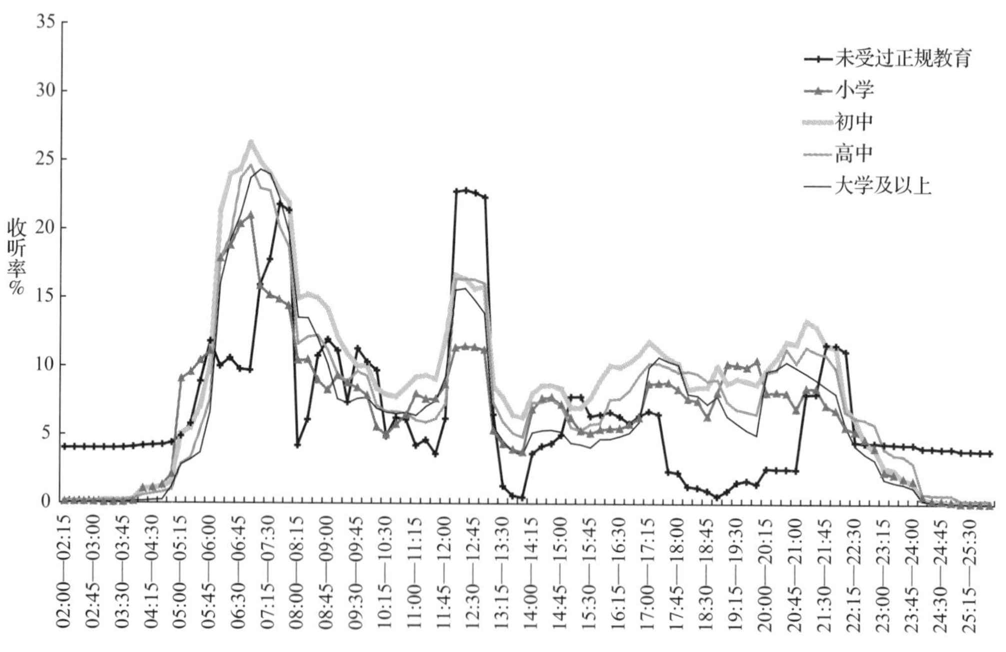

图 3.22.4　2011 年沈阳不同文化程度听众全天收听率走势

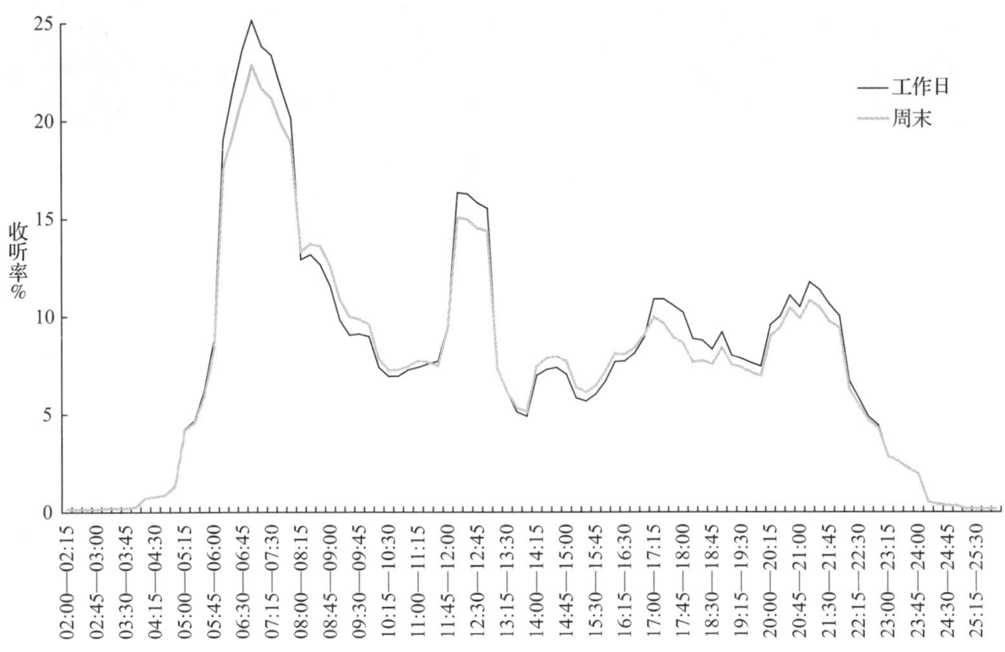

图 3.22.5　2011 年沈阳听众工作日与周末全天收听率走势

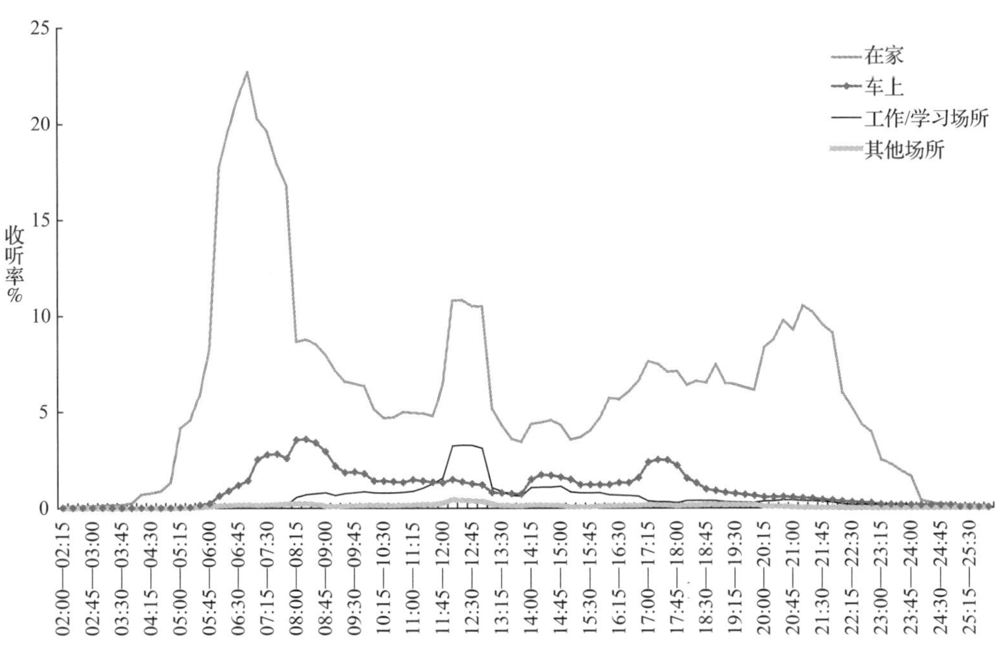

图 3.22.6　2011 年沈阳听众在不同收听地点全天收听率走势

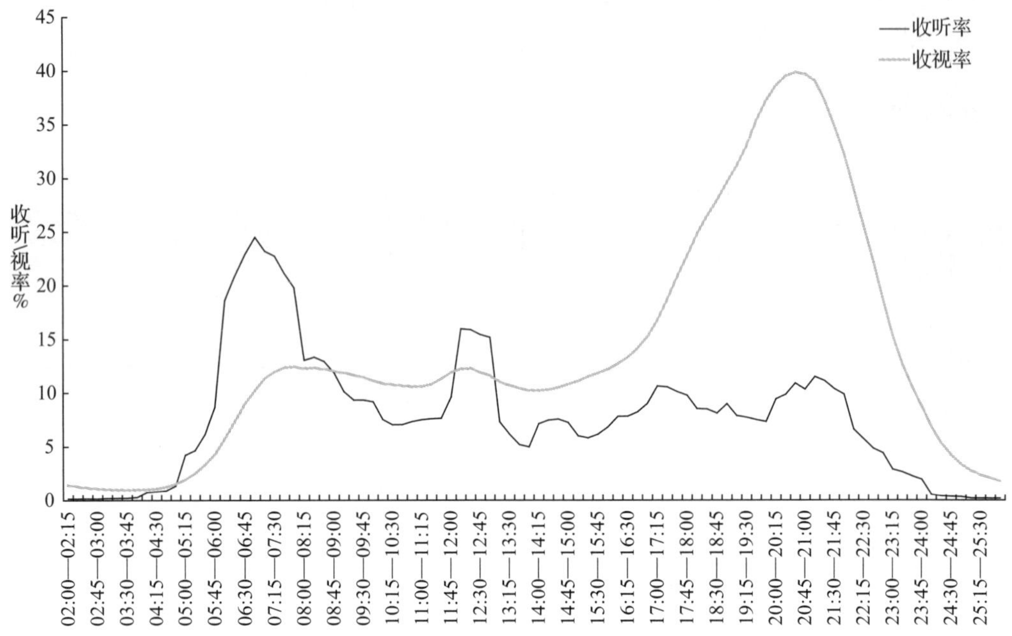

图 3.22.7　2011 年沈阳受众全天收听率、收视率走势比较（目标受众为 10 岁及以上）

表 3.22.3 2011 年沈阳市场听众构成（%）

目标听众		听众构成（%）
10 岁及以上所有人		100.0
性别	男	48.7
	女	51.3
年龄	10—14 岁	1.8
	15—24 岁	10.0
	25—34 岁	14.2
	35—44 岁	19.9
	45—54 岁	22.1
	55—64 岁	13.0
	65 岁及以上	19.1
文化程度	未受过正规教育	1.2
	小学	7.2
	初中	42.7
	高中	31.3
	大学及以上	17.6
职业	干部/管理人员	2.2
	初级公务员/雇员	9.5
	个体/私营企业人员	14.4
	工人	24.4
	学生	6.1
	无业（包括退休人员）	42.8
	其他	0.6
个人月收入	没有收入	15.2
	1—500 元	1.3
	501—1000 元	13.9
	1001—1500 元	32.6
	1501—2000 元	14.6
	2001—2500 元	9.6
	2501—3000 元	6.2
	3001—4000 元	5.3
	4001 元及以上	1.3

表 3.22.4 2009—2011 年沈阳市场各广播电台的市场份额（%）

广播电台	2009 年	2010 年	2011 年
中央人民广播电台	12.3	11.1	10.5
中国国际广播电台	0.0	0.0	0.0
辽宁广播电视台	41.5	42.4	47.2
沈阳广播电视台	45.2	46.2	42.2
其他广播电台	1.0	0.4	0.1

表 3.22.5 2011 年沈阳市场各广播电台在不同目标听众中的市场份额（%）

目标听众		中央人民广播电台	中国国际广播电台	辽宁广播电视台	沈阳广播电视台	其他广播电台
10 岁及以上所有人		10.5	0.0	47.2	42.2	0.1
性别	男	9.8	0.0	48.0	42.1	0.2
	女	11.1	0.0	46.5	42.2	0.1
年龄	10—14 岁	5.2	0.0	61.1	33.4	0.3
	15—24 岁	12.8	0.0	46.3	40.7	0.2
	25—34 岁	18.6	0.0	43.8	37.5	0.2
	35—44 岁	7.2	0.0	52.3	40.4	0.1
	45—54 岁	8.9	0.0	47.7	43.2	0.2
	55—64 岁	9.3	0.0	46.5	44.2	0.1
	65 岁及以上	9.9	0.0	43.4	46.6	0.1
文化程度	未受过正规教育	0.2	0.0	44.8	54.8	0.2
	小学	9.1	0.0	49.5	41.3	0.0
	初中	8.1	0.0	48.6	43.1	0.2
	高中	9.8	0.0	49.4	40.7	0.1
	大学及以上	18.7	0.0	39.3	41.9	0.2
职业	干部/管理人员	16.8	0.0	41.2	41.9	0.1
	初级公务员/雇员	14.8	0.0	42.8	42.2	0.2
	个体/私营企业人员	10.6	0.0	48.6	40.7	0.1
	工人	8.4	0.0	51.0	40.4	0.2
	学生	12.3	0.0	51.8	35.7	0.3
	无业（包括退休人员）	9.9	0.0	45.2	44.8	0.1
	其他	16.0	0.0	47.9	35.7	0.4
个人月收入	没有收入	10.9	0.0	49.1	39.9	0.2
	1—500 元	6.5	0.0	51.3	42.0	0.2
	501—1000 元	6.8	0.0	52.6	40.5	0.1
	1001—1500 元	7.8	0.0	47.3	44.7	0.1
	1501—2000 元	15.1	0.0	49.3	35.4	0.3
	2001—2500 元	10.6	0.0	45.5	43.8	0.1
	2501—3000 元	14.0	0.0	36.7	49.2	0.1
	3001—4000 元	20.0	0.0	35.9	44.1	0.1
	4001 元及以上	6.7	0.0	45.6	47.3	0.3

表 3.22.6 2011 年沈阳市场份额排名前五位的频率

名次	频率	市场份额（%）
1	沈阳广播电视台都市广播 FM103.4/FM91.2	14.5
2	辽宁广播电视台交通广播 FM97.5	13.8
3	沈阳广播电视台交通广播 FM98.6	9.6
4	沈阳广播电视台新闻广播 FM104.5/AM792/FM107	9.3
5	辽宁广播电视台文艺广播 FM95.9/AM747/AM801	9.2

二十三、深圳收听数据

表 3.23.1　2009—2011 年深圳各目标听众人均收听时间（分钟）

目标听众		2009 年	2010 年	2011 年
10 岁及以上所有人		59	56	56
性别	男	65	60	60
	女	53	51	51
年龄	10—14 岁	18	28	19
	15—24 岁	44	38	41
	25—34 岁	71	66	62
	35—44 岁	66	68	66
	45—54 岁	69	67	77
	55—64 岁	50	46	61
	65 岁及以上	39	82	67
文化程度	未受过正规教育	*	6	*
	小学	41	51	48
	初中	59	52	51
	高中	70	60	61
	大学及以上	55	56	56
职业	干部/管理人员	56	60	50
	初级公务员/雇员	59	54	63
	个体/私营企业人员	84	76	67
	工人	73	56	57
	学生	22	25	23
	无业（包括退休人员）	52	59	58
	其他	*	*	*
个人月收入	没有收入	42	37	36
	1—500 元	*	*	*
	501—1000 元	64	48	*
	1001—1500 元	64	64	62
	1501—2000 元	61	52	52
	2001—2500 元	54	48	51
	2501—3000 元	82	73	66
	3001—4000 元	82	72	61
	4001 元及以上	65	68	67

注：深圳为全年连续调查城市。“*”表示该目标听众样本量不足，无法进行统计推断。

表 3.23.2　2009—2011 年深圳听众在不同收听地点的人均收听时间（分钟）

地　　点	2009 年	2010 年	2011 年
在家	33	30	29
车上	16	16	19
工作/学习场所	8	7	6
其他场所	2	2	2

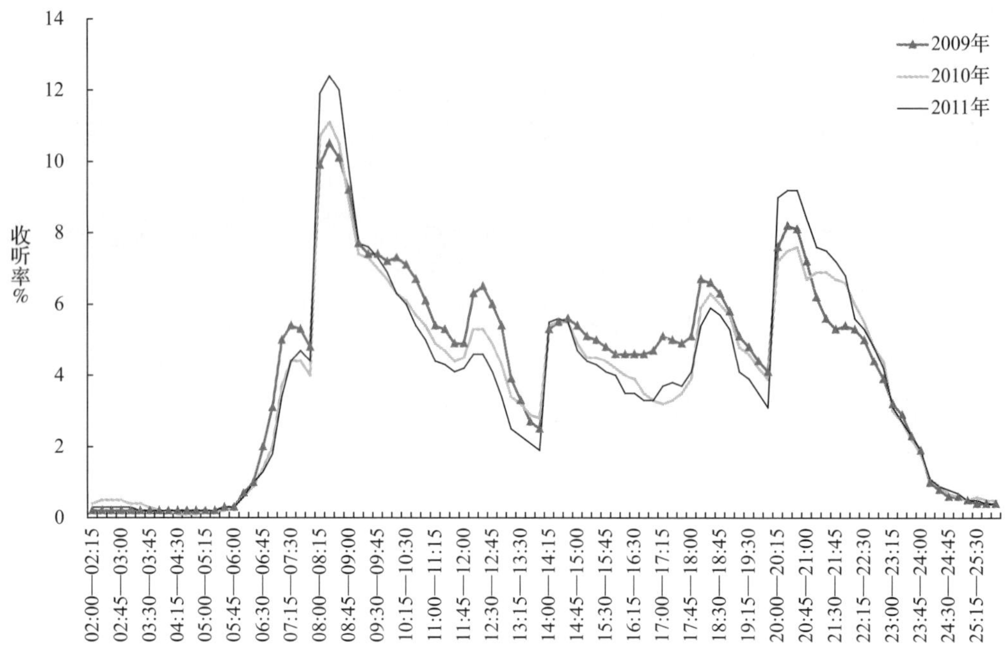

图 3.23.1　2009—2011 年深圳听众全天收听率走势

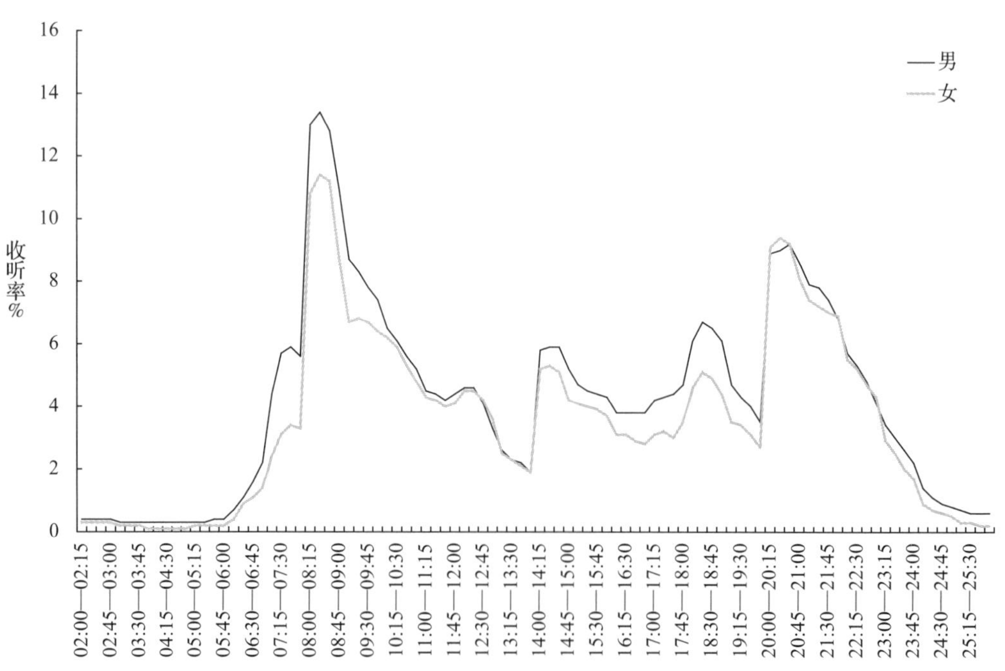

图 3.23.2　2011 年深圳不同性别听众全天收听率走势

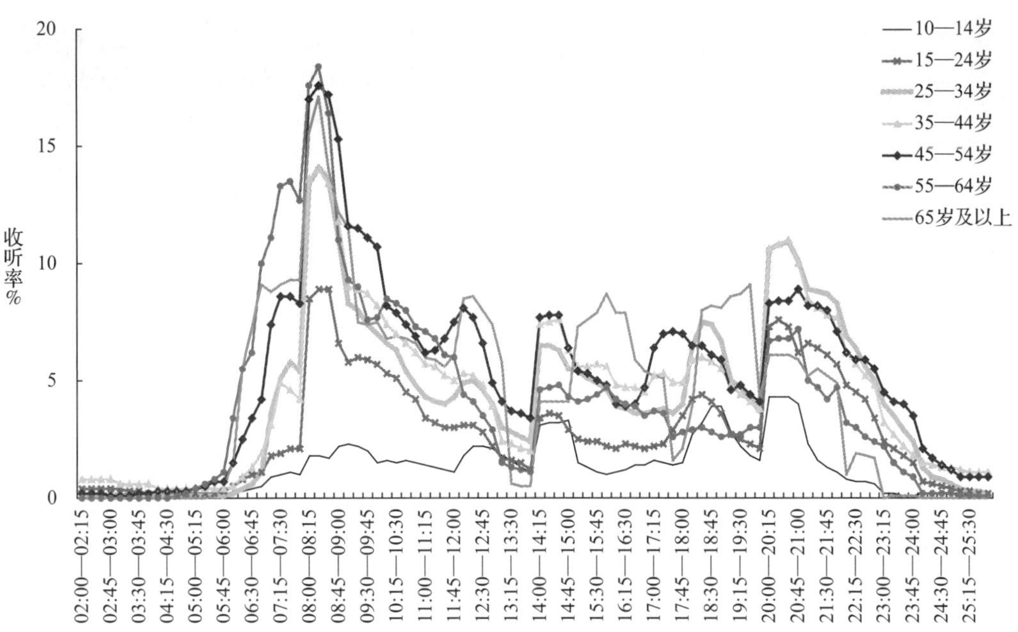

图 3.23.3　2011 年深圳不同年龄听众全天收听率走势

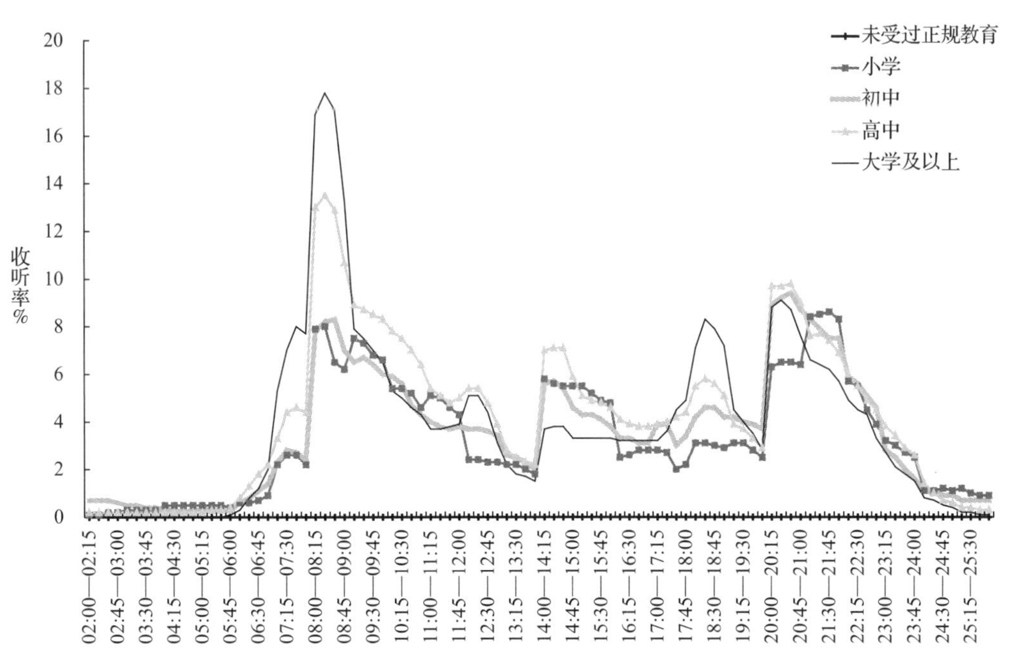

图 3.23.4　2011 年深圳不同文化程度听众全天收听率走势

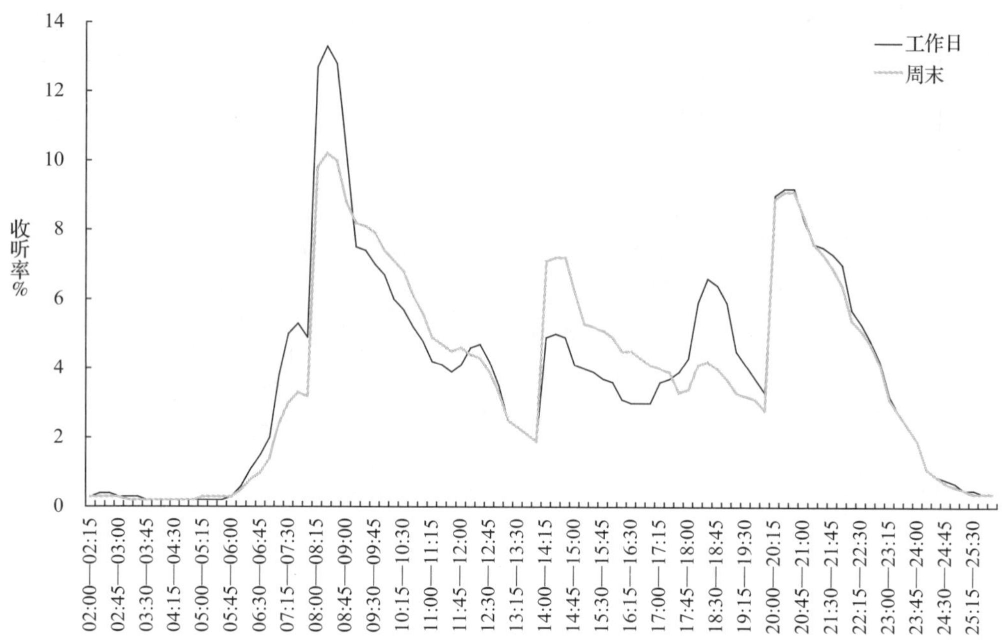

图 3.23.5　2011 年深圳听众工作日与周末全天收听率走势

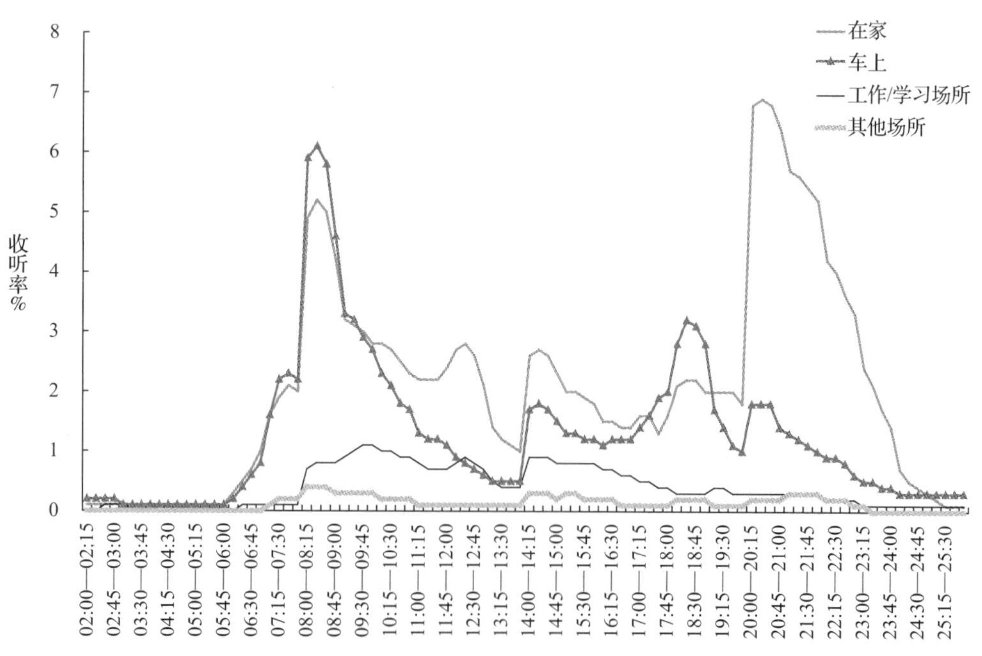

图 3.23.6　2011 年深圳听众在不同收听地点全天收听率走势

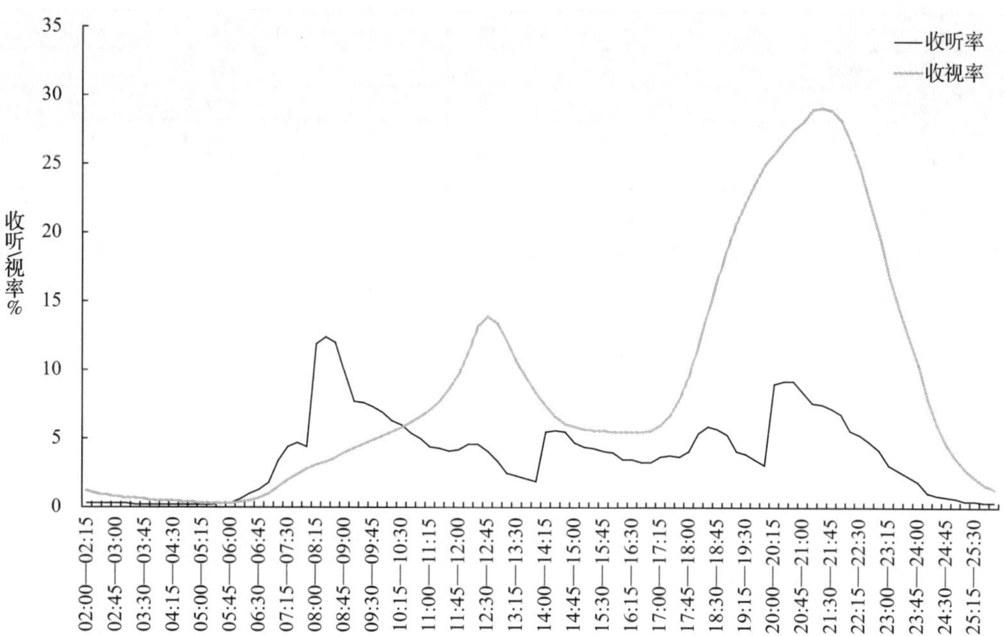

图 3.23.7　2011 年深圳受众全天收听率、收视率走势比较（目标受众为 10 岁及以上）

表 3.23.3　2011 年深圳市场听众构成（%）

目标听众		听众构成（%）
10 岁及以上所有人		100.0
性别	男	54.6
	女	45.4
年龄	10—14 岁	1.1
	15—24 岁	23.9
	25—34 岁	37.8
	35—44 岁	22.0
	45—54 岁	10.3
	55—64 岁	2.9
	65 岁及以上	2.2
文化程度	未受过正规教育	0.0
	小学	4.1
	初中	32.6
	高中	37.0
	大学及以上	26.3
职业	干部/管理人员	6.2
	初级公务员/雇员	26.8
	个体/私营企业人员	22.4
	工人	25.2
	学生	5.3
	无业（包括退休人员）	14.1
	其他	0.0
个人月收入	没有收入	13.4
	1—500 元	0.0
	501—1000 元	0.0
	1001—1500 元	6.2
	1501—2000 元	12.8
	2001—2500 元	10.4
	2501—3000 元	14.6
	3001—4000 元	12.2
	4001 元及以上	30.4

表 3.23.4　2009—2011 年深圳市场各广播电台的市场份额（%）

广播电台	2009 年	2010 年	2011 年
中央人民广播电台	15.4	10.2	11.5
中国国际广播电台	1.9	2.3	2.4
广东人民广播电台	12.8	14.6	15.0
深圳广播电影电视集团	60.2	58.7	57.8
其他广播电台	9.7	14.1	13.3

表 3.23.5 2011 年深圳市场各广播电台在不同目标听众中的市场份额（%）

目标听众		中央人民广播电台	中国国际广播电台	广东人民广播电台	深圳广播电影电视集团	其他广播电台
10 岁及以上所有人		11.5	2.4	15.0	57.8	13.3
性别	男	10.3	2.7	11.8	63.3	11.9
	女	12.9	2.1	18.8	51.0	15.2
年龄	10—14 岁	17.7	0.9	15.3	42.6	23.5
	15—24 岁	12.9	1.6	17.9	54.1	13.5
	25—34 岁	11.7	2.1	15.0	56.2	15.0
	35—44 岁	6.2	2.5	12.9	67.4	11.0
	45—54 岁	12.0	2.9	13.6	58.0	13.5
	55—64 岁	22.9	6.9	18.1	39.5	12.6
	65 岁及以上	26.1	8.3	6.6	57.3	1.7
文化程度	未受过正规教育	*	*	*	*	*
	小学	8.5	0.8	15.3	46.7	28.7
	初中	11.4	1.8	18.4	52.3	16.1
	高中	9.0	3.8	13.7	62.6	10.9
	大学及以上	15.6	1.6	12.4	59.6	10.8
职业	干部/管理人员	15.1	1.2	12.1	62.6	9.0
	初级公务员/雇员	11.8	3.1	13.8	59.8	11.5
	个体/私营企业人员	7.0	1.8	14.6	65.0	11.6
	工人	10.7	2.8	18.1	53.8	14.6
	学生	18.1	1.2	16.6	36.1	28.0
	无业（包括退休人员）	15.7	2.6	13.4	55.1	13.2
	其他	*	*	*	*	*
个人月收入	没有收入	13.4	1.0	13.7	50.5	21.4
	1—500 元	*	*	*	*	*
	501—1000 元	*	*	*	*	*
	1001—1500 元	20.4	3.6	15.4	45.8	14.8
	1501—2000 元	14.3	4.5	16.5	49.8	14.9
	2001—2500 元	12.6	1.3	24.3	48.8	13.0
	2501—3000 元	6.4	0.9	15.6	62.7	14.4
	3001—4000 元	11.4	2.3	17.3	58.5	10.5
	4001 元及以上	10.3	3.1	10.9	66.1	9.6

表 3.23.6 2011 年深圳市场份额排名前五位的频率

名次	频率名称	市场份额（%）
1	深圳广播电台交通频率 FM106.2	23.4
2	深圳广播电台音乐频率 FM97.1	20.4
3	深圳广播电台新闻频率 FM89.8	10.0
4	广东电台音乐之声 FM99.3	4.8
5	宝安广播频率缤纷 FM104.3	4.4

二十四、石家庄收听数据

表 3.24.1　2009—2011 年石家庄各目标听众人均收听时间（分钟）

目标听众		2009 年	2010 年	2011 年
10 岁及以上所有人		74	72	71
性别	男	82	80	76
	女	67	66	66
年龄	10—14 岁	24	22	20
	15—24 岁	41	39	40
	25—34 岁	74	62	61
	35—44 岁	66	61	66
	45—54 岁	97	96	83
	55—64 岁	105	110	112
	65 岁及以上	125	139	132
文化程度	未受过正规教育	54	61	64
	小学	73	70	80
	初中	83	80	85
	高中	73	73	66
	大学及以上	71	66	64
职业	干部/管理人员	67	67	63
	初级公务员/雇员	62	62	65
	个体/私营企业人员	89	66	68
	工人	82	77	73
	学生	35	32	29
	无业（包括退休人员）	107	116	106
	其他	44	39	69
个人月收入	没有收入	47	43	39
	1—500 元	91	90	90
	501—1000 元	74	74	78
	1001—1500 元	88	93	87
	1501—2000 元	75	75	70
	2001—2500 元	93	90	85
	2501—3000 元	98	83	64
	3001—4000 元	96	81	76
	4001 元及以上	103	69	77

注：2011 年石家庄改为全年连续调查城市。

表 3.24.2　2009—2011 年石家庄听众在不同地点的人均收听时间（分钟）

地点	2009 年	2010 年	2011 年
在家	54	54	50
车上	13	11	13
工作/学习场所	5	5	5
其他场所	3	2	3

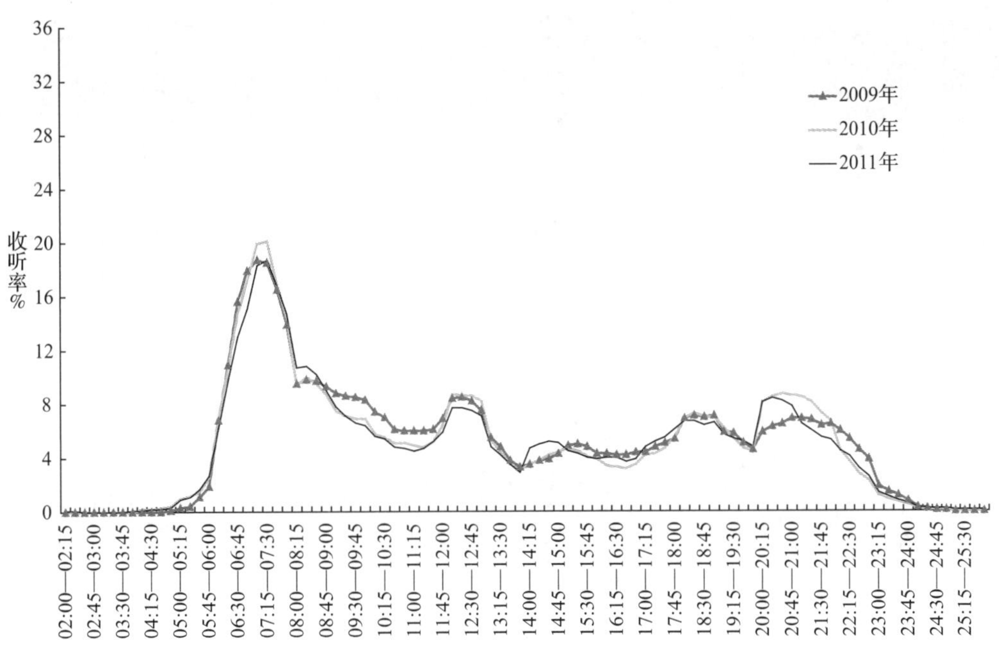

图 3.24.1　2009—2011 年石家庄听众全天收听率走势

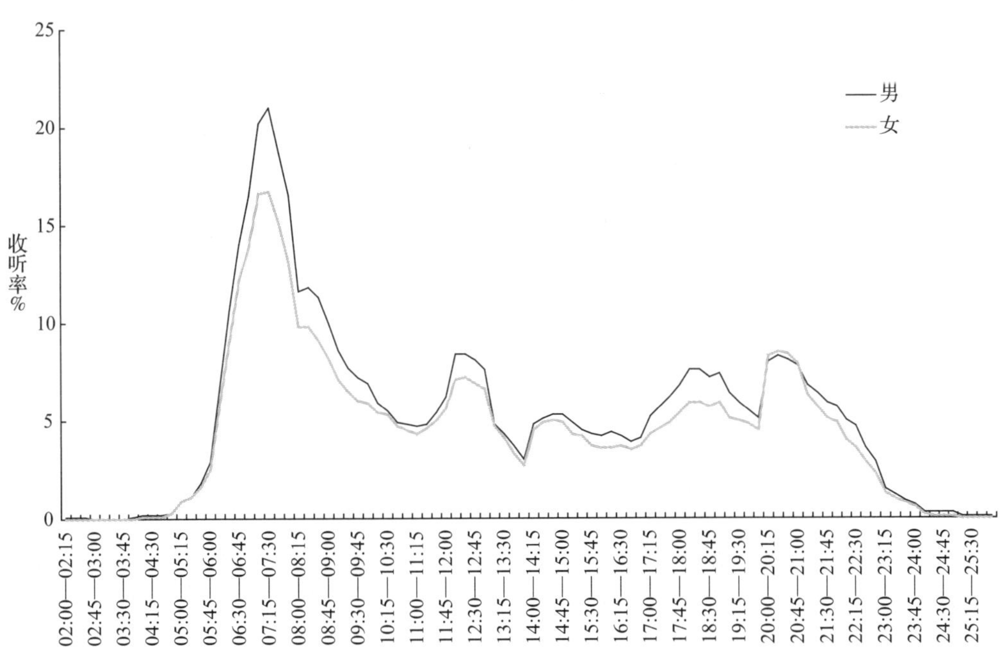

图 3.24.2　2011 年石家庄不同性别听众全天收听率走势

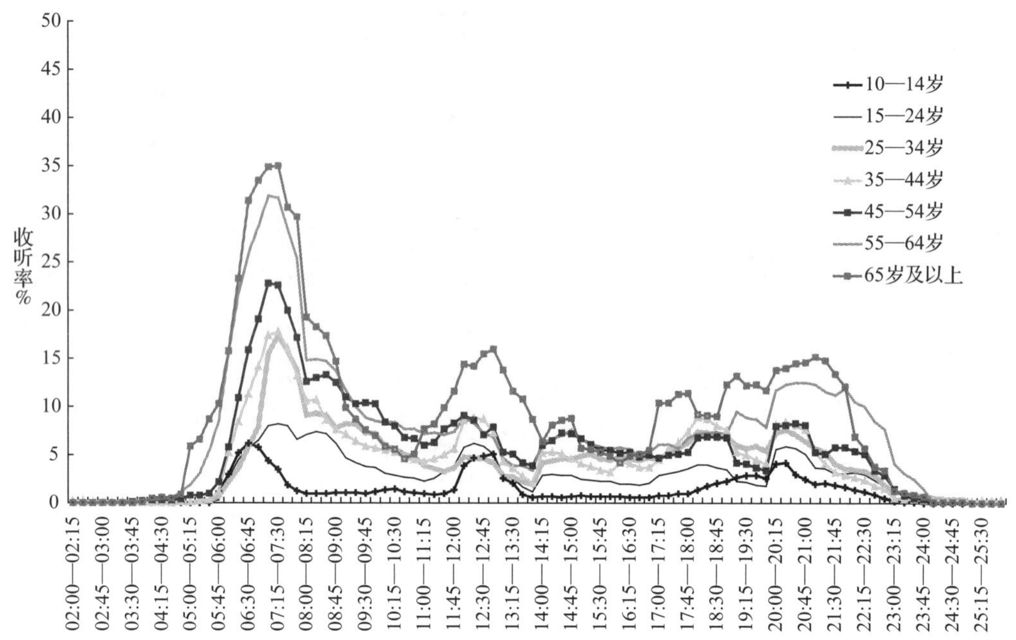

图 3. 24. 3　2011 年石家庄不同年龄听众全天收听率走势

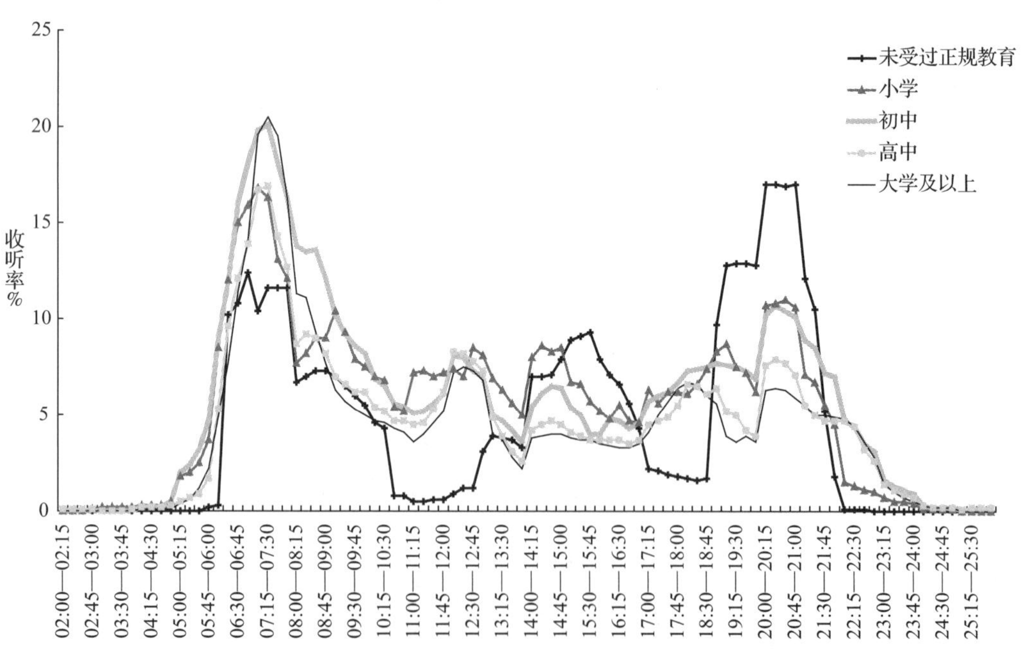

图 3. 24. 4　2011 年石家庄不同文化程度听众全天收听率走势

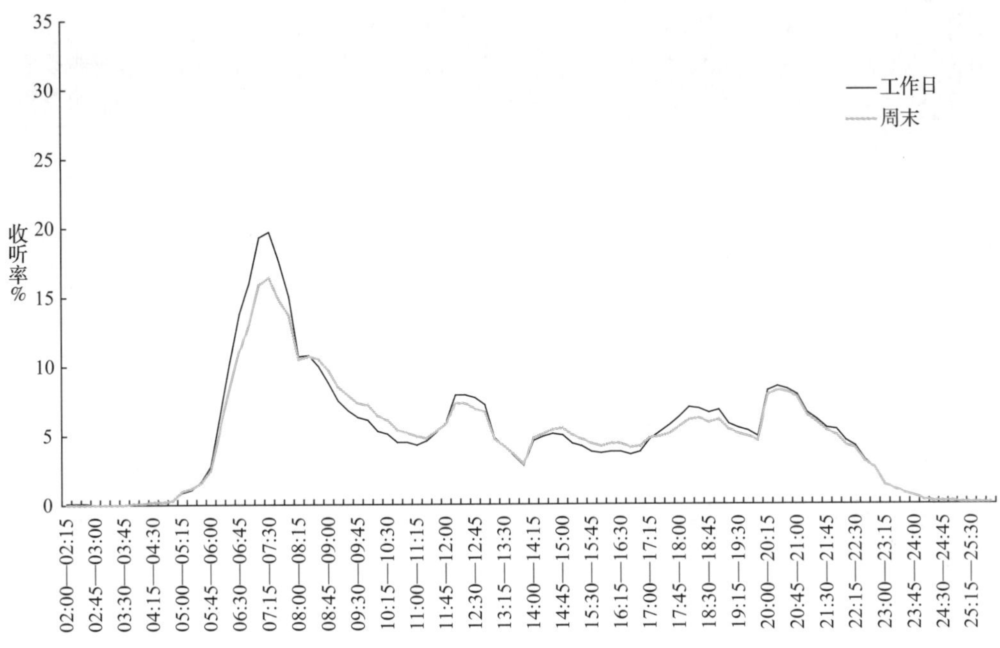

图 3. 24. 5　2011 年石家庄听众工作日与周末全天收听率走势

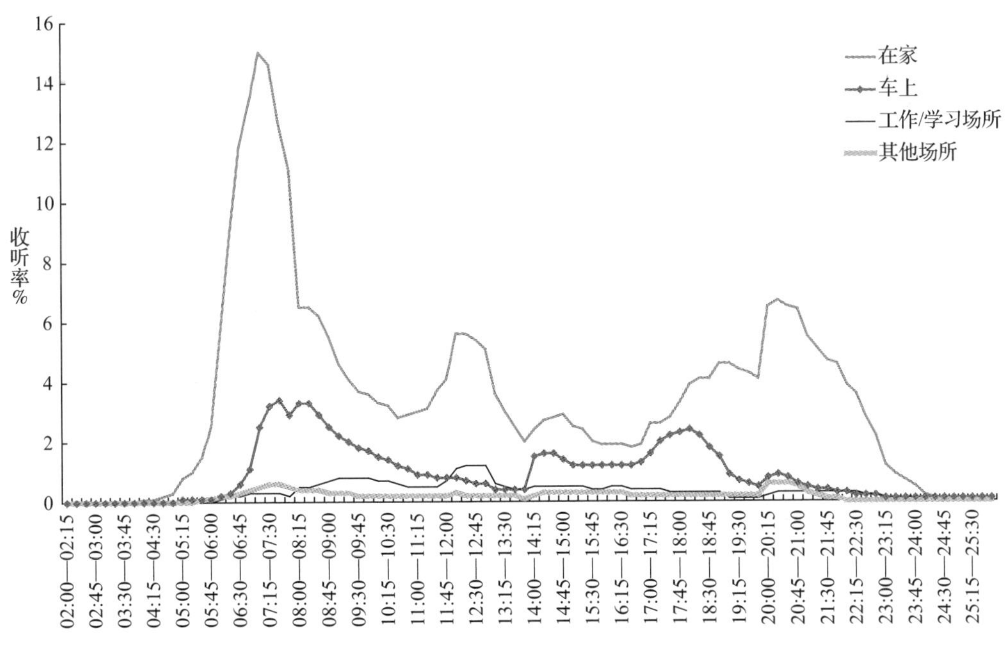

图 3. 24. 6　2011 年石家庄听众在不同收听地点全天收听率走势

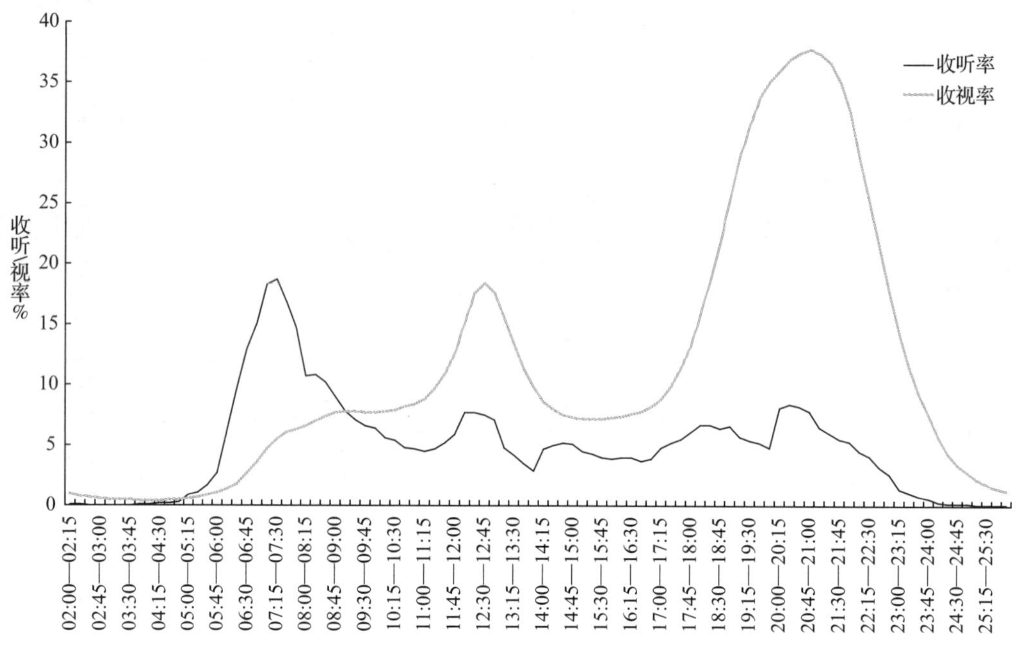

图 3.24.7 2011 年石家庄受众全天收听率、收视率走势比较（目标受众为 10 岁及以上）

表 3.24.3　2011 年石家庄市场听众构成（%）

目标听众		听众构成（%）
10 岁及以上所有人		100.0
性别	男	51.5
	女	48.5
年龄	10—14 岁	1.5
	15—24 岁	12.1
	25—34 岁	15.0
	35—44 岁	19.8
	45—54 岁	17.2
	55—64 岁	16.3
	65 岁及以上	18.1
文化程度	未受过正规教育	1.1
	小学	8.0
	初中	28.5
	高中	32.9
	大学及以上	29.5
职业	干部/管理人员	6.6
	初级公务员/雇员	20.8
	个体/私营企业人员	16.4
	工人	11.7
	学生	6.5
	无业（包括退休人员）	36.5
	其他	1.5
个人月收入	没有收入	12.3
	1—500 元	2.5
	501—1000 元	14.1
	1001—1500 元	29.7
	1501—2000 元	15.1
	2001—2500 元	13.5
	2501—3000 元	4.5
	3001—4000 元	5.4
	4001 元及以上	2.9

表 3.24.4　2009—2011 年石家庄市场各广播电台的市场份额（%）

广播电台	2009 年	2010 年	2011 年
中央人民广播电台	25.4	26.6	22.0
中国国际广播电台	0.0	0.0	0.0
河北人民广播电台	24.9	21.7	28.0
石家庄广播电视台	47.6	50.1	48.7
其他广播电台	2.1	1.6	1.3

表 3.24.5　2011 年石家庄市场各广播电台在不同目标听众中的市场份额（%）

目标听众		中央人民广播电台	中国国际广播电台	河北人民广播电台	石家庄广播电视台	其他广播电台
10 岁及以上所有人		22.0	0.0	28.0	48.7	1.3
性别	男	23.0	0.0	27.4	48.3	1.3
	女	20.8	0.0	28.6	49.1	1.5
年龄	10—14 岁	20.4	0.0	41.3	38.0	0.3
	15—24 岁	16.9	0.0	31.3	50.2	1.6
	25—34 岁	14.3	0.0	26.2	57.3	2.2
	35—44 岁	20.1	0.0	27.6	50.8	1.5
	45—54 岁	23.1	0.0	28.4	46.5	2.0
	55—64 岁	27.3	0.0	26.5	45.3	0.9
	65 岁及以上	28.0	0.0	27.6	44.3	0.1
文化程度	未受过正规教育	40.8	0.0	24.3	34.9	0.0
	小学	29.4	0.0	35.9	34.4	0.3
	初中	18.7	0.0	26.7	53.8	0.8
	高中	21.8	0.0	30.2	45.5	2.5
	大学及以上	22.4	0.0	24.8	51.9	0.9
职业	干部/管理人员	21.8	0.0	24.2	53.3	0.7
	初级公务员/雇员	19.6	0.0	28.7	50.8	0.9
	个体/私营企业人员	15.7	0.0	27.7	53.9	2.7
	工人	16.5	0.0	28.4	53.7	1.4
	学生	21.9	0.0	31.0	45.4	1.7
	无业（包括退休人员）	27.5	0.0	27.7	43.8	1.0
	其他	39.9	0.0	28.9	31.0	0.2
个人月收入	没有收入	24.8	0.0	30.9	41.6	2.7
	1—500 元	31.0	0.0	21.2	47.4	0.4
	501—1000 元	24.6	0.0	28.2	47.0	0.2
	1001—1500 元	20.2	0.0	32.3	46.1	1.4
	1501—2000 元	21.7	0.0	23.0	54.3	1.0
	2001—2500 元	13.9	0.0	26.7	58.6	0.8
	2501—3000 元	29.9	0.0	19.4	50.3	0.4
	3001—4000 元	19.7	0.0	24.9	51.4	4.0
	4001 元及以上	38.5	0.0	21.9	37.1	2.5

表 3.24.6　2011 年石家庄市场份额排名前五位的频率

名次	频　　率	市场份额（%）
1	石家庄广播电视台新闻广播 AM882/FM88.2	16.3
2	中央人民广播电台第一套节目中国之声	13.8
3	石家庄广播电视台音乐广播 FM106.7	13.1
4	石家庄广播电视台交通广播 FM94.6	8.0
5	石家庄广播电视台经济广播 FM100.9/AM1431	6.7

二十五、苏州收听数据

表 3.25.1　2009—2011 年苏州各目标听众人均收听时间（分钟）

目标听众		2009 年	2010 年	2011 年
10 岁及以上所有人		127	102	118
性别	男	131	102	116
	女	124	102	121
年龄	10—14 岁	71	50	59
	15—24 岁	86	69	68
	25—34 岁	110	76	92
	35—44 岁	127	110	133
	45—54 岁	127	103	119
	55—64 岁	148	117	154
	65 岁及以上	200	166	187
文化程度	未受过正规教育	115	105	93
	小学	127	120	127
	初中	157	123	138
	高中	116	94	115
	大学及以上	111	82	100
职业	干部/管理人员	113	85	94
	初级公务员/雇员	119	96	115
	个体/私营企业人员	142	120	137
	工人	123	87	101
	学生	76	66	61
	无业（包括退休人员）	172	148	173
	其他	97	96	89
个人月收入	没有收入	82	69	77
	1—500 元	155	151	147
	501—1000 元	144	141	129
	1001—1500 元	145	117	134
	1501—2000 元	140	108	142
	2001—2500 元	117	86	112
	2501—3000 元	131	92	126
	3001—4000 元	122	113	104
	4001 元及以上	123	97	120

注：2009 年、2010 年苏州为四波调查城市，2011 年苏州为全年连续调查城市。

表 3.25.2　2009—2011 年苏州听众在不同地点的人均收听时间（分钟）

地　点	2009 年	2010 年	2011 年
在家	107	83	94
车上	13	13	16
工作/学习场所	6	5	7
其他场所	1	1	1

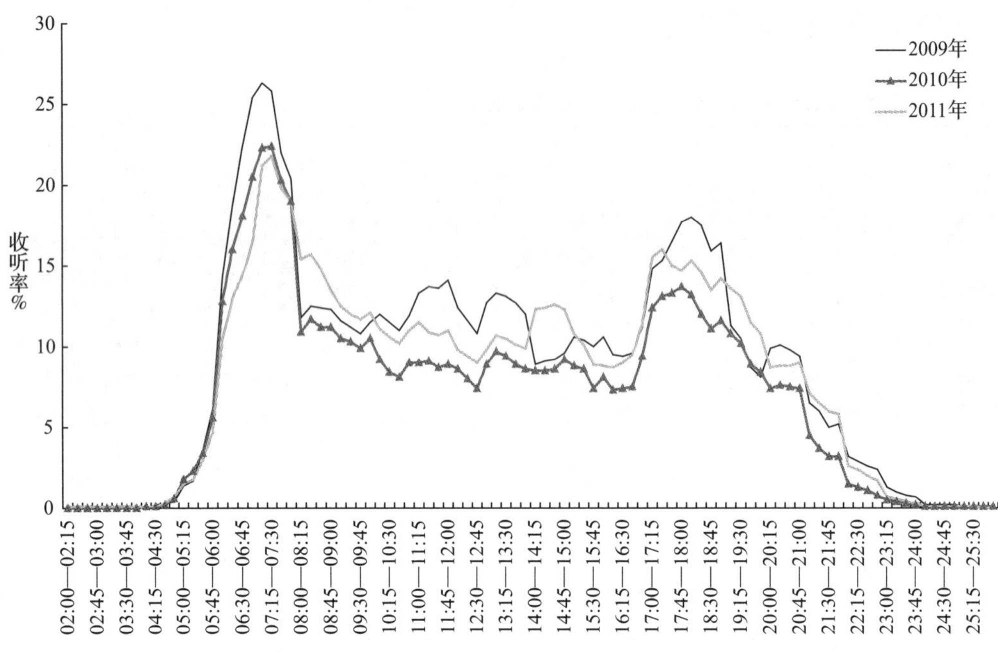

图 3.25.1　2009—2011 年苏州听众全天收听率走势

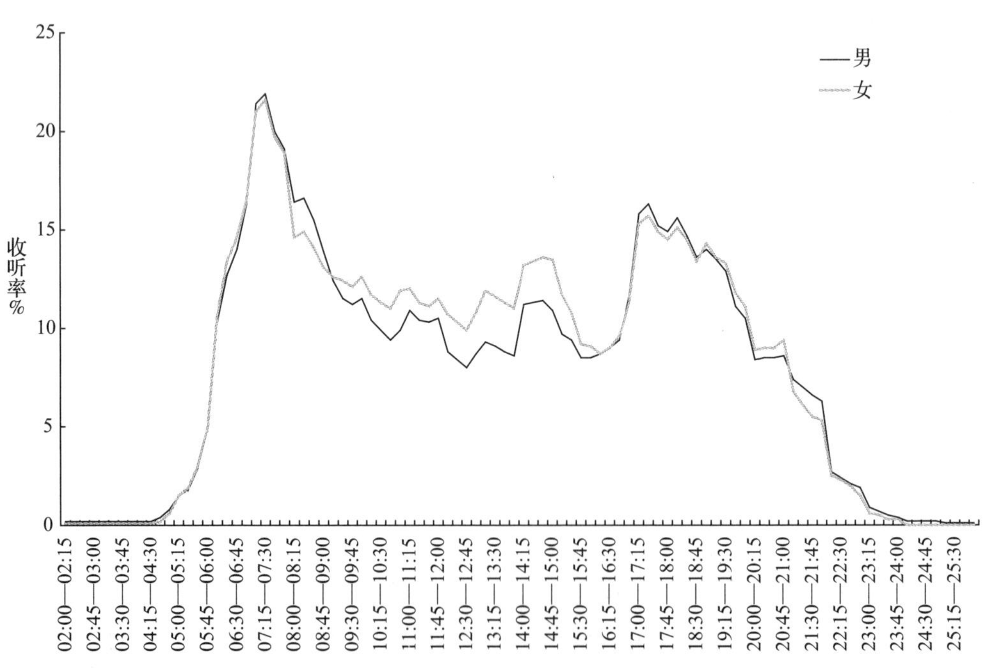

图 3.25.2　2011 年苏州不同性别听众全天收听率走势

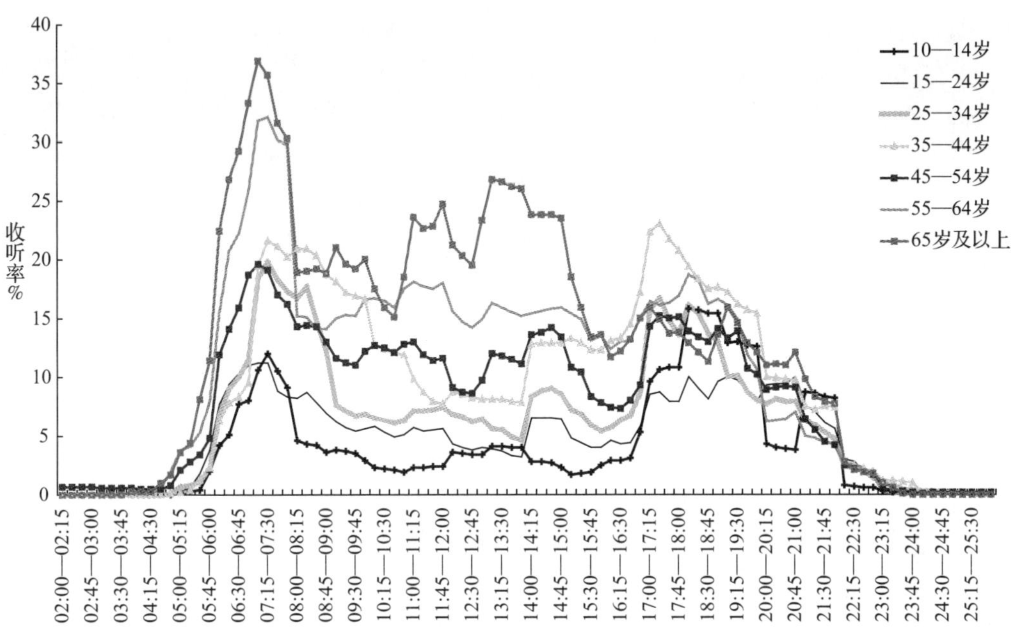

图 3.25.3　2011 年苏州不同年龄听众全天收听率走势

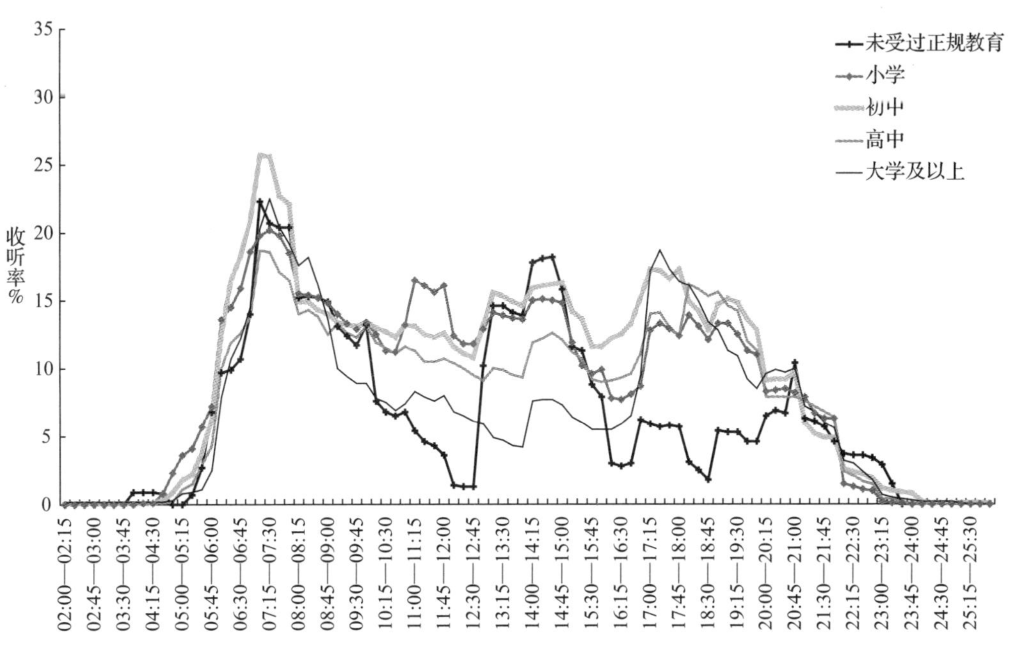

图 3.25.4　2011 年苏州不同文化程度听众全天收听率走势

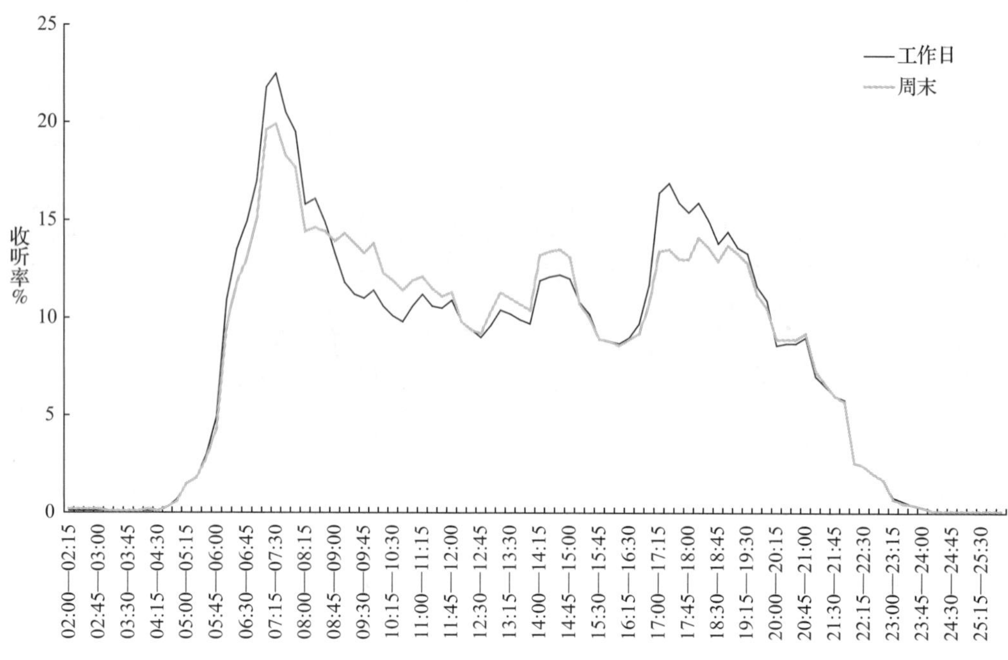

图 3.25.5 2011 年苏州听众工作日与周末全天收听率走势

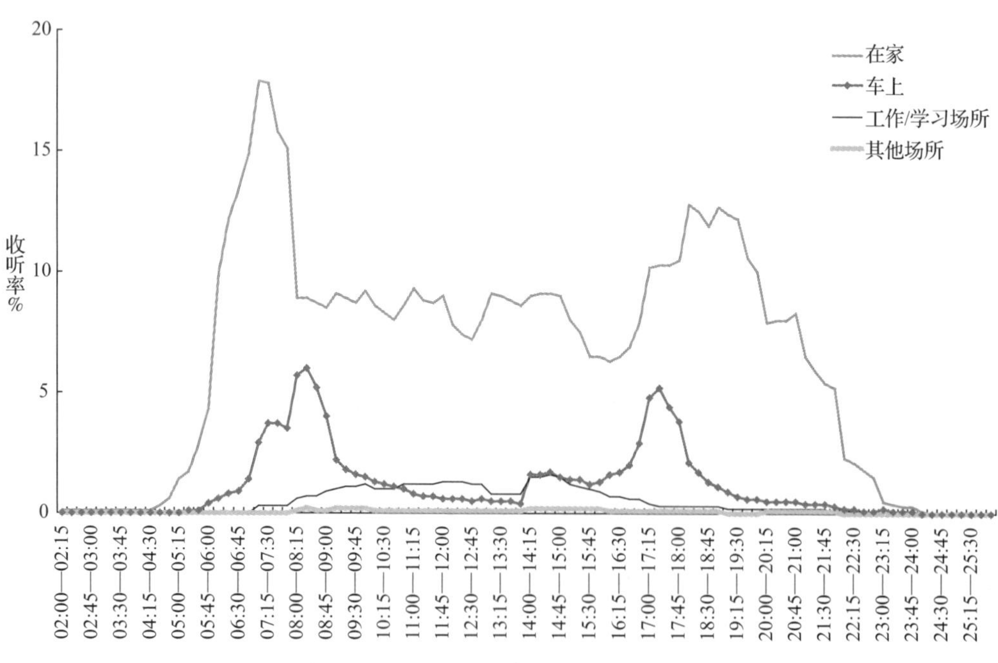

图 3.25.6 2011 年苏州听众在不同地点全天收听率走势

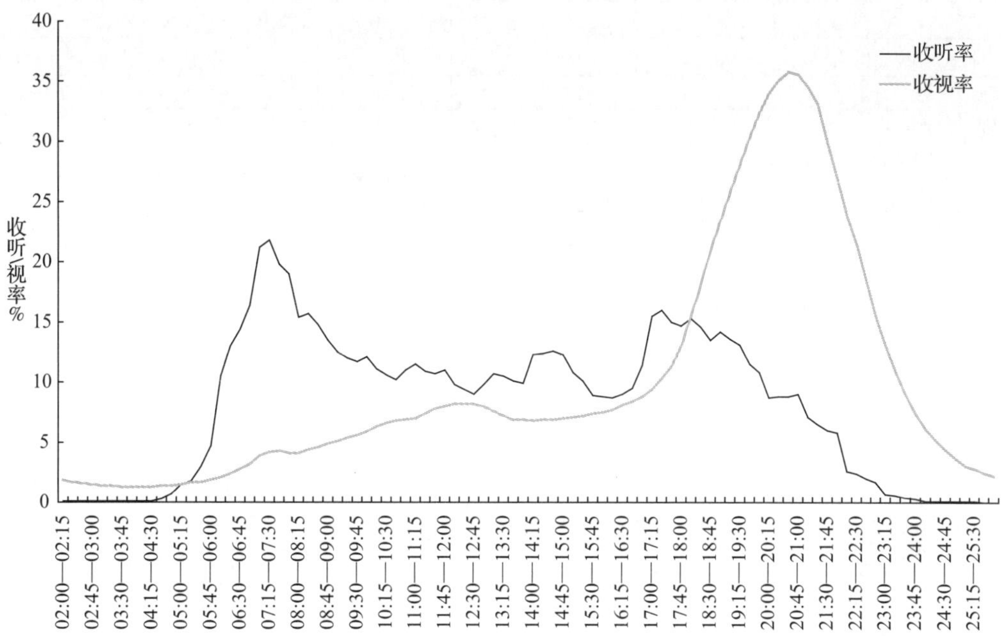

图 3.25.7　2011 年苏州受众全天收听率、收视率走势比较（目标受众为 10 岁及以上）

表 3.25.3　2011 年苏州市场听众构成（%）

目标听众		听众构成（%）
10 岁及以上所有人		100.0
性别	男	45.5
	女	54.5
年龄	10—14 岁	1.8
	15—24 岁	9.3
	25—34 岁	15.2
	35—44 岁	22.5
	45—54 岁	16.5
	55—64 岁	16.2
	65 岁及以上	18.5
文化程度	未受过正规教育	1.1
	小学	11.9
	初中	31.8
	高中	32.2
	大学及以上	23.0
职业	干部/管理人员	6.8
	初级公务员/雇员	22.9
	个体/私营企业人员	10.5
	工人	17.5
	学生	6.6
	无业（包括退休人员）	34.0
	其他	1.7
个人月收入	没有收入	10.9
	1—500 元	1.1
	501—1000 元	4.2
	1001—1500 元	16.4
	1501—2000 元	28.4
	2001—2500 元	14.7
	2501—3000 元	9.8
	3001—4000 元	8.7
	4001 元及以上	5.8

表 3.25.4　2009—2011 年苏州市场各广播电台的市场份额（%）

广播电台	2009 年	2010 年	2011 年
中央人民广播电台	8.4	7.3	8.3
中国国际广播电台	0.0	0.1	0.2
江苏广播电视总台	6.4	8.1	9.3
苏州广播电视总台	77.6	77.6	76.8
上海广播电视台	5.3	5.1	4.2
无锡广播电视台	1.3	1.0	0.5
其他广播电台	1.0	0.8	0.7

表 3.25.5　2011 年苏州市场各广播电台在不同目标听众中的市场份额（%）

目标听众		中央人民广播电台	中国国际广播电台	江苏广播电视总台	苏州广播电视总台	上海广播电视台	无锡广播电视台	其他广播电台
10 岁及以上所有人		8.3	0.2	9.3	76.8	4.2	0.5	0.7
性别	男	9.1	0.3	9.8	75.4	4.3	0.4	0.7
	女	7.7	0.2	8.7	77.9	4.1	0.5	0.9
年龄	10—14 岁	7.1	0.0	10.4	73.7	7.9	0.2	0.7
	15—24 岁	4.5	0.9	8.5	79.6	5.6	0.7	0.2
	25—34 岁	6.8	0.3	13.9	70.9	6.9	0.9	0.3
	35—44 岁	6.1	0.3	10.1	78.8	4.2	0.3	0.2
	45—54 岁	7.6	0.1	10.0	76.7	4.8	0.5	0.3
	55—64 岁	14.6	0.0	8.5	72.9	2.4	0.5	1.1
	65 岁及以上	9.6	0.1	4.6	81.4	2.1	0.1	2.1
文化程度	未受过正规教育	3.2	0.0	10.6	83.3	2.3	0.3	0.3
	小学	4.7	0.2	10.3	79.4	3.8	0.6	1.0
	初中	8.3	0.1	8.3	79.7	2.4	0.3	0.9
	高中	6.5	0.3	9.3	78.1	4.8	0.4	0.6
	大学及以上	13.0	0.4	10.1	69.2	6.0	0.7	0.6
职业	干部/管理人员	12.6	0.1	15.5	65.3	5.4	0.3	0.8
	初级公务员/雇员	6.3	0.3	10.2	77.4	4.9	0.7	0.2
	个体/私营企业人员	3.8	0.2	8.6	81.4	5.3	0.6	0.1
	工人	11.0	0.4	10.3	71.6	5.9	0.6	0.2
	学生	4.8	0.8	8.5	80.7	4.8	0.2	0.2
	无业(包括退休人员)	9.9	0.1	7.4	78.8	2.0	0.3	1.5
	其他	3.6	0.0	4.7	80.1	6.3	2.0	3.3
个人月收入	没有收入	4.1	0.7	10.2	79.1	4.9	0.1	0.9
	1—500 元	2.2	0.0	8.0	85.7	2.9	1.1	0.1
	501—1000 元	4.0	0.6	7.1	84.4	3.2	0.5	0.2
	1001—1500 元	11.3	0.1	7.5	77.2	2.9	0.7	0.3
	1501—2000 元	10.1	0.2	8.5	75.5	4.1	0.4	1.2
	2001—2500 元	10.0	0.1	6.1	75.1	7.1	0.4	1.2
	2501—3000 元	5.0	0.1	9.7	81.6	2.9	0.6	0.1
	3001—4000 元	6.7	0.1	12.4	75.5	4.3	0.4	0.6
	4001 元及以上	8.6	0.6	19.6	67.5	2.9	0.5	0.3

表 3.25.6　2011 年苏州市场份额排名前五位的频率

名次	频　　率	市场份额（%）
1	苏州交通广播 FM104.8	22.6
2	苏州广播电视总台新闻综合频率 AM1080	15.6
3	苏州广播电视总台都市音乐频率 FM94.8	13.1
4	苏州戏曲广播 AM846	8.4
5	中央人民广播电台第一套节目中国之声	7.3

二十六、太原收听数据

表 3.26.1　2011 年太原各目标听众人均收听时间（分钟）

目标听众		人均收听时间（分钟）
10 岁及以上所有人		85
性别	男	91
	女	79
年龄	10—14 岁	38
	15—24 岁	58
	25—34 岁	83
	35—44 岁	87
	45—54 岁	104
	55—64 岁	118
	65 岁及以上	107
文化程度	未受过正规教育	37
	小学	74
	初中	85
	高中	91
	大学及以上	86
职业	干部/管理人员	100
	初级公务员/雇员	88
	个体/私营企业人员	87
	工人	97
	学生	39
	无业（包括退休人员）	95
	其他	155
个人月收入	没有收入	50
	1—500 元	109
	501—1000 元	108
	1001—1500 元	105
	1501—2000 元	96
	2001—2500 元	82
	2501—3000 元	88
	3001—4000 元	105
	4001 元及以上	77

注：太原从 2011 年 3 月开始进行收听率调查，为全年连续调查城市。

表 3.26.2　2011 年太原听众在不同地点的人均收听时间（分钟）

地点	人均收听时间（分钟）
在家	54
车上	23
工作/学习场所	6
其他场所	2

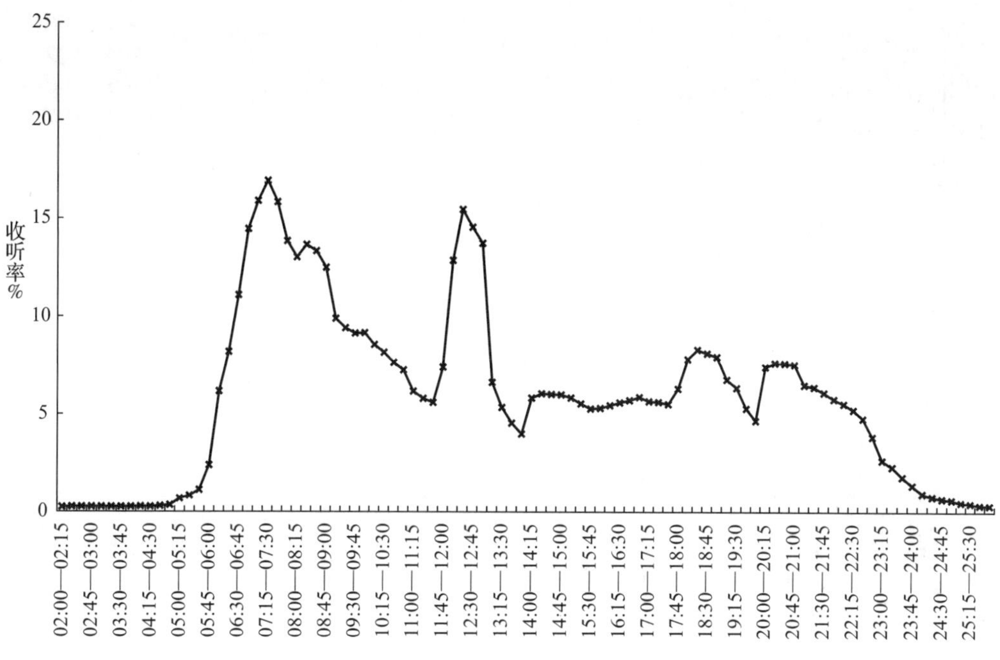

图 3. 26. 1 2011 年太原听众全天收听率走势

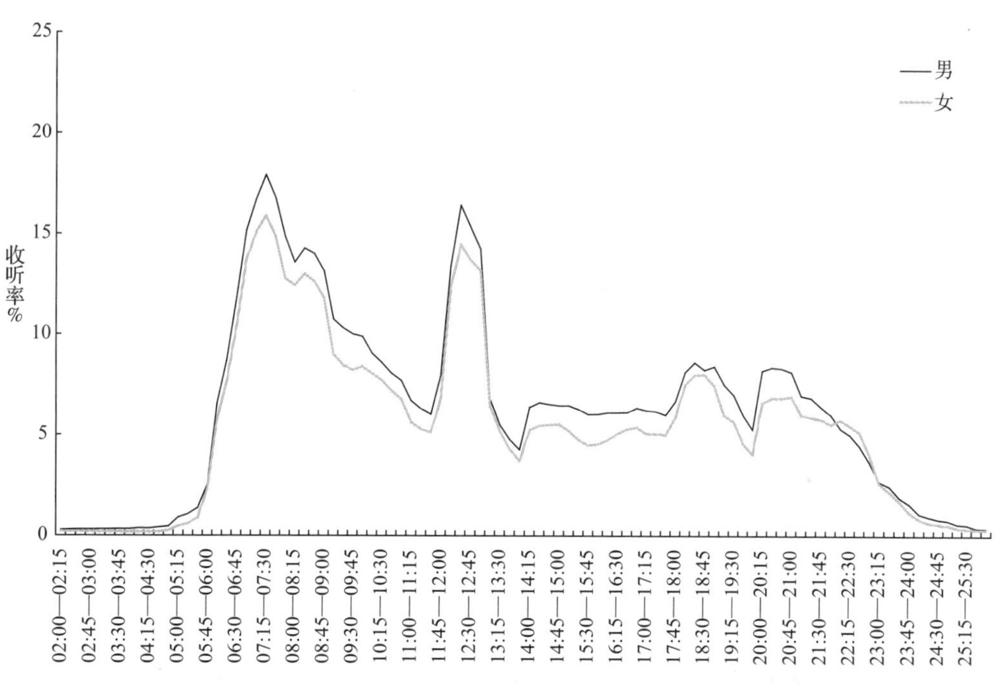

图 3. 26. 2 2011 年太原不同性别听众全天收听率走势

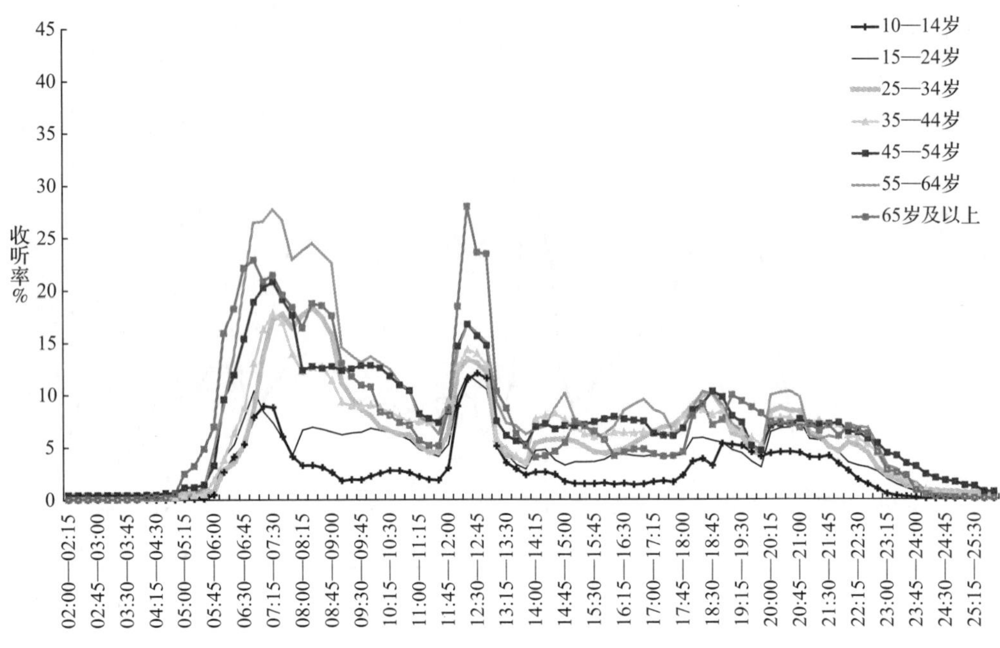

图 3. 26. 3　2011 年太原不同年龄听众全天收听率走势

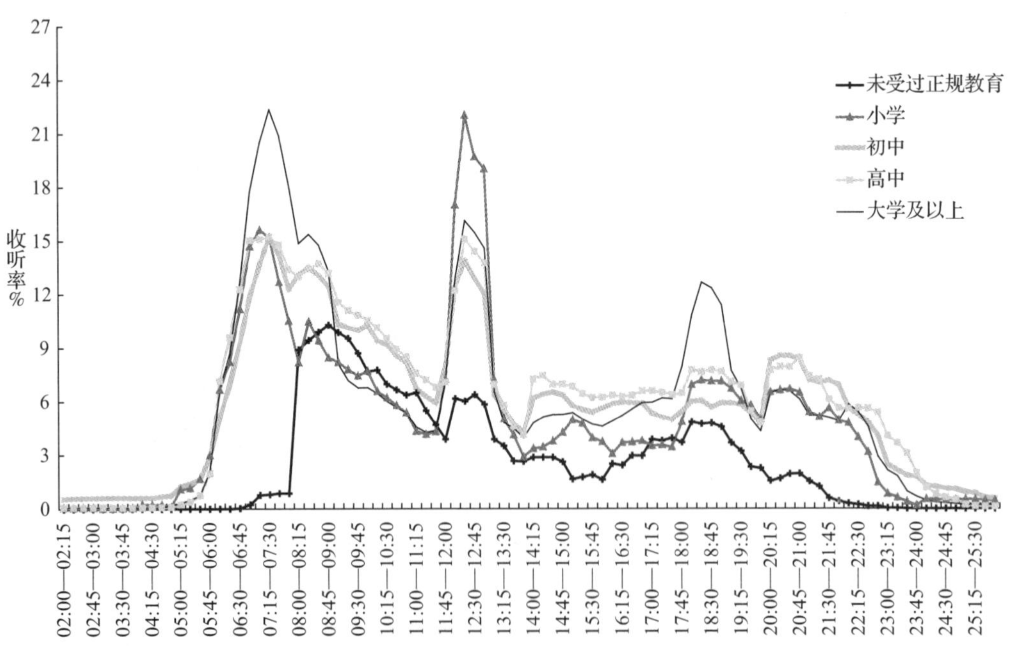

图 3. 26. 4　2011 年太原不同文化程度听众全天收听率走势

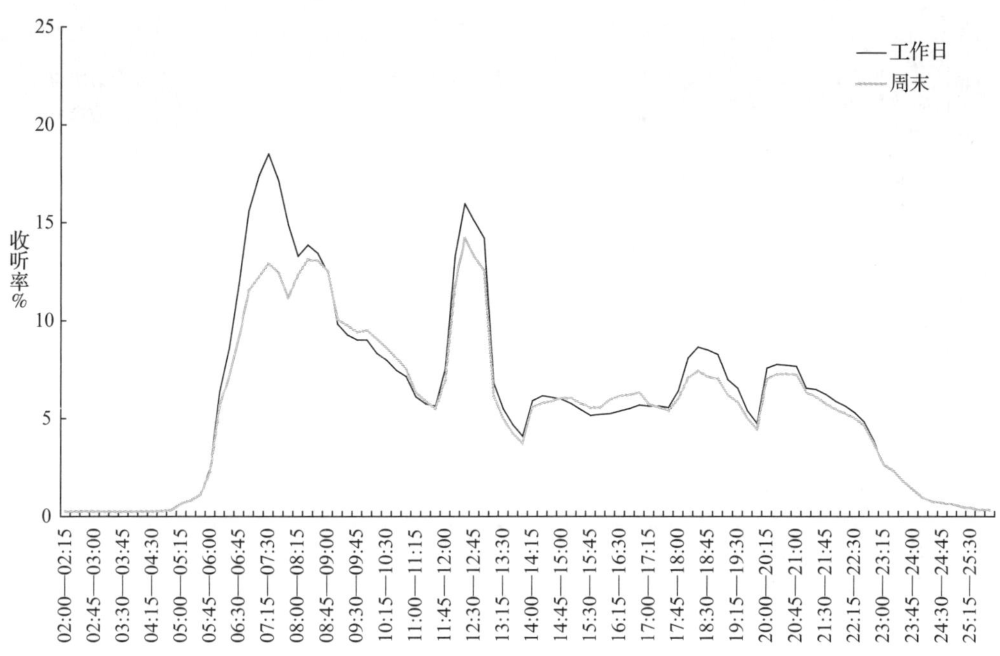

图 3.26.5　2011 年太原听众工作日与周末全天收听率走势

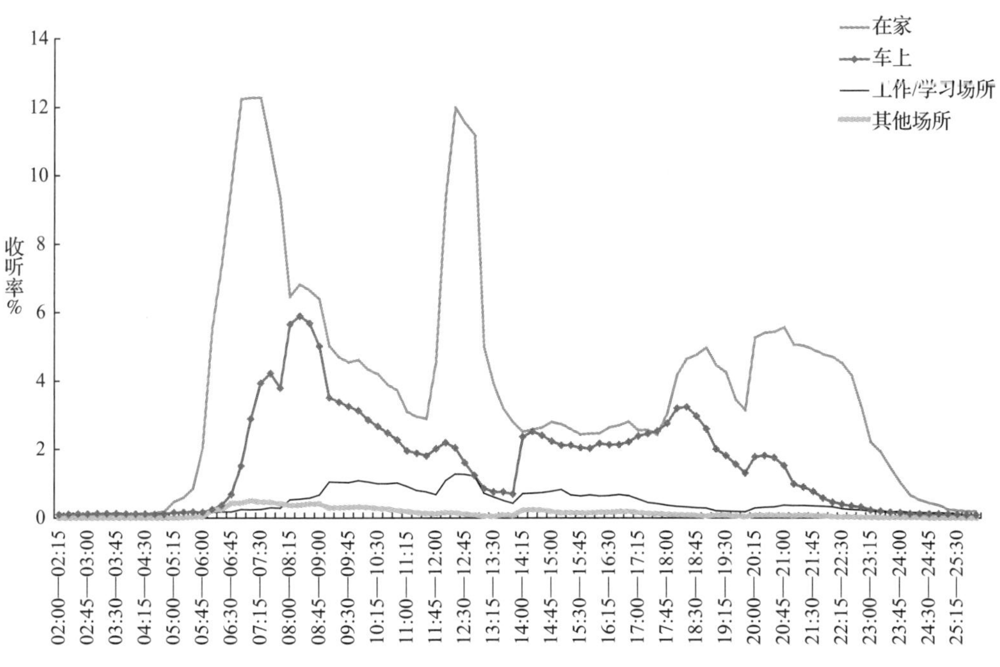

图 3.26.6　2011 年太原听众在不同收听地点全天收听率走势

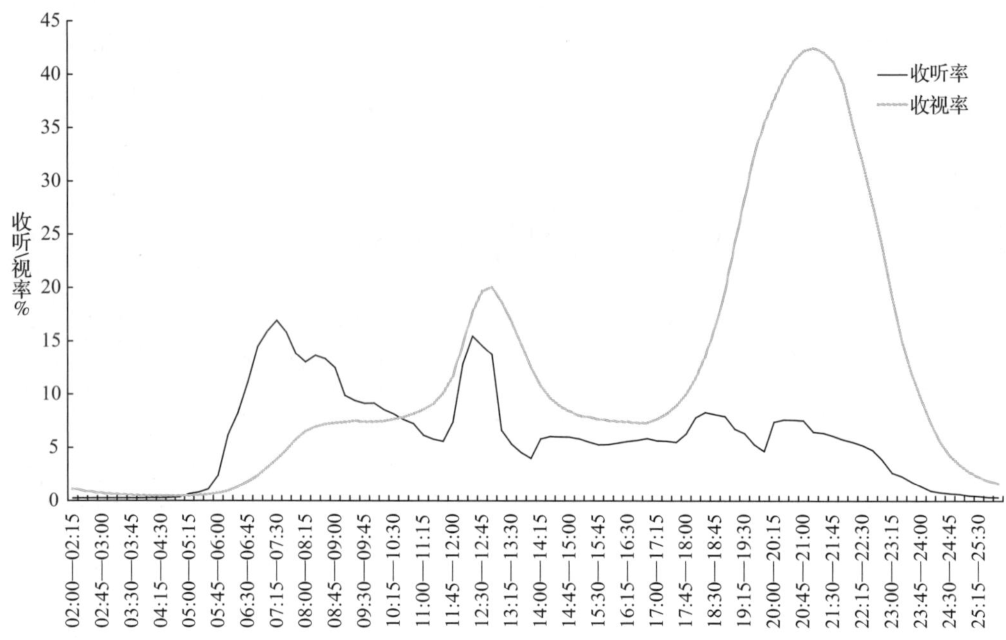

图 3.26.7　2011 年太原受众全天收听率、收视率走势比较（目标受众为 10 岁及以上）

表 3.26.3　2011 年太原市场听众构成（%）

目标听众		听众构成（%）
10 岁及以上所有人		100.0
性别	男	54.8
	女	45.2
年龄	10—14 岁	2.9
	15—24 岁	11.8
	25—34 岁	18.0
	35—44 岁	23.4
	45—54 岁	20.4
	55—64 岁	11.2
	65 岁及以上	12.3
文化程度	未受过正规教育	0.5
	小学	8.0
	初中	35.1
	高中	30.1
	大学及以上	26.3
职业	干部/管理人员	5.7
	初级公务员/雇员	17.7
	个体/私营企业人员	19.9
	工人	15.8
	学生	7.1
	无业（包括退休人员）	29.6
	其他	4.2
个人月收入	没有收入	15.4
	1—500 元	3.2
	501—1000 元	11.7
	1001—1500 元	24.1
	1501—2000 元	17.3
	2001—2500 元	10.7
	2501—3000 元	6.8
	3001—4000 元	8.4
	4001 元及以上	2.4

表 3.26.4　2011 年太原市场各广播电台的市场份额（%）

广播电台	市场份额（%）
中央人民广播电台	18.7
中国国际广播电台	0.0
山西广播电视台	49.6
太原人民广播电台	31.6
其他广播电台	0.2

表 3.26.5 2011 年太原市场各广播电台在不同目标听众中的市场份额（%）

目标听众		中央人民广播电台	中国国际广播电台	山西广播电视台	太原人民广播电台	其他广播电台
10 岁及以上所有人		18.7	0.0	49.6	31.6	0.2
性别	男	18.5	0.0	46.5	34.8	0.2
	女	18.9	0.0	53.3	27.7	0.2
年龄	10—14 岁	16.2	0.0	54.7	29.0	0.0
	15—24 岁	16.6	0.0	52.9	30.4	0.1
	25—34 岁	18.1	0.0	42.0	39.8	0.2
	35—44 岁	15.0	0.0	46.8	38.2	0.1
	45—54 岁	21.6	0.0	45.9	32.3	0.2
	55—64 岁	20.1	0.0	56.1	23.4	0.4
	65 岁及以上	23.0	0.0	61.8	15.1	0.2
文化程度	未受过正规教育	35.3	0.0	43.0	21.7	0.0
	小学	17.5	0.0	60.7	21.7	0.1
	初中	13.3	0.0	52.8	33.9	0.1
	高中	20.8	0.0	47.1	31.9	0.3
	大学及以上	23.6	0.0	45.0	31.3	0.1
职业	干部/管理人员	22.9	0.0	45.3	31.7	0.1
	初级公务员/雇员	24.6	0.0	44.5	30.8	0.1
	个体/私营企业人员	15.1	0.0	40.0	44.9	0.1
	工人	15.3	0.0	46.6	37.9	0.2
	学生	18.3	0.0	56.2	25.4	0.1
	无业（包括退休人员）	20.1	0.0	59.3	20.3	0.3
	其他	8.0	0.0	54.0	37.9	0.2
个人月收入	没有收入	15.5	0.0	59.3	25.1	0.2
	1—500 元	10.3	0.0	55.5	34.1	0.1
	501—1000 元	22.2	0.0	52.6	25.2	0.1
	1001—1500 元	20.6	0.0	47.4	31.9	0.1
	1501—2000 元	19.2	0.0	47.9	32.6	0.4
	2001—2500 元	18.8	0.0	49.1	32.0	0.1
	2501—3000 元	18.0	0.0	38.3	43.3	0.4
	3001—4000 元	16.5	0.0	51.3	32.1	0.1
	4001 元及以上	18.8	0.0	27.4	53.7	0.2

表 3.26.6 2011 年太原市场份额排名前五位的频率

名次	频率	市场份额（%）
1	太原人民广播电台交通频率 FM107	14.2
2	中央人民广播电台第一套节目中国之声	11.8
3	山西广播电视台交通广播 FM88	10.4
4	山西广播电视台健康之声广播 FM105.9	9.7
5	山西文艺广播 FM101.5	8.7

二十七、天津收听数据

表 3.27.1　2009—2011 年天津各目标听众人均收听时间（分钟）

目标听众		2009 年	2010 年	2011 年			
				第 1 波	第 2 波	第 3 波	第 4 波
10 岁及以上所有人		137	138	140	132	126	129
性别	男	136	142	144	137	133	135
	女	138	134	137	128	120	123
年龄	10—14 岁	54	47	28	39	38	33
	15—24 岁	91	81	76	73	61	74
	25—34 岁	108	106	100	92	95	91
	35—44 岁	124	113	114	118	115	115
	45—54 岁	143	154	164	154	154	161
	55—64 岁	208	211	222	193	174	172
	65 岁及以上	199	217	230	224	211	206
文化程度	未受过正规教育	110	124	111	107	111	117
	小学	159	149	167	178	150	145
	初中	151	159	169	164	154	148
	高中	139	138	136	131	132	134
	大学及以上	117	114	112	98	91	100
职业	干部/管理人员	89	94	99	91	85	103
	初级公务员/雇员	121	111	112	103	95	108
	个体/私营企业人员	123	126	132	136	133	138
	工人	132	136	136	120	120	121
	学生	89	75	65	67	53	51
	无业（包括退休人员）	184	195	206	191	180	176
	其他	*	*	*	*	*	*
个人月收入	没有收入	103	92	91	87	83	81
	1—500 元	169	160	156	143	177	184
	501—1000 元	148	162	161	158	121	102
	1001—1500 元	158	167	183	168	152	146
	1501—2000 元	128	133	132	131	142	145
	2001—2500 元	145	162	165	161	145	167
	2501—3000 元	140	132	118	110	109	110
	3001—4000 元	105	102	130	110	123	145
	4001 元及以上	129	104	72	59	69	121

注：天津为四波调查城市。2011 年四波调查时间分别为：第一波 2 月 27 日至 3 月 19 日；第二波 5 月 29 日至 6 月 18 日；第三波 8 月 28 日至 9 月 17 日；第四波 11 月 6 日至 11 月 26 日。

“*”表示该目标听众样本量不足，无法进行统计推断。

表 3.27.2　2009—2011 年天津听众在不同地点的人均收听时间（分钟）

地　　点	2009 年	2010 年	2011 年
在家	112	113	105
车上	15	16	18
工作/学习场所	7	6	7
其他场所	2	2	2

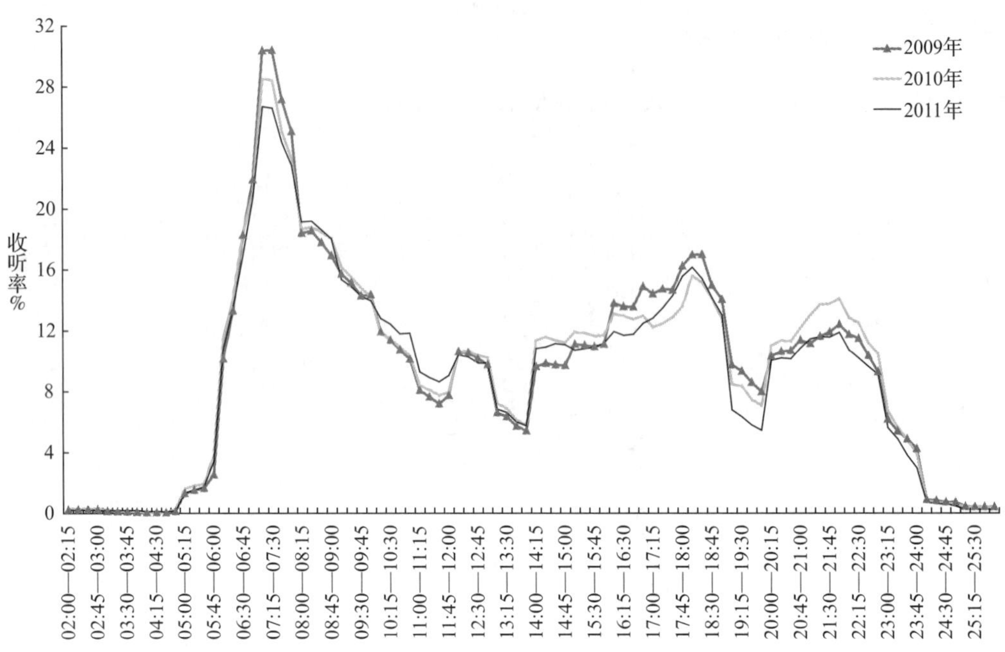

图 3.27.1 2009—2011 年天津听众全天收听率走势

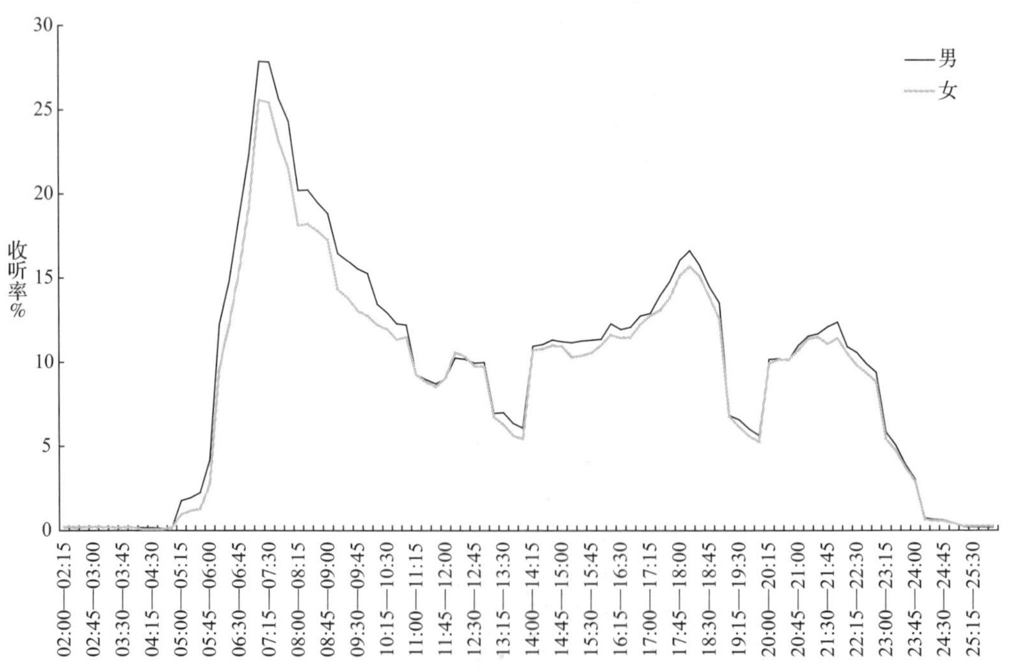

图 3.27.2 2011 年天津不同性别听众全天收听率走势

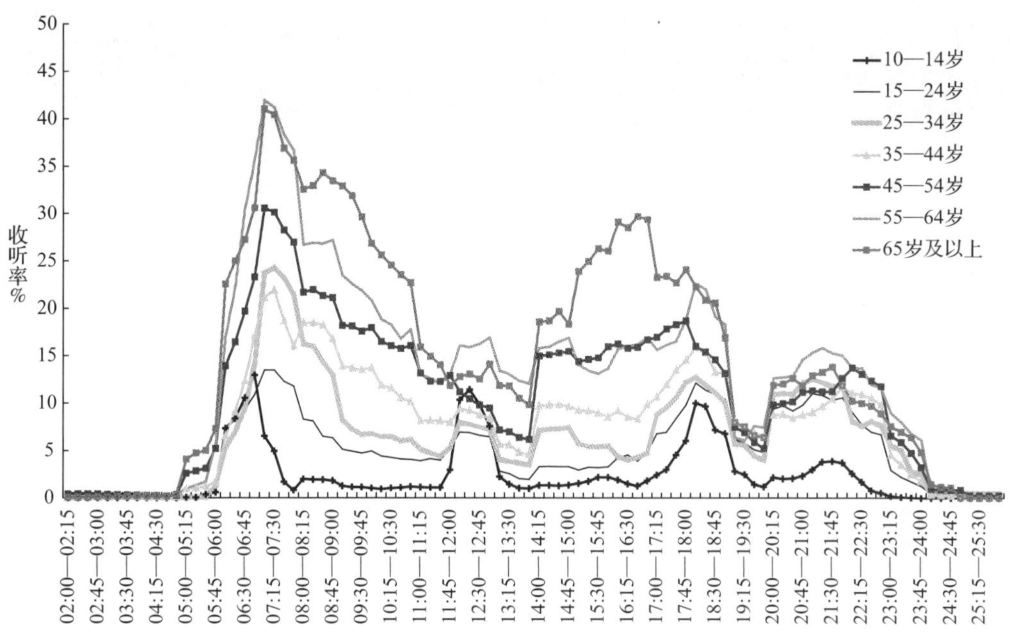

图 3. 27. 3　2011 年天津不同年龄听众全天收听率走势

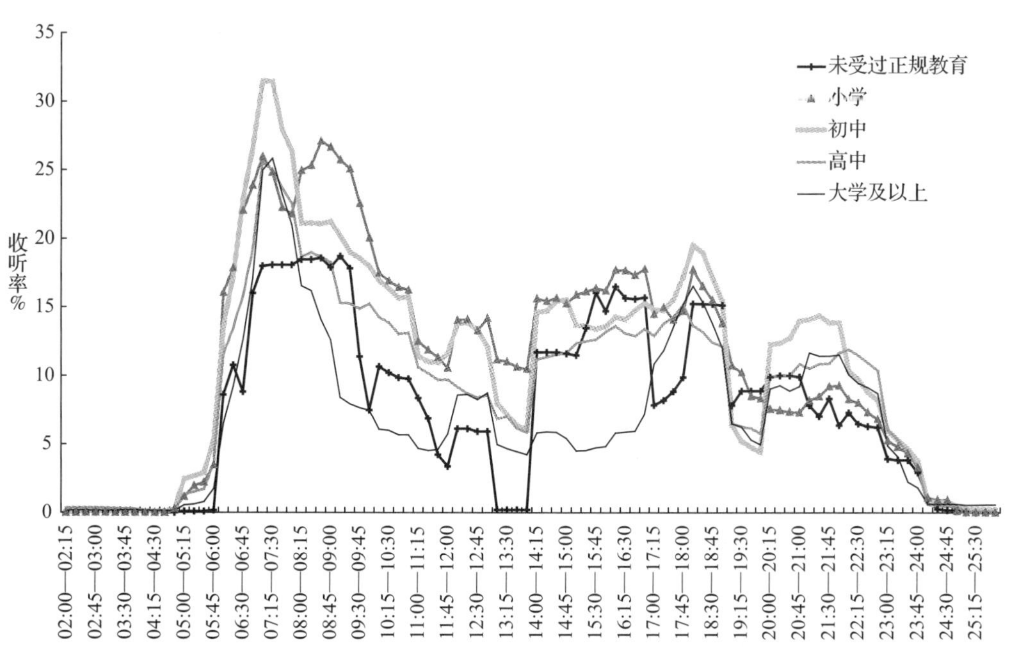

图 3. 27. 4　2011 年天津不同文化程度听众全天收听率走势

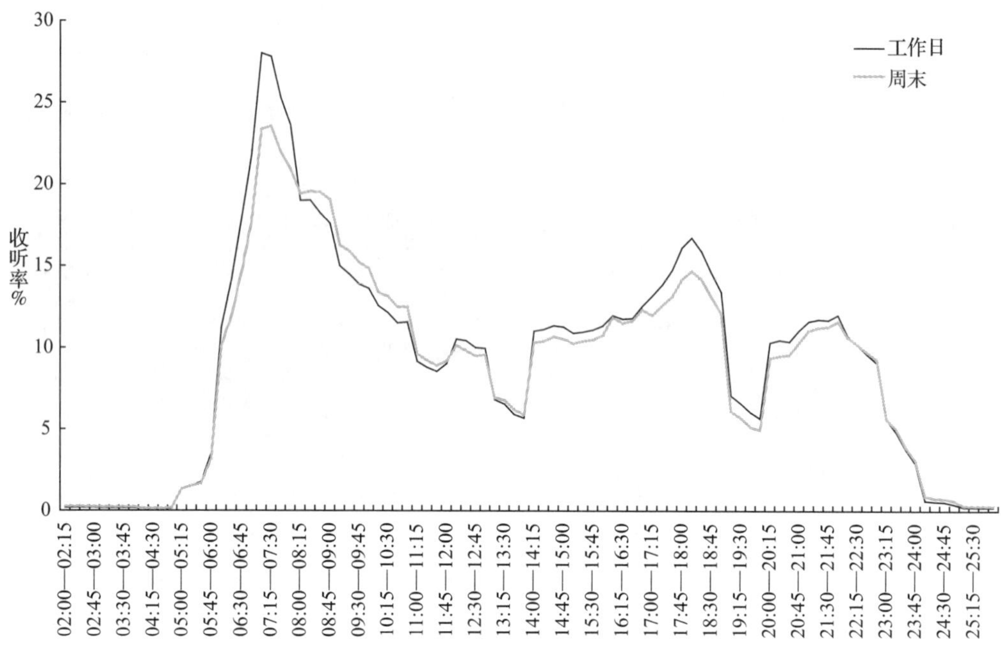

图 3.27.5　2011 年天津听众工作日与周末全天收听率走势

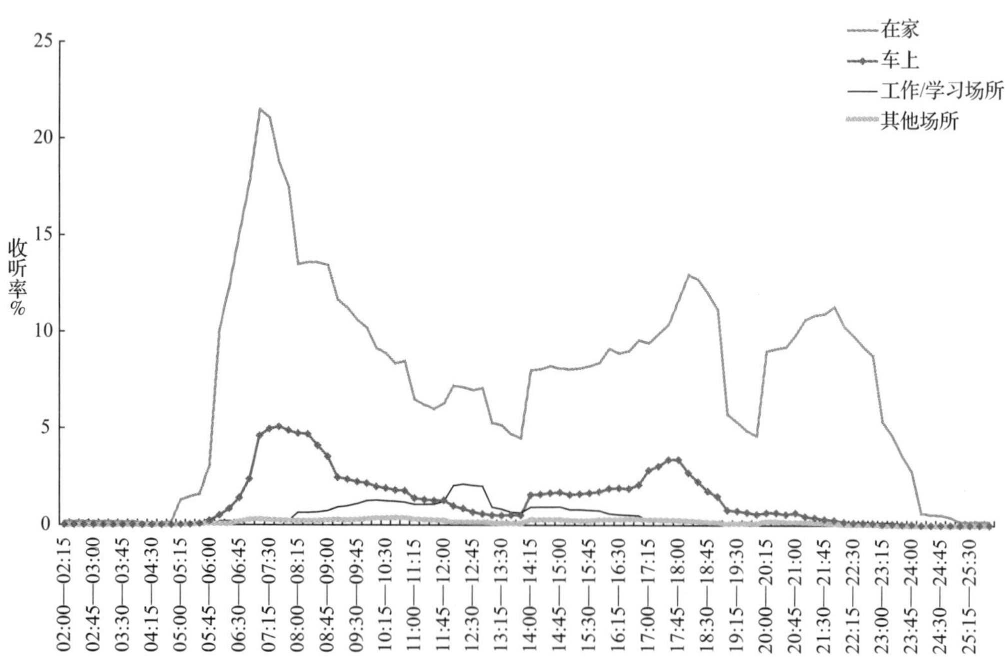

图 3.27.6　2011 年天津听众在不同收听地点全天收听率走势

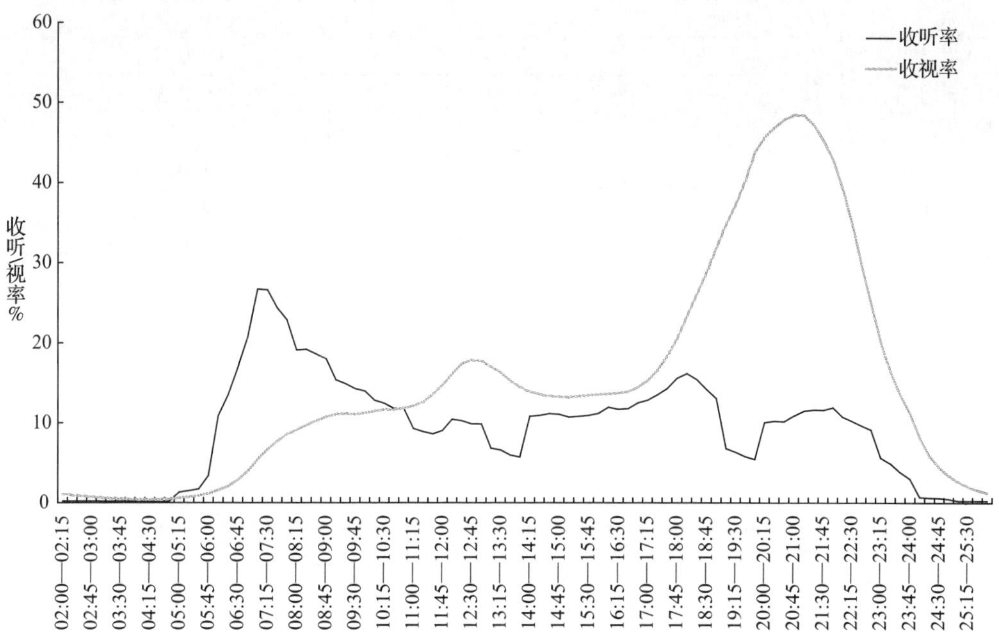

图 3.27.7　2011 年天津受众全天收听率、收视率走势比较（目标受众为 10 岁及以上）

表 3.27.3　2011 年天津市场听众构成（%）

目标听众		听众构成（%）
10 岁及以上所有人		100.0
性别	男	50.3
	女	49.7
年龄	10—14 岁	1.0
	15—24 岁	9.2
	25—34 岁	11.6
	35—44 岁	14.8
	45—54 岁	25.7
	55—64 岁	18.7
	65 岁及以上	19.0
文化程度	未受过正规教育	1.3
	小学	9.2
	初中	27.8
	高中	40.8
	大学及以上	20.9
职业	干部/管理人员	3.8
	初级公务员/雇员	12.3
	个体/私营企业人员	11.8
	工人	18.2
	学生	6.9
	无业（包括退休人员）	47.0
	其他	0.0
个人月收入	没有收入	15.5
	1—500 元	1.9
	501—1000 元	8.4
	1001—1500 元	32.0
	1501—2000 元	18.4
	2001—2500 元	12.2
	2501—3000 元	4.5
	3001—4000 元	5.5
	4001 元及以上	1.6

表 3.27.4　2009—2011 年天津市场各广播电台的市场份额（%）

广播电台	2009 年	2010 年	2011 年			
			第 1 波	第 2 波	第 3 波	第 4 波
中央人民广播电台	7.9	9.1	7.9	9.0	7.9	8.5
中国国际广播电台	0.0	0.0	0.1	0.0	0.0	0.0
天津人民广播电台	91.5	90.7	91.8	90.8	91.4	90.9
其他广播电台	0.6	0.2	0.2	0.2	0.7	0.6

表 3.27.5 2011 年天津市场各广播电台在不同目标听众中的市场份额（%）

目标听众		中央人民广播电台	中国国际广播电台	天津人民广播电台	其他广播电台
10 岁及以上所有人		8.3	0.0	91.2	0.5
性别	男	9.0	0.0	90.5	0.5
	女	7.6	0.0	92.0	0.4
年龄	10—14 岁	21.2	0.0	77.6	1.2
	15—24 岁	7.2	0.0	92.5	0.3
	25—34 岁	9.6	0.0	90.2	0.2
	35—44 岁	11.3	0.1	86.9	1.7
	45—54 岁	6.7	0.0	93.0	0.3
	55—64 岁	7.5	0.0	92.5	0.0
	65 岁及以上	8.0	0.0	91.7	0.3
文化程度	未受过正规教育	18.6	0.0	81.3	0.1
	小学	4.0	0.0	95.6	0.4
	初中	5.7	0.0	94.0	0.3
	高中	8.2	0.0	91.0	0.8
	大学及以上	13.3	0.0	86.6	0.1
职业	干部/管理人员	13.0	0.0	86.9	0.1
	初级公务员/雇员	10.6	0.0	89.3	0.1
	个体/私营企业人员	13.2	0.0	86.4	0.4
	工人	4.9	0.1	94.6	0.4
	学生	10.5	0.0	89.0	0.5
	无业（包括退休人员）	7.0	0.0	92.4	0.6
	其他	*	*	*	*
个人月收入	没有收入	6.5	0.0	91.6	1.9
	1—500 元	2.1	0.0	97.9	0.0
	501—1000 元	12.5	0.0	87.4	0.1
	1001—1500 元	6.8	0.0	92.8	0.4
	1501—2000 元	7.8	0.0	92.0	0.2
	2001—2500 元	10.6	0.0	89.4	0.0
	2501—3000 元	10.1	0.0	89.9	0.0
	3001—4000 元	12.9	0.0	86.8	0.3
	4001 元及以上	16.2	0.0	83.7	0.1

表 3.27.6 2011 年天津市场份额排名前五位的频率

名次	频　率	市场份额（%）
1	天津人民广播电台交通广播 FM106.8	28.4
2	天津人民广播电台相声广播 AM567/FM92.1	13.5
3	天津人民广播电台新闻广播 FM97.2/AM909	11.0
4	天津人民广播电台音乐广播 FM99	8.5
5	天津人民广播电台生活广播 FM91.1/AM1386	8.2

二十八、乌鲁木齐收听数据

表 3.28.1　2009—2011 年乌鲁木齐各目标听众人均收听时间（分钟）

目标听众		2009 年	2010 年	2011 年
10 岁及以上所有人		94	97	98
性别	男	95	95	94
	女	93	99	101
年龄	10—14 岁	52	61	53
	15—24 岁	67	74	86
	25—34 岁	96	84	79
	35—44 岁	85	95	89
	45—54 岁	116	113	127
	55—64 岁	132	118	133
	65 岁及以上	125	135	124
文化程度	未受过正规教育	93	101	120
	小学	106	120	115
	初中	103	101	108
	高中	97	98	106
	大学及以上	77	80	70
职业	干部/管理人员	64	73	85
	初级公务员/雇员	90	87	81
	个体/私营企业人员	99	107	115
	工人	81	72	74
	学生	58	62	66
	无业（包括退休人员）	128	124	124
	其他	79	64	140
个人月收入	没有收入	80	91	94
	1—500 元	127	125	108
	501—1000 元	123	117	129
	1001—1500 元	99	97	116
	1501—2000 元	87	98	100
	2001—2500 元	81	90	76
	2501—3000 元	82	70	84
	3001—4000 元	88	95	76
	4001 元及以上	73	104	91

注：乌鲁木齐为全年连续调查城市。

表 3.28.2　2009—2011 年乌鲁木齐听众在不同地点的人均收听时间（分钟）

地　　点	2009 年	2010 年	2011 年
在家	73	76	76
车上	12	13	13
工作/学习场所	7	5	6
其他场所	2	3	2

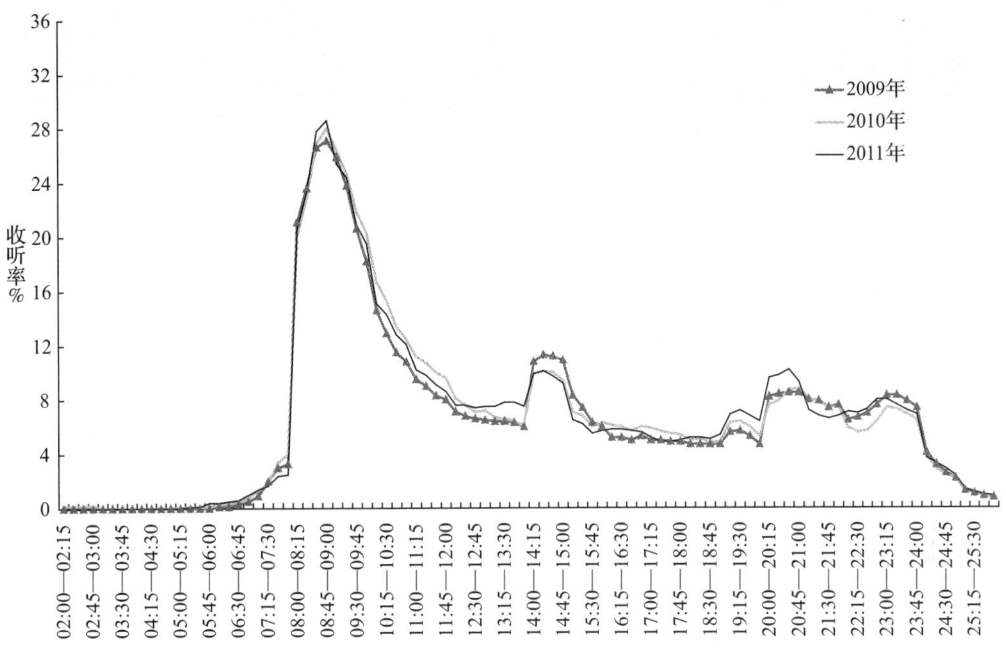

图 3.28.1　2009—2011 年乌鲁木齐听众全天收听率走势

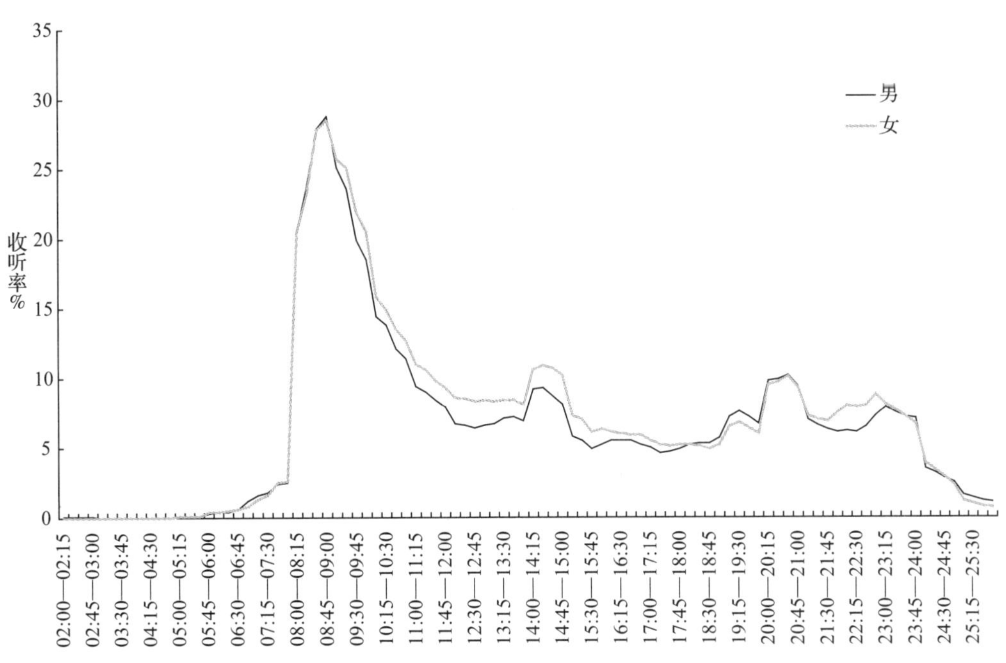

图 3.28.2　2011 年乌鲁木齐不同性别听众全天收听率走势

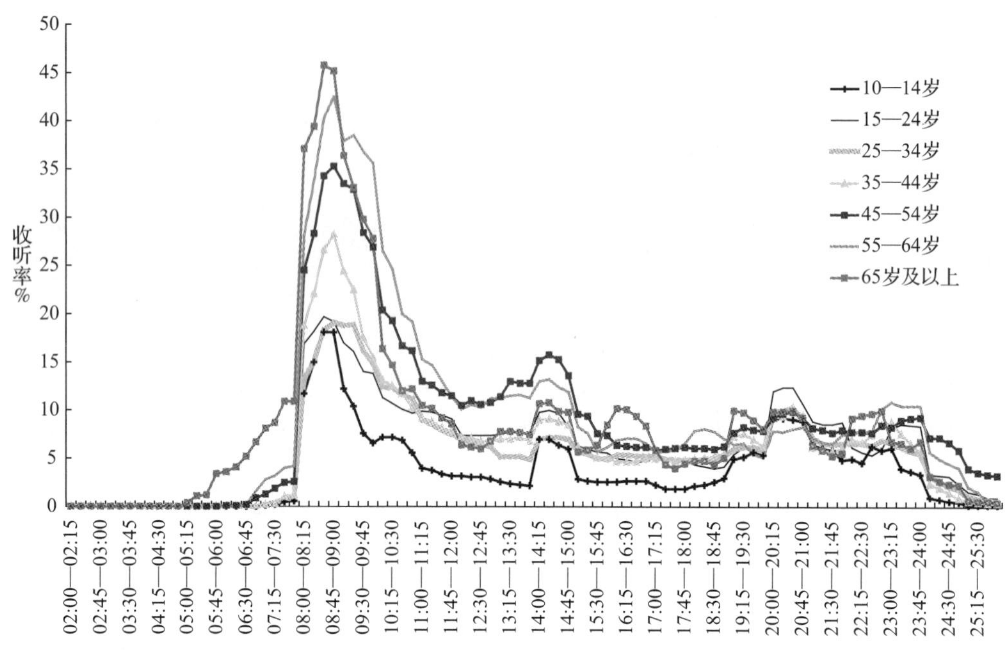

图 3.28.3　2011 年乌鲁木齐不同年龄听众全天收听率走势

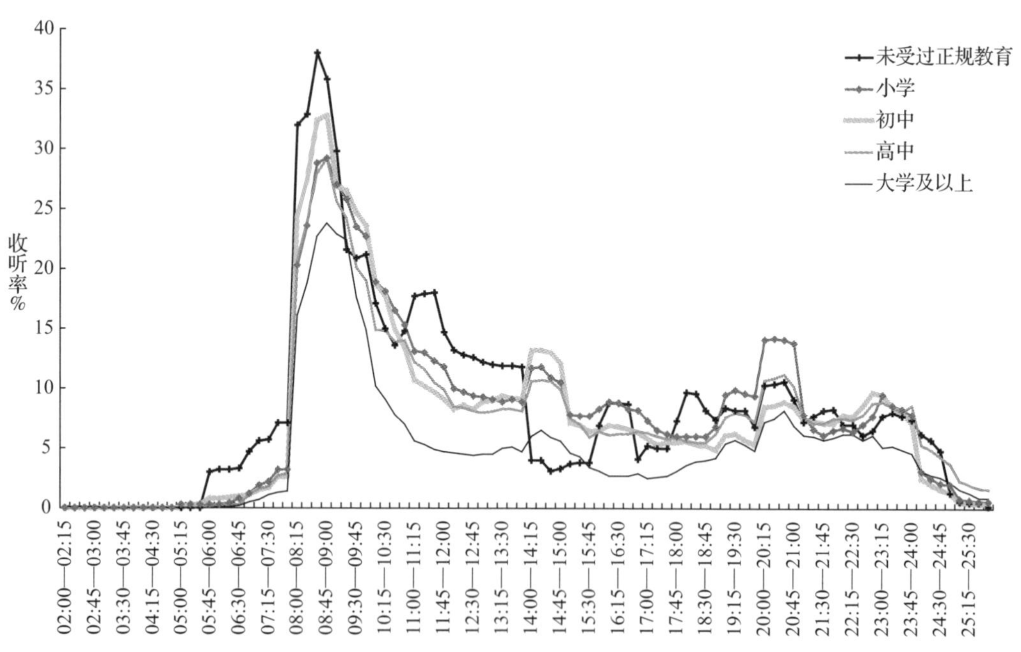

图 3.28.4　2011 年乌鲁木齐不同文化程度听众全天收听率走势

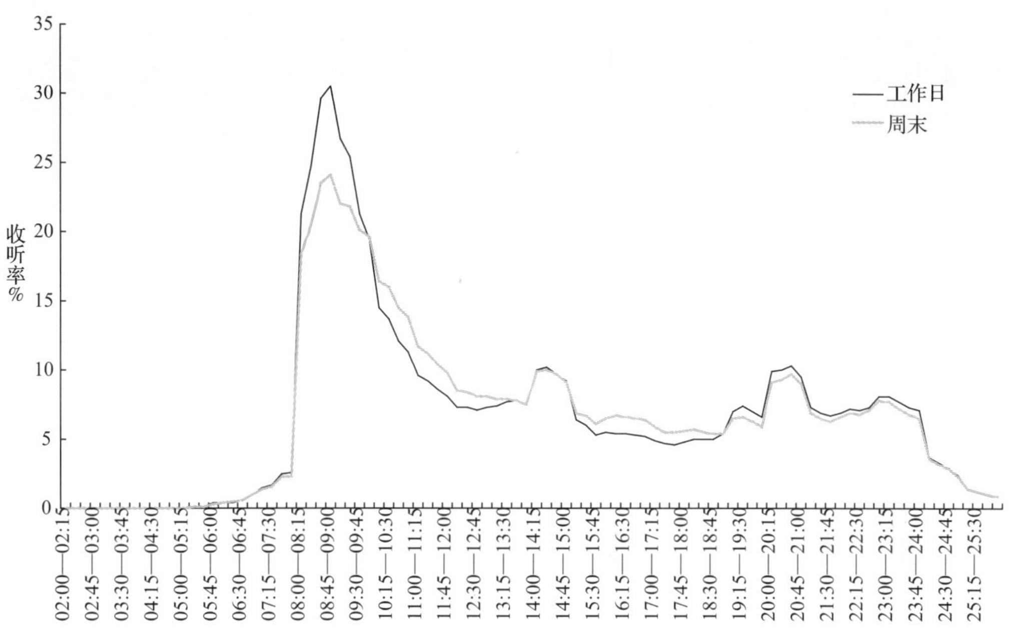

图 3.28.5 2011 年乌鲁木齐听众工作日与周末全天收听率走势

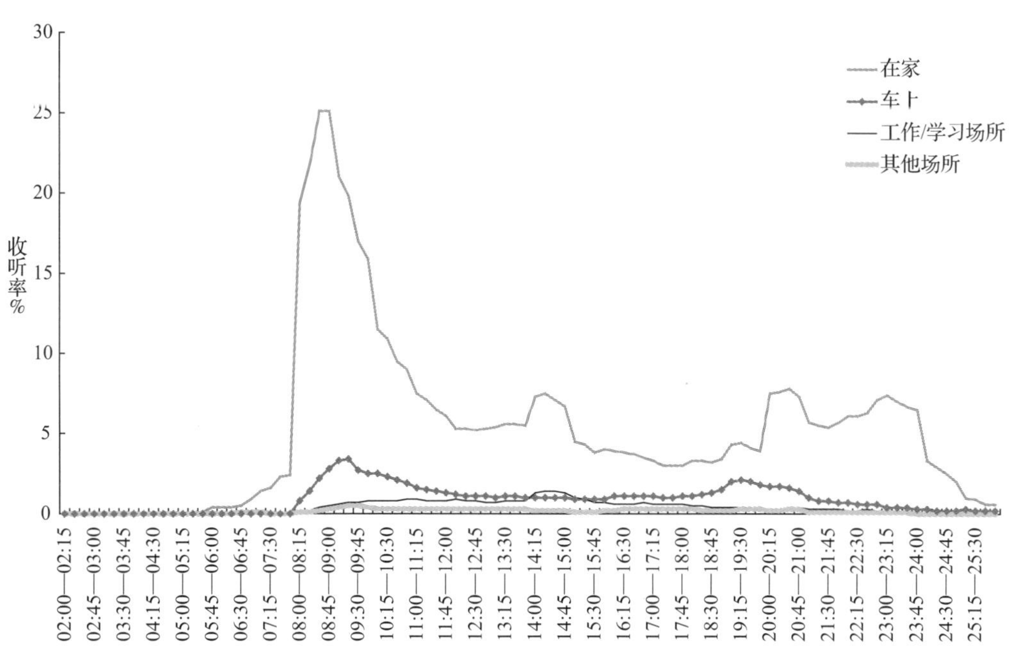

图 3.28.6 2011 年乌鲁木齐听众在不同收听地点全天收听率走势

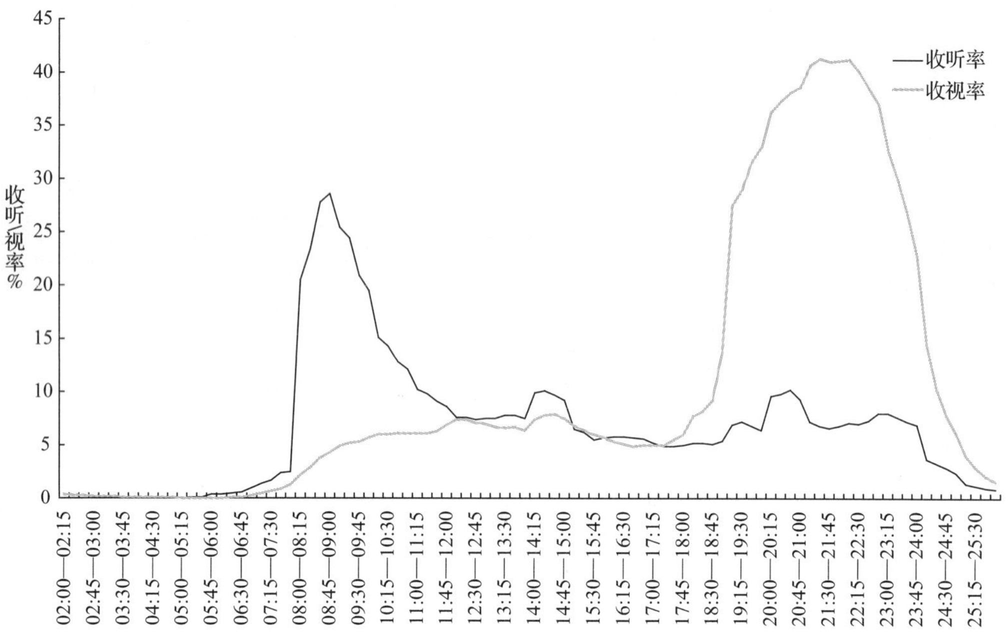

图 3.28.7　2011 年乌鲁木齐受众全天收听率、收视率走势比较（目标受众为 10 岁及以上）

表 3.28.3　2011 年乌鲁木齐市场听众构成（%）

目标听众		听众构成（%）
10 岁及以上所有人		100.0
性别	男	47.8
	女	52.2
年龄	10—14 岁	3.1
	15—24 岁	10.3
	25—34 岁	18.7
	35—44 岁	23.3
	45—54 岁	17.2
	55—64 岁	14.2
	65 岁及以上	13.1
文化程度	未受过正规教育	2.5
	小学	16.7
	初中	26.7
	高中	33.6
	大学及以上	20.5
职业	干部/管理人员	3.9
	初级公务员/雇员	22.2
	个体/私营企业人员	18.1
	工人	8.9
	学生	7.4
	无业（包括退休人员）	38.6
	其他	0.8
个人月收入	没有收入	22.1
	1—500 元	1.8
	501—1000 元	11.9
	1001—1500 元	20.7
	1501—2000 元	15.7
	2001—2500 元	10.1
	2501—3000 元	7.4
	3001—4000 元	6.5
	4001 元及以上	3.8

表 3.28.4　2009—2011 年乌鲁木齐市场各广播电台的市场份额（%）

广播电台	2009 年	2010 年	2011 年
中央人民广播电台	15.2	9.9	12.7
中国国际广播电台	0.2	0.2	0.0
新疆人民广播电台	55.3	63.1	65.4
乌鲁木齐人民广播电台	23.9	22.8	19.3
其他广播电台	5.4	4.0	2.6

表 3.28.5　2011 年乌鲁木齐市场各广播电台在不同目标听众中的市场份额（%）

目标听众		中央人民广播电台	中国国际广播电台	新疆人民广播电台	乌鲁木齐人民广播电台	其他广播电台
10 岁及以上所有人		12.7	0.0	65.4	19.3	2.6
性别	男	12.8	0.0	66.3	18.6	2.3
	女	12.6	0.0	64.5	19.9	3.0
年龄	10—14 岁	7.8	0.0	67.4	23.8	1.0
	15—24 岁	8.1	0.0	70.4	19.1	2.4
	25—34 岁	10.4	0.0	70.9	16.1	2.6
	35—44 岁	9.6	0.0	68.7	19.3	2.4
	45—54 岁	10.0	0.0	63.6	22.6	3.8
	55—64 岁	18.7	0.0	60.2	18.1	3.0
	65 岁及以上	23.5	0.0	55.2	19.8	1.5
文化程度	未受过正规教育	18.8	0.0	43.3	37.6	0.3
	小学	12.5	0.0	69.8	16.7	1.0
	初中	12.2	0.0	66.2	19.0	2.6
	高中	11.0	0.0	67.8	18.4	2.8
	大学及以上	15.7	0.0	59.2	21.0	4.1
职业	干部/管理人员	9.4	0.0	55.5	31.7	3.4
	初级公务员/雇员	11.6	0.0	69.4	15.6	3.4
	个体/私营企业人员	7.9	0.0	70.1	19.1	2.9
	工人	7.8	0.0	66.7	21.9	3.6
	学生	7.8	0.0	70.7	20.5	1.0
	无业（包括退休人员）	17.9	0.0	60.5	19.4	2.2
	其他	16.4	0.0	64.3	19.1	0.2
个人月收入	没有收入	9.1	0.0	70.5	19.3	1.1
	1—500 元	3.0	0.0	81.8	15.1	0.1
	501—1000 元	18.3	0.0	63.5	16.5	1.7
	1001—1500 元	12.7	0.0	62.8	21.8	2.7
	1501—2000 元	16.7	0.0	63.8	16.2	3.3
	2001—2500 元	13.3	0.0	61.0	20.8	4.9
	2501—3000 元	13.6	0.0	63.6	20.4	2.4
	3001—4000 元	10.1	0.0	70.7	16.1	3.1
	4001 元及以上	6.8	0.0	59.8	27.5	5.9

表 3.28.6　2011 年乌鲁木齐市场份额排名前五位的频率

名次	频　率	市场份额（%）
1	新疆人民广播电台 FM107.4 维语文艺广播	17.1
2	新疆人民广播电台 949 交通广播 FM94.9	15.3
3	新疆人民广播电台 929 城市广播 FM92.9	11.4
4	中央人民广播电台第一套节目中国之声	7.7
5	乌鲁木齐人民广播电台交通广播 FM97.4	6.4

二十九、武汉收听数据

表 3.29.1 2009—2011 年武汉各目标听众人均收听时间（分钟）

目标听众		2009 年	2010 年	2011 年			
				第 1 波	第 2 波	第 3 波	第 4 波
10 岁及以上所有人		60	55	56	52	46	51
性别	男	65	59	58	54	47	52
	女	56	51	54	50	45	49
年龄	10—14 岁	22	23	25	19	26	33
	15—24 岁	40	31	36	29	26	27
	25—34 岁	52	48	51	46	41	44
	35—44 岁	59	56	56	52	52	58
	45—54 岁	63	58	63	61	49	61
	55—64 岁	93	85	83	83	71	69
	65 岁及以上	90	82	86	80	62	65
文化程度	未受过正规教育	43	37	43	43	55	58
	小学	49	49	53	49	47	44
	初中	68	63	55	55	46	55
	高中	63	55	58	55	47	51
	大学及以上	51	49	58	45	41	45
职业	干部/管理人员	42	41	68	35	32	35
	初级公务员/雇员	48	48	52	48	43	45
	个体/私营企业人员	60	54	43	46	40	52
	工人	70	62	61	60	58	61
	学生	33	29	36	28	28	30
	无业（包括退休人员）	73	71	76	70	54	59
	其他	40	12	6	6	*	*
个人月收入	没有收入	40	34	40	34	29	32
	1—500 元	82	90	85	73	64	77
	501—1000 元	69	64	69	63	59	60
	1001—1500 元	65	66	62	66	58	65
	1501—2000 元	51	55	63	53	47	56
	2001—2500 元	79	51	46	49	36	44
	2501—3000 元	67	29	37	37	38	47
	3001—4000 元	47	38	49	43	35	39
	4001 元及以上	64	37	76	40	44	50

注：武汉为四波调查城市。2011 年四波调查时间分别为：第一波 2 月 27 日至 3 月 19 日；第二波 5 月 29 日至 6 月 18 日；第三波 8 月 28 日至 9 月 17 日；第四波 11 月 6 日至 11 月 26 日。

表 3.29.2 2009—2011 年武汉听众在不同地点的人均收听时间（分钟）

地点	2009 年	2010 年	2011 年
在家	47	44	39
车上	8	6	7
工作/学习场所	5	4	3
其他场所	1	1	1

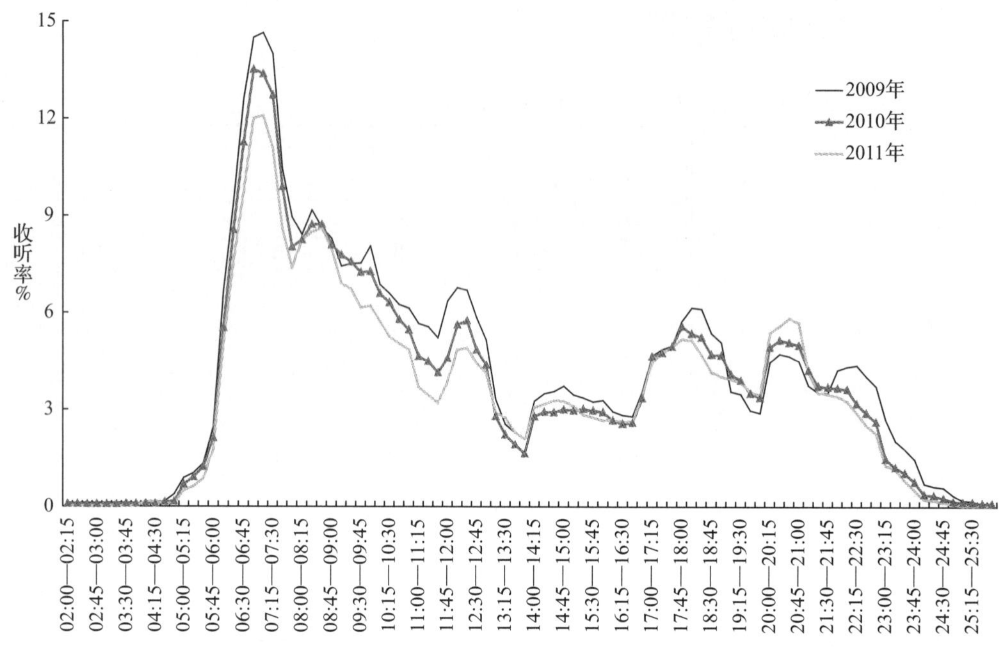

图 3.29.1　2009—2011 年武汉听众全天收听率走势

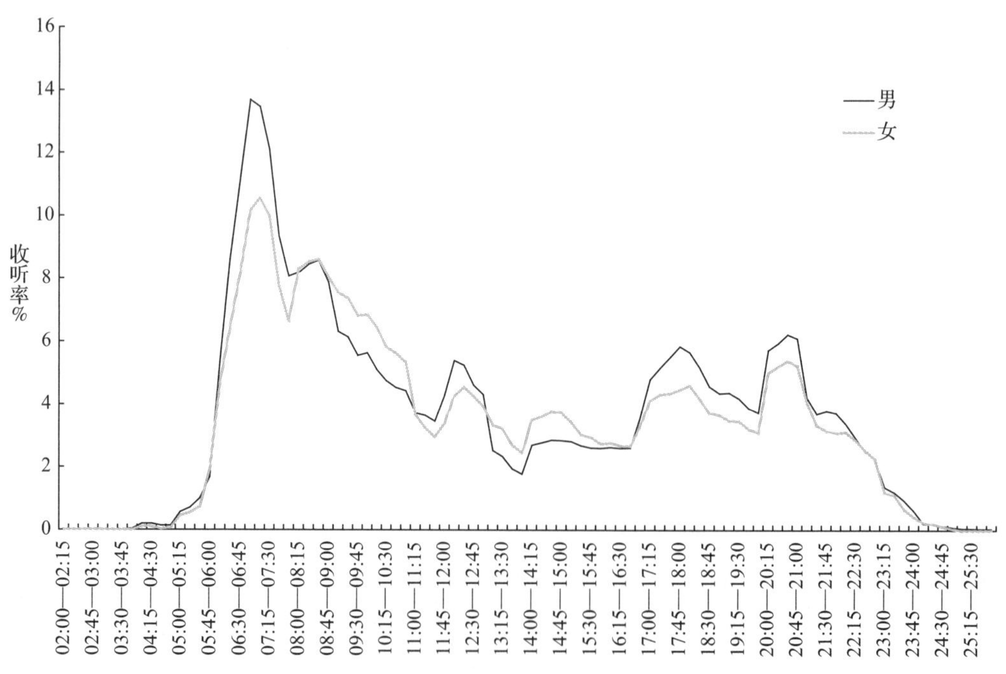

图 3.29.2　2011 年武汉不同性别听众全天收听率走势

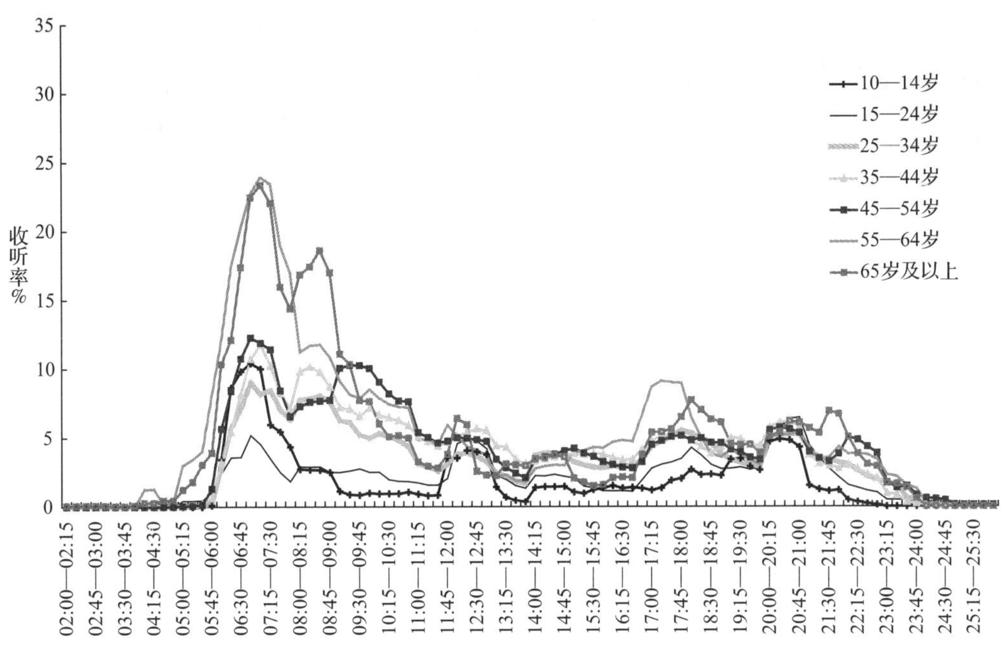

图 3.29.3　2011 年武汉不同年龄听众全天收听率走势

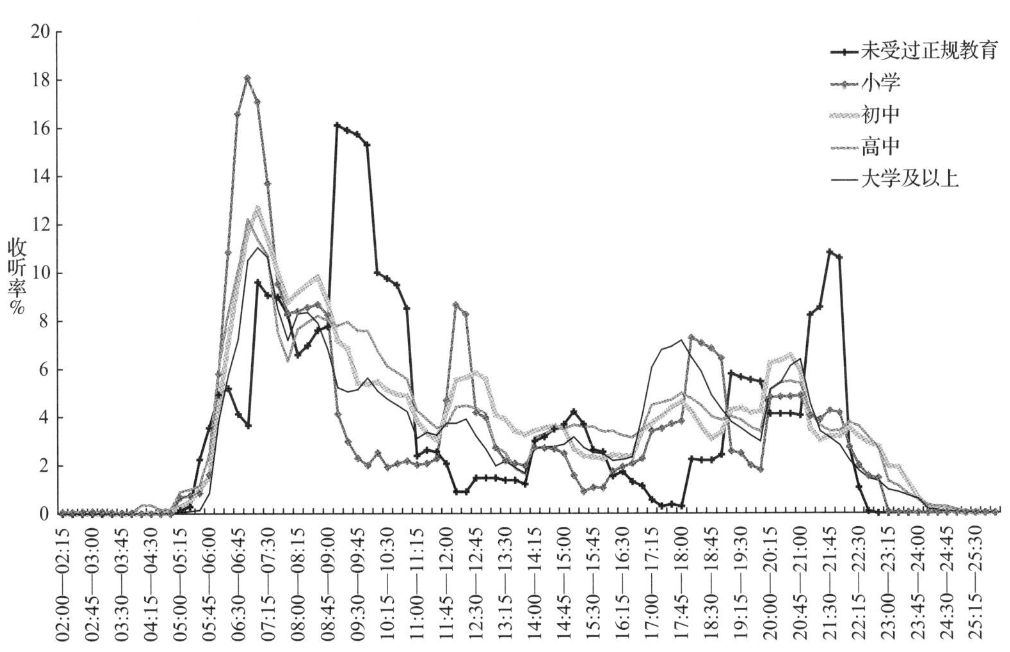

图 3.29.4　2011 年武汉不同文化程度听众全天收听率走势

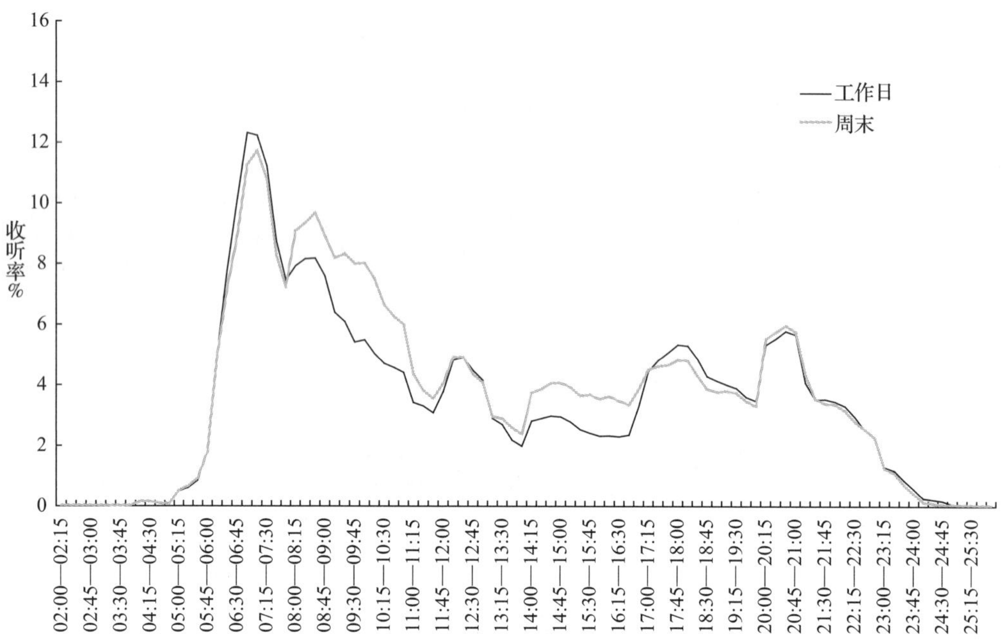

图 3. 29. 5　2011 年武汉听众工作日与周末全天收听率走势

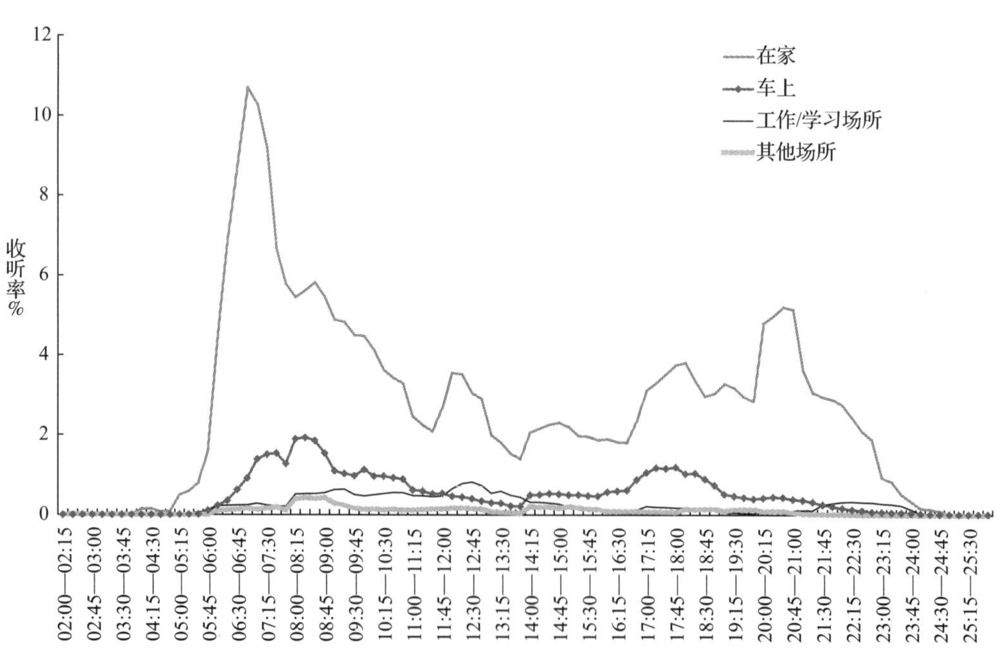

图 3. 29. 6　2011 年武汉听众在不同收听地点全天收听率走势

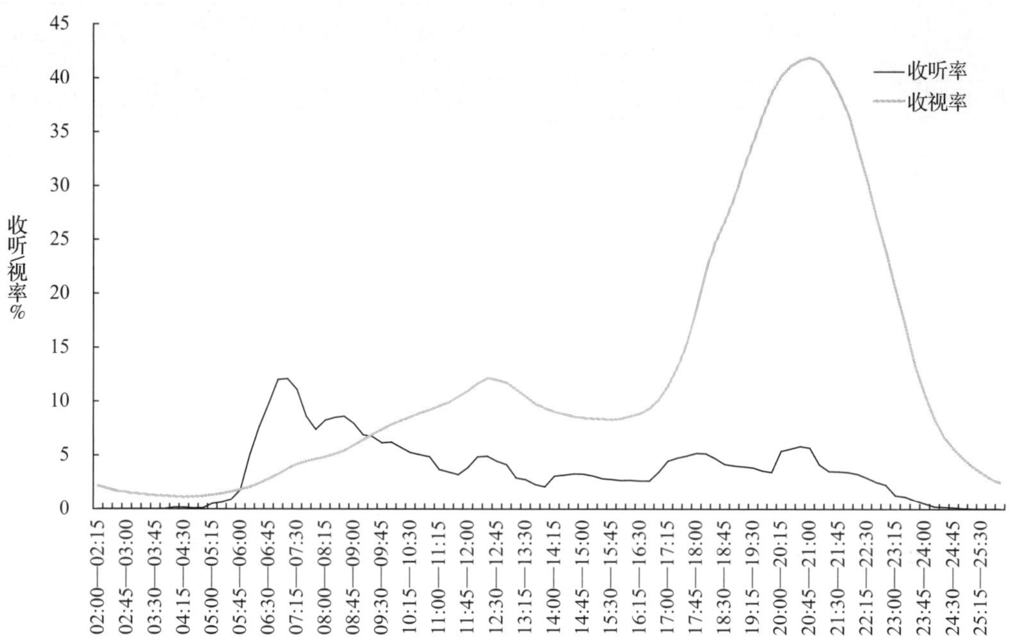

图 3.29.7　2011 年武汉受众全天收听率、收视率走势比较（目标受众为 10 岁及以上）

表 3. 29. 3　2011 年武汉市场听众构成（%）

目标听众		听众构成（%）
10 岁及以上所有人		100. 0
性别	男	54. 0
	女	46. 0
年龄	10—14 岁	2. 8
	15—24 岁	11. 7
	25—34 岁	14. 0
	35—44 岁	22. 2
	45—54 岁	19. 7
	55—64 岁	12. 4
	65 岁及以上	17. 3
文化程度	未受过正规教育	1. 7
	小学	7. 8
	初中	28. 3
	高中	41. 7
	大学及以上	20. 4
职业	干部/管理人员	3. 3
	初级公务员/雇员	12. 1
	个体/私营企业人员	10. 4
	工人	26. 9
	学生	11. 7
	无业（包括退休人员）	35. 6
	其他	0. 0
个人月收入	没有收入	18. 4
	1—500 元	3. 3
	501—1000 元	15. 8
	1001—1500 元	35. 3
	1501—2000 元	13. 2
	2001—2500 元	7. 5
	2501—3000 元	3. 0
	3001—4000 元	2. 3
	4001 元及以上	1. 1

表 3. 29. 4　2009—2011 年武汉市场各广播电台的市场份额（%）

广播电台	2009 年	2010 年	2011 年			
			第 1 波	第 2 波	第 3 波	第 4 波
中央人民广播电台	25. 3	25. 5	28. 6	25. 7	25. 6	27. 6
中国国际广播电台	0. 0	0. 0	0. 0	0. 0	0. 0	0. 0
湖北省广播电视总台	45. 2	44. 7	44. 6	40. 3	41. 4	42. 8
武汉广播电视总台	29. 5	29. 5	26. 7	32. 5	32. 5	29. 3
其他广播电台	0. 0	0. 3	0. 1	1. 5	0. 4	0. 3

表 3.29.5 2011 年武汉市场各广播电台在不同目标听众中的市场份额（%）

目标听众		中央人民广播电台	中国国际广播电台	湖北省广播电视总台	武汉广播电视总台	其他广播电台
10 岁及以上所有人		26.9	0.0	42.4	30.1	0.6
性别	男	27.7	0.0	43.7	28.0	0.6
	女	26.1	0.0	40.8	32.5	0.6
年龄	10—14 岁	20.7	0.0	48.4	30.2	0.7
	15—24 岁	15.2	0.0	50.7	33.3	0.9
	25—34 岁	18.5	0.0	46.3	34.9	0.4
	35—44 岁	23.9	0.0	50.9	24.4	0.9
	45—54 岁	29.7	0.0	40.4	29.7	0.3
	55—64 岁	28.0	0.0	32.5	38.4	1.1
	65 岁及以上	42.8	0.0	31.0	25.9	0.2
文化程度	未受过正规教育	59.9	0.0	26.2	12.4	1.5
	小学	38.7	0.0	34.4	26.5	0.4
	初中	22.2	0.0	47.6	29.7	0.6
	高中	28.1	0.0	41.6	30.1	0.1
	大学及以上	23.8	0.0	41.1	33.6	1.5
职业	干部/管理人员	32.8	0.0	34.4	31.1	1.7
	初级公务员/雇员	20.5	0.0	50.7	28.5	0.2
	个体/私营企业人员	18.5	0.0	54.6	26.7	0.3
	工人	30.9	0.0	39.2	29.3	0.7
	学生	17.2	0.0	50.6	31.2	1.0
	无业（包括退休人员）	31.4	0.0	36.2	31.8	0.5
	其他	*	*	*	*	*
个人月收入	没有收入	17.3	0.0	51.2	30.8	0.7
	1—500 元	32.6	0.0	34.1	33.3	0.0
	501—1000 元	34.1	0.0	36.0	29.0	0.9
	1001—1500 元	29.1	0.0	38.1	32.7	0.1
	1501—2000 元	27.4	0.0	42.4	28.8	1.4
	2001—2500 元	30.8	0.0	41.0	27.9	0.3
	2501—3000 元	19.2	0.0	53.1	27.2	0.5
	3001—4000 元	17.9	0.0	52.7	25.9	3.5
	4001 元及以上	33.9	0.0	41.5	24.6	0.0

表 3.29.6 2011 年武汉市场份额排名前五位的频率

名次	频　率	市场份额（%）
1	中央人民广播电台第一套节目中国之声	20.6
2	武汉广播电视总台新闻综合广播 AM873/FM88.4	11.0
3	武汉广播电视总台音乐广播 FM101.8	8.4
4	湖北经济广播电台 FM99.8/AM1053	7.8
5	楚天交通广播 FM92.7	7.1

三十、无锡收听数据

表 3. 30. 1　2009—2011 年无锡各目标听众人均收听时间（分钟）

目标听众		2009 年	2010 年	2011 年
10 岁及以上所有人		91	87	72
性别	男	95	95	77
	女	87	79	67
年龄	10—14 岁	45	36	35
	15—24 岁	45	48	43
	25—34 岁	64	73	63
	35—44 岁	88	76	65
	45—54 岁	99	93	71
	55—64 岁	133	119	113
	65 岁及以上	167	154	121
文化程度	未受过正规教育	56	58	21
	小学	105	98	63
	初中	98	88	71
	高中	90	96	81
	大学及以上	79	70	68
职业	干部/管理人员	91	75	62
	初级公务员/雇员	85	72	61
	个体/私营企业人员	78	80	77
	工人	78	77	66
	学生	41	37	38
	无业（包括退休人员）	136	133	108
	其他	*	*	31
个人月收入	没有收入	52	52	41
	1—500 元	122	95	51
	501—1000 元	97	88	71
	1001—1500 元	110	105	89
	1501—2000 元	91	97	86
	2001—2500 元	84	81	69
	2501—3000 元	84	60	74
	3001—4000 元	97	97	69
	4001 元及以上	83	94	83

注：无锡为全年连续调查城市。“*”表示该目标听众样本量不足，无法进行统计推断。

表 3. 30. 2　2009—2011 年无锡听众在不同地点的人均收听时间（分钟）

地　　点	2009 年	2010 年	2011 年
在家	74	68	52
车上	11	13	15
工作/学习场所	5	5	4
其他场所	1	1	1

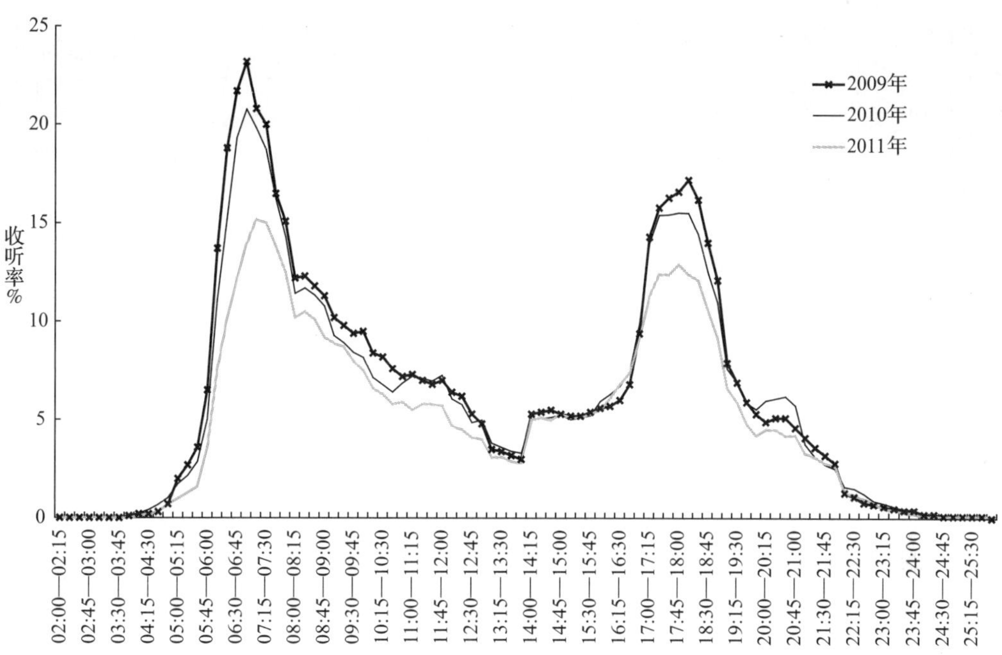

图 3. 30. 1 2009—2011 年无锡听众全天收听率走势

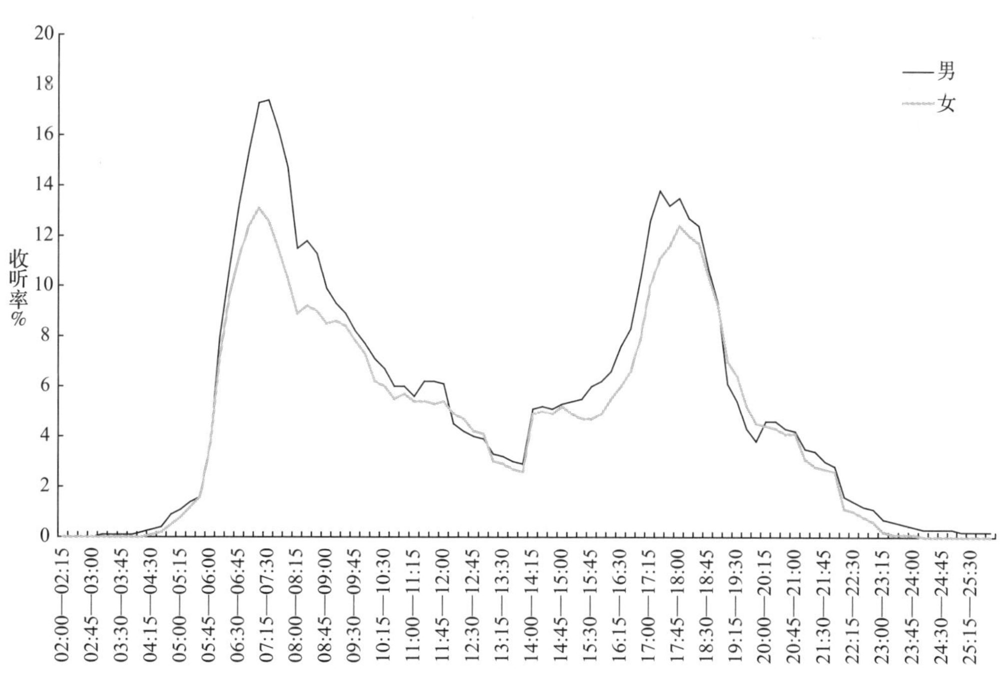

图 3. 30. 2 2011 年无锡不同性别听众全天收听率走势

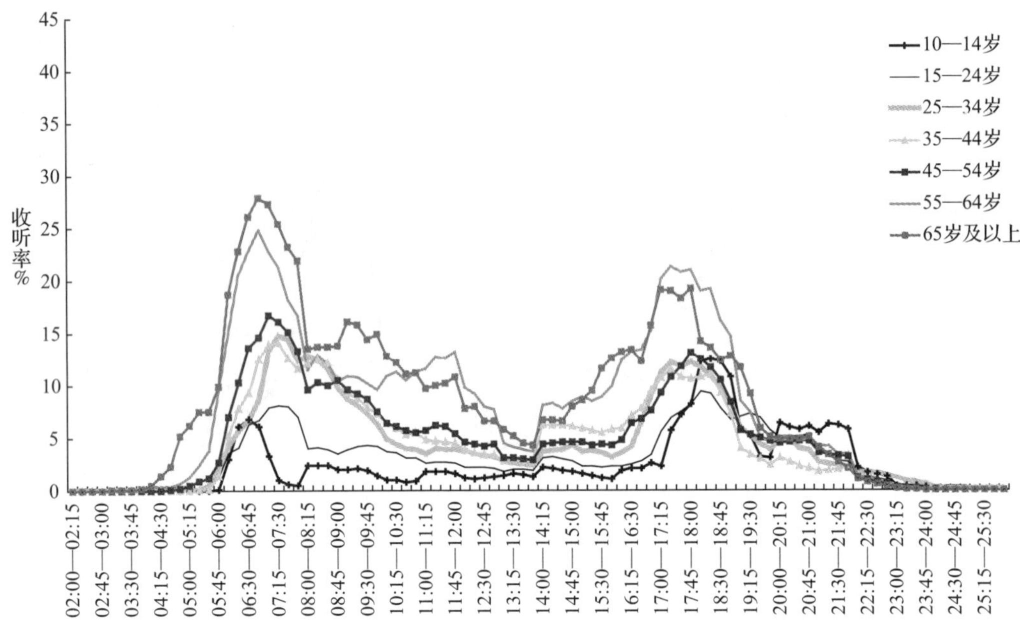

图 3.30.3　2011 年无锡不同年龄听众全天收听率走势

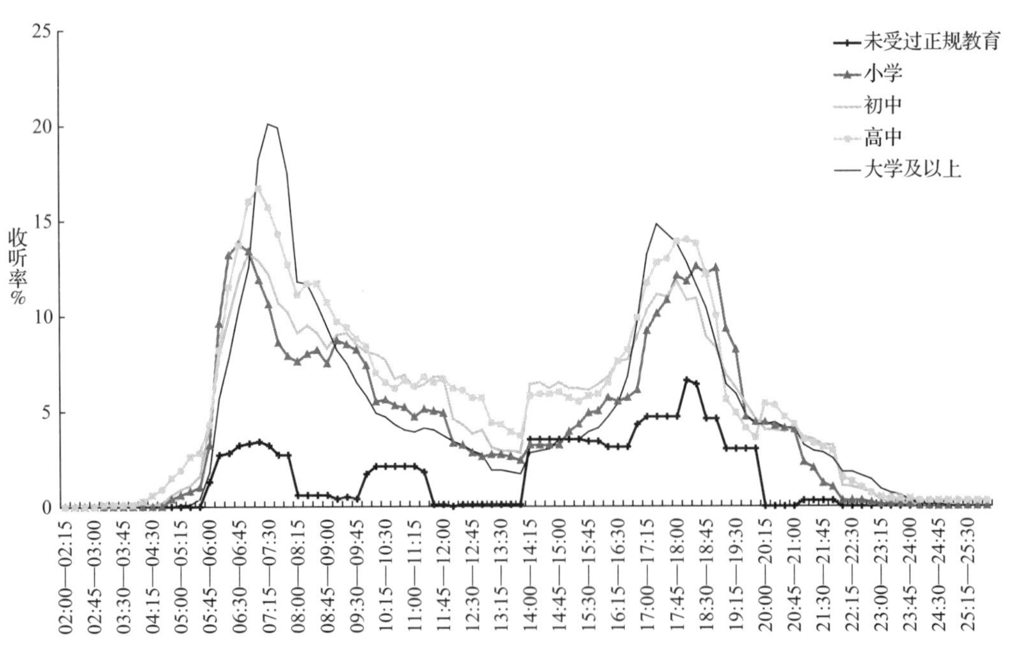

图 3.30.4　2011 年无锡不同文化程度听众全天收听率走势

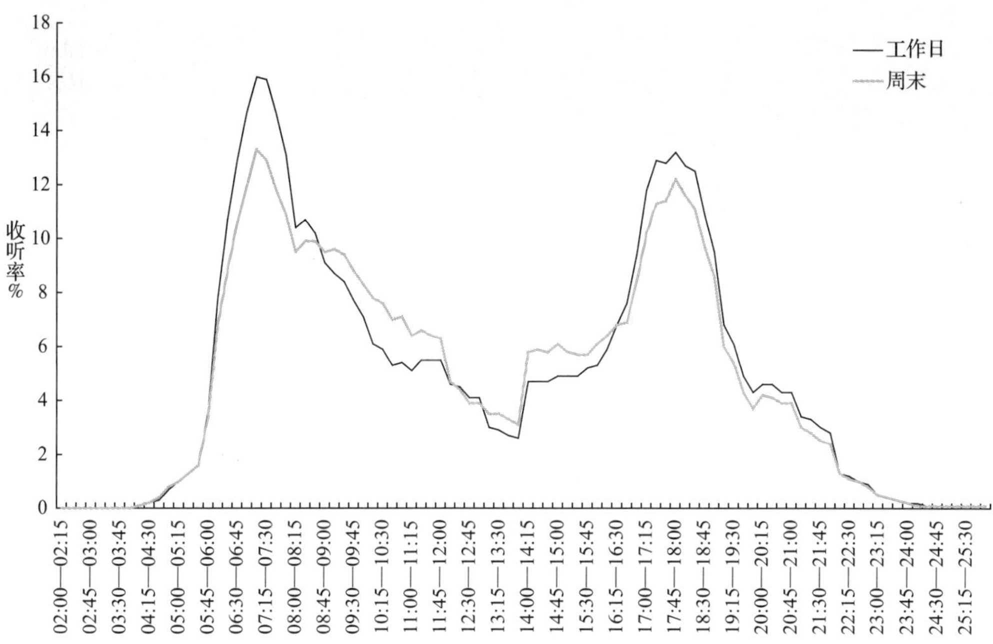

图 3.30.5　2011 年无锡听众工作日与周末全天收听率走势

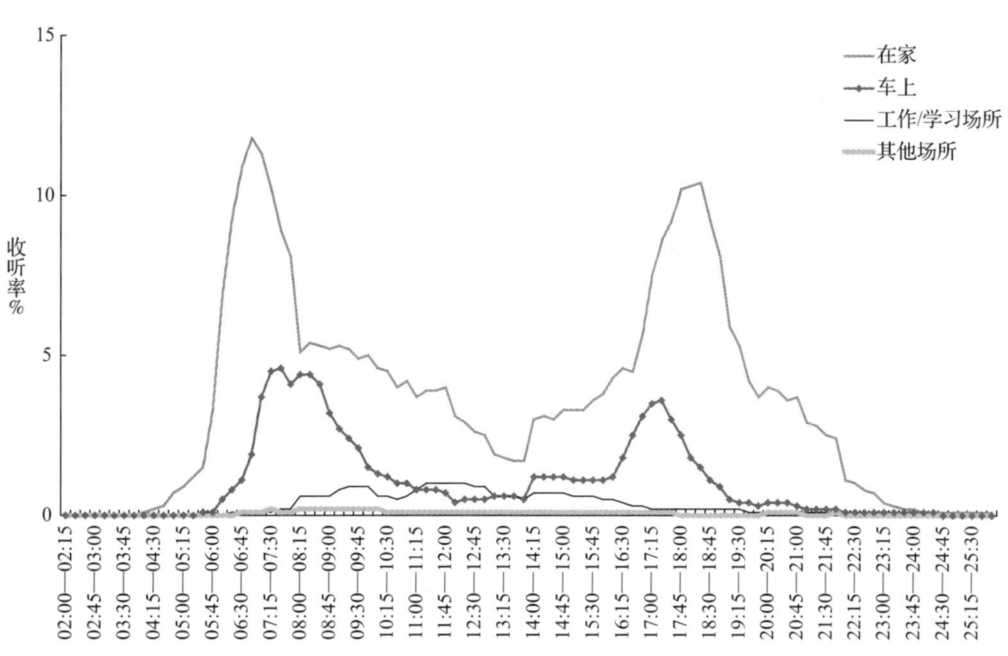

图 3.30.6　2011 年无锡听众在不同收听地点全天收听率走势

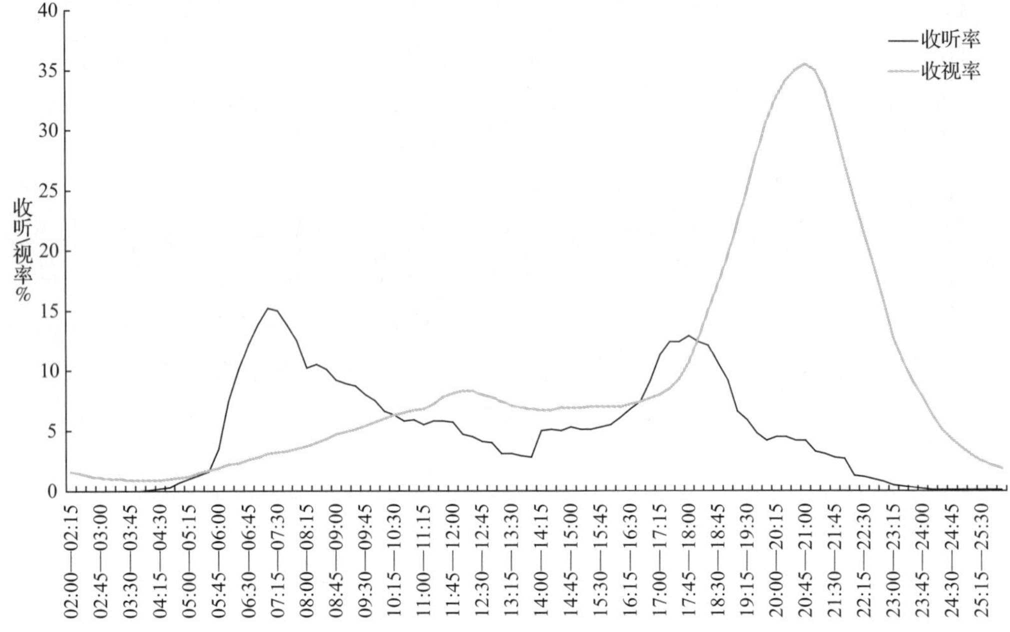

图 3.30.7　2011 年无锡受众全天收听率、收视率走势比较（目标受众为 10 岁及以上）

表 3.30.3　2011 年无锡市场听众构成（%）

目标听众		听众构成（%）
10 岁及以上所有人		100.0
性别	男	53.0
	女	47.0
年龄	10—14 岁	2.4
	15—24 岁	9.6
	25—34 岁	17.4
	35—44 岁	19.5
	45—54 岁	14.3
	55—64 岁	17.3
	65 岁及以上	19.5
文化程度	未受过正规教育	0.3
	小学	8.3
	初中	33.5
	高中	34.9
	大学及以上	23.0
职业	干部/管理人员	3.0
	初级公务员/雇员	17.5
	个体/私营企业人员	12.8
	工人	23.6
	学生	6.9
	无业（包括退休人员）	35.7
	其他	0.5
个人月收入	没有收入	9.6
	1—500 元	2.1
	501—1000 元	3.1
	1001—1500 元	18.0
	1501—2000 元	24.5
	2001—2500 元	13.7
	2501—3000 元	9.4
	3001—4000 元	10.2
	4001 元及以上	9.4

表 3.30.4　2009—2011 年无锡市场各广播电台的市场份额（%）

广播电台	2009 年	2010 年	2011 年
中央人民广播电台	5.8	6.3	6.2
中国国际广播电台	0.0	0.0	0.0
江苏广播电视总台	8.0	9.3	9.3
上海广播电视台	0.5	0.9	1.2
无锡广播电视台	83.5	81.2	80.8
苏州广播电视总台	1.1	1.4	1.1
其他广播电台	1.1	1.0	1.4

表 3.30.5　2011 年无锡市场各广播电台在不同目标听众中的市场份额（%）

目标听众		中央人民广播电台	中国国际广播电台	江苏广播电视总台	上海广播电视台	无锡广播电视台	苏州广播电视总台	其他广播电台
10 岁及以上所有人		6.2	0.0	9.3	1.2	80.8	1.1	1.4
性别	男	6.9	0.0	10.3	1.2	78.7	1.2	1.7
	女	5.3	0.0	8.1	1.2	83.0	1.0	1.4
年龄	10—14 岁	3.3	0.0	8.9	0.5	85.6	1.0	0.7
	15—24 岁	5.1	0.0	6.6	2.3	82.4	1.2	2.4
	25—34 岁	5.2	0.0	12.3	0.6	80.6	0.7	0.6
	35—44 岁	3.3	0.0	8.7	0.7	85.6	0.8	0.9
	45—54 岁	6.0	0.0	9.2	1.1	82.0	0.7	1.0
	55—64 岁	8.4	0.0	10.2	1.9	76.7	0.7	2.1
	65 岁及以上	9.1	0.0	7.7	1.2	77.2	2.4	2.4
文化程度	未受过正规教育	2.1	0.0	0.1	0.0	49.5	17.3	31.0
	小学	8.0	0.0	10.6	4.1	71.9	3.2	2.2
	初中	5.8	0.0	9.6	1.0	81.1	1.0	1.5
	高中	5.6	0.0	9.2	0.9	82.4	0.7	1.2
	大学及以上	7.0	0.0	8.6	0.9	81.5	0.8	1.2
职业	干部/管理人员	4.7	0.0	8.2	1.1	84.6	0.5	0.9
	初级公务员/雇员	5.4	0.0	7.7	0.7	84.2	0.9	1.1
	个体/私营企业人员	3.5	0.0	17.9	1.3	75.0	1.3	1.0
	工人	6.4	0.0	10.6	0.5	80.9	0.5	1.1
	学生	2.7	0.0	6.0	2.8	84.7	1.4	2.4
	无业(包括退休人员)	8.2	0.0	6.4	1.6	80.2	1.6	2.0
	其他	10.4	0.0	25.8	1.2	56.6	3.1	2.9
个人月收入	没有收入	3.4	0.0	5.7	2.5	82.8	1.2	4.4
	1—500 元	1.1	0.0	9.6	1.0	76.9	2.5	8.9
	501—1000 元	8.1	0.0	16.1	0.2	74.6	0.2	0.8
	1001—1500 元	8.2	0.0	8.3	0.9	80.1	1.3	1.2
	1501—2000 元	7.2	0.0	9.2	1.7	80.8	0.5	0.6
	2001—2500 元	6.0	0.0	4.8	1.0	84.6	2.9	0.7
	2501—3000 元	4.9	0.0	7.7	0.8	84.3	0.5	1.8
	3001—4000 元	5.3	0.0	14.6	0.4	77.7	0.8	1.2
	4001 元及以上	6.0	0.0	16.3	1.3	75.3	0.5	0.6

表 3.30.6　2011 年无锡市场份额排名前五位的频率

名次	频　率	市场份额（%）
1	无锡广播电视台交通频率 FM106.9	18.7
2	无锡广播电视台经济频率 AM1251/FM104	14.7
3	无锡广播电视台新闻频率 AM1161	13.3
4	无锡广播电视台汽车音乐频率 AM900/FM91.4	11.1
5	无锡广播电视台江南之声频率 FM92.6	9.1

三十一、西安收听数据

表 3.31.1　2009—2011 年西安各目标听众人均收听时间（分钟）

目标听众		2009 年	2010 年	2011 年			
				第 1 波	第 2 波	第 3 波	第 4 波
10 岁及以上所有人		99	104	115	107	110	118
性别	男	104	110	123	111	114	126
	女	94	98	106	103	105	110
年龄	10—14 岁	45	36	29	40	45	53
	15—24 岁	67	70	67	63	74	79
	25—34 岁	90	88	107	102	96	114
	35—44 岁	102	110	125	107	114	114
	45—54 岁	115	121	124	136	122	131
	55—64 岁	144	140	156	148	156	179
	65 岁及以上	123	163	177	138	154	155
文化程度	未受过正规教育	114	94	41	43	40	49
	小学	92	76	92	84	87	102
	初中	95	105	123	108	111	122
	高中	114	115	118	114	114	126
	大学及以上	80	95	112	105	113	111
职业	干部/管理人员	69	82	116	110	93	121
	初级公务员/雇员	82	93	101	107	102	110
	个体/私营企业人员	104	106	109	102	103	114
	工人	128	123	136	123	134	137
	学生	57	52	39	40	50	57
	无业（包括退休人员）	119	133	152	137	139	148
	其他	79	92	93	68	127	160
个人月收入	没有收入	71	70	71	68	72	81
	1—500 元	101	102	169	123	125	123
	501—1000 元	111	118	112	105	102	110
	1001—1500 元	106	128	142	130	135	137
	1501—2000 元	108	109	138	124	132	147
	2001—2500 元	128	114	114	112	116	132
	2501—3000 元	80	87	78	119	102	120
	3001—4000 元	130	137	125	97	90	113
	4001 元及以上	71	103	117	109	129	107

注：西安为四波调查城市。2011 年四波调查时间分别为：第一波 2 月 27 日至 3 月 19 日；第二波 5 月 29 日至 6 月 18 日；第三波 8 月 28 日至 9 月 17 日；第四波 11 月 6 日至 11 月 26 日。

表 3.31.2　2009—2011 年西安听众在不同地点的人均收听时间（分钟）

地　点	2009 年	2010 年	2011 年
在家	69	75	78
车上	17	16	20
工作/学习场所	8	9	12
其他场所	5	4	2

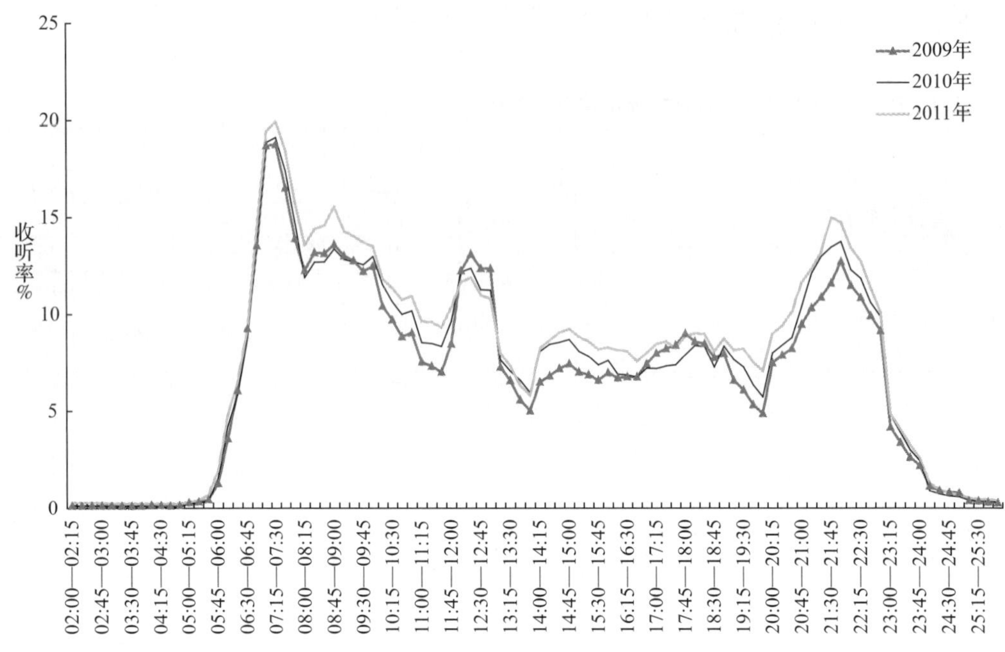

图 3.31.1　2009—2011 年西安听众全天收听率走势

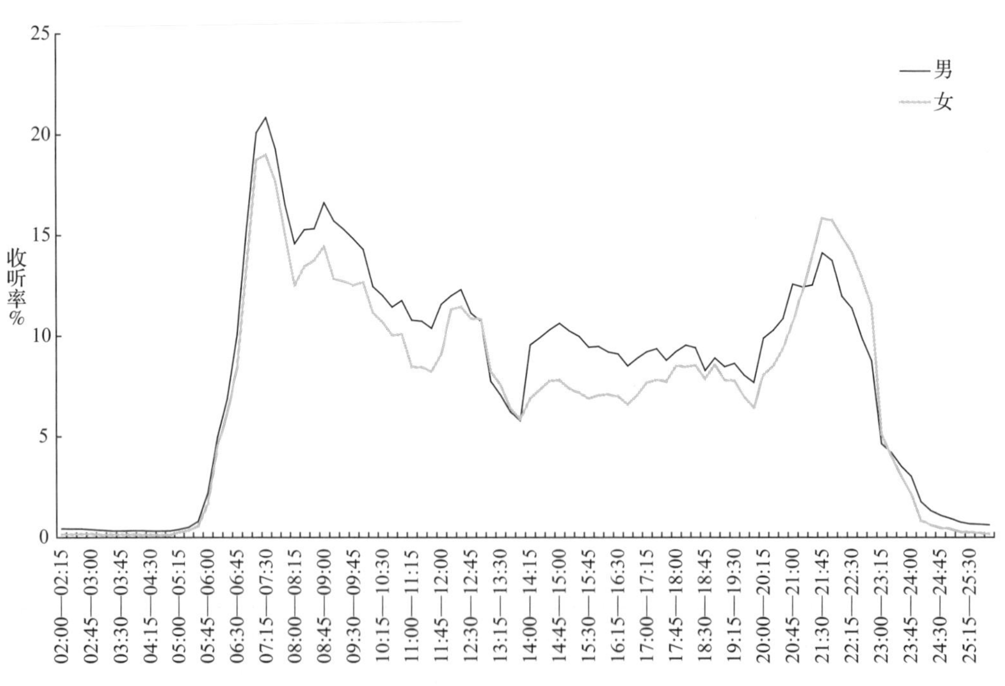

图 3.31.2　2011 年西安不同性别听众全天收听率走势

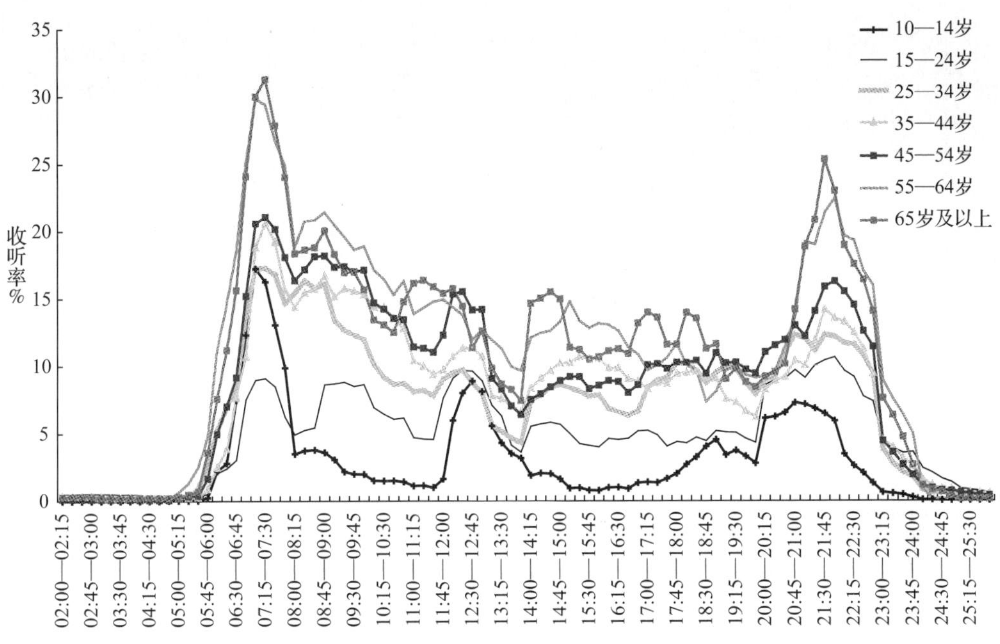

图 3.31.3 2011 年西安不同年龄听众全天收听率走势

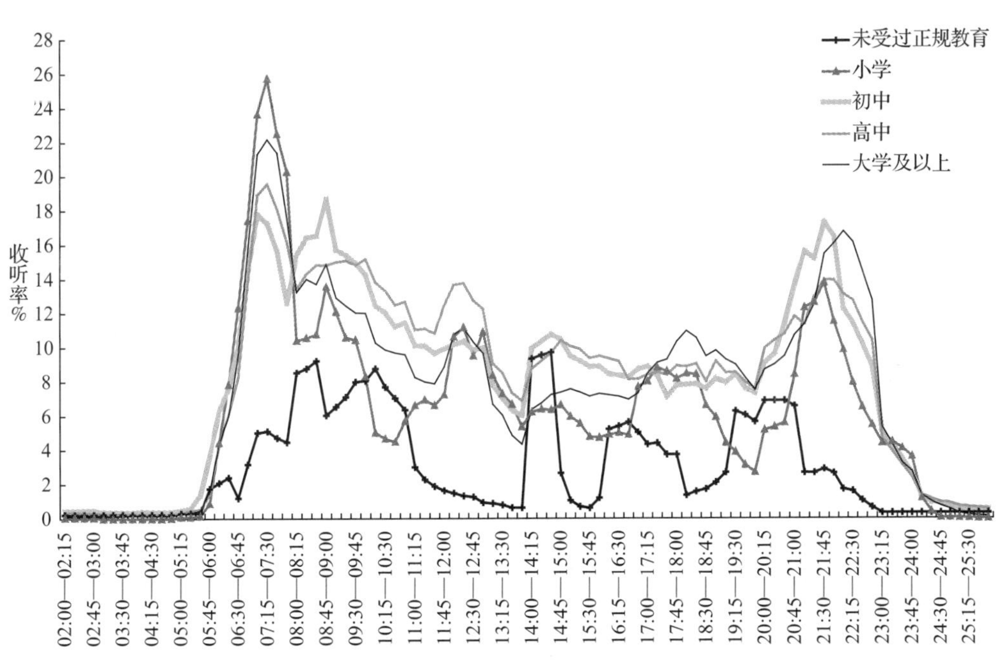

图 3.31.4 2011 年西安不同文化程度听众全天收听率走势

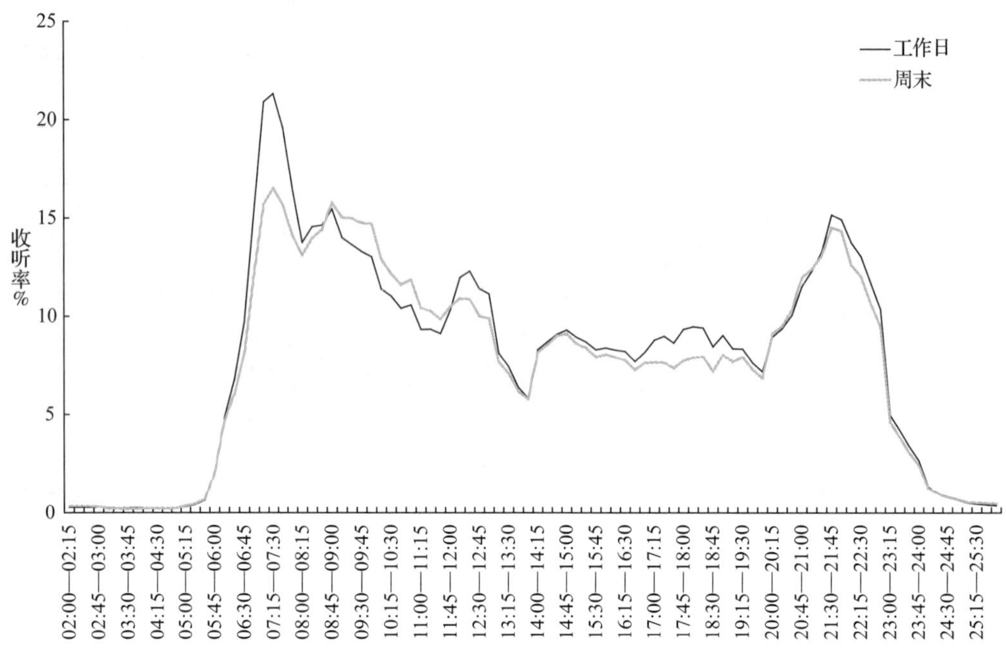

图 3.31.5　2011 年西安听众工作日与周末全天收听率走势

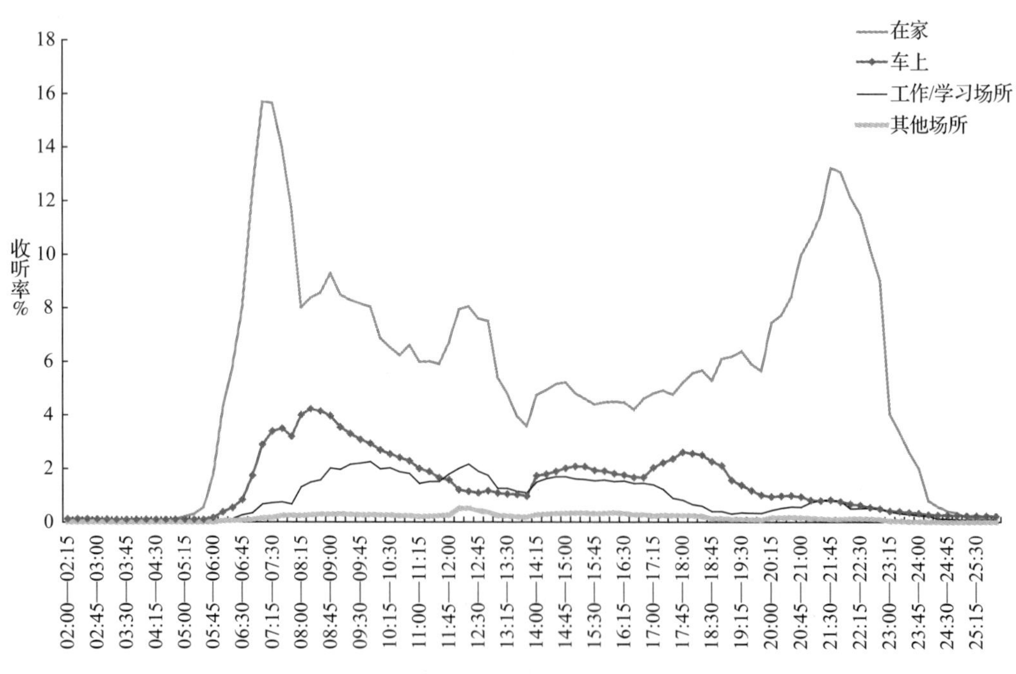

图 3.31.6　2011 年西安听众在不同收听地点全天收听率走势

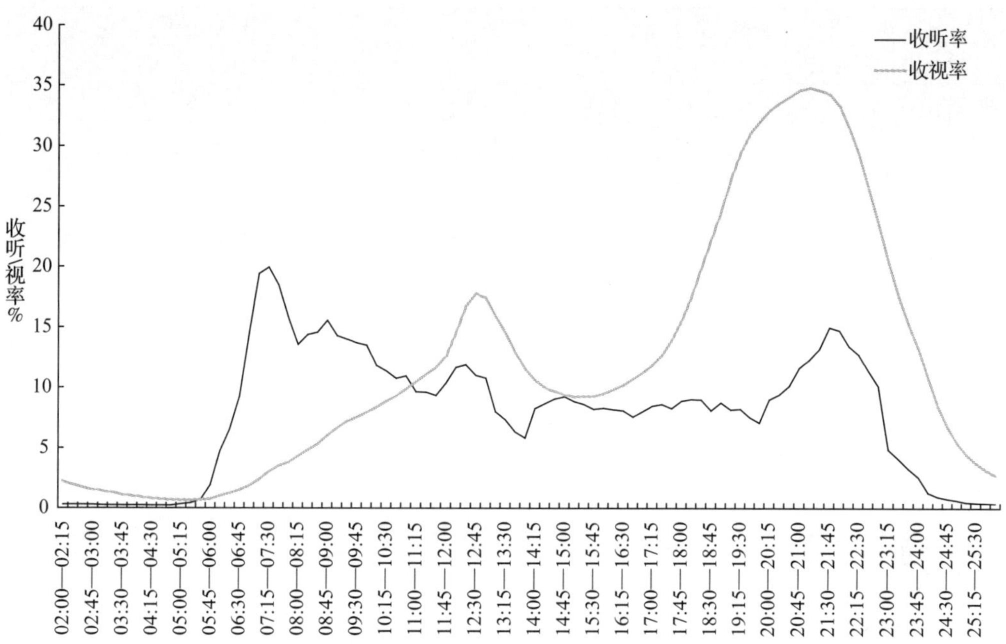

图 3.31.7 2011 年西安受众全天收听率、收视率走势比较（目标受众为 10 岁及以上）

表 3.31.3 2011 年西安市场听众构成（%）

目标听众		听众构成（%）
10 岁及以上所有人		100.0
性别	男	53.6
	女	46.4
年龄	10—14 岁	2.2
	15—24 岁	10.6
	25—34 岁	17.1
	35—44 岁	21.1
	45—54 岁	19.7
	55—64 岁	13.7
	65 岁及以上	15.6
文化程度	未受过正规教育	0.6
	小学	6.5
	初中	24.9
	高中	43.2
	大学及以上	24.8
职业	干部/管理人员	4.7
	初级公务员/雇员	19.3
	个体/私营企业人员	13.0
	工人	19.3
	学生	6.1
	无业（包括退休人员）	36.0
	其他	1.6
个人月收入	没有收入	15.6
	1—500 元	2.2
	501—1000 元	12.9
	1001—1500 元	30.0
	1501—2000 元	18.8
	2001—2500 元	9.5
	2501—3000 元	4.5
	3001—4000 元	3.5
	4001 元及以上	3.0

表 3.31.4 2009—2011 年西安市场各广播电台的市场份额（%）

广播电台	2009 年	2010 年	2011 年			
			第 1 波	第 2 波	第 3 波	第 4 波
中央人民广播电台	7.6	6.6	6.9	6.4	6.2	6.3
中国国际广播电台	0.0	0.1	0.0	0.0	0.1	0.0
陕西广播电视台	58.0	61.2	62.1	62.0	64.1	65.2
西安人民广播电台	33.2	31.1	29.8	29.5	28.9	27.6
其他广播电台	1.2	1.0	1.2	2.1	0.7	0.9

表 3.31.5 2011 年西安市场各广播电台在不同目标听众中的市场份额（%）

目标听众		中央人民广播电台	中国国际广播电台	陕西广播电视台	西安人民广播电台	其他广播电台
10 岁及以上所有人		6.5	0.0	63.4	28.9	1.2
性别	男	6.3	0.0	64.3	28.5	0.9
	女	6.6	0.1	62.4	29.5	1.4
年龄	10—14 岁	7.8	0.0	65.9	25.1	1.2
	15—24 岁	6.6	0.0	69.1	22.8	1.5
	25—34 岁	6.3	0.1	61.1	31.7	0.8
	35—44 岁	6.3	0.0	63.3	29.2	1.2
	45—54 岁	5.6	0.0	59.2	33.0	2.2
	55—64 岁	8.2	0.0	59.0	32.5	0.3
	65 岁及以上	6.2	0.0	70.9	22.0	0.9
文化程度	未受过正规教育	4.9	0.0	50.5	42.8	1.8
	小学	6.9	0.0	65.9	26.6	0.6
	初中	4.9	0.0	68.6	25.1	1.4
	高中	6.3	0.0	60.5	31.9	1.3
	大学及以上	8.2	0.1	62.8	27.9	1.0
职业	干部/管理人员	4.1	0.0	63.3	32.1	0.5
	初级公务员/雇员	7.2	0.0	59.9	31.0	1.9
	个体/私营企业人员	7.1	0.0	64.8	26.9	1.2
	工人	6.0	0.0	64.4	28.7	0.9
	学生	8.7	0.0	66.7	23.9	0.7
	无业（包括退休人员）	6.0	0.1	64.2	28.8	0.9
	其他	3.9	0.0	51.7	36.3	8.1
个人月收入	没有收入	5.3	0.1	67.2	25.5	1.9
	1—500 元	3.0	0.0	73.3	23.0	0.7
	501—1000 元	9.0	0.1	54.5	35.9	0.5
	1001—1500 元	6.6	0.0	65.6	26.5	1.3
	1501—2000 元	7.4	0.0	58.9	32.4	1.3
	2001—2500 元	5.4	0.0	66.6	27.7	0.3
	2501—3000 元	6.2	0.0	61.0	32.3	0.5
	3001—4000 元	6.3	0.0	60.9	30.1	2.7
	4001 元及以上	3.3	0.0	73.3	22.7	0.7

表 3.31.6 2011 年西安市场份额排名前五位的频率

名次	频　率	市场份额（%）
1	西安人民广播电台新闻广播 AM810/FM90.4	9.8
2	陕西广播电视台秦腔广播 FM101.1 西安乱弹	8.7
3	陕西广播电视台都市广播 FM101.8/AM1008	8.4
4	陕西广播电视台音乐广播 FM98.8	7.7
5	陕西广播电视台交通广播 AM1323/FM91.6	7.5

三十二、厦门收听数据

表 3.32.1　2009—2011 年厦门各目标听众人均收听时间（分钟）

目标听众		2009 年	2010 年	2011 年			
				第 1 波	第 2 波	第 3 波	第 4 波
10 岁及以上所有人		50	44	48	50	48	50
性别	男	54	44	48	51	51	53
	女	46	45	47	49	46	46
年龄	10—14 岁	16	20	21	24	21	27
	15—24 岁	29	22	31	36	24	28
	25—34 岁	51	45	42	44	49	48
	35—44 岁	54	49	48	50	54	60
	45—54 岁	59	58	58	66	58	54
	55—64 岁	66	70	85	75	80	86
	65 岁及以上	69	74	93	87	88	78
文化程度	未受过正规教育	51	48	48	78	81	61
	小学	44	45	36	39	39	39
	初中	52	53	55	55	53	50
	高中	50	38	44	44	48	52
	大学及以上	51	43	49	53	46	51
职业	干部/管理人员	54	48	49	58	49	60
	初级公务员/雇员	49	45	49	56	50	52
	个体/私营企业人员	67	40	34	36	43	42
	工人	56	62	64	64	64	64
	学生	21	21	25	22	20	26
	无业（包括退休人员）	53	55	67	65	63	59
	其他	*	*	*	*	*	*
个人月收入	没有收入	32	28	31	30	31	32
	1—500 元	32	74	*	*	*	*
	501—1000 元	51	49	30	30	38	44
	1001—1500 元	51	50	60	59	64	55
	1501—2000 元	57	56	59	65	60	61
	2001—2500 元	55	49	48	54	56	54
	2501—3000 元	72	55	53	50	42	57
	3001—4000 元	46	51	58	61	59	61
	4001 元及以上	69	41	55	67	57	55

注：厦门从 2011 年改为四波调查城市，之前为全年连续调查城市。2011 年四波调查时间分别为：第一波 2 月 27 日至 3 月 19 日；第二波 5 月 29 日至 6 月 18 日；第三波 8 月 28 日至 9 月 17 日；第四波 11 月 6 日至 11 月 26 日。“*”表示该目标听众样本量不足，无法进行统计推断。

表 3.32.2　2009—2011 年厦门听众在不同地点的人均收听时间（分钟）

地　点	2009 年	2010 年	2011 年
在家	26	26	27
车上	13	11	14
工作/学习场所	7	5	5
其他场所	2	2	3

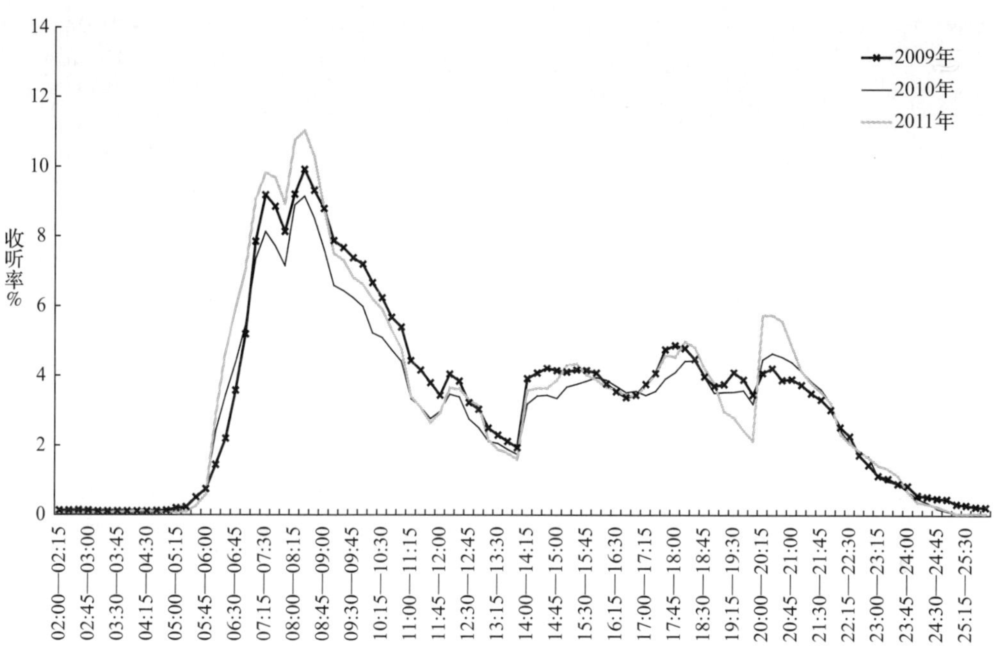

图 3.32.1　2009—2011 年厦门听众全天收听率走势

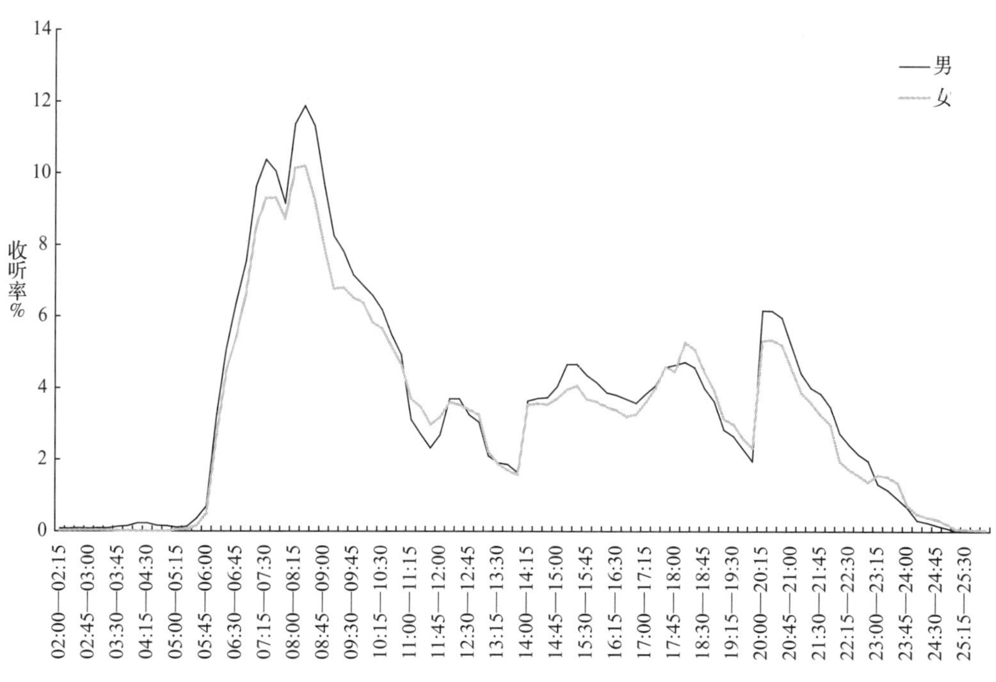

图 3.32.2　2011 年厦门不同性别听众全天收听率走势

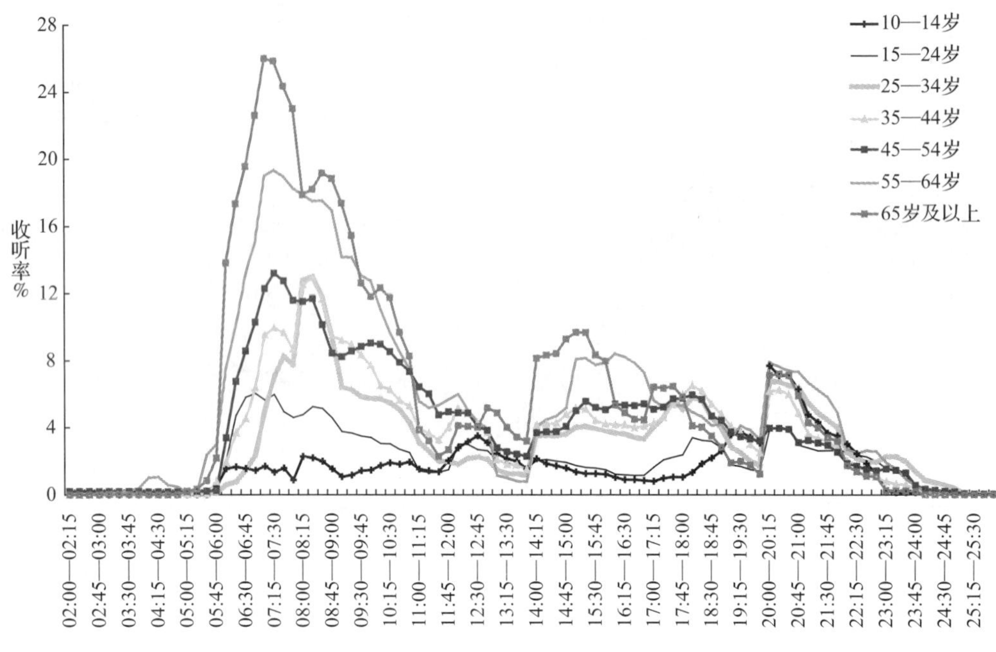

图 3.32.3　2011 年厦门不同年龄听众全天收听率走势

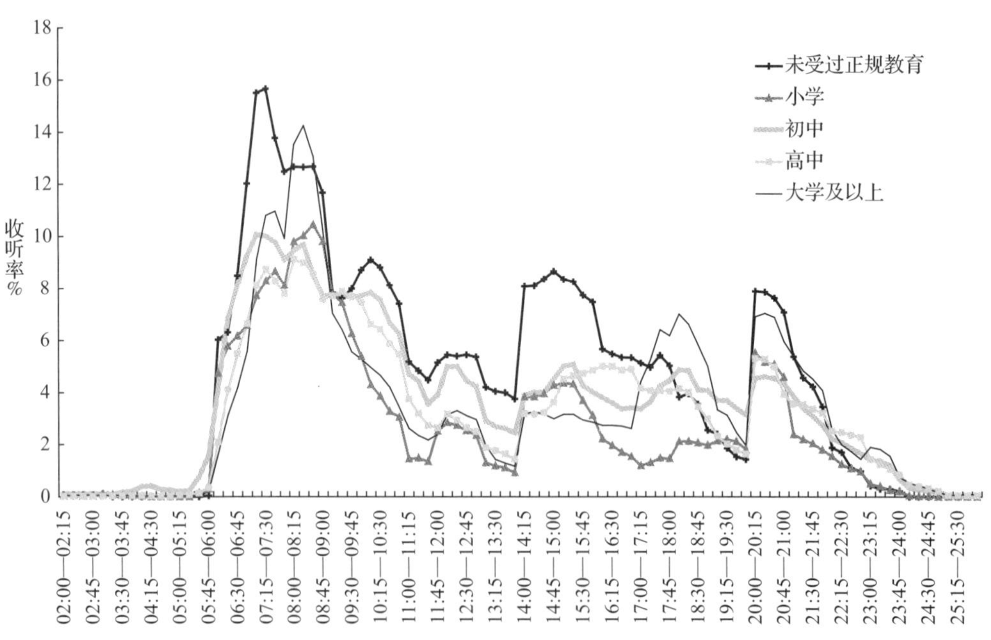

图 3.32.4　2011 年厦门不同文化程度听众全天收听率走势

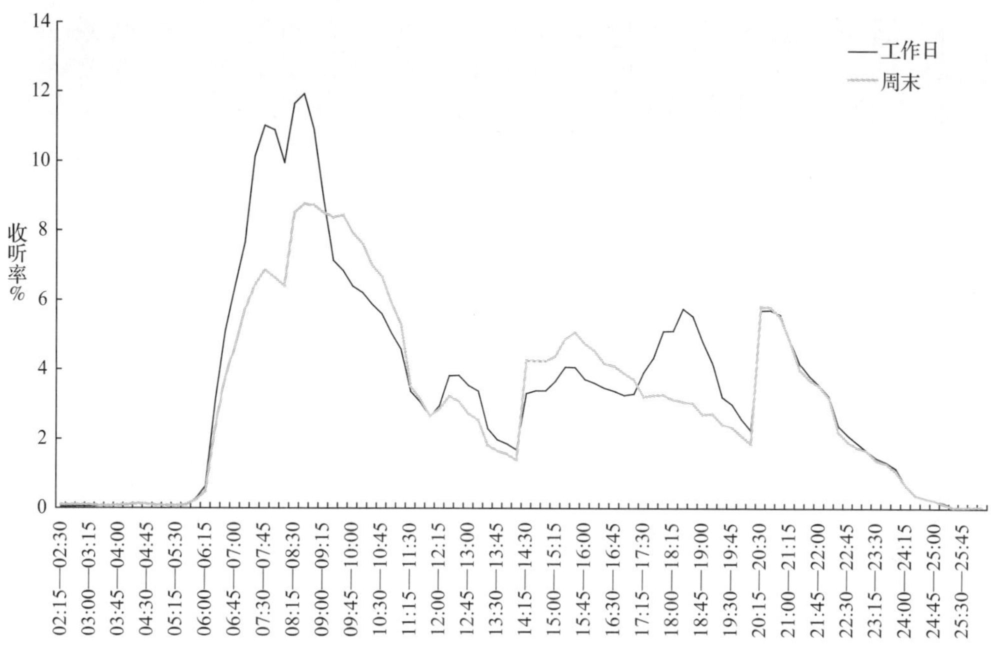

图 3.32.5 2011 年厦门听众工作日与周末全天收听率走势

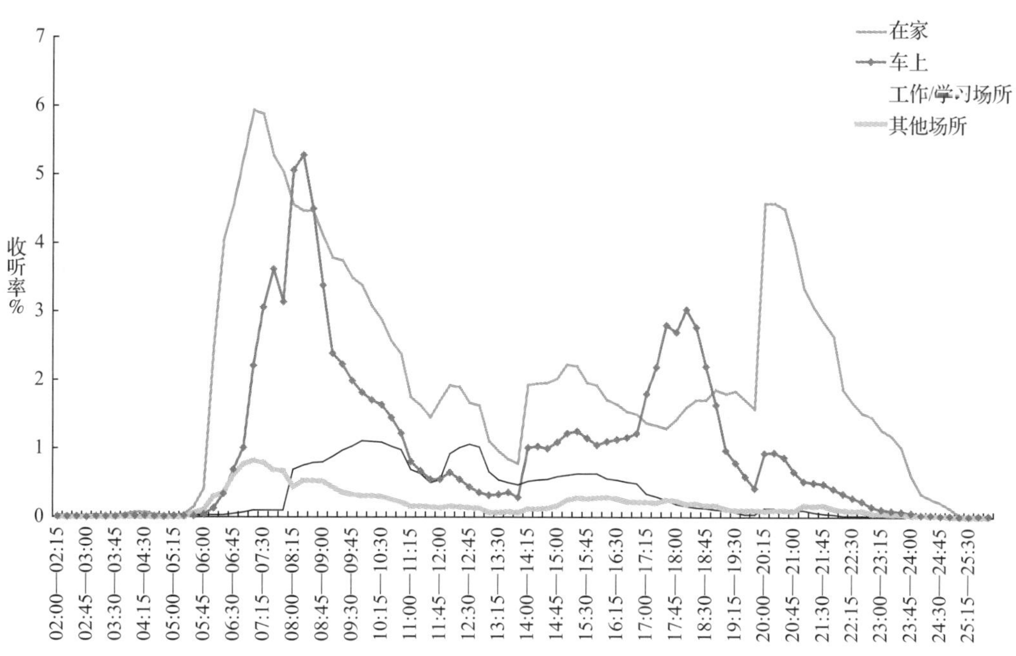

图 3.32.6 2011 年厦门听众在不同收听地点全天收听率走势

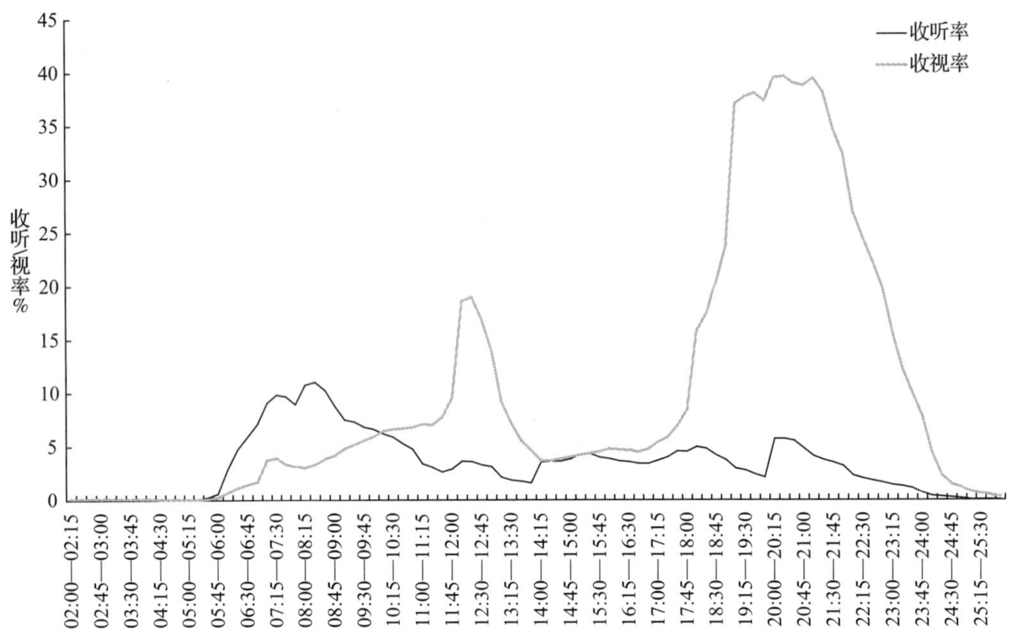

图 3. 32. 7　2011 年厦门受众全天收听率、收视率走势比较（目标受众为 10 岁及以上）

表 3.32.3 2011 年厦门市场听众构成（%）

目标听众		听众构成（%）
10 岁及以上所有人		100.0
性别	男	51.6
	女	48.4
年龄	10—14 岁	2.5
	15—24 岁	14.3
	25—34 岁	23.4
	35—44 岁	23.0
	45—54 岁	15.3
	55—64 岁	10.2
	65 岁及以上	11.4
文化程度	未受过正规教育	3.7
	小学	9.2
	初中	27.6
	高中	27.5
	大学及以上	32.1
职业	干部/管理人员	8.1
	初级公务员/雇员	27.2
	个体/私营企业人员	11.9
	工人	16.3
	学生	8.6
	无业（包括退休人员）	27.9
	其他	0.0
个人月收入	没有收入	19.0
	1—500 元	0.0
	501—1000 元	2.4
	1001—1500 元	12.7
	1501—2000 元	21.0
	2001—2500 元	13.3
	2501—3000 元	8.3
	3001—4000 元	11.3
	4001 元及以上	12.0

表 3.32.4 2009—2011 年厦门市场各广播电台的市场份额（%）

广播电台	2009 年	2010 年	2011 年
中央人民广播电台	7.6	9.0	10.6
中国国际广播电台	1.8	1.9	1.8
福建广播影视集团	8.7	6.8	6.1
海峡之声电台	1.2	1.5	4.1
厦门人民广播电台	77.7	78.1	74.1
其他广播电台	3.0	2.7	3.4

表 3.32.5　2011 年厦门市场各广播电台在不同目标听众中的市场份额（%）

目标听众		中央人民广播电台	中国国际广播电台	福建广播影视集团	海峡之声电台	厦门人民广播电台	其他广播电台
10 岁及以上所有人		10.6	1.8	6.1	4.1	74.1	3.4
性别	男	10.5	2.2	6.1	4.4	73.1	3.8
	女	10.7	1.4	6.0	3.8	75.1	3.0
年龄	10—14 岁	28.7	2.8	5.6	0.0	54.9	8.1
	15—24 岁	10.4	2.4	4.4	2.9	75.7	4.2
	25—34 岁	5.3	2.2	5.6	7.8	76.6	2.5
	35—44 岁	10.0	3.1	7.5	1.4	76.0	2.1
	45—54 岁	7.9	0.7	7.4	3.6	74.9	5.5
	55—64 岁	18.8	0.4	4.8	7.9	65.6	2.6
	65 岁及以上	15.2	0.1	5.4	1.5	74.0	3.9
文化程度	未受过正规教育	4.8	0.1	0.7	11.1	76.9	6.4
	小学	10.7	0.8	5.2	6.3	73.5	3.5
	初中	11.9	0.3	5.1	1.6	78.6	2.5
	高中	11.6	1.6	8.0	2.8	71.4	4.7
	大学及以上	9.2	3.7	6.1	6.0	72.3	2.7
职业	干部/管理人员	15.6	1.7	8.2	7.7	63.6	3.2
	初级公务员/雇员	7.4	4.8	4.1	1.9	78.3	3.6
	个体/私营企业人员	7.5	2.2	7.6	6.2	74.6	2.0
	工人	4.8	1.5	4.9	1.5	82.3	5.0
	学生	17.9	2.7	6.2	1.9	64.5	6.8
	无业（包括退休人员）	14.5	0.2	5.4	4.2	73.2	2.6
	其他	*	*	*	*	*	*
个人月收入	没有收入	14.4	1.3	4.7	3.8	70.0	5.9
	1—500 元	*	*	*	*	*	*
	501—1000 元	8.2	0.5	5.6	0.9	71.7	13.1
	1001—1500 元	11.2	2.7	9.6	0.8	71.4	4.3
	1501—2000 元	10.9	1.1	5.2	3.9	76.7	2.3
	2001—2500 元	8.0	2.4	5.0	5.4	77.3	2.1
	2501—3000 元	12.6	1.9	5.5	2.6	75.7	1.7
	3001—4000 元	10.8	1.1	7.9	2.3	76.1	1.8
	4001 元及以上	5.8	3.5	6.1	9.6	71.6	3.4

表 3.32.6　2011 年厦门市场份额排名前五位的频率

名次	频　　率	市场份额（%）
1	厦门音乐广播 FM90.9	27.5
2	厦门新闻广播 AM1107/FM99.6	14.7
3	厦门经济交通广播 FM107/AM1278	13.7
4	闽南之声广播 AM801/FM101.2	13.6
5	中央人民广播电台第一套节目中国之声	7.1

三十三、郑州收听数据

表 3.33.1　2009—2011 年郑州各目标听众人均收听时间（分钟）

目标听众		2009 年	2010 年	2011 年			
				第 1 波	第 2 波	第 3 波	第 4 波
10 岁及以上所有人		86	84	80	79	73	67
性别	男	87	86	85	80	78	69
	女	86	82	75	78	68	66
年龄	10—14 岁	32	25	18	18	14	14
	15—24 岁	50	50	41	40	39	28
	25—34 岁	77	71	63	53	55	49
	35—44 岁	94	81	80	83	66	62
	45—54 岁	87	90	90	102	100	107
	55—64 岁	136	139	134	125	129	120
	65 岁及以上	146	148	168	159	136	118
文化程度	未受过正规教育	95	114	148	132	97	95
	小学	78	86	82	78	68	58
	初中	88	84	75	72	67	67
	高中	90	89	87	88	89	81
	大学及以上	82	73	71	71	58	52
职业	干部/管理人员	77	62	66	59	45	43
	初级公务员/雇员	73	76	74	89	84	77
	个体/私营企业人员	112	95	93	92	86	88
	工人	74	69	77	73	60	56
	学生	40	36	28	25	30	20
	无业（包括退休人员）	126	127	118	114	106	95
	其他	81	75	61	49	42	36
个人月收入	没有收入	61	54	46	43	49	42
	1—500 元	80	75	61	72	67	56
	501—1000 元	90	86	82	78	73	70
	1001—1500 元	97	100	94	93	76	71
	1501—2000 元	92	94	91	90	74	85
	2001—2500 元	87	90	90	95	85	78
	2501—3000 元	114	96	123	94	90	80
	3001—4000 元	108	125	121	191	172	109
	4001 元及以上	200	129	146	69	57	54

注：郑州为四波调查城市。2011 年四波调查时间分别为：第一波 2 月 27 日至 3 月 19 日；第二波 5 月 29 日至 6 月 18 日；第三波 8 月 28 日至 9 月 17 日；第四波 11 月 6 日至 11 月 26 日。

表 3.33.2　2009—2011 年郑州听众在不同地点的人均收听时间（分钟）

地　点	2009 年	2010 年	2011 年
在家	64	60	52
车上	12	12	15
工作/学习场所	6	8	6
其他场所	4	4	2

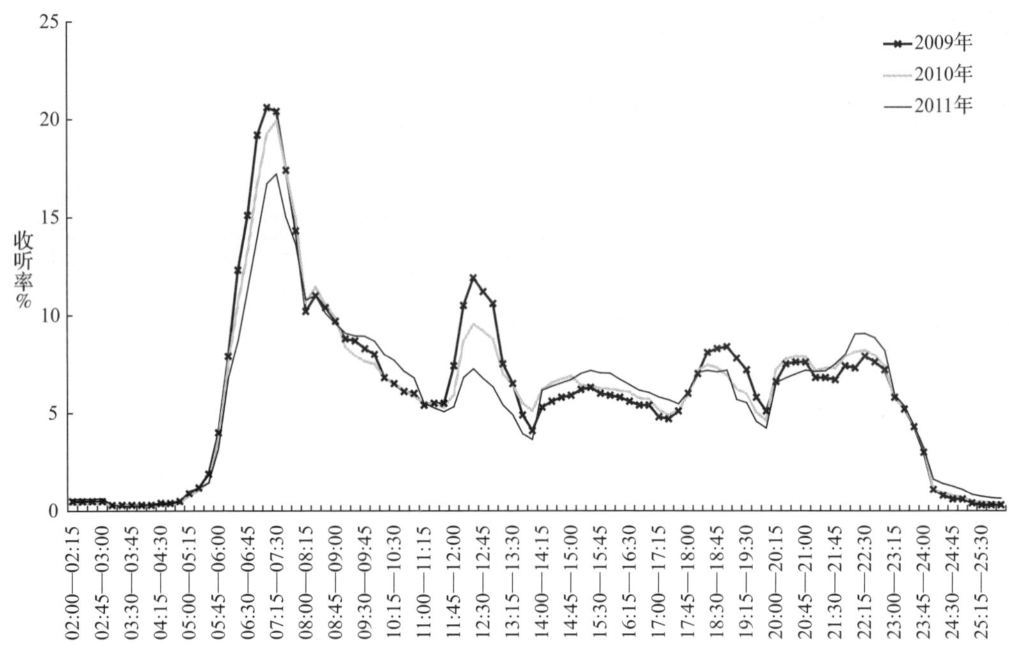

图 3.33.1　2009—2011 年郑州听众全天收听率走势

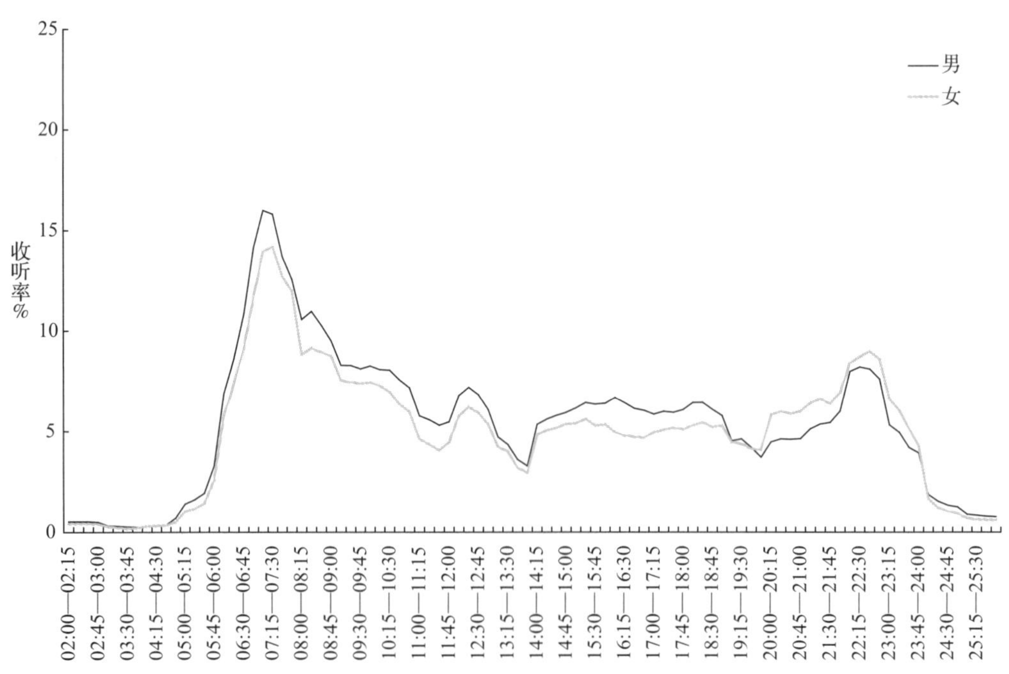

图 3.33.2　2011 年郑州不同性别听众全天收听率走势

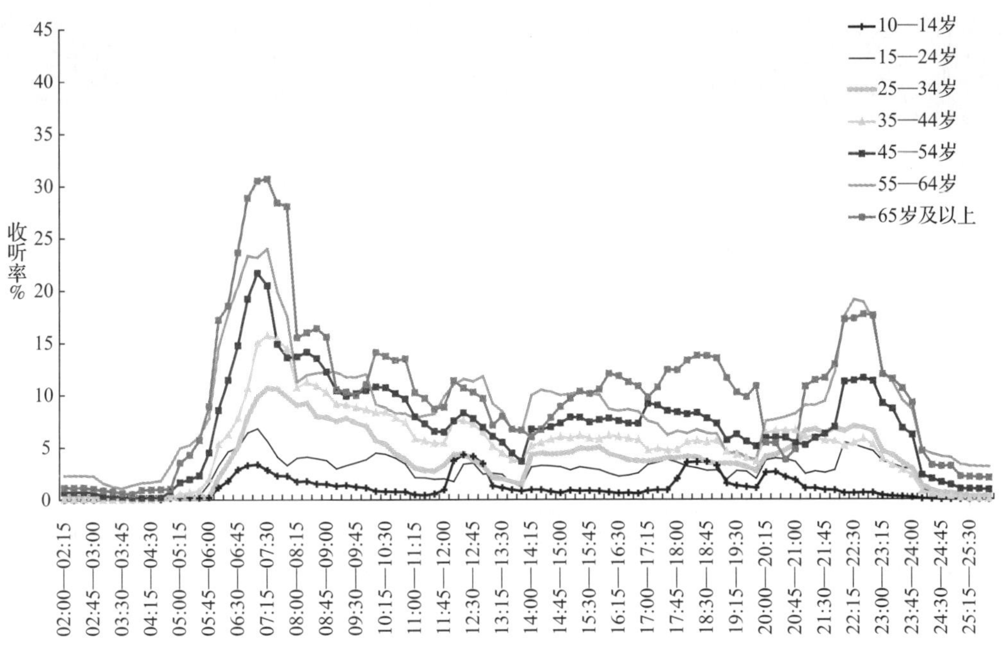

图 3.33.3　2011 年郑州不同年龄听众全天收听率走势

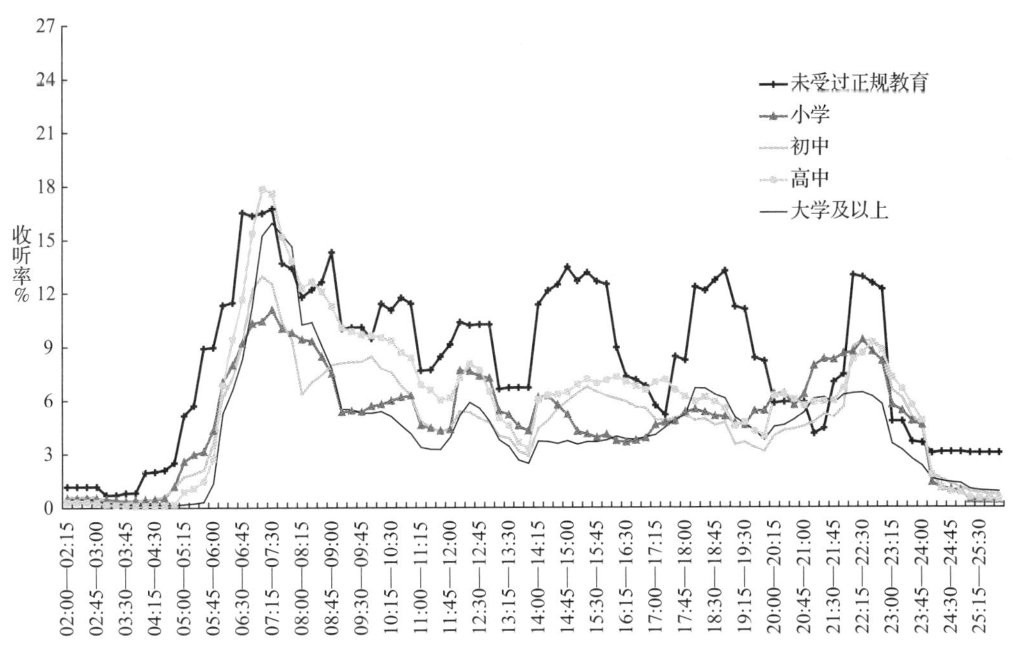

图 3.33.4　2011 年郑州不同文化程度听众全天收听率走势

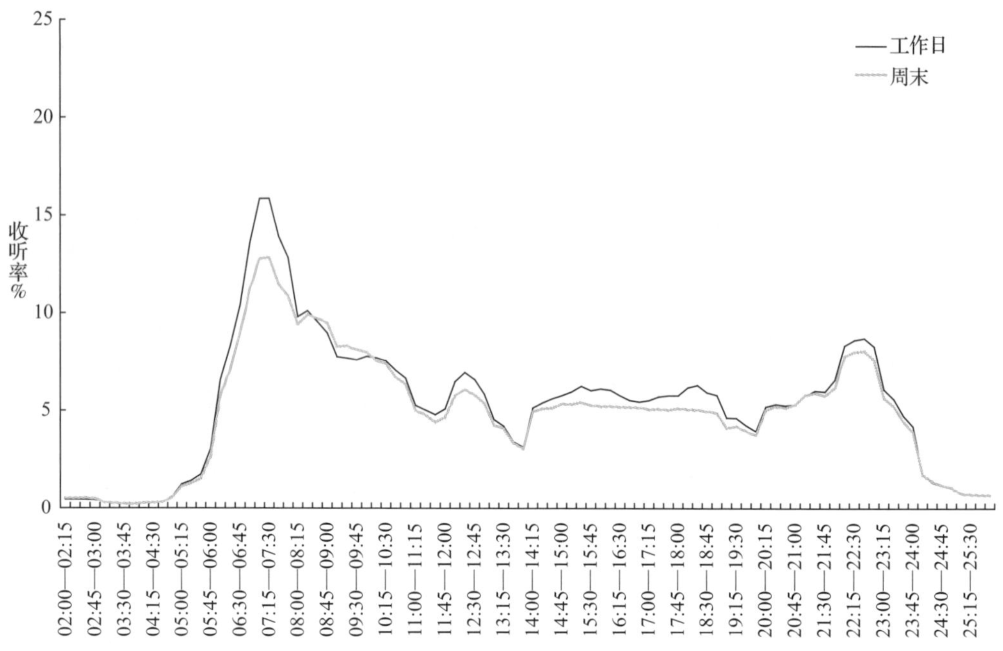

图 3.33.5　2011 年郑州听众工作日与周末全天收听率走势

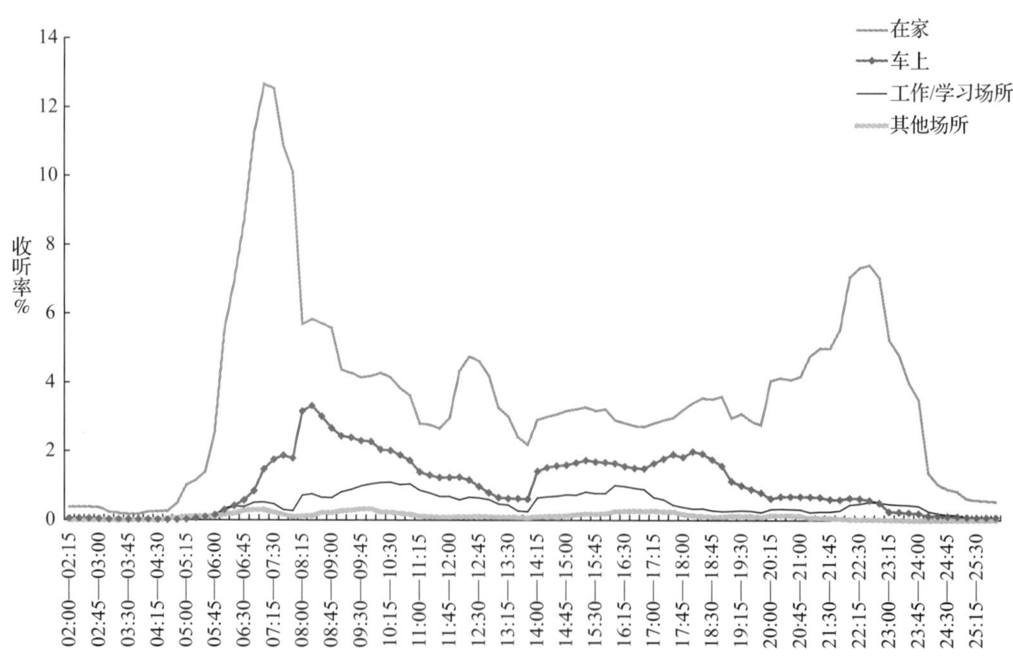

图 3.33.6　2011 年郑州听众在不同收听地点全天收听率走势

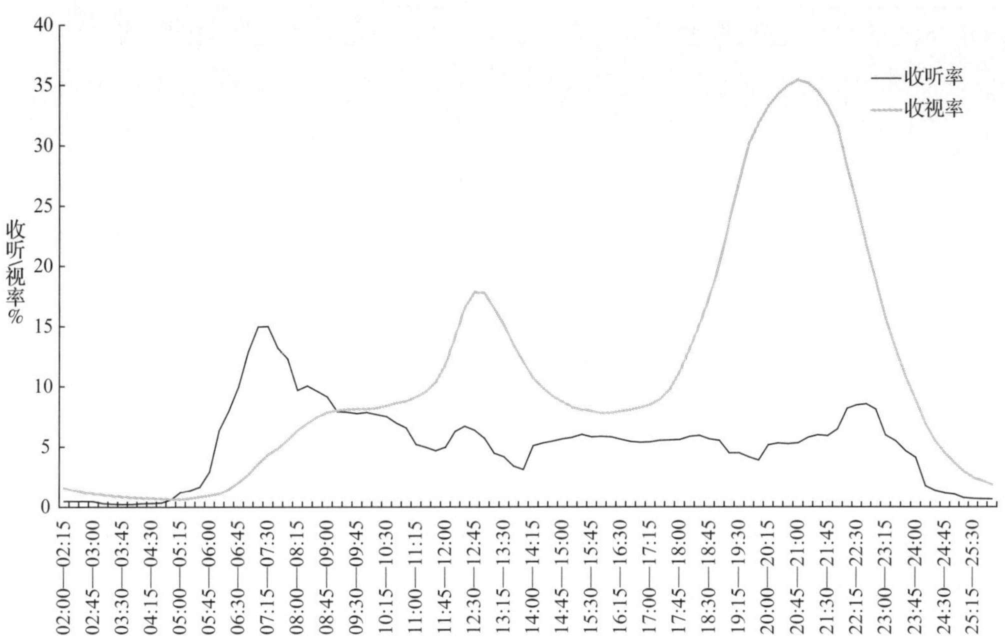

图 3.33.7 2011 年郑州受众全天收听率、收视率走势比较（目标受众为 10 岁及以上）

表 3.33.3　2011 年郑州市场听众构成（%）

目标听众		听众构成（%）
10 岁及以上所有人		100.0
性别	男	52.2
	女	47.8
年龄	10—14 岁	1.2
	15—24 岁	8.1
	25—34 岁	15.4
	35—44 岁	24.2
	45—54 岁	21.1
	55—64 岁	13.3
	65 岁及以上	16.7
文化程度	未受过正规教育	2.9
	小学	9.3
	初中	28.6
	高中	38.9
	大学及以上	20.3
职业	干部/管理人员	3.9
	初级公务员/雇员	21.3
	个体/私营企业人员	14.1
	工人	15.6
	学生	4.8
	无业（包括退休人员）	36.0
	其他	4.2
个人月收入	没有收入	14.0
	1—500 元	4.8
	501—1000 元	15.2
	1001—1500 元	26.2
	1501—2000 元	16.4
	2001—2500 元	9.1
	2501—3000 元	5.8
	3001—4000 元	6.6
	4001 元及以上	1.8

表 3.33.4　2009—2011 年郑州市场各广播电台的市场份额（%）

广播电台	2009 年	2010 年	2011 年			
			第 1 波	第 2 波	第 3 波	第 4 波
中央人民广播电台	9.5	8.7	7.8	7.2	8.4	8.3
中国国际广播电台	0.0	0.0	0.0	0.0	0.0	0.0
河南人民广播电台	48.3	46.7	46.5	45.6	47.1	47.8
郑州人民广播电台	40.8	43.2	44.6	46.2	43.2	42.9
其他广播电台	1.4	1.4	1.1	1.0	1.3	1.0

表 3.33.5 2011 年郑州市场各广播电台在不同目标听众中的市场份额（%）

目标听众		中央人民广播电台	中国国际广播电台	河南人民广播电台	郑州人民广播电台	其他广播电台
10 岁及以上所有人		7.9	0.0	46.7	44.3	1.1
性别	男	8.8	0.0	46.8	43.5	0.9
	女	7.0	0.0	46.6	45.3	1.1
年龄	10—14 岁	6.0	0.0	54.9	35.6	3.5
	15—24 岁	5.9	0.0	49.7	43.7	0.7
	25—34 岁	10.0	0.0	52.4	36.4	1.2
	35—44 岁	4.8	0.0	48.1	46.2	0.9
	45—54 岁	7.7	0.0	44.5	47.1	0.7
	55—64 岁	13.5	0.0	37.2	46.8	2.5
	65 岁及以上	7.4	0.0	47.6	44.3	0.7
文化程度	未受过正规教育	3.0	0.0	52.5	43.9	0.6
	小学	4.9	0.0	45.5	46.9	2.7
	初中	9.3	0.0	45.0	44.5	1.2
	高中	7.6	0.0	43.8	47.7	0.9
	大学及以上	8.6	0.0	54.3	36.4	0.7
职业	干部/管理人员	9.8	0.0	46.6	43.5	0.1
	初级公务员/雇员	5.2	0.0	51.2	42.8	0.8
	个体/私营企业人员	2.7	0.0	49.4	47.1	0.8
	工人	11.3	0.0	44.9	43.0	0.8
	学生	10.4	0.0	45.6	42.2	1.8
	无业（包括退休人员）	10.4	0.0	41.6	46.7	1.3
	其他	1.5	0.0	67.1	28.7	2.7
个人月收入	没有收入	9.3	0.0	44.2	45.1	1.4
	1—500 元	0.6	0.0	63.4	34.5	1.5
	501—1000 元	11.6	0.0	43.6	43.9	0.9
	1001—1500 元	6.6	0.0	41.3	51.5	0.6
	1501—2000 元	11.4	0.0	48.1	38.4	2.1
	2001—2500 元	4.1	0.0	47.0	48.2	0.7
	2501—3000 元	5.1	0.0	49.6	44.2	1.1
	3001—4000 元	6.4	0.0	63.4	30.0	0.2
	4001 元及以上	3.5	0.0	50.1	46.3	0.1

表 3.33.6 2011 年郑州市场份额排名前五位的频率

名次	频 率	市场份额（%）
1	郑州人民广播电台新闻广播 AM549/FM98.6	15.5
2	河南人民广播电台音乐广播 FM88.1	10.7
3	河南人民广播电台戏曲广播 AM1143/FM97.6	9.8
4	河南人民广播电台交通广播 FM104.1	9.1
5	郑州人民广播电台经济广播 AM711/FM93.1	8.5

三十四、江苏收听数据

表 3. 34. 1　2011 年江苏各目标听众人均收听时间（分钟）

目标听众		第一波	第二波	第三波	第四波
10 岁及以上所有人		93	82	83	78
城乡	城市	79	73	74	69
	农村	102	88	88	84
性别	男	99	89	88	82
	女	87	75	77	74
年龄	10—14 岁	38	39	43	39
	15—24 岁	53	47	50	48
	25—34 岁	85	73	75	72
	35—44 岁	86	86	86	77
	45—54 岁	112	88	86	84
	55—64 岁	122	100	98	95
	65 岁及以上	143	132	129	124
文化程度	未受过正规教育	101	84	86	79
	小学	93	81	77	76
	初中	100	90	93	86
	高中	92	79	77	71
	大学及以上	75	69	72	74
职业	干部/管理人员	82	70	65	76
	初级公务员/雇员	77	69	65	67
	个体/私营企业人员	91	86	90	82
	工人	91	84	82	77
	农民/渔民/牧民	122	94	97	91
	学生	33	32	37	31
	无业（包括退休人员）	120	110	111	106
	其他	63	40	48	30
个人月收入	没有收入	58	48	52	45
	1—500 元	109	94	93	95
	501—1000 元	106	95	95	85
	1001—1500 元	112	94	95	84
	1501—2000 元	101	94	95	98
	2001—2500 元	92	82	86	79
	2501—3000 元	93	83	84	81
	3001 元及以上	82	81	77	77

注：江苏为四波调查省网。2011 年四波调查时间分别为：第一波 2 月 27 日至 3 月 19 日，第二波 5 月 29 日至 6 月 18 日，第三波 8 月 28 日至 9 月 17 日，第四波 11 月 6 日至 11 月 26 日。

表 3. 34. 2　2011 年江苏听众在不同地点的人均收听时间（分钟）

地点	第一波	第二波	第三波	第四波
在家	75	65	67	63
车上	11	10	10	10
工作/学习场所	5	5	5	4
其他场所	1	2	2	1

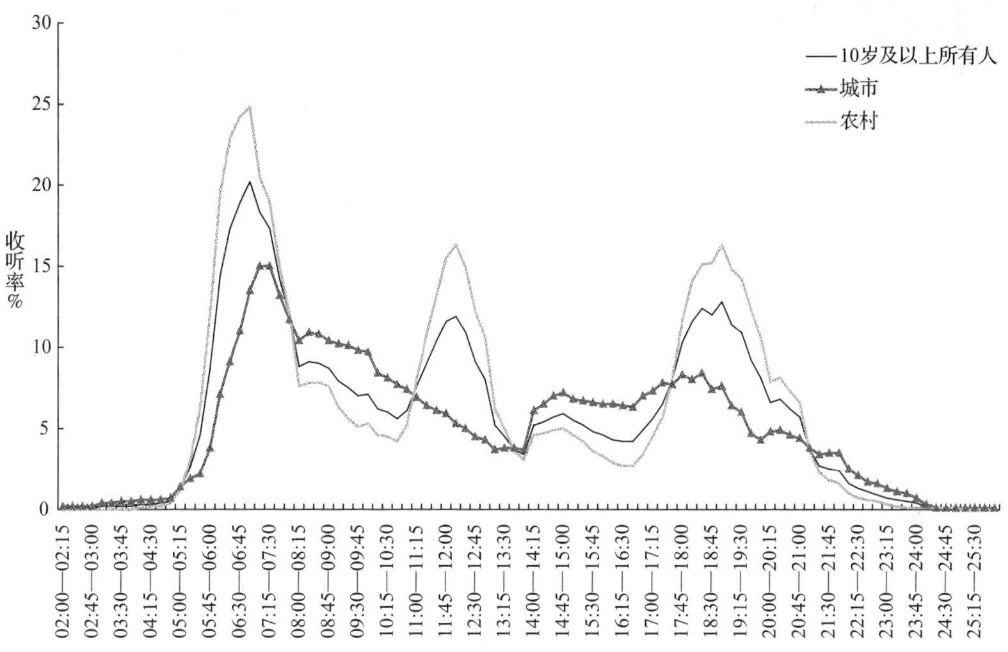

图 3.34.1　2011 年江苏听众全体及分城乡全天收听率走势

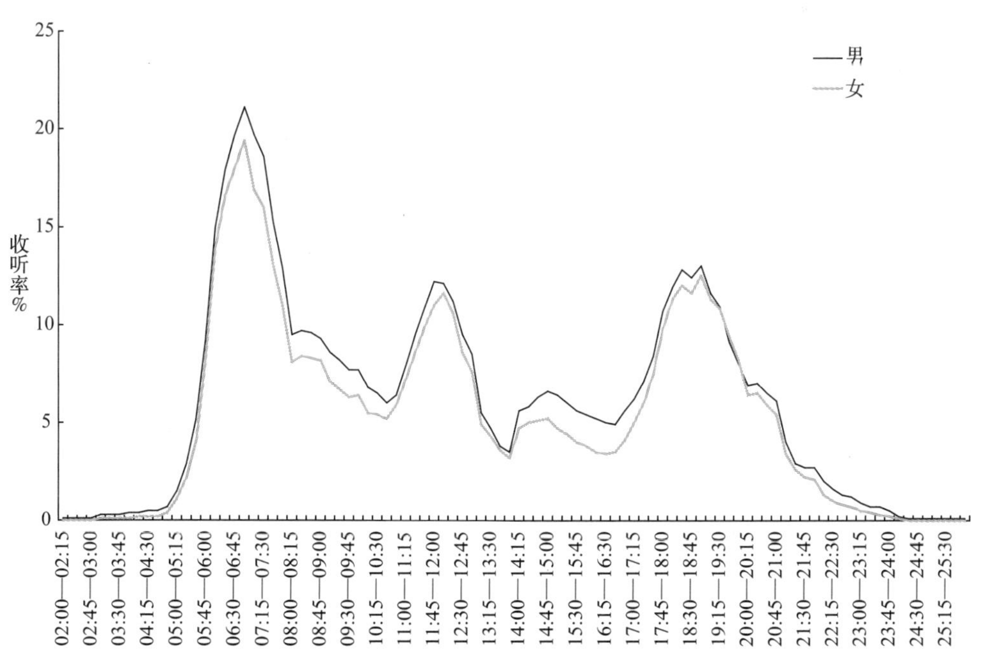

图 3.34.2　2011 年江苏不同性别听众全天收听率走势

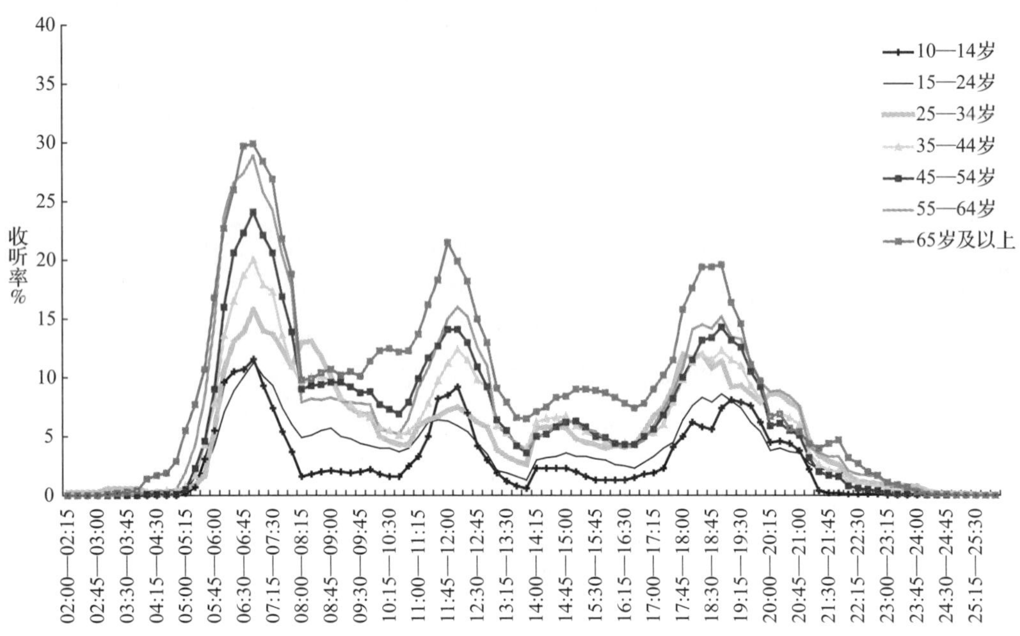

图 3.34.3　2011 年江苏不同年龄听众全天收听率走势

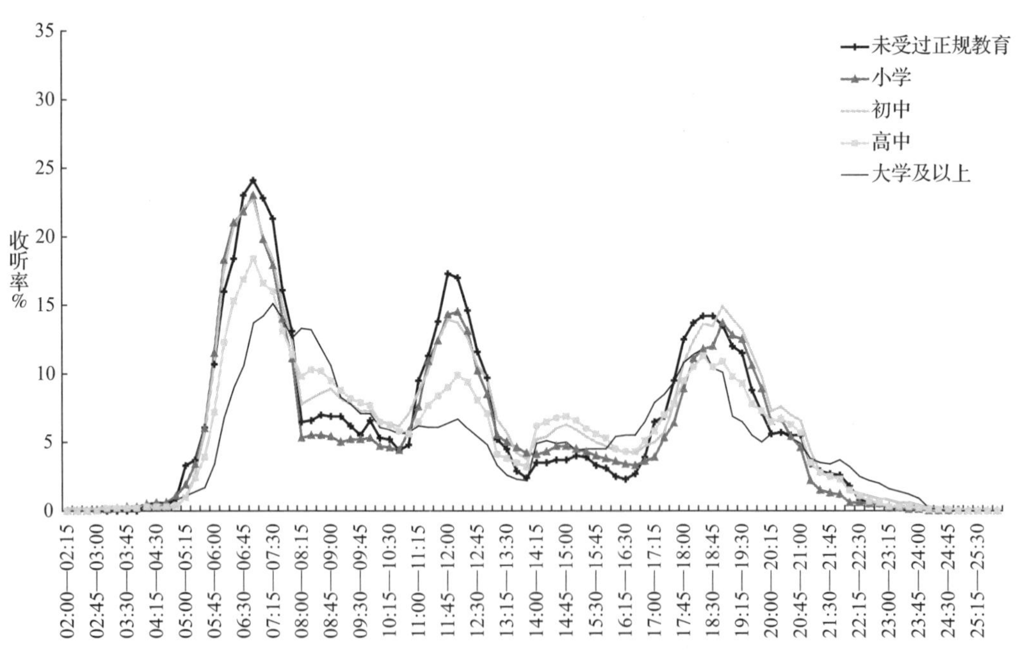

图 3.34.4　2011 年江苏不同文化程度听众全天收听率走势

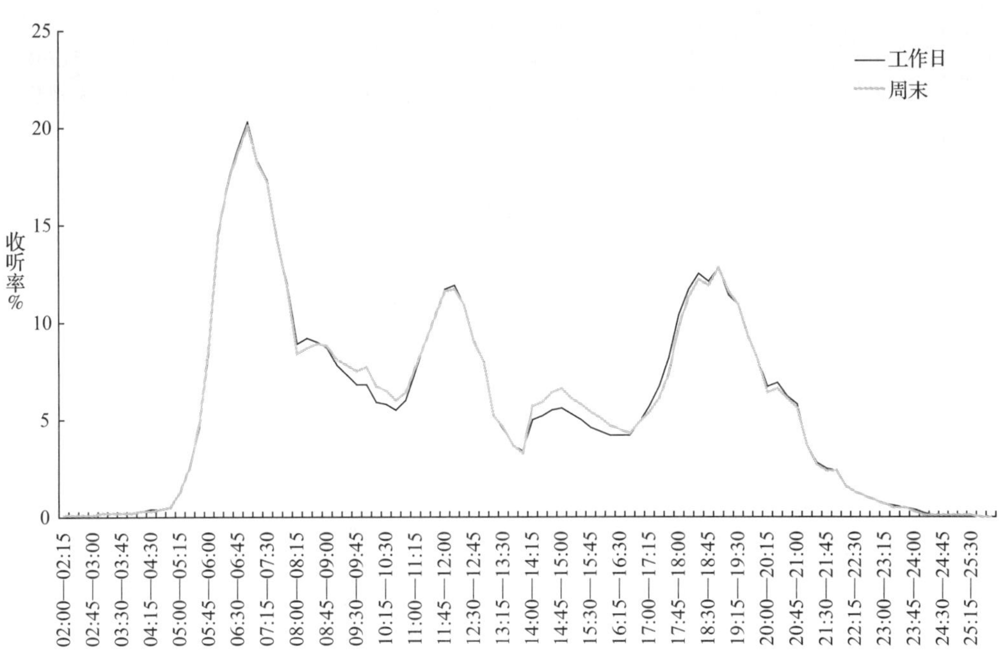

图 3.34.5　2011 年江苏听众工作日与周末全天收听率走势

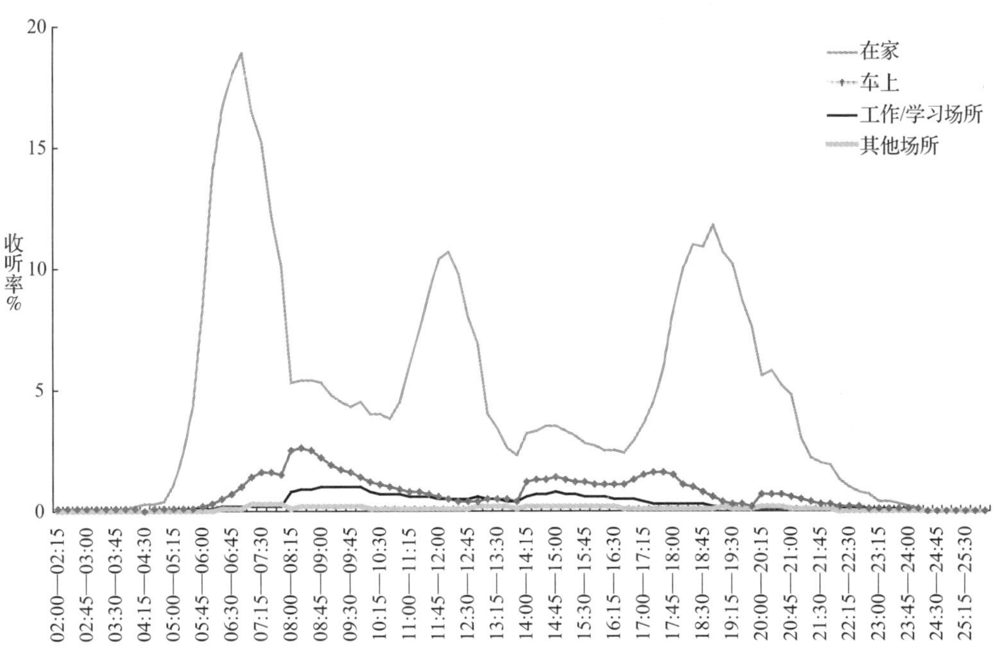

图 3.34.6　2011 年江苏听众在不同地点全天收听率走势

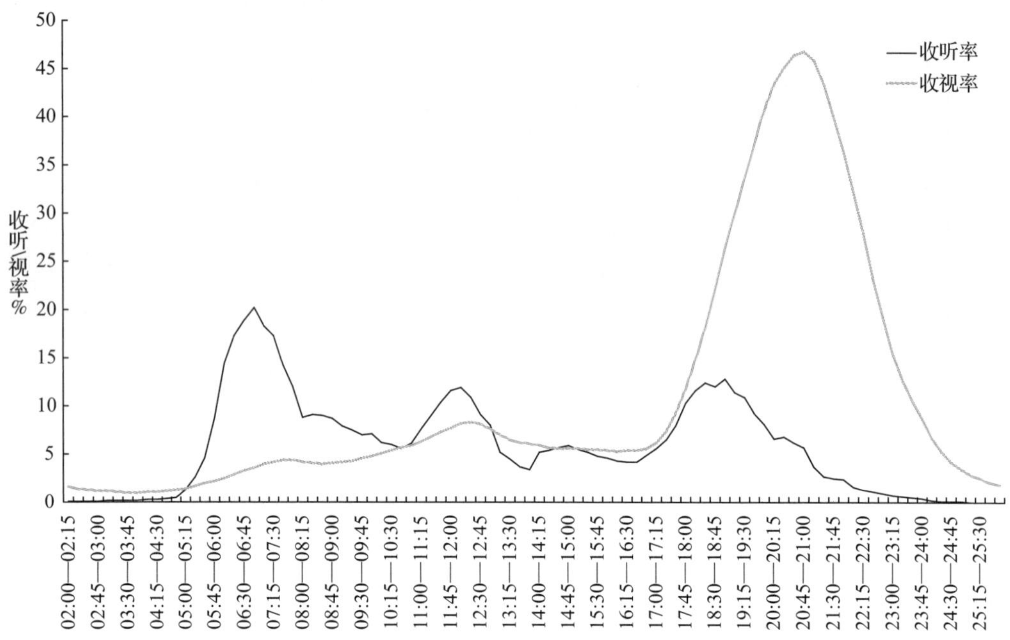

图 3.34.7　2011 年江苏受众全天收听率、收视率走势比较（目标受众为 10 岁及以上）

表 3.34.3 2011 年江苏市场听众构成（%）

目标听众		听众构成（%）
10 岁及以上所有人		100.0
城乡	城市	35.7
	农村	64.3
性别	男	53.9
	女	46.1
年龄	10—14 岁	2.4
	15—24 岁	9.0
	25—34 岁	16.5
	35—44 岁	23.2
	45—54 岁	17.2
	55—64 岁	14.2
	65 岁及以上	17.5
文化程度	未受过正规教育	6.6
	小学	13.8
	初中	39.6
	高中	26.8
	大学及以上	13.2
职业	干部/管理人员	3.0
	初级公务员/雇员	11.4
	个体/私营企业人员	17.8
	工人	20.8
	农民/渔民/牧民	19.8
	学生	4.2
	无业（包括退休人员）	22.8
	其他	0.2
个人月收入	没有收入	11.2
	1—500 元	10.5
	501—1000 元	10.9
	1001—1500 元	20.4
	1501—2000 元	17.2
	2001—2500 元	12.8
	2501—3000 元	7.7
	3001 元及以上	9.3

表 3.34.4 2011 年江苏市场各广播电台的市场份额（%）

广播电台	第一波	第二波	第三波	第四波
中央人民广播电台	14.0	13.7	10.7	10.5
中国国际广播电台	0.3	0.1	0.0	0.1
江苏广播电视总台	22.8	23.2	24.8	23.3
其他广播电台	62.9	63.0	64.5	66.1

表 3.34.5　2011 年江苏市场各广播电台在不同目标听众中的市场份额（%）

目标听众		中央人民广播电台	中国国际广播电台	江苏广播电视总台	其他广播电台
10 岁及以上所有人		12.3	0.1	23.5	64.1
城乡	城市	14.3	0.1	28.1	57.5
	农村	11.2	0.1	21.0	67.7
性别	男	13.5	0.1	24.2	62.2
	女	10.9	0.1	22.7	66.3
年龄	10—14 岁	11.1	0.1	16.9	71.9
	15—24 岁	9.8	0.3	22.1	67.8
	25—34 岁	10.6	0.1	27.2	62.1
	35—44 岁	12.7	0.1	26.9	60.3
	45—54 岁	10.1	0.1	22.9	66.9
	55—64 岁	14.5	0.1	23.7	61.7
	65 岁及以上	15.1	0.2	17.7	67.0
文化程度	未受过正规教育	17.4	0.1	22.9	59.6
	小学	11.8	0.1	18.4	69.7
	初中	12.2	0.2	21.8	65.8
	高中	11.0	0.1	25.6	63.3
	大学及以上	13.2	0.1	30.0	56.7
职业	干部/管理人员	10.8	0.0	22.2	67.0
	初级公务员/雇员	12.8	0.1	30.4	56.7
	个体/私营企业人员	13.1	0.1	27.5	59.3
	工人	10.7	0.0	20.8	68.5
	农民/渔民/牧民	11.5	0.1	24.3	64.1
	学生	13.2	0.1	18.4	68.3
	无业（包括退休人员）	13.3	0.2	20.1	66.4
	其他	28.4	2.0	11.5	58.1
个人月收入	没有收入	9.5	0.1	17.2	73.2
	1—500 元	19.3	0.1	30.2	50.4
	501—1000 元	12.7	0.1	19.2	68.0
	1001—1500 元	11.6	0.2	22.8	65.4
	1501—2000 元	9.2	0.0	20.8	70.0
	2001—2500 元	12.4	0.1	25.8	61.7
	2501—3000 元	14.4	0.2	26.5	58.9
	3001 元及以上	12.7	0.3	28.1	58.9

表 3.34.6　2011 年江苏市场份额排名前五位的频率

名次	频率	市场份额（%）
1	中央人民广播电台第一套节目中国之声	10.5
2	江苏新闻广播 FM93.7	6.9
3	江苏交通广播网 FM101.1	5.8
4	江苏新闻综合广播 AM702	4.4
5	江苏音乐广播 FM89.7	1.5

三十五、辽宁收听数据

表 3.35.1　2011 年辽宁各目标听众人均收听时间（分钟）

目标听众		人均收听时间（分钟）
10 岁及以上所有人		68
城乡	城市	83
	农村	44
性别	男	70
	女	67
年龄	10—14 岁	16
	15—24 岁	38
	25—34 岁	51
	35—44 岁	58
	45—54 岁	85
	55—64 岁	98
	65 岁及以上	120
文化程度	未受过正规教育	45
	小学	64
	初中	68
	高中	70
	大学及以上	78
职业	干部/管理人员	45
	初级公务员/雇员	65
	个体/私营企业人员	67
	工人	56
	农民/渔民/牧民	71
	学生	27
	无业（包括退休人员）	102
	其他	*
个人月收入	没有收入	49
	1—500 元	72
	501—1000 元	69
	1001—1500 元	76
	1501—2000 元	76
	2001—2500 元	74
	2501—3000 元	73
	3001 元及以上	77

注：辽宁省网为全年连续调查省网。"*"表示目标听众样本量不足，无法进行统计推断。

表 3.35.2　2011 年辽宁听众在不同地点的人均收听时间（分钟）

地点	人均收听时间（分钟）
在家	53
车上	10
工作/学习场所	4
其他场所	1

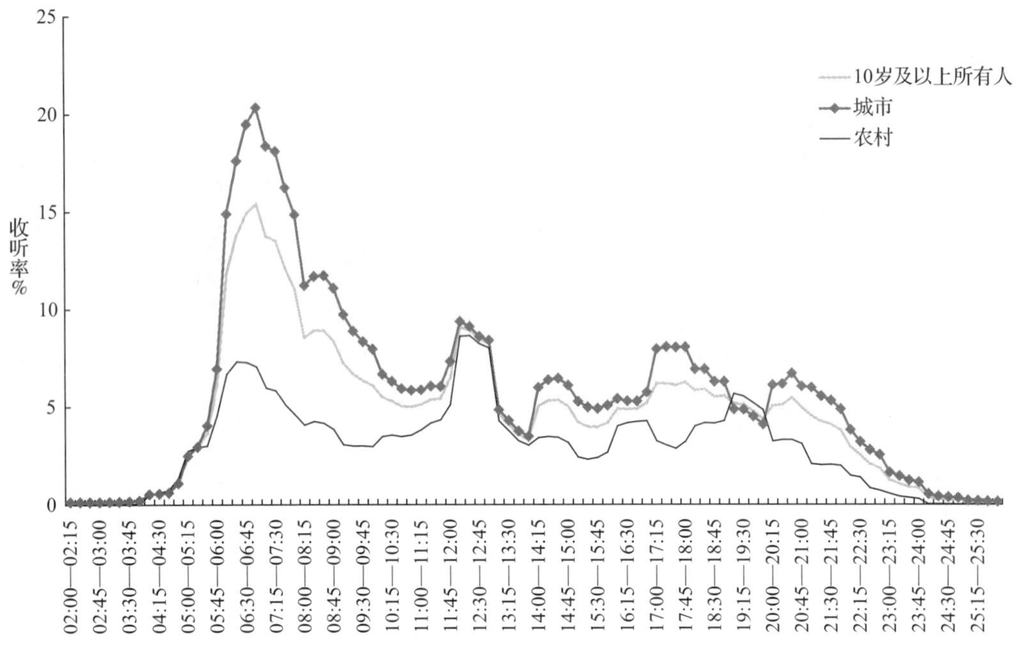

图 3.35.1　2011 年辽宁听众全体及分城乡全天收听率走势

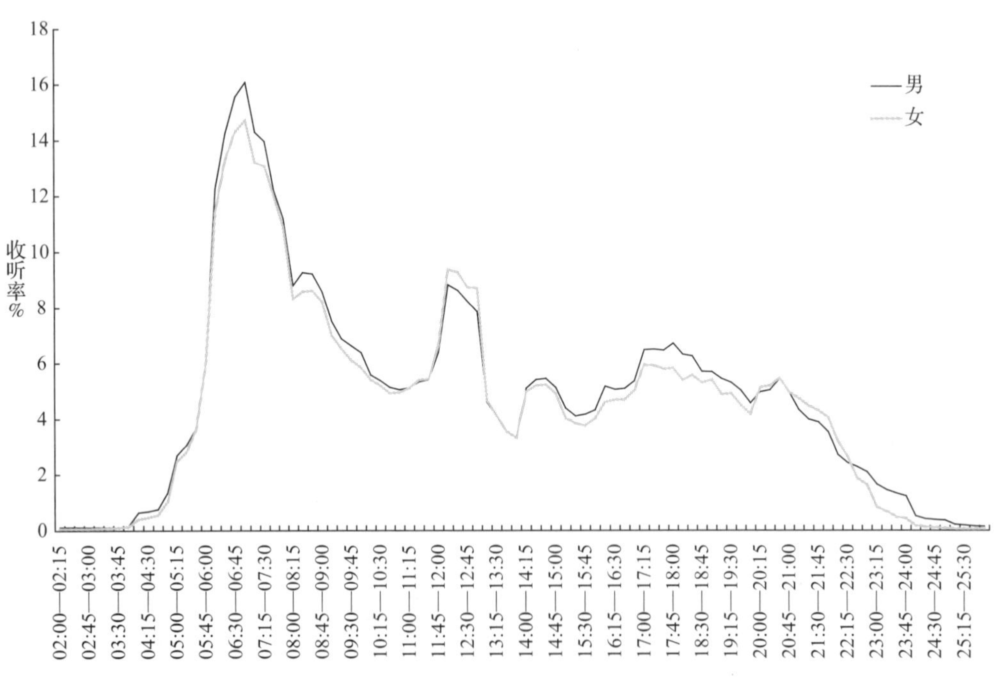

图 3.35.2　2011 年辽宁不同性别听众全天收听率走势

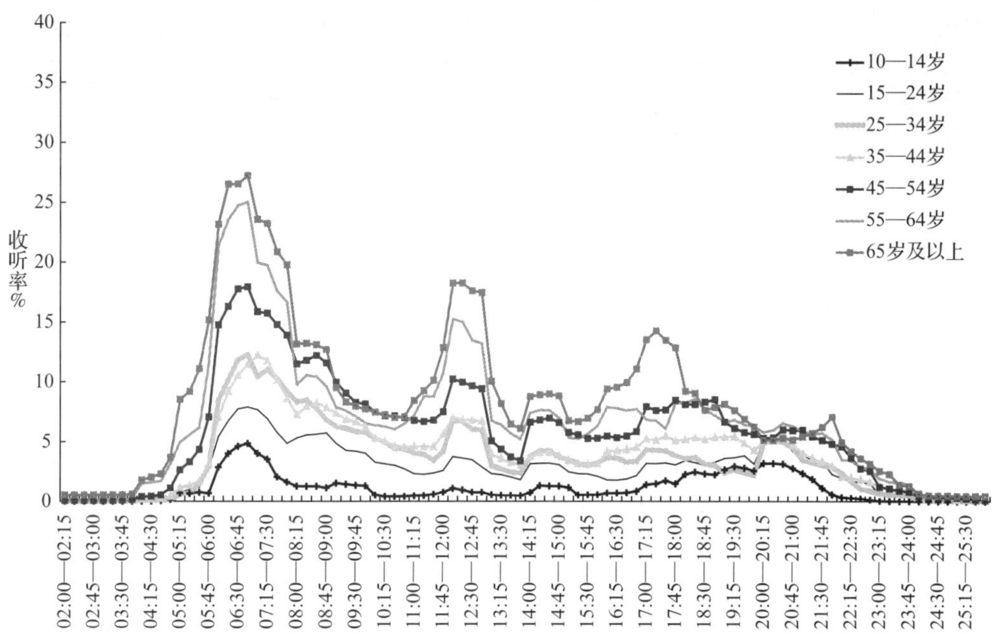

图 3.35.3 2011 年辽宁不同年龄听众全天收听率走势

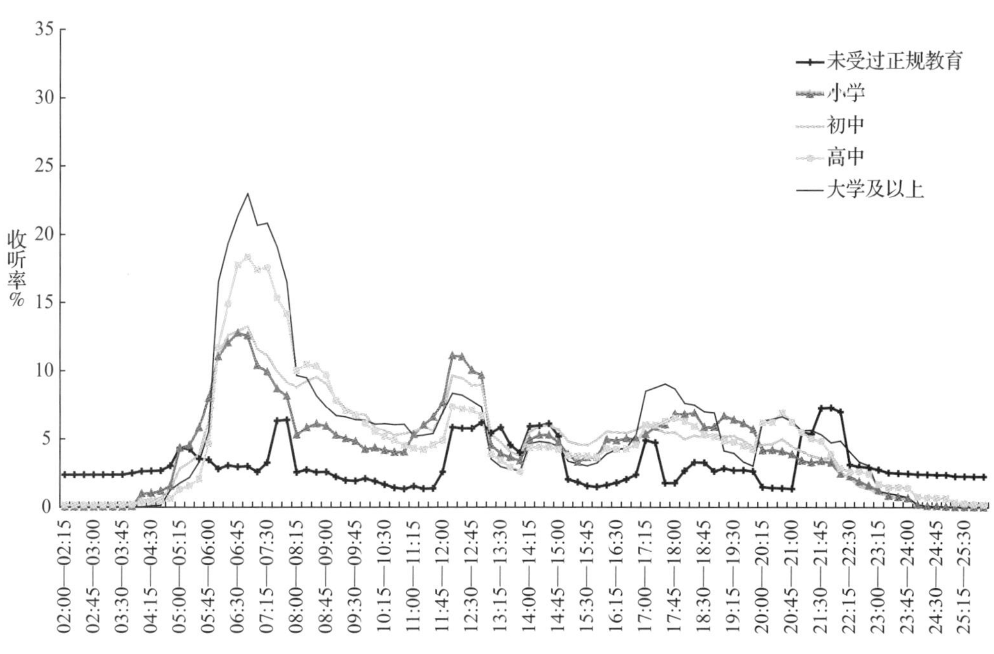

图 3.35.4 2011 年辽宁不同文化程度听众全天收听率走势

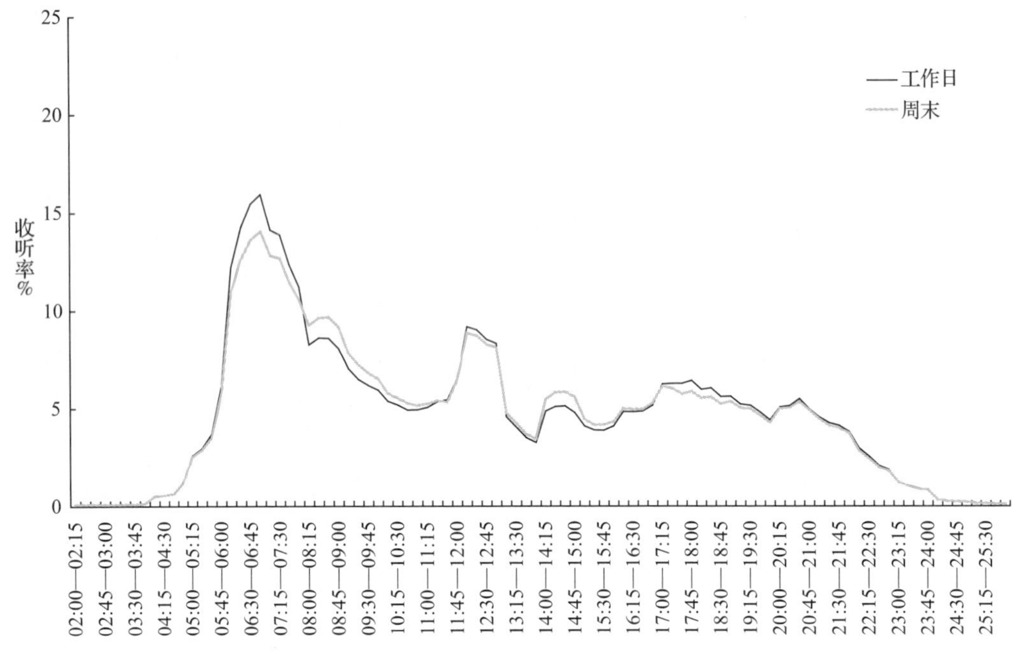

图 3.35.5　2011 年辽宁听众工作日与周末全天收听率走势

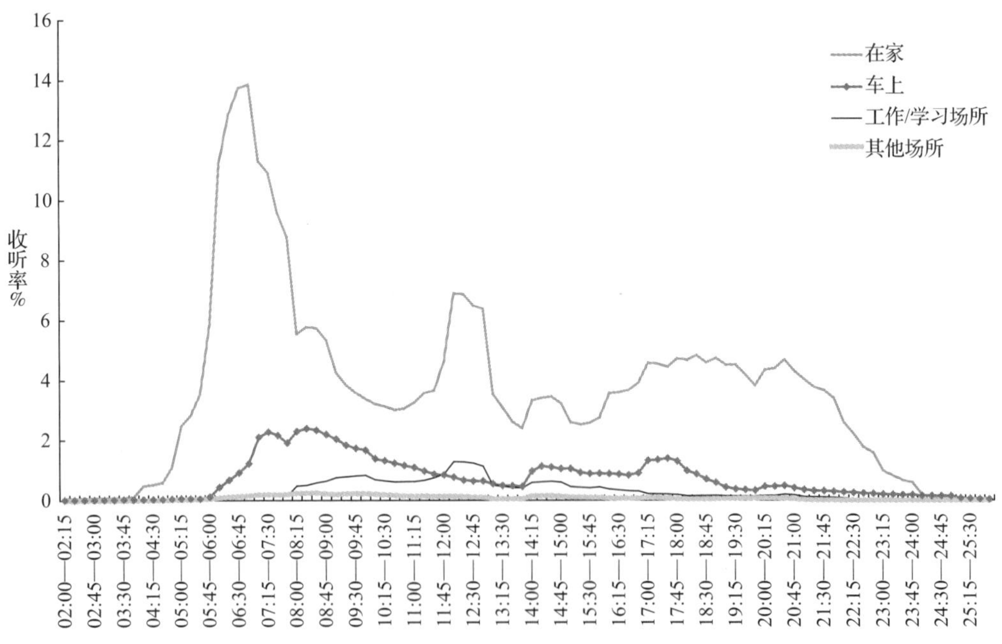

图 3.35.6　2011 年辽宁听众在不同收听地点全天收听率走势

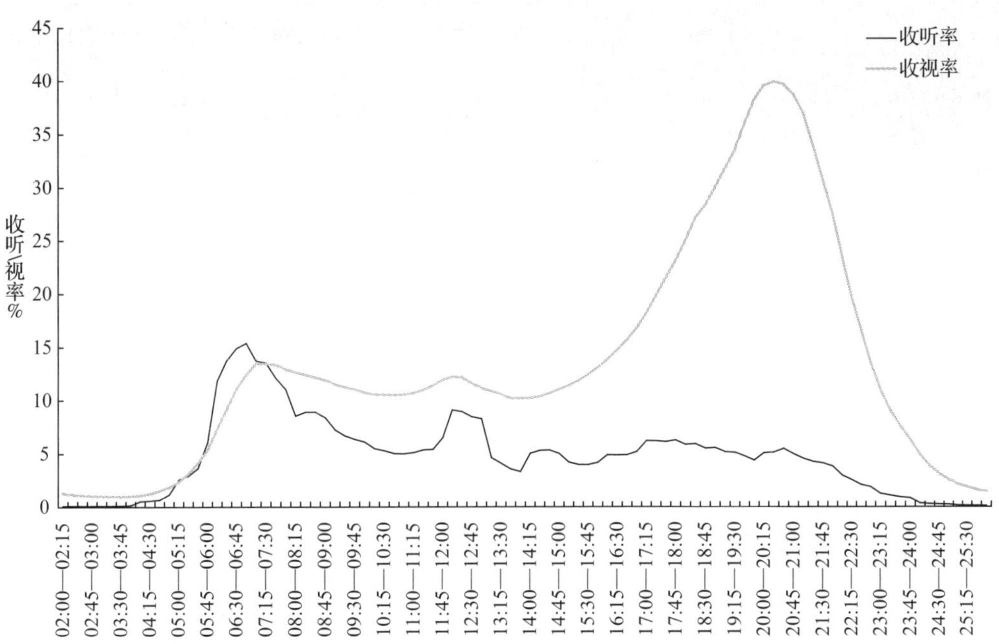

图 3.35.7　2011 年辽宁受众全天收听率、收视率走势比较（目标受众为 10 岁及以上）

表 3.35.3 2011 年辽宁市场听众构成（%）

目标听众		听众构成（%）
10 岁及以上所有人		100.0
城乡	城市	76.2
	农村	23.8
性别	男	51.4
	女	48.6
年龄	10—14 岁	1.4
	15—24 岁	7.0
	25—34 岁	13.3
	35—44 岁	19.0
	45—54 岁	20.5
	55—64 岁	18.3
	65 岁及以上	20.5
文化程度	未受过正规教育	1.0
	小学	14.1
	初中	47.2
	高中	23.5
	大学及以上	14.3
职业	干部/管理人员	1.6
	初级公务员/雇员	9.5
	个体/私营企业人员	14.1
	工人	17.8
	农民/渔民/牧民	15.3
	学生	4.5
	无业（包括退休人员）	37.1
	其他	0.1
个人月收入	没有收入	16.1
	1—500 元	9.1
	501—1000 元	13.6
	1001—1500 元	22.6
	1501—2000 元	14.8
	2001—2500 元	10.9
	2501—3000 元	5.4
	3001 元及以上	7.5

表 3.35.4 2011 年辽宁市场各广播电台的市场份额（%）

广播电台	市场份额（%）
中央人民广播电台	13.3
中国国际广播电台	0.0
辽宁广播电视台	29.9
其他广播电台	56.9

表 3.35.5　2011 年辽宁市场各广播电台在不同目标听众中的市场份额（%）

<table>
<tr><th colspan="2">目标听众</th><th>中央人民广播电台</th><th>中国国际广播电台</th><th>辽宁广播电视台</th><th>其他广播电台</th></tr>
<tr><td colspan="2">10 岁及以上所有人</td><td>13.3</td><td>0.0</td><td>29.9</td><td>56.9</td></tr>
<tr><td rowspan="2">城乡</td><td>城市</td><td>12.1</td><td>0.0</td><td>26.6</td><td>61.4</td></tr>
<tr><td>农村</td><td>17.2</td><td>0.0</td><td>40.4</td><td>42.4</td></tr>
<tr><td rowspan="2">性别</td><td>男</td><td>13.6</td><td>0.0</td><td>28.9</td><td>57.5</td></tr>
<tr><td>女</td><td>12.9</td><td>0.0</td><td>30.9</td><td>56.2</td></tr>
<tr><td rowspan="7">年龄</td><td>10—14 岁</td><td>16.3</td><td>0.0</td><td>26.9</td><td>56.7</td></tr>
<tr><td>15—24 岁</td><td>16.1</td><td>0.0</td><td>26.7</td><td>57.2</td></tr>
<tr><td>25—34 岁</td><td>19.0</td><td>0.0</td><td>29.2</td><td>51.7</td></tr>
<tr><td>35—44 岁</td><td>12.1</td><td>0.0</td><td>26.4</td><td>61.6</td></tr>
<tr><td>45—54 岁</td><td>11.1</td><td>0.0</td><td>28.8</td><td>60.1</td></tr>
<tr><td>55—64 岁</td><td>13.7</td><td>0.0</td><td>32.4</td><td>54.0</td></tr>
<tr><td>65 岁及以上</td><td>11.3</td><td>0.0</td><td>33.6</td><td>55.0</td></tr>
<tr><td rowspan="5">文化程度</td><td>未受过正规教育</td><td>7.1</td><td>0.0</td><td>55.5</td><td>37.3</td></tr>
<tr><td>小学</td><td>13.5</td><td>0.0</td><td>32.4</td><td>54.1</td></tr>
<tr><td>初中</td><td>11.9</td><td>0.0</td><td>33.5</td><td>54.7</td></tr>
<tr><td>高中</td><td>13.3</td><td>0.0</td><td>24.3</td><td>62.4</td></tr>
<tr><td>大学及以上</td><td>17.9</td><td>0.0</td><td>23.2</td><td>58.8</td></tr>
<tr><td rowspan="8">职业</td><td>干部/管理人员</td><td>21.6</td><td>0.0</td><td>27.1</td><td>51.3</td></tr>
<tr><td>初级公务员/雇员</td><td>16.1</td><td>0.0</td><td>27.5</td><td>56.3</td></tr>
<tr><td>个体/私营企业人员</td><td>14.7</td><td>0.0</td><td>26.6</td><td>58.7</td></tr>
<tr><td>工人</td><td>10.9</td><td>0.0</td><td>23.7</td><td>65.4</td></tr>
<tr><td>农民/渔民/牧民</td><td>16.1</td><td>0.0</td><td>37.8</td><td>46.1</td></tr>
<tr><td>学生</td><td>14.9</td><td>0.0</td><td>25.5</td><td>59.6</td></tr>
<tr><td>无业（包括退休人员）</td><td>11.4</td><td>0.0</td><td>32.1</td><td>56.5</td></tr>
<tr><td>其他</td><td>*</td><td>*</td><td>*</td><td>*</td></tr>
<tr><td rowspan="8">个人月收入</td><td>没有收入</td><td>12.9</td><td>0.0</td><td>30.1</td><td>56.9</td></tr>
<tr><td>1—500 元</td><td>16.7</td><td>0.0</td><td>31.2</td><td>52.2</td></tr>
<tr><td>501—1000 元</td><td>12.6</td><td>0.0</td><td>34.7</td><td>52.7</td></tr>
<tr><td>1001—1500 元</td><td>10.2</td><td>0.0</td><td>34.4</td><td>55.3</td></tr>
<tr><td>1501—2000 元</td><td>16.2</td><td>0.0</td><td>26.5</td><td>57.3</td></tr>
<tr><td>2001—2500 元</td><td>13.6</td><td>0.0</td><td>27.7</td><td>58.7</td></tr>
<tr><td>2501—3000 元</td><td>13.4</td><td>0.0</td><td>23.4</td><td>63.2</td></tr>
<tr><td>3001 元及以上</td><td>14.3</td><td>0.0</td><td>20.9</td><td>64.8</td></tr>
</table>

表 3.23.6　2011 年辽宁市场份额排名前五位的频率

名次	频率	市场份额（%）
1	辽宁广播电视台综合广播 AM1089/FM102.9	10.1
2	中央人民广播电台第一套节目中国之声	9.7
3	辽宁广播电视台交通广播 FM97.5	5.1
4	辽宁广播电视台文艺广播 FM95.9/AM747/AM801	4.3
5	辽宁广播电视台经济广播 FM89.5/AM999	3.1

第四部分
Part Four

附 录 Appendix

附 录

CSM 各收听率调查网概况

表 4.1 2011 年各城市收听率调查网样本规模及推及人口

城 市	固定样组规模(户)	推及户数(千户)	推及人口(千人)
北京	300	3047	7510
长春	300	927	2626
长沙	300	816	1752
常州	300	248	680
成都	300	664	1844
重庆	300	443	1280
大连	300	841	2191
佛山	300	944	1811
福州	300	649	1516
广州	300	1386	4061
杭州	300	1559	4248
哈尔滨	300	1303	3501
合肥	300	711	1870
济南	300	1046	2959
南京	300	1406	3693
南宁	300	520	1435
宁波	300	360	846
青岛	300	538	1261
清远	300	62	188
上海	300	3782	9446
绍兴	300	156	307
沈阳	300	1141	3022
深圳	300	2518	5213
石家庄	300	594	1643
苏州	300	622	1792
太原	300	849	2406
天津	300	1702	3740
乌鲁木齐	300	529	1505
武汉	300	944	2212
无锡	300	497	1430
厦门	300	674	824
西安	300	749	1981
郑州	300	1055	2107

表4.2 2011年各城市收听率调查网家庭规模结构(%)

城　　市	1人户	2人户	3人户	4人及以上户
北京	6.4	35.5	41.8	16.3
长春	3.6	29.5	44.4	22.5
长沙	7.5	33.6	40.8	18.1
常州	8.6	34.1	33.0	24.3
成都	9.3	28.7	40.4	21.6
重庆	7.1	27.4	40.5	25.0
大连	7.0	34.3	43.4	15.3
佛山	7.2	29.8	28.2	34.8
福州	9.6	29.4	36.7	24.3
广州	11.2	30.1	35.3	23.4
杭州	5.5	33.9	33.9	26.7
哈尔滨	5.7	32.7	42.5	19.1
合肥	9.6	28.1	38.2	24.1
济南	4.7	32.3	34.7	28.3
南京	5.1	37.0	39.9	18.0
南宁	8.8	25.2	38.7	27.3
宁波	14.7	39.4	36.5	9.4
青岛	8.9	35.2	43.8	12.1
清远	7.3	24.8	23.1	44.8
上海	10.0	29.4	38.6	22.0
绍兴	4.9	30.7	40.9	23.5
沈阳	7.3	34.8	38.4	19.5
深圳	19.1	40.8	24.7	15.4
石家庄	7.3	29.1	39.7	23.9
苏州	7.5	32.3	35.6	24.6
太原	4.3	28.1	43.4	24.2
天津	8.9	34.2	42.6	14.3
乌鲁木齐	8.5	37.8	39.1	14.6
武汉	4.1	21.8	40.9	33.2
无锡	4.0	32.5	38.3	25.2
厦门	7.1	34.7	35.6	22.6
西安	5.9	28.5	34.9	30.7
郑州	5.9	29.1	40.2	24.8

表 4.3　2011 年各城市收听率调查网人均月收入结构(%)

城市	没有收入	1—500 元	501—1000 元	1001—1500 元	1501—2000 元	2001—2500 元	2501—3000 元	3001—4000 元	4001 元及以上
北京	15.4	0.5	1.7	5.4	9.5	18.3	9.4	17.0	22.8
长春	25.6	0.5	2.7	17.1	14.6	16.1	7.3	11.0	5.1
长沙	21.8	2.6	5.8	17.3	10.3	13.1	7.9	12.1	9.1
常州	21.6	1.2	2.1	9.8	12.1	18.8	8.9	13.6	11.9
成都	18.8	0.0	5.1	14.7	13.5	12.4	6.2	12.4	16.9
重庆	21.5	2.8	2.9	12.5	18.6	16.8	7.5	11.1	6.3
大连	21.5	1.0	2.8	17.1	14.4	19.1	5.1	11.1	7.9
佛山	21.5	3.3	4.4	15.0	15.2	14.9	5.9	10.8	9.0
福州	26.0	0.9	1.9	11.3	15.1	13.1	8.5	11.4	11.8
广州	22.4	1.9	3.1	8.8	14.1	20.9	9.2	11.0	8.6
杭州	21.3	1.4	4.2	6.3	13.3	15.4	8.9	12.9	16.3
哈尔滨	21.4	1.0	5.4	28.4	10.5	15.6	4.7	7.8	5.2
合肥	23.0	2.8	3.4	19.7	12.0	15.7	5.3	10.7	7.4
济南	16.3	10.1	6.6	18.5	11.9	14.4	6.7	10.1	5.4
南京	20.4	2.6	1.1	9.1	11.7	16.9	11.0	14.5	12.7
南宁	16.9	10.2	9.7	25.8	10.5	11.1	4.5	6.4	4.9
宁波	14.5	0.8	1.5	5.1	14.2	19.4	13.4	15.3	15.8
青岛	16.7	0.6	1.3	12.4	19.8	18.3	8.0	12.2	10.7
清远	30.6	10.7	18.2	16.3	12.0	6.5	2.8	2.1	0.8
上海	14.3	0.4	1.7	4.5	14.6	20.5	12.5	16.0	15.5
绍兴	24.7	1.2	2.0	9.4	8.0	19.4	8.8	12.1	14.4
沈阳	15.8	4.2	7.7	29.8	12.7	12.7	4.9	7.1	5.1
深圳	30.7	0.1	0.2	1.5	3.5	9.6	7.0	12.9	34.5
石家庄	22.3	1.0	6.1	23.9	11.1	17.3	4.1	9.1	5.1
苏州	20.5	1.6	2.2	10.1	10.4	18.2	9.9	12.1	15.0
太原	23.0	3.9	5.3	19.3	12.6	15.4	7.1	8.2	5.2
天津	19.5	0.2	2.2	14.1	14.8	19.0	5.1	11.2	13.9
乌鲁木齐	21.5	1.4	4.6	11.3	12.2	16.3	8.2	14.2	10.3
武汉	20.2	0.3	3.4	23.4	13.5	16.3	4.5	9.3	9.1
无锡	14.6	3.5	2.1	6.7	14.8	17.6	8.2	16.5	16.0
厦门	26.1	0.3	1.4	5.4	9.2	15.5	9.2	12.3	20.6
西安	26.4	2.7	4.1	20.8	10.4	14.7	5.1	9.1	6.7
郑州	22.9	3.2	5.9	19.2	10.8	14.5	7.2	9.8	6.5

表 4.4 2011 年各城市收听率调查网性别与年龄结构(%)

城市	性别		年龄						
	男性	女性	10—14 岁	15—24 岁	25—34 岁	35—44 岁	45—54 岁	55—64 岁	65 岁及以上
北京	51.3	48.7	2.8	18.3	21.5	21.0	18.7	9.1	8.6
长春	50.1	49.9	5.5	18.0	20.3	21.7	16.8	8.9	8.8
长沙	49.3	50.7	4.4	18.1	19.4	25.0	16.3	7.8	9.0
常州	50.6	49.4	4.8	16.1	22.7	22.0	15.2	11.2	8.0
成都	49.4	50.6	4.5	15.7	21.3	20.7	14.5	9.7	13.6
重庆	50.5	49.5	5.9	18.5	16.6	21.9	15.9	9.8	11.4
大连	47.4	52.6	4.8	16.9	17.5	19.6	19.5	10.8	10.9
佛山	53.0	47.0	5.0	23.1	26.0	21.2	11.6	7.5	5.6
福州	48.8	51.2	4.5	19.7	23.1	18.9	15.0	10.6	8.2
广州	49.4	50.6	4.2	24.1	22.0	20.5	13.0	7.8	8.4
杭州	50.5	49.5	4.8	17.4	20.9	21.9	15.6	9.9	9.5
哈尔滨	48.8	51.2	5.3	14.4	18.5	21.3	19.4	11.4	9.7
合肥	51.5	48.5	7.1	18.4	22.8	23.1	11.9	8.5	8.2
济南	49.8	50.2	4.6	19.5	18.2	19.9	17.1	9.9	10.8
南京	49.4	50.6	5.1	15.9	20.3	22.4	15.2	11.0	10.1
南宁	50.6	49.4	5.0	18.1	23.1	21.5	14.1	10.0	8.2
宁波	50.2	49.8	3.9	17.6	25.0	21.6	16.2	9.2	6.5
青岛	49.6	50.4	4.0	16.6	20.3	20.6	17.1	9.3	12.1
清远	50.2	49.8	8.8	17.6	19.1	19.2	13.0	11.3	11.0
上海	50.8	49.2	3.7	17.6	20.2	18.1	19.4	11.1	9.9
绍兴	49.6	50.4	6.8	11.3	17.9	22.4	15.5	13.9	12.2
沈阳	49.1	50.9	3.7	15.4	18.4	18.7	20.3	10.3	13.2
深圳	54.1	45.9	2.4	28.7	34.5	20.7	8.7	2.7	2.3
石家庄	47.7	52.3	5.4	21.7	18.8	20.1	15.4	9.5	9.1
苏州	48.1	51.9	4.0	16.2	18.7	25.1	16.9	9.8	9.3
太原	51.5	48.5	6.7	16.8	19.1	22.1	17.2	8.5	9.6
天津	53.7	46.3	2.2	21.1	14.4	18.6	21.6	11.3	10.8
乌鲁木齐	49.3	50.7	6.0	11.7	23.2	25.5	13.2	10.0	10.4
武汉	51.2	48.8	3.3	20.6	19.5	18.0	17.4	10.4	10.8
无锡	51.6	48.4	4.7	14.8	22.1	22.9	14.1	11.3	10.1
厦门	52.2	47.8	4.9	24.4	24.0	22.2	12.1	5.9	6.5
西安	51.5	48.5	7.0	16.7	19.0	19.2	18.6	9.2	10.3
郑州	49.8	50.2	6.6	15.1	20.4	25.6	15.2	8.9	8.2

表 4.5　2011 年各省级收听率调查网样本规模及推及人口

省　　份	固定样组规模(户)	推及户数(千户)	推及人口(千人)
江苏	600	9598	28961
辽宁	600	4975	13705

表 4.6　2011 年各省级收听率调查网家庭规模结构(%)

省　　份	1 人户	2 人户	3 人户	4 人及以上户
江苏	4.7	32.9	34.7	27.7
辽宁	6.0	33.9	35.0	25.1

表 4.7　2011 年各省级收听率调查网人均月收入结构(%)

省份	没有收入	1—500 元	501—1000 元	1001—1500 元	1501—2000 元	2001—2500 元	2501—3000 元	3001 元及以上
江苏	20.5	10.5	5.2	11.6	11.6	15.8	4.5	20.3
辽宁	20.9	7.4	8.4	22.0	12.2	15.0	5.0	9.1

表 4.8　2011 年各省级收听率调查网性别与年龄结构(%)

省份	性别		年　　龄						
	男性	女性	10—14 岁	15—24 岁	25—34 岁	35—44 岁	45—54 岁	55—64 岁	65 岁及以上
江苏	50.2	49.8	7.3	14.3	21.1	21.8	13.7	11.7	10.1
辽宁	50.6	49.4	5.7	13.6	18.8	21.2	18.5	10.1	12.1

图书在版编目（CIP）数据

中国广播收听年鉴. 2012／陈若愚主编. —北京：中国传媒大学出版社，2012. 11

ISBN 978－7－5657－0628－8

Ⅰ. ①中… Ⅱ. ①陈… Ⅲ. ①广播工作—抽样调查—中国—2012—年鉴 Ⅳ. ①G229. 2－54

中国版本图书馆 CIP 数据核字（2012）第 285996 号

中国广播收听年鉴 2012

主　　编	陈若愚
责任编辑	欣　雯
责任印制	张　玥
封面制作	大鹏工作室
出 版 人	蔡　翔
出版发行	中国传媒大学出版社（原北京广播学院出版社）
地　　址	北京市朝阳区定福庄东街 1 号　邮编 100024 电话：86－10－65450532　65450528　传真：65779405
网　　址	http：//www. cucp. com. cn
经　　销	全国新华书店
印　　刷	北京中科印刷有限公司
开　　本	787×1092mm　1/16
印　　张	30
版　　次	2013 年 2 月第 1 版　2013 年 2 月第 1 次印刷
书　　号	ISBN 978－7－5657－0628－8/G·0628　　**定　价**　98. 00 元